2018

中国社会统计年鉴

China Social Statistical Yearbook

国家统计局社会科技和文化产业统计司　编

Compiled by

Department of Social, Science and Technology, and Cultural Statistics

National Bureau of Statistics of China

图书在版编目（CIP）数据

中国社会统计年鉴. 2018 : 汉英对照 / 国家统计局社会科技和文化产业统计司编. -- 北京 : 中国统计出版社, 2018.12
ISBN 978-7-5037-8777-5

Ⅰ. ①中… Ⅱ. ①国… Ⅲ. ①社会统计－统计资料－中国－2018－年鉴－汉、英 Ⅳ. ①C832-54

中国版本图书馆 CIP 数据核字(2019)第 003174 号

中国社会统计年鉴—2018

作　　者/国家统计局社会科技和文化产业统计司编
责任编辑/徐　涛　叶晓姝
封面设计/李雪燕　王　芳
出版发行/中国统计出版社
通信地址/北京市西城区月坛南街 57 号　邮政编码/100826
办公地址/北京市丰台区西三环南路甲 6 号　邮政编码/100073
电　　话/邮购（010）63376909　书店（010）68783171
网　　址/http://www.zgtjcbs.com
印　　刷/河北鑫兆源印刷有限公司
经　　销/新华书店
开　　本/880×1230 毫米　1/16
字　　数/904 千字
印　　张/28.25
版　　别/2018 年 12 月第 1 版
版　　次/2018 年 12 月第 1 次印刷
定　　价/360.00 元

本书附同版本 CD-ROM 一张，光盘内容以书面文字为准。
如有印装差错，由本社发行部调换。

《中国社会统计年鉴—2018》
编委会和编辑人员

《China Social Statistical Yearbook 2018》
Editorial Board and Staff

编 者 说 明

一、《中国社会统计年鉴—2018》是一部反映我国社会发展相关领域基本情况的综合性统计资料年刊。书中收录了 2017 年全国和各省、自治区、直辖市社会发展各领域的主要统计数据以及重要年份的全国主要统计数据，同时收录了国际社会统计的主要数据。

二、本年鉴正文内容分为 13 个篇章。即：1.综合；2.人口家庭；3.卫生健康；4.教育培训；5.就业；6.收入消费；7.社会保障；8.居住环境；9.文化休闲；10.资源环境；11.公共安全；12.社会参与；13.国际资料。附录为主要统计指标解释。

三、本年鉴所涉及的全国性统计数据，除行政区划、土地面积和森林资源及特殊注明外，均未包括香港、澳门特别行政区和台湾省数据。

四、本年鉴所使用的度量衡单位均采用国际统一标准计量单位。

五、本年鉴中部分数据合计数或相对数由于单位取舍不同而产生的计算误差，均未做机械调整。

六、本年鉴资料分别来自于：最高人民法院、最高人民检察院、教育部、公安部、民政部、司法部、财政部、人力资源和社会保障部、自然资源部、生态环境部、住房和城乡建设部、交通运输部、水利部、文化和旅游部、国家卫生健康委员会、国家广播电视总局、国家体育总局、应急管理部、国家林业和草原局、中国地震局、中国气象局、国家文物局、中央统战部、国家档案局、中华全国总工会和中国残疾人联合会等部门、国家统计局有关司。

七、符号使用说明：年鉴各表中的“空格”表示该项统计指标数据不详或无该项数据；“#”表示其中的主要项。

八、本年鉴编辑过程中，得到各相关部门的大力支持，在此表示衷心感谢。由于本年鉴涉及内容多、范围广，在资料的整理和编撰方面难免存在不足，敬请指正。

PREFACE

I. *China Social Statistical Yearbook 2018* is the comprehensive statistics yearbook which reflects various aspects related to social development. It is collected main social statistical data on provinces and national total data in 2017, also main social indicators of other countries/regions in some years.

II. This Yearbook includes 13 sections: 1.General Survey, 2.Population and Family, 3.Health and Wellness, 4.Education and Training, 5.Employment, 6.Earning and Consumption, 7.Social Security, 8.Living Condition, 9.Culture and Leisure, 10.Resources and Environment, 11.Public Safety, 12.Social Participation, 13.International Statistical Indicators. Explanatory notes on main statistical indicators are provided in Appendix.

III. The national data in this Yearbook do not include those of the Hong Kong Special Administrative Region, the Macao Special Administrative Region and Taiwan Province, except for the divisions of administrative areas, the area of the national territory and forest resources and otherwise specified.

IV. The units of measurement used in the Yearbook are internationally standard measurement units.

V. Statistical discrepancies on totals and relative figures due to rounding are not adjusted in the Yearbook.

VI. Data in the Yearbook are sourced from the following departments: Supreme People's Court, Supreme People's Procuratorate, Ministry of Education, Ministry of Public Security, Ministry of Civil Affairs, Ministry of Justice, Ministry of Finance, Ministry of Human Resources and Social Security, Ministry of Natural Resources, Ministry of Ecology and Environment, Ministry of Housing and Urban-Rural Development, Ministry of Transport, Ministry of Water Resources, Ministry of Culture and Tourism, National Health Commission, National Radio and Television Administration, General Administration of Sports, Ministry of Emergency Management, State Administration of Forest and Grassland, Earthquake Administration, Meteorological Administration, State Administration of Culture Heritage, the United Front Work Department of CPC Central Committee, State Archives Administration, All-China Federation of Trade Unions, China Disabled Persons' Federation, Some Departments of National Bureau of Statistics of China, etc.

VII. Notations used in the Yearbook: (blank space) indicates that the data are unknown, or are not available; "#" indicates a major breakdown of the total.

VIII. Our deep appreciation goes to many departments which provided supports in compiling this Yearbook. It is inevitable that there might be some mistakes in the book because of wide coverage involved in collecting and compiling social statistics. Suggestions from readers are welcome so as to improve the quality of this publication in the future.

目　　录

CONTENTS

一、综　合

General Survey

二、人口家庭
Population and Family

三、卫生健康
Health and Wellness

四、教育培训
Education and Training

五、就业

Employment

六、收入消费
Earning and Consumption

七、社会保障
Social Security

八、居住环境
Living Condition

九、文化休闲
Culture and Leisure

十、资源环境
Resources and Environment

十一、公共安全
Public Safety

十二、社会参与
Social Participation

十三、国际资料
International Statistical Indicators

附　录
Appendix

一、综　合
General Survey

1-1 县及以上行政区划
Division of Administrative Areas at County Level and Above

单位：个 (unit)

年 份 Year	省 级 Provinces, Autonomous Regions and Municipalities	地 级 (不含地级市) Administrative Areas at Prefecture Level (Excluding Cities at Prefecture Level)	县 级 (不含县级市、市辖区) Administrative Areas at County Level (Excluding Cities at County level and Districts under the Jurisdiction of Cities)	市 Cities	#地 级 Cities at Prefecture Level	#县 级 Cities at County Level	市辖区 Districts under the Jurisdiction of Cities	县级合计 Number of Regions at County Level
1978	30	212	2153	193	98	92	408	2653
1979	30	211	2153	216	104	109	428	2690
1980	30	211	2151	223	107	113	511	2775
1981	30	208	2144	233	108	122	514	2780
1982	30	210	2140	245	112	130	527	2797
1983	30	178	2091	289	144	142	552	2785
1984	30	175	2069	300	147	150	595	2814
1985	30	165	2046	324	162	159	621	2826
1986	30	159	2017	353	166	184	629	2830
1987	30	156	1986	381	170	208	632	2826
1988	31	151	1936	434	183	248	647	2831
1989	31	151	1919	450	185	262	648	2829
1990	31	151	1903	467	185	279	651	2833
1991	31	151	1894	479	187	289	650	2833
1992	31	148	1848	517	191	323	662	2833
1993	31	139	1795	570	196	371	669	2835
1994	31	127	1735	622	206	413	697	2845
1995	31	124	1716	640	210	427	706	2849
1996	31	117	1696	666	218	445	717	2858
1997	33	110	1693	668	222	442	727	2862
1998	33	104	1689	668	227	437	737	2863
1999	34	95	1682	667	236	427	749	2858
2000	34	74	1674	663	259	400	787	2861
2001	34	67	1660	662	265	393	808	2861
2002	34	57	1649	660	275	381	830	2860
2003	34	51	1642	660	282	374	845	2861
2004	34	50	1636	661	283	374	852	2862
2005	34	50	1636	661	283	374	852	2862
2006	34	50	1635	656	283	369	856	2860
2007	34	50	1635	655	283	368	856	2859
2008	34	50	1635	655	283	368	856	2859
2009	34	50	1636	654	283	367	855	2858
2010	34	50	1633	657	283	370	853	2856
2011	34	48	1627	657	284	369	857	2853
2012	34	48	1624	657	285	368	860	2852
2013	34	47	1613	658	286	368	872	2853
2014	34	45	1596	649	288	361	897	2854
2015	34	43	1567	652	291	361	921	2850
2016	34	41	1537	653	293	360	954	2851
2017	34	40	1526	657	294	363	962	2851

1-2 乡镇级行政区划
Division of Administrative Areas at Townships Level

单位：个 (unit)

年 份 Year	乡镇级区划数 Total Number of Administrative Areas at Townships Level	镇 Towns	乡级 Townships Level	#民族乡 Ethnic Townships	街道办事处 Street Communities	区公所 District Communities
1978	6195	2173				4022
1979	10424	2361			4444	3619
1980						
1981	11434	2678			4965	3791
1982						
1983	49695	2968	35514		5304	5909
1984	106439	7186	85290		5844	8119
1985	104900	9140	82450	3144	5402	7908
1986	83954	10718	61353	2936	5718	6165
1987	81025	11103	58739	3020	5680	5503
1988	65345	11481	45195	1571	5099	3570
1989	65419	11873	44624	1755	5420	3502
1990	65188	12084	44397	1980	5269	3438
1991	63391	12455	42654	1403	5186	3096
1992	54830	14539	33827	1348	5233	1231
1993	54863	15805	32445	1351	5470	1143
1994	54605	16702	31463	1322	5372	1068
1995	53360	17532	29502	1330	5596	730
1996	51336	18171	27056	1383	5565	544
1997	50967	18925	25966	1545	5678	398
1998	50999	19216	25712	1517	5732	339
1999	50750	19756	24745	1222	5904	345
2000	51024	20312	24555	1356	5902	255
2001	46369	20358	20012	1165	5972	27
2002	44822	20600	18640	1162	5516	66
2003	44067	20226	18064	1149	5751	26
2004	43275	19892	17534	1127	5829	20
2005	41636	19522	15951	1093	6152	11
2006	41040	19369	15306	1089	6355	10
2007	40813	19249	15120	1094	6434	10
2008	40828	19234	15067	1097	6524	3
2009	40858	19322	14848	1098	6686	2
2010	40906	19410	14571	1096	6923	2
2011	40466	19683	13587	1086	7194	2
2012	40466	19881	13281	1064	7282	2
2013	40497	20117	12812	1035	7566	2
2014	40381	20401	12282	1020	7696	2
2015	39789	20515	11315	991	7957	2
2016	39862	20883	10872	989	8105	2
2017	39888	21116	10529	982	8241	2

注：民族乡中含1个民族苏木。
Note: The data of ethnic townships includes one ethnic sumu.

1-3　分地区行政区划(2017年底)
Divisions of Administrative Areas in China (End of 2017)

单位：个　　(unit)

省级区划名称 Provinces, Autonomous Regions and Municipalities		地级区划数 Number of Regions at Prefecture Level	#地级市 Cities at Pre-fecture Level	县级区划数 Number of Regions at County Level	#市辖区 Districts under the Juris-diction of Cities	#县级市 Cities at County Level	#县 Counties
全　国	**National Total**	**334**	**294**	**2851**	**962**	**363**	**1355**
北京市	Beijing			16	16		
天津市	Tianjin			16	16		
河北省	Hebei	11	11	168	47	20	95
山西省	Shanxi	11	11	119	23	11	85
内蒙古自治区	Inner Mongolia	12	9	103	23	11	17
辽宁省	Liaoning	14	14	100	59	16	17
吉林省	Jilin	9	8	60	21	20	16
黑龙江省	Heilongjiang	13	12	128	65	19	43
上海市	Shanghai			16	16		
江苏省	Jiangsu	13	13	96	55	21	20
浙江省	Zhejiang	11	11	89	37	19	32
安徽省	Anhui	16	16	105	44	6	55
福建省	Fujian	9	9	85	29	12	44
江西省	Jiangxi	11	11	100	25	11	64
山东省	Shandong	17	17	137	55	26	56
河南省	Henan	17	17	158	52	21	85
湖北省	Hubei	13	12	103	39	24	37
湖南省	Hunan	14	13	122	35	17	63
广东省	Guangdong	21	21	121	64	20	34
广西壮族自治区	Guangxi	14	14	111	40	7	52
海南省	Hainan	4	4	23	8	5	4
重庆市	Chongqing			38	26		8
四川省	Sichuan	21	18	183	53	17	109
贵州省	Guizhou	9	6	88	15	8	53
云南省	Yunnan	16	8	129	16	15	69
西藏自治区	Tibet	7	6	74	8		66
陕西省	Shaanxi	10	10	107	30	4	73
甘肃省	Gansu	14	12	86	17	4	58
青海省	Qinghai	8	2	43	6	3	27
宁夏回族自治区	Ningxia	5	5	22	9	2	11
新疆维吾尔自治区	Xinjiang	14	4	105	13	24	62
香港特别行政区	Hong Kong Special Administrative Region						
澳门特别行政区	Macao Special Administrative Region						
台湾省	Taiwan						

注：乡镇级总数包含河北省、新疆维吾尔自治区的各一个区公所。
Note: Number of regions at townships level include one district office of Hebei and Xinjiang separately.

1-3 续表 continued

单位：个 (unit)

省级区划名称	Provinces, Autonomous Regions and Municipalities	#自治县 Auto-nomous Counties	乡镇级区划数 Number of Regions at Town-ships Level	#镇 Towns	#乡级 Towns	#民族乡 Minority Towns	#街道办事处 Street Commu-nities
全　国	**National Total**	**117**	**39888**	**21116**	**10529**	**982**	**8241**
北京市	Beijing		331	143	38	5	150
天津市	Tianjin		248	124	3	1	121
河北省	Hebei	6	2255	1128	818	47	308
山西省	Shanxi		1398	564	632		202
内蒙古自治区	Inner Mongolia		1020	505	272	17	243
辽宁省	Liaoning	8	1531	641	202	54	688
吉林省	Jilin	3	919	426	182	28	311
黑龙江省	Heilongjiang	1	1192	532	353	52	307
上海市	Shanghai		214	107	2		105
江苏省	Jiangsu		1284	758	68	1	458
浙江省	Zhejiang	1	1378	641	274	14	463
安徽省	Anhui		1486	965	275	9	246
福建省	Fujian		1105	642	284	19	179
江西省	Jiangxi		1561	825	579	8	157
山东省	Shandong		1824	1094	70		660
河南省	Henan		2441	1151	640	12	650
湖北省	Hubei	2	1234	761	165	10	308
湖南省	Hunan	7	1927	1134	398	83	395
广东省	Guangdong	3	1601	1124	11	7	466
广西壮族自治区	Guangxi	12	1251	799	319	59	133
海南省	Hainan	6	218	175	21		22
重庆市	Chongqing	4	1030	626	182	14	222
四川省	Sichuan	4	4610	2196	2064	98	350
贵州省	Guizhou	11	1379	839	317	193	223
云南省	Yunnan	29	1398	682	543	140	173
西藏自治区	Tibet		697	140	545	9	12
陕西省	Shaanxi		1295	983	23		289
甘肃省	Gansu	7	1355	816	413	32	126
青海省	Qinghai	7	400	143	223	28	34
宁夏回族自治区	Ningxia		240	103	90		47
新疆维吾尔自治区	Xinjiang	6	1066	349	523	42	193
香港特别行政区	Hong Kong Special Administrative Region						
澳门特别行政区	Macao Special Administrative Region						
台湾省	Taiwan						

1-4 人口与家庭基本情况
Basic Statistics on Population and Family

项 目	Item	1995	2000	2005	2010	2015	2016	2017
总人口(年末)(万人)	Total Population(year-end 10 000 persons)	121121	126743	130756	134091	137462	138271	139008
#女	Female	59313	61306	63381	65343	67048	67456	67871
#城镇人口	Urban	35174	45906	56212	66978	77116	79298	81347
乡村人口	Rural	85947	80837	74544	67113	60346	58973	57661
性别比(女性=100)	Sex Ratio (female = 100)	104.2	106.7	106.3	105.2	105.0	105.0	104.8
出生率(‰)	Birth Rate (‰)	17.12	14.03	12.40	11.90	12.07	12.95	12.43
死亡率(‰)	Death Rate (‰)	6.57	6.45	6.51	7.11	7.11	7.09	7.11
自然增长率(‰)	Natural Growth Rate (‰)	10.55	7.58	5.89	4.79	4.96	5.86	5.32
年龄结构(%)	Age Composition (%)							
0-14岁	Age 0-14	26.6	22.9	20.3	16.6	16.5	16.7	16.8
15-64岁	Age 15-64	67.2	70.1	72.0	74.5	73.0	72.5	71.8
65岁及以上	Age 65 and Over	6.2	7.0	7.7	8.9	10.5	10.8	11.4
总抚养比(%)	Gross Dependency Ratio (%)	48.8	42.6	38.8	34.2	37.0	37.9	39.2
少儿抚养比(%)	Children Dependency Ratio (%)	39.6	32.6	28.1	22.3	22.6	22.9	23.4
老年抚养比(%)	Old Dependency Ratio (%)	9.2	9.9	10.7	11.9	14.3	15.0	15.9
平均家庭户规模(人/户)	Average Family Size (person/household)	3.7	3.4	3.4	3.1	3.1	3.1	3.0
结婚登记(万对)	Total Number of Registered Marriages (10 000 couples)	934.1	848.5	823.1	1241.0	1224.7	1142.8	1063.1
离婚登记(万对)	Total Number of Registered Divorces (10 000 couples)	105.6	121.3	178.5	267.8	384.1	415.8	437.4
离婚率(‰)	Divorce Rate (‰)	0.88	0.96	1.37	2.00	2.79	3.02	3.15
15岁及以上人口婚姻状况构成(%)	Marital Status of Population Aged 15 and Over (%)							
未婚	Never Married	20.0	20.2	19.2	21.6	19.7	18.9	18.6
有配偶	Married with Spouse	73.2	73.3	74.1	71.3	73.1	73.6	73.9
离婚	Divorced	0.7	0.9	1.0	1.4	1.7	1.9	2.0
丧偶	Widowed	6.1	5.6	5.7	5.7	5.5	5.6	5.5

注：1.2000、2010年数据为当年人口普查数据推算数；其余年份数据为年度人口抽样调查推算数据。
2.总人口和按性别分人口中包括现役军人，按城乡分人口中现役军人计入城镇人口。

Note: a) For the year, 2000 and 2010 are the census year estimates; the rest of the data covered in those tables have been estimated on the basis of the annual national sample surveys of population.
b) Total population and population by sex include the military personnel of the Chinese People's Liberation Army, the military personnel are classified as urban population in the item of population by residence.

1-5 卫生与健康基本情况
Basic Statistics on Health and Wellness

项　目	Item	1995	2000	2005	2010	2015	2016	2017
医疗卫生机构(个)	Number of Health Care Institutions(unit)	994409	1034229	882206	936927	983528	983394	986649
#医院	Hospitals and Health Centers	15663	16318	18703	20918	27587	29140	31056
基层医疗卫生机构	Health Care Institutions at Grass-root Level		1000169	849488	901709	920770	926518	933024
#乡镇卫生院	Township Health Institution	51797	49229	40907	37836	36817	36795	36551
村卫生室	Village Clinics	804352	709458	583209	648424	640536	638763	632057
专业公共卫生机构	Specialized Public Health Institutions		11386	11177	11835	31927	24866	19896
#疾病预防控制中心	Center for Disease Control and Prevention	3729	3741	3585	3513	3478	3481	3456
卫生人员(万人)	Number of Employed Persons in Health Institutions (10 000 persons)	670.4	691.0	644.7	820.8	1069.4	1117.3	1174.9
#卫生技术人员	Medical Technical Personnel	425.7	449.1	456.4	587.6	800.8	845.4	898.8
#执业(助理)医师	Licensed (Assistant) Doctors	191.8	207.6	204.2	241.3	303.9	319.1	339.0
#注册护士	Registered Nurses	112.6	126.7	135.0	204.8	324.1	350.7	380.4
乡村医生和卫生员	Village Doctors and Assistants	133.1	131.9	91.7	109.2	103.2	100.0	96.9
每千人口执业(助理)医师(人)	Number of Licensed (Assistant) Doctors per 1000 Persons (person)	1.6	1.7	1.6	1.8	2.2	2.3	2.4
医疗卫生机构床位(万张)	Number of Beds in Health Care Institutions (10 000 beds)	314.1	317.7	336.8	478.7	701.5	741.0	794.0
#医院	Hospitals	206.3	216.7	244.5	338.7	533.1	568.9	612.0
基层医疗卫生机构	Health Care Institutions at Grass-root Level		76.7	72.6	119.2	141.4	144.2	152.9
#乡镇卫生院	Township Health Institution	73.3	73.5	67.8	99.4	119.6	122.4	129.2
专业公共卫生机构	Specialized Public Health Institutions		11.9	13.6	16.5	23.6	24.7	26.3
每千人口医疗卫生机构床位(张)	Beds of Medical Institutions per 1000 Population (bed)				3.6	5.1	5.4	5.7
医疗卫生机构诊疗人次数(亿人次)	Number of Visits in Medical Institutions (100 million persontimes)			41.0	58.4	77.0	79.3	81.8
监测地区婴儿死亡率(‰)	Infant Mortality Rate in Surveillance Areas (‰)	36.4	32.2	19.0	13.1	8.1	7.5	6.8
监测地区5岁以下儿童死亡率(‰)	Mortality Rate of Children under 5 in Surveillance Areas (‰)	44.5	39.7	22.5	16.4	10.7	10.2	9.1
监测地区孕产妇死亡率(1/10万)	Maternal Mortality Rate in Surveillance Areas (1/100 000)	61.9	53.0	47.7	30.0	20.1	19.9	19.6
卫生总费用(亿元)	Total Health Expenditure (100 million yuan)	2155.1	4586.6	8659.9	19980.4	40974.6	46344.9	52598.3
政府卫生支出	Government Health Expenditure	387.3	709.5	1552.5	5732.5	12475.3	13910.3	15205.9
社会卫生支出	Social Health Expenditure	767.8	1171.9	2586.4	7196.6	16506.7	19096.7	22258.8
个人现金卫生支出	Out-of-pocket Health Expenditure	1000.0	2705.2	4521.0	7051.3	11992.6	13337.9	15133.6
卫生总费用与GDP之比(%)	Health Expenditure as Percentage of GDP (%)	3.51	4.57	4.62	4.84	5.95	6.23	6.36

1-6 教育培训基本情况
Basic Statistics on Education and Training

项 目	Item	1995	2000	2005	2010	2015	2016	2017
学校数	**Number of Schools**							
普通高等学校	Regul HEIs	1054	1041	1792	2358	2560	2596	2631
普通高中	Regular Senior Secondary Schools	13991	14564	16092	14058	13240	13383	13555
中等职业教育	Vocational Secondary Schools	22072	19727	14466	13862	11202	10893	10671
初中	Junior Secondary Schools	68564	63898	62486	54890	52405	52118	51894
普通小学	Regular Primary Schools	668685	553622	366213	257410	190525	177633	167009
特殊教育	Special Education Schools	1379	1539	1593	1706	2053	2080	2107
学前教育	Pre-school Education Schools	180438	175836	124402	150420	223683	239812	254950
专任教师数(万人)	**Number of Full-time Teachers (10 000 persons)**							
普通高等学校	Regul HEIs	40.1	46.3	96.6	134.3	157.3	160.2	163.3
普通高中	Regular Senior Secondary Schools	55.1	75.7	130.0	151.8	169.5	173.3	177.4
中等职业教育	Vocational Secondary Schools	74.0	79.7	75.0	87.0	84.4	84.0	83.9
初中	Junior Secondary Schools	282.1	328.7	349.2	352.5	347.6	348.8	354.9
普通小学	Regular Primary Schools	566.4	586.0	559.3	561.7	568.5	578.9	594.5
特殊教育	Special Education Schools	2.5	3.2	3.2	4.0	5.0	5.3	5.6
学前教育	Pre-school Education Schools	87.5	85.6	72.2	114.4	205.1	223.2	243.2
在校学生数(万人)	**Total Enrollment (10 000 persons)**							
研究生	Postgraduates	14.5	30.1	97.9	153.8	191.1	198.1	264.0
普通本专科	Regular Undergraduates and College Students	290.6	556.1	1561.8	2231.8	2625.3	2695.8	2753.6
普通高中	Regular Senior Secondary Schools	713.2	1201.3	2409.1	2427.3	2374.4	2366.6	2374.5
中等职业教育	Vocational Secondary Schools	1230.2	1284.5	1600.0	2237.4	1656.7	1599.0	1592.5
初中	Junior Secondary Schools	4727.5	6256.3	6214.9	5279.3	4312.0	4329.4	4442.1
普通小学	Regular Primary Schools	13195.2	13013.2	10864.1	9940.7	9692.2	9913.0	10093.7
每十万人口平均在校生数(人)	**Number of Students Per 100 000 Population by Level (person)**							
高等教育	Higher Education	457	723	1613	2189	2524	2530	2576
高中阶段	Senior Secondary	1610	2000	3070	3504	2965	2887	2861
初中阶段	Junior Secondary	3945	4969	4781	3955	3152	3150	3213
小学	Primary Education	11010	10335	8358	7448	7086	7212	7300
学前教育	Pre-school Education	2262	1782	1676	2230	3118	3211	3327
入学率和升学率(%)	**Enrollment Rate and Promotion Rate(%)**							
高中升学率	Promotion Rate from Senior Secondary Schools to Higher Education	49.9	73.2	76.3	83.3	92.5	94.5	
初中升学率	Promotion Rate from Junior Secondary Schools to Senior Secondary Schools	48.3	51.2	69.7	87.5	94.1	93.7	94.9
小学升学率	Promotion Rate from Primary Schools to Junior Secondary Schools	90.8	94.9	98.4	98.7	98.2	98.7	98.8
小学学龄儿童净入学率	Net Enrollment Rate of Primary School	98.5	99.1	99.2	99.7	99.9	99.9	99.9
教育经费合计(亿元)	**Total Edutional Fund (100 million yuan)**	**1878**	**3849**	**8419**	**19562**	**36129**	**38888**	**42557**
#国家财政性教育经费	Government Appropriation for Education	1412	2563	5161	14670	29221	31396	34204

1-7 就业基本情况
Basic Statistics on Employment

项目	Item	1995	2000	2005	2010	2015	2016	2017
就业人员合计(万人)	Total Number of Employed Persons (10 000 persons)	68065	72085	74647	76105	77451	77603	77640
第一产业	Primary Industry	35530	36043	33442	27931	21919	21496	20944
第二产业	Secondary Industry	15655	16219	17766	21842	22693	22350	21824
第三产业	Tertiary Industry	16880	19823	23439	26332	32839	33757	34872
城镇就业人员(万人)	Urban Employed (10 000 persons)	19040	23151	28389	34687	40410	41428	42462
#国有单位	Stats-owned Units	11261	8102	6488	6516	6208	6170	6064
城镇集体单位	Urban Collective-own Units	3147	1499	810	597	481	453	406
城镇私营企业	Private Enterprises in Urban Areas	485	1268	3458	6071	11180	12083	13327
城镇个体	Self-employed Individuals in Urban Areas	1560	2136	2778	4467	7800	8627	9348
乡村就业人员(万人)	Rural Employed Persons (10 000 persons)	49025	48934	46258	41418	37041	36175	35178
#乡村私营企业	Private Enterprises in Rural Areas	471	1139	2366	3347	5215	5914	6554
乡村个体	Self-employed Individuals in Rural Areas	3054	2934	2123	2540	3882	4235	4878
城镇登记失业人数(万人)	Number of Registered Unemployed Persons in Urban Areas (10 000 persons)	520	595	839	908	966	982	972
城镇登记失业率(%)	Registered Unemployment Rate in Urban Areas (%)	2.9	3.1	4.2	4.1	4.1	4.0	3.9
城镇非私营单位就业人员工资总额(亿元)	Total Wage Bill of Employed Persons in Urban Non-Private Units (100 million yuan)	8056	10955	20627	47270	112008	120075	129889
城镇非私营单位就业人员工资总额指数(上年=100)	Indices of Total Wage Bill of Employed Persons in Urban Non-Private Units (preceding year =100)	118.8	107.9	117.1	117.3	108.9	107.2	108.2
城镇非私营单位就业人员平均工资(元)	Average Wage of Employed Persons in Urban Non-Private Units (yuan)	5348	9333	18200	36539	62029	67569	74318
城镇非私营单位就业人员平均货币工资指数(上年=100)	Indices of Average Wage of Employed Persons in Urban Non-Private Units (preceding year =100)	118.9	112.2	114.3	113.3	110.1	108.9	110.0
城镇非私营单位就业人员平均实际工资指数(上年=100)	Indices of Average Real Wage of Employed Persons in Urban Non-Private Units (preceding year =100)	101.8	111.3	112.5	109.8	108.5	106.7	108.2

1-8　全国居民人均收支情况

Per Capita Income and Consumption Expenditure Nationwide

单位：元　　　　(yuan)

指　　标	Item	2013	2014	2015	2016	2017
全国居民人均收入	**Per Capita Income Nationwide**					
可支配收入	Disposable Income	18310.8	20167.1	21966.2	23821.0	25973.8
1.工资性收入	1.Income of Wages and Salaries	10410.8	11420.6	12459.0	13455.2	14620.3
2.经营净收入	2.Net Business Income	3434.7	3732.0	3955.6	4217.7	4501.8
3.财产净收入	3.Net Income from Property	1423.3	1587.8	1739.6	1889.0	2107.4
4.转移净收入	4.Net Income from Transfer	3042.1	3426.8	3811.9	4259.1	4744.3
现金可支配收入	Cash Disposable Income	17114.6	18747.4	20424.3	22204.5	24201.9
1.工资性收入	1.Income of Wages and Salaries	10348.6	11352.7	12386.2	13379.0	14537.8
2.经营净收入	2.Net Business Income	3354.2	3571.5	3782.7	4111.4	4424.1
3.财产净收入	3.Net Income from Property	526.6	621.8	689.5	739.8	811.5
4.转移净收入	4.Net Income from Transfer	2885.2	3201.3	3565.9	3974.3	4428.6
全国居民人均支出	**Per Capita Expenditure Nationwide**					
消费支出	Consumption Expenditure	13220.4	14491.4	15712.4	17110.7	18322.1
1.食品烟酒	1.Food,Tobacco and Liquor	4126.7	4493.9	4814.0	5151.0	5373.6
2.衣着	2.Clothing	1027.1	1099.3	1164.1	1202.7	1237.6
3.居住	3.Residence	2998.5	3200.5	3419.2	3746.4	4106.9
4.生活用品及服务	4.Household Facilities, Articles and Services	806.5	889.7	951.4	1043.7	1120.7
5.交通通信	5.Transport and Communications	1627.1	1869.3	2086.9	2337.8	2498.9
6.教育文化娱乐	6.Education, Culture and Recreation	1397.7	1535.9	1723.1	1915.3	2086.2
7.医疗保健	7.Health Care and Medical Services	912.1	1044.8	1164.5	1307.5	1451.2
8.其他用品及服务	8.Miscellaneous Goods and Services	324.7	358.0	389.2	406.3	447.0
现金消费支出	Cash Consumption Expenditure	10917.4	11975.7	12988.7	14142.0	15122.3
1.食品烟酒	1.Food, Tobacco and Liquor	3822.8	4185.6	4505.0	4846.7	5073.0
2.衣着	2.Clothing	1025.7	1098.6	1163.5	1202.2	1237.0
3.居住	3.Residence	1155.1	1215.7	1251.9	1359.8	1519.0
4.生活用品及服务	4.Household Facilities, Articles and Services	801.8	882.6	943.8	1036.1	1110.8
5.交通通信	5.Transport and Communications	1624.8	1866.2	2083.7	2332.9	2495.3
6.教育文化娱乐	6.Education, Culture and Recreation	1396.5	1534.9	1722.0	1914.3	2085.3
7.医疗保健	7.Health Care and Medical Services	772.1	838.3	933.3	1048.5	1160.7
8.其他用品及服务	8.Miscellaneous Goods and Services	318.7	353.8	385.6	401.5	441.2

注：自2013年起，数据来源于国家统计局开展的城乡一体化住户收支与生活状况调查。

Note: Since 2013, the data are complied on the basis of the intergrated household income and expenditure survey of the NBS, including both urban and rural households.

1-9 社会保障基本情况
Basic Statistics on Social Insurance

项　目	Item	1995	2000	2005	2010	2015	2016	2017
社会保险年末参保人数(万人)	**Number of People Participated in Social Insurance at Year-end (10 000 persons)**							
城镇职工基本养老保险	Urban Employees Basic Pension Insurance	10979.0	13617.4	17487.9	25707.3	35361.2	37929.7	40293.3
职工	Staff and Workers	8737.8	10447.5	13120.4	19402.3	26219.2	27826.3	29267.6
离退休人员	Retirees	2241.2	3169.9	4367.5	6305.0	9141.9	10103.4	11025.7
城乡居民基本养老保险	Basic Pension Insurance for Urban and Rural Residents				10276.8	50472.2	50847.1	51255.0
基本医疗保险	Basic Medical Care Insurance	745.9	3786.9	13782.9	43262.9	66581.6	74391.6	######
职工	Staff and Workers	745.9	3786.9	13782.9	23734.7	28893.1	29531.5	30322.7
城乡居民	Residents				19528.3	37688.5	44860.0	87358.7
失业保险	Unemployment Insurance	8237.7	10408.4	10647.7	13375.6	17326.0	18088.8	18784.2
工伤保险	Work Injury Insurance	2614.8	4350.3	8478.0	16160.7	21432.5	21889.3	22723.7
生育保险	Maternity Insurance	1500.2	3001.6	5408.5	12335.9	17771.0	18451.0	19300.2
社会保险基金收入(亿元)	**Revenue of Social Insurance Fund (100 million yuan)**	**1006.0**	**2644.9**	**6975.2**	**19276.1**	**46012.1**	**53562.7**	**67154.2**
基本养老保险	Basic Pension Insurance	950.1	2278.5	5093.3	13872.9	32195.5	37990.8	46613.8
基本医疗保险	Basic Medical Care Insurance	9.7	170.0	1405.3	4308.9	11192.9	13084.3	17931.6
失业保险	Unemployment Insurance	35.3	160.4	340.3	649.8	1367.8	1228.9	1112.6
工伤保险	Work Injury Insurance	8.1	24.8	92.5	284.9	754.2	736.9	853.8
生育保险	Maternity Insurance	2.9	11.2	43.8	159.6	501.7	521.9	642.5
社会保险基金支出(亿元)	**Expenses of Social Insurance Fund (100 million yuan)**	**877.1**	**2385.6**	**5400.8**	**15018.9**	**38988.1**	**46888.4**	**57145.0**
基本养老保险	Basic Pension Insurance	847.6	2115.5	4040.3	10755.3	27929.4	34004.3	40423.8
基本医疗保险	Basic Medical Care Insurance	7.3	124.5	1078.7	3538.1	9312.1	10767.1	14421.7
失业保险	Unemployment Insurance	18.9	123.4	206.9	423.3	736.4	976.1	893.8
工伤保险	Work Injury Insurance	1.8	13.8	47.5	192.4	598.7	610.3	662.3
生育保险	Maternity Insurance	1.6	8.3	27.4	109.9	411.5	530.6	743.5
社会服务	**Social Services**							
提供住宿的社会服务机构床位数(万张)	Beds of Social Welfare Institutions with Residential Accommodations(10 000 beds)	97.6	113.0	180.7	349.6	393.2	414.0	419.6
#老年及残疾人床位	Aged and Disable	91.9	104.5	158.1	316.1	358.2	378.8	383.5
儿童床位	Child	1.1	1.8	3.2	5.5	10.0	10.0	10.3
每千人口社会服务床位数(张)	Beds of Social Services per 1000 Population(bed)	0.81	0.89	1.38	2.61	5.33	5.54	5.70
每千老年人口养老床位数(张)	Beds of Aged Person per 1000 Population(bed)			10.97	17.79	30.31	31.62	30.92
家庭儿童收养登记总数(件)	Number of Adoption Registration of Family Children (case)		55802	49506	34529	22348	18736	18820
国家重点优抚对象(万人)	Number of People Receiving Pension and Subsidy (10 000 persons)	448.8	442.4	460.3	625.0	897.0	874.8	857.7
社区服务机构和设施(个)	Community Service Centers(unit)		187888	203275	152941	360956	386186	407453
城市居民最低生活保障人数(万人)	Number of Urban Residents Receiving Minimum Living Allowance (10 000 persons)		403	2234	2311	1701	1480	1261
农村居民最低生活保障人数(万人)	Number of Rural Residents Receiving Minimum Living Allowance (10 000 persons)			825	5214	4904	4587	4045

注：1.2007年及以后基本医疗保险中包括职工基本医疗保险和城乡居民基本医疗保险。
2.2010年及以后基本养老保险中包括城镇职工基本养老保险和城乡居民基本养老保险。
3.2001年起，社会服务机构床位数口径有所调整，除收养性机构床位数外，还包括了救助类机构床位数、社区类机构床位数以及军休所、军供站等机构床位数。2011年起，老年及残疾人床位含社区服务床位(含日间照料床位)。
4.老年人口指60岁及以上人口。

Note: a) Data of basic medical care insurance include both workers and urban and rural residents from 2007.
b) Data of the basic pension insurance for 2010 and following years include the basic pension insurances for urban workers and for urban and rural residents.
c) Since 2001, coverage of beds of social services institutions has changed. It includes beds of salvation institutions, community institutions, and serviceman recreation habitation, serviceman supply stations, etc. Since 2011, beds of the aged and disabled include community service beds (including day care beds).
d) The aged refer to those 60 years old and above.

1-10 居住环境基本情况
Basic Statistics on Living Condition

项 目	Item	1995	2000	2005	2010	2014	2015	2016	2017
城市人口密度（人/平方公里）	Population Density of City Districts (person/sq.km)	322	442		2209	2419	2399	2408	2477
城市人均生活用水(吨)	Per Capita Water Consumption for Residential Use in City (ton)	71.3	95.5	75.0	62.6	63.4	63.7	64.6	65.3
城市燃气普及率(%)	Coverage Rate of Population with Access to Gas in City (%)	34.3	45.4	82.1	92.0	94.6	95.3	95.8	96.3
城市人均公园绿地面积（平方米）	Per Capita Area of Parks and Green Land in City (sq.m)	2.5	3.7	7.9	11.2	13.1	13.3	13.7	14.0
城市每万人拥有公交车辆（标台）	Number of Public Transportation Vehicles per 10 000 Population in City (unit)	3.6	5.3	8.6	11.2	13.0	13.3	13.8	14.7
城市生活垃圾清运量(万吨)	Volume of Garbage Disposal (10 000 ton)	10671	11819	15577	15805	17860	19142	20362	21521
城市生活垃圾无害化处理率(%)	Proportion of Harmless Treated Garbage in City (%)				77.9	91.8	94.1	96.6	97.7
城市污水日处理能力（万立方米）	Daily Disposal Capacity of City Sewage (10 000 cu.m)		4741	7990	13393	15124	16065	16779	17037
农村用电量(亿千瓦时)	Electricity Consumed in Rural Areas (100 million kWh)	1655.7	2421.3	4375.7	6632.3	8884.4	9026.9	9238.3	9524.4
农村居民平均每百户年末彩色电视机拥有量(台)	Number of Color TV Set Owned Per 100 Rural Households at Year-end(set)	16.9	48.7	84.1	111.8	115.6	116.9	118.8	120.0
电话普及率(含移动电话)（部/百人）	Telephone Popularization Rate (including Mobile Telephone) (set/100 persons)	4.7	19.1	57.2	86.4	112.3	109.3	110.6	115.9
移动电话普及率(部/百人)	Popularization Rate of Mobile Telephone (set/100 persons)	0.3	6.7	30.1	64.4	94.0	92.5	95.6	102.0
互联网上网人数(万人)	Number of Internet Users (10 000 persons)		2250	11100	45730	64875	68826	73125	77198
互联网普及率(%)	Popularization Rate of Internet (%)			8.5	34.3	47.9	50.3	53.2	55.8

1-11 文化休闲基本情况
Basic Statistics on Culture Leisure

项　目	Item	1995	2000	2005	2010	2015	2016	2017
公共图书馆(个)	Public Libraries (unit)	2615	2675	2762	2884	3139	3153	3166
公共图书馆总藏量(亿件册)	Total Collection in Public Library (100 million volumes)		4.1	4.8	6.2	8.4	9.0	9.7
文化馆(站)(个)	Cultural Centers (unit)	13487	45321	41588	43382	44291	44497	44521
博物馆(个)	Museums (unit)	1194	1392	1581	2435	3852	4109	4721
艺术表演团体(个)	Arts Performance Troupes (unit)	2682	2619	2805	6864	10787	12301	15742
艺术表演场馆(个)	Arts Performance Places (unit)	1958	1900	1866	1461	2143	2285	2455
国家综合档案馆(个)	National Comprehensive Archives (unit)	3024	3070	3142	3194	3322	3336	3333
广播节目综合人口覆盖率(%)	Population Coverage Rate of Radio Programs (%)	78.7	92.5	94.5	96.8	98.2	98.4	98.7
广播节目制作时间(万小时)	Length of Radio Programs Produced (10 000 hours)	233.2	404.3	613.9	681.4	771.8	782.0	788.8
电视节目综合人口覆盖率(%)	Population Coverage Rate of TV Programs (%)	84.5	93.7	95.8	97.6	98.8	98.9	99.1
电视节目制作时间(万小时)	Length of TV Programs Produced (10 000 hours)	38.4	87.1	255.4	274.3	352.0	350.7	365.2
有线广播电视用户数占家庭总户数比重(%)	Popularization Rate of Cable Radio and TV (%)			35.4	46.4	54.6	52.8	48.3
#农村	Rural				29.4	33.5	33.2	31.7
广播电视总收入(亿元)	Revenue of Radio and TV (100 million yuan)	170.3	431.0	931.1	2301.9	4634.6	5039.8	6070.2
生产故事影片(部)	Feature Films Produced (film)	146	91	260	526	686	772	798
生产动画、科教、纪录、特种影片(部)	Cartoons, Popular Science Films & Documentary and Special Films Produced (reel)	188	60	42	95	202	172	172
图书出版种数(种)	Number of Books Published (kind)	101381	143376	222473	328387	475768	499884	512487
图书出版总印数(亿册、亿张)	Total Printed Copies of Books (100 million copies)	63.2	62.7	64.7	71.7	86.6	90.4	92.4
期刊出版种数(种)	Number of Magazines Published (kind)	7583	8725	9468	9884	10014	10084	10130
期刊出版总印数(亿册)	Total Printed Copies of Magazines (100 million copies)	23.4	29.4	27.6	32.2	28.8	27.0	24.9
报纸出版种数(种)	Number of Newspapers Published (kind)	2089	2007	1931	1939	1906	1894	1884
报纸出版总印数(亿份)	Total Printed Copies of Newspapers (100 million copies)	263.3	329.3	412.6	452.1	430.1	390.1	362.5
运动员获世界冠军个数(个)	World Championships Won by Chinese Athletes (unit)	102	110	106	108	127	107	106
运动员创世界纪录次数(次)	World Records Chalked up by Chinese Athletes by Events (times)	24	30	21	15	12	9	6

注：1.2007年以前艺术表演团体为文化系统内数据，2007年起含非文化部门单位。艺术表演场馆不含民营艺术表演场馆。
2.1996年以前文化站数据未包括其他部门所属乡镇文化站。1996-1998年包括其他部门所属文化站，1999年以后，其他部门所属文化站划归文化部门管理。

Note: a) The art performance troupes referred to those under the official cultural system before 2007 and expanded the coverage to those both under and outside the official cultural system starting from 2007. The art performance places do not include those of non-state owned.
b) Culture centers did not include township culture centers of other department before 1996, and included culture centers of other department from 1996 to 1998. Since 1999, culture centers of other department was put under Culture Department's administration.

1-12　资源环境基本情况
Basic Statistics on Resources and Environment

项　目	Item	1995	2000	2005	2010	2014	2015	2016	2017
森林覆盖率(%)	Forest Coverage Rate (%)	13.40	16.55	18.21	20.36	21.63	21.63	21.63	21.63
造林总面积(万公顷)	Area of Afforestation (10 000 hectares)	521	511	365	591	555	768	720	768
自然保护区(个)	Number of Nature Reserves (unit)	799	1227	2349	2588	2729	2740	2750	2750
自然保护区面积(万公顷)	Area of Nature Reserves (10 000 hectares)	7191	9821	14995	14944	14699	14703	14733	14717
水资源总量(亿立方米)	Total Amount of Water Resources (100 million cu.m)		27701	28053	30906	27267	27963	32466	28761
人均水资源量(立方米/人)	Per Capita Water Resources (cu.m)		2194	2152	2310	1999	2039	2355	2075
用水总量(亿立方米)	Water Use (100 million cu.m)		5498	5633	6022	6095	6103	6040	6043
人均用水量(立方米/人)	Per Capita Water Use (cu.m)		435	432	450	447	445	438	436
废水排放总量(亿吨)	Waste Water Discharged (100 million tons)	373	415	525	617	716	735	711	700
二氧化硫排放量(万吨)	Emission of SO2 (10 000 tons)	1891	1995	2549	2185	1974	1859	1103	875
发生地质灾害数量(处)	Geological Disasters (unit)		19653	17751	30670	10937	8355	10997	7521
森林火灾次数(起)	Total Number of Forest Fires (case)			11542	7723	3703	2936	2034	3223
森林火灾火场总面积(万公顷)	Total Area of Forest Fires (10 000 hectares)	7.1	8.8	7.4	11.6	5.5	3.3	1.8	4.4
环境污染治理投资总额(亿元)	Total Investment in the Treatment of Environmental Pollution (100 million yuan)		1015	2388	7612	9576	8806	9220	9539
环境污染治理投资总额与GDP之比(%)	Total Investment in the Treatment of Environmental Pollution as of GDP (%)		1.13	1.30	1.86	1.49	1.28	1.24	1.15

注：森林覆盖率为历次全国森林资源清查资料数。
Note: Forest coverage rate are the figures of the National Forestry Survey.

1-13 公共安全基本情况
Basic Statistics on Public Security

项　目	Item	1995	2000	2005	2010	2015	2016	2017
公安机关刑事案件立案数(万起)	Criminal Cases Registered in Public Security Organs (10 000 cases)	169.7	363.7	464.8	597.0	717.4	642.8	548.3
公安机关治安案件查处数(万起)	Offence Cases Against Public Order Handled by Public Security Organs (10 000 cases)	296.8	382.3	630.1	1212.2	1097.2	1065.2	960.9
检察机关直接立案侦查案件数(万件)	Cases under Direct Investigation by People's Procuratorate (10 000 cases)		4.5	3.5	3.3	4.1	3.5	3.4
检察机关审查批捕、决定逮捕人数(万人)	Arrests of Criminal Suspects and Defendants Approved by People's Procuratorate (10 000 persons)					89.3	84.2	108.2
检察机关处理申诉案件结案数(件)	Appeals Settled by People's Procuratorate (case)		4831	4169	10948	4846	4722	5805
人民法院审理一审案件收案数(万件)	First Trial Cases Accepted by Courts (10 000 cases)	454.6	535.6	516.1	699.9	1144.5	1208.9	1290.8
刑事案件	Criminal	49.6	56.0	68.5	78.0	112.7	110.1	129.4
民事案件	Civil	271.9	341.2	438.0	609.1	1009.8	1076.2	1137.4
行政案件	Administrative	5.3	8.6	9.6	12.9	22.0	22.5	23.0
人民法院审理刑事案件罪犯总数(万人)	Number of Criminal Offenders Heard by Courts (10 000 persons)		64.0	84.3	100.6	123.2	122.0	126.9
#不满18岁青少年罪犯	Young Offenders Less Than 18 Years		4.2	8.3	6.8	4.4	3.6	3.3
律师事务所(个)	Number of Law Offices (unit)	7263	9541	12988	17230	24425	26150	28382
专职律师(万人)	Full-time Lawyers (10 000 persons)	4.5	6.9	11.4	17.6	26.8	29.4	31.7
公证员(万人)	Notaries (10 000 persons)	1.1	1.3	1.2	1.1	1.3	1.3	1.3
交通事故发生数(万起)	Traffic Accidents (10 000 cases)	27.0	62.0	45.0	22.0	18.8	21.3	20.3
交通事故死亡人数(万人)	Deaths on Traffic Accidents (10 000 persons)	7.1	9.4	9.9	6.5	5.8	6.3	6.4
交通事故直接财产损失(亿元)	Direct Property Losses on Traffic Accidents (100 million yuan)	15.2	26.7	18.8	9.3	10.4	12.1	12.1

1-14 社会参与基本情况
Basic Statistics of Social Participation

项　目	Item	1995	2000	2005	2010	2015	2016	2017
社会团体(万个)	Social Organization (10 000 units)	18.1	13.1	17.1	24.5	32.9	33.6	35.5
基金会(个)	Fund Organization (unit)			975	2202	4784	5559	6307
民办非企业单位(万个)	Non-enterprise Units Run by NGO (10 000 units)		2.3	14.8	19.8	32.9	36.1	40.0
村民委员会(万个)	Village Committee (10 000 units)	93.2	73.2	62.9	59.5	58.1	55.9	55.4
社区居委会(万个)	Neighborhood Committee (10 000 units)	11.2	10.8	8.0	8.7	10.0	10.3	10.6
工会基层组织数(万个)	Number of Grassroots Trade Unions (10 000 units)	59.3	85.9	117.4	197.6	280.6	282.5	280.9
工会专职工作人员人数(万人)	Number of Full-time Personnel of Trade Unions (10 000 persons)	46.8	48.2	47.7	86.4	111.4	113.0	108.9

1-15　国内生产总值及构成
Gross Domestic Product and Composition by Year

年　份 Year	国内生产总　值(亿元) GDP (100 million yuan)	第一产业 Primary Industry	第二产业 Secondary Industry	第三产业 Tertiary Industry	国内生产总值构成(%) GDP Composition (%)	第一产业 Primary Industry	第二产业 Secondary Industry	第三产业 Tertiary Industry	人均国内生产总值(元) Per Capita GDP (yuan)
1978	3678.7	1018.5	1755.2	905.1	100.0	27.7	47.7	24.6	385
1979	4100.5	1259.0	1925.4	916.1	100.0	30.7	47.0	22.3	423
1980	4587.6	1359.5	2204.7	1023.4	100.0	29.6	48.1	22.3	468
1981	4935.8	1545.7	2269.1	1121.1	100.0	31.3	46.0	22.7	497
1982	5373.4	1761.7	2397.7	1214.0	100.0	32.8	44.6	22.6	533
1983	6020.9	1960.9	2663.0	1397.0	100.0	32.6	44.2	23.2	588
1984	7278.5	2295.6	3124.8	1858.1	100.0	31.5	42.9	25.5	702
1985	9098.9	2541.7	3886.5	2670.7	100.0	27.9	42.7	29.4	866
1986	10376.2	2764.1	4515.2	3096.9	100.0	26.6	43.5	29.8	973
1987	12174.6	3204.5	5274.0	3696.2	100.0	26.3	43.3	30.4	1123
1988	15180.4	3831.2	6607.4	4741.8	100.0	25.2	43.5	31.2	1378
1989	17179.7	4228.2	7300.9	5650.6	100.0	24.6	42.5	32.9	1536
1990	18872.9	5017.2	7744.3	6111.4	100.0	26.6	41.0	32.4	1663
1991	22005.6	5288.8	9129.8	7587.0	100.0	24.0	41.5	34.5	1912
1992	27194.5	5800.3	11725.3	9668.9	100.0	21.3	43.1	35.6	2334
1993	35673.2	6887.6	16473.1	12312.6	100.0	19.3	46.2	34.5	3027
1994	48637.5	9471.8	22453.1	16712.5	100.0	19.5	46.2	34.4	4081
1995	61339.9	12020.5	28677.5	20641.9	100.0	19.6	46.8	33.7	5091
1996	71813.6	13878.3	33828.1	24107.2	100.0	19.3	47.1	33.6	5898
1997	79715.0	14265.2	37546.0	27903.8	100.0	17.9	47.1	35.0	6481
1998	85195.5	14618.7	39018.5	31558.3	100.0	17.2	45.8	37.0	6860
1999	90564.4	14549.0	41080.9	34934.5	100.0	16.1	45.4	38.6	7229
2000	100280.1	14717.4	45664.8	39897.9	100.0	14.7	45.5	39.8	7942
2001	110863.1	15502.5	49660.7	45700.0	100.0	14.0	44.8	41.2	8717
2002	121717.4	16190.2	54105.5	51421.7	100.0	13.3	44.5	42.2	9506
2003	137422.0	16970.2	62697.4	57754.4	100.0	12.3	45.6	42.0	10666
2004	161840.2	20904.3	74286.9	66648.9	100.0	12.9	45.9	41.2	12487
2005	187318.9	21806.7	88084.4	77427.8	100.0	11.6	47.0	41.3	14368
2006	219438.5	23317.0	104361.8	91759.7	100.0	10.6	47.6	41.8	16738
2007	270232.3	27788.0	126633.6	115810.7	100.0	10.3	46.9	42.9	20505
2008	319515.5	32753.2	149956.6	136805.8	100.0	10.3	46.9	42.8	24121
2009	349081.4	34161.8	160171.7	154747.9	100.0	9.8	45.9	44.3	26222
2010	413030.3	39362.6	191629.8	182038.0	100.0	9.5	46.4	44.1	30876
2011	489300.6	46163.1	227038.8	216098.6	100.0	9.4	46.4	44.2	36403
2012	540367.4	50902.3	244643.3	244821.9	100.0	9.4	45.3	45.3	40007
2013	595244.4	55329.1	261956.1	277959.3	100.0	9.3	44.0	46.7	43852
2014	643974.0	58343.5	277571.8	308058.6	100.0	9.1	43.1	47.8	47203
2015	689052.1	60862.1	282040.3	346149.7	100.0	8.8	40.9	50.2	50251
2016	744127.2	63670.7	296236.0	384220.5	100.0	8.6	39.8	51.6	53980
2017	827121.7	65467.6	334622.6	427031.5	100.0	7.9	40.5	51.6	59660

注：本表按当年价格计算。
Note: Data in this table are calculated at current prices.

1-16 地区生产总值
Gross Regional Product

单位：亿元 (100 million yuan)

地 区	Region	2010	2011	2012	2013	2014	2015	2016	2017
北 京	Beijing	14113.58	16251.93	17879.40	19800.81	21330.83	23014.59	25669.13	28014.94
天 津	Tianjin	9224.46	11307.28	12893.88	14442.01	15726.93	16538.19	17885.39	18549.19
河 北	Hebei	20394.26	24515.76	26575.01	28442.95	29421.15	29806.11	32070.45	34016.32
山 西	Shanxi	9200.86	11237.55	12112.83	12665.25	12761.49	12766.49	13050.41	15528.42
内蒙古	Inner Mongolia	11672.00	14359.88	15880.58	16916.50	17770.19	17831.51	18128.10	16096.21
辽 宁	Liaoning	18457.27	22226.70	24846.43	27213.22	28626.58	28669.02	22246.90	23409.24
吉 林	Jilin	8667.58	10568.83	11939.24	13046.40	13803.14	14063.13	14776.80	14944.53
黑龙江	Heilongjiang	10368.60	12582.00	13691.58	14454.91	15039.38	15083.67	15386.09	15902.68
上 海	Shanghai	17165.98	19195.69	20181.72	21818.15	23567.70	25123.45	28178.65	30632.99
江 苏	Jiangsu	41425.48	49110.27	54058.22	59753.37	65088.32	70116.38	77388.28	85869.76
浙 江	Zhejiang	27722.31	32318.85	34665.33	37756.58	40173.03	42886.49	47251.36	51768.26
安 徽	Anhui	12359.33	15300.65	17212.05	19229.34	20848.75	22005.63	24407.62	27018.00
福 建	Fujian	14737.12	17560.18	19701.78	21868.49	24055.76	25979.82	28810.58	32182.09
江 西	Jiangxi	9451.26	11702.82	12948.88	14410.19	15714.63	16723.78	18499.00	20006.31
山 东	Shandong	39169.92	45361.85	50013.24	55230.32	59426.59	63002.33	68024.49	72634.15
河 南	Henan	23092.36	26931.03	29599.31	32191.30	34938.24	37002.16	40471.79	44552.83
湖 北	Hubei	15967.61	19632.26	22250.45	24791.83	27379.22	29550.19	32665.38	35478.09
湖 南	Hunan	16037.96	19669.56	22154.23	24621.67	27037.32	28902.21	31551.37	33902.96
广 东	Guangdong	46013.06	53210.28	57067.92	62474.79	67809.85	72812.55	80854.91	89705.23
广 西	Guangxi	9569.85	11720.87	13035.10	14449.90	15672.89	16803.12	18317.64	18523.26
海 南	Hainan	2064.50	2522.66	2855.54	3177.56	3500.72	3702.76	4053.20	4462.54
重 庆	Chongqing	7925.58	10011.37	11409.60	12783.26	14262.60	15717.27	17740.59	19424.73
四 川	Sichuan	17185.48	21026.68	23872.80	26392.07	28536.66	30053.10	32934.54	36980.22
贵 州	Guizhou	4602.16	5701.84	6852.20	8086.86	9266.39	10502.56	11776.73	13540.83
云 南	Yunnan	7224.18	8893.12	10309.47	11832.31	12814.59	13619.17	14788.42	16376.34
西 藏	Tibet	507.46	605.83	701.03	815.67	920.83	1026.39	1151.41	1310.92
陕 西	Shaanxi	10123.48	12512.30	14453.68	16205.45	17689.94	18021.86	19399.59	21898.81
甘 肃	Gansu	4120.75	5020.37	5650.20	6330.69	6836.82	6790.32	7200.37	7459.90
青 海	Qinghai	1350.43	1670.44	1893.54	2122.06	2303.32	2417.05	2572.49	2624.83
宁 夏	Ningxia	1689.65	2102.21	2341.29	2577.57	2752.10	2911.77	3168.59	3443.56
新 疆	Xinjiang	5437.47	6610.05	7505.31	8443.84	9273.46	9324.80	9649.70	10881.96

注：本表按当年价格计算。
Note: Data in this table are calculated at current prices.

1-17 人均地区生产总值
Per Capita Gross Regional Product

单位：元 (yuan)

地 区	Region	2010	2011	2012	2013	2014	2015	2016	2017
北 京	Beijing	73856	81658	87475	94648	99995	106497	118198	128994
天 津	Tianjin	72994	85213	93173	100105	105231	107960	115053	118944
河 北	Hebei	28668	33969	36584	38909	39984	40255	43062	45387
山 西	Shanxi	26283	31357	33628	34984	35070	34919	35532	42060
内蒙古	Inner Mongolia	47347	57974	63886	67836	71046	71101	72064	63764
辽 宁	Liaoning	42355	50760	56649	61996	65201	65354	50791	53527
吉 林	Jilin	31599	38460	43415	47428	50160	51086	53868	54838
黑龙江	Heilongjiang	27076	32819	35711	37697	39226	39462	40432	41916
上 海	Shanghai	76074	82560	85373	90993	97370	103796	116562	126634
江 苏	Jiangsu	52840	62290	68347	75354	81874	87995	96887	107150
浙 江	Zhejiang	51711	59249	63374	68805	73002	77644	84916	92057
安 徽	Anhui	20888	25659	28792	32001	34425	35997	39561	43401
福 建	Fujian	40025	47377	52763	58145	63472	67966	74707	82677
江 西	Jiangxi	21253	26150	28800	31930	34674	36724	40400	43424
山 东	Shandong	41106	47335	51768	56885	60879	64168	68733	72807
河 南	Henan	24446	28661	31499	34211	37072	39123	42575	46674
湖 北	Hubei	27906	34197	38572	42826	47145	50654	55665	60199
湖 南	Hunan	24719	29880	33480	36943	40271	42754	46382	49558
广 东	Guangdong	44736	50807	54095	58833	63469	67503	74016	80932
广 西	Guangxi	20219	25326	27952	30741	33090	35190	38027	38102
海 南	Hainan	23831	28898	32377	35663	38924	40818	44347	48430
重 庆	Chongqing	27596	34500	38914	43223	47850	52321	58502	63442
四 川	Sichuan	21182	26133	29608	32617	35128	36775	40003	44651
贵 州	Guizhou	13119	16413	19710	23151	26437	29847	33246	37956
云 南	Yunnan	15752	19265	22195	25322	27264	28806	31093	34221
西 藏	Tibet	17027	20077	22936	26326	29252	31999	35184	39267
陕 西	Shaanxi	27133	33464	38564	43117	46929	47626	51015	57266
甘 肃	Gansu	16113	19595	21978	24539	26433	26165	27643	28497
青 海	Qinghai	24115	29522	33181	36875	39671	41252	43531	44047
宁 夏	Ningxia	26860	33043	36394	39613	41834	43805	47194	50765
新 疆	Xinjiang	25034	30087	33796	37553	40648	40036	40564	44941

1-18 分地区一般公共预算收入(2017年)

单位：亿元

地区	Region	地方一般公共预算收入 General Public Budget Revenue	税收收入 Tax Revenue	国内增值税 Domestic Value-added Tax	企业所得税 Corporate Income Tax
地方合计	**Region Total**	**91469.41**	**68672.72**	**28212.16**	**11694.50**
北京	Beijing	5430.79	4676.68	1671.90	1229.80
天津	Tianjin	2310.36	1611.96	654.54	310.14
河北	Hebei	3233.83	2199.35	913.73	351.75
山西	Shanxi	1867.00	1397.43	623.11	174.42
内蒙古	Inner Mongolia	1703.21	1286.91	513.76	128.82
辽宁	Liaoning	2392.77	1812.42	785.76	278.41
吉林	Jilin	1210.91	854.03	371.40	144.61
黑龙江	Heilongjiang	1243.31	901.91	357.74	102.38
上海	Shanghai	6642.26	5865.51	2460.39	1402.30
江苏	Jiangsu	8171.53	6484.33	2864.23	1145.19
浙江	Zhejiang	5804.38	4940.74	2201.37	822.19
安徽	Anhui	2812.45	1970.68	803.36	274.73
福建	Fujian	2809.03	2052.64	754.39	381.82
江西	Jiangxi	2247.06	1515.01	615.72	182.23
山东	Shandong	6098.63	4419.40	1705.96	620.30
河南	Henan	3407.22	2329.31	888.93	332.02
湖北	Hubei	3248.32	2247.82	860.67	349.62
湖南	Hunan	2757.82	1759.13	702.15	201.94
广东	Guangdong	11320.35	8871.89	3675.43	1767.83
广西	Guangxi	1615.13	1057.69	428.99	127.75
海南	Hainan	674.11	543.56	201.27	83.48
重庆	Chongqing	2252.38	1476.33	537.05	203.34
四川	Sichuan	3577.99	2430.32	1010.19	359.38
贵州	Guizhou	1613.84	1179.73	417.73	146.67
云南	Yunnan	1886.17	1233.85	527.91	161.19
西藏	Tibet	185.83	122.70	78.94	4.74
陕西	Shaanxi	2006.69	1485.58	690.85	176.54
甘肃	Gansu	815.73	547.14	270.76	67.24
青海	Qinghai	246.20	183.96	89.36	23.25
宁夏	Ningxia	417.59	270.30	125.42	26.14
新疆	Xinjiang	1466.52	944.38	409.15	114.27

General Public Budget Revenue by Region (2017)

(100 million yuan)

个人所得税 Individual Income Tax	资源税 Resource Tax	城市维护建设税 City Maintenance and Construction Tax	房产税 House Property Tax	印花税 Stamp Tax	城镇土地使用税 Urban Land Use Tax	土地增值税 Land Appreciation Tax
4785.64	**1310.54**	**4204.12**	**2604.33**	**1137.89**	**2360.55**	**4911.28**
643.20	1.08	225.41	273.11	90.00	19.92	288.99
116.51	2.56	97.26	76.45	36.34	18.59	126.60
92.29	44.98	129.00	62.21	43.02	112.14	168.70
47.90	272.69	69.76	34.39	24.07	35.59	43.63
56.22	204.03	66.89	51.64	19.02	81.19	22.42
90.41	42.28	129.77	95.22	31.44	139.10	65.74
46.35	8.48	66.62	33.33	13.86	31.03	31.03
41.46	53.59	58.08	38.27	11.75	75.21	63.41
692.46	0.01	271.56	203.69	94.90	47.58	387.73
386.82	14.00	431.82	291.19	95.90	202.72	458.93
395.24	12.58	329.09	195.35	81.57	116.29	288.90
79.41	21.45	121.21	59.33	28.51	143.62	120.85
150.55	9.89	112.28	79.01	36.18	44.41	274.25
69.64	59.64	89.34	40.24	21.95	55.48	118.05
186.73	99.56	261.82	157.81	74.78	398.18	367.18
86.31	35.57	131.43	65.12	36.04	116.22	192.24
121.94	14.15	162.73	82.67	33.95	67.66	215.80
90.21	9.59	157.30	58.04	24.56	73.62	129.44
755.91	14.18	534.97	299.46	142.29	111.98	839.11
50.19	16.78	68.28	32.67	19.11	31.11	72.79
28.95	3.41	29.23	19.45	9.13	28.20	98.66
72.73	14.78	83.55	64.90	31.95	147.00	83.95
152.74	30.41	150.59	88.66	38.25	72.05	172.19
48.55	30.77	67.26	38.61	17.31	37.90	108.66
69.15	24.56	112.32	41.96	19.55	37.11	50.53
18.62	1.93	11.02		3.57	0.21	1.41
79.05	144.66	100.36	44.72	23.91	36.71	44.82
27.33	16.73	45.59	21.04	8.75	19.40	28.84
8.96	18.57	12.19	6.53	3.57	4.58	4.60
15.05	18.57	17.52	12.15	6.15	12.34	8.59
64.78	69.06	59.88	37.12	16.51	43.39	33.26

1-18 续表

单位: 亿元

地　区	Region	车船税 Tax on Vehicles and Boat Operation	耕地占用税 Farm Land Occupation Tax	契　税 Deed Tax	烟叶税 Tobacco Leaf Tax	其他税收收入 Other Tax Revenue
地方合计	**Region Total**	**773.59**	**1651.89**	**4910.42**	**115.72**	**0.09**
北　京	Beijing	33.10	2.72	197.46		
天　津	Tianjin	11.15	10.82	151.00		
河　北	Hebei	41.86	58.50	181.08	0.09	
山　西	Shanxi	20.84	12.08	38.68	0.26	
内蒙古	Inner Mongolia	19.11	88.81	34.88	0.11	
辽　宁	Liaoning	34.31	13.27	105.42	1.28	
吉　林	Jilin	16.09	19.83	70.62	0.77	
黑龙江	Heilongjiang	19.40	20.92	58.23	1.48	
上　海	Shanghai	27.46	5.89	271.55		
江　苏	Jiangsu	52.24	53.00	488.20		0.09
浙　江	Zhejiang	51.59	64.97	381.59	0.02	
安　徽	Anhui	20.77	52.12	244.30	1.03	
福　建	Fujian	19.38	15.96	167.57	6.95	
江　西	Jiangxi	13.93	78.01	168.18	2.60	
山　东	Shandong	69.37	163.24	312.52	1.96	
河　南	Henan	39.63	189.15	208.54	8.12	
湖　北	Hubei	24.50	106.37	204.87	2.91	
湖　南	Hunan	22.01	60.96	220.42	8.88	
广　东	Guangdong	84.35	66.26	578.75	1.38	
广　西	Guangxi	17.22	90.43	101.35	1.02	
海　南	Hainan	3.88	0.95	36.95		
重　庆	Chongqing	12.70	43.41	178.57	2.39	
四　川	Sichuan	32.88	105.12	209.95	7.90	
贵　州	Guizhou	11.84	153.10	89.29	12.04	
云　南	Yunnan	20.07	52.99	63.36	53.16	
西　藏	Tibet	1.17	1.09			
陕　西	Shaanxi	19.01	51.15	72.56	1.24	
甘　肃	Gansu	11.99	6.81	22.55	0.12	
青　海	Qinghai	2.73	5.03	4.60		
宁　夏	Ningxia	4.24	10.63	13.50	0.01	
新　疆	Xinjiang	14.79	48.28	33.89		

continued

(100 million yuan)

非税收入 Non-Tax Revenue	专项收入 Special Program Receipts	行政事业性收费收入 Charge of Administrative and Institutional Units	罚没收入 Penalty Receipts	国有资本经营收入 Operation Income of State-owned Assets	国有资源(资产)有偿使用收入 Income from Use of State-owned Resources (Assets)	其他收入 Other Non-tax Receipts
22796.69	**6520.16**	**4305.20**	**2162.10**	**567.06**	**6922.29**	**2319.88**
754.11	462.30	65.68	49.19		120.42	56.51
698.40	293.77	181.02	35.78	7.64	82.05	98.14
1034.48	248.61	189.16	148.75	28.00	343.78	76.18
469.57	115.86	78.92	43.28	3.63	176.60	51.28
416.30	113.98	131.96	44.39	11.12	94.38	20.48
580.35	149.18	120.67	106.76	5.10	153.51	45.13
356.88	95.95	85.73	33.85	18.28	86.88	36.19
341.41	65.74	62.37	45.99	28.01	113.78	25.52
776.75	344.29	100.81	61.51		234.21	35.93
1687.21	493.05	420.51	136.46		465.89	171.29
863.64	467.56	68.99	123.66	-43.96	211.04	36.35
841.77	239.05	152.33	60.05	63.33	271.37	55.64
756.39	249.17	101.72	64.07	49.12	243.74	48.59
732.05	122.88	175.98	97.22	3.12	261.56	71.30
1679.23	310.39	320.28	180.23	30.66	755.61	82.06
1077.91	283.27	250.60	115.76	77.55	240.51	110.23
1000.49	196.38	348.30	82.16	31.60	258.23	83.83
998.69	175.44	133.38	96.81	9.27	388.40	195.39
2448.46	873.93	285.37	224.67	39.16	554.39	470.94
557.44	134.80	97.14	45.08	69.06	161.69	49.68
130.54	53.41	17.56	10.87	2.87	36.94	8.90
776.05	92.47	263.08	44.02		332.01	44.47
1147.66	222.75	211.32	78.41	38.85	422.45	173.89
434.11	91.25	73.81	50.00	25.32	133.71	60.02
652.32	202.84	100.71	58.79	1.98	231.19	56.82
63.13	15.59	6.83	4.37	-0.28	20.16	16.46
521.11	159.59	103.17	41.60	32.57	136.18	48.00
268.59	76.11	55.26	27.49	1.57	72.67	35.49
62.23	15.58	9.23	6.41	0.73	25.15	5.14
147.29	31.66	18.56	8.63	14.31	61.14	12.99
522.14	123.32	74.76	35.85	18.46	232.69	37.06

1-19 分地区一般公共预算支出(2017年)

单位：亿元

地　区	Region	地方一般公共预算支出 General Public Budget Expenditure	一般公共服务支出 Expenditure for General Public Services	外交支出 Expenditure for Foreign Affairs	国防支出 Expenditure for National Defense	公　共安全支出 Expenditure for Public Security
地方合计	**Region Total**	**173228.34**	**15238.90**	**2.08**	**206.02**	**10612.33**
北　京	Beijing	6824.53	493.24		9.96	467.99
天　津	Tianjin	3282.54	209.02		3.59	207.42
河　北	Hebei	6639.18	633.18		8.81	367.55
山　西	Shanxi	3756.42	314.07		3.67	216.00
内蒙古	Inner Mongolia	4529.93	349.10	0.06	4.34	250.09
辽　宁	Liaoning	4879.42	386.04		6.14	301.66
吉　林	Jilin	3725.72	294.50		5.06	212.44
黑龙江	Heilongjiang	4641.08	279.08		5.34	223.39
上　海	Shanghai	7547.62	320.70		9.75	356.12
江　苏	Jiangsu	10621.03	1022.75		17.10	717.07
浙　江	Zhejiang	7530.32	765.03		8.15	548.44
安　徽	Anhui	6203.81	453.28		5.55	258.39
福　建	Fujian	4684.15	380.84		5.14	330.02
江　西	Jiangxi	5111.47	477.17		5.68	255.74
山　东	Shandong	9258.40	857.51	0.03	15.99	566.05
河　南	Henan	8215.52	850.29		5.98	417.11
湖　北	Hubei	6801.26	688.85		3.56	397.54
湖　南	Hunan	6869.39	747.05		12.93	371.77
广　东	Guangdong	15037.48	1355.60	0.26	11.85	1214.04
广　西	Guangxi	4908.55	455.35	0.01	8.78	283.17
海　南	Hainan	1443.97	122.13	0.96	5.14	85.72
重　庆	Chongqing	4336.28	304.55	0.13	4.84	235.91
四　川	Sichuan	8694.76	793.30	0.02	11.43	471.42
贵　州	Guizhou	4612.52	464.83		4.40	268.09
云　南	Yunnan	5712.97	609.83		5.99	343.26
西　藏	Tibet	1681.94	243.55	0.22	1.94	102.71
陕　西	Shaanxi	4833.19	417.34		4.45	241.82
甘　肃	Gansu	3304.44	307.23		2.46	170.38
青　海	Qinghai	1530.44	123.85		0.99	90.04
宁　夏	Ningxia	1372.78	86.15		0.66	64.59
新　疆	Xinjiang	4637.24	433.47	0.38	6.38	576.39

General Public Expenditure by Region (2017)

(100 million yuan)

教育支出 Expenditure for Education	科学技术支出 Expenditure for Science and Technology	文化体育与传媒支出 Expenditure for Culture, Sport and Media	社会保障和就业支出 Expenditure for Social Safety Net and Employment Effort	医疗卫生与计划生育支出 Expenditure for Medical and Health Care, Family Planning	节能环保支出 Expenditure for Environment Protection	城乡社区支出 Expenditure for Urban and Rural Community Affairs
28604.79	**4440.02**	**3121.01**	**23610.57**	**14343.03**	**5266.77**	**20561.55**
964.62	361.76	208.96	795.38	427.87	458.44	1034.14
434.59	115.99	57.94	459.58	182.10	110.22	882.35
1276.55	69.08	103.19	976.88	605.10	353.45	455.35
620.67	50.25	71.92	646.63	321.34	128.87	281.91
561.85	33.67	116.79	704.14	323.48	143.67	340.12
648.06	57.38	86.44	1340.54	336.63	106.53	409.64
508.09	46.84	70.69	550.80	279.22	115.12	394.45
573.11	46.91	53.56	928.55	297.17	193.20	456.70
874.10	389.90	191.32	1061.03	412.18	224.66	1531.42
1979.57	428.01	194.37	1043.40	789.52	292.10	1500.54
1430.15	303.50	159.66	801.78	584.17	190.15	910.17
1014.91	260.41	80.94	862.53	597.74	198.64	1013.80
842.21	99.44	87.34	394.56	420.44	120.65	728.08
940.57	120.09	74.65	663.93	492.59	143.40	516.06
1890.00	195.77	141.90	1131.96	829.27	236.84	1075.92
1493.11	137.94	97.52	1160.23	836.66	241.65	1122.67
1101.35	234.27	95.26	1092.30	614.69	139.71	693.61
1115.33	91.42	148.83	1017.90	585.98	173.28	716.54
2575.52	823.89	285.87	1423.33	1307.56	433.23	2180.53
920.20	60.04	64.36	678.65	512.31	85.11	529.69
220.87	12.47	29.86	183.08	127.37	35.72	119.92
626.30	59.31	48.89	702.82	353.79	154.95	815.64
1389.20	106.57	142.46	1501.35	831.46	197.75	724.79
901.96	87.72	64.73	498.74	436.21	125.39	198.82
998.33	53.42	71.30	750.33	546.99	179.48	464.75
227.20	8.49	44.93	155.86	93.80	46.64	165.99
828.25	79.34	121.95	718.22	418.27	162.52	477.73
567.35	25.83	64.59	468.16	289.24	102.20	166.90
187.51	11.94	37.58	209.57	125.21	60.93	137.00
170.65	25.55	22.82	162.32	97.98	57.61	187.00
722.59	42.81	80.40	526.00	266.71	54.66	329.30

1-19 续表

单位：亿元

地　区	Region	农林水支出 Expenditure for Agriculture, Forestry and Water Conservancy	交　通运输支出 Expenditure for Transportation	资源勘探信息等支出 Expenditures for Affairs of Resource Exploration and Information	商业服务业等支出 Expenditure for Affairs of Commerce and Services	金融支出 Expenditure for Financial Affairs
地方合计	**Region Total**	**18380.25**	**9517.56**	**4660.21**	**1519.66**	**294.83**
北　京	Beijing	518.35	446.48	155.24	53.73	12.93
天　津	Tianjin	158.36	87.69	123.50	53.44	5.52
河　北	Hebei	782.91	352.42	114.05	39.20	4.09
山　西	Shanxi	477.91	164.79	73.01	19.52	7.19
内蒙古	Inner Mongolia	807.71	344.38	94.24	41.84	19.43
辽　宁	Liaoning	459.23	215.16	105.90	31.77	2.18
吉　林	Jilin	554.77	257.33	88.50	31.14	6.94
黑龙江	Heilongjiang	815.16	252.56	70.35	18.28	2.92
上　海	Shanghai	456.53	428.84	566.79	141.27	26.37
江　苏	Jiangsu	918.22	482.13	347.58	112.56	13.59
浙　江	Zhejiang	696.69	320.53	193.54	140.38	10.47
安　徽	Anhui	681.91	230.37	106.11	34.71	13.55
福　建	Fujian	447.70	263.68	172.88	67.81	13.80
江　西	Jiangxi	607.71	228.91	215.80	34.60	7.12
山　东	Shandong	953.59	367.31	198.65	83.96	22.75
河　南	Henan	916.81	296.17	104.08	34.57	18.99
湖　北	Hubei	714.73	306.31	174.28	33.71	4.26
湖　南	Hunan	782.42	332.08	168.29	56.56	12.47
广　东	Guangdong	754.40	848.40	402.60	91.73	20.65
广　西	Guangxi	646.87	244.09	82.82	38.69	3.48
海　南	Hainan	198.42	136.90	26.20	12.36	0.88
重　庆	Chongqing	347.57	287.97	92.25	60.66	1.67
四　川	Sichuan	1023.13	526.68	300.43	81.21	14.13
贵　州	Guizhou	612.05	336.91	97.96	30.16	0.74
云　南	Yunnan	674.82	511.24	62.47	28.69	4.38
西　藏	Tibet	238.09	200.34	62.07	8.56	15.51
陕　西	Shaanxi	545.40	304.03	93.46	42.78	17.67
甘　肃	Gansu	520.79	285.75	49.09	25.14	0.37
青　海	Qinghai	233.12	95.38	36.35	17.70	2.88
宁　夏	Ningxia	222.39	100.82	45.17	16.62	3.48
新　疆	Xinjiang	612.49	261.90	236.52	36.32	4.43

continued

(100 million yuan)

援助其他地区支出 Expenditure for Other Regional Assistance	国土海洋气象等支出 Expenditure for Affairs of Land, Ocean and Weather	住房保障支出 Expenditure for Affairs of Housing Security	粮油物资储备支出 Expenditure for Affairs of Management of Grain & Oil Reserves	债务付息支出 Expenditure for Interest Payments on Debts	债务发行费用支出 Expenditure for Issuing Debts	其他支出 Other Expenditure
398.99	**2005.80**	**6131.82**	**653.30**	**2495.38**	**24.28**	**1139.19**
69.22	24.11	148.00	12.04	49.73	0.47	111.89
15.96	21.92	64.08	5.82	30.02	0.24	53.20
7.64	118.39	175.12	18.97	115.36	0.90	60.96
2.67	119.96	138.19	16.83	42.41	0.45	38.18
	51.98	164.31	19.91	119.14	0.97	38.70
11.41	45.78	124.77	21.89	152.18	1.36	28.73
2.49	67.88	128.04	48.73	55.36	0.83	6.52
2.85	47.83	265.15	48.32	55.18	0.65	4.82
45.02	81.99	286.01	18.15	69.15	0.28	56.02
39.93	117.18	351.81	30.98	157.02	1.29	64.31
24.15	67.95	169.78	16.77	143.70	0.91	44.24
4.78	56.09	222.52	25.69	74.77	0.62	6.50
5.28	48.60	91.59	25.01	63.64	0.95	74.48
3.10	40.09	151.04	17.11	57.57	0.66	57.87
22.20	144.63	309.89	27.77	152.72	1.15	32.52
3.18	65.86	248.12	35.19	99.78	1.09	28.52
6.84	90.68	249.55	34.36	101.49	0.52	23.38
4.92	96.01	248.97	28.96	127.76	1.16	28.76
118.68	156.54	762.03	58.51	115.25	0.82	96.18
	57.03	140.38	19.50	68.55	0.97	8.49
	25.56	55.36	4.18	30.29	0.31	10.27
2.20	54.14	112.78	12.57	52.64	0.61	4.10
5.06	80.35	325.16	32.41	96.89	1.37	38.20
	46.38	251.86	9.02	116.16	1.07	59.30
	60.30	213.62	15.02	81.10	1.48	36.18
0.02	8.36	38.38	2.38	1.37	0.05	15.47
1.34	53.15	199.36	18.30	72.40	0.76	14.63
	57.69	133.84	9.49	35.84	0.36	21.72
	39.10	67.32	5.41	42.43	0.75	5.38
	10.66	60.32	3.51	30.38	0.35	3.75
0.03	49.59	234.48	10.48	85.09	0.88	65.94

1-20 按主要行业分的全社会固定资产投资历年表

单位：亿元

项　　目	Item	2003	2004	2005	2006
全国总计	**National Total**	**55566.6**	**70477.4**	**88773.6**	**109998.2**
农、林、牧、渔业	Agriculture, Forestry, Animal Husbandry and Fishery	1652.3	1890.7	2323.7	2749.9
采矿业	Mining	1775.2	2395.9	3587.4	4678.4
制造业	Manufacturing	14689.5	19585.5	26576.0	34089.5
电力、热力、燃气及水生产和供应业	Production and Supply of Electricity, Heat, Gas and Water	3962.4	5795.1	7554.4	8585.7
建筑业	Construction	924.4	964.0	1119.0	1125.5
批发和零售业	Wholesale and Retail Trades	922.7	1273.0	1716.4	2265.3
交通运输、仓储和邮政业	Transport, Storage and Post	6289.4	7646.2	9614.0	12138.1
住宿和餐饮业	Hotels and Catering Services	423.0	560.8	808.8	1095.7
信息传输、软件和信息技术服务业	Information Transmission, Software and Information Technology	1660.7	1657.7	1581.8	1875.9
金融业	Financial Intermediation	90.2	136.0	109.5	121.4
房地产业	Real Estate	13143.4	16678.9	19505.3	24524.4
租赁和商务服务业	Leasing and Business Services	375.5	420.8	549.6	725.6
科学研究和技术服务业	Scientific Research and Technical Services	285.8	333.1	435.1	495.3
水利、环境和公共设施管理业	Management of Water Conservancy, Environment and Public Facilities	4365.8	5071.7	6274.3	8152.7
居民服务、修理和其他服务业	Services to Households, Repair and Other Services	241.6	313.7	363.5	389.5
教育	Education	1671.1	2024.8	2209.2	2270.2
卫生和社会工作	Health and Social Service	405.8	516.7	661.8	769.0
文化、体育和娱乐业	Culture, Sports and Entertainment	531.5	773.4	857.0	955.4
公共管理、社会保障和社会组织	Public Management, Social Security and Social Organization	2153.7	2437.4	2926.8	2990.5
国际组织	International Organizations	2.5	2.0	0.2	0.1

Total Investment in Fixed Assets in the Whole Country by Sector

(100 million yuan)

2007	2008	2009	2010	2011	2012	2013	2014	2015	2016	2017
137323.9	**172828.4**	**224598.8**	**278121.9**	**311485.1**	**374694.7**	**446294.1**	**512020.7**	**561999.8**	**606465.7**	**641238.4**
3403.5	5064.5	6894.9	7923.1	8757.8	10996.4	13478.8	16573.8	21042.7	24853.1	26708.0
5878.8	7705.8	9210.8	11000.9	11747.0	13300.8	14650.8	14538.9	12970.8	10320.3	9210.1
44505.1	56702.4	70612.9	88619.2	102712.9	124550.0	147705.0	167025.3	180370.4	187962.1	193710.0
9467.6	10997.2	14434.6	15679.7	14659.7	16672.7	19634.7	22829.7	26722.8	29747.7	29805.6
1302.3	1555.9	1992.5	2802.2	3357.1	3739.0	3669.8	4125.8	4956.6	4614.9	3838.9
2880.3	3741.8	5132.8	6032.2	7439.4	9810.7	12720.5	15800.2	18924.9	18166.9	16779.9
14154.0	17024.4	24974.7	30074.5	28291.7	31444.9	36790.1	43215.7	49200.0	53890.4	61449.9
1519.4	1959.2	2625.4	3366.8	3956.6	5153.5	6041.1	6230.1	6546.7	5976.2	6145.0
1848.1	2162.6	2589.0	2454.5	2174.4	2692.0	3084.9	4110.0	5521.9	6325.5	6997.4
157.6	260.6	360.2	489.4	638.7	923.9	1242.0	1363.0	1367.2	1310.2	1121.5
32438.9	40441.8	49358.5	64877.3	81686.1	99159.3	118809.4	131348.2	134284.3	142359.4	146225.5
949.3	1355.9	2036.2	2692.6	3382.8	4700.4	5893.2	7965.2	9447.9	12341.9	13357.1
560.0	782.0	1200.8	1379.3	1679.8	2475.8	3133.2	4219.1	4752.0	5567.8	5932.5
10154.3	13534.3	19874.4	24827.6	24523.1	29621.6	37663.9	46225.0	55679.6	68647.6	82106.1
434.7	522.0	801.9	1114.1	1443.3	1905.0	2099.3	2371.7	2730.3	2750.9	2752.6
2375.6	2523.8	3521.2	4033.6	3894.6	4613.0	5433.0	6708.7	7726.8	9326.7	11104.3
885.0	1155.6	1858.6	2119.0	2330.3	2617.1	3139.3	3991.5	5175.6	6282.1	7327.9
1243.4	1589.9	2383.4	2959.4	3162.0	4271.3	5231.1	6178.4	6728.3	7834.2	8734.8
3166.1	3748.5	4735.9	5676.6	5647.8	6047.4	5874.1	7200.5	7851.1	8187.7	7931.5
	0.3	0.2								

1-21 各行业按建设性质和构成分固定资产投资(不含农户)(2017年)

单位：亿元

指 标	Item	投资额 Investment
全国总计	**National Total**	**631684.0**
农、林、牧、渔业	**Agriculture, Forestry, Animal Husbandry and Fishery**	**24638.3**
农业	Farming	11833.3
林业	Forestry	2222.3
畜牧业	Animal Husbandry	5631.6
渔业	Fishery	1205.2
农、林、牧、渔服务业	Service in Support of Agriculture	3746.0
采矿业	**Mining**	**9208.9**
煤炭开采和洗选业	Mining and Washing of Coal	2648.4
石油和天然气开采业	Extraction of Petroleum and Natural Gas	2648.9
黑色金属矿采选业	Mining and Processing of Ferrous Metal Ores	751.2
有色金属矿采选业	Mining and Processing of Non-Ferrous Metal Ores	1109.1
非金属矿采选业	Mining and Processing of Non-metal Ores	1754.6
开采辅助活动	Support Activities for Mining	237.7
其他采矿业	Mining of Other Ores	59.1
制造业	**Manufacturing**	**193615.7**
农副食品加工业	Processing of Food from Agricultural Products	11986.0
食品制造业	Manufacture of Foods	5842.8
酒、饮料和精制茶制造业	Manufacture of Liquor, Beverages and Refined Tea	3833.9
烟草制品业	Manufacture of Tobacco	185.2
纺织业	Manufacture of Textile	6936.1
纺织服装、服饰业	Manufacture of Textile, Wearing Apparel and Accessories	4976.8
皮革、毛皮、羽毛及其制品和制鞋业	Manufacture of Leather, Fur, Feather and Related Products and Footwear	2368.1
木材加工和木、竹、藤、棕、草制品业	Processing of Timber, Manufacture of Wood, Bamboo, Rattan, Palm and Straw Products	4456.5
家具制造业	Manufacture of Furniture	3729.4
造纸及纸制品业	Manufacture of Paper and Paper Products	3091.0
印刷和记录媒介复制业	Printing and Reproduction of Recording Media	1797.1
文教、工美、体育和娱乐用品制造业	Manufacture of Articles for Culture, Education, Arts and Crafts, Sport and Entertainment Activities	2830.4
石油加工、炼焦及核燃料加工业	Processing of Petroleum, Coking and Processing of Nuclear Fuel	2676.8
化学原料及化学制品制造业	Manufacture of Raw Chemical Materials and Chemical Products	13903.2
医药制造业	Manufacture of Medicines	5986.3
化学纤维制造业	Manufacture of Chemical Fibres	1330.4
橡胶和塑料制品业	Manufacture of Rubber and Plastics Products	6979.4
非金属矿物制品业	Manufacture of Non-metallic Mineral Products	16952.8
黑色金属冶炼和压延加工业	Smelting and Pressing of Ferrous Metals	3804.2
有色金属冶炼和压延加工业	Smelting and Pressing of Non-ferrous Metals	5038.4
金属制品业	Manufacture of Metal Products	10389.9
通用设备制造业	Manufacture of General Purpose Machinery	13246.8
专用设备制造业	Manufacture of Special Purpose Machinery	12346.6
汽车制造业	Manufacture of Automobiles	13099.9
铁路、船舶、航空航天和其他运输设备制造业	Manufacture of Railway, Ship, Aerospace and Other Transport Equipments	2985.7
电气机械和器材制造业	Manufacture of Electrical Machinery and Apparatus	13346.7
计算机、通信和其他电子设备制造业	Manufacture of Computers, Communication and Other Electronic Equipment	12913.9
仪器仪表制造业	Manufacture of Measuring Instruments and Machinery	1975.1
其他制造业	Other Manufacture	2633.9
废弃资源综合利用业	Utilization of Waste Resources	1694.9
金属制品、机械和设备修理业	Repair Service of Metal Products, Machinery and Equipment	277.6
电力、热力、燃气及水生产和供应业	**Production and Supply of Electricity, Heat, Gas and Water**	**29794.1**
电力、热力生产和供应业	Production and Supply of Electric Power and Heat Power	22055.2
燃气生产和供应业	Production and Supply of Gas	2229.8
水的生产和供应业	Production and Supply of Water	5509.2
建筑业	**Construction**	**3647.9**
房屋建筑业	Construction of Buildings	770.5
土木工程建筑业	Civil Engineering	2173.5
建筑安装业	Building Installation	263.4
建筑装饰和其他建筑业	Building Decoration and Other Constructions	440.6

Investment in Fixed Assets (Excluding Rural Households) by Sector, Type of Construction and Composition of Funds (2017)

(100 million yuan)

#新　建 New Construction	#扩　建 Expansion	#改建和技术改造 Reconstruction and Technical Transformation	建筑安装工程投资 Construction and Installation	设备工器具购置 Purchase of Equipment and Instruments	其他费用 Other Expenses
452483.3	**67597.4**	**91873.3**	**441771.5**	**114057.5**	**75854.9**
20211.0	**3044.2**	**1097.0**	**18973.0**	**3074.8**	**2590.5**
10034.7	1291.7	420.8	9085.1	1421.7	1326.5
1802.4	297.8	100.1	1510.7	190.8	520.8
4603.6	780.9	220.9	4454.1	760.8	416.7
906.2	150.9	81.3	898.7	219.1	87.4
2864.1	522.8	273.9	3024.5	482.3	239.1
5112.8	**1178.4**	**2735.6**	**6366.9**	**2012.4**	**829.7**
1227.3	315.5	976.6	1565.1	793.5	289.7
2254.0	95.0	290.4	2199.8	250.9	198.1
240.2	92.8	416.8	460.6	209.3	81.3
427.0	259.9	414.4	787.9	198.2	123.0
807.7	374.0	547.1	1152.4	483.4	118.8
132.3	26.5	71.6	163.4	61.3	13.0
24.3	14.7	18.7	37.6	15.7	5.8
90835.6	**33691.6**	**60374.3**	**109741.5**	**73220.3**	**10653.9**
6190.6	2288.7	3237.1	7971.1	3367.5	647.4
2939.1	1090.8	1627.6	3697.7	1848.7	296.4
1910.6	697.3	1057.0	2594.4	1015.6	224.0
79.0	11.2	86.5	128.4	47.8	9.0
2516.5	1784.6	2284.9	3433.8	3147.7	354.6
2246.4	1126.3	1439.3	2928.9	1811.6	236.3
1128.2	530.1	628.9	1436.7	787.1	144.2
1884.1	960.2	1512.5	2628.2	1558.2	270.1
2037.2	636.1	924.7	2326.7	1152.0	250.8
1321.0	566.5	1086.0	1726.0	1210.3	154.6
640.3	373.4	653.2	971.8	744.3	80.9
1320.6	567.0	838.4	1688.1	939.2	203.1
1235.7	465.6	938.9	1402.9	1027.0	246.9
6232.2	2274.7	4930.0	7707.1	5336.0	860.0
3123.9	937.4	1719.5	3757.2	1885.0	344.0
620.0	282.4	384.7	733.8	531.1	65.5
2814.6	1454.6	2381.1	3706.0	2947.3	326.1
8223.2	2785.9	5469.8	10201.0	5799.4	952.3
1275.3	476.9	1881.2	2039.5	1542.9	221.7
2654.6	829.9	1416.5	2660.5	2060.7	317.2
4574.1	1961.5	3317.7	5969.8	3932.1	488.0
5063.6	2454.4	4818.3	6885.0	5745.8	616.1
5756.8	1967.4	3894.9	6921.0	4792.9	632.8
6156.0	1910.0	4195.8	6687.8	5607.4	804.7
1731.3	347.2	742.3	1759.2	1000.1	226.4
6498.7	2201.2	3982.4	7158.1	5535.2	653.4
7223.0	1603.6	3196.7	6407.8	5869.2	636.9
883.4	310.8	665.0	1109.5	748.9	116.8
1538.2	535.3	409.8	1852.0	617.2	164.7
887.2	219.3	567.1	1066.5	534.2	94.3
130.1	41.3	86.6	185.0	77.8	14.8
20502.6	**3765.5**	**5114.6**	**18278.5**	**9167.5**	**2348.2**
15220.7	2666.5	3874.9	12265.1	7947.2	1842.9
1491.6	316.5	392.1	1627.4	476.6	125.7
3790.4	782.6	847.6	4386.0	743.7	379.5
2638.7	**386.8**	**375.6**	**2911.0**	**510.2**	**226.7**
579.9	60.6	54.5	608.8	121.5	40.1
1628.6	246.4	199.0	1801.4	224.5	147.6
166.2	30.5	47.0	188.4	62.1	12.9
264.0	49.4	75.1	312.5	102.0	26.1

1-21 续表

单位：亿元

指　标	Item	投资额 Investment
批发和零售业	**Wholesale and Retail Trades**	**16541.8**
批发业	Wholesale Trade	8452.3
零售业	Retail Trade	8089.5
交通运输、仓储和邮政业	**Transport, Storage and Post**	**61185.8**
铁路运输业	Railway Transport	8006.2
道路运输业	Road Transport	40303.6
水上运输业	Water Transport	1886.4
航空运输业	Air Transport	2394.9
管道运输业	Transport Via Pipelines	347.9
装卸搬运和运输代理业	Loading, Unloading and Forwarding Agency	1115.1
仓储业	Storage	6855.8
邮政业	Post	276.0
住宿和餐饮业	**Hotels and Catering Services**	**6106.6**
住宿业	Hotels	4289.1
餐饮业	Catering Services	1817.6
信息传输、软件和信息技术服务业	**Information Transmission, Software and Information Technology**	**6987.4**
电信、广播电视和卫星传输服务	Telecommunication, Radio and Television and Satellite Transmission Service	2489.3
互联网和相关服务	Internet and Related Service	1080.7
软件和信息技术服务业	Software and Information Technology	3417.4
金融业	**Financial Intermediation**	**1121.5**
货币金融服务	Monetary and Financial Service	467.6
资本市场服务	Capital Market Service	357.6
保险业	Insurance	123.4
其他金融业	Other Financial Activities	172.8
房地产业	**Real Estate**	**139733.5**
租赁和商务服务业	**Leasing and Business Services**	**13304.2**
租赁业	Leasing	1319.2
商务服务业	Business Services	11985.0
科学研究和技术服务业	**Scientific Research and Technical Services**	**5932.5**
研究和试验发展	Research and Experimental Development	1525.1
专业技术服务业	Professional Technical Services	1880.9
科技推广和应用服务业	Science and Technology Popularization and Application Services	2526.4
水利、环境和公共设施管理业	**Management of Water Conservancy, Environment and Public Facilities**	**82105.3**
水利管理业	Management of Water Conservancy	10020.8
生态保护和环境治理业	Ecological Protection and Environmental Treatment	3822.3
公共设施管理业	Management of Public Facilities	68262.1
居民服务、修理和其他服务业	**Service to Households, Repair and Other Services**	**2686.2**
居民服务业	Service to Households	1583.8
机动车、电子产品和日用产品修理业	Repair of Motor Vehicle, Electronics and Household Products	539.3
其他服务业	Other Services	563.0
教育	**Education**	**11083.5**
卫生和社会工作	**Health and Social Service**	**7327.4**
卫生	Health	5243.3
社会工作	Social Service	2084.1
文化、体育和娱乐业	**Culture, Sports and Entertainment**	**8731.9**
新闻和出版业	Journalism and Publishing Activities	89.5
广播、电视、电影和影视录音制作业	Radio, Television, Motion Picture and Videotape Programme Production Services	534.3
文化艺术业	Cultural and Art Activities	3787.4
体育	Sports Activities	1809.7
娱乐业	Entertainment	2511.0
公共管理、社会保障和社会组织	**Public Management, Social Security and Social Organization**	**7931.3**
中国共产党机关	Organs of Communist Party of China	45.1
国家机构	Government Agencies	5303.3
人民政协、民主党派	People's Political Consultative Conference and Democratic Parties	6.7
社会保障	Social Security	393.1
群众团体、社会团体和其他成员组织	Non-Governmental Organizations, Social Organizations and Membership Organizations	381.6
基层群众自治组织	Grass Roots Self-Governing Organizations	1801.5
国际组织	**International Organizations**	

continued

(100 million yuan)

#新　建 New Construction	#扩　建 Expansion	#改建和技术改造 Reconstruction and Technical Transformation	建筑安装工程投资 Construction and Installation	设备工器具购置 Purchase of Equipment and Instruments	其他费用 Other Expenses
11562.5	**2240.8**	**2092.1**	**12559.5**	**2905.4**	**1076.9**
5634.7	1265.1	1144.9	6290.3	1677.4	484.5
5927.8	975.8	947.1	6269.2	1227.9	592.4
46043.6	**6898.2**	**5118.3**	**46674.0**	**6191.7**	**8320.1**
5767.3	960.7	233.5	5347.7	1313.9	1344.6
30846.8	4459.6	4321.6	32513.0	1964.0	5826.6
1385.6	203.8	96.7	1345.2	364.8	176.4
908.0	376.3	47.3	859.4	1246.5	289.0
263.2	20.6	62.9	228.6	67.5	51.7
901.0	105.9	59.0	821.8	217.9	75.4
5759.0	742.1	282.9	5362.9	956.2	536.7
212.7	29.3	14.4	195.4	60.9	19.7
4662.5	**683.9**	**683.4**	**5061.2**	**615.9**	**429.6**
3479.8	397.0	369.5	3593.5	364.1	331.4
1182.7	286.9	313.8	1467.6	251.7	98.2
4368.6	**623.0**	**1179.4**	**3848.5**	**2651.3**	**487.6**
1386.7	236.9	706.8	1253.7	1116.5	119.2
729.3	59.4	102.7	590.9	422.7	67.1
2252.6	326.8	369.9	2003.9	1112.2	301.3
880.9	**78.3**	**92.1**	**840.2**	**157.4**	**123.9**
340.4	32.9	38.7	332.6	92.4	42.6
292.1	24.5	33.0	292.2	34.9	30.5
106.8	4.0	9.8	85.9	12.9	24.6
141.7	16.9	10.6	129.4	17.2	26.2
135408.1	**1761.1**	**1467.4**	**103461.3**	**2418.1**	**33854.1**
10279.8	**907.4**	**979.3**	**9668.2**	**2193.4**	**1442.5**
343.8	61.5	64.9	297.2	1001.0	21.1
9936.0	845.8	914.4	9371.1	1192.5	1421.4
4483.6	**560.9**	**549.5**	**4186.2**	**1341.2**	**405.0**
1238.8	131.5	104.7	1075.6	309.8	139.8
1367.1	175.6	207.3	1362.4	407.2	111.3
1877.7	253.8	237.4	1748.3	624.2	153.9
66228.5	**7516.4**	**7441.3**	**68101.6**	**3892.8**	**10110.9**
7859.4	940.8	1122.1	8434.2	338.6	1248.0
2842.0	322.4	559.8	2901.3	438.8	482.2
55527.1	6253.1	5759.4	56766.1	3115.4	8380.6
1926.9	**309.7**	**337.2**	**2077.0**	**417.0**	**192.1**
1186.2	173.2	182.2	1264.8	193.3	125.7
332.5	89.8	86.6	391.6	123.2	24.6
408.2	46.7	68.4	420.6	100.5	41.9
8596.9	**1471.1**	**562.4**	**9330.6**	**819.7**	**933.3**
5368.0	**860.1**	**458.5**	**5792.2**	**1036.1**	**499.1**
3610.1	668.1	362.4	4041.3	868.5	333.5
1758.0	192.0	96.1	1750.9	167.6	165.6
7432.7	**683.0**	**469.7**	**7026.2**	**793.1**	**912.6**
70.3	7.9	7.6	68.7	11.3	9.5
444.5	32.1	31.8	441.9	75.3	17.0
3141.8	315.0	253.8	3095.2	292.1	400.1
1593.7	128.7	71.5	1506.8	125.4	177.5
2182.4	199.3	105.0	1913.6	288.9	308.4
5940.0	**936.9**	**745.7**	**6874.0**	**639.2**	**418.1**
25.0	13.9	2.9	40.5	2.7	1.9
4149.4	444.8	474.6	4472.4	525.1	305.8
5.4	0.5	0.8	5.4	0.6	0.7
360.2	15.7	11.6	352.6	9.7	30.8
271.5	66.1	29.2	325.0	32.0	24.5
1128.4	395.9	226.6	1678.0	69.1	54.4

1-22 分地区分行业全社会固定资产投资(2017年)
Total Investment in Fixed Assets in the Whole Country by Sector (2017)

单位: 亿元 (100 million yuan)

地 区	Region	合 计 Total	农、林、牧、渔业 Agriculture, Forestry, Animal Husbandry and Fishery	采矿业 Mining	制造业 Manufacturing	电力、热力、燃气及水生产和供应业 Production and Supply of Electricity, Heat, Gas and Water	建筑业 Construction	批发和零售业 Wholesale and Retail Trades
全 国	**National Total**	**641238.4**	**26708.0**	**9210.1**	**193710.0**	**29805.6**	**3838.9**	**16779.9**
北 京	Beijing	8370.4	99.0	3.1	381.9	476.5	6.5	30.7
天 津	Tianjin	11288.9	293.0	173.9	2830.2	349.2	138.2	740.7
河 北	Hebei	33406.8	1873.2	381.1	13875.9	1919.9	4.5	798.2
山 西	Shanxi	6040.5	607.3	470.0	885.0	757.5	9.5	104.0
内蒙古	Inner Mongolia	14013.2	1152.9	924.2	3234.7	1380.3	20.6	374.1
辽 宁	Liaoning	6676.7	231.2	145.3	1529.2	543.6	26.4	113.4
吉 林	Jilin	13283.9	955.3	319.7	5254.2	544.7	232.8	554.7
黑龙江	Heilongjiang	11292.0	1429.7	389.3	3133.3	437.3	159.2	838.2
上 海	Shanghai	7246.6	1.6	0.9	793.3	237.4	1.9	19.8
江 苏	Jiangsu	53277.0	547.6	108.8	24433.6	1674.4	235.2	1652.4
浙 江	Zhejiang	31696.0	368.9	32.5	7993.1	1280.9	37.6	276.1
安 徽	Anhui	29275.1	896.1	231.8	11434.2	1278.4	92.7	605.6
福 建	Fujian	26416.3	1112.6	172.7	7566.9	1063.6	64.9	713.5
江 西	Jiangxi	22085.3	662.7	226.2	10791.3	765.4	43.7	877.4
山 东	Shandong	55202.7	1609.6	517.7	22704.1	2886.9	857.7	1899.9
河 南	Henan	44496.9	2675.9	506.9	16742.1	1942.7	42.1	1267.8
湖 北	Hubei	32282.4	1118.5	260.1	11257.7	1194.8	562.0	632.8
湖 南	Hunan	31959.2	1579.4	437.0	9472.2	1131.1	362.8	1341.1
广 东	Guangdong	37761.7	527.8	145.3	10311.2	1616.9	35.6	709.2
广 西	Guangxi	20499.1	1328.7	269.1	5582.3	973.9	267.3	663.7
海 南	Hainan	4244.4	60.6	6.9	134.7	107.2	34.4	47.3
重 庆	Chongqing	17537.0	510.8	158.8	5257.2	465.5	6.8	218.4
四 川	Sichuan	31902.1	1491.9	423.8	6916.5	1707.1	75.8	463.6
贵 州	Guizhou	15503.9	928.7	336.6	1713.2	488.5	36.8	317.5
云 南	Yunnan	18936.0	1268.0	376.9	1840.7	631.3	93.8	382.8
西 藏	Tibet	1975.6	111.6	20.6	79.1	299.3	11.2	32.8
陕 西	Shaanxi	23819.4	1831.4	685.0	3782.9	1220.5	30.8	655.7
甘 肃	Gansu	5827.8	406.5	87.3	540.8	371.3	192.5	184.6
青 海	Qinghai	3883.6	128.0	98.2	731.1	369.2	97.4	41.0
宁 夏	Ningxia	3728.4	260.7	149.0	815.8	392.5	15.5	42.0
新 疆	Xinjiang	12089.1	638.9	545.1	1691.4	958.6	42.7	181.0
不分地区	Not Classified by Region	5220.3	0.0	606.3	0.0	339.1	0.0	0.0

1-22　续表 1　continued

单位：亿元　(100 million yuan)

地　区	Region	交通运输、仓储和邮政业 Transport, Storage and Post	住宿和餐饮业 Hotels and Catering Services	信息传输、软件和信息技术服务业 Information Transmission, Software and Information Technology	金融业 Financial Intermediation	房地产业 Real Estate	租赁和商务服务业 Leasing and Business Services	科学研究和技术服务业 Scientific Research and Technical Services
全　国	**National Total**	**61449.9**	**6145.0**	**6997.4**	**1121.5**	**146225.5**	**13357.1**	**5932.5**
北　京	Beijing	1129.1	10.8	282.0	28.4	4482.1	284.0	73.4
天　津	Tianjin	537.0	74.0	209.4	14.1	2826.9	763.7	458.9
河　北	Hebei	2135.5	209.0	327.4	58.8	5810.7	557.0	426.8
山　西	Shanxi	425.5	27.6	28.0	1.5	1618.3	55.8	31.5
内蒙古	Inner Mongolia	1180.2	98.8	190.9	21.8	1578.2	117.9	104.9
辽　宁	Liaoning	602.0	72.9	55.9	12.9	2421.7	95.1	30.2
吉　林	Jilin	1211.7	183.6	396.0	70.1	1184.7	293.4	138.3
黑龙江	Heilongjiang	1200.5	248.4	252.6	40.3	1061.0	290.3	241.7
上　海	Shanghai	960.3	13.8	123.5	16.8	3863.5	145.7	58.6
江　苏	Jiangsu	2891.0	418.9	611.2	121.7	10977.0	1596.8	768.5
浙　江	Zhejiang	2967.5	331.8	336.9	57.7	10959.2	704.4	131.8
安　徽	Anhui	1667.8	193.5	274.0	62.1	6863.0	612.8	280.6
福　建	Fujian	2808.9	214.1	364.5	17.6	5815.6	335.0	115.6
江　西	Jiangxi	734.6	215.3	204.8	62.5	2933.3	579.3	135.9
山　东	Shandong	3955.0	425.5	321.7	136.9	10077.4	1381.1	953.0
河　南	Henan	2498.5	435.1	310.0	43.0	9971.4	428.7	295.2
湖　北	Hubei	2939.9	257.4	149.3	49.0	6794.0	788.4	242.3
湖　南	Hunan	2104.3	355.9	392.2	60.9	5355.4	897.8	434.4
广　东	Guangdong	3759.6	312.1	541.9	70.0	13928.2	610.9	266.8
广　西	Guangxi	2005.6	248.8	245.8	54.3	3875.7	802.3	146.0
海　南	Hainan	486.0	84.1	108.2	0.7	2285.2	27.9	32.3
重　庆	Chongqing	1954.8	153.6	106.2	8.3	4412.1	239.7	45.4
四　川	Sichuan	4492.6	410.3	286.7	27.7	8366.9	535.5	92.5
贵　州	Guizhou	2334.3	221.0	139.5	17.9	3644.8	420.5	44.1
云　南	Yunnan	3741.7	358.6	136.0	8.8	4764.6	70.3	27.7
西　藏	Tibet	581.7	26.2	9.0	1.5	224.2	20.1	5.5
陕　西	Shaanxi	1891.2	286.7	225.0	19.6	5342.7	328.2	203.5
甘　肃	Gansu	956.6	102.8	53.1	6.2	1366.5	94.1	38.7
青　海	Qinghai	730.5	40.5	88.9	1.0	709.4	71.9	11.6
宁　夏	Ningxia	330.1	16.6	72.6	3.0	816.4	27.5	28.4
新　疆	Xinjiang	1978.5	97.4	154.2	26.6	1895.4	181.1	68.3
不分地区	Not Classified by Region	4257.3	0.0	0.0	0.0	0.0	0.0	0.0

1-22 续表 2 continued

单位：亿元 (100 million yuan)

地 区	Region	水利、环境和公共设施管理业 Management of Water Conservancy, Environment and Public Facilities	居民服务、修理和其他服务业 Services to Households, Repair and Other Services	教 育 Education	卫生和社会工作 Health and Social Service	文化、体育和娱乐业 Culture, Sports and Entertainment	公共管理、社会保障和社会组织 Public Management, Social Security and Social Organizations	国际组织 International Organizations
全 国	**National Total**	**82106.1**	**2752.6**	**11104.3**	**7327.9**	**8734.8**	**7931.5**	
北 京	Beijing	758.9	0.2	129.3	66.2	108.5	20.1	
天 津	Tianjin	1385.2	188.8	118.0	45.4	92.3	50.1	
河 北	Hebei	3554.2	100.2	317.8	334.9	511.2	210.5	
山 西	Shanxi	738.6	11.5	76.5	70.0	61.6	60.7	
内蒙古	Inner Mongolia	2818.1	53.3	163.1	154.1	231.2	213.6	
辽 宁	Liaoning	449.5	29.8	79.9	91.7	96.0	50.0	
吉 林	Jilin	1268.6	108.9	168.1	144.3	156.1	98.7	
黑龙江	Heilongjiang	845.4	134.2	159.5	175.6	142.0	113.4	
上 海	Shanghai	785.4	1.4	96.4	51.1	56.9	18.4	
江 苏	Jiangsu	4692.8	311.2	677.4	534.4	546.8	477.5	
浙 江	Zhejiang	4702.5	88.1	517.5	275.8	484.9	148.8	
安 徽	Anhui	3299.1	108.8	443.4	255.5	254.3	421.4	
福 建	Fujian	4486.7	99.1	387.3	265.3	432.4	380.1	
江 西	Jiangxi	2544.7	84.3	234.9	202.4	198.5	588.2	
山 东	Shandong	3753.9	248.5	1168.1	651.4	976.0	678.3	
河 南	Henan	4982.0	153.3	763.4	594.5	657.4	187.1	
湖 北	Hubei	4371.6	149.4	363.6	344.2	390.4	417.0	
湖 南	Hunan	5421.3	163.9	692.7	483.9	650.2	622.6	
广 东	Guangdong	3548.9	47.2	528.5	333.6	304.0	163.8	
广 西	Guangxi	2515.8	99.8	517.7	237.8	310.4	354.2	
海 南	Hainan	472.6	8.8	81.9	84.8	150.4	30.3	
重 庆	Chongqing	3295.6	38.7	292.7	138.9	135.6	97.9	
四 川	Sichuan	4784.2	69.5	711.2	479.3	319.1	247.6	
贵 州	Guizhou	3653.3	71.4	507.6	253.4	319.8	54.8	
云 南	Yunnan	3035.4	71.1	584.9	288.1	310.1	945.3	
西 藏	Tibet	276.0	18.8	48.2	28.0	33.1	148.6	
陕 西	Shaanxi	5705.5	148.6	584.8	347.4	391.8	138.4	
甘 肃	Gansu	777.3	81.5	151.7	105.3	130.9	180.0	
青 海	Qinghai	475.4	8.2	56.2	39.8	63.0	122.3	
宁 夏	Ningxia	467.2	7.6	68.1	86.4	55.7	73.3	
新 疆	Xinjiang	2222.7	46.5	413.9	164.5	164.1	618.2	
不分地区	Not Classified by Region	17.6						

二、人口家庭

Population and Family

2-1 人口数及构成
Population and Its Composition

单位：万人 (10 000 persons)

年 份 Year	总人口(年末) Total Population (year-end)	按性别分 By Sex				按城乡分 By Residence			
		男 Male		女 Female		城镇 Urban		乡村 Rural	
		人口数 Population	比重(%) Proportion	人口数 Population	比重(%) Proportion	人口数 Population	比重(%) Proportion	人口数 Population	比重(%) Proportion
1949	54167	28145	51.96	26022	48.04	5765	10.64	48402	89.36
1950	55196	28669	51.94	26527	48.06	6169	11.18	49027	88.82
1951	56300	29231	51.92	27069	48.08	6632	11.78	49668	88.22
1955	61465	31809	51.75	29656	48.25	8285	13.48	53180	86.52
1960	66207	34283	51.78	31924	48.22	13073	19.75	53134	80.25
1965	72538	37128	51.18	35410	48.82	13045	17.98	59493	82.02
1970	82992	42686	51.43	40306	48.57	14424	17.38	68568	82.62
1971	85229	43819	51.41	41410	48.59	14711	17.26	70518	82.74
1972	87177	44813	51.40	42364	48.60	14935	17.13	72242	82.87
1973	89211	45876	51.42	43335	48.58	15345	17.20	73866	82.80
1974	90859	46727	51.43	44132	48.57	15595	17.16	75264	82.84
1975	92420	47564	51.47	44856	48.53	16030	17.34	76390	82.66
1976	93717	48257	51.49	45460	48.51	16341	17.44	77376	82.56
1977	94974	48908	51.50	46066	48.50	16669	17.55	78305	82.45
1978	96259	49567	51.49	46692	48.51	17245	17.92	79014	82.08
1979	97542	50192	51.46	47350	48.54	18495	18.96	79047	81.04
1980	98705	50785	51.45	47920	48.55	19140	19.39	79565	80.61
1981	100072	51519	51.48	48553	48.52	20171	20.16	79901	79.84
1982	101654	52352	51.50	49302	48.50	21480	21.13	80174	78.87
1983	103008	53152	51.60	49856	48.40	22274	21.62	80734	78.38
1984	104357	53848	51.60	50509	48.40	24017	23.01	80340	76.99
1985	105851	54725	51.70	51126	48.30	25094	23.71	80757	76.29
1986	107507	55581	51.70	51926	48.30	26366	24.52	81141	75.48
1987	109300	56290	51.50	53010	48.50	27674	25.32	81626	74.68
1988	111026	57201	51.52	53825	48.48	28661	25.81	82365	74.19
1989	112704	58099	51.55	54605	48.45	29540	26.21	83164	73.79
1990	114333	58904	51.52	55429	48.48	30195	26.41	84138	73.59
1991	115823	59466	51.34	56357	48.66	31203	26.94	84620	73.06
1992	117171	59811	51.05	57360	48.95	32175	27.46	84996	72.54
1993	118517	60472	51.02	58045	48.98	33173	27.99	85344	72.01
1994	119850	61246	51.10	58604	48.90	34169	28.51	85681	71.49
1995	121121	61808	51.03	59313	48.97	35174	29.04	85947	70.96
1996	122389	62200	50.82	60189	49.18	37304	30.48	85085	69.52
1997	123626	63131	51.07	60495	48.93	39449	31.91	84177	68.09
1998	124761	63940	51.25	60821	48.75	41608	33.35	83153	66.65
1999	125786	64692	51.43	61094	48.57	43748	34.78	82038	65.22
2000	126743	65437	51.63	61306	48.37	45906	36.22	80837	63.78
2001	127627	65672	51.46	61955	48.54	48064	37.66	79563	62.34
2002	128453	66115	51.47	62338	48.53	50212	39.09	78241	60.91
2003	129227	66556	51.50	62671	48.50	52376	40.53	76851	59.47
2004	129988	66976	51.52	63012	48.48	54283	41.76	75705	58.24
2005	130756	67375	51.53	63381	48.47	56212	42.99	74544	57.01
2006	131448	67728	51.52	63720	48.48	58288	44.34	73160	55.66
2007	132129	68048	51.50	64081	48.50	60633	45.89	71496	54.11
2008	132802	68357	51.47	64445	48.53	62403	46.99	70399	53.01
2009	133450	68647	51.44	64803	48.56	64512	48.34	68938	51.66
2010	134091	68748	51.27	65343	48.73	66978	49.95	67113	50.05
2011	134735	69068	51.26	65667	48.74	69079	51.27	65656	48.73
2012	135404	69395	51.25	66009	48.75	71182	52.57	64222	47.43
2013	136072	69728	51.24	66344	48.76	73111	53.73	62961	46.27
2014	136782	70079	51.23	66703	48.77	74916	54.77	61866	45.23
2015	137462	70414	51.22	67048	48.78	77116	56.10	60346	43.90
2016	138271	70815	51.21	67456	48.79	79298	57.35	58973	42.65
2017	139008	71137	51.17	67871	48.83	81347	58.52	57661	41.48

注：1.1981年及以前数据为户籍统计数；1982、1990、2000、2010年数据为当年人口普查数据推算数；其余年份数据为年度人口抽样调查推算数据(下相关表同)。

2.总人口和按性别分人口中包括现役军人，按城乡分人口中现役军人计入城镇人口。

Note: a) Figures 1981 (inclusive) are from household registrations; for the year 1982, 1990, 2000 and 2010 are the census year estimates; the rest of the data covered in those tables have been estimated on the basis of the annual national sample surveys of population. The same applies to the relevant tables following.

b) Total population and population by sex include the military personnel of the Chinese People's Liberation Army, the military personnel are classified as urban population in the item of population by residence.

2-2 人口出生率、死亡率和自然增长率
Birth Rate, Death Rate and Natural Growth Rate of Population

单位：‰ (‰)

年 份 Year	出生率 Birth Rate	死亡率 Death Rate	自然增长率 Natural Growth Rate
1978	18.25	6.25	12.00
1980	18.21	6.34	11.87
1981	20.91	6.36	14.55
1982	22.28	6.60	15.68
1983	20.19	6.90	13.29
1984	19.90	6.82	13.08
1985	21.04	6.78	14.26
1986	22.43	6.86	15.57
1987	23.33	6.72	16.61
1988	22.37	6.64	15.73
1989	21.58	6.54	15.04
1990	21.06	6.67	14.39
1991	19.68	6.70	12.98
1992	18.24	6.64	11.60
1993	18.09	6.64	11.45
1994	17.70	6.49	11.21
1995	17.12	6.57	10.55
1996	16.98	6.56	10.42
1997	16.57	6.51	10.06
1998	15.64	6.50	9.14
1999	14.64	6.46	8.18
2000	14.03	6.45	7.58
2001	13.38	6.43	6.95
2002	12.86	6.41	6.45
2003	12.41	6.40	6.01
2004	12.29	6.42	5.87
2005	12.40	6.51	5.89
2006	12.09	6.81	5.28
2007	12.10	6.93	5.17
2008	12.14	7.06	5.08
2009	11.95	7.08	4.87
2010	11.90	7.11	4.79
2011	11.93	7.14	4.79
2012	12.10	7.15	4.95
2013	12.08	7.16	4.92
2014	12.37	7.16	5.21
2015	12.07	7.11	4.96
2016	12.95	7.09	5.86
2017	12.43	7.11	5.32

2-3 人口年龄结构和抚养比
Age Composition and Dependency Ratio of Population

单位：万人，% (10 000 persons,%)

年 份 Year	总人口(年末) Total Population (year-end)	0-14岁 Aged 0-14		15-64岁 Aged 15-64		65岁及以上 Aged 65 and Over		总抚养比 Gross Dependency Ratio	少 儿 抚养比 Children Dependency Ratio	老 年 抚养比 Old Dependency Ratio
		人口数 Population	比重 Proportion	人口数 Population	比重 Proportion	人口数 Population	比重 Proportion			
1953	58796	21331	36.3	34872	59.3	2593	4.4	68.6	61.2	7.4
1964	70499	28686	40.7	39303	55.8	2510	3.6	79.4	73.0	6.4
1982	101654	34146	33.6	62517	61.5	4991	4.9	62.6	54.6	8.0
1987	109300	31347	28.7	71985	65.9	5968	5.4	51.8	43.5	8.3
1990	114333	31659	27.7	76306	66.7	6368	5.6	49.8	41.5	8.3
1991	115823	32095	27.7	76791	66.3	6938	6.0	50.8	41.8	9.0
1992	117171	32339	27.6	77614	66.2	7218	6.2	51.0	41.7	9.3
1993	118517	32177	27.2	79051	66.7	7289	6.2	49.9	40.7	9.2
1994	119850	32360	27.0	79868	66.6	7622	6.4	50.1	40.5	9.5
1995	121121	32218	26.6	81393	67.2	7510	6.2	48.8	39.6	9.2
1996	122389	32311	26.4	82245	67.2	7833	6.4	48.8	39.3	9.5
1997	123626	32093	26.0	83448	67.5	8085	6.5	48.1	38.5	9.7
1998	124761	32064	25.7	84338	67.6	8359	6.7	47.9	38.0	9.9
1999	125786	31950	25.4	85157	67.7	8679	6.9	47.7	37.5	10.2
2000	126743	29012	22.9	88910	70.1	8821	7.0	42.6	32.6	9.9
2001	127627	28716	22.5	89849	70.4	9062	7.1	42.0	32.0	10.1
2002	128453	28774	22.4	90302	70.3	9377	7.3	42.2	31.9	10.4
2003	129227	28559	22.1	90976	70.4	9692	7.5	42.0	31.4	10.7
2004	129988	27947	21.5	92184	70.9	9857	7.6	41.0	30.3	10.7
2005	130756	26504	20.3	94197	72.0	10055	7.7	38.8	28.1	10.7
2006	131448	25961	19.8	95068	72.3	10419	7.9	38.3	27.3	11.0
2007	132129	25660	19.4	95833	72.5	10636	8.1	37.9	26.8	11.1
2008	132802	25166	19.0	96680	72.7	10956	8.3	37.4	26.0	11.3
2009	133450	24659	18.5	97484	73.0	11307	8.5	36.9	25.3	11.6
2010	134091	22259	16.6	99938	74.5	11894	8.9	34.2	22.3	11.9
2011	134735	22164	16.5	100283	74.4	12288	9.1	34.4	22.1	12.3
2012	135404	22287	16.5	100403	74.1	12714	9.4	34.9	22.2	12.7
2013	136072	22329	16.4	100582	73.9	13161	9.7	35.3	22.2	13.1
2014	136782	22558	16.5	100469	73.4	13755	10.1	36.2	22.5	13.7
2015	137462	22715	16.5	100361	73.0	14386	10.5	37.0	22.6	14.3
2016	138271	23008	16.7	100260	72.5	15003	10.8	37.9	22.9	15.0
2017	139008	23348	16.8	99829	71.8	15831	11.4	39.2	23.4	15.9

2-4 人口密度
Population Density

年份 Year	总人口 (万人) Population (10 000 persons)	人口密度 (人/平方公里) Population Density (person/sq.km)	年份 Year	总人口 (万人) Population (10 000 persons)	人口密度 (人/平方公里) Population Density (person/sq.km)
1949	54167	56	1981	100072	104
1950	55196	57	1982	101654	106
1951	56300	59	1983	103008	107
1952	57482	60	1984	104357	109
1953	58796	61	1985	105851	110
1954	60266	63	1986	107507	112
1955	61465	64	1987	109300	114
1956	62828	65	1988	111026	116
1957	64653	67	1989	112704	117
1958	65994	69	1990	114333	119
1959	67207	70	1991	115823	121
1960	66207	69	1992	117171	122
1961	65859	69	1993	118517	123
1962	67295	70	1994	119850	125
1963	69172	72	1995	121121	126
1964	70499	73	1996	122389	127
1965	72538	76	1997	123626	129
1966	74542	78	1998	124761	130
1967	76368	80	1999	125786	131
1968	78534	82	2000	126743	132
1969	80671	84	2001	127627	133
1970	82992	86	2002	128453	134
1971	85229	89	2003	129227	135
1972	87177	91	2004	129988	135
1973	89211	93	2005	130756	136
1974	90859	95	2006	131448	137
1975	92420	96	2007	132129	138
1976	93717	98	2008	132802	138
1977	94974	99	2009	133450	139
1978	96259	100	2010	134091	140
1979	97542	102	2011	134735	140
1980	98705	103	2012	135404	141
			2013	136072	142
			2014	136782	142
			2015	137462	143
			2016	138271	144
			2017	139008	144

2-5 全国六次人口普查基本情况
Basic Statistics on National Population Census in 1953, 1964, 1982, 1990, 2000 and 2010

指　　标	Item	1953	1964	1982	1990	2000	2010
总人口（万人）	**Total Population (10 000 persons)**	**58260**	**69458**	**100818**	**113368**	**126583**	**133972**
男	Male	30190	35652	51944	58495	65355	68685
女	Female	28070	33806	48874	54873	61228	65287
性别比（以女性为100）	Sex Ratio (female=100)	107.56	105.46	106.30	106.60	106.74	105.20
家庭户规模（人/户）	**Average Family Household Size (person/household)**	**4.33**	**4.43**	**4.41**	**3.96**	**3.44**	**3.10**
各年龄组人口比重（%）	**Percentage of Population by Age Group (%)**						
0-14岁	Aged 0-14	36.28	40.69	33.59	27.69	22.89	16.60
15-64岁	Aged 15-64	59.31	55.75	61.50	66.74	70.15	74.53
65岁及以上	Aged 65 and Over	4.41	3.56	4.91	5.57	6.96	8.87
民族人口	**Population by Ethnicity**						
汉族（万人）	Han (10 000 persons)	54728	65456	94088	104248	115940	122593
占总人口比重（%）	Percentage to Total Population (%)	93.94	94.24	93.32	91.96	91.59	91.51
少数民族（万人）	Ethnic Minorities (10 000 persons)	3532	4002	6730	9120	10643	11379
占总人口比重（%）	Percentage to Total Population (%)	6.06	5.76	6.68	8.04	8.41	8.49
每十万人拥有的各种受教育程度人口（人）	**Population with Various Education Attainments Per 100 000 Persons (person)**						
大专及以上	Junior College and Above		416	615	1422	3611	8930
高中和中专	Senior Secondary School and Technical Secondary School		1319	6779	8039	11146	14032
初中	Junior Secondary School		4680	17892	23344	33961	38788
小学	Primary School		28330	35237	37057	35701	26779
文盲人口及文盲率	**Illiterate Population and Illiterate Rate**						
文盲人口（万人）	Illiterate Population (10 000 persons)		23327	22996	18003	8507	5466
文盲率（%）	Illiterate Rate (%)		33.58	22.81	15.88	6.72	4.08
城乡人口	**Population by Residence**						
城镇化率（%）	Urbanization Rate (%)	13.26	18.30	20.91	26.44	36.22	49.68
城镇人口（万人）	Urban Population (10 000 persons)	7726	12710	21082	29971	45844	66557
乡村人口（万人）	Rural Population (10 000 persons)	50534	56748	79736	83397	80739	67415
平均预期寿命（岁）	**Life Expectancy (year old)**			**67.77***	**68.55**	**71.40**	**74.83**
男	Male			66.28*	66.84	69.63	72.38
女	Female			69.27*	70.47	73.33	77.37

注：1.1953年、1964年、1982年及1990年全国人口普查标准时点为当年7月1日零时，2000年和2010年全国人口普查标准时点为当年11月1日零时。
2.历次普查总人口数据包括中国人民解放军现役军人。在城乡人口中，中国人民解放军现役军人列为城镇人口统计。
3.1964年文盲人口为13岁及以上不识字人口，1982、1990、2000、2010年文盲人口为15岁及以上不识字或识字很少的人。
4.表中“*”号表示为1981年数据。

Note: a) Standard reference time of national population census in 1953, 1964, 1982 and 1990 was zero hour of July 1st, and in 2000 and 2010 was zero hour of November 1st.
b) Total population from the five national population censuses includes the military personnel. Military personnel is listed as urban population in population by residence.
c) Illiterate population of 1964 National Population Census referred to the population aged 13 and over who are unable to read. Illiterate population of 1982, 1990, 2000 and 2010 National Population Censuses referred to the population aged 15 and over who are unable or have difficulty to read.
d) Data with “*” in this table are of 1981.

2-6 分地区人口平均预期寿命
Population Life Expectancy by Region

单位：岁 (year old)

地区	Region	1990			2000			2010		
		合计 Total	男 Male	女 Female	合计 Total	男 Male	女 Female	合计 Total	男 Male	女 Female
全 国	**National Total**	**68.55**	**66.84**	**70.47**	**71.40**	**69.63**	**73.33**	**74.83**	**72.38**	**77.37**
北 京	Beijing	72.86	71.07	74.93	76.10	74.33	78.01	80.18	78.28	82.21
天 津	Tianjin	72.32	71.03	73.73	74.91	73.31	76.63	78.89	77.42	80.48
河 北	Hebei	70.35	68.47	72.53	72.54	70.68	74.57	74.97	72.70	77.47
山 西	Shanxi	68.97	67.33	70.93	71.65	69.96	73.57	74.92	72.87	77.28
内蒙古	Inner Mongolia	65.68	64.47	67.22	69.87	68.29	71.79	74.44	72.04	77.27
辽 宁	Liaoning	70.22	68.72	71.94	73.34	71.51	75.36	76.38	74.12	78.86
吉 林	Jilin	67.95	66.65	69.49	73.10	71.38	75.04	76.18	74.12	78.44
黑龙江	Heilongjiang	66.97	65.50	68.73	72.37	70.39	74.66	75.98	73.52	78.81
上 海	Shanghai	74.90	72.77	77.02	78.14	76.22	80.04	80.26	78.20	82.44
江 苏	Jiangsu	71.37	69.26	73.57	73.91	71.69	76.23	76.63	74.60	78.81
浙 江	Zhejiang	71.78	69.66	74.24	74.70	72.50	77.21	77.73	75.58	80.21
安 徽	Anhui	69.48	67.75	71.36	71.85	70.18	73.59	75.08	72.65	77.84
福 建	Fujian	68.57	66.49	70.93	72.55	70.30	75.07	75.76	73.27	78.64
江 西	Jiangxi	66.11	64.87	67.49	68.95	68.37	69.32	74.33	71.94	77.06
山 东	Shandong	70.57	68.64	72.67	73.92	71.70	76.26	76.46	74.05	79.06
河 南	Henan	70.15	67.96	72.55	71.54	69.67	73.41	74.57	71.84	77.59
湖 北	Hubei	67.25	65.51	69.23	71.08	69.31	73.02	74.87	72.68	77.35
湖 南	Hunan	66.93	65.41	68.70	70.66	69.05	72.47	74.70	72.28	77.48
广 东	Guangdong	72.52	69.71	75.43	73.27	70.79	75.93	76.49	74.00	79.37
广 西	Guangxi	68.72	67.17	70.34	71.29	69.07	73.75	75.11	71.77	79.05
海 南	Hainan	70.01	66.93	73.28	72.92	70.66	75.26	76.30	73.20	80.01
重 庆	Chongqing				71.73	69.84	73.89	75.70	73.16	78.60
四 川	Sichuan	66.33	65.06	67.70	71.20	69.25	73.39	74.75	72.25	77.59
贵 州	Guizhou	64.29	63.04	65.63	65.96	64.54	67.57	71.10	68.43	74.11
云 南	Yunnan	63.49	62.08	64.98	65.49	64.24	66.89	69.54	67.06	72.43
西 藏	Tibet	59.64	57.64	61.57	64.37	62.52	66.15	68.17	66.33	70.07
陕 西	Shaanxi	67.40	66.23	68.79	70.07	68.92	71.30	74.68	72.84	76.74
甘 肃	Gansu	67.24	66.35	68.25	67.47	66.77	68.26	72.23	70.60	74.06
青 海	Qinghai	60.57	59.29	61.96	66.03	64.55	67.70	69.96	68.11	72.07
宁 夏	Ningxia	66.94	65.95	68.05	70.17	68.71	71.84	73.38	71.31	75.71
新 疆	Xinjiang	62.59	61.95	63.26	67.41	65.98	69.14	72.35	70.30	74.86

注：根据人口普查数据计算。
Note: Data in this table are calculated according to the National Population Census.

2-7　分地区年末人口数
Population at Year-end by Region

单位：万人　　　　(10 000 persons)

地　区	Region	1995	2000	2005	2010	2011	2012	2013	2014	2015	2016	2017
全　国	**National Total**	**121121**	**126743**	**130756**	**134091**	**134735**	**135404**	**136072**	**136782**	**137462**	**138271**	**139008**
北　京	Beijing	1251	1364	1538	1962	2019	2069	2115	2152	2171	2173	2171
天　津	Tianjin	942	1001	1043	1299	1355	1413	1472	1517	1547	1562	1557
河　北	Hebei	6437	6674	6851	7194	7241	7288	7333	7384	7425	7470	7520
山　西	Shanxi	3077	3247	3355	3574	3593	3611	3630	3648	3664	3682	3702
内蒙古	Inner Mongolia	2284	2372	2403	2472	2482	2490	2498	2505	2511	2520	2529
辽　宁	Liaoning	4092	4184	4221	4375	4383	4389	4390	4391	4382	4378	4369
吉　林	Jilin	2592	2682	2716	2747	2749	2750	2751	2752	2753	2733	2717
黑龙江	Heilongjiang	3701	3807	3820	3833	3834	3834	3835	3833	3812	3799	3789
上　海	Shanghai	1415	1609	1890	2303	2347	2380	2415	2426	2415	2420	2418
江　苏	Jiangsu	7066	7327	7588	7869	7899	7920	7939	7960	7976	7999	8029
浙　江	Zhejiang	4319	4680	4991	5447	5463	5477	5498	5508	5539	5590	5657
安　徽	Anhui	6013	6093	6120	5957	5968	5988	6030	6083	6144	6196	6255
福　建	Fujian	3237	3410	3557	3693	3720	3748	3774	3806	3839	3874	3911
江　西	Jiangxi	4063	4149	4311	4462	4488	4504	4522	4542	4566	4592	4622
山　东	Shandong	8705	8998	9248	9588	9637	9685	9733	9789	9847	9947	10006
河　南	Henan	9100	9488	9380	9405	9388	9406	9413	9436	9480	9532	9559
湖　北	Hubei	5772	5646	5710	5728	5758	5779	5799	5816	5852	5885	5902
湖　南	Hunan	6392	6562	6326	6570	6596	6639	6691	6737	6783	6822	6860
广　东	Guangdong	6868	8650	9194	10441	10505	10594	10644	10724	10849	10999	11169
广　西	Guangxi	4543	4751	4660	4610	4645	4682	4719	4754	4796	4838	4885
海　南	Hainan	724	789	828	869	877	887	895	903	911	917	926
重　庆	Chongqing		2849	2798	2885	2919	2945	2970	2991	3017	3048	3075
四　川	Sichuan	11325	8329	8212	8045	8050	8076	8107	8140	8204	8262	8302
贵　州	Guizhou	3508	3756	3730	3479	3469	3484	3502	3508	3530	3555	3580
云　南	Yunnan	3990	4241	4450	4602	4631	4659	4687	4714	4742	4771	4801
西　藏	Tibet	240	258	280	300	303	308	312	318	324	331	337
陕　西	Shaanxi	3514	3644	3690	3735	3743	3753	3764	3775	3793	3813	3835
甘　肃	Gansu	2438	2515	2545	2560	2564	2578	2582	2591	2600	2610	2626
青　海	Qinghai	481	517	543	563	568	573	578	583	588	593	598
宁　夏	Ningxia	513	554	596	633	639	647	654	662	668	675	682
新　疆	Xinjiang	1661	1849	2010	2185	2209	2233	2264	2298	2360	2398	2445

注：1.2000、2010年数据为当年人口普查数据推算数；其余年份数据为年度人口抽样调查推算数据。2005年起各地区数据为常住人口口径。
2.2012年，根据第六次全国人口普查数据，北京对2006－2009年数据，西藏对2001－2009年数据进行了修订。
3.全国人口数中包括中国人民解放军现役军人，分地区人口数中未包括。

Note: a) Data of 2000 and 2010 are the census year estimates; the rest are the estimates from the annual national sample survey of population. Since 2005, data by region are of usual residents.
b) Data of 2006-2009 of Beijing and data of 2001-2009 of Tibet were revised according to the 2010 National Population Census results in 2012.
c) The millitary personnel of Chinese People's Liberation Army are included in the national total population, but are not included in the population by region.

2-8 分地区年末城镇人口比重
Proportion of Urban Population at Year-end by Region

单位：% (%)

地 区	Region	2005	2010	2011	2012	2013	2014	2015	2016	2017
全 国	**National Total**	**42.99**	**49.95**	**51.27**	**52.57**	**53.73**	**54.77**	**56.10**	**57.35**	**58.52**
北 京	Beijing	83.62	85.96	86.20	86.20	86.30	86.35	86.50	86.50	86.50
天 津	Tianjin	75.11	79.55	80.50	81.55	82.01	82.27	82.64	82.93	82.93
河 北	Hebei	37.69	44.50	45.60	46.80	48.12	49.33	51.33	53.32	55.01
山 西	Shanxi	42.11	48.05	49.68	51.26	52.56	53.79	55.03	56.21	57.34
内蒙古	Inner Mongolia	47.20	55.50	56.62	57.74	58.71	59.51	60.30	61.19	62.02
辽 宁	Liaoning	58.70	62.10	64.05	65.65	66.45	67.05	67.35	67.37	67.49
吉 林	Jilin	52.52	53.35	53.40	53.70	54.20	54.81	55.31	55.97	56.65
黑龙江	Heilongjiang	53.10	55.66	56.50	56.90	57.40	58.01	58.80	59.20	59.40
上 海	Shanghai	89.09	89.30	89.30	89.30	89.60	89.60	87.60	87.90	87.70
江 苏	Jiangsu	50.50	60.58	61.90	63.00	64.11	65.21	66.52	67.72	68.76
浙 江	Zhejiang	56.02	61.62	62.30	63.20	64.00	64.87	65.80	67.00	68.00
安 徽	Anhui	35.50	43.01	44.80	46.50	47.86	49.15	50.50	51.99	53.49
福 建	Fujian	49.40	57.10	58.10	59.60	60.77	61.80	62.60	63.60	64.80
江 西	Jiangxi	37.00	44.06	45.70	47.51	48.87	50.22	51.62	53.10	54.60
山 东	Shandong	45.00	49.70	50.95	52.43	53.75	55.01	57.01	59.02	60.58
河 南	Henan	30.65	38.50	40.57	42.43	43.80	45.20	46.85	48.50	50.16
湖 北	Hubei	43.20	49.70	51.83	53.50	54.51	55.67	56.85	58.10	59.30
湖 南	Hunan	37.00	43.30	45.10	46.65	47.96	49.28	50.89	52.75	54.62
广 东	Guangdong	60.68	66.18	66.50	67.40	67.76	68.00	68.71	69.20	69.85
广 西	Guangxi	33.62	40.00	41.80	43.53	44.81	46.01	47.06	48.08	49.21
海 南	Hainan	45.20	49.80	50.50	51.60	52.74	53.76	55.12	56.78	58.04
重 庆	Chongqing	45.20	53.02	55.02	56.98	58.34	59.60	60.94	62.60	64.08
四 川	Sichuan	33.00	40.18	41.83	43.53	44.90	46.30	47.69	49.21	50.79
贵 州	Guizhou	26.87	33.81	34.96	36.41	37.83	40.01	42.01	44.15	46.02
云 南	Yunnan	29.50	34.70	36.80	39.31	40.48	41.73	43.33	45.03	46.69
西 藏	Tibet	20.85	22.67	22.71	22.75	23.71	25.75	27.74	29.56	30.89
陕 西	Shaanxi	37.23	45.76	47.30	50.02	51.31	52.57	53.92	55.34	56.79
甘 肃	Gansu	30.02	36.12	37.15	38.75	40.13	41.68	43.19	44.69	46.39
青 海	Qinghai	39.25	44.72	46.22	47.44	48.51	49.78	50.30	51.63	53.07
宁 夏	Ningxia	42.28	47.90	49.82	50.67	52.01	53.61	55.23	56.29	57.98
新 疆	Xinjiang	37.15	43.01	43.54	43.98	44.47	46.07	47.23	48.35	49.38

注：2010年数据为当年人口普查数据推算数；其余年份数据为年度人口抽样调查推算数据，部分省份2005-2009年数据根据2010年普查数据进行了修订。

Note: Data of 2010 are the census year estimates; the rest are the estimates from the annual national sample survey population. Data of some provinces from 2005 to 2009 have been revised according to the Sixth National Population Census in 2010.

2-9 分地区人口的城乡构成和出生率、死亡率、自然增长率(2017年)
Total Population by Urban and Rural Residence and Birth Rate, Death Rate, Natural Growth Rate by Region (2017)

地 区	Region	总人口(年末)(万人) Total Population (year-end) (10 000 persons)	城镇人口 Urban Population 人口数 Population	城镇人口 比重(%) Proportion	乡村人口 Rural Population 人口数 Population	乡村人口 比重(%) Proportion	出生率(‰) Birth Rate (‰)	死亡率(‰) Death Rate (‰)	自然增长率(‰) Natural Growth Rate (‰)
全 国	**National Total**	**139008**	**81347**	**58.52**	**57661**	**41.48**	**12.43**	**7.11**	**5.32**
北 京	Beijing	2171	1878	86.50	293	13.50	9.06	5.30	3.76
天 津	Tianjin	1557	1291	82.93	266	17.07	7.65	5.05	2.60
河 北	Hebei	7520	4136	55.01	3383	44.99	13.20	6.60	6.60
山 西	Shanxi	3702	2123	57.34	1579	42.66	11.06	5.45	5.61
内蒙古	Inner Mongolia	2529	1568	62.02	961	37.98	9.47	5.74	3.73
辽 宁	Liaoning	4369	2949	67.49	1420	32.51	6.49	6.93	-0.44
吉 林	Jilin	2717	1539	56.65	1178	43.35	6.76	6.50	0.26
黑龙江	Heilongjiang	3789	2250	59.40	1538	40.60	6.22	6.63	-0.41
上 海	Shanghai	2418	2121	87.70	297	12.30	8.10	5.30	2.80
江 苏	Jiangsu	8029	5521	68.76	2508	31.24	9.71	7.03	2.68
浙 江	Zhejiang	5657	3847	68.00	1810	32.00	11.92	5.56	6.36
安 徽	Anhui	6255	3346	53.49	2909	46.51	14.07	5.90	8.17
福 建	Fujian	3911	2534	64.80	1377	35.20	15.00	6.20	8.80
江 西	Jiangxi	4622	2524	54.60	2098	45.40	13.79	6.08	7.71
山 东	Shandong	10006	6062	60.58	3944	39.42	17.54	7.40	10.14
河 南	Henan	9559	4795	50.16	4764	49.84	12.95	6.97	5.98
湖 北	Hubei	5902	3500	59.30	2402	40.70	12.60	7.01	5.59
湖 南	Hunan	6860	3747	54.62	3113	45.38	13.27	7.08	6.19
广 东	Guangdong	11169	7802	69.85	3367	30.15	13.68	4.52	9.16
广 西	Guangxi	4885	2404	49.21	2481	50.79	15.14	6.22	8.92
海 南	Hainan	926	537	58.04	389	41.96	14.73	6.01	8.72
重 庆	Chongqing	3075	1971	64.08	1105	35.92	11.18	7.27	3.91
四 川	Sichuan	8302	4217	50.79	4085	49.21	11.26	7.03	4.23
贵 州	Guizhou	3580	1648	46.02	1932	53.98	13.98	6.88	7.10
云 南	Yunnan	4801	2241	46.69	2559	53.31	13.53	6.68	6.85
西 藏	Tibet	337	104	30.89	233	69.11	16.00	4.95	11.05
陕 西	Shaanxi	3835	2178	56.79	1657	43.21	11.11	6.24	4.87
甘 肃	Gansu	2626	1218	46.39	1408	53.61	12.54	6.52	6.02
青 海	Qinghai	598	317	53.07	281	46.93	14.42	6.17	8.25
宁 夏	Ningxia	682	395	57.98	287	42.02	13.44	4.75	8.69
新 疆	Xinjiang	2445	1207	49.38	1238	50.62	15.88	4.48	11.40

注：1.本表数据根据2017年全国人口变动情况抽样调查样本推算。全国总人口根据抽样误差和调查误差进行了修正，分地区人口未作修正。
2.全国总人口包括现役军人数，分地区数字中未包括。
3.以下相关表同。

Note: a) Data in the table are estimates from the 2017 National Sample Survey on Population Changes. The national total population was adjusted on the basis of sampling errors and survey errors. Similar adjustments were not made to regional figures.
b) The military personnel were included in the national total population, but were not included in the population by region.
c) The same applies to the related tables following.

2-10 按年龄和性别分人口数(2017年)
Population by Age and Sex (2017)

年 龄 Age	人口数(人) Population (person)	男 Male	女 Female	占总人口比重(%) Percentage to Total Population (%)	男 Male	女 Female	性别比(女=100) Sex Ratio (Female=100)
总计 Total	**1145246**	**586072**	**559174**	**100.00**	**51.17**	**48.83**	**104.81**
0-4	68313	36468	31845	5.96	3.18	2.78	114.52
5-9	63314	34344	28969	5.53	3.00	2.53	118.55
10-14	60727	32929	27798	5.30	2.88	2.43	118.46
15-19	59251	32034	27217	5.17	2.80	2.38	117.70
20-24	73185	38496	34689	6.39	3.36	3.03	110.98
25-29	100701	51451	49251	8.79	4.49	4.30	104.47
30-34	88959	44709	44249	7.77	3.90	3.86	101.04
35-39	82553	41944	40609	7.21	3.66	3.55	103.29
40-44	87713	44730	42983	7.66	3.91	3.75	104.06
45-49	105476	53661	51815	9.21	4.69	4.52	103.56
50-54	96760	48982	47778	8.45	4.28	4.17	102.52
55-59	59823	30244	29579	5.22	2.64	2.58	102.25
60-64	68044	34027	34017	5.94	2.97	2.97	100.03
65-69	51552	25281	26271	4.50	2.21	2.29	96.23
70-74	32590	15790	16799	2.85	1.38	1.47	93.99
75-79	22553	10774	11779	1.97	0.94	1.03	91.46
80-84	14708	6660	8048	1.28	0.58	0.70	82.76
85-89	6606	2758	3849	0.58	0.24	0.34	71.66
90-94	1964	660	1304	0.17	0.06	0.11	50.61
95+	455	131	324	0.04	0.01	0.03	40.36

注：本表是2017年全国人口变动情况抽样调查样本数据，抽样比为0.824‰(以下相关表同)。
Note: Data in this table are obtained from the 2017 National Sample Survey on Population Changes. The sampling fraction is 0.824‰. The same applies to the tables following.

2-11 分地区户数、人口数、性别比和户规模(2017年)
Household, Population, Sex Ratio and Household Size by Region (2017)

地 区	Region	户数（户）Number of Households (household)	家庭户 Family Household	集体户 Collective Household	人口数（人）Population (person)	男 Male	女 Female	性别比（女=100）Sex Ratio (Female=100)
全 国	**National Total**	**375187**	**367273**	**7915**	**1145246**	**586072**	**559174**	**104.81**
北 京	Beijing	6631	6151	480	17801	9017	8784	102.65
天 津	Tianjin	4479	4162	317	12778	6725	6053	111.10
河 北	Hebei	19221	19092	129	62086	31523	30563	103.14
山 西	Shanxi	10210	10104	106	30550	15887	14664	108.34
内蒙古	Inner Mongolia	7775	7644	131	20849	10465	10384	100.79
辽 宁	Liaoning	13483	13382	101	35969	17996	17973	100.12
吉 林	Jilin	8444	8426	18	22424	11346	11078	102.42
黑龙江	Heilongjiang	11924	11872	52	31251	15919	15332	103.83
上 海	Shanghai	7906	7729	177	19826	10085	9740	103.54
江 苏	Jiangsu	21275	20575	699	66100	33542	32558	103.02
浙 江	Zhejiang	17686	17238	448	46573	24550	22023	111.48
安 徽	Anhui	16213	16110	103	51658	26449	25209	104.92
福 建	Fujian	10625	10142	482	32221	16435	15786	104.12
江 西	Jiangxi	10689	10658	32	38163	19840	18323	108.28
山 东	Shandong	29103	28862	241	82502	41595	40907	101.68
河 南	Henan	23590	23474	116	79005	40370	38635	104.49
湖 北	Hubei	15946	15270	676	48684	25090	23594	106.34
湖 南	Hunan	17346	17011	335	56647	28560	28087	101.68
广 东	Guangdong	30143	28166	1977	91922	48859	43063	113.46
广 西	Guangxi	11481	11399	82	40385	21080	19305	109.20
海 南	Hainan	2138	2065	73	7640	4002	3638	110.02
重 庆	Chongqing	9099	9044	55	25337	12641	12696	99.57
四 川	Sichuan	23096	22756	340	68609	34633	33976	101.93
贵 州	Guizhou	8704	8630	75	29612	15323	14290	107.23
云 南	Yunnan	11090	10831	259	39709	20564	19145	107.41
西 藏	Tibet	695	686	9	2797	1404	1393	100.85
陕 西	Shaanxi	10090	9813	277	31649	15615	16034	97.38
甘 肃	Gansu	6479	6449	30	21720	11035	10685	103.27
青 海	Qinghai	1471	1459	11	4939	2541	2399	105.93
宁 夏	Ningxia	1772	1731	41	5627	2769	2858	96.91
新 疆	Xinjiang	6383	6339	43	20210	10211	9999	102.12

注：由于各地区数据采用加权汇总的方法，全国(部分省区)人口变动情况抽样调查样本数据合计与各分项或分组相加略有误差(以下表同)。
Note: Because data by region are calculated by the method of weighted sum, total data of the National (some Provinces and Autonomous Regions) Sample Survey on Population Changes is not equal to the sum of each item or group. The same applies to the tables following.

2-11 续表 continued

地 区	Region	家庭户人口数(人) Family Household Population (person)	男 Male	女 Female	集体户人口数(人) Collective Household Population (person)	男 Male	女 Female	平均家庭户规模(人/户) Average Family Size (person/household)
全 国	**National Total**	**1114610**	**570037**	**544573**	**30636**	**16035**	**14600**	**3.03**
北 京	Beijing	16134	8042	8092	1667	975	692	2.62
天 津	Tianjin	11423	5790	5632	1355	934	421	2.74
河 北	Hebei	61239	31373	29867	847	150	697	3.21
山 西	Shanxi	29971	15415	14556	579	472	108	2.97
内蒙古	Inner Mongolia	20430	10366	10064	419	100	319	2.67
辽 宁	Liaoning	35451	17906	17545	518	90	428	2.65
吉 林	Jilin	22374	11317	11056	50	29	22	2.66
黑龙江	Heilongjiang	31020	15878	15142	232	42	190	2.61
上 海	Shanghai	19269	9718	9551	557	367	189	2.49
江 苏	Jiangsu	63536	32217	31319	2564	1325	1239	3.09
浙 江	Zhejiang	45157	23464	21693	1416	1086	330	2.62
安 徽	Anhui	51204	26087	25118	454	363	91	3.18
福 建	Fujian	30746	15617	15129	1475	819	656	3.03
江 西	Jiangxi	37992	19740	18252	171	100	71	3.56
山 东	Shandong	81408	41387	40021	1094	208	886	2.82
河 南	Henan	78444	40210	38234	561	160	401	3.34
湖 北	Hubei	46089	23490	22599	2595	1600	994	3.02
湖 南	Hunan	54555	27678	26878	2092	882	1209	3.21
广 东	Guangdong	85851	45187	40664	6071	3672	2398	3.05
广 西	Guangxi	39992	20866	19126	393	215	178	3.51
海 南	Hainan	7398	3918	3480	242	84	158	3.58
重 庆	Chongqing	25142	12553	12589	196	89	107	2.78
四 川	Sichuan	67106	33777	33328	1504	856	648	2.95
贵 州	Guizhou	29372	15198	14175	240	125	115	3.40
云 南	Yunnan	38260	19661	18599	1449	902	547	3.53
西 藏	Tibet	2735	1370	1365	62	34	28	3.98
陕 西	Shaanxi	30310	15407	14903	1339	207	1132	3.09
甘 肃	Gansu	21636	10991	10645	84	43	41	3.35
青 海	Qinghai	4908	2518	2390	31	22	9	3.36
宁 夏	Ningxia	5380	2754	2626	247	16	232	3.11
新 疆	Xinjiang	20078	10143	9935	133	68	64	3.17

2-12 分地区人口年龄构成和抚养比(2017年)
Age Composition and Dependency Ratio of Population by Region (2017)

地 区	Region	人口数 (人) Population (person)	0-14岁 Aged 0-14		15-64岁 Aged 15-64		65岁及以上 Aged 65 and Over		总抚养比 (%) Gross Dependency Ratio (%)	少年儿童抚养比 Children Dependency Ratio	老年人口抚养比 Old Dependency Ratio
			人口数 Population	比重 Population	人口数 Population	比重 Population	人口数 Population	比重 Population			
全 国	**National Total**	**1145246**	**192353**	**16.80**	**822465**	**71.82**	**130428**	**11.39**	**39.25**	**23.39**	**15.86**
北 京	Beijing	17801	1942	10.91	13633	76.59	2225	12.50	30.57	14.25	16.32
天 津	Tianjin	12778	1443	11.29	9893	77.42	1442	11.28	29.16	14.59	14.57
河 北	Hebei	62086	11152	17.96	43608	70.24	7326	11.80	42.37	25.57	16.80
山 西	Shanxi	30550	4767	15.60	23037	75.41	2746	8.99	32.61	20.69	11.92
内蒙古	Inner Mongolia	20849	2824	13.55	15765	75.62	2260	10.84	32.25	17.91	14.33
辽 宁	Liaoning	35969	3650	10.15	27257	75.78	5063	14.07	31.96	13.39	18.57
吉 林	Jilin	22424	2790	12.44	16900	75.37	2735	12.20	32.69	16.51	16.18
黑龙江	Heilongjiang	31251	3108	9.95	24350	77.92	3793	12.14	28.34	12.76	15.58
上 海	Shanghai	19826	1972	9.95	15026	75.79	2827	14.26	31.94	13.12	18.82
江 苏	Jiangsu	66100	8889	13.45	48002	72.62	9210	13.93	37.70	18.52	19.19
浙 江	Zhejiang	46573	5669	12.17	35092	75.35	5812	12.48	32.72	16.15	16.56
安 徽	Anhui	51658	9867	19.10	35079	67.91	6713	12.99	47.26	28.13	19.14
福 建	Fujian	32221	5956	18.48	23196	71.99	3069	9.53	38.91	25.67	13.23
江 西	Jiangxi	38163	8245	21.60	26196	68.64	3723	9.76	45.69	31.47	14.21
山 东	Shandong	82502	14588	17.68	57242	69.38	10672	12.94	44.13	25.49	18.64
河 南	Henan	79005	16476	20.85	53962	68.30	8567	10.84	46.41	30.53	15.88
湖 北	Hubei	48684	7701	15.82	35028	71.95	5955	12.23	38.99	21.99	17.00
湖 南	Hunan	56647	10427	18.41	39325	69.42	6895	12.17	44.05	26.51	17.53
广 东	Guangdong	91922	15472	16.83	69329	75.42	7121	7.75	32.59	22.32	10.27
广 西	Guangxi	40385	8989	22.26	27461	68.00	3936	9.75	47.06	32.73	14.33
海 南	Hainan	7640	1514	19.82	5500	71.99	626	8.19	38.90	27.52	11.38
重 庆	Chongqing	25337	4154	16.39	17566	69.33	3618	14.28	44.24	23.65	20.60
四 川	Sichuan	68609	10860	15.83	48192	70.24	9557	13.93	42.37	22.53	19.83
贵 州	Guizhou	29612	6305	21.29	20362	68.76	2946	9.95	45.43	30.97	14.47
云 南	Yunnan	39709	7518	18.93	28855	72.67	3336	8.40	37.62	26.06	11.56
西 藏	Tibet	2797	671	23.99	1965	70.25	162	5.78	42.36	34.14	8.22
陕 西	Shaanxi	31649	4948	15.63	23190	73.27	3512	11.10	36.48	21.34	15.14
甘 肃	Gansu	21720	3811	17.55	15666	72.13	2243	10.33	38.65	24.33	14.32
青 海	Qinghai	4939	990	20.04	3559	72.06	390	7.90	38.76	27.80	10.96
宁 夏	Ningxia	5627	1034	18.38	4117	73.17	476	8.46	36.67	25.11	11.56
新 疆	Xinjiang	20210	4624	22.88	14114	69.84	1472	7.28	43.19	32.76	10.43

2-13 分地区按性别和婚姻状况分的人口(2017年)
Population by Sex, Marital Status and Region (2017)

单位：人 (person)

地 区	Region	15岁及以上人口 Population Aged 15 and Over	男 Male	女 Female	未 婚 Never Married	男 Male	女 Female	有配偶 Married	男 Male	女 Female
全 国	**National Total**	**952893**	**482331**	**470561**	**177158**	**104688**	**72470**	**703884**	**352030**	**351854**
北 京	Beijing	15858	7998	7860	3599	1979	1620	11335	5746	5589
天 津	Tianjin	11335	5970	5365	2563	1542	1020	8067	4177	3889
河 北	Hebei	50934	25489	25444	7519	4236	3284	39823	19883	19940
山 西	Shanxi	25783	13368	12415	5315	3264	2051	18832	9495	9338
内蒙古	Inner Mongolia	18025	9028	8997	2951	1601	1350	13865	7008	6857
辽 宁	Liaoning	32320	16076	16244	5385	2945	2441	23868	11970	11898
吉 林	Jilin	19634	9859	9775	2665	1567	1097	15126	7596	7530
黑龙江	Heilongjiang	28144	14256	13888	4258	2476	1782	21168	10700	10469
上 海	Shanghai	17854	9031	8823	3102	1767	1335	13523	6895	6629
江 苏	Jiangsu	57211	28766	28446	8558	4844	3714	44550	22535	22015
浙 江	Zhejiang	40904	21510	19394	6881	4487	2394	31248	16098	15150
安 徽	Anhui	41792	21005	20786	6826	4244	2582	31746	15609	16137
福 建	Fujian	26265	13205	13060	4594	2688	1906	19863	9960	9903
江 西	Jiangxi	29919	15160	14758	5633	3370	2264	22132	11025	11107
山 东	Shandong	67914	33725	34188	9779	5625	4154	53300	26425	26875
河 南	Henan	62529	31292	31237	11841	6910	4931	46251	22698	23553
湖 北	Hubei	40983	20847	20136	8311	5196	3115	29421	14384	15037
湖 南	Hunan	46220	22980	23240	7996	4840	3156	34299	16787	17512
广 东	Guangdong	76450	40422	36028	19202	11386	7816	53147	27802	25345
广 西	Guangxi	31397	16222	15175	7284	4569	2715	21683	10839	10844
海 南	Hainan	6126	3170	2956	1621	961	660	4166	2099	2067
重 庆	Chongqing	21184	10445	10739	3421	1990	1432	15718	7678	8040
四 川	Sichuan	57749	28912	28837	10809	6514	4296	41562	20368	21194
贵 州	Guizhou	23307	11905	11402	5254	3163	2091	16022	7961	8061
云 南	Yunnan	32191	16570	15621	7500	4668	2832	22213	10983	11230
西 藏	Tibet	2126	1064	1062	592	317	275	1368	699	669
陕 西	Shaanxi	26701	13013	13688	5460	2777	2683	19163	9474	9689
甘 肃	Gansu	17909	8960	8949	3526	2099	1427	13021	6384	6637
青 海	Qinghai	3950	2027	1922	802	484	318	2793	1421	1373
宁 夏	Ningxia	4593	2218	2375	1037	481	556	3265	1638	1627
新 疆	Xinjiang	15586	7838	7748	2874	1697	1178	11347	5695	5652

2-13 续表 continued

单位：人 (person)

地 区	Region	离 婚 Divorced	男 Male	女 Female	丧 偶 Widowed	男 Male	女 Female
全 国	**National Total**	**19110**	**10667**	**8444**	**52740**	**14946**	**37793**
北 京	Beijing	323	128	194	602	145	456
天 津	Tianjin	243	118	125	462	131	331
河 北	Hebei	810	517	293	2781	853	1928
山 西	Shanxi	422	256	166	1214	354	860
内蒙古	Inner Mongolia	355	198	158	854	222	632
辽 宁	Liaoning	1180	614	566	1887	547	1340
吉 林	Jilin	729	386	343	1115	310	805
黑龙江	Heilongjiang	1147	641	506	1570	439	1131
上 海	Shanghai	450	201	249	778	168	610
江 苏	Jiangsu	942	497	445	3161	889	2271
浙 江	Zhejiang	723	428	296	2052	497	1555
安 徽	Anhui	690	428	262	2529	723	1806
福 建	Fujian	436	234	202	1373	323	1049
江 西	Jiangxi	473	308	165	1680	458	1223
山 东	Shandong	818	483	335	4017	1192	2825
河 南	Henan	885	540	345	3552	1145	2408
湖 北	Hubei	804	488	316	2447	779	1668
湖 南	Hunan	992	541	451	2934	812	2122
广 东	Guangdong	1063	509	554	3038	726	2313
广 西	Guangxi	486	282	204	1944	532	1412
海 南	Hainan	68	44	24	272	66	206
重 庆	Chongqing	698	352	346	1347	426	921
四 川	Sichuan	1505	874	631	3874	1157	2717
贵 州	Guizhou	608	348	260	1422	433	990
云 南	Yunnan	723	435	288	1755	484	1271
西 藏	Tibet	46	12	34	120	35	85
陕 西	Shaanxi	430	273	157	1648	489	1160
甘 肃	Gansu	264	156	108	1098	321	777
青 海	Qinghai	131	66	65	223	56	167
宁 夏	Ningxia	98	51	46	194	48	147
新 疆	Xinjiang	569	259	310	795	188	608

2-14 分地区按家庭户规模分的户数和构成(2017年)
Family Households and Percentage by Size and Region (2017)

单位：户，% (household,%)

地 区	Region	家庭户户数 Number of Family Households	一人户 One Person	二人户 Two Persons	三人户 Three Persons	四人户 Four Persons	五人户 Five Persons	六人户 Six Persons	七人户 Seven Persons	八人户 Eight Persons	九人户 Nine Persons	十人及以上户 Ten Persons and Over
全 国	**National Total**	**367273**	**57226**	**100061**	**90883**	**62853**	**32866**	**15854**	**4533**	**1688**	**678**	**629**
北 京	Beijing	6151	1352	1889	1682	620	423	131	35	13	3	3
天 津	Tianjin	4162	591	1313	1375	550	230	82	12	6		2
河 北	Hebei	19092	2053	5389	4503	3790	1840	1104	295	64	24	28
山 西	Shanxi	10104	1429	2731	2667	2132	769	305	49	14	6	2
内蒙古	Inner Mongolia	7644	968	2682	2520	990	356	104	20	3	1	1
辽 宁	Liaoning	13382	2034	4658	4354	1377	733	182	34	9	1	
吉 林	Jilin	8426	1253	3054	2544	902	469	162	32	9		
黑龙江	Heilongjiang	11872	1808	4408	3731	1059	613	184	44	15	5	4
上 海	Shanghai	7729	1742	2578	2095	742	436	112	17	8	1	
江 苏	Jiangsu	20575	2799	5819	5257	3091	2379	911	211	66	20	22
浙 江	Zhejiang	17238	4024	5566	3789	2077	1154	490	97	29	8	5
安 徽	Anhui	16110	1970	4233	4049	3114	1581	812	219	82	31	18
福 建	Fujian	10142	1955	2615	2125	1686	913	586	160	49	25	27
江 西	Jiangxi	10658	1005	2270	2313	2501	1358	777	248	94	44	48
山 东	Shandong	28862	4142	9043	7792	5143	1693	888	119	24	12	7
河 南	Henan	23474	2578	5572	5566	5146	2603	1388	430	124	43	23
湖 北	Hubei	15270	2362	4183	3897	2509	1440	617	156	58	28	20
湖 南	Hunan	17011	2272	4145	4260	3387	1704	839	245	92	34	32
广 东	Guangdong	28166	7489	6142	4939	4202	2571	1510	596	375	164	179
广 西	Guangxi	11399	1540	2288	2427	2473	1403	662	307	132	78	89
海 南	Hainan	2065	266	361	434	517	254	129	51	27	12	14
重 庆	Chongqing	9044	1977	2470	2103	1386	712	278	80	27	6	7
四 川	Sichuan	22756	4083	6221	5326	3779	2172	838	236	66	25	10
贵 州	Guizhou	8630	1093	1811	1912	1925	1010	548	208	77	25	21
云 南	Yunnan	10831	1111	2101	2468	2567	1418	809	236	71	28	22
西 藏	Tibet	686	100	105	136	123	79	58	33	22	14	17
陕 西	Shaanxi	9813	1342	2572	2572	1810	930	449	103	26	6	4
甘 肃	Gansu	6449	688	1539	1656	1223	696	438	132	52	18	6
青 海	Qinghai	1459	204	296	334	311	160	103	33	11	4	3
宁 夏	Ningxia	1731	190	469	474	339	150	73	23	10	2	1
新 疆	Xinjiang	6339	804	1539	1583	1380	617	285	74	33	10	14

2-14 续表 continued

单位：户，% (household,%)

地 区	Region	家庭户户数构成 Percentage of Family Households	一人户 One Person	二人户 Two Persons	三人户 Three Persons	四人户 Four Persons	五人户 Five Persons	六人户 Six Persons	七人户 Seven Persons	八人户 Eight Persons	九人户 Nine Persons	十人及以上户 Ten Persons and Over
全 国	**National Total**	**100.0**	**15.6**	**27.2**	**24.7**	**17.1**	**8.9**	**4.3**	**1.2**	**0.5**	**0.2**	**0.2**
北 京	Beijing	100.0	22.0	30.7	27.3	10.1	6.9	2.1	0.6	0.2		
天 津	Tianjin	100.0	14.2	31.5	33.0	13.2	5.5	2.0	0.3	0.1		
河 北	Hebei	100.0	10.8	28.2	23.6	19.9	9.6	5.8	1.5	0.3	0.1	0.1
山 西	Shanxi	100.0	14.1	27.0	26.4	21.1	7.6	3.0	0.5	0.1	0.1	
内蒙古	Inner Mongolia	100.0	12.7	35.1	33.0	13.0	4.7	1.4	0.3			
辽 宁	Liaoning	100.0	15.2	34.8	32.5	10.3	5.5	1.4	0.3	0.1		
吉 林	Jilin	100.0	14.9	36.2	30.2	10.7	5.6	1.9	0.4	0.1		
黑龙江	Heilongjiang	100.0	15.2	37.1	31.4	8.9	5.2	1.5	0.4	0.1		
上 海	Shanghai	100.0	22.5	33.4	27.1	9.6	5.6	1.4	0.2	0.1		
江 苏	Jiangsu	100.0	13.6	28.3	25.6	15.0	11.6	4.4	1.0	0.3	0.1	0.1
浙 江	Zhejiang	100.0	23.3	32.3	22.0	12.0	6.7	2.8	0.6	0.2		
安 徽	Anhui	100.0	12.2	26.3	25.1	19.3	9.8	5.0	1.4	0.5	0.2	0.1
福 建	Fujian	100.0	19.3	25.8	21.0	16.6	9.0	5.8	1.6	0.5	0.2	0.3
江 西	Jiangxi	100.0	9.4	21.3	21.7	23.5	12.7	7.3	2.3	0.9	0.4	0.5
山 东	Shandong	100.0	14.4	31.3	27.0	17.8	5.9	3.1	0.4	0.1		
河 南	Henan	100.0	11.0	23.7	23.7	21.9	11.1	5.9	1.8	0.5	0.2	0.1
湖 北	Hubei	100.0	15.5	27.4	25.5	16.4	9.4	4.0	1.0	0.4	0.2	0.1
湖 南	Hunan	100.0	13.4	24.4	25.0	19.9	10.0	4.9	1.4	0.5	0.2	0.2
广 东	Guangdong	100.0	26.6	21.8	17.5	14.9	9.1	5.4	2.1	1.3	0.6	0.6
广 西	Guangxi	100.0	13.5	20.1	21.3	21.7	12.3	5.8	2.7	1.2	0.7	0.8
海 南	Hainan	100.0	12.9	17.5	21.0	25.0	12.3	6.2	2.5	1.3	0.6	0.7
重 庆	Chongqing	100.0	21.9	27.3	23.3	15.3	7.9	3.1	0.9	0.3	0.1	0.1
四 川	Sichuan	100.0	17.9	27.3	23.4	16.6	9.5	3.7	1.0	0.3	0.1	
贵 州	Guizhou	100.0	12.7	21.0	22.2	22.3	11.7	6.3	2.4	0.9	0.3	0.2
云 南	Yunnan	100.0	10.3	19.4	22.8	23.7	13.1	7.5	2.2	0.7	0.3	0.2
西 藏	Tibet	100.0	14.6	15.3	19.8	17.9	11.5	8.5	4.8	3.2	2.0	2.5
陕 西	Shaanxi	100.0	13.7	26.2	26.2	18.4	9.5	4.6	1.0	0.3	0.1	
甘 肃	Gansu	100.0	10.7	23.9	25.7	19.0	10.8	6.8	2.0	0.8	0.3	0.1
青 海	Qinghai	100.0	14.0	20.3	22.9	21.3	11.0	7.1	2.3	0.8	0.3	0.2
宁 夏	Ningxia	100.0	11.0	27.1	27.4	19.6	8.7	4.2	1.3	0.6	0.1	0.1
新 疆	Xinjiang	100.0	12.7	24.3	25.0	21.8	9.7	4.5	1.2	0.5	0.2	0.2

2-15 结婚登记情况
Registered Marriages

年 份 Year	结婚登记总数 (万对) Total Number of Registered Marriages (10 000 couples)	内地居民登记结婚数 Registered Marriages of the Mainland	涉外华侨港澳台登记结婚数 Registered Marriages with Foreigners, Overseas Chinese and Citizens of Hong Kong, Macao and Taiwan	结婚率 (‰) Marriage Rate (‰)
1978	597.8	597.8		6.2
1979	637.1	636.3	0.8	6.7
1980	720.9	719.8	1.1	7.3
1981	1041.7	1040.3	1.4	10.4
1982	836.9	835.5	1.4	8.3
1983	765.4	764.2	1.3	7.5
1984	784.8	783.4	1.4	7.5
1985	831.3	829.1	2.2	7.9
1986	884.0	882.3	1.7	8.2
1987	926.7	924.7	2.0	8.6
1988	899.2	897.2	2.0	8.3
1989	937.2	935.2	2.0	8.4
1990	951.1	948.7	2.4	8.2
1991	953.6	951.0	2.6	8.3
1992	957.5	954.5	3.0	8.3
1993	915.4	912.2	3.3	7.8
1994	932.4	929.0	3.4	7.8
1995	934.1	929.7	4.4	7.7
1996	938.7	934.0	4.7	7.7
1997	914.1	909.1	5.1	7.4
1998	891.7	886.7	5.0	7.2
1999	885.3	879.9	5.4	7.1
2000	848.5	842.0	6.5	6.7
2001	805.0	797.1	7.9	6.3
2002	786.0	778.8	7.3	6.1
2003	811.4	803.5	7.8	6.3
2004	867.2	860.8	6.4	6.7
2005	823.1	816.6	6.4	6.3
2006	945.0	938.2	6.8	7.2
2007	991.4	986.3	5.1	7.5
2008	1098.3	1093.2	5.1	8.3
2009	1212.4	1207.5	4.9	9.1
2010	1241.0	1236.1	4.9	9.3
2011	1302.4	1297.5	4.9	9.7
2012	1323.6	1318.3	5.3	9.8
2013	1346.9	1341.4	5.5	9.9
2014	1306.7	1302.0	4.7	9.6
2015	1224.7	1220.6	4.1	9.0
2016	1142.8	1138.6	4.2	8.3
2017	1063.1	1059.0	4.1	7.7

2-16 离婚办理情况
Registration of Divorces

年 份 Year	离婚总数（万对） Total Number of Divorces (10 000 couples)	民政部门登记离婚数（万对） Number of Divorces Registered in Civil Affairs Departments (10 000 couples)	内地居民登记离婚数（万对） Registered Divorces of the Mainland (10 000 couples)	涉外华侨港澳台登记离婚数（对） Registered Divorces with Foreigners, Oversesa Chinese and Citizens of Hong Kong, Macao and Taiwan (couple)	法院部门办理离婚数（万对） Number of Divorces Registered in Courts (10 000 couples)	离婚率（‰） Number of Divorces per 1000 Population (Divorce Rate) (‰)
1978	28.5	17.0	17.0		11.5	0.18
1979	31.9	19.3	19.3	82	12.6	0.33
1980	34.1	18.0	18.0	330	16.1	0.35
1981	38.9	18.7	18.7	46	20.2	0.39
1982	42.8	21.1	21.1	116	21.7	0.42
1983	41.8	19.7	19.7	126	22.1	0.42
1984	45.4	19.9	19.9	110	25.5	0.40
1985	45.8	19.6	19.6	108	26.2	0.44
1986	50.6	21.4	21.4	205	29.2	0.47
1987	58.1	23.6	23.6	220	34.5	0.55
1988	65.5	26.4	26.4	310	39.1	0.60
1989	75.3	28.8	28.7	518	46.5	0.68
1990	80.0	30.1	30.0	602	49.9	0.69
1991	83.1	30.1	30.0	588	53.0	0.72
1992	85.0	31.6	31.5	833	53.4	0.74
1993	91.0	33.6	33.5	968	57.4	0.77
1994	98.2	35.5	35.4	737	62.7	0.82
1995	105.6	36.8	36.7	813	68.8	0.88
1996	113.4	39.4	39.3	1175	74.0	0.93
1997	119.9	44.0	43.9	1385	75.9	0.97
1998	119.2	46.6	46.5	948	72.6	0.96
1999	120.2	47.8	47.7	975	72.4	0.96
2000	121.3	48.9	48.8	1075	72.4	0.96
2001	125.0	52.8	52.5	2856	72.2	0.98
2002	117.7	57.3	56.8	5221	60.4	0.90
2003	133.0	69.0	68.7	3333	64.0	1.05
2004	166.5	104.6	104.0	5830	61.9	1.28
2005	178.5	118.4	117.5	8267	60.1	1.37
2006	191.3	129.1	128.3	8414	62.2	1.46
2007	209.8	145.7	144.8	8852	64.1	1.59
2008	226.9	161.0	160.0	9470	65.9	1.71
2009	246.8	180.2	179.6	5747	66.6	1.85
2010	267.8	201.0	200.4	5783	66.8	2.00
2011	287.4	220.7	220.2	5761	66.7	2.13
2012	310.4	242.3	241.7	6161	68.1	2.29
2013	350.0	281.5	280.9	6538	68.5	2.58
2014	363.9	295.7	295.1	6714	67.9	2.67
2015	384.1	314.9	314.3	6237	69.3	2.79
2016	415.8	348.6	348.0	6315	67.2	3.02
2017	437.4	370.4	369.8	6307	66.9	3.15

2-17 分地区婚姻情况(2017年)
Statistics on Marriages and Divorces by Region(2017)

地区	Region	结婚登记(万对) Total Number of Registered Marriages (10 000 couples)	内地居民登记结婚 Registered Marriages in the Mainland	初婚(万人) First Marriages (10 000 persons)	再婚(万人) Re-marriages (10 000 persons)	离婚(万对) Divorces (10 000 couples)	结婚率(‰) Marriages Rate (‰)	离婚率(‰) Divorce Rate (‰)
全国	**National Total**	**1063.10**	**1059.04**	**1746.33**	**379.86**	**437.40**	**7.67**	**3.15**
北京	Beijing	15.15	15.05	17.93	12.36	8.06	6.97	3.71
天津	Tianjin	9.51	9.48	15.40	3.61	5.89	6.10	3.78
河北	Hebei	50.49	50.39	75.05	25.93	23.24	6.74	3.10
山西	Shanxi	28.77	28.76	50.30	7.25	8.22	7.79	2.23
内蒙古	Inner Mongolia	18.70	18.68	26.32	11.08	10.09	7.41	4.00
辽宁	Liaoning	29.19	29.05	51.94	6.43	16.68	6.67	3.81
吉林	Jilin	20.63	20.55	36.47	4.78	13.36	7.57	4.90
黑龙江	Heilongjiang	28.67	28.55	48.12	9.22	19.69	7.56	5.19
上海	Shanghai	10.87	10.72	13.84	7.90	5.88	4.49	2.43
江苏	Jiangsu	67.55	67.41	106.29	28.81	28.78	8.43	3.59
浙江	Zhejiang	34.44	34.16	57.27	11.62	15.77	6.13	2.80
安徽	Anhui	67.38	67.24	105.33	29.42	24.21	10.82	3.89
福建	Fujian	29.14	28.66	49.73	8.56	10.59	7.49	2.72
江西	Jiangxi	28.91	28.78	47.73	10.09	11.08	6.28	2.41
山东	Shandong	62.58	62.47	90.17	34.99	27.25	6.27	2.73
河南	Henan	86.97	86.89	163.40	10.54	31.66	9.11	3.32
湖北	Hubei	47.21	47.09	85.31	9.11	19.93	8.01	3.38
湖南	Hunan	45.77	45.63	69.90	21.65	20.76	6.69	3.03
广东	Guangdong	75.81	75.04	130.41	21.22	22.03	6.84	1.99
广西	Guangxi	37.94	37.66	64.16	11.73	12.00	7.80	2.47
海南	Hainan	7.58	7.54	13.57	1.59	1.78	8.23	1.93
重庆	Chongqing	26.60	26.54	35.35	17.85	15.08	8.69	4.93
四川	Sichuan	68.95	68.81	102.99	34.92	31.17	8.33	3.76
贵州	Guizhou	40.36	40.31	77.27	3.44	13.45	11.31	3.77
云南	Yunnan	40.28	40.01	64.30	16.25	12.71	8.42	2.66
西藏	Tibet	3.41	3.41	6.68	0.14	0.40	10.20	1.20
陕西	Shaanxi	30.06	30.01	48.27	11.85	10.88	7.86	2.84
甘肃	Gansu	19.79	19.78	38.33	1.25	5.41	7.56	2.07
青海	Qinghai	5.97	5.97	10.27	1.67	1.64	10.03	2.76
宁夏	Ningxia	6.03	6.03	9.91	2.16	2.22	8.89	3.27
新疆	Xinjiang	18.39	18.38	34.30	2.47	7.44	7.59	3.07

三、卫生健康
Health and Wellness

3-1 医疗卫生机构
Number of Health Care Institutions

单位：个 (unit)

年 份 Year	合 计 Total	#医院 Hospitals	#综合医院 General Hospitals	#中医医院 Hospitals Specialized in Traditional Chinese Medicine	#专科医院 Specialized Hospitals	#基层医疗卫生机构 Health Care Institutions at Grass-root Level	#社区卫生服务中心(站) Community Health Service Centers
1950	8915	2803	2692	4	85		
1955	67725	3648	3351	67	188		
1960	261195	6020	5173	330	401		
1965	224266	5330	4747	131	339		
1970	149823	5964	5353	117	385		
1975	151733	7654	6817	160	543		
1980	180553	9902	7859	678	694		
1985	978540	11955	9197	1485	938		
1986	999102	12442	9363	1646	1030		
1987	1012804	12962	9657	1790	1097		
1988	1012485	13544	9916	1932	1190		
1989	1027522	14090	10242	2046	1265		
1990	1012690	14377	10424	2115	1362		
1991	1003769	14628	10562	2195	1345		
1992	1001310	14889	10774	2269	1376		
1993	1000531	15436	11426	2298	1438		
1994	1005271	15595	11549	2336	1440		
1995	994409	15663	11586	2361	1445		
1996	1078131	15833	11696	2405	1473		
1997	1048657	15944	11771	2413	1488		
1998	1042885	16001	11779	2443	1495		
1999	1017673	16678	11868	2441	1533		
2000	1034229	16318	11872	2453	1543	1000169	
2001	1029314	16197	11834	2478	1576	995670	
2002	1005004	17844	12716	2492	2237	973098	8211
2003	806243	17767	12599	2518	2271	774693	10101
2004	849140	18393	12900	2611	2492	817018	14153
2005	882206	18703	12982	2620	2682	849488	17128
2006	918097	19246	13120	2665	3022	884818	22656
2007	912263	19852	13372	2720	3282	878686	27069
2008	891480	19712	13119	2688	3437	858015	24260
2009	916571	20291	13364	2728	3716	882153	27308
2010	936927	20918	13681	2778	3956	901709	32739
2011	954389	21979	14328	2831	4283	918003	32860
2012	950297	23170	15021	2889	4665	912620	33562
2013	974398	24709	15887	3015	5127	915368	33965
2014	981432	25860	16524	3115	5478	917335	34238
2015	983528	27587	17430	3267	6023	920770	34321
2016	983394	29140	18020	3462	6642	926518	34327
2017	986649	31056	18921	3695	7220	933024	34652

注：1.村卫生室数计入医疗卫生机构数中。
2.2008年社区卫生服务中心(站)减少的原因是江苏省约5000家农村社区卫生服务站划归村卫生室。
3.2002年起，医疗卫生机构数不再包括高中等医学院校本部、药检机构、国境卫生检疫所和非卫生部门举办的计划生育指导站。
4.2013年起，医疗卫生机构数包括原计生部门主管的计划生育技术服务机构。
5.1996年以前门诊部(所)不包括私人诊所。

Note: a) Number of village clinics was included in health care institutions.
b) The reason of decrease of community health centers(stations) in 2008 is that 5000 rural community health stations in Jiangsu is divided into village clinics.
c) Since 2002, health care institutions did not include headquarters of higher and secondary medical schools, drug test institutions, border health quarantine institutions and family planning service stations run by other than health department.
d) Since 2013, health care institutions included family planning technical services institutions managed by original family planning department.
e) Before 1996, outpatient departments did not include private clinics.

3-1 续表 continued

单位：个 (unit)

年 份 Year	#乡 镇卫生院 Township Health Centers	#村卫生室 Village Clinics	#门诊部(所) Outpatient Department	#专业公共卫生机构 Specialized Public Health Institutions	#疾病预防控制中心 Center for Disease Control and Prevention	#专科疾病防治院(所/站) Specialized Disease Prevention & Treatment Institution	#妇幼保健院(所/站) Women and Children Care Agencies	#卫生监督所(中心) Health Inspection Institution (Center)	#计划生育技术服务机构 Family Planning Technical Service Institution
1950			3356		61	30	426		
1955			51600		315	287	3944		
1960	24849		213823		1866	683	4213		
1965	36965		170430		2499	822	2910		
1970	56568		79600		1714	607	1124		
1975	54026		80739		2912	683	2128		
1980	55413		102474		3105	1138	2745		
1985	47387	777674	126604		3410	1566	2996		
1986	46967	795963	127575		3475	1635	3059		
1987	47177	807844	128459		3512	1697	3082		
1988	47529	806497	128422		3532	1727	3103		
1989	47523	820798	128112		3591	1747	3112		
1990	47749	803956	129332		3618	1781	3148		
1991	48140	794733	128665		3652	1818	3187		
1992	46117	796523	125873		3673	1845	3187		
1993	45024	806945	115161		3729	1872	3115		
1994	51929	813529	105984		3711	1905	3190		
1995	51797	804352	104406		3729	1895	3179		
1996	51277	755565	237153		3737	1887	3172		
1997	50981	733642	229474		3747	1893	3180		
1998	50071	728788	229349		3746	1889	3191		
1999	49694	716677	226588		3763	1877	3180		
2000	49229	709458	240934	11386	3741	1839	3163		
2001	48090	698966	248061	11471	3813	1783	3132		
2002	44992	698966	219907	10787	3580	1839	3067	571	
2003	44279	514920	204468	10792	3584	1749	3033	838	
2004	41626	551600	208794	10878	3588	1583	2998	1284	
2005	40907	583209	207457	11177	3585	1502	3021	1702	515
2006	39975	609128	212243	11269	3548	1402	3003	2097	365
2007	39876	613855	197083	11528	3585	1365	3051	2553	102
2008	39080	613143	180752	11485	3534	1310	3011	2675	89
2009	38475	632770	182448	11665	3536	1291	3020	2809	101
2010	37836	648424	181781	11835	3513	1274	3025	2992	117
2011	37295	662894	184287	11926	3484	1294	3036	3022	148
2012	37097	653419	187932	12083	3490	1289	3044	3088	186
2013	37015	648619	195176	31155	3516	1271	3144	2967	19238
2014	36902	645470	200130	35029	3490	1242	3098	2975	23186
2015	36817	640536	208572	31927	3478	1234	3078	2986	20092
2016	36795	638763	216187	24866	3481	1213	3063	2986	13053
2017	36551	632057	229221	19896	3456	1200	3077	2992	8088

3-2 分地区医疗卫生机构(2017年)
Number of Health Care Institutions by Region(2017)

单位：个，% (unit,%)

地 区	Region	机构数 Institutiions 合 计 Total	#医院 Hospitals	#基层医疗卫生机构 Health Care Institutions at Grass-root Level	#专业公共卫生机构 Specialized Public Health Institutions	占全部机构数比重 Proportion 医 院 Hospitals	基层医疗卫生机构 Health Care Institutions at Grass-root Level	专业公共卫生机构 Specialized Public Health Institutions	每万人口医疗卫生机构数 Health Care Institutions per 10000 Population
全 国	**National Total**	**986649**	**31056**	**933024**	**19896**	**3.15**	**94.56**	**2.02**	**7.10**
北 京	Beijing	9976	656	9090	110	6.58	91.12	1.10	4.60
天 津	Tianjin	5539	426	4960	97	7.69	89.55	1.75	3.56
河 北	Hebei	80912	1846	78207	801	2.28	96.66	0.99	10.76
山 西	Shanxi	42490	1388	40581	455	3.27	95.51	1.07	11.48
内蒙古	Inner Mongolia	24218	775	22868	508	3.20	94.43	2.10	9.58
辽 宁	Liaoning	35767	1268	33540	775	3.55	93.77	2.17	8.19
吉 林	Jilin	20828	654	19647	404	3.14	94.33	1.94	7.67
黑龙江	Heilongjiang	20283	1089	18398	746	5.37	90.71	3.68	5.35
上 海	Shanghai	5144	363	4574	112	7.06	88.92	2.18	2.13
江 苏	Jiangsu	32037	1727	29118	911	5.39	90.89	2.84	3.99
浙 江	Zhejiang	31979	1204	30189	394	3.76	94.40	1.23	5.65
安 徽	Anhui	24491	1095	22635	666	4.47	92.42	2.72	3.92
福 建	Fujian	27217	606	26078	470	2.23	95.82	1.73	6.96
江 西	Jiangxi	37791	669	36311	744	1.77	96.08	1.97	8.18
山 东	Shandong	79050	2451	75106	1302	3.10	95.01	1.65	7.90
河 南	Henan	71089	1632	67307	1897	2.30	94.68	2.67	7.44
湖 北	Hubei	36357	979	34756	534	2.69	95.60	1.47	6.16
湖 南	Hunan	58624	1313	56302	961	2.24	96.04	1.64	8.55
广 东	Guangdong	49874	1464	47071	1215	2.94	94.38	2.44	4.47
广 西	Guangxi	34008	589	32034	1353	1.73	94.20	3.98	6.96
海 南	Hainan	5180	208	4846	117	4.02	93.55	2.26	5.59
重 庆	Chongqing	19682	749	18748	152	3.81	95.25	0.77	6.40
四 川	Sichuan	80481	2219	77487	708	2.76	96.28	0.88	9.69
贵 州	Guizhou	28034	1270	26378	356	4.53	94.09	1.27	7.83
云 南	Yunnan	24684	1252	22868	524	5.07	92.64	2.12	5.14
西 藏	Tibet	6826	148	6533	143	2.17	95.71	2.09	20.26
陕 西	Shaanxi	35861	1150	33808	800	3.21	94.28	2.23	9.35
甘 肃	Gansu	28857	526	26579	1639	1.82	92.11	5.68	10.99
青 海	Qinghai	6375	212	5980	179	3.33	93.80	2.81	10.66
宁 夏	Ningxia	4271	209	3966	86	4.89	92.86	2.01	6.26
新 疆	Xinjiang	18724	919	17059	737	4.91	91.11	3.94	7.66

3-3 分地区医院情况(2017年)
Statistics of Hospitals by Region(2017)

单位：个，% (unit,%)

地区	Region	医院 Hospitals	#综合医院 General Hospitals	#中医医院 Hospitals Specialized in Traditional Chinese Medicine	#专科医院 Specialized Hospitals	占医院数比重 Proportion 综合医院 General Hospitals	中医医院 Hospitals Specialized in Traditional Chinese Medicine	专科医院 Specialized Hospitals	每十万人口医院数 Hospitals per 10000 Population
全国	**NationalTotal**	**31056**	**18921**	**3695**	**7220**	**60.93**	**11.90**	**23.25**	**2.23**
北京	Beijing	656	259	161	185	39.48	24.54	28.20	3.02
天津	Tianjin	426	284	51	88	39.48	11.97	20.66	2.74
河北	Hebei	1846	1265	218	322	68.53	11.81	17.44	2.45
山西	Shanxi	1388	684	213	464	49.28	15.35	33.43	3.75
内蒙古	Inner Mongolia	775	422	113	145	54.45	14.58	18.71	3.06
辽宁	Liaoning	1268	713	155	378	56.23	12.22	29.81	2.90
吉林	Jilin	654	360	87	192	55.05	13.30	29.36	2.41
黑龙江	Heilongjiang	1089	724	152	196	66.48	13.96	18.00	2.87
上海	Shanghai	363	180	19	118	49.59	5.23	32.51	1.50
江苏	Jiangsu	1727	1015	121	420	58.77	7.01	24.32	2.15
浙江	Zhejiang	1204	529	162	438	43.94	13.46	36.38	2.13
安徽	Anhui	1095	701	107	251	64.02	9.77	22.92	1.75
福建	Fujian	606	360	80	153	59.41	13.20	25.25	1.55
江西	Jiangxi	669	427	104	125	63.83	15.55	18.68	1.45
山东	Shandong	2451	1502	263	611	61.28	10.73	24.93	2.45
河南	Henan	1632	1003	257	331	61.46	15.75	20.28	1.71
湖北	Hubei	979	569	118	261	58.12	12.05	26.66	1.66
湖南	Hunan	1313	773	144	361	58.87	10.97	27.49	1.91
广东	Guangdong	1464	844	163	423	57.65	11.13	28.89	1.31
广西	Guangxi	589	350	95	120	59.42	16.13	20.37	1.21
海南	Hainan	208	153	18	31	73.56	8.65	14.90	2.25
重庆	Chongqing	749	459	92	161	61.28	12.28	21.50	2.44
四川	Sichuan	2219	1444	222	490	65.07	10.00	22.08	2.67
贵州	Guizhou	1270	940	95	203	74.02	7.48	15.98	3.55
云南	Yunnan	1252	838	136	244	66.93	10.86	19.49	2.61
西藏	Tibet	148	109		9	73.65		6.08	4.39
陕西	Shaanxi	1150	766	157	210	66.61	13.65	18.26	3.00
甘肃	Gansu	526	307	91	97	58.37	17.30	18.44	2.00
青海	Qinghai	212	122	13	37	57.55	6.13	17.45	3.55
宁夏	Ningxia	209	143	24	37	68.42	11.48	17.70	3.06
新疆	Xinjiang	919	676	64	119	73.56	6.96	12.95	3.76

3-4 分地区分等级医院情况(2017年)
Hospital by Level and Region (2017)

单位：个，% (unit, %)

地 区	Region	合 计 Total	#三级医院 Thrid-level Hospital	#二级医院 Second-level Hospital	#一级医院 First-level Hospital	比重 Proportion 三级医院 Thrid-level Hospital	二级医院 Second-level Hospital	一级医院 First-level Hospital
全 国	**National Total**	**31056**	**2340**	**8422**	**10050**	**7.5**	**27.1**	**32.4**
北 京	Beijing	656	99	137	386	15.1	20.9	58.8
天 津	Tianjin	426	42	73	188	9.9	17.1	44.1
河 北	Hebei	1846	69	510	978	3.7	27.6	53.0
山 西	Shanxi	1388	58	349	327	4.2	25.1	23.6
内蒙古	Inner Mongolia	775	72	287	282	9.3	37.0	36.4
辽 宁	Liaoning	1268	128	300	443	10.1	23.7	34.9
吉 林	Jilin	654	46	219	98	7.0	33.5	15.0
黑龙江	Heilongjiang	1089	95	339	306	8.7	31.1	28.1
上 海	Shanghai	363	47	105	12	12.9	28.9	3.3
江 苏	Jiangsu	1727	154	359	709	8.9	20.8	41.1
浙 江	Zhejiang	1204	133	228	47	11.0	18.9	3.9
安 徽	Anhui	1095	68	346	427	6.2	31.6	39.0
福 建	Fujian	606	70	195	297	11.6	32.2	49.0
江 西	Jiangxi	669	66	228	119	9.9	34.1	17.8
山 东	Shandong	2451	166	594	945	6.8	24.2	38.6
河 南	Henan	1632	87	469	842	5.3	28.7	51.6
湖 北	Hubei	979	123	311	261	12.6	31.8	26.7
湖 南	Hunan	1313	73	346	385	5.6	26.4	29.3
广 东	Guangdong	1464	170	453	392	11.6	30.9	26.8
广 西	Guangxi	589	72	244	168	12.2	41.4	28.5
海 南	Hainan	208	17	39	74	8.2	18.8	35.6
重 庆	Chongqing	749	41	142	155	5.5	19.0	20.7
四 川	Sichuan	2219	152	583	344	6.8	26.3	15.5
贵 州	Guizhou	1270	50	283	566	3.9	22.3	44.6
云 南	Yunnan	1252	69	340	251	5.5	27.2	20.0
西 藏	Tibet	148	11	13	84	7.4	8.8	56.8
陕 西	Shaanxi	1150	57	347	309	5.0	30.2	26.9
甘 肃	Gansu	526	36	184	47	6.8	35.0	8.9
青 海	Qinghai	212	18	94	10	8.5	44.3	4.7
宁 夏	Ningxia	209	13	71	72	6.2	34.0	34.4
新 疆	Xinjiang	919	38	234	526	4.1	25.5	57.2

3-5 分地区三级医院情况(2017年)
Third-level Hospital by Region (2017)

单位：个，%　　(unit,%)

地 区	Region	三级医院 Third-level Hospital	#甲等 Grade A	#乙等 Grade B	#丙等 Grade C	比重 Proportion 甲等 Grade A	乙等 Grade B	丙等 Grade C
总 计	**National Total**	**2340**	**1360**	**445**	**27**	**58.1**	**19.0**	**1.2**
北 京	Beijing	99	55	1	14	55.6	1.0	14.1
天 津	Tianjin	42	31	4		73.8	9.5	
河 北	Hebei	69	45	1		65.2	1.4	
山 西	Shanxi	58	41	11		70.7	19.0	
内蒙古	Inner Mongolia	72	24	23	1	33.3	31.9	1.4
辽 宁	Liaoning	128	64	19	2	50.0	14.8	1.6
吉 林	Jilin	46	30	7	9	65.2	15.2	19.6
黑龙江	Heilongjiang	95	69	12	1	72.6	12.6	1.1
上 海	Shanghai	47	32	5		68.1	10.6	
江 苏	Jiangsu	154	68	51		44.2	33.1	
浙 江	Zhejiang	133	71	61		53.4	45.9	
安 徽	Anhui	68	43	8		63.2	11.8	
福 建	Fujian	70	34	12		48.6	17.1	
江 西	Jiangxi	66	47	6		71.2	9.1	
山 东	Shandong	166	94	39		56.6	23.5	
河 南	Henan	87	53			60.9		
湖 北	Hubei	123	69	16		56.1	13.0	
湖 南	Hunan	73	47	3		64.4	4.1	
广 东	Guangdong	170	115	2		67.6	1.2	
广 西	Guangxi	72	45	7		62.5	9.7	
海 南	Hainan	17	10			58.8		
重 庆	Chongqing	41	29			70.7		
四 川	Sichuan	152	68	80		44.7	52.6	
贵 州	Guizhou	50	29	6		58.0	12.0	
云 南	Yunnan	69	42	13		60.9	18.8	
西 藏	Tibet	11	3	7		27.3	63.6	
陕 西	Shaanxi	57	35	16		61.4	28.1	
甘 肃	Gansu	36	17	19		47.2	52.8	
青 海	Qinghai	18	10	8		55.6	44.4	
宁 夏	Ningxia	13	6	7		46.2	53.8	
新 疆	Xinjiang	38	34	1		89.5	2.6	

3-6 分地区分床位医院情况(2017年)
Hospitals by Beds and Region (2017)

单位：个，% (unit,%)

地 区	Region	合计 Total	0–99张 0-99 Beds	比重 Proportion	100–299张 100-299 Beds	比重 Proportion	300–499张 300-499 Beds	比重 Proportion	500张及以上 500 Beds over and above	比重 Proportion
全 国	**National Total**	**31056**	**18737**	**60.3**	**6562**	**21.1**	**2208**	**7.1**	**3549**	**11.4**
北 京	Beijing	656	453	69.1	95	14.5	34	5.2	74	11.3
天 津	Tianjin	426	319	74.9	53	12.4	18	4.2	36	8.5
河 北	Hebei	1846	1241	67.2	304	16.5	123	6.7	178	9.6
山 西	Shanxi	1388	1008	72.6	260	18.7	60	4.3	60	4.3
内蒙古	Inner Mongolia	775	482	62.2	187	24.1	51	6.6	55	7.1
辽 宁	Liaoning	1268	754	59.5	273	21.5	83	6.5	158	12.5
吉 林	Jilin	654	338	51.7	201	30.7	45	6.9	70	10.7
黑龙江	Heilongjiang	1089	620	56.9	305	28.0	69	6.3	95	8.7
上 海	Shanghai	363	148	40.8	83	22.9	47	12.9	85	23.4
江 苏	Jiangsu	1727	1030	59.6	359	20.8	130	7.5	208	12.0
浙 江	Zhejiang	1204	644	53.5	302	25.1	95	7.9	163	13.5
安 徽	Anhui	1095	645	58.9	242	22.1	64	5.8	144	13.2
福 建	Fujian	606	319	52.6	138	22.8	62	10.2	87	14.4
江 西	Jiangxi	669	326	48.7	162	24.2	74	11.1	107	16.0
山 东	Shandong	2451	1676	68.4	402	16.4	106	4.3	267	10.9
河 南	Henan	1632	933	57.2	320	19.6	121	7.4	258	15.8
湖 北	Hubei	979	510	52.1	224	22.9	74	7.6	171	17.5
湖 南	Hunan	1313	714	54.4	286	21.8	117	8.9	196	14.9
广 东	Guangdong	1464	697	47.6	393	26.8	128	8.7	246	16.8
广 西	Guangxi	589	253	43.0	157	26.7	77	13.1	102	17.3
海 南	Hainan	208	148	71.2	30	14.4	13	6.3	17	8.2
重 庆	Chongqing	749	442	59.0	167	22.3	58	7.7	82	10.9
四 川	Sichuan	2219	1332	60.0	519	23.4	151	6.8	217	9.8
贵 州	Guizhou	1270	912	71.8	192	15.1	76	6.0	90	7.1
云 南	Yunnan	1252	755	60.3	294	23.5	104	8.3	99	7.9
西 藏	Tibet	148	115	77.7	27	18.2	5	3.4	1	0.7
陕 西	Shaanxi	1150	724	63.0	239	20.8	79	6.9	108	9.4
甘 肃	Gansu	526	273	51.9	125	23.8	57	10.8	71	13.5
青 海	Qinghai	212	136	64.2	49	23.1	10	4.7	17	8.0
宁 夏	Ningxia	209	132	63.2	44	21.1	19	9.1	14	6.7
新 疆	Xinjiang	919	658	71.6	130	14.1	58	6.3	73	7.9

3-7 分地区基层医疗卫生机构(2017年)
Number of Health Care Institutions at Grassroot Level by Region(2017)

单位：个，%　　(unit,%)

地区	Region	基层医疗卫生机构 Health Care Institutions at Grass-root Level	#社区卫生服务中心(站) Community Health Service Centers	#乡镇卫生院 Township Health Centers	#村卫生室 Village Clinics	#门诊部(所) Outpatient Department	占基层医疗卫生机构数比重 Proportion 社区卫生服务中心(站) Community Health Service Centers	乡镇卫生院 Township Health Centers	村卫生室 Village Clinics	门诊部(所) Outpatient Department
全国	**National Total**	**933024**	**34652**	**36551**	**632057**	**229221**	**3.7**	**3.9**	**67.7**	**24.6**
北京	Beijing	9090	1957		2696	4437	21.5		29.7	48.8
天津	Tianjin	4960	587	142	2541	1685	11.8	2.9	51.2	34.0
河北	Hebei	78207	1274	1972	60225	14728	1.6	2.5	77.0	18.8
山西	Shanxi	40581	937	1308	28942	9097	2.3	3.2	71.3	22.4
内蒙古	Inner Mongolia	22868	1194	1313	13625	6736	5.2	5.7	59.6	29.5
辽宁	Liaoning	33540	1238	1014	19519	11750	3.7	3.0	58.2	35.0
吉林	Jilin	19647	388	780	10108	8370	2.0	4.0	51.4	42.6
黑龙江	Heilongjiang	18398	629	982	10842	5939	3.4	5.3	58.9	32.3
上海	Shanghai	4574	1009		1187	2378	22.1		26.0	52.0
江苏	Jiangsu	29118	2780	1057	15319	9960	9.5	3.6	52.6	34.2
浙江	Zhejiang	30189	5687	1150	11535	11806	18.8	3.8	38.2	39.1
安徽	Anhui	22635	1881	1367	15331	4055	8.3	6.0	67.7	17.9
福建	Fujian	26078	676	881	18608	5913	2.6	3.4	71.4	22.7
江西	Jiangxi	36311	573	1582	29734	4414	1.6	4.4	81.9	12.2
山东	Shandong	75106	2372	1612	53024	18052	3.2	2.1	70.6	24.0
河南	Henan	67307	1391	2055	56462	7392	2.1	3.1	83.9	11.0
湖北	Hubei	34756	1182	1137	24636	7776	3.4	3.3	70.9	22.4
湖南	Hunan	56302	746	2229	42144	11179	1.3	4.0	74.9	19.9
广东	Guangdong	47071	2543	1192	26459	16867	5.4	2.5	56.2	35.8
广西	Guangxi	32034	300	1264	20770	9700	0.9	3.9	64.8	30.3
海南	Hainan	4846	175	299	2638	1734	3.6	6.2	54.4	35.8
重庆	Chongqing	18748	472	881	10991	6390	2.5	4.7	58.6	34.1
四川	Sichuan	77487	940	4466	56216	15855	1.2	5.8	72.5	20.5
贵州	Guizhou	26378	701	1362	20543	3722	2.7	5.2	77.9	14.1
云南	Yunnan	22868	568	1355	13446	7493	2.5	5.9	58.8	32.8
西藏	Tibet	6533	12	678	5324	519	0.2	10.4	81.5	7.9
陕西	Shaanxi	33808	604	1549	24978	6668	1.8	4.6	73.9	19.7
甘肃	Gansu	26579	602	1374	17032	7567	2.3	5.2	64.1	28.5
青海	Qinghai	5980	255	404	4518	803	4.3	6.8	75.6	13.4
宁夏	Ningxia	3966	166	220	2301	1279	4.2	5.5	58.0	32.2
新疆	Xinjiang	17059	813	926	10363	4957	4.8	5.4	60.7	29.1

3-8 分地区专业公共卫生机构(2017年)

Specialized Public Health Care Institutions by Region(2017)

单位：个，% (unit,%)

地区	Region	专业公共卫生机构 Specialized Public Health Institutions	#疾病预防控制中心 Center for Disease Control and Prevention	#专科疾病防治院(所/站) Specialized Disease Prevention & Treatment Institution	#妇幼保健院(所/站) Women and Children Care Agencies	#卫生监督所(中心) Health Inspection Institution (Center)	占专业公共卫生机构比重 Proportion: 疾病预防控制中心 Center for Disease Control and Prevention	占专业公共卫生机构比重 Proportion: 专科疾病防治院(所/站) Specialized Disease Prevention & Treatment	占专业公共卫生机构比重 Proportion: 妇幼保健院(所/站) Women and Children Care Agencies	占专业公共卫生机构比重 Proportion: 卫生监督所(中心) Health Inspection Institution (Center)
全　国	**National Total**	**19896**	**3456**	**1200**	**3077**	**2992**	**17.4**	**6.0**	**15.5**	**15.0**
北　京	Beijing	110	28	25	20	18	25.5	22.7	18.2	16.4
天　津	Tianjin	97	23	15	20	19	23.7	15.5	20.6	19.6
河　北	Hebei	801	189	11	192	178	23.6	1.4	24.0	22.2
山　西	Shanxi	455	135	8	135	131	29.7	1.8	29.7	28.8
内蒙古	Inner Mongolia	508	119	51	113	116	23.4	10.0	22.2	22.8
辽　宁	Liaoning	775	131	80	109	90	16.9	10.3	14.1	11.6
吉　林	Jilin	404	67	54	70	40	16.6	13.4	17.3	9.9
黑龙江	Heilongjiang	746	164	108	144	139	22.0	14.5	19.3	18.6
上　海	Shanghai	112	19	20	20	17	17.0	17.9	17.9	15.2
江　苏	Jiangsu	911	116	43	110	104	12.7	4.7	12.1	11.4
浙　江	Zhejiang	394	100	16	88	100	25.4	4.1	22.3	25.4
安　徽	Anhui	666	121	48	118	112	18.2	7.2	17.7	16.8
福　建	Fujian	470	96	26	88	85	20.4	5.5	18.7	18.1
江　西	Jiangxi	744	149	108	112	111	20.0	14.5	15.1	14.9
山　东	Shandong	1302	172	133	161	104	13.2	10.2	12.4	8.0
河　南	Henan	1897	179	22	161	178	9.4	1.2	8.5	9.4
湖　北	Hubei	534	115	73	102	107	21.5	13.7	19.1	20.0
湖　南	Hunan	961	147	84	137	133	15.3	8.7	14.3	13.8
广　东	Guangdong	1215	135	130	128	150	11.1	10.7	10.5	12.3
广　西	Guangxi	1353	117	34	104	110	8.6	2.5	7.7	8.1
海　南	Hainan	117	25	15	24	24	21.4	12.8	20.5	20.5
重　庆	Chongqing	152	41	15	42	39	27.0	9.9	27.6	25.7
四　川	Sichuan	708	206	25	203	200	29.1	3.5	28.7	28.2
贵　州	Guizhou	356	100	10	98	95	28.1	2.8	27.5	26.7
云　南	Yunnan	524	153	30	145	142	29.2	5.7	27.7	27.1
西　藏	Tibet	143	82		55	1	57.3		38.5	0.7
陕　西	Shaanxi	800	120	5	116	116	15.0	0.6	14.5	14.5
甘　肃	Gansu	1639	103	7	99	94	6.3	0.4	6.0	5.7
青　海	Qinghai	179	56	1	50	55	31.3	0.6	27.9	30.7
宁　夏	Ningxia	86	25		21	24	29.1		24.4	27.9
新　疆	Xinjiang	737	223	3	92	160	30.3	0.4	12.5	21.7

3-9 村卫生室情况
Statistics on Village Clinics

单位：个 (unit)

年 份 Year	合 计 Total	村办 Run by Village	乡卫生院设点 Township Hospitals	联合办 Jointly Run	私人办 Run by Private	其他 Others
1985	777674	305537	29769	88803	323904	29661
1990	803956	266137	29963	87149	381844	38863
1995	804352	297462	36388	90681	354981	
2000	709458	300864	47101	89828	255179	16486
2005	583209	313633	32396	38561	180403	18216
2006	609128	333790	34803	36805	186524	17206
2007	613855	340082	33633	33649	186841	19650
2008	613143	342692	40248	31698	180157	18348
2009	632770	350515	45434	31035	183699	22087
2010	648424	365153	49678	32650	177080	23863
2011	662894	372661	56128	33639	175747	24719
2012	653419	370099	58317	32278	167025	25700
2013	648619	371579	59896	32690	158811	25643
2014	645470	349428	59396	29180	160549	46917
2015	640536	353196	60231	29208	153353	44548
2016	638763	351016	60419	29336	152164	45828
2017	632057	349025	63598	28687	147046	43701

3-10 分地区村卫生室情况(2017年)
Statistics on Village Clinics by Region(2017)

单位：个 (unit)

地区	Region	合计 Total	村办 Run by Village	乡卫生院设点 Township Hospitals	联合办 Jointly Run	私人办 Run by Private	其他 Others
全国	**National Total**	**632057**	**349025**	**63598**	**28687**	**147046**	**43701**
北京	Beijing	2696	2413	6	3	260	14
天津	Tianjin	2541	854	727	118	269	573
河北	Hebei	60225	28854	2208	1069	24542	3552
山西	Shanxi	28942	19755	1041	740	3608	3798
内蒙古	Inner Mongolia	13625	5260	2224	447	4760	934
辽宁	Liaoning	19519	8492	375	157	9848	647
吉林	Jilin	10108	4004	1483	1188	2957	476
黑龙江	Heilongjiang	10842	7246	1702	148	1218	528
上海	Shanghai	1187	891	183	31		82
江苏	Jiangsu	15319	8253	3972	1867	26	1201
浙江	Zhejiang	11535	7073	1331	154	1950	1027
安徽	Anhui	15331	7167	2884	1892	900	2488
福建	Fujian	18608	11587	651	235	4261	1874
江西	Jiangxi	29734	13571	285	1617	12747	1514
山东	Shandong	53024	26429	14127	4536	4428	3504
河南	Henan	56462	33688	848	2831	16168	2927
湖北	Hubei	24636	15552	3519	2953	1810	802
湖南	Hunan	42144	28171	1485	930	8089	3469
广东	Guangdong	26459	19139	1524	149	4973	674
广西	Guangxi	20770	13857	798	186	5240	689
海南	Hainan	2638	775	165	27	1191	480
重庆	Chongqing	10991	6624	1265	353	1497	1252
四川	Sichuan	56216	27794	3541	2583	19077	3221
贵州	Guizhou	20543	9063	2247	547	6749	1937
云南	Yunnan	13446	10078	1363	624	434	947
西藏	Tibet	5324	1748	2606	145		825
陕西	Shaanxi	24978	19639	565	380	3806	588
甘肃	Gansu	17032	6806	3764	752	4022	1688
青海	Qinghai	4518	1823	625	581	1041	448
宁夏	Ningxia	2301	707	411	213	641	329
新疆	Xinjiang	10363	1712	5673	1231	534	1213

3-10 续表 continued

单位：个 (unit)

地 区	Region	比重(%) Proportion(%) 村办 Run by Village	乡卫生院设点 Township Hospitals	联合办 Jointly Run	私人办 Run by Private	其他 Others	平均每村村卫生室人员数(人) Medical Personnel of Village Clinic per Village (person)	每千农村人口村卫生室人员数(人) Medical Personnel of Village Clinic per 1000 Agriculture Population (person)
全 国	**National Total**	**55.2**	**10.1**	**4.5**	**23.3**	**6.9**	**2.30**	**1.52**
北 京	Beijing	89.5	0.2	0.1	9.6	0.5	1.76	
天 津	Tianjin	33.6	28.6	4.6	10.6	22.6	2.85	10.75
河 北	Hebei	47.9	3.7	1.8	40.8	5.9	2.03	2.12
山 西	Shanxi	68.3	3.6	2.6	12.5	13.1	1.83	2.09
内蒙古	Inner Mongolia	38.6	16.3	3.3	34.9	6.9	2.16	1.70
辽 宁	Liaoning	43.5	1.9	0.8	50.5	3.3	1.77	1.43
吉 林	Jilin	39.6	14.7	11.8	29.3	4.7	2.29	1.38
黑龙江	Heilongjiang	66.8	15.7	1.4	11.2	4.9	3.00	1.44
上 海	Shanghai	75.1	15.4	2.6		6.9	4.25	7.55
江 苏	Jiangsu	53.9	25.9	12.2	0.2	7.8	4.66	1.48
浙 江	Zhejiang	61.3	11.5	1.3	16.9	8.9	2.41	0.90
安 徽	Anhui	46.7	18.8	12.3	5.9	16.2	4.44	1.37
福 建	Fujian	62.3	3.5	1.3	22.9	10.1	1.95	1.37
江 西	Jiangxi	45.6	1.0	5.4	42.9	5.1	2.11	1.53
山 东	Shandong	49.8	26.6	8.6	8.4	6.6	2.80	2.13
河 南	Henan	59.7	1.5	5.0	28.6	5.2	2.94	1.78
湖 北	Hubei	63.1	14.3	12.0	7.3	3.3	2.68	1.57
湖 南	Hunan	66.8	3.5	2.2	19.2	8.2	1.80	1.26
广 东	Guangdong	72.3	5.8	0.6	18.8	2.5	1.68	0.90
广 西	Guangxi	66.7	3.8	0.9	25.2	3.3	1.96	1.01
海 南	Hainan	29.4	6.3	1.0	45.1	18.2	2.56	1.02
重 庆	Chongqing	60.3	11.5	3.2	13.6	11.4	2.68	1.60
四 川	Sichuan	49.4	6.3	4.6	33.9	5.7	1.57	1.44
贵 州	Guizhou	44.1	10.9	2.7	32.9	9.4	1.85	0.94
云 南	Yunnan	75.0	10.1	4.6	3.2	7.0	3.29	1.08
西 藏	Tibet	32.8	48.9	2.7		15.5	2.50	5.28
陕 西	Shaanxi	78.6	2.3	1.5	15.2	2.4	1.56	1.54
甘 肃	Gansu	40.0	22.1	4.4	23.6	9.9	2.03	1.76
青 海	Qinghai	40.3	13.8	12.9	23.0	9.9	2.25	2.09
宁 夏	Ningxia	30.7	17.9	9.3	27.9	14.3	2.34	1.48
新 疆	Xinjiang	16.5	54.7	11.9	5.2	11.7	2.50	1.33

3-11 卫生人员数
Employed Persons in Health Care Institutions

单位：人，% (person,%)

年份 Year	卫生人员 Medical Personnel	#卫生技术人员 Medical Technical Personnel	#执业(助理)医师 Licensed (Assistant) Doctors	#执业医师 Licensed Doctor	#注册护士 Registered Nurse	#药师(士) Pharmacist	#乡村医生和卫生员 Village Doctors and Assistants	占卫生人员比重 Proportion: #卫生技术人员 Medical Technical Personnel	#执业(助理)医师 Licensed (Assistant) Doctors	#注册护士 Registered Nurse	#乡村医生和卫生员 Village Doctors and Assistants
1950	611240	555040	380800	327400	37800	8080		90.8	62.3	6.2	
1955	1052787	874063	500398	402409	107344	60974		83.0	47.5	10.2	
1960	1769205	1504894	596109	427498	170143	119293		85.1	33.7	9.6	
1965	1872300	1531600	762804	510091	234546	117314		81.8	40.7	12.5	
1970	6571795	1453247	702304	446251	295147		4779280	22.1	10.7	4.5	72.7
1975	7435212	2057068	877716	521617	379545	219904	4841695	27.7	11.8	5.1	65.1
1978	7883041	2463931	978152	609608	405223	266570	4777469	31.3	12.4	5.1	60.6
1980	7355483	2798241	1153234	709473	465798	308438	3820776	38.0	15.7	6.3	51.9
1985	5606105	3410910	1413281	724238	636974	365145	1293094	60.8	25.2	11.4	23.1
1986	5725854	3506517	1444150	745592	680583	372760	1279935	61.2	25.2	11.9	22.4
1987	5842621	3608618	1481754	777333	717596	382121	1278499	61.8	25.4	12.3	21.9
1988	5924557	3723756	1618174	1095926	829261	394287	1247045	62.9	27.3	14.0	21.0
1989	6028234	3809097	1718018	1257668	921687	401098	1241275	63.2	28.5	15.3	20.6
1990	6137711	3897921	1763086	1302997	974541	405978	1231510	63.5	28.7	15.9	20.1
1991	6278458	3984974	1779545	1310933	1011943	409325	1253324	63.5	28.3	16.1	20.0
1992	6409307	4073986	1808194	1327875	1039674	413598	1269061	63.6	28.2	16.2	19.8
1993	6540522	4117067	1831665	1372471	1056096	413025	1325106	62.9	28.0	16.1	20.3
1994	6630710	4199217	1882180	1425375	1093544	417166	1323701	63.3	28.4	16.5	20.0
1995	6704395	4256923	1917772	1454926	1125661	418520	1331017	63.5	28.6	16.8	19.9
1996	6735097	4311845	1941235	1475232	1162609	424952	1316095	64.0	28.8	17.3	19.5
1997	6833962	4397805	1984867	1505342	1198228	428295	1317786	64.4	29.0	17.5	19.3
1998	6863315	4423721	1999521	1513975	1218836	423644	1327633	64.5	29.1	17.8	19.3
1999	6894985	4458669	2044672	1561584	1244844	418574	1324937	64.7	29.7	18.1	19.2
2000	6910383	4490803	2075843	1603266	1266838	414408	1319357	65.0	30.0	18.3	19.1
2001	6874527	4507700	2099658	1637337	1286938	404087	1290595	65.6	30.5	18.7	18.8
2002	6528674	4269779	1843995	1463573	1246545	357659	1290595	65.4	28.2	19.1	19.8
2003	6216971	4380878	1942364	1534046	1265959	357378	867778	70.5	31.2	20.4	14.0
2004	6332739	4485983	1999457	1582442	1308433	355451	883075	70.8	31.6	20.7	13.9
2005	6447246	4564050	2042135	1622684	1349589	349533	916532	70.8	31.7	20.9	14.2
2006	6681184	4728350	2099064	1678031	1426339	353565	957459	70.8	31.4	21.3	14.3
2007	6964389	4913186	2122925	1715460	1558822	325212	931761	70.5	30.5	22.4	13.4
2008	7251803	5174478	2201904	1791881	1678091	330525	938313	71.4	30.4	23.1	12.9
2009	7781448	5535124	2329206	1905436	1854818	341910	1050991	71.1	29.9	23.8	13.5
2010	8207502	5876158	2413259	1972840	2048071	353916	1091863	71.6	29.4	25.0	13.3
2011	8616040	6202858	2466094	2020154	2244020	363993	1126443	72.0	28.6	26.0	13.1
2012	9115705	6675549	2616064	2138836	2496599	377398	1094419	73.2	28.7	27.4	12.0
2013	9790483	7210578	2794754	2285794	2783121	395578	1081063	73.6	28.5	28.4	11.0
2014	10234213	7589790	2892518	2374917	3004144	409595	1058182	74.2	28.3	29.4	10.3
2015	10693881	8007537	3039135	2508408	3241469	423294	1031525	74.9	28.4	30.3	9.6
2016	11172945	8454403	3191005	2651398	3507166	439246	1000324	75.7	28.6	31.4	9.0
2017	11748972	8988230	3390034	2828999	3804021	452968	968611	76.5	28.9	32.4	8.2

注：1.卫生人员和卫生技术人员包括公务员中卫生监督员10000名。
2.2013年起卫生人员数包括卫生计生部门主管的计划生育技术服务机构人员数。
3.执业(助理)医师数包括村卫生室执业(助理)医师数。
4.1985年以前乡村医生和卫生员系赤脚医生数。

Note: a) Medical personnel and medical technical personnel include 10 000 health supervisors in civil servants.
b) Since 2013, medical personnel included personnel of family planning technical services institutions managed by family planning department.
c) Licensed (assistant) doctors include licensed (assistant) doctors in village clinics.
d) Before 1985, rural doctors and assistants referred to barefoot doctors.

3-12 分地区卫生人员数(2017年)

Employed Persons in Health Care Institutions by Region(2017)

单位：人，% (person, %)

地 区	Region	卫生人员 Medical Personnel	#卫生技术人员 Medical Technical Personnel	#执业(助理)医师 Licensed (Assistant) Doctors	#执业医师 Licensed Doctor	#注册护士 Registered Nurse	#药师(士) Pharmacist
全 国	**Natoional Total**	**11748972**	**8988230**	**3390034**	**2828999**	**3804021**	**452968**
北 京	Beijing	315238	245984	94417	88934	103459	14082
天 津	Tianjin	129554	100966	41127	38645	38205	6000
河 北	Hebei	590569	425229	191941	149885	158383	17542
山 西	Shanxi	318990	233287	94281	81477	96849	10445
内蒙古	Inner Mongolia	233062	180386	70301	60459	71866	10827
辽 宁	Liaoning	380915	291191	115715	104323	127445	13806
吉 林	Jilin	224342	168031	70552	61810	67149	7899
黑龙江	Heilongjiang	300301	229403	88477	75558	90446	11431
上 海	Shanghai	227750	186917	67907	64196	83939	10014
江 苏	Jiangsu	692473	547676	217146	181276	236906	28839
浙 江	Zhejiang	555716	459661	178704	155076	187717	27885
安 徽	Anhui	407457	313478	120839	97680	138139	14460
福 建	Fujian	300571	231388	83966	73323	101209	14578
江 西	Jiangxi	317798	235741	83648	70083	104109	14549
山 东	Shandong	917894	688565	264570	227649	293647	34810
河 南	Henan	827645	581004	220314	165802	241571	26792
湖 北	Hubei	510044	399685	147340	122070	184283	18663
湖 南	Hunan	536677	415563	173037	132578	172580	20523
广 东	Guangdong	864114	707491	257974	212657	307664	40298
广 西	Guangxi	404763	305279	101141	82249	131693	17405
海 南	Hainan	77417	60398	20764	17268	28382	2973
重 庆	Chongqing	255854	191572	68549	55216	84853	8800
四 川	Sichuan	709899	530306	194909	162709	228548	24945
贵 州	Guizhou	301876	225914	75533	60382	97970	8762
云 南	Yunnan	369151	283894	93925	77892	128513	10932
西 藏	Tibet	33413	16526	7603	5720	4460	783
陕 西	Shaanxi	393846	310228	93209	78249	126983	15359
甘 肃	Gansu	199155	146880	56147	45395	58444	6485
青 海	Qinghai	56098	41729	15508	13193	16475	2077
宁 夏	Ningxia	62022	49715	18187	16208	21568	2976
新 疆	Xinjiang	224368	174143	62303	51037	70566	8028

3-12 续表 continued

单位：人，% (person, %)

地 区	Region	#乡村医生和卫生员 Village Doctors and Assistants	占卫生人员比重 Proportion			
			#卫生技术人员 Medical Technical Personnel	#执业(助理)医师 Licensed (Assistant) Doctors	#注册护士 Registered Nurse	#乡村医生和卫生员 Village Doctors and Assistants
全 国	**Natoional Total**	**968611**	**76.5**	**28.9**	**32.4**	**8.2**
北 京	Beijing	3247	78.0	30.0	32.8	1.0
天 津	Tianjin	4973	77.9	31.7	29.5	3.8
河 北	Hebei	79741	72.0	32.5	26.8	13.5
山 西	Shanxi	37935	73.1	29.6	30.4	11.9
内蒙古	Inner Mongolia	18128	77.4	30.2	30.8	7.8
辽 宁	Liaoning	23995	76.4	30.4	33.5	6.3
吉 林	Jilin	16097	74.9	31.4	29.9	7.2
黑龙江	Heilongjiang	21688	76.4	29.5	30.1	7.2
上 海	Shanghai	829	82.1	29.8	36.9	0.4
江 苏	Jiangsu	30934	79.1	31.4	34.2	4.5
浙 江	Zhejiang	7792	82.7	32.2	33.8	1.4
安 徽	Anhui	40869	76.9	29.7	33.9	10.0
福 建	Fujian	25256	77.0	27.9	33.7	8.4
江 西	Jiangxi	43421	74.2	26.3	32.8	13.7
山 东	Shandong	109657	75.0	28.8	32.0	11.9
河 南	Henan	109457	70.2	26.6	29.2	13.2
湖 北	Hubei	39530	78.4	28.9	36.1	7.8
湖 南	Hunan	44460	77.4	32.2	32.2	8.3
广 东	Guangdong	24051	81.9	29.9	35.6	2.8
广 西	Guangxi	34147	75.4	25.0	32.5	8.4
海 南	Hainan	3012	78.0	26.8	36.7	3.9
重 庆	Chongqing	20076	74.9	26.8	33.2	7.8
四 川	Sichuan	64771	74.7	27.5	32.2	9.1
贵 州	Guizhou	35105	74.8	25.0	32.5	11.6
云 南	Yunnan	37308	76.9	25.4	34.8	10.1
西 藏	Tibet	12685	49.5	22.8	13.3	38.0
陕 西	Shaanxi	31853	78.8	23.7	32.2	8.1
甘 肃	Gansu	21358	73.8	28.2	29.3	10.7
青 海	Qinghai	7121	74.4	27.6	29.4	12.7
宁 夏	Ningxia	3244	80.2	29.3	34.8	5.2
新 疆	Xinjiang	15871	77.6	27.8	31.5	7.1

3-13 分地区全科医生数(2017年)
General Doctor by Region (2017)

单位：人 (person)

年 份 地 区	Year Region	全科医生数 General Doctor	注册为全科医学专业的人数 Persons Registered as Professional in General Medicine	取得全科医生培训合格证书的人数 Persons Obtaining General Doctor Training Certificate	每万人口全科医生数 General Doctor per 10 000 persons
2013		145511	47402	98109	1.07
2014		172597	64156	108441	1.27
2015		188649	68364	120285	1.37
2016		209083	77631	131452	1.51
2017		252717	96235	156482	1.82
北 京	Beijing	8591	4665	3926	3.96
天 津	Tianjin	3749	1740	2009	2.41
河 北	Hebei	10017	2652	7365	1.33
山 西	Shanxi	6372	1736	4636	1.72
内蒙古	Inner Mongolia	3986	1358	2628	1.58
辽 宁	Liaoning	6273	2898	3375	1.44
吉 林	Jilin	5130	1616	3514	1.89
黑龙江	Heilongjiang	4493	1415	3078	1.19
上 海	Shanghai	8491	5759	2732	3.51
江 苏	Jiangsu	27578	12915	14663	3.43
浙 江	Zhejiang	30467	7310	23157	5.39
安 徽	Anhui	10430	4637	5793	1.67
福 建	Fujian	6897	2443	4454	1.76
江 西	Jiangxi	5268	1263	4005	1.14
山 东	Shandong	13565	4991	8574	1.36
河 南	Henan	15567	6135	9432	1.63
湖 北	Hubei	8969	2926	6043	1.52
湖 南	Hunan	7040	2880	4160	1.03
广 东	Guangdong	22712	12337	10375	2.03
广 西	Guangxi	6275	1943	4332	1.28
海 南	Hainan	1133	514	619	1.22
重 庆	Chongqing	3866	1314	2552	1.26
四 川	Sichuan	11343	2604	8739	1.37
贵 州	Guizhou	5014	2104	2910	1.40
云 南	Yunnan	5253	1432	3821	1.09
西 藏	Tibet	247	155	92	0.73
陕 西	Shaanxi	3578	843	2735	0.93
甘 肃	Gansu	3824	1140	2684	1.46
青 海	Qinghai	1230	562	668	2.06
宁 夏	Ningxia	926	387	539	1.36
新 疆	Xinjiang	4433	1561	2872	1.81

3-14 每千人口卫生技术人员
Medical Technical Personnel in Health Care Institutions per 1000 Persons

单位：人 (person)

年 份 Year	卫生技术人员 Medical Technical Personnel			执业(助理)医师 Licensed (Assistant) Doctors			注册护士 Registered Nurses		
	合计 Total	城市 City	农村 Rural	合计 Total	城市 City	农村 Rural	合计 Total	城市 City	农村 Rural
1949	0.93	1.87	0.73	0.67	0.70	0.66	0.06	0.25	0.02
1955	1.42	3.49	1.01	0.81	1.24	0.74	0.14	0.64	0.04
1960	2.37	5.67	1.85	1.04	1.97	0.90	0.23	1.04	0.07
1965	2.11	5.37	1.46	1.05	2.22	0.82	0.32	1.45	0.10
1970	1.76	4.88	1.22	0.85	1.97	0.66	0.29	1.10	0.14
1975	2.24	6.92	1.41	0.95	2.66	0.65	0.41	1.74	0.18
1980	2.85	8.03	1.81	1.17	3.22	0.76	0.47	1.83	0.20
1985	3.28	7.92	2.09	1.36	3.35	0.85	0.61	1.85	0.30
1990	3.45	6.59	2.15	1.56	2.95	0.98	0.86	1.91	0.43
1995	3.59	5.36	2.32	1.62	2.39	1.07	0.95	1.59	0.49
1998	3.64	5.30	2.35	1.65	2.34	1.11	1.00	1.64	0.51
1999	3.64	5.24	2.38	1.67	2.33	1.14	1.02	1.64	0.52
2000	3.63	5.17	2.41	1.68	2.31	1.17	1.02	1.64	0.54
2001	3.62	5.15	2.38	1.69	2.32	1.17	1.03	1.65	0.54
2002	3.41			1.47			1.00		
2003	3.48	4.88	2.26	1.54	2.13	1.04	1.00	1.59	0.50
2004	3.53	4.99	2.24	1.57	2.18	1.04	1.03	1.63	0.50
2005	3.50	5.82	2.69	1.56	2.46	1.26	1.03	2.10	0.65
2006	3.60	6.09	2.70	1.60	2.56	1.26	1.09	2.22	0.66
2007	3.72	6.44	2.69	1.61	2.61	1.23	1.18	2.42	0.70
2008	3.90	6.68	2.80	1.66	2.68	1.26	1.27	2.54	0.76
2009	4.15	7.15	2.94	1.75	2.83	1.31	1.39	2.82	0.81
2010	4.39	7.62	3.04	1.80	2.97	1.32	1.53	3.09	0.89
2011	4.58	7.90	3.19	1.82	3.00	1.33	1.66	3.29	0.98
2012	4.94	8.54	3.41	1.94	3.19	1.40	1.85	3.65	1.09
2013	5.27	9.18	3.64	2.04	3.39	1.48	2.04	4.00	1.22
2014	5.56	9.70	3.77	2.12	3.54	1.51	2.20	4.30	1.31
2015	5.84	10.21	3.90	2.22	3.72	1.55	2.37	4.58	1.39
2016	6.12	10.79	4.04	2.31	3.92	1.59	2.54	4.91	1.49
2017	6.47	10.87	4.28	2.44	3.97	1.68	2.74	5.01	1.62

注：1.城市包括直辖市区和地级市辖区，农村包括县及县级市。
2.合计项分母为常住人口数，分城乡分母项为户籍人口数。
3.2002年以前，执业(助理)医师系医生，执业医师系医师，注册护士系护师(士)。

Note: a) City includes district of municipalities and prefecture-level city, rural area include county and city at county level.
b) Total population used in this table are resident population. Population of city and rural used in this table are registered population.
c) Before 2002, licensed (assistant) doctors referred to doctors, licensed doctors referred to doctors, registered nurses referred to nurses.

3-15 分地区每千人口卫生技术人员(2017年)
Medical Technical Personnel in Health Care Institutions per 1000 Persons by Region(2017)

单位：人 (person)

地 区	Region	卫生技术人员 Medical Technical Personnel			执业(助理)医师 Licensed (Assistant) Doctors			注册护士 Registered Nurses		
		合计 Total	城市 City	农村 Rural	合计 Total	城市 City	农村 Rural	合计 Total	城市 City	农村 Rural
全 国	**National Total**	**6.47**	**10.87**	**4.28**	**2.44**	**3.97**	**1.68**	**2.74**	**5.01**	**1.62**
北 京	Beijing	11.33	17.63		4.35	6.76		4.77	7.42	
天 津	Tianjin	6.48	9.50	7.72	2.64	3.80	4.24	2.45	3.68	1.67
河 北	Hebei	5.66	9.47	3.98	2.55	3.86	1.95	2.11	4.18	1.25
山 西	Shanxi	6.30	13.03	4.10	2.55	4.91	1.80	2.62	6.12	1.42
内蒙古	Inner Mongolia	7.13	12.96	5.13	2.78	4.74	2.13	2.84	5.81	1.78
辽 宁	Liaoning	6.66	11.52	3.41	2.65	4.43	1.47	2.92	5.35	1.26
吉 林	Jilin	6.18	8.32	5.04	2.60	3.47	2.13	2.47	3.59	1.86
黑龙江	Heilongjiang	6.05	10.25	4.19	2.34	3.77	1.72	2.39	4.61	1.32
江 苏	Jiangsu	6.82	10.14	4.99	2.70	3.73	2.16	2.95	4.73	1.94
浙 江	Zhejiang	8.13	13.03	6.87	3.16	4.89	2.78	3.32	5.62	2.62
安 徽	Anhui	5.01	7.26	3.19	1.93	2.56	1.33	2.21	3.59	1.24
福 建	Fujian	5.92	10.11	4.08	2.15	3.72	1.46	2.59	4.63	1.69
江 西	Jiangxi	5.10	10.70	3.26	1.81	3.60	1.20	2.25	5.27	1.32
山 东	Shandong	6.88	11.10	4.84	2.64	4.21	1.88	2.93	5.09	1.90
河 南	Henan	6.08	11.75	3.53	2.30	4.10	1.42	2.53	5.68	1.28
湖 南	Hunan	6.06	12.10	4.15	2.52	4.42	1.87	2.52	5.95	1.51
广 东	Guangdong	6.33	11.36	3.90	2.31	4.06	1.50	2.75	5.11	1.54
广 西	Guangxi	6.25	9.10	3.89	2.07	3.10	1.25	2.70	4.28	1.54
海 南	Hainan	6.52	13.65	4.10	2.24	4.63	1.43	3.07	6.78	1.79
重 庆	Chongqing	6.23	7.88	3.69	2.23	2.73	1.40	2.76	3.75	1.41
四 川	Sichuan	6.39	8.54	4.47	2.35	3.05	1.69	2.75	4.07	1.74
贵 州	Guizhou	6.31	15.59	3.63	2.11	5.56	1.17	2.74	7.44	1.49
云 南	Yunnan	5.91	14.61	4.56	1.96	5.13	1.46	2.68	7.05	1.99
西 藏	Tibet	4.90	9.97	3.04	2.26	4.59	1.40	1.32	3.36	0.59
陕 西	Shaanxi	8.09	11.56	5.65	2.43	3.69	1.57	3.31	5.28	2.00
甘 肃	Gansu	5.59	8.73	3.80	2.14	3.21	1.50	2.23	4.03	1.27
青 海	Qinghai	6.98	22.04	4.13	2.59	7.50	1.68	2.76	10.42	1.28
宁 夏	Ningxia	7.29	10.57	4.56	2.67	3.84	1.69	3.16	4.92	1.69
新 疆	Xinjiang	7.12	14.71	6.43	2.55	5.45	2.27	2.89	6.48	2.52

注：1.城市包括直辖市区和地级市辖区，农村包括县及县级市。
2.合计项分母为常住人口数，分城乡分母项为户籍人口数。
3.2002年以前，执业(助理)医师系医生，执业医师系医师，注册护士系护师(士)。

Note: a) City includes district of municipalities and prefecture-level city, rural area include county and city at county level.
b) Total population used in this table are resident population. Population of city and rural used in this table are registered population.
c) Before 2002, licensed (assistant) doctors referred to doctors, licensed doctors referred to doctors, registered nurses referred to nurses.

3-16 医疗卫生机构床位数

Employed Persons in Health Care Institutions

单位：万张 (10000 beds)

年份 Year	合计 Total	#医院 Hospitals	#综合医院 General Hospitals	#中医医院 Hospitals Specialized in Traditional Chinese Medicine	#专科医院 Specialized Hospitals	#基层医疗卫生机构 Health Care Institutions at Grass-root Level	#社区卫生服务中心(站) Community Health Service Centers	#乡镇卫生院 Township Health Centers	#专业公共卫生机构 Specialized Public Health Institutions	#妇幼保健院(所/站) Women and Children Care Agencies	#专科疾病防治院(所/站) Specialized Disease Prevention & Treatment Institution
1950	11.91	9.71	8.46	0.01	0.74					0.27	
1955	36.28	21.53	17.08	0.14	2.80					0.57	
1960	97.68	59.14	44.74	1.42	7.95			4.63		0.88	1.74
1965	103.33	61.20	48.04	1.04	7.49			13.25		0.92	
1970	126.15	70.50	57.21	1.01	7.79			36.80		0.70	
1975	176.43	94.02	76.33	1.37	11.11			62.03		0.97	2.88
1980	218.44	119.58	94.11	5.00	12.87			77.54		1.64	2.73
1985	248.71	150.86	112.77	11.23	16.56			72.06		3.46	2.95
1986	256.25	155.98	117.52	12.52	17.71			71.12		3.67	3.06
1987	268.50	165.34	123.71	14.21	19.03			72.30		4.00	3.07
1988	279.49	174.70	129.06	15.55	20.23			72.61		4.35	3.00
1989	286.70	181.46	133.60	16.60	20.93			72.30		4.50	3.10
1990	292.54	186.89	136.90	17.57	21.95			72.29		4.66	3.10
1991	299.19	192.61	140.55	18.82	22.26			72.92		4.80	3.17
1992	304.94	197.66	144.10	20.04	22.71			73.28		5.00	3.22
1993	309.90	203.64	156.63	21.35	24.37			73.08		4.50	3.03
1994	313.40	207.04	158.70	22.18	24.85			73.24		4.80	2.98
1995	314.06	206.33	158.72	22.72	24.51			73.31		5.13	3.07
1996	309.96	209.65	159.73	23.75	24.86			73.47		5.60	2.83
1997	313.45	211.92	161.21	24.46	24.97			74.24		6.02	3.06
1998	314.30	213.41	162.00	24.95	25.01			73.77		6.30	2.90
1999	315.90	215.07	163.25	25.33	25.03			73.40		6.63	2.93
2000	317.70	216.67	164.09	25.93	25.08	76.65		73.48	11.86	7.12	2.84
2001	320.12	215.56	150.50	24.60	25.65	77.14		74.00	12.02	7.40	2.70
2002	313.61	222.18	168.38	24.67	26.21	71.05	1.20	67.13	12.37	7.98	3.18
2003	316.40	226.95	171.34	26.02	26.72	71.05	1.21	67.27	12.61	8.09	3.38
2004	326.84	236.35	177.68	27.55	28.26	71.44	1.81	66.89	12.73	8.70	3.12
2005	336.75	244.50	183.47	28.77	29.21	72.58	2.50	67.82	13.58	9.41	3.34
2006	351.18	256.04	190.29	30.32	32.05	76.19	4.12	69.62	13.50	9.93	2.80
2007	370.11	267.51	197.16	32.16	34.37	85.03	7.66	74.72	13.29	10.62	2.59
2008	403.87	288.29	211.28	35.03	37.77	97.10	9.80	84.69	14.66	11.73	2.64
2009	441.66	312.08	227.11	38.56	41.67	109.98	13.13	93.34	15.40	12.61	2.71
2010	478.68	338.74	244.95	42.42	45.95	119.22	16.88	99.43	16.45	13.44	2.93
2011	515.99	370.51	267.07	47.71	49.65	123.37	18.71	102.63	17.81	14.59	3.14
2012	572.48	416.15	297.99	54.80	55.74	132.43	20.32	109.93	19.82	16.16	3.57
2013	618.19	457.86	325.52	60.88	62.11	134.99	19.42	113.65	21.49	17.55	3.85
2014	660.12	496.12	349.99	66.50	68.58	138.12	19.59	116.72	22.30	18.48	3.76
2015	701.52	533.06	372.10	71.54	76.25	141.38	20.10	119.61	23.63	19.54	4.03
2016	741.05	568.89	392.79	76.18	84.46	144.19	20.27	122.39	24.72	20.65	4.00
2017	794.03	612.05	417.24	81.82	94.56	152.85	21.84	129.21	26.26	22.11	4.08

3-17 分地区医疗卫生机构床位(2017年)
Number of Beds in Health Care Institutions(2017)

单位：张 (bed)

地 区	Region	合 计 Total	#医 院 Hospitals	#基层医疗卫生机构 Health Care Institutions at Grass-root Level	#社区卫生服务中心(站) Health Service Centers for Community (Stations)	#乡 镇卫生院 Township Health Centers	#专业公共卫生机构 Specialized Public Health Institutions	#妇幼保健院(所、站) Maternity and Child Care Centers (Institutions, Stations)	#专科疾病防治院(所、站) Specialized Prevention & Treatment Centers (Institutions, Stations)
全 国	**National Total**	**7940252**	**6120484**	**1528528**	**218358**	**1292076**	**262570**	**221136**	**40833**
北 京	Beijing	120645	113664	4410	4383		2571	2017	554
天 津	Tianjin	68409	60158	7313	3161	4017	708	63	645
河 北	Hebei	395036	299523	81551	9924	70892	12947	12587	290
山 西	Shanxi	197525	154184	38538	4120	31014	3833	3663	160
内蒙古	Inner Mongolia	150325	118697	26763	4721	21807	4313	3940	373
辽 宁	Liaoning	298609	252969	37918	7044	30515	3572	1378	2074
吉 林	Jilin	153657	126595	21725	3525	17945	3065	2028	1037
黑龙江	Heilongjiang	241732	200838	32216	7737	23947	7728	4151	3571
上 海	Shanghai	134607	115916	16350	16350		1478	1327	151
江 苏	Jiangsu	469182	369784	89444	21336	67806	7357	5687	1665
浙 江	Zhejiang	313520	277076	25775	7472	17917	9000	8485	448
安 徽	Anhui	305746	233219	65020	7994	56758	6837	4026	2781
福 建	Fujian	182375	139362	33457	3444	29940	7795	6015	1749
江 西	Jiangxi	234047	160095	59242	4432	54432	12800	9685	3115
山 东	Shandong	584812	441032	116629	18577	95369	24091	20092	3935
河 南	Henan	558998	413827	121016	12211	108084	23990	22393	1572
湖 北	Hubei	376185	270862	88850	15179	72127	16473	14136	2333
湖 南	Hunan	452335	319455	113958	13257	100353	18762	14252	4510
广 东	Guangdong	492064	393449	68548	8728	58822	29281	23126	6155
广 西	Guangxi	241140	161506	65031	1929	63035	13816	13338	477
海 南	Hainan	41954	32514	7302	1133	6130	1509	1384	125
重 庆	Chongqing	206376	150545	51039	8547	41127	4087	3620	467
四 川	Sichuan	563475	411911	139395	11582	127062	12169	11794	319
贵 州	Guizhou	232990	178296	46200	3469	41754	8300	7635	665
云 南	Yunnan	274809	210840	55566	5159	50003	7515	6894	571
西 藏	Tibet	16103	11749	3659	90	3569	655	655	
陕 西	Shaanxi	241265	193150	38821	3314	35140	8526	7610	916
甘 肃	Gansu	146613	111206	30213	4251	25758	4626	4564	50
青 海	Qinghai	38321	32028	5789	1203	4506	504	464	40
宁 夏	Ningxia	39820	34822	3686	326	3354	1212	1212	
新 疆	Xinjiang	167577	131212	33104	3760	28893	3050	2915	85

3-18 分城乡医疗卫生机构床位数
Number of Beds in Health Institutions by Urban and Rural Areas

单位：张 (bed)

年份 地区	Year Region	医疗卫生机构床位数 Beds of Medical Institutions			每千人口医疗卫生机构床位 Beds of Medical Institutions per 1000 Population			每千农村人口乡镇卫生院床位数 Beds of Township Health Centers per 1000 Rural Population
		合计 Total	城市 Urban	农村 Rural	合计 Total	城市 Urban	农村 Rural	
	2010	4786831	2302297	2484534	3.58	5.94	2.60	1.12
	2011	5159889	2475222	2684667	3.84	6.24	2.80	1.16
	2012	5724775	2733403	2991372	4.24	6.88	3.11	1.24
	2013	6181891	2948465	3233426	4.55	7.36	3.35	1.30
	2014	6601214	3169880	3431334	4.85	7.84	3.54	1.34
	2015	7015214	3418194	3597020	5.11	8.27	3.71	1.24
	2016	7410453	3654956	3755497	5.37	8.41	3.91	1.27
	2017	7940252	3922024	4018228	5.72	8.75	4.19	1.35
北京	Beijing	120645	120645		5.56	8.66		
天津	Tianjin	68409	64392	4017	4.39	6.39	5.97	5.97
河北	Hebei	395036	161031	234005	5.25	7.80	4.06	1.23
山西	Shanxi	197525	95832	101693	5.34	9.64	4.02	1.23
内蒙古	Inner Mongolia	150325	74434	75891	5.94	10.51	4.39	1.26
辽宁	Liaoning	298609	201416	97193	6.83	11.12	4.02	1.26
吉林	Jilin	153657	80739	72918	5.66	8.03	4.36	1.07
黑龙江	Heilongjiang	241732	153179	88553	6.38	11.67	3.92	1.06
上海	Shanghai	134607	131441	3166	5.57	9.46	4.74	
江苏	Jiangsu	469182	260684	208498	5.84	8.63	4.31	1.40
浙江	Zhejiang	313520	176299	137221	5.54	9.29	4.44	0.58
安徽	Anhui	305746	141520	164226	4.89	6.61	3.31	1.15
福建	Fujian	182375	85276	97099	4.66	6.98	3.67	1.13
江西	Jiangxi	234047	90446	143601	5.06	9.52	3.49	1.32
山东	Shandong	584812	271691	313121	5.84	8.57	4.50	1.37
河南	Henan	558998	221395	337603	5.85	10.37	3.61	1.15
湖北	Hubei	376185	176818	199367	6.37	9.05	4.75	1.72
湖南	Hunan	452335	163260	289075	6.59	11.88	4.81	1.67
广东	Guangdong	492064	338351	153713	4.41	7.48	3.10	1.19
广西	Guangxi	241140	103218	137922	4.94	6.35	3.41	1.56
海南	Hainan	41954	21550	20404	4.53	8.89	3.07	0.92
重庆	Chongqing	206376	120757	85619	6.71	7.69	4.65	2.24
四川	Sichuan	563475	238257	325218	6.79	7.95	5.30	2.07
贵州	Guizhou	232990	73177	159813	6.51	14.41	3.96	1.03
云南	Yunnan	274809	76247	198562	5.72	11.42	4.85	1.22
西藏	Tibet	16103	7914	8189	4.78	8.91	3.24	1.41
陕西	Shaanxi	241265	126252	115013	6.29	8.71	4.55	1.39
甘肃	Gansu	146613	65046	81567	5.58	7.82	4.17	1.32
青海	Qinghai	38321	17220	21101	6.41	17.53	4.35	0.93
宁夏	Ningxia	39820	25397	14423	5.84	8.10	3.96	0.92
新疆	Xinjiang	167577	38140	129437	6.85	11.40	6.66	1.49

注：人口数采用年末常住人口。
Note: Figures of population come from usual population at year-end.

3-19 各类医疗卫生机构医疗服务及床位利用情况(2017年)
Number of Visits and Inpatients in Medical Institutions and Utilization of Beds (2017)

机构名称	Institutions	诊疗人次数(万人次) Visits (10 000 person-times)	入院人数(万人) Inpatients (10 000 persons)	医师日均担负诊疗人次(人次) Daily Visits Each Doctor (person-time)	病床周转次数(次) Turnover of Beds (time)	病床工作日(日) Working Days of Beds (day)	病床使用率(%) Utilization Rate of Beds (%)	平均住院日(日) Average Stay Days in Hospital (day)
总 计	**Total**	**818311**	**24436**	**8.2**	**32.3**	**291.0**	**79.7**	**8.6**
医 院	Hospitals	343892	18915	7.1	32.3	310.1	85.0	9.3
综合医院	General Hospitals	250229	14360	7.3	35.8	314.0	86.0	8.6
中医医院	Hospitals Specialized in Traditional Chinese Medicine	52849	2493	7.4	31.6	310.3	85.0	9.6
中西医结合医院	Hospital of Integrated Traditional Chinese with Western Medicine	6363	261	7.1	27.9	294.6	80.7	10.2
民族医院	Nationalities Hospitals	1168	75	4.5	24.0	249.2	68.3	10.0
专科医院	Specialized Hospitals	33114	1706	6.1	19.3	297.8	81.6	14.2
护理院	Nursing Hospital	170	20	2.1	4.7	274.4	75.2	44.7
基层医疗卫生机构	Basic Medical Institutions	442892	4450	10.0	31.2	220.1	60.3	6.5
#社区卫生服务中心(站)	Community Health Service Centers	76726	365	15.7	19.0	198.4	54.4	9.2
卫生院	Health Centers	112298	4073	9.6	33.0	223.4	61.2	6.3
街道卫生院	Urban Health Centers	1223	26	9.6	23.7	183.7	50.3	6.9
乡镇卫生院	Township Health Centers	111076	4047	9.6	33.0	223.8	61.3	6.3
村卫生室	Village Clinics	178933						
门诊部	Outpatient Department	12045	11	5.3				
专业公共卫生机构	Specialized Public Health Institutions	31240	1030	8.6	41.3	257.2	70.5	6.0
#专科疾病防治院(所、站)	Specialized Disease Prevention & Treatment Institution	2189	48	5.6	12.6	246.7	67.6	18.3
妇幼保健院(所、站)	Women and Children Care Agencies	28370	982	8.9	46.4	259.1	71.0	5.4
其他医疗卫生机构	Other Institutions	288	41	3.5	15.6	195.4	53.5	9.8

3-20 分地区医疗卫生机构门诊服务情况(2017年)

Outpatient Services of Health Institutions by Region (2017)

地区	Region	诊疗人次数(万人次) Visits (10 000 person-times)	#门急诊 Outpatients with Emergency Treatment	观察室留观病例数(万人) Cases in Observation Room (10 000 persons)	健康检查人数(万人) Number of Health Examinations (10 000 persons)	急诊病死率(%) Fatality Rate among Emergency Admissions (%)	观察室病死率(%) Fatality Rate in Observation Room (%)	居民平均就诊次数(次) Average Number of Visits of Doctors (time)
全国	**National Total**	**818311**	**784783**	**4944.69**	**41855.78**	**0.07**	**0.09**	**5.90**
北京	Beijing	22469	22231	229.43	832.57	0.09	0.14	10.35
天津	Tianjin	12145	11647	129.19	549.55	0.08	0.06	7.80
河北	Hebei	43214	39843	193.25	1502.58	0.15	0.11	5.75
山西	Shanxi	13485	12378	50.21	863.23	0.14	0.13	3.64
内蒙古	Inner Mongolia	10442	9772	45.69	517.47	0.13	0.10	4.13
辽宁	Liaoning	20042	18636	242.93	955.79	0.13	0.09	4.59
吉林	Jilin	10843	9625	52.05	456.89	0.10	0.09	3.99
黑龙江	Heilongjiang	11791	10971	38.36	617.79	0.40	0.36	3.11
上海	Shanghai	26579	26153	17.84	959.60	0.11	2.52	10.99
江苏	Jiangsu	58434	56793	170.68	3059.81	0.04	0.04	7.28
浙江	Zhejiang	59514	58283	127.03	2769.60	0.03	0.16	10.52
安徽	Anhui	28012	26679	140.39	1504.86	0.07	0.01	4.48
福建	Fujian	22636	22003	71.40	1016.93	0.03	0.03	5.79
江西	Jiangxi	21605	20641	141.80	1500.99	0.04	0.02	4.67
山东	Shandong	64436	61429	409.85	3152.77	0.16	0.10	6.44
河南	Henan	58520	55480	159.99	2990.13	0.09	0.11	6.12
湖北	Hubei	35602	34319	334.93	1685.31	0.06	0.04	6.03
湖南	Hunan	27058	25113	387.02	1627.67	0.03	0.04	3.94
广东	Guangdong	83620	81696	526.87	4429.60	0.03	0.05	7.49
广西	Guangxi	26103	25425	151.79	1404.95	0.03	0.04	5.34
海南	Hainan	4962	4901	18.47	228.19	0.03	0.03	5.36
重庆	Chongqing	15553	14987	225.62	790.06	0.08	0.01	5.06
四川	Sichuan	48531	46576	283.80	3055.34	0.07	0.04	5.85
贵州	Guizhou	15242	14624	149.87	845.61	0.05	0.22	4.26
云南	Yunnan	25464	24918	349.05	1005.27	0.04	0.06	5.30
西藏	Tibet	1600	1500	9.82	177.61	0.05	0.05	4.75
陕西	Shaanxi	19155	18699	23.24	996.39	0.08	0.15	4.99
甘肃	Gansu	13458	12590	113.26	793.31	0.11	0.53	5.12
青海	Qinghai	2545	2339	37.10	184.04	0.18	0.01	4.26
宁夏	Ningxia	4009	3868	50.16	197.72	0.13	0.02	5.88
新疆	Xinjiang	11242	10662	63.60	1184.15	0.14	0.24	4.60

3-21 分地区医疗卫生机构住院服务情况(2017年)
Hospitalization Services in Health Institutions by Region (2017)

地 区	Region	入院人数 (万人) Number of Inpatients (10 000 persons)	出院人数 (万人) Patients Discharged (10 000 persons)	住院病人手术人次 (万人次) Surgical Operation of Hospitalized (10 000 person-times)	病死率 (%) Fatality Rate (%)	每床出院人数 (人) Patients Discharged per Bed (person)	每百门急诊入院人数 (人) Inpatients per 100 Outpatient and Emergency Visits (person)	居民年住院率 (%) Annual Hospitalization Rate of Residents (%)
全 国	**National Total**	**24435.9**	**24315.7**	**5595.7**	**0.4**	**30.7**	**4.5**	**17.6**
北 京	Beijing	328.6	328.4	134.6	1.0	27.3	1.6	15.1
天 津	Tianjin	158.1	158.0	66.2	0.7	23.1	1.6	10.2
河 北	Hebei	1175.2	1161.8	204.2	0.3	29.4	5.7	15.6
山 西	Shanxi	455.5	453.0	106.7	0.2	23.0	5.5	12.3
内蒙古	Inner Mongolia	363.6	361.0	70.7	0.6	24.1	5.1	14.4
辽 宁	Liaoning	735.1	729.8	148.4	0.9	24.5	5.4	16.8
吉 林	Jilin	383.3	382.3	75.7	1.0	24.9	5.6	14.1
黑龙江	Heilongjiang	604.7	599.0	118.6	0.9	24.8	7.1	16.0
上 海	Shanghai	391.2	390.9	211.3	1.3	29.0	1.6	16.2
江 苏	Jiangsu	1418.0	1416.2	352.5	0.2	30.3	3.2	17.7
浙 江	Zhejiang	949.3	946.3	332.7	0.3	30.2	2.0	16.8
安 徽	Anhui	996.1	990.9	194.8	0.3	32.4	5.5	15.9
福 建	Fujian	551.1	549.4	137.8	0.1	30.1	3.5	14.1
江 西	Jiangxi	827.8	820.6	142.2	0.2	35.1	7.5	17.9
山 东	Shandong	1825.3	1818.9	405.1	0.4	31.1	5.2	18.2
河 南	Henan	1745.3	1734.6	333.0	0.2	31.0	5.3	18.3
湖 北	Hubei	1279.9	1276.9	294.4	0.4	34.0	5.7	21.7
湖 南	Hunan	1473.5	1464.9	235.9	0.1	32.4	9.0	21.5
广 东	Guangdong	1634.6	1632.4	631.4	0.5	33.2	2.7	14.6
广 西	Guangxi	901.0	897.6	157.9	0.4	37.2	5.2	18.4
海 南	Hainan	116.5	116.1	23.5	0.3	27.7	3.2	12.6
重 庆	Chongqing	687.1	682.7	127.5	0.4	33.1	6.8	22.3
四 川	Sichuan	1824.7	1818.0	356.4	0.4	32.3	5.8	22.0
贵 州	Guizhou	732.8	727.2	142.8	0.2	31.2	7.2	20.5
云 南	Yunnan	892.3	886.1	211.7	0.2	32.3	5.2	18.6
西 藏	Tibet	33.2	32.7	5.7	0.2	20.3	3.2	9.9
陕 西	Shaanxi	751.4	745.4	163.9	0.3	30.9	6.2	19.6
甘 肃	Gansu	437.5	432.7	65.5	0.2	29.5	5.8	16.7
青 海	Qinghai	97.3	97.5	17.1	0.2	25.5	5.6	16.3
宁 夏	Ningxia	117.6	115.7	24.8	0.2	29.1	3.9	17.2
新 疆	Xinjiang	548.2	548.3	102.8	0.3	32.8	6.3	22.4

3-22 各类医院病床使用率
Utilization Rate of Beds of all Kinds of Hospital

单位：% (%)

分 类	Item	2005	2010	2014	2015	2016	2017
总 计	**Total**	**70.3**	**86.7**	**88.0**	**85.4**	**85.3**	**85.0**
按经济类型分	By Economic Type						
公立医院	State Hospital	71.5	90.0	92.8	90.4	91.0	91.3
民营医院	Private Hospital	49.8	59.0	63.1	62.8	62.8	63.4
按主办单位分	By Organizer						
政府办	Organized by Government	74.9	92.8	94.5	91.9	92.4	92.7
社会办	Organized by Society	55.6	69.1	73.6	72.6	72.1	71.4
个人办	Organized by Private	47.4	55.2	60.1	59.9	60.0	60.5
按营利类别分	Profit Type						
非营利性	Non-profit	71.4	88.9	90.9	88.3	88.6	88.5
营利性	Profit	48.3	52.9	57.3	56.9	57.2	58.6
按医院等级分	By Level						
三级医院	Third-level Hospital	90.5	102.9	101.8	98.8	98.8	98.6
二级医院	Second-level Hospital	68.1	87.3	87.9	84.1	84.1	84.0
一级医院	First-level Hospital	49.6	56.6	60.1	58.8	58.0	57.5
按机构类别分	By Organization Type						
综合医院	General Hospitals	76.6	87.5	88.8	86.1	86.2	86.0
中医医院	Hospitals Specialized in Traditional Chinese Medicine	65.7	84.1	87.3	84.7	84.9	85.0
中西医结合医院	Hospital of Integrated Traditional Chinese with Western Medicine	68.0	82.8	84.2	81.5	80.5	80.7
民族医院	Nationalities Hospitals	57.4	70.6	71.3	71.4	70.7	68.3
专科医院	Specialized Hospitals	75.7	85.7	86.2	83.2	82.6	81.6
护理院	Nursing Hospital	89.6	85.3	78.5	76.5	76.3	75.2

3-23 分地区医院住院服务情况(2017年)
Hospitalization Services in Hospital by Region (2017)

单位：万人，万人次 (10 000 persons, 10 000 person times)

地 区	Region	入院人数 Number of Inpatients			出院人数 Number of Discharged Patients			住院病人手术人次数 Person Times of Operation of Hospital Patients		
		合计 Total	公立 State	民营 Private	合计 Total	公立 State	民营 Private	合计 Total	公立 State	民营 Private
全 国	**National Total**	**18915.4**	**15594.7**	**3320.7**	**18822.7**	**15542.4**	**3280.3**	**5293.3**	**4479.7**	**813.6**
北 京	Beijing	314.4	274.1	40.3	314.2	274.1	40.1	128.9	113.0	16.0
天 津	Tianjin	148.5	140.1	8.4	148.4	139.9	8.5	65.9	63.9	2.0
河 北	Hebei	949.1	789.6	159.5	937.7	780.8	156.9	192.8	168.0	24.8
山 西	Shanxi	386.2	315.8	70.4	384.0	314.7	69.3	104.2	88.7	15.4
内蒙古	Inner Mongolia	305.6	274.2	31.5	303.3	272.2	31.0	68.3	59.2	9.1
辽 宁	Liaoning	657.3	546.7	110.6	652.8	544.3	108.5	146.6	128.0	18.6
吉 林	Jilin	347.2	285.6	61.6	345.8	283.9	61.9	74.4	60.1	14.4
黑龙江	Heilongjiang	511.3	427.3	84.0	505.3	425.4	80.0	115.1	102.9	12.2
上 海	Shanghai	368.2	347.8	20.4	367.9	347.9	19.9	203.7	194.8	8.9
江 苏	Jiangsu	1131.7	838.5	293.2	1130.3	838.2	292.1	341.6	263.6	77.9
浙 江	Zhejiang	854.8	743.0	111.8	852.7	742.3	110.4	318.5	259.2	59.3
安 徽	Anhui	787.9	608.2	179.7	784.3	606.5	177.8	189.7	144.9	44.8
福 建	Fujian	446.4	382.9	63.4	444.7	381.7	62.9	129.0	109.0	20.0
江 西	Jiangxi	523.9	438.9	85.0	521.4	436.7	84.7	127.0	109.3	17.6
山 东	Shandong	1411.7	1187.9	223.8	1408.0	1186.8	221.1	380.5	318.2	62.3
河 南	Henan	1307.9	1037.7	270.3	1299.9	1032.1	267.7	308.1	247.4	60.7
湖 北	Hubei	898.6	783.5	115.0	897.1	783.3	113.8	279.8	244.7	35.1
湖 南	Hunan	986.5	799.4	187.1	980.0	794.9	185.1	218.4	183.5	34.9
广 东	Guangdong	1299.8	1141.6	158.1	1296.6	1139.6	157.0	565.7	512.2	53.5
广 西	Guangxi	571.7	527.9	43.8	569.6	526.6	43.0	146.3	134.7	11.6
海 南	Hainan	97.4	89.0	8.4	97.1	88.9	8.2	22.3	19.2	3.1
重 庆	Chongqing	463.8	330.4	133.5	461.2	329.4	131.9	120.6	85.5	35.1
四 川	Sichuan	1247.4	932.9	314.5	1243.4	931.4	312.1	337.4	274.3	63.1
贵 州	Guizhou	572.1	410.7	161.5	567.7	408.0	159.7	135.1	107.6	27.5
云 南	Yunnan	705.9	553.6	152.3	700.5	549.8	150.7	206.1	170.4	35.8
西 藏	Tibet	28.0	20.5	7.5	27.7	20.2	7.4	5.6	3.8	1.8
陕 西	Shaanxi	627.8	512.6	115.2	622.7	509.1	113.6	159.0	130.6	28.4
甘 肃	Gansu	338.8	305.2	33.6	334.5	303.9	30.7	61.9	55.3	6.6
青 海	Qinghai	82.7	70.4	12.3	83.0	71.1	11.9	16.9	14.7	2.2
宁 夏	Ningxia	106.2	86.6	19.6	104.5	86.1	18.4	23.5	20.5	3.1
新 疆	Xinjiang	436.5	392.0	44.5	436.8	392.6	44.2	100.5	92.6	8.0

3-24 分地区医院床位利用情况(2017年)
Utilization of Hospital Bed by Region (2017)

地区	Region	病床工作日(日) Work Day of Beds (day)			病床使用率(%) Utilization Rate of Beds(%)			出院者平均住院日(日) Average Stay Days in Hospital (day)		
		合计 Total	公立 State	民营 Private	合计 Total	公立 State	民营 Private	合计 Total	公立 State	民营 Private
全 国	**National Total**	**310.1**	**333.3**	**231.3**	**85.0**	**91.3**	**63.4**	**9.3**	**9.4**	**8.7**
北 京	Beijing	300.9	327.4	202.8	82.4	89.7	55.6	10.1	10.0	10.8
天 津	Tianjin	285.1	312.5	149.9	78.1	85.6	41.1	10.1	9.9	13.0
河 北	Hebei	305.6	326.9	224.4	83.7	89.6	61.5	8.8	9.0	7.8
山 西	Shanxi	283.2	306.0	201.1	77.6	83.8	55.1	10.4	10.8	8.8
内蒙古	Inner Mongolia	272.7	295.9	156.2	74.7	81.1	42.8	9.8	9.8	9.8
辽 宁	Liaoning	299.2	326.8	201.0	82.0	89.5	55.1	10.5	10.7	9.1
吉 林	Jilin	283.2	303.5	201.2	77.6	83.2	55.1	9.4	9.8	7.4
黑龙江	Heilongjiang	288.1	304.2	226.2	78.9	83.4	62.0	10.4	10.4	10.6
上 海	Shanghai	348.3	363.0	274.6	95.4	99.4	75.2	10.1	9.5	21.5
江 苏	Jiangsu	319.2	346.3	262.7	87.4	94.9	72.0	9.5	9.6	9.3
浙 江	Zhejiang	326.2	351.0	247.9	89.4	96.2	67.9	9.8	9.3	13.0
安 徽	Anhui	314.6	339.8	244.4	86.2	93.1	67.0	8.7	9.0	7.6
福 建	Fujian	303.3	320.9	218.7	83.1	87.9	59.9	8.6	8.9	6.9
江 西	Jiangxi	313.1	323.8	267.8	85.8	88.7	73.4	8.9	9.0	7.9
山 东	Shandong	304.4	328.2	215.4	83.4	89.9	59.0	8.6	8.8	7.9
河 南	Henan	322.6	338.9	267.0	88.4	92.8	73.2	9.6	9.9	8.6
湖 北	Hubei	338.4	359.0	231.7	92.7	98.4	63.5	9.5	9.7	8.0
湖 南	Hunan	311.1	336.7	224.6	85.2	92.2	61.5	9.1	9.4	7.6
广 东	Guangdong	306.7	330.1	207.8	84.0	90.4	56.9	8.7	8.7	8.5
广 西	Guangxi	320.0	332.5	229.7	87.7	91.1	62.9	8.6	8.6	9.4
海 南	Hainan	296.0	308.3	204.7	81.1	84.5	56.1	8.9	9.1	6.7
重 庆	Chongqing	307.1	337.9	240.4	84.1	92.6	65.8	9.3	9.9	7.9
四 川	Sichuan	333.4	367.7	258.4	91.3	100.8	70.8	10.4	10.7	9.8
贵 州	Guizhou	291.8	334.6	217.7	79.9	91.7	59.6	8.2	8.5	7.4
云 南	Yunnan	303.6	340.2	213.4	83.2	93.2	58.5	8.5	8.7	7.9
西 藏	Tibet	263.1	278.2	212.1	72.1	76.2	58.1	8.7	9.9	5.5
陕 西	Shaanxi	305.4	330.8	223.9	83.7	90.6	61.3	9.0	9.2	8.6
甘 肃	Gansu	297.6	306.7	225.3	81.6	84.0	61.7	8.8	8.9	7.8
青 海	Qinghai	257.8	276.7	163.2	70.6	75.8	44.7	9.0	9.2	7.4
宁 夏	Ningxia	295.0	318.5	202.5	80.8	87.3	55.5	8.9	9.3	7.0
新 疆	Xinjiang	310.3	329.7	188.9	85.0	90.3	51.8	8.5	8.6	7.1

3-25 医院门诊病人次均医药费用情况
Per Person-time Medical Expenses of Outpatient in Hospital

级别 年份	Type Year	门诊病人次均医药费(元) Per Person-time Medical Expenses of Outpatient (yuan)	#药费 Expenses for Medicine	#检查费 Expenses for Inspection	占门诊医药费(%) of Clinic Expenses(%) 药费 Expenses for Medicine	检查费 Expenses for Inspection
医院合计	Hospital Total					
	2010	166.8	85.6	30.0	51.3	18.0
	2011	179.8	90.9	32.4	51.5	18.5
	2012	192.5	96.9	35.0	50.3	18.2
	2013	206.4	101.7	37.4	49.3	18.1
	2014	220.0	106.3	40.3	48.3	18.3
	2015	233.9	110.5	42.7	47.3	18.3
	2016	245.5	111.7	45.2	45.5	18.4
	2017	257.0	109.7	47.6	42.7	18.5
#公立医院	State Hospital					
	2010	167.3	87.4	30.8	52.3	18.4
	2011	180.2	92.8	33.4	51.5	18.5
	2012	193.4	99.3	36.2	51.3	18.7
	2013	207.9	104.4	38.7	50.2	18.6
	2014	221.6	109.3	41.8	49.3	18.9
	2015	235.2	113.7	44.3	48.4	18.8
	2016	246.5	115.1	46.9	46.7	19.0
	2017	257.1	113.1	49.6	44.0	19.3
#三级医院	Third-level Hospital					
	2010	220.2	117.6	37.9	53.4	17.2
	2011	231.8	122.0	40.2	52.6	17.3
	2012	242.1	126.7	42.7	52.3	17.6
	2013	256.7	132.1	45.2	51.5	17.6
	2014	269.8	136.0	48.4	50.4	17.9
	2015	283.7	139.8	51.1	49.3	18.0
	2016	294.9	139.8	53.9	47.4	18.3
	2017	306.1	135.7	57.0	44.3	18.6
#二级医院	Second-level Hospital					
	2010	139.3	70.5	28.9	50.6	20.8
	2011	147.6	73.6	31.0	49.9	21.0
	2012	157.4	77.9	33.3	49.5	21.1
	2013	166.2	79.6	35.2	47.9	21.2
	2014	176.0	82.8	37.7	47.1	21.4
	2015	184.1	85.0	39.2	46.2	21.3
	2016	190.6	85.5	40.6	44.9	21.3
	2017	197.1	84.3	42.1	42.8	21.4
#一级医院	First-level Hospital					
	2010	93.1	51.6	11.5	55.4	12.4
	2011	103.9	56.1	13.4	54.0	12.9
	2012	112.0	59.9	14.7	53.5	13.1
	2013	119.8	64.2	15.6	53.6	13.1
	2014	125.3	66.4	17.1	53.0	13.7
	2015	132.9	70.6	17.6	53.1	13.3
	2016	144.5	73.8	19.4	51.0	13.4
	2017	150.1	76.2	19.9	50.8	13.3

注：按当年价格计算。
Note: Data are calculated at current prices.

3-26 30种疾病平均住院医药费用(2017年)

Average Hospitalization Medical Expenses of 30 Diseases (2017)

疾病名称(ICD-10)	Diseases	出院人数(人) Patients Discharged (person)	平均住院日(日) Average Duration of Hospitalization (day)	人均医药费(元) Per Capita Medical Expenses (yuan)	药费 Medicine Expenses	检查费 Inspection Expenses	治疗费 Treatment Expenses	手术费 Operation Expenses	卫生材料费 Healthcare Material Expenses
病毒性肝炎	Viral Hepatitis	226881	12.5	7964	3794	641	477	301	338
浸润性肺结核	Infiltrative Pulmonary Tuberculosis	306367	13.0	8702	3284	1000	900	637	690
急性心肌梗塞	Acute Myocardial Infarction	391399	8.6	27553	4854	1769	2468	3508	12370
充血性心力衰竭	Chronic Heart Failure	35036	9.7	8014	2964	929	1146	606	590
细菌性肺炎	Bacterial Pneumonia	539372	8.7	7314	2812	813	873	266	387
慢性肺源性心脏病	Chronic Pulmonary Heart Disease	106198	10.1	7699	3034	890	1188	225	364
急性上消化道出血	Acute Upper Gastrointestinal Bleeding	145407	7.7	8651	3493	881	904	415	575
原发性肾病综合征	Primary Nephrotic Syndrome	144599	9.9	7834	3115	782	508	206	401
甲状腺功能亢进	Hyperthyroidism	108643	7.7	5692	1618	936	509	2218	361
脑出血	Cerebral Hemorrhage	523488	14.5	18525	6860	2095	3291	1943	2017
脑梗塞	Cerebral Infarction	3122289	10.7	9607	4227	1531	1175	523	500
再生障碍性贫血	Aplastic Anemia	101555	7.2	8928	3334	609	587	182	335
急性白血病	Acute Leukemia	76495	12.8	18760	8323	955	1273	178	896
结节性甲状腺肿	Nodular Goiter	187538	7.6	12699	2427	907	771	3690	2490
急性阑尾炎	Acute Appendicitis	749407	6.6	8403	2446	536	635	2163	1458
急性胆囊炎	Acute Cholecystitis	111344	7.7	8154	3127	950	616	2183	936
腹股沟疝	Inguinal Hernia	566247	6.4	8226	1281	472	491	2040	2682
胃恶性肿瘤	Malignant Gastric Tumor	264058	12.8	22052	7315	1810	1686	3821	5876
肺恶性肿瘤	Malignant Lung Tumor	236819	12.6	21264	6092	2225	1849	3086	5744
食管恶性肿瘤	Malignant Esophageal Tumor	150692	14.3	19189	6201	1998	3176	3115	3836
心肌梗塞冠状动脉搭桥	Myocardial Infarction Coronary Artery Bypass	4192	15.9	61051	10906	3535	4197	9943	24624
膀胱恶性肿瘤	Malignant Bladder Tumor	71844	12.2	18611	6020	1629	1299	3497	3178
前列腺增生	Benign Prostatic Hyperplasia	293058	10.8	11953	3323	1132	920	3031	1806
颅内损伤	Intracranial Injury	700595	12.0	12362	4795	1680	1501	1538	1472
腰椎间盘突出症	Lumbar Disc Herniation	512590	10.2	9412	1808	997	1596	3057	2835
儿童支气管肺炎	Children Bronchopneumonia	1967392	6.6	3196	1133	170	459	98	231
感染性腹泻	Infectious Diarrhea	4856	5.3	2619	898	391	253	187	126
子宫平滑肌瘤	Leiomyoma of Uterus	350626	8.8	13280	2558	804	971	3745	2429
剖宫产	Caesarean Section	2316322	6.1	7795	1480	395	774	1923	1241
老年性白内障	Senile Cataract	670326	3.9	6952	369	470	286	2207	2781

注：本表系卫生计生部门综合医院数据。

Note: Data are obtained from General Hospitals in Ministry of Health.

3-27 五级医院30种疾病平均住院医药费用(2017年)
Per Capita Medical Expenses of 30 Diseases of Different Level Hospitals (2017)

单位：元 (yuan)

疾病名称(ICD-10)	Diseases	中央属 Central	省属 Provincial	地级市属 Prefecture-level City	县级市属 County-level City	县属 County
病毒性肝炎	Viral Hepatitis	12753	9918	9553	7034	5737
浸润性肺结核	Infiltrative Pulmonary Tuberculosis	17233	14825	11193	7603	5671
急性心肌梗塞	Acute Myocardial Infarction	39317	36241	30271	20835	12834
充血性心力衰竭	Chronic Heart Failure	19124	11073	9833	6463	5382
细菌性肺炎	Bacterial Pneumonia	15664	11465	8312	5536	4118
慢性肺源性心脏病	Chronic Pulmonary Heart Disease	18907	13318	11458	6578	5128
急性上消化道出血	Acute Upper Gastrointestinal Bleeding	17894	14363	11323	7373	6166
原发性肾病综合征	Primary Nephrotic Syndrome	10912	9216	7594	5768	4596
甲状腺功能亢进	Hyperthyroidism	7645	6745	5704	5164	4237
脑出血	Cerebral Hemorrhage	27459	25455	21949	16612	13764
脑梗塞	Cerebral Infarction	19067	14939	12009	7814	6053
再生障碍性贫血	Aplastic Anemia	14416	12465	9066	6745	4724
急性白血病	Acute Leukemia	30473	18438	18535	13864	8079
结节性甲状腺肿	Nodular Goiter	17854	15224	12801	10826	8499
急性阑尾炎	Acute Appendicitis	15823	13127	10435	7601	6047
急性胆囊炎	Acute Cholecystitis	20323	15080	10655	6268	4575
腹股沟疝	Inguinal Hernia	11852	10427	9113	7450	5753
胃恶性肿瘤	Malignant Gastric Tumor	34721	32533	23976	15935	9887
肺恶性肿瘤	Malignant Lung Tumor	36844	29134	20413	13176	7716
食管恶性肿瘤	Malignant Esophageal Tumor	28573	28524	23015	15415	10225
心肌梗塞冠状动脉搭桥	Myocardial Infarction Coronary Artery Bypass	72545	67603	59981	46968	41936
膀胱恶性肿瘤	Malignant Bladder Tumor	21356	23286	19053	14331	9734
前列腺增生	Benign Prostatic Hyperplasia	18074	16283	13392	9902	7886
颅内损伤	Intracranial Injury	26901	20288	15842	10937	8719
腰椎间盘突出症	Lumbar Disc Herniation	26480	18968	11328	6112	4301
儿童支气管肺炎	Bronchopneumonia	7572	5812	4177	2899	2413
儿童感染性腹泻	Infectious Diarrhea	4819	5001	3320	2408	2101
子宫平滑肌瘤	Leiomyoma of Uterus	17752	16884	13694	11112	8657
剖宫产	Caesarean Section	13403	11303	9012	6971	5793
老年性白内障	Senile Cataract	8829	8972	7587	6252	4923

注：本表系卫生计生部门综合医院数据。
Note: Data are obtained from General Hospitals in Ministry of Health.

3-28 分地区医院门诊和住院病人人均医药费用(2017年)
Medical Expenses of Outpatient and Discharged Patient by Region (2017)

地 区	Region	门诊病人次均医药费(元) Per-time Medical Expenses of Outpatient (yuan)	#药费 Medicine Expenses	#检查费 Inspection Expenses	住院病人人均医药费(元) Per-capita Medical Expenses of Discharged Patient (yuan)	#药费 Medicine Expenses	#检查费 Inspection Expenses	#手术费 Operation Expenses
全 国	**National Total**	**257.0**	**109.7**	**47.6**	**8890.7**	**2764.9**	**791.3**	**636.5**
北 京	Beijing	516.8	264.4	52.2	21737.2	5711.2	1325.0	1098.4
天 津	Tianjin	316.8	165.7	25.5	16526.7	4242.9	907.9	1191.8
河 北	Hebei	222.8	91.1	51.7	8417.8	3132.5	810.0	408.7
山 西	Shanxi	240.8	97.7	53.5	8437.7	2654.1	826.9	490.2
内蒙古	Inner Mongolia	231.6	85.5	55.5	8324.4	2760.9	847.3	549.0
辽 宁	Liaoning	281.7	116.0	62.9	8958.1	2999.3	896.0	615.1
吉 林	Jilin	267.1	99.8	58.6	9270.3	3367.9	776.1	542.2
黑龙江	Heilongjiang	257.0	88.4	69.3	8689.3	3554.5	686.2	330.5
上 海	Shanghai	361.0	168.2	45.3	18185.2	5119.6	1189.3	1714.8
江 苏	Jiangsu	260.8	113.1	43.0	10597.9	3692.6	804.9	685.8
浙 江	Zhejiang	245.0	110.9	31.4	11310.4	3528.7	688.7	978.7
安 徽	Anhui	226.3	94.3	50.1	6993.3	2042.4	634.5	501.3
福 建	Fujian	233.1	90.5	48.9	8544.6	2090.1	922.3	852.2
江 西	Jiangxi	238.7	108.5	49.3	7537.6	2566.7	592.8	550.2
山 东	Shandong	244.2	101.6	54.8	9057.1	2703.7	778.9	779.3
河 南	Henan	183.2	76.7	44.7	7739.9	2722.9	743.1	519.3
湖 北	Hubei	229.1	102.1	44.2	8512.7	2602.5	788.1	680.4
湖 南	Hunan	279.4	110.0	61.2	7748.3	2328.6	655.5	547.6
广 东	Guangdong	253.0	103.4	46.9	10922.4	2940.5	1055.3	971.4
广 西	Guangxi	191.2	75.1	41.1	8028.1	2275.7	820.5	465.0
海 南	Hainan	246.9	106.1	49.0	9701.4	3133.9	737.2	598.6
重 庆	Chongqing	296.7	126.0	48.9	7885.1	2551.2	782.9	476.6
四 川	Sichuan	238.0	89.9	52.2	7592.5	2095.6	793.7	514.4
贵 州	Guizhou	232.3	76.7	53.5	5727.9	1650.3	611.4	429.7
云 南	Yunnan	199.3	78.2	41.1	6235.0	1951.0	670.3	389.3
西 藏	Tibet	168.5	67.6	27.8	7206.0	2231.2	646.3	494.5
陕 西	Shaanxi	225.2	88.3	50.5	7003.1	2331.8	705.6	554.9
甘 肃	Gansu	190.9	83.1	45.2	5769.8	1884.1	610.0	406.7
青 海	Qinghai	199.1	71.3	40.8	8185.5	2597.0	854.2	437.3
宁 夏	Ningxia	225.5	105.7	42.4	7410.1	2350.6	625.0	522.2
新 疆	Xinjiang	221.9	102.0	49.6	7046.8	2070.4	860.6	460.5

3-29 社区卫生服务中心(站)医疗服务情况
Medical Services of Community Health Service Centers (Stations)

年份 地区	Year Region	社区卫生服务中心 Community Health Service Centers 诊疗人次(万人次) Number of Visits (10 000 person-times)	入院人数(人) Number of Inpatients (person)	病床使用率(%) Utilization Rate of Beds (%)	平均住院日(日) Average Duration of Hospitalization(day)	医师日均担负诊疗人次(人次) Daily Visits Per Doctor (person-time)	社区卫生服务站 Community Health Service Stations 诊疗人次(万人次) Visits of Community Health Service Stations (10 000 person-times)	医师日均担负诊疗人次(人次) Daily Visits Per Doctor (person-time)
	2005	5938.5	266215	60.7	17.2	13.7	6281.5	11.0
	2006	8285.5	436288	57.9	15.5	13.0	9378.9	13.1
	2007	12712.4	743186	59.6	13.1	13.1	9875.0	14.6
	2008	17247.3	1032788	58.7	13.4	12.9	8425.1	12.5
	2009	26080.2	1642427	59.8	10.6	14.0	11617.3	13.7
	2010	34740.4	2180577	56.1	10.4	13.6	13711.1	13.6
	2011	40950.0	2473426	54.4	10.2	14.0	13703.8	13.7
	2012	45475.1	2686554	55.5	10.1	14.8	14393.6	14.0
	2013	50788.6	2920630	57.0	9.8	15.7	14921.2	14.3
	2014	53618.8	2980571	55.6	9.9	16.1	14912.0	14.4
	2015	55902.6	3055499	54.7	9.8	16.3	14742.5	14.1
	2016	56327.0	3137143	54.6	9.7	15.9	15561.9	14.5
	2017	60743.2	3442497	54.8	9.5	16.2	15982.4	14.1
北京	Beijing	4807.5	25479	31.9	17.8	16.7	650.7	20.3
天津	Tianjin	1830.3	13029	23.0	12.0	24.0	368.7	35.6
河北	Hebei	707.4	73580	45.2	7.5	8.5	986.2	10.0
山西	Shanxi	396.3	42504	40.1	9.5	6.9	427.8	7.0
内蒙古	Inner Mongolia	445.7	62779	45.8	9.2	6.4	339.7	7.1
辽宁	Liaoning	1119.4	85756	41.8	8.7	10.1	573.4	11.3
吉林	Jilin	456.9	23669	30.7	9.2	7.0	76.1	9.9
黑龙江	Heilongjiang	691.7	85133	42.0	9.1	6.8	85.1	5.9
上海	Shanghai	8690.6	73603	89.2	64.6	28.2		
江苏	Jiangsu	7334.2	435244	56.1	8.9	19.8	1468.7	20.9
浙江	Zhejiang	9192.6	66782	43.2	14.6	24.7	444.0	22.7
安徽	Anhui	1275.7	144230	46.6	7.5	12.7	1107.1	13.1
福建	Fujian	1551.5	55981	33.4	6.9	17.2	377.6	12.5
江西	Jiangxi	366.2	60536	49.7	6.8	9.5	318.2	12.7
山东	Shandong	2055.4	280292	51.6	8.1	10.0	1578.0	13.3
河南	Henan	1410.4	174055	49.5	9.6	9.5	956.2	14.8
湖北	Hubei	1575.9	328445	59.7	8.4	9.8	725.7	17.3
湖南	Hunan	1009.3	327394	65.8	7.5	7.5	235.4	7.6
广东	Guangdong	9748.3	158418	51.8	9.1	22.8	2294.3	28.8
广西	Guangxi	783.5	32978	45.8	7.5	14.2	192.8	12.6
海南	Hainan	101.7	21731	52.2	5.8	9.0	219.3	14.9
重庆	Chongqing	685.8	285148	71.9	7.0	8.9	121.0	12.2
四川	Sichuan	2166.7	262607	64.9	8.0	15.3	449.4	13.2
贵州	Guizhou	324.2	75165	44.1	5.2	8.0	331.7	9.7
云南	Yunnan	479.0	96374	51.2	7.4	10.9	267.6	11.0
西藏	Tibet	8.0		11.1		2.8	2.4	6.0
陕西	Shaanxi	496.6	55706	42.4	7.9	8.9	296.3	11.7
甘肃	Gansu	354.2	38765	53.4	5.7	8.6	346.6	11.4
青海	Qinghai	72.0	9531	48.3	8.2	6.6	217.0	19.1
宁夏	Ningxia	52.3	1000	42.9	8.8	13.8	186.5	16.7
新疆	Xinjiang	553.9	46583	47.8	7.6	11.7	338.9	9.6

3-30 分地区乡镇卫生院医疗服务情况(2017年)
Situations of Medical Services in Township Health Centers by Region(2017)

地 区	Region	诊疗人次(万人次) Number of Visits (10 000 person-times)	入院人数(万人) Number of Inpatients (10 000 persons)	病床使用率(%) Utilization Rate of Beds (%)	平均住院日(日) Average Duration of Hospitalization (day)
全 国	**National Total**	**111075.55**	**4047.17**	**61.3**	**6.3**
北 京	Beijing				
天 津	Tianjin	653.93	7.38	39.9	6.3
河 北	Hebei	4031.04	163.86	53.5	6.9
山 西	Shanxi	1714.48	47.89	35.2	7.8
内蒙古	Inner Mongolia	1185.03	40.61	40.7	5.8
辽 宁	Liaoning	1851.95	60.16	44.4	6.8
吉 林	Jilin	1077.39	21.97	31.0	6.6
黑龙江	Heilongjiang	1037.91	69.62	55.1	6.0
上 海	Shanghai				
江 苏	Jiangsu	9470.35	210.17	67.5	7.3
浙 江	Zhejiang	9829.95	33.74	52.4	9.0
安 徽	Anhui	5246.09	174.27	61.2	6.2
福 建	Fujian	2966.89	76.24	45.5	6.0
江 西	Jiangxi	2953.08	234.10	69.7	5.3
山 东	Shandong	7235.75	277.93	61.4	6.9
河 南	Henan	10637.28	323.68	63.3	6.8
湖 北	Hubei	5611.25	281.62	81.1	6.9
湖 南	Hunan	4256.77	378.58	68.8	5.9
广 东	Guangdong	6827.42	183.21	54.3	5.7
广 西	Guangxi	5004.93	247.02	60.3	5.2
海 南	Hainan	1185.94	8.26	35.4	7.0
重 庆	Chongqing	2037.40	168.32	76.2	6.4
四 川	Sichuan	9710.86	488.15	75.4	6.5
贵 州	Guizhou	3062.42	123.78	47.2	4.9
云 南	Yunnan	5352.66	144.80	51.4	5.7
西 藏	Tibet	445.91	3.68	28.0	4.6
陕 西	Shaanxi	2324.20	89.53	51.8	7.2
甘 肃	Gansu	2090.91	74.25	61.1	6.0
青 海	Qinghai	280.80	12.08	52.8	5.2
宁 夏	Ningxia	720.43	5.86	48.2	6.7
新 疆	Xinjiang	2272.54	96.44	71.7	6.2

3-31 28种传染病报告发病人数及死亡人数(2017年)

Number of Reported Incidence and Deaths of 28 Infectious Diseases (2017)

单位：人 (person)

序号 No.	发病 Diseases			死亡 Death		
	疾病名称	Diseases	发病人数 Incidence	疾病名称	Diseases	死亡人数 Deaths
1	病毒性肝炎	Viral Hepatitis	1283523	艾滋病	AIDS	15251
2	肺结核	Pulmonary Tuberculosis	835193	肺结核	Pulmonary Tuberculosis	2823
3	梅毒	Syphilis	475860	病毒性肝炎	Viral Hepatitis	573
4	淋病	Gonorrhea	138855	狂犬病	Hydrophobia	502
5	细菌性和阿米巴性痢疾	Dysentery	109368	人感染H7N9禽流感	HpAI H7N9	259
6	猩红热	Scarlet Fever	74369	流行性乙型脑炎	Encephalitis B	79
7	艾滋病	AIDS	57194	流行性出血热	Hemorrhage Fever	64
8	布鲁氏菌病	Brucellosis	38554	梅毒	Syphilis	45
9	流行性出血热	Hemorrhage Fever	11262	流行性脑脊髓膜炎	Epidemic Encephalitis	19
10	伤寒和副伤寒	Typhoid and Paratyphoid Fever	10791	疟疾	Malaria	6
11	百日咳	Pertussis	10390	麻疹	Measles	5
12	麻疹	Measles	5941	伤寒和副伤寒	Typhoid and Paratyphoid Fever	3
13	登革热	Dengue Fever	5893	炭疽	Anthrax	3
14	疟疾	Malaria	2697	新生儿破伤风	Newborn Tetanus	3
15	血吸虫病	Schistosomiasis	1186	细菌性和阿米巴性痢疾	Dysentery	2
16	流行性乙型脑炎	Encephalitis B	1147	登革热	Dengue Fever	2
17	人感染H7N9禽流感	HpAI H7N9	589	淋病	Gonorrhea	1
18	狂犬病	Hydrophobia	516	布鲁氏菌病	Brucellosis	1
19	炭疽	Anthrax	318	鼠疫	The Plague	1
20	钩端螺旋体病	Leptospirosis	201	猩红热	Scarlet Fever	
21	流行性脑脊髓膜炎	Epidemic Encephalitis	118	血吸虫病	Schistosomiasis	
22	新生儿破伤风	Newborn Tetanus	93	钩端螺旋体病	Leptospirosis	
23	霍乱	Cholera	14	霍乱	Cholera	
24	鼠疫	The Plague	1	百日咳	Pertussis	
25	人感染高致病性禽流感	HpAI		人感染高致病性禽流感	HpAI	
26	传染性非典型肺炎	SARS		传染性非典	SARS	
27	脊髓灰质炎	Poliomyelitis		脊髓灰质炎	Poliomyelitis	
28	白喉	Diphtheria		白喉	Diphtheria	

注：空格系无报告发病或死亡病例。下表同。
Note: Blank means no infections or deaths cases reported. The same applies to the table following.

3-32 28种传染病报告发病率和死亡率(2017年)
Reported Incidence and Death Rates of 28 Infectious Diseases(2017)

序号 No.	发病 Disease Incidence		死亡 Death	
	疾病名称 Diseases	发病率(1/10万) Incidence (1/100 000)	疾病名称 Diseases	死亡率(1/10万) Death Rate (1/100 000)
1	病毒性肝炎 Viral Hepatitis	93.0198	艾滋病 AIDS	1.11
2	肺结核 Pulmonary Tuberculosis	60.5283	肺结核 Pulmonary Tuberculosis	0.204589194
3	梅毒 Syphilis	34.4867	病毒性肝炎 Viral Hepatitis	0.041526606
4	淋病 Gonorrhea	10.0631	狂犬病 Hydrophobia	0.036381075
5	细菌性和阿米巴性痢疾 Dysentery	7.9261	人感染H7N9禽流感 HpAI H7N9	0.018770316
6	猩红热 Scarlet Fever	5.3897	流行性乙型脑炎 Encephalitis B	0.005725309
7	艾滋病 AIDS	4.1450	流行性出血热 Hemorrhage Fever	0.004638225
8	布鲁氏菌病 Brucellosis	2.7941	梅毒 Syphilis	0.003261252
9	流行性出血热 Hemorrhage Fever	0.8162	流行性脑脊髓膜炎 Epidemic Encephalitis	0.001376973
10	伤寒和副伤寒 Typhoid and Paratyphoid Fever	0.7820	疟疾 Malaria	0.000434834
11	百日咳 Pertussis	0.7500	麻疹 Measles	0.000362361
12	麻疹 Measles	0.4306	新生儿破伤风 Newborn Tetanus	0.000217417
13	登革热 Dengue Fever	0.4271	伤寒和副伤寒 Typhoid and Paratyphoid Fever	0.0002
14	疟疾 Malaria	0.1955	炭疽 Anthrax	0.0002
15	血吸虫病 Schistosomiasis	0.0860	淋病 Gonorrhea	0.0001
16	流行性乙型脑炎 Encephalitis B	0.0831	细菌性和阿米巴性痢疾 Dysentery	0.0001
17	人感染H7N9禽流感 HpAI H7N9	0.0427	布鲁氏菌病 Brucellosis	0.0001
18	狂犬病 Hydrophobia	0.0374	登革热 Dengue Fever	0.0001
19	炭疽 Anthrax	0.0230	鼠疫 The Plague	0.0001
20	钩端螺旋体病 Leptospirosis	0.0146	猩红热 Scarlet Fever	
21	流行性脑脊髓膜炎 Epidemic Encephalitis	0.0086	百日咳 Pertussis	
22	新生儿破伤风 Newborn Tetanus	0.0067	血吸虫病 Schistosomiasis	
23	霍乱 Cholera	0.0010	钩端螺旋体病 Leptospirosis	
24	鼠疫 The Plague	0.0001	霍乱 Poliomyelitis	
25	传染性非典型肺炎 SARS		传染性非典型肺炎 SARS	
26	脊髓灰质炎 Poliomyelitis		脊髓灰质炎 Poliomyelitis	
27	人感染高致病性禽流感 HpAI		人感染高致病性禽流感 HpAI	
28	白喉 Diphtheria		白喉 Diphtheria	

3-33 部分地区城市居民主要疾病死亡率及死因构成(2017年)
Death Rate of Major Diseases in Certain Urban Areas (2017)

疾病名称	Category of Diseases	合计 Total			男 Male			女 Female		
		死亡率(1/10万) Mortality Rate (1/100000)	构成(%) Percentage (%)	位次 Rank	死亡率(1/10万) Mortality Rate (1/100000)	构成(%) Percentage (%)	位次 Rank	死亡率(1/10万) Mortality Rate (1/100000)	构成(%) Percentage (%)	位次 Rank
传染病(含呼吸道结核)	Infectious Disease(including Respiratory Tuberculosis)	6.16	1.00	10	8.71	1.24	8	3.54	0.67	10
寄生虫病	Parasitic Disease	0.03		17	0.04	0.01	16	0.02		17
恶性肿瘤	Malignant Tumour	160.72	26.11	1	201.53	28.76	1	118.68	22.48	2
血液,造血器官及免疫疾病	Diseases of the Blood and Blood-forming Organs and Immunodeficiency	1.30	0.21	15	1.39	0.20	15	1.21	0.23	15
内分泌,营养和代谢疾病	Endocrine, Nutritional & Metabolic Diseases	20.52	3.33	6	19.61	2.80	6	21.46	4.07	6
精神障碍	Mental Disorders	2.71	0.44	11	2.60	0.37	11	2.83	0.54	12
神经系统疾病	Diseases of the Nervous System	7.84	1.27	8	8.00	1.14	9	7.67	1.45	8
心脏病	Heart Diseases	141.61	23.00	2	144.81	20.66	2	138.32	26.20	1
脑血管病	Cerebrovascular Disease	126.58	20.56	3	139.11	19.85	3	113.68	21.53	3
呼吸系统疾病	Diseases of the Respiratory System	67.20	10.92	4	78.75	11.24	4	55.30	10.48	4
消化系统疾病	Diseases of the Digestive System	14.53	2.36	7	18.04	2.57	7	10.92	2.07	7
肌肉骨骼和结缔组织疾病	Diseases of the Musculoskeletal System and Connective Tissue	2.34	0.38	12	1.83	0.26	13	2.87	0.54	11
泌尿生殖系统疾病	Diseases of the Genitourinary System	6.72	1.09	9	7.70	1.10	10	5.70	1.08	9
妊娠,分娩产褥期并发症	Pregnancy, Childbirth and the Puerperium	0.08	0.01	16				0.16	0.03	16
围生期疾病	Perinatal Diseases	1.59	0.26	13	1.93	0.27	12	1.25	0.24	14
先天畸形,变形和染色体异常	Congenital Malformations, Deformations and Chromosomal Abnormalities	1.45	0.24	14	1.54	0.22	14	1.36	0.26	13
损伤和中毒外部原因	External Causes of Injury and Poison	36.34	5.90	5	46.51	6.64	5	25.87	4.90	5
诊断不明	Undiagnosed Diseases	2.16	0.35		2.88	0.41		1.41	0.27	
其他疾病	Other Diseases	6.00	0.97		4.84	0.69		7.19	1.36	

注：本表系605个死因监测点结果。下表同。
Note: Data in this table are results from the 605 monitoring sites. The same for the next table.

3-34 部分地区农村居民主要疾病死亡率及构成(2017年)

Death Rate of Major Diseases in Certain Rural Areas (2017)

疾病名称	Category of Diseases	合计 Total			男 Male			女 Female		
		死亡率 (1/10万) Mortality Rate (1/100000)	构成 (%) Percen-tage (%)	位次 Rank	死亡率 (1/10万) Mortality Rate (1/100000)	构成 (%) Percen-tage (%)	位次 Rank	死亡率 (1/10万) Mortality Rate (1/100000)	构成 (%) Percen-tage (%)	位次 Rank
传染病(含呼吸道结核)	Infectious Disease(including Respiratory Tuberculosis)	7.43	1.09	10	10.16	1.31	8	4.62	0.80	10
寄生虫病	Parasitic Disease	0.08	0.01	17	0.10	0.01	16	0.05	0.01	17
恶性肿瘤	Malignant Tumour	156.70	23.07	2	200.80	25.83	1	111.06	19.22	3
血液,造血器官及免疫疾病	Diseases of the Blood and Blood-forming Organs and Immunodeficiency	1.21	0.18	15	1.29	0.17	15	1.13	0.20	15
内分泌营养和代谢疾病	Endocrine, Nutritional & Metabolic Diseases	16.34	2.40	6	14.50	1.87	7	18.24	3.16	6
精神障碍	Mental Disorders	2.78	0.41	11	2.74	0.35	11	2.82	0.49	11
神经系统疾病	Diseases of the Nervous System	7.57	1.12	8	7.60	0.98	10	7.55	1.31	8
心脏病	Heart Diseases	154.40	22.73	3	157.86	20.31	3	150.81	26.10	1
脑血管病	Cerebrovascular Disease	157.48	23.18	1	173.97	22.38	2	140.40	24.30	2
呼吸系统疾病	Diseases of the Respiratory System	78.57	11.57	4	88.18	11.35	4	68.62	11.87	4
消化系统疾病	Diseases of the Digestive System	14.41	2.12	7	18.41	2.37	6	10.27	1.78	7
肌肉骨骼和结缔组织疾病	Diseases of the Musculoskeletal System and Connective Tissue	1.77	0.26	13	1.51	0.19	14	2.05	0.35	12
泌尿生殖系统疾病	Diseases of the Genitourinary System	7.56	1.11	9	8.93	1.15	9	6.14	1.06	9
妊娠分娩产褥期并发症	Pregnancy, Childbirth and the Puerperium	0.11	0.02	16				0.22	0.04	16
围生期疾病	Perinatal Diseases	1.88	0.28	12	2.30	0.30	12	1.44	0.25	13
先天畸形,变性和染色体异常	Congenital Malformations, Deformations and Chromosomal Abnormalities	1.70	0.25	14	1.97	0.25	13	1.42	0.25	14
损伤和中毒外部原因	External Causes of Injury and Poison	52.92	7.79	5	70.43	9.06	5	34.80	6.02	5
诊断不明	Undiagnosed Diseases	2.08	0.31		2.54	0.33		1.61	0.28	
其他疾病	Other Diseases	6.04	0.89		4.96	0.64		7.15	1.24	

注：农村包括县及县级市。
Note: Rural area includes counties and county-level cities.

3-35 监测地区5岁以下儿童和孕产妇死亡率
Mortality Rate of the Maternal and Children Aged under 5 in Surveillance Areas

年 份 Year	新生儿死亡率(‰) Newborn Mortality Rate (‰)			婴儿死亡率(‰) Infant Mortality Rate (‰)			5岁以下儿童死亡率(‰) Mortality Rate of Children under 5(‰)			孕产妇死亡率(1/10万) Maternal Mortality Rate (1/100 000)		
	合计 Total	城市 Urban	农村 Rural	合计 Total	城市 Urban	农村 Rural	合计 Total	城市 Urban	农村 Rural	合计 Total	城市 Urban	农村 Rural
1991	33.1	12.5	37.9	50.2	17.3	58.0	61.0	20.9	71.1	80.0	46.3	100.0
1992	32.5	13.9	36.8	46.7	18.4	53.2	57.4	20.7	65.6	76.5	42.7	97.9
1993	31.2	12.9	35.4	43.6	15.9	50.0	53.1	18.3	61.6	67.3	38.5	85.1
1994	28.5	12.2	32.3	39.9	15.5	45.6	49.6	18.0	56.9	64.8	44.1	77.5
1995	27.3	10.6	31.1	36.4	14.2	41.6	44.5	16.4	51.1	61.9	39.2	76.0
1996	24.0	12.2	26.7	36.0	14.8	40.9	45.0	16.9	51.4	63.9	29.2	86.4
1997	24.2	10.3	27.5	33.1	13.1	37.7	42.3	15.5	48.5	63.6	38.3	80.4
1998	22.3	10.0	25.1	33.2	13.5	37.7	42.0	16.2	47.9	56.2	28.6	74.1
1999	22.2	9.5	25.1	33.3	11.9	38.2	41.4	14.3	47.7	58.7	26.2	79.7
2000	22.8	9.5	25.8	32.2	11.8	37.0	39.7	13.8	45.7	53.0	29.3	69.6
2001	21.4	10.6	23.9	30.0	13.6	33.8	35.9	16.3	40.4	50.2	33.1	61.9
2002	20.7	9.7	23.2	29.2	12.2	33.1	34.9	14.6	39.6	43.2	22.3	58.2
2003	18.0	8.9	20.1	25.5	11.3	28.7	29.9	14.8	33.4	51.3	27.6	65.4
2004	15.4	8.4	17.3	21.5	10.1	24.5	25.0	12.0	28.5	48.3	26.1	63.0
2005	13.2	7.5	14.7	19.0	9.1	21.6	22.5	10.7	25.7	47.7	25.0	53.8
2006	12.0	6.8	13.4	17.2	8.0	19.7	20.6	9.6	23.6	41.1	24.8	45.5
2007	10.7	5.5	12.8	15.3	7.7	18.6	18.1	9.0	21.8	36.6	25.2	41.3
2008	10.2	5.0	12.3	14.9	6.5	18.4	18.5	7.9	22.7	34.2	29.2	36.1
2009	9.0	4.5	10.8	13.8	6.2	17.0	17.2	7.6	21.1	31.9	26.6	34.0
2010	8.3	4.1	10.0	13.1	5.8	16.1	16.4	7.3	20.1	30.0	29.7	30.1
2011	7.8	4.0	9.4	12.1	5.8	14.7	15.6	7.1	19.1	26.1	25.2	26.5
2012	6.9	3.9	8.1	10.3	5.2	12.4	13.2	5.9	16.2	24.5	22.2	25.6
2013	6.3	3.7	7.3	9.5	5.2	11.3	12.0	6.0	14.5	23.2	22.4	23.6
2014	5.9	3.5	6.9	8.9	4.8	10.7	11.7	5.9	14.2	21.7	20.5	22.2
2015	5.4	3.3	6.4	8.1	4.7	9.6	10.7	5.8	12.9	20.1	19.8	20.2
2016	4.9	2.9	5.7	7.5	4.2	9.0	10.2	5.2	12.4	19.9	19.5	20.0
2017	4.5	2.6	5.3	6.8	4.1	7.9	9.1	4.8	10.9	19.6	16.6	21.1

3-36 孕产妇保健情况
Maternal Health Care

年 份 year	活产数 Number of Live Birth	高危产妇比重 (%) Percent of Women at High Risk of Maternal (%)	建卡率 (%) Percent of Setting Record for Maternal Care (%)	系统管理率 (%) Percent of Systematic Management (%)	产前检查率 (%) Percent of Antenatal Care (%)	产后访视率 (%) Percent of Postnatal Visit for Mother (%)	住院分娩率(%) Hospital Delivery Rate (%)			新法接生率(%) Skilled Attendant at Birth (%)		
							合计 Total	市 Urban	县 Rural	合计 Total	市 Urban	县 Rural
1980										91.4	98.7	90.3
1985							43.7	73.6	36.4	94.5	98.7	93.5
1990	14517207						50.6	74.2	45.1	94.0	98.6	93.9
1991	15293237						50.6	72.8	45.5	93.7	98.1	93.2
1992	11746275		76.6		69.7	69.7	52.7	71.7	41.2	84.1	91.2	82.0
1993	10170690		75.7		72.2	71.0	56.5	68.3	51.0	83.6	81.1	84.7
1994	11044607		79.1		76.3	74.5	65.6	76.4	50.4			87.4
1995	11539613		81.4		78.7	78.8	58.0	70.7	50.2			87.6
1996	11412028	7.3	82.4	65.5	83.7	80.1	60.7	76.5	51.7			95.5
1997	11286021	8.1	84.5	68.3	85.9	82.3	61.7	76.4	53.0			91.8
1998	10961516	8.6	86.2	72.3	87.1	83.9	66.2	79.0	58.1			92.6
1999	10698467	9.2	87.9	75.4	89.3	85.9	70.0	83.3	61.5	96.8	98.9	95.4
2000	10987691	10.0	88.6	77.2	89.4	86.2	72.9	84.9	65.2	96.6	98.8	95.2
2001	10690630	11.1	89.4	78.6	90.3	87.2	76.0	87.0	69.0	97.3	99.0	96.1
2002	10591949	11.9	89.2	78.2	90.1	86.7	78.7	89.4	71.6	96.7	98.6	95.4
2003	10188005	11.8	87.6	75.5	88.9	85.4	79.4	89.9	72.6	95.9	98.5	94.1
2004	10892614	12.4	88.3	76.4	89.7	85.9	82.8	91.4	77.1	97.3	98.9	96.2
2005	11415809	12.8	88.5	76.7	89.8	86.0	85.9	93.2	81.0	97.5	98.7	96.7
2006	11770056	13.0	88.2	76.5	89.7	85.7	88.4	94.1	84.6	97.8	98.7	97.2
2007	12506498	13.7	89.3	77.3	90.9	86.7	91.7	95.8	88.8	98.4	99.1	97.9
2008	13307045	15.7	89.3	78.1	91.0	87.0	94.5	97.5	92.3	99.1	99.6	98.7
2009	13825431	16.4	90.9	80.9	92.2	88.7	96.3	98.5	94.7	99.3	99.8	99.0
2010	14218657	17.1	92.9	84.1	94.1	90.8	97.8	99.2	96.7	99.6	99.9	99.4
2011	14507141	17.7	93.8	85.2	93.7	91.0	98.7	99.6	98.1	99.7	99.9	99.6
2012	15442995	18.5	94.8	87.6	95.0	92.6	99.2	99.7	98.8	99.8	99.9	99.7
2013	15108153	19.4	95.7	89.5	95.6	93.5	99.5	99.9	99.2	99.9	100.0	99.7
2014	15178881	20.7	95.8	90.0	96.2	93.9	99.6	99.9	99.4	99.9	100.0	99.8
2015	14544524	22.6	96.4	91.5	96.5	94.5	99.7	99.9	99.5	99.9	100.0	99.9
2016	18466561	24.7	96.6	91.6	96.6	94.6	99.8	100.0	99.6	99.9	100.0	99.9
2017	17576252		96.6	89.6	96.5	94.0	99.9	100.0	99.8			

注：2016年起活产数源自全国住院分娩月报，包括户籍和非户籍活产数；2015年及以前年份活产数源自全国妇幼卫生年报，仅包括户籍活产数。

Note: Since 2016, number of live birth is from national monthly statistics report, includes live birth of registered and non-registered household. Before and including 2015, number of live birth is from national annual lapel on martial and child health, includes live birth of registere household.

3-37 分地区儿童保健情况(2017年)
Child Health Care by Region (2017)

地区	Region	出生体重<2500克婴儿比重(%) Incidence of Low Birth-weight (<2 500g) (%)	围产儿死亡率(‰) Death Rate of Perinatal Infant (‰)	5岁以下儿童中重度营养不良比重(%) Prevalence of Moderate and Severe Malnutrition among Children under 5 (%)	新生儿访视率(%) Percent of Postnatal Visit for Children (%)	3岁以下儿童系统管理率(%) Percent of Systematic Management of Children under 3 (%)	7岁以下儿童保健管理率(%) Percent of Health Care Management of Children under 7 (%)
全　国	**National Total**	**2.88**	**4.58**	**1.40**	**93.9**	**91.1**	**92.6**
北　京	Beijing	4.20	3.21	0.19	96.7	95.4	99.1
天　津	Tianjin	4.10	5.83	0.43	98.7	87.4	94.0
河　北	Hebei	2.78	3.24	2.11	91.9	90.7	92.6
山　西	Shanxi	2.31	6.25	0.93	92.1	88.2	89.4
内蒙古	Inner Mongolia	2.71	5.41	0.67	95.4	93.3	93.6
辽　宁	Liaoning	2.63	5.97	0.75	95.7	94.2	94.7
吉　林	Jilin	2.89	5.93	0.31	96.2	90.9	91.1
黑龙江	Heilongjiang	2.27	5.52	1.27	95.7	93.9	94.5
上　海	Shanghai	4.72	2.02	0.17	98.0	97.9	99.6
江　苏	Jiangsu	2.82	3.43	0.62	100.0	95.5	97.7
浙　江	Zhejiang	3.65	3.74	0.51	98.6	96.5	97.3
安　徽	Anhui	1.82	3.79	0.63	90.1	86.2	90.5
福　建	Fujian	3.44	4.33	0.90	94.5	92.9	94.9
江　西	Jiangxi	2.19	2.81	2.35	94.5	89.2	88.8
山　东	Shandong	1.49	4.30	1.05	93.1	92.6	92.4
河　南	Henan	2.64	3.68	1.46	89.2	87.2	87.7
湖　北	Hubei	2.32	4.13	1.30	94.4	91.7	92.3
湖　南	Hunan	2.89	4.37	1.14	96.3	91.2	94.5
广　东	Guangdong	4.25	4.40	1.78	95.0	91.1	95.3
广　西	Guangxi	5.88	6.36	4.35	89.9	91.1	90.8
海　南	Hainan	3.53	3.97	2.80	90.1	87.6	92.2
重　庆	Chongqing	2.03	4.17	0.90	93.0	90.7	92.0
四　川	Sichuan	2.23	3.53	1.14	95.4	94.4	94.1
贵　州	Guizhou	2.27	4.96	1.27	91.1	88.7	89.3
云　南	Yunnan	3.83	6.07	1.84	97.1	90.5	92.2
西　藏	Tibet	3.14	15.94	2.66	84.1	73.4	70.8
陕　西	Shaanxi	1.97	3.71	0.89	96.6	94.9	95.4
甘　肃	Gansu	2.40	7.53	1.21	96.0	92.2	92.0
青　海	Qinghai	2.94	7.32	1.58	94.7	90.2	89.6
宁　夏	Ningxia	2.96	8.13	0.57	98.8	94.5	95.4
新　疆	Xinjiang	2.80	12.94	2.14	91.9	89.5	92.3

3-38 分地区孕产妇保健情况(2017年)
Maternal Health Care by Region (2017)

地 区	Region	活产数 Number of Live Birth	建卡率 (%) Percent of Setting Record for Maternal Care (%)	系统管理率 (%) Percent of Systematic Management (%)	产前检查率 (%) Percent of Antenatal Care (%)	产后访视率 (%) Percent of Postnatal Visit for Mother (%)	住院分娩率 (%) Hospital Delivery Rate (%)
全 国	**National Total**	**17576252**	**96.6**	**89.6**	**96.5**	**94.0**	**99.9**
北 京	Beijing	242812	100.0	96.5	98.7	96.7	100.0
天 津	Tianjin	121771	99.5	96.2	99.1	97.5	100.0
河 北	Hebei	961194	96.0	89.0	96.1	92.1	100.0
山 西	Shanxi	379105	96.3	85.9	95.6	91.9	100.0
内蒙古	Inner Mongolia	211577	97.7	93.2	97.2	95.3	100.0
辽 宁	Liaoning	307602	98.7	92.4	98.0	95.5	100.0
吉 林	Jilin	168275	98.6	89.3	97.4	95.7	100.0
黑龙江	Heilongjiang	177658	98.4	93.1	97.6	95.7	100.0
上 海	Shanghai	199072	100.0	96.2	98.2	98.0	100.0
江 苏	Jiangsu	806974	99.7	99.9	99.9	100.0	100.0
浙 江	Zhejiang	710836	99.8	96.4	98.8	98.1	100.0
安 徽	Anhui	773521	92.8	84.6	92.1	90.0	100.0
福 建	Fujian	615152	97.2	91.7	97.2	94.3	100.0
江 西	Jiangxi	606831	96.6	91.0	96.3	95.3	100.0
山 东	Shandong	1655895	95.4	92.1	94.9	93.2	100.0
河 南	Henan	1420062	91.0	84.9	93.4	89.9	100.0
湖 北	Hubei	652625	97.9	92.1	96.9	94.7	100.0
湖 南	Hunan	804752	97.7	93.8	97.2	95.9	99.9
广 东	Guangdong	1952085	97.0	92.0	97.5	95.2	100.0
广 西	Guangxi	819427	99.4	64.4	98.9	90.2	100.0
海 南	Hainan	134657	96.6	87.2	96.4	89.7	99.9
重 庆	Chongqing	317689	97.8	90.9	97.4	92.9	99.7
四 川	Sichuan	863843	97.0	94.3	96.9	95.7	99.3
贵 州	Guizhou	617176	94.0	88.0	93.6	91.3	99.5
云 南	Yunnan	684617	99.1	87.1	98.5	97.2	99.7
西 藏	Tibet	47437	84.2	59.7	89.5	83.4	92.5
陕 西	Shaanxi	470979	97.9	94.2	97.7	96.4	100.0
甘 肃	Gansu	357070	97.0	94.1	97.3	96.0	99.8
青 海	Qinghai	77215	94.4	91.6	95.8	94.8	97.6
宁 夏	Ningxia	104561	99.8	97.1	99.4	98.5	100.0
新 疆	Xinjiang	313782	95.4	84.8	94.7	92.2	99.0

3-39 分地区孕产妇死亡率及死因构成(2017年)
Maternal Mortality Ratio and Causes of Mortality by Region (2017)

地 区	Region	孕产妇死亡率(1/10万) Maternal Mortality Ratio(1/100 000)			孕产妇死因构成(%) Causes of Maternal Mortality(%)				
		合计 Total	城市 Urban	农村 Rural	产科出血 Obstetric Haemorrhage	妊娠高血压疾病 Pregnancy-related Hypertension	内科合并症 Medical Complication	羊水栓塞 Amniotic Fluid Embolism	其他 Others
北 京	Beijing	8.0	5.4	12.2	7.1		28.6	14.3	50.0
天 津	Tianjin	6.0	5.4	12.4	33.3		16.7		50.0
河 北	Hebei	8.3	7.7	8.8	12.8	6.4	26.9	19.2	34.6
山 西	Shanxi	13.5	11.0	15.8	17.0	14.9	34.0	4.3	29.8
内蒙古	Inner Mongolia	13.1	8.1	17.3	25.0	3.6	35.7	7.1	28.6
辽 宁	Liaoning	13.6	12.6	17.3	12.2	14.6	22.0	12.2	39.0
吉 林	Jilin	12.9	8.6	26.2	18.2	9.1	22.7	18.2	31.8
黑龙江	Heilongjiang	21.3	17.7	28.1	12.8	25.6	20.5	5.1	35.9
上 海	Shanghai	1.1	1.1						100.0
江 苏	Jiangsu	10.4	10.3	10.8	17.7	10.1	34.2	24.0	13.9
浙 江	Zhejiang	4.5	4.1	5.6	12.5		20.8	16.7	50.0
安 徽	Anhui	15.3	12.9	16.6	31.1	3.8	22.7	23.5	18.9
福 建	Fujian	9.5	10.3	8.7	1.8	3.6	41.8	27.3	25.4
江 西	Jiangxi	8.2	8.8	7.8	18.5	5.6	31.5	16.7	27.8
山 东	Shandong	9.0	9.4	8.5	20.0	11.8	20.0	28.9	19.3
河 南	Henan	10.4	12.1	9.5	17.9	15.2	17.2	27.6	22.1
湖 北	Hubei	9.6	8.9	10.8	20.6	2.9	14.7	29.4	32.4
湖 南	Hunan	12.7	12.5	12.8	17.0	2.8	23.6	25.5	31.1
广 东	Guangdong	6.8	6.4	8.4	13.5	8.6	22.1	34.6	21.2
广 西	Guangxi	14.0	17.7	11.3	22.1	3.5	27.4	25.7	21.2
海 南	Hainan	23.7	17.2	38.1	15.4	3.8	30.8	23.1	26.9
重 庆	Chongqing	15.0	11.2	21.1	22.9	4.2	27.1	8.3	37.5
四 川	Sichuan	13.4	9.4	16.1	25.0	13.4	17.0	15.2	29.5
贵 州	Guizhou	23.5	26.6	22.1	24.8	3.6	17.5	24.1	29.9
云 南	Yunnan	19.7	12.6	22.7	35.4	4.7	18.9	16.5	24.4
西 藏	Tibet	95.0	10.3	110.4	26.7	16.7	15.0	11.7	30.0
陕 西	Shaanxi	9.3	11.5	8.1	13.5	10.8	13.5	40.5	21.6
甘 肃	Gansu	14.5	11.6	15.8	34.8	2.2	17.4	23.9	21.7
青 海	Qinghai	29.4	29.2	29.4	42.1	15.8	15.8	15.8	10.5
宁 夏	Ningxia	23.3	9.5	38.1	21.0	15.8	42.1	10.5	10.5
新 疆	Xinjiang	30.9	22.0	35.9	21.4	18.0	24.7	14.6	21.4

3-40 卫生总费用情况
Total Health Expenditure

年份 year	卫生总费用(亿元) Total Health Expenditure (100 million yuan)				卫生总费用构成(%) As Percentage of Health Expenditure (%)		
	合计 Total	政府卫生支出 Government Health Expenditure	社会卫生支出 Social Health Expenditure	个人卫生支出 Personal Health Expenditure	政府卫生支出 Government Health Expenditure	社会卫生支出 Social Health Expenditure	个人卫生支出 Personal Health Expenditure
1978	110.21	35.44	52.25	22.52	32.16	47.41	20.43
1979	126.19	40.64	59.88	25.67	32.21	47.45	20.34
1980	143.23	51.91	60.97	30.35	36.24	42.57	21.19
1981	160.12	59.67	62.43	38.02	37.27	38.99	23.74
1982	177.53	68.99	70.11	38.43	38.86	39.49	21.65
1983	207.42	77.63	64.55	65.24	37.43	31.12	31.45
1984	242.07	89.46	73.61	79.00	36.96	30.41	32.64
1985	279.00	107.65	91.96	79.39	38.58	32.96	28.46
1986	315.90	122.23	110.35	83.32	38.69	34.93	26.38
1987	379.58	127.28	137.25	115.05	33.53	36.16	30.31
1988	488.04	145.39	189.99	152.66	29.79	38.93	31.28
1989	615.50	167.83	237.84	209.83	27.27	38.64	34.09
1990	747.39	187.28	293.10	267.01	25.06	39.22	35.73
1991	893.49	204.05	354.41	335.03	22.84	39.67	37.50
1992	1096.86	228.61	431.55	436.70	20.84	39.34	39.81
1993	1377.78	272.06	524.75	580.97	19.75	38.09	42.17
1994	1761.24	342.28	644.91	774.05	19.43	36.62	43.95
1995	2155.13	387.34	767.81	999.98	17.97	35.63	46.40
1996	2709.42	461.61	875.66	1372.15	17.04	32.32	50.64
1997	3196.71	523.56	984.06	1689.09	16.38	30.78	52.84
1998	3678.72	590.06	1071.03	2017.63	16.04	29.11	54.85
1999	4047.50	640.96	1145.99	2260.55	15.84	28.31	55.85
2000	4586.63	709.52	1171.94	2705.17	15.47	25.55	58.98
2001	5025.93	800.61	1211.43	3013.88	15.93	24.10	59.97
2002	5790.03	908.51	1539.38	3342.14	15.69	26.59	57.72
2003	6584.10	1116.94	1788.50	3678.67	16.96	27.16	55.87
2004	7590.29	1293.58	2225.35	4071.35	17.04	29.32	53.64
2005	8659.91	1552.53	2586.40	4520.98	17.93	29.87	52.21
2006	9843.34	1778.86	3210.92	4853.56	18.07	32.62	49.31
2007	11573.97	2581.58	3893.72	5098.66	22.31	33.64	44.05
2008	14535.40	3593.94	5065.60	5875.86	24.73	34.85	40.42
2009	17541.92	4816.26	6154.49	6571.16	27.46	35.08	37.46
2010	19980.39	5732.49	7196.61	7051.29	28.69	36.02	35.29
2011	24345.91	7464.18	8416.45	8465.28	30.66	34.57	34.77
2012	28119.00	8431.98	10030.70	9656.32	29.99	35.67	34.34
2013	31668.95	9545.81	11393.79	10729.34	30.14	35.98	33.88
2014	35312.40	10579.23	13437.75	11295.41	29.96	38.05	31.99
2015	40974.64	12475.28	16506.71	11992.65	30.45	40.29	29.27
2016	46344.88	13910.31	19096.68	13337.90	30.01	41.21	28.78
2017	52598.28	15205.87	22258.81	15133.60	28.91	42.32	28.77

注：1.本表系按当年价格核算数，2017年为初步测算数。
2.2001年起卫生总费用不含高等医学教育经费，2006年起包括城乡医疗救助经费。

Note: a) Data in this table are accounting at current prices. Data of 2017 are preliminary data.
b) Since 2001, total health expenditure does not include that of educational expenditure of higher education. Since 2006, it included medical aid expenditure in urban and rural areas.

3-40 续表 continued

年 份 year	城乡卫生费用(亿元) Urban and Rural Health Expenditure (100 million yuan)		人均卫生费用(元) Per Capita Health Expenditure (yuan)			卫生总费用与GDP之比(%) Health Expenditure as Percentage of GDP (%)
	城市 Urban	农村 Rural	合计 Total	城市 Urban	农村 Rural	
1978			11.4			3.00
1979			12.9			3.08
1980			14.5			3.12
1981			16.0			3.24
1982			17.5			3.30
1983			20.1			3.44
1984			23.2			3.33
1985			26.4			3.07
1986			29.4			3.04
1987			34.7			3.12
1988			44.0			3.21
1989			54.6			3.58
1990	396.0	351.4	65.4	158.8	39.3	3.96
1991	482.6	410.9	77.1	187.6	45.6	4.06
1992	597.3	499.5	93.6	222.0	55.3	4.03
1993	760.3	617.5	116.3	268.6	68.4	3.86
1994	991.5	769.8	147.0	332.6	85.5	3.62
1995	1239.5	915.7	177.9	401.3	101.5	3.51
1996	1494.9	1214.5	221.4	467.4	134.3	3.77
1997	1771.4	1425.4	258.6	537.8	157.2	4.01
1998	1906.9	1771.8	294.9	625.9	194.6	4.32
1999	2193.1	1854.4	321.8	702.0	203.2	4.47
2000	2621.7	1964.9	361.9	813.0	214.9	4.57
2001	2793.0	2233.0	393.8	841.2	244.8	4.53
2002	3448.2	2341.8	450.8	987.1	259.3	4.76
2003	4150.3	2433.8	509.5	1108.9	274.7	4.79
2004	4939.2	2651.1	583.9	1261.9	301.6	4.69
2005	6305.6	2354.3	662.3	1126.4	315.8	4.62
2006	7174.7	2668.6	748.8	1248.3	361.9	4.49
2007	8968.7	2605.3	876.0	1516.3	358.1	4.28
2008	11251.9	3283.5	1094.5	1861.8	455.2	4.55
2009	13535.6	4006.3	1314.3	2176.6	562.0	5.03
2010	15508.6	4471.8	1490.1	2315.5	666.3	4.84
2011	18571.9	5774.0	1807.0	2697.5	879.4	4.98
2012	21280.5	6838.5	2076.7	2999.3	1064.8	5.20
2013	23644.9	8024.0	2327.4	3234.1	1274.4	5.32
2014	26575.6	8736.8	2581.7	3558.3	1412.2	5.48
2015			2980.8	4058.5	1603.6	5.95
2016			3351.7			6.23
2017			3783.8			6.36

3-41 分地区卫生总费用情况(2016年)
Health Expenditure by Region (2016)

地 区	Region	卫生总费用构成(%) As Percentage of Health Expenditure (%)			卫生总费用与GDP之比(%) Health Expenditure as Percentage of GDP (%)	人均卫生费用(元) Per Capita Health Expenditure (yuan)
		政府卫生支出 Government Health Expenditure	社会卫生支出 Social Health Expenditure	个人卫生支出 Personal Health Expenditure		
全 国	**National Total**	**30.0**	**41.2**	**28.8**	**6.23**	**3351.74**
北 京	Beijing	22.8	60.9	16.3	7.98	9429.73
天 津	Tianjin	25.6	43.7	30.7	4.62	5294.21
河 北	Hebei	28.0	35.6	36.4	6.31	2710.58
山 西	Shanxi	31.7	37.2	31.1	7.48	2650.33
内蒙古	Inner Mongolia	33.5	33.0	33.5	5.00	3599.67
辽 宁	Liaoning	21.3	42.2	36.5	6.67	3390.89
吉 林	Jilin	29.3	36.8	33.9	6.47	3501.19
黑龙江	Heilongjiang	24.1	40.9	34.9	7.74	3133.43
上 海	Shanghai	23.4	57.8	18.8	6.52	7595.98
江 苏	Jiangsu	22.4	52.2	25.3	4.34	4200.21
浙 江	Zhejiang	21.7	50.3	28.0	5.45	4603.84
安 徽	Anhui	33.5	36.4	30.1	6.73	2652.17
福 建	Fujian	31.1	43.8	25.1	4.34	3226.83
江 西	Jiangxi	42.9	29.8	27.2	5.90	2374.79
山 东	Shandong	24.2	45.8	29.9	4.93	3372.70
河 南	Henan	32.1	34.7	33.1	6.11	2594.03
湖 北	Hubei	31.8	34.8	33.5	5.89	3270.56
湖 南	Hunan	29.1	38.6	32.3	6.10	2820.97
广 东	Guangdong	27.6	47.9	24.5	5.19	3812.46
广 西	Guangxi	38.5	35.4	26.2	6.75	2557.03
海 南	Hainan	38.4	39.2	22.4	7.48	3306.78
重 庆	Chongqing	31.9	38.7	29.4	6.00	3492.19
四 川	Sichuan	29.3	41.5	29.1	8.12	3238.64
贵 州	Guizhou	45.9	30.8	23.4	7.46	2472.37
云 南	Yunnan	36.0	35.3	28.7	8.88	2754.12
西 藏	Tibet	68.4	26.1	5.5	10.85	3780.94
陕 西	Shaanxi	29.1	39.1	31.8	6.95	3535.66
甘 肃	Gansu	37.7	33.2	29.1	10.47	2889.18
青 海	Qinghai	46.6	25.8	27.5	9.32	4043.05
宁 夏	Ningxia	34.0	37.0	29.0	7.95	3730.50
新 疆	Xinjiang	31.1	43.2	25.7	9.97	4012.89

3-42 政府卫生支出情况
Composition of Government Health Expenditure

单位：亿元 (100 million yuan)

年 份 year	合计 Total	医疗卫生服务支出 Medical and Health Service Expenditure	医疗保障支 出 Medical Security Expenditure	行政管理事务支出 Administrative Affairs Expenditure	人口与计划生育事务支出 Population and Family Planing Expenditure
1990	187.28	122.86	44.34	4.55	15.53
1991	204.05	132.38	50.41	5.15	16.11
1992	228.61	144.77	58.10	6.37	19.37
1993	272.06	164.81	76.33	8.04	22.89
1994	342.28	212.85	92.02	10.94	26.47
1995	387.34	230.05	112.29	13.09	31.91
1996	461.61	272.18	135.99	15.61	37.83
1997	523.56	302.51	159.77	17.06	44.23
1998	590.06	343.03	176.75	19.90	50.38
1999	640.96	368.44	191.27	22.89	58.36
2000	709.52	407.21	211.00	26.81	64.50
2001	800.61	450.11	235.75	32.96	81.79
2002	908.51	497.41	251.66	44.69	114.75
2003	1116.94	603.02	320.54	51.57	141.82
2004	1293.58	679.72	371.60	60.90	181.36
2005	1552.53	805.52	453.31	72.53	221.18
2006	1778.86	834.82	602.53	84.59	256.92
2007	2581.58	1153.30	957.02	123.95	347.32
2008	3593.94	1397.23	1577.10	194.32	425.29
2009	4816.26	2081.09	2001.51	217.88	515.78
2010	5732.49	2565.60	2331.12	247.83	587.94
2011	7464.18	3125.16	3360.78	283.86	694.38
2012	8431.98	3506.70	3789.14	323.29	812.85
2013	9545.81	3838.93	4428.82	373.15	904.92
2014	10579.23	4288.70	4958.53	436.95	895.05
2015	12475.28	5191.25	5822.99	625.94	835.10
2016	13910.31	5867.38	6497.20	804.31	741.42
2017	15205.87	6550.45	7007.51	933.82	714.10

注：1.本表按当年价格计算。
2.2017年为初步测算数。
Note: a) Data are at current prices.
b) Data of 2017 are preliminary data.

3-43 政府卫生支出比重
Proportion of Government Health Expenditure

年 份 year	政府卫生支出 (亿元) Government Health Expenditure (100 million yuan)	占财政支出比重 (%) Proportion of Financial Expenditure (%)	占卫生总费用比重 (%) Proportion of Total Health Expenditure (%)	与国内生产总值之比 (%) Proportion of GDP (%)
1990	187.28	6.07	25.06	0.99
1991	204.05	6.03	22.84	0.93
1992	228.61	6.11	20.84	0.84
1993	272.06	5.86	19.75	0.76
1994	342.28	5.91	19.43	0.70
1995	387.34	5.68	17.97	0.63
1996	461.61	5.82	17.04	0.64
1997	523.56	5.67	16.38	0.66
1998	590.06	5.46	16.04	0.69
1999	640.96	4.86	15.84	0.71
2000	709.52	4.47	15.47	0.71
2001	800.61	4.24	15.93	0.72
2002	908.51	4.12	15.69	0.75
2003	1116.94	4.53	16.96	0.81
2004	1293.58	4.54	17.04	0.80
2005	1552.53	4.58	17.93	0.83
2006	1778.86	4.40	18.07	0.81
2007	2581.58	5.19	22.31	0.96
2008	3593.94	5.74	24.73	1.12
2009	4816.26	6.31	27.46	1.38
2010	5732.49	6.38	28.69	1.39
2011	7464.18	6.83	30.66	1.53
2012	8431.98	6.69	29.99	1.56
2013	9545.81	6.83	30.14	1.60
2014	10579.23	6.98	29.96	1.64
2015	12475.28	7.10	30.45	1.82
2016	13910.31	7.41	30.01	1.87
2017	15205.87	7.48	28.91	1.84

注：1.本表按当年价格计算。
2.2017年为初步测算数。

Note: a) Data are at current prices.
b) Data of 2017 are preliminary data.

3-44 分地区城乡居民医疗保健支出情况(2017年)
Urban and Rural Residents Health Care Expenditure by Region (2017)

单位：元，% (yuan, %)

地区	Region	全国居民 National Residents 人均消费支出 Per Capita Consumer Expenditure	#医疗保健 Health Care	医疗保健支出占消费支出比重 Health Care Expenditure Proportion of Consumer Expenditure	城镇居民 Urban Residents 人均消费支出 Per Capita Consumer Expenditure	#医疗保健 Health Care	医疗保健支出占消费支出比重 Health Care Expenditure Proportion of Consumer Expenditure	农村居民 Rural Residents 人均消费支出 Per Capita Consumer Expenditure	#医疗保健 Health Care	医疗保健支出占消费支出比重 Health Care Expenditure Proportion of Consumer Expenditure
全　国	**National Total**	**18322.1**	**1451.2**	**7.9**	**24445.0**	**1777.4**	**7.3**	**10954.5**	**1058.7**	**9.7**
北　京	Beijing	37425.3	2899.7	7.7	40346.3	3088.0	7.7	18810.5	1699.3	9.0
天　津	Tianjin	27841.4	2390.0	8.6	30283.6	2599.5	8.6	16385.9	1407.2	8.6
河　北	Hebei	15437.0	1396.3	9.0	20600.3	1737.3	8.4	10535.9	1072.6	10.2
山　西	Shanxi	13664.4	1359.7	10.0	18404.0	1741.4	9.5	8424.0	937.5	11.1
内蒙古	Inner Mongolia	18945.5	1653.8	8.7	23637.8	1907.3	8.1	12184.4	1288.4	10.6
辽　宁	Liaoning	20463.4	1999.9	9.8	25379.4	2380.1	9.4	10787.3	1251.4	11.6
吉　林	Jilin	15631.9	1818.3	11.6	20051.2	2164.0	10.8	10279.4	1399.6	13.6
黑龙江	Heilongjiang	15577.5	1791.3	11.5	19269.8	1966.7	10.2	10523.9	1551.2	14.7
上　海	Shanghai	39791.9	2602.1	6.5	42304.3	2734.7	6.5	18089.8	1456.4	8.1
江　苏	Jiangsu	23468.6	1510.9	6.4	27726.3	1573.7	5.7	15611.5	1395.0	8.9
浙　江	Zhejiang	27079.1	1696.1	6.3	31924.2	1871.8	5.9	18093.4	1370.2	7.6
安　徽	Anhui	15751.7	1135.9	7.2	20740.2	1274.5	6.1	11106.1	1006.8	9.1
福　建	Fujian	21249.3	1105.3	5.2	25980.5	1235.1	4.8	14003.4	906.5	6.5
江　西	Jiangxi	14459.0	877.8	6.1	19244.5	1044.3	5.4	9870.4	718.2	7.3
山　东	Shandong	17280.7	1484.3	8.6	23072.1	1780.6	7.7	10342.1	1129.3	10.9
河　南	Henan	13729.6	1219.8	8.9	19422.3	1611.5	8.3	9211.5	909.0	9.9
湖　北	Hubei	16937.6	1838.3	10.9	21275.6	2165.5	10.2	11632.5	1438.3	12.4
湖　南	Hunan	17160.4	1424.0	8.3	23162.6	1693.0	7.3	11533.6	1171.8	10.2
广　东	Guangdong	24819.6	1319.5	5.3	30197.9	1503.6	5.0	13199.6	921.7	7.0
广　西	Guangxi	13423.7	1075.6	8.0	18348.6	1254.2	6.8	9436.6	931.0	9.9
海　南	Hainan	15402.7	1101.2	7.1	20371.9	1505.1	7.4	9599.4	629.5	6.6
重　庆	Chongqing	17898.1	1471.9	8.2	22759.2	1882.5	8.3	10936.1	883.9	8.1
四　川	Sichuan	16179.9	1320.2	8.2	21990.6	1595.6	7.3	11396.7	1093.6	9.6
贵　州	Guizhou	12969.6	851.2	6.6	20347.8	1244.0	6.1	8299.0	602.5	7.3
云　南	Yunnan	12658.1	1125.3	8.9	19559.7	1786.6	9.1	8027.3	681.5	8.5
西　藏	Tibet	10320.1	271.5	2.6	21087.5	639.7	3.0	6691.5	147.5	2.2
陕　西	Shaanxi	14899.7	1704.8	11.4	20388.2	2140.8	10.5	9305.6	1260.4	13.5
甘　肃	Gansu	13120.1	1233.4	9.4	20659.4	1741.2	8.4	8029.7	890.6	11.1
青　海	Qinghai	15503.1	1598.7	10.3	21473.0	1948.6	9.1	9902.7	1270.4	12.8
宁　夏	Ningxia	15350.3	1553.6	10.1	20219.5	1936.6	9.6	9982.1	1131.2	11.3
新　疆	Xinjiang	15087.3	1466.3	9.7	22796.9	2065.6	9.1	8712.6	970.7	11.1

四、教育培训
Education and Training

4-1 各级各类学校情况
Number of School by Type and Level

单位：所 (unit)

年 份 Year	普通高等学校 Regular HEIs	#高职(专科)院校 Specialized Courses	普通高中 Regular Senior Secondary Schools	中等职业教育 Secondary Vocational Education	初中 Junior Secondary Schools	#职业初中 Vocational Junior Secondary Schools	普通小学 Regular Primary Schools	特殊教育 Special Education Schools	学前教育 Pre-school Education Institutions
1978	598		49215	2760	113130		949323	292	163952
1980	675		31300	3459	87077		917316	292	170419
1985	1016		17318	14190	77529	1626	832309	375	172262
1990	1075		15678	20763	73462	1509	766072	746	172322
1995	1054		13991	22072	68564	1535	668685	1379	180438
2000	1041	442	14564	19727	63898	1194	553622	1539	175836
2001	1225	628	14907	17580	66590	1065	491273	1531	111706
2002	1396	767	15406	15919	65645	984	456903	1540	111752
2003	1552	908	15779	14682	64730	1019	425846	1551	116390
2004	1731	1047	15998	14454	63757	697	394183	1560	117899
2005	1792	1091	16092	14466	62486	601	366213	1593	124402
2006	1867	1147	16153	14693	60885	335	341639	1605	130495
2007	1908	1168	15681	14832	59384	275	320061	1618	129086
2008	2263	1184	15206	14847	57914	213	300854	1640	133722
2009	2305	1215	14607	14388	56320	153	280184	1672	138209
2010	2358	1246	14058	13862	54890	67	257410	1706	150420
2011	2409	1280	13688	13083	54117	54	241249	1767	166750
2012	2442	1297	13509	12654	53216	49	228585	1853	181251
2013	2491	1321	13352	12262	52804	40	213529	1933	198553
2014	2529	1327	13253	11878	52623	26	201377	2000	209881
2015	2560	1341	13240	11202	52405	22	190525	2053	223683
2016	2596	1359	13383	10893	52118	16	177633	2080	239812
2017	2631	1388	13555	10671	51894	15	167009	2107	254950

4-2 各级各类学校专任教师情况
Number of Full-time Teachers of Schools by Type and Level

单位：万人 (10 000 persons)

年 份 Year	普通高等学校 Regular HEIs	#高职(专科)院校 Specialized Courses	普通高中 Regular Senior Secondary Schools	中等职业教育 Secondary Vocational Education	初中 Junior Secondary Schools	#职业初中 Vocational Junior Secondary Schools	普通小学 Regular Primary Schools	特殊教育 Special Education Schools	学前教育 Pre-school Education Institutions
1978	20.6		74.1	9.9	244.1		522.6	0.4	27.8
1980	24.7		57.1	13.3	244.9		549.9	0.5	41.1
1985	34.4		49.2	35.5	216.0		537.7	0.7	55.0
1990	39.5		56.2	66.3	249.9	2.9	558.2	1.4	75.0
1995	40.1		55.1	74.0	282.1	3.7	566.4	2.5	87.5
2000	46.3	8.7	75.7	79.7	328.7	3.8	586.0	3.2	85.6
2001	53.2	12.4	84.0	73.8	338.6	3.7	579.8	2.9	54.6
2002	61.8	15.6	94.6	69.1	346.8	3.7	577.9	3.0	57.1
2003	72.5	19.7	107.1	71.3	349.8	3.1	570.3	3.0	61.3
2004	85.8	23.8	119.1	73.5	350.1	2.4	562.9	3.1	65.6
2005	96.6	26.8	130.0	75.0	349.2	2.0	559.3	3.2	72.2
2006	107.6	31.6	138.7	79.9	347.5	1.2	558.8	3.3	77.6
2007	116.8	35.5	144.3	85.9	347.3	0.9	561.3	3.5	82.7
2008	123.8	37.7	147.6	89.5	347.6	0.7	562.2	3.6	89.9
2009	129.5	39.5	149.3	86.7	351.8	0.5	563.3	3.8	98.6
2010	134.3	40.4	151.8	87.1	352.5	0.2	561.7	4.0	114.4
2011	139.3	41.3	155.7	88.1	352.5	0.2	560.5	4.1	131.6
2012	144.0	41.3	159.5	88.0	350.4	0.2	558.6	4.4	147.9
2013	149.7	43.7	162.9	86.8	348.1	0.1	558.5	4.6	166.3
2014	153.5	43.8	166.3	85.8	348.8	0.1	563.4	4.8	184.4
2015	157.3	45.5	169.5	84.4	347.6	0.1	568.5	5.0	205.1
2016	160.2	46.7	173.3	84.0	348.8		578.9	5.3	223.2
2017	163.3	48.2	177.4	83.9	354.9		594.5	5.6	243.2

4-3 各级各类学校、教职工和专任教师情况（2017年）
Number of Schools, Educational Personnel and Full-time Teachers by Type and Level (2017)

项　目	Item	学校数（所）Schools (unit)	教职工数（人）Educational Personnel (person)	专任教师（人）Full-time Teachers (person)
高等教育	**Higher Education**			
研究生培养机构	Institutions Providing Postgraduate Programs	(815)		
普通高校	Regular Higher Education Institutions	(578)		
科研机构	Research Institutions	(237)		
普通高等学校	Regular Higher Education Institutions	2631	2442995	1633248
本科院校	HEIs Offering Degree Programs	1243	1772342	1150467
#独立学院	Independent Institutions	265	162330	122151
高职(专科)院校	Higher Vocational Colleges	1388	669521	482070
其他普通高教机构	Other Institutions	(24)	1132	711
成人高等学校	Adult HEIs	282	41408	23990
民办的其他高等教育机构	Other Non-government HEIs	(800)	20882	9643
中等教育	**Secondary Education**	**77018**	**7827807**	**6165625**
高中阶段教育	Senior Secondary Education	24618	3747959	2615570
高中	Senior Secondary Schools	13947	2668247	1776374
普通高中	Regular Senior Secondary Schools	13555	2665073	1773953
完全中学	Combined Secondary Schools	5460	1056242	531255
高级中学	Regular High Schools	6780	1331610	1176082
十二年一贯制学校	12-Year Schools	1315	277221	66616
成人高中	Adult High Schools	392	3174	2421
中等职业教育	Secondary Vocational Education	10671	1079712	839196
普通中专	Regular Specialized Secondary Schools	3346	396845	301577
成人中专	Adult Specialized Secondary Schools	1218	59705	44773
职业高中	Vocational Senior Secondary Schools	3617	343767	286053
技工学校	Skilled Workers Schools	2490	268565	198798
其他中职机构	Other Institutions	(312)	10830	7995
初中阶段教育	Junior Secondary Education	52400	4079848	3550055
初中	Junior Secondary Schools	51894	4078076	3548688
初级中学	Regular Junior Secondary Schools	35696	2763493	2519334
九年一贯制学校	9-Year Schools	16183	1314104	551604
十二年一贯制学校	12-Year Schools			73131
完全中学	Combined Secondary Schools			404179
职业初中	Vocational Junior Secondary Schools	15	479	440
成人初中	Adult Junior Secondary Schools	506	1772	1367
初等教育	**Primary Education**	**176718**	**5664652**	**5955726**
普通小学	Regular Primary Schools	167009	5645319	5944910
小学	Primary Schools	167009	5645319	5282512
九年一贯制学校	9-Year Schools			596348
十二年一贯制学校	12-Year Schools			66050
成人小学	Adult Primary Schools	9709	19333	10816
#扫盲班	Literacy Courses	6587	14366	7546
工读学校	**Correctional Work-Study Schools**	**93**	**2922**	**2177**
特殊教育	**Special Education Schools**	**2107**	**65138**	**55979**
学前教育	**Pre-school Education Institutions**	**254950**	**4192850**	**2432138**

注：1.完全中学的学校数和教职工数计入高中阶段教育，九年一贯制学校的校数和教职工数计入初中阶段教育，十二年一贯制学校的校数和教职工数计入高中阶段教育。专任教师按照教育层次划分归类。
2. "()" 内数据为不计校数。以下相关表同。

Note: a) The numbers of complete secondary schools and their educational personnel are calculated into the number of senior secondary education, the numbers of Combined Primary and Lower Secondary Schools and their educational personnel are calculated into the junior secondary education, the numbers of the Combined Primary and Secondary Schools and their educational personnel are calculated into senior secondary education. The fulltime teachers are classified by educational level.

b) The data within "( )"are not calculated as the number of schools, the same applies to the relevant tables following.

4-4 高等教育学校(机构)数(2017年)
Number of Higher Education Institutions(2017)

单位：所，% (unit, %)

项　目	Item	合　计 Total	中央部门 HEIs under Central Ministries & Agencies			地方 HEIs under Local Auth.	
			小计 Subotal	教育部 HEIs unde MOE	其他部门 HEIs unders Other Central Agencie	小计 Subotal	教育部门 HEIs under MOE
研究生培养机构	**Institutions Providing Postgraduate Programs**	**(815)**	**304**	**76**	**228**	**505**	**443**
普通高校	Regular HEIs	(578)	110	76	34	463	442
科研机构	Research Institutes	(237)	194		194	42	1
普通高等学校	**Regular HEIs**	**2631**	**119**	**76**	**43**	**1766**	**1125**
本科院校	HEIs Offering Degree Programs	1243	114	76	38	703	630
#独立学院	Independent Institutions	265					
高职(专科)院校	Higher Vocational Colleges	1388	5		5	1063	495
成人高等学校	**Adult HEIs**	**282**	**13**	**1**	**12**	**268**	**92**
民办的其他高等教育机构	**Other Non-government HEIs**	**(800)**					

4-4 续表 continued

单位：所，% (unit, %)

项　目	Item	地方 HEIs under Local Auth.		民办 Non-government	比重 Proportion		
		其他部门 Run by Non-ed. Dept.	地方企业 Local Enterprises		中央 Central Ministries & Agencies	地方 Local Auth	民办 Non-government
研究生培养机构	**Institutions Providing Postgraduate Programs**	**61**	**1**	**6**	**37.30**	**61.96**	**0.74**
普通高校	Regular HEIs	21		5	19.03	80.10	0.87
科研机构	Research Institutes	40	1	1	81.86	17.72	0.42
普通高等学校	**Regular HEIs**	**594**	**47**	**746**	**4.52**	**67.12**	**28.35**
本科院校	HEIs Offering Degree Programs	73		426	9.17	56.56	34.27
#独立学院	Independent Institutions			265			100.00
高职(专科)院校	Higher Vocational Colleges	521	47	320	0.36	76.59	23.05
成人高等学校	**Adult HEIs**	**136**	**40**	**1**	**4.61**	**95.04**	**0.35**
民办的其他高等教育机构	**Other Non-government HEIs**			**800**			**100.00**

4-5 分类型普通高等学校情况(2017年)
Number of Higher Education Institutions by Type (2017)

单位：所 (unit)

项 目	Item	合 计 Total	本科院校 HEIs Offering Degree Programs	高职(专科)院校 Higher Vocational Colleges	#高等职业技术学院 Higher Vocational and Technical College
合 计	**Total**	**2631**	**1243**	**1388**	**1254**
综合大学	Comprehensive University	631	305	326	324
理工院校	College of Science and Engineering	932	360	572	561
农业院校	Agricultural Colleges	81	41	40	40
林业院校	Forestry Colleges	19	6	13	13
医药院校	Medical Colleges	199	107	92	51
师范院校	Normal Colleges	229	156	73	5
语文院校	Language & Literature	56	32	24	23
财经院校	Financial University	265	126	139	133
政法院校	Political Science & Law	73	37	36	32
体育院校	Sport Colleges	36	16	20	19
艺术院校	Art Colleges	92	43	49	49
民族院校	Institute of Nationalities	18	14	4	4
总计中民办高校	of the Total:Non-government HEIs	747	427	320	

4-6 分地区高等教育学校(机构)数(2017年)
Number of Higher Education Institutions by Region(2017)

单位：所 (unit)

地 区	Region	普通高校 Regular HEIs	#中央部门 of Which: HEIs unde Central Ministries & Agencies	本科院校 HEIs Offering Degree Programs	高职(专科)院校 Higher Vocational Colleges	成人高等学校 Adult HEIs	#中央部门 of Which: HEIs unde Central Ministries & Agencies	民办的其他高等教育机构 Other Non-government HEIs
全 国	**National Total**	**2631**	**119**	**1243**	**1388**	**282**	**13**	**(800)**
北 京	Beijing	92	38	67	25	23	8	65
天 津	Tianjin	57	3	30	27	14		
河 北	Hebei	121	4	61	60	6	1	38
山 西	Shanxi	80		33	47	11		45
内蒙古	Inner Mongolia	53		17	36	2		
辽 宁	Liaoning	115	5	64	51	19	2	68
吉 林	Jilin	62	2	37	25	14		14
黑龙江	Heilongjiang	81	3	39	42	21		36
上 海	Shanghai	64	10	38	26	14		213
江 苏	Jiangsu	167	10	77	90	8	1	
浙 江	Zhejiang	107	2	59	48	9		20
安 徽	Anhui	119	2	45	74	6		7
福 建	Fujian	89	2	37	52	3		
江 西	Jiangxi	100		43	57	8		23
山 东	Shandong	145	3	67	78	11		65
河 南	Henan	134	1	55	79	11		51
湖 北	Hubei	129	8	68	61	14		18
湖 南	Hunan	124	3	51	73	12		27
广 东	Guangdong	151	5	64	87	14		30
广 西	Guangxi	74		36	38	6		
海 南	Hainan	19		7	12	1		
重 庆	Chongqing	65	2	25	40	4		6
四 川	Sichuan	109	6	51	58	17	1	39
贵 州	Guizhou	70		29	41	3		
云 南	Yunnan	77	1	32	45	2		
西 藏	Tibet	7		4	3			
陕 西	Shaanxi	93	6	55	38	15		
甘 肃	Gansu	49	2	22	27	5		35
青 海	Qinghai	12		4	8	2		
宁 夏	Ningxia	19	1	8	11	1		
新 疆	Xinjiang	47		18	29	6		

4-7 分地区普通高等学校(机构)教职工情况（2017年）
Situations on Educational Personnel in Regular Schools (Institutions) of Higher Education by Region (2017)

单位：人 (person)

地 区	Region	教职工数 Educational Personnel	#校本部教职工 In Main Campus	专任教师 Full-time Teachers	正高级 Senior	副高级 Sub-senior	中级 Middle	初级 Junior	无职称 No Rank	行政人员 Administrative Personnel	教辅人员 Supporting Staff	工勤人员 Workers
全 国	**National Total**	**2442995**	**2336980**	**1633248**	**208917**	**490184**	**644154**	**181785**	**108208**	**343226**	**220791**	**139715**
北 京	Beijing	142197	123789	69715	19697	24670	21569	2159	1620	24023	17572	12479
天 津	Tianjin	47143	45731	31060	4810	10134	12424	2140	1552	7946	4461	2264
河 北	Hebei	105505	103101	72890	10132	22206	29121	6388	5043	14060	9278	6873
山 西	Shanxi	59116	57067	40971	2819	10682	16527	7765	3178	7177	5044	3875
内蒙古	Inner Mongolia	39598	38888	26408	2813	8497	10310	2740	2048	5976	4076	2428
辽 宁	Liaoning	97806	95830	63157	9106	20283	26347	5572	1849	16768	9152	6753
吉 林	Jilin	63351	61076	40097	6586	13154	14790	4566	1001	9106	6575	5298
黑龙江	Heilongjiang	73918	71691	46278	7478	16088	17957	3285	1470	11912	7248	6253
上 海	Shanghai	73891	69449	43484	8191	14082	16906	2745	1560	12902	9176	3887
江 苏	Jiangsu	168583	160390	112888	15677	38866	46116	8043	4186	24523	14612	8367
浙 江	Zhejiang	92654	88532	62357	9170	19236	26209	3876	3866	15309	8236	2630
安 徽	Anhui	81266	79039	60429	5355	16550	23915	11080	3529	8814	5894	3902
福 建	Fujian	68302	65939	45398	5576	13494	18653	6003	1672	11496	6552	2493
江 西	Jiangxi	80113	77743	56519	5348	14596	22474	7996	6105	7819	9878	3527
山 东	Shandong	154311	149415	110807	11015	32219	47755	14162	5656	19293	12631	6684
河 南	Henan	145755	140493	108449	8826	28080	44884	18914	7745	14381	9414	8249
湖 北	Hubei	131395	125821	83507	11237	27764	31009	8314	5183	20042	12943	9329
湖 南	Hunan	102318	99032	70249	7736	20578	28015	7188	6732	13766	9654	5363
广 东	Guangdong	154540	148059	104381	13982	28373	42833	7532	11661	22441	14255	6982
广 西	Guangxi	66934	59699	43246	4701	11582	17294	3411	6258	8426	4650	3377
海 南	Hainan	14753	14585	9602	1246	2755	3691	1074	836	2216	1505	1262
重 庆	Chongqing	58388	56668	41708	4924	11999	17230	4519	3036	7998	4205	2757
四 川	Sichuan	121894	116446	83949	9011	22568	32077	14684	5609	15428	9397	7672
贵 州	Guizhou	47896	47273	35072	3329	11079	10329	5881	4454	6839	3536	1826
云 南	Yunnan	53533	52542	39271	4127	10811	14763	6159	3411	6560	3990	2721
西 藏	Tibet	3707	3623	2484	236	807	990	334	117	586	352	201
陕 西	Shaanxi	103994	98800	66930	8802	19909	27235	7451	3533	15549	9816	6505
甘 肃	Gansu	41179	38281	28474	3313	9370	11086	3464	1241	5117	2530	2160
青 海	Qinghai	6911	6644	4671	799	1501	1027	731	613	817	729	427
宁 夏	Ningxia	11695	11321	8196	1393	2352	2068	1481	902	1568	929	628
新 疆	Xinjiang	30349	30013	20601	1482	5899	8550	2128	2542	4368	2501	2543

4-8 各级各类学校招生情况
Number of Entrants of Formal Education by Type and Level

单位：万人 (10 000 persons)

年 份 Year	普通本专科 Undergraduate in Regular HEIs	#专科 Specialized Courses	普通高中 Regular Senior Secondary Schools	中 等 职业教育 Secondary Vocational Education	初中 Junior Secondary Schools	#职业初中 Vocational Junior Secondary Schools	普通小学 Regular Primary Schools	特殊教育 Special Education Schools	学前教育 Pre-school Education Institutions
1978	40.2	12.4	692.9	44.7	2006.0		3315.4	0.6	
1980	28.1	7.7	383.4	58.3	1557.6	6.7	2942.3	0.6	
1985	61.9	30.2	257.5	234.2	1367.0	17.6	2298.2	0.9	
1990	60.9	29.2	249.8	286.1	1389.3	19.4	2064.0	1.6	
1995	92.6	47.8	273.6	498.6	1781.1	28.8	2531.8	5.6	1972.4
2000	220.6	48.7	472.7	408.3	2295.6	32.3	1946.5	5.3	1531.1
2001	268.3	66.6	558.0	399.9	2287.9	30.0	1944.2	5.6	1398.2
2002	320.5	89.1	676.7	473.6	2281.8	29.5	1952.8	5.3	1373.6
2003	382.2	199.6	752.1	515.8	2220.1	24.8	1829.4	4.9	1316.8
2004	447.3	237.4	821.5	566.2	2094.6	16.4	1747.0	5.1	1350.3
2005	504.5	268.1	877.7	655.7	1987.6	11.1	1671.7	4.9	1356.2
2006	546.1	293.0	871.2	747.8	1929.5	5.9	1729.4	5.0	1391.3
2007	565.9	283.8	840.2	810.0	1868.5	4.8	1736.1	6.3	1433.6
2008	607.7	310.6	837.0	812.1	1859.6	3.4	1695.7	6.2	1482.7
2009	639.5	313.4	830.3	868.2	1788.5	2.1	1637.8	6.4	1546.9
2010	661.8	310.5	836.2	870.4	1716.6	1.1	1691.7	6.5	1700.4
2011	681.5	324.9	850.8	813.9	1634.7	0.7	1736.8	6.4	1827.3
2012	688.8	314.8	844.6	754.1	1570.8	0.5	1714.7	6.6	1911.9
2013	699.8	318.4	822.7	674.8	1496.1	0.4	1695.4	6.6	1970.0
2014	721.4	338.0	796.6	619.8	1447.8	0.2	1658.4	7.1	1987.8
2015	737.8	348.4	796.6	601.2	1411.0	0.2	1729.0	8.3	2008.8
2016	748.6	343.2	802.9	593.3	1487.2	0.1	1752.5	9.2	1922.1
2017	761.5	350.7	800.1	582.4	1547.2	0.1	1766.6	11.1	1938.0

4-9 各级各类学校在校学生情况
Number of Enrolments of Formal Education by Type and Level

单位: 万人 (10 000 persons)

年 份 Year	普通本专科 Undergraduate in Regular HEIs	#专科 Specialized Courses	普通高中 Regular Senior Secondary Schools	中 等 职业教育 Secondary Vocational Education	初中 Junior Secondary Schools	#职业初中 Vocational Junior Secondary Schools	普通小学 Regular Primary Schools	特殊教育 Special Education Schools	学前教育 Pre-school Education Institutions
1978	85.6	38.0	1553.1	212.8	4995.2		14624.0	3.1	787.7
1980	114.4	28.2	969.8	586.3	4551.2	13.5	14627.0	3.3	1150.8
1985	170.3	58.0	741.1	476.1	4010.1	45.2	13370.2	4.2	1479.7
1990	206.3	74.3	717.3	763.5	3916.6	47.9	12241.4	7.2	1972.2
1995	290.6	126.8	713.2	1230.2	4727.5	69.7	13195.2	29.6	2711.2
2000	556.1	100.9	1201.3	1284.5	6256.3	88.6	13013.2	37.8	2244.2
2001	719.1	146.8	1405.0	1164.9	6514.4	83.3	12543.5	38.6	2021.8
2002	903.4	193.4	1683.8	1190.8	6687.4	83.4	12156.7	37.5	2036.0
2003	1108.6	479.4	1964.8	1256.7	6690.8	72.4	11689.7	36.5	2003.9
2004	1333.5	595.7	2220.4	1409.2	6527.5	52.5	11246.2	37.2	2089.4
2005	1561.8	713.0	2409.1	1600.0	6214.9	43.1	10864.1	36.4	2179.0
2006	1738.8	795.5	2514.5	1809.9	5958.0	20.6	10711.5	36.3	2263.9
2007	1884.9	860.6	2522.4	1987.0	5736.2	15.3	10564.0	41.9	2348.8
2008	2021.0	916.8	2476.3	2087.1	5585.0	10.8	10331.5	41.7	2475.0
2009	2144.7	964.8	2434.3	2194.2	5440.9	7.3	10071.5	42.8	2657.8
2010	2231.8	966.2	2427.3	2237.4	5279.3	3.4	9940.7	42.6	2976.7
2011	2308.5	958.9	2454.8	2204.3	5066.8	2.6	9926.4	39.9	3424.5
2012	2391.3	964.2	2467.2	2112.7	4763.1	1.9	9695.9	37.9	3685.8
2013	2468.1	973.6	2435.9	1923.0	4440.1	1.1	9360.5	36.8	3894.7
2014	2547.7	1006.6	2400.5	1755.3	4384.6	0.8	9451.1	39.5	4050.7
2015	2625.3	1048.6	2374.4	1656.7	4312.0	0.5	9692.2	44.2	4264.8
2016	2695.8	1082.9	2366.6	1599.0	4329.4	0.4	9913.0	49.2	4413.9
2017	2753.6	1105.0	2374.5	1592.5	4442.1	0.3	10093.7	57.9	4600.1

4-10 各级各类学校毕业生情况
Number of Graduates of Formal Education by Type and Level

单位: 万人 (10 000 persons)

年份 Year	普通本专科 Undergraduate in Regular HEIs	#专科 Specialized Courses	普通高中 Regular Senior Secondary Schools	中等职业教育 Secondary Vocational Education	初中 Junior Secondary Schools	#职业初中 Vocational Junior Secondary Schools	普通小学 Regular Primary Schools	特殊教育 Special Education Schools	学前教育 Pre-school Education Institutions
1978	16.5	0.8	682.7	40.3	1692.6		2287.9	0.3	
1980	14.7		616.2	73.3	964.8	7.9	2053.3	0.4	
1985	31.6	14.4	196.6	92.5	1007.2	8.9	1999.9	0.4	
1990	61.4	30.6	233.0	240.6	1123.0	13.9	1863.1	0.5	
1995	80.5	48.0	201.6	348.4	1244.4	17.0	1961.5	1.9	
2000	95.0	17.9	301.5	476.7	1633.5	26.4	2419.2	4.3	
2001	103.6	19.3	340.5	430.6	1731.5	24.5	2396.9	4.6	1160.2
2002	133.7	27.7	383.8	380.1	1903.7	23.8	2351.9	4.4	1152.7
2003	187.7	94.8	458.1	346.4	2018.5	22.9	2267.9	4.5	1072.0
2004	239.1	119.5	546.9	359.2	2087.3	16.9	2135.2	4.7	1059.7
2005	306.8	160.2	661.6	418.2	2123.4	16.9	2019.5	4.3	1025.4
2006	377.5	204.8	727.1	479.1	2071.6	9.2	1928.5	4.5	1045.1
2007	447.8	248.2	788.3	530.9	1963.7	6.9	1870.2	5.0	1049.1
2008	512.0	286.3	836.1	580.7	1868.0	5.1	1865.0	5.2	1040.5
2009	531.1	285.6	823.7	624.9	1797.7	3.0	1805.2	5.7	1040.6
2010	575.4	316.4	794.4	665.0	1750.4	1.8	1739.6	5.9	1057.6
2011	608.2	328.5	787.7	660.0	1736.7	1.2	1662.8	4.4	1184.7
2012	624.7	320.9	791.5	674.6	1660.8	0.9	1641.6	4.9	1433.6
2013	638.7	318.7	799.0	674.4	1561.5	0.7	1581.1	5.1	1491.7
2014	659.4	318.0	799.6	622.9	1413.5	0.3	1476.6	4.9	1527.2
2015	680.9	322.3	797.7	567.9	1417.6	0.2	1437.3	5.3	1590.3
2016	704.2	329.8	792.4	533.6	1423.9	0.2	1507.4	5.9	1623.2
2017	735.8	351.6	775.7	496.9	1397.5	0.1	1565.9	6.9	1652.7

4-11 研究生和留学人员情况
Statistics on Postgraduates and Students Studying Abroad

单位：人 (person)

年 份 Year	研究生数 Number of Postgraduates			出国留学人员 Number of Students Studying Abroad	学成回国留学人员 Number of Returned Students
	毕业生数 Graduates	招生数 Entrants	在校学生数 Enrolment		
1978	9	10708	10934	860	248
1980	476	3616	21604	2124	162
1985	17004	46871	87331	4888	1424
1990	35440	29649	93018	2950	1593
1995	31877	51053	145443	20381	5750
2000	58767	128484	301239	38989	9121
2001	67809	165197	393256	83973	12243
2002	80841	202611	500980	125179	17945
2003	111091	268925	651260	117307	20152
2004	150777	326286	819896	114682	24726
2005	189728	364831	978610	118515	34987
2006	255902	397925	1104653	134000	42000
2007	311839	418612	1195047	144000	44000
2008	344825	446422	1283046	179800	69300
2009	371273	510953	1404942	229300	108300
2010	383600	538177	1538416	284700	134800
2011	429994	560168	1645845	339700	186200
2012	486455	589673	1719818	399600	272900
2013	513626	611381	1793953	413900	353500
2014	535863	621323	1847689	459800	364800
2015	551522	645055	1911406	523700	409100
2016	563938	667064	1981051	544500	432500
2017	578045	806103	2639561	608400	480900

4-12 分学科研究生情况（2017年）

Number of Postgraduate Students by Academic Field (2017)

单位：人 (person)

项 目	Item	毕业生数 Graduates	博 士 Doctor's Degree	硕 士 Master's Degree	招生数 Entrants	博 士 Doctor's Degree	硕 士 Master's Degree	在校学生数 Enrolment	博 士 Doctor's Degree	硕 士 Master's Degree
总 计	**Total**	**578045**	**58032**	**520013**	**806103**	**83878**	**722225**	**2639561**	**361997**	**2277564**
#女	Female	299813	22802	277011	423629	35073	388556	1278134	142173	1135961
学术型学位	Academic Degree	340479	55823	284656	401299	81178	320121	1289020	352437	936583
专业学位	Professional Degree	237566	2209	235357	404804	2700	402104	1350541	9560	1340981
哲 学	Philosophy	3984	692	3292	4352	914	3438	14673	4319	10354
经济学	Economics	27788	2152	25636	34732	2980	31752	89247	14073	75174
法 学	Law	40753	2839	37914	51056	4098	46958	153293	18702	134591
教育学	Education	33932	1028	32904	55115	1585	53530	180208	6880	173328
文 学	Literature	31644	1940	29704	35776	2681	33095	99795	12075	87720
历史学	History	5357	731	4626	6142	1092	5050	19846	5068	14778
理 学	Science	53133	12208	40925	70081	17481	52600	216224	68121	148103
工 学	Engineering	198548	20492	178056	282095	32470	249625	1056897	150009	906888
农 学	Agriculture	20770	2654	18116	34317	3747	30570	120119	15197	104922
医 学	Medicine	66869	9567	57302	86539	11348	75191	253719	38700	215019
军事学	Military Science	203	31	172	92	12	80	536	144	392
管理学	Administrators	76147	3140	73007	120894	4669	116225	362568	25681	336887
艺术学	Art	18917	558	18359	24912	801	24111	72436	3028	69408
普通高校	**Regular HEIs**	**570296**	**56451**	**513845**	**795938**	**81898**	**714040**	**2608029**	**353922**	**2254107**
#女	Female	296689	22209	274480	418914	34289	384625	1264730	139363	1125367
学术型学位	Academic Degree	334382	54242	280140	394151	79203	314948	1265876	344372	921504
专业学位	Professional Degree	235914	2209	233705	401787	2695	399092	1342153	9550	1332603
哲 学	Philosophy	3836	641	3195	4195	856	3339	14136	4102	10034
经济学	Economics	27079	1959	25120	33849	2731	31118	86662	13011	73651
法 学	Law	39818	2648	37170	49760	3827	45933	149602	17748	131854
教育学	Education	33932	1028	32904	55115	1585	53530	180208	6880	173328
文 学	Literature	31552	1899	29653	35613	2617	32996	99321	11884	87437
历史学	History	5219	700	4519	5986	1057	4929	19412	4934	14478
理 学	Science	52592	12052	40540	69335	17242	52093	213763	67158	146605
工 学	Engineering	195922	20057	175865	279167	31958	247209	1047357	147414	899943
农 学	Agriculture	19919	2432	17487	33133	3512	29621	116061	14355	101706
医 学	Medicine	66213	9437	56776	85786	11191	74595	251428	38220	213208
军事学	Military Science	199	31	168	91	12	79	534	144	390
管理学	Administrators	75293	3071	72222	119271	4567	114704	357905	25241	332664
艺术学	Art	18722	496	18226	24637	743	23894	71640	2831	68809
科研机构	**Research Institutions**	**7749**	**1581**	**6168**	**10165**	**1980**	**8185**	**31532**	**8075**	**23457**
#女	Female	3124	593	2531	4715	784	3931	13404	2810	10594
学术型学位	Academic Degree	6097	1581	4516	7148	1975	5173	23144	8065	15079
专业学位	Professional Degree	1652		1652	3017	5	3012	8388	10	8378
哲 学	Philosophy	148	51	97	157	58	99	537	217	320
经济学	Economics	709	193	516	883	249	634	2585	1062	1523
法 学	Law	935	191	744	1296	271	1025	3691	954	2737
教育学	Education									
文 学	Literature	92	41	51	163	64	99	474	191	283
历史学	History	138	31	107	156	35	121	434	134	300
理 学	Science	541	156	385	746	239	507	2461	963	1498
工 学	Engineering	2626	435	2191	2928	512	2416	9540	2595	6945
农 学	Agriculture	851	222	629	1184	235	949	4058	842	3216
医 学	Medicine	656	130	526	753	157	596	2291	480	1811
军事学	Military Science	4		4	1		1	2		2
管理学	Administrators	854	69	785	1623	102	1521	4663	440	4223
艺术学	Art	195	62	133	275	58	217	796	197	599

4-13 普通本科分学科学生和构成情况（2017年）
Number and Composition of Regular Students for Normal Courses in HEIs by Discipline (2017)

单位：人，% (person,%)

项 目	Item	绝对数 Value 毕业生数 Graduates	招生数 Entrants	在校学生数 Enrolment	构成 Percentage 毕业生数 Graduates	招生数 Entrants	在校学生数 Enrolment
总 计	**Total**	**3841839**	**4107534**	**16486320**	**100.00**	**100.00**	**100.00**
#女	Female	2082178	2348669	8859530	54.20	57.18	53.74
#师范生	Teacher Training	389612	375089	1544676	10.14	9.13	9.37
哲 学	Philosophy	2108	2723	9666	0.05	0.07	0.06
经济学	Economics	230543	237130	961507	6.00	5.77	5.83
法 学	Law	139048	143055	570397	3.62	3.48	3.46
教育学	Education	141863	165142	629323	3.69	4.02	3.82
文 学	Literature	370471	395437	1535997	9.64	9.63	9.32
#外语	Foreign Languages	199428	212611	814442	5.19	5.18	4.94
历史学	History	18283	19073	74618	0.48	0.46	0.45
理 学	Science	257768	287868	1103623	6.71	7.01	6.69
工 学	Engineering	1247808	1402970	5511445	32.48	34.16	33.43
农 学	Agriculture	66641	73352	283963	1.73	1.79	1.72
医 学	Medicine	261636	274537	1243628	6.81	6.68	7.54
管理学	Administrators	741061	705786	2989829	19.29	17.18	18.14
艺术学	Art	364609	400461	1572324	9.49	9.75	9.54

4-14 普通专科分学科学生和构成情况（2017年）
Number and Composition on Students in Undergraduate and Junior Colleges by Field of Study (2017)

单位：人，%　　(person,%)

项　目	Item	绝对数 Value			构成 Percentage		
		毕业生数 Graduates	招生数 Entrants	在校学生数 Enrolment	毕业生数 Graduates	招生数 Entrants	在校学生数 Enrolment
总 计	**Total**	**3516448**	**3507359**	**11049549**	**100.00**	**100.00**	**100.00**
#女	Female	1839703	1957450	5608978	52.32	55.81	50.76
#师范生	Teacher Training	228521	207971	715186	6.50	5.93	6.47
农林牧渔大类	Agriculture, Forestry, Husbandry and Fishing	56420	60570	185336	1.60	1.73	1.68
资源环境与安全大类	Resources Environment and Safety	55942	43218	137756	1.59	1.23	1.25
能源动力与材料大类	Energy Power and Material	41181	37081	119951	1.17	1.06	1.09
土木建筑大类	Civil Engineering and Architecture	385930	266671	900876	10.97	7.60	8.15
水利大类	Water Resources	14309	13162	42722	0.41	0.38	0.39
装备制造大类	Equipment Manufacturing	423730	382379	1286520	12.05	10.90	11.64
生物与化工大类	Biology and Chemical Engineering	41968	28506	103623	1.19	0.81	0.94
轻工纺织大类	Light Idustry and Textile	17430	17555	52366	0.50	0.50	0.47
食品药品与粮食大类	Food, Medicine and Grain	54742	59024	181599	1.56	1.68	1.64
交通运输大类	Transportation and Communication	173918	233493	661988	4.95	6.66	5.99
电子信息大类	Electronic Information	310889	457623	1258349	8.84	13.05	11.39
医药卫生大类	Medical and Health	419970	450382	1402666	11.94	12.84	12.69
财经商贸大类	Finance, Economics and Business	775258	687966	2306098	22.05	19.61	20.87
旅游大类	Tourism	106866	116039	350421	3.04	3.31	3.17
文化艺术大类	Culture and Arts	170093	164077	519790	4.84	4.68	4.70
新闻传播大类	Journalism and Communication	27321	31050	92263	0.78	0.89	0.83
教育与体育大类	Education and Sport	361951	375891	1203727	10.29	10.72	10.89
公安与司法大类	Public Security and Justice	46750	46390	142112	1.33	1.32	1.29
公共管理与服务大类	Public Administration and Service	31780	36282	101386	0.90	1.03	0.92

4-15 成人本科分学科学生和构成情况(2017年)
Number and Composition of Adult Students for Normal Courses in HEIs by Discipline(2017)

单位：人，　　(person,%)

项　　目	Item	绝对数 Value 毕业生数 Graduates	招生数 Entrants	在校学生数 Enrolment	构成 Percentage 毕业生数 Graduates	招生数 Entrants	在校学生数 Enrolment
总 计	**Total**	**1091226**	**1023981**	**2589809**	**100.00**	**100.00**	**100.00**
#女	Female	647942	638681	1600937	59.38	62.37	61.82
#师范生	Teacher Training	88373	104176	212679	8.10	10.17	8.21
哲 学	Philosophy	27		120			
经济学	Economics	27016	22039	57231	2.48	2.15	2.21
法 学	Law	42643	40362	94610	3.91	3.94	3.65
教育学	Education	70188	93345	193960	6.43	9.12	7.49
文 学	Literature	74722	77616	168988	6.85	7.58	6.53
#外语	Foreign Language	18251	14168	35717	1.67	1.38	1.38
历史学	History	1200	1118	2571	0.11	0.11	0.10
理 学	Science	19789	14289	34288	1.81	1.40	1.32
工 学	Engineering	259688	196254	539861	23.80	19.17	20.85
农 学	Agriculture	18115	16188	39763	1.66	1.58	1.54
医 学	Medicine	284676	301906	788030	26.09	29.48	30.43
管理学	Administrators	278107	248712	630863	25.49	24.29	24.36
艺术学	Art	15055	12152	39524	1.38	1.19	1.53

4-16 成人专科分学科学生和构成情况（2017年）
Number and Composition of Adult Students for Short-cycle Courses in HEIs by Discipline (2017)

单位：人，%　　(person,%)

项 目	Item	绝对数 Value 毕业生数 Graduates	招生数 Entrants	在校学生数 Enrolment	构成 Percentage 毕业生数 Graduates	招生数 Entrants	在校学生数 Enrolment
总 计	**Total**	**1379144**	**1151321**	**2851620**	**100.00**	**100.00**	**100.00**
#女	Female	770915	635799	1597319	55.90	55.22	56.01
#师范生	Teacher Training	107439	95990	214938	7.79	8.34	7.54
农林牧渔大类	Agriculture, Forestry, Husbandry and Fishing	25382	19589	49027	1.84	1.70	1.72
资源环境与安全大类	Resources Environment and Safety	25353	6573	25562	1.84	0.57	0.90
能源动力与材料大类	Energy Power and Material	10448	5403	16415	0.76	0.47	0.58
土木建筑大类	Civil Engineering and Architecture	120447	62474	185894	8.73	5.43	6.52
水利大类	Water Resources	4641	2925	6801	0.34	0.25	0.24
装备制造大类	Equipment Manufacturing	149561	122432	305776	10.84	10.63	10.72
生物与化工大类	Biology and Chemical Engineering	9935	4227	13898	0.72	0.37	0.49
轻工纺织大类	Light Idustry and Textile	3529	2141	6238	0.26	0.19	0.22
食品药品与粮食大类	Food, Medicine and Grain	3008	2030	5496	0.22	0.18	0.19
交通运输大类	Transportation and Communication	49420	56440	125431	3.58	4.90	4.40
电子信息大类	Electronic Information	80037	84914	188629	5.80	7.38	6.61
医药卫生大类	Medical and Health	229533	155827	466676	16.64	13.53	16.37
财经商贸大类	Finance, Economics and Business	349793	317660	763487	25.36	27.59	26.77
旅游大类	Tourism	25086	23063	50425	1.82	2.00	1.77
文化艺术大类	Culture and Arts	33026	27361	70228	2.39	2.38	2.46
新闻传播大类	Journalism and Communication	1552	1203	3203	0.11	0.10	0.11
教育与体育大类	Education and Sport	189331	182164	404729	13.73	15.82	14.19
公安与司法大类	Public Security and Justice	17128	17880	37954	1.24	1.55	1.33
公共管理与服务大类	Public Administration and Service	51934	57015	125751	3.77	4.95	4.41

4-17 网络本科分学科学生和构成情况（2017年）
Number and Composition of Web-based Students for Normal Courses in HEIs by Discipline (2017)

单位：人，% (person, %)

项　目	Item	绝对数 Value			构成 Percentage		
		毕业生数 Graduates	招生数 Entrants	在校学生数 Enrolment	毕业生数 Graduates	招生数 Entrants	在校学生数 Enrolment
总　计	**Total**	**659559**	**993253**	**2587338**	**100.00**	**100.00**	**100.00**
#女	Female	345268	505040	1320058	52.35	50.85	51.02
#师范生	Teacher Training	16479	33384	72504	2.50	3.36	2.80
哲 学	Philosophy						
经济学	Economics	27159	36301	100183	4.12	3.65	3.87
法 学	Law	48105	70862	217547	7.29	7.13	8.41
教育学	Education	26816	58591	137513	4.07	5.90	5.31
文 学	Literature	31781	53239	142570	4.82	5.36	5.51
#外语	Foreign Language	5019	7550	22857	0.76	0.76	0.88
历史学	History	454	542	1146	0.07	0.05	0.04
理 学	Science	5699	9745	20271	0.86	0.98	0.78
工 学	Engineering	174982	252841	590165	26.53	25.46	22.81
农 学	Agriculture	6593	11445	24974	1.00	1.15	0.97
医 学	Medicine	65208	85949	223253	9.89	8.65	8.63
管理学	Administrators	269803	409361	1116464	40.91	41.21	43.15
艺术学	Art	2959	4377	13252	0.45	0.44	0.51

4-18 网络专科分学科学生和构成情况（2017年）
Number and Composition of Web-based Students for Short-cycle Courses in HEIs by Discipline (2017)

单位：人，% (person, %)

项　目	Item	绝对数 Value			构成 Percentage		
		毕业生数 Graduates	招生数 Entrants	在校学生数 Enrolment	毕业生数 Graduates	招生数 Entrants	在校学生数 Enrolment
总　计	**Total**	**1118346**	**1867890**	**4771929**	**100.00**	**100.00**	**100.00**
#女	Female	525443	850919	2163738	46.98	45.56	45.34
#师范生	Teacher Training	13909	33891	61222	1.24	1.81	1.28
农林牧渔大类	Agriculture, Forestry, Husbandry and Fishing	35228	52796	173396	3.15	2.83	3.63
资源环境与安全大类	Resources Environment and Safety	13306	9519	24419	1.19	0.51	0.51
能源动力与材料大类	Energy Power and Material	7437	10731	23745	0.66	0.57	0.50
土木建筑大类	Civil Engineering and Architecture	129018	154196	398386	11.54	8.26	8.35
水利大类	Water Resources	5682	8981	24770	0.51	0.48	0.52
装备制造大类	Equipment Manufacturing	80046	129411	345881	7.16	6.93	7.25
生物与化工大类	Biology and Chemical Engineering	3843	4397	11756	0.34	0.24	0.25
轻工纺织大类	Light Idustry and Textile	272	377	838	0.02	0.02	0.02
食品药品与粮食大类	Food, Medicine and Grain	1281	2284	5736	0.11	0.12	0.12
交通运输大类	Transportation and Communication	20025	31062	69888	1.79	1.66	1.46
电子信息大类	Electronic Information	44309	116003	264067	3.96	6.21	5.53
医药卫生大类	Medical and Health	57099	78291	212208	5.11	4.19	4.45
财经商贸大类	Finance, Economics and Business	346449	607846	1467741	30.98	32.54	30.76
旅游大类	Tourism	7004	10797	35157	0.63	0.58	0.74
文化艺术大类	Culture and Arts	5523	8926	34067	0.49	0.48	0.71
新闻传播大类	Journalism and Communication	428	850	2599	0.04	0.05	0.05
教育与体育大类	Education and Sport	98020	179808	488051	8.76	9.63	10.23
公安与司法大类	Public Security and Justice	53812	100101	275160	4.81	5.36	5.77
公共管理与服务大类	Public Administration and Service	209564	361514	914064	18.74	19.35	19.16

4-19 普通高中学校和构成情况(2017年)
Number and Composition of Regular Senior Secondary Schools (2017)

单位：所，%　　(unit,%)

项目	Item	学校数 School 合计 Total	完全中学 Combined Secondary Schools	高级中学 Regular High Schools	十二年一贯制学校 12-year Schools	构成 Percentage 合计 Total	完全中学 Combined Secondary Schools	高级中学 Regular High Schools	十二年一贯制学校 12-year Schools
总计	**Total**	**13555**	**5460**	**6780**	**1315**	**100.00**	**100.00**	**100.00**	**100.00**
教育部门办	Run by Ed. Dept.	10385	4349	5771	265	76.61	79.65	85.12	20.15
其他部门办	Run by Non-ed. Dept.	160	52	71	37	1.18	0.95	1.05	2.81
地方企业办	Run by Local Enterprises	8	3		5	0.06	0.05		0.38
民办	Non-government	3002	1056	938	1008	22.15	19.34	13.83	76.65
城区	**Urban Area**	**6810**	**2765**	**3251**	**794**	**100.00**	**100.00**	**100.00**	**100.00**
教育部门办	Run by Ed. Dept.	4950	2112	2667	171	72.69	76.38	82.04	21.54
其他部门办	Run by Non-ed. Dept.	77	23	33	21	1.13	0.83	1.02	2.64
地方企业办	Run by Local Enterprises	4	2		2	0.06	0.07		0.25
民办	Non-government	1779	628	551	600	26.12	22.71	16.95	75.57
#城乡结合区	Urban-rural Transitional Area	1053	337	520	196	15.46	12.19	16.00	24.69
教育部门办	Run by Ed. Dept.	653	229	401	23	9.59	8.28	12.33	2.90
其他部门办	Run by Non-ed. Dept.	9		6	3	0.13		0.18	0.38
地方企业办	Run by Local Enterprises	2	1		1	0.03	0.04		0.13
民办	Non-government	389	107	113	169	5.71	3.87	3.48	21.28
镇区	**Counties & Towns Area**	**6070**	**2397**	**3266**	**407**	**100.00**	**100.00**	**100.00**	**100.00**
教育部门办	Run by Ed. Dept.	4982	2009	2896	77	82.08	83.81	88.67	18.92
其他部门办	Run by Non-ed. Dept.	75	26	35	14	1.24	1.08	1.07	3.44
地方企业办	Run by Local Enterprises	3	1		2	0.05	0.04		0.49
民办	Non-government	1010	361	335	314	16.64	15.06	10.26	77.15
#镇乡结合区	County-town Transitional Area	1486	527	832	127	24.48	21.99	25.47	31.20
教育部门办	Run by Ed. Dept.	1129	409	704	16	18.60	17.06	21.56	3.93
其他部门办	Run by Non-ed. Dept.								
地方企业办	Run by Local Enterprises	1			1	0.02			0.25
民办	Non-government	356	118	128	110	5.86	4.92	3.92	27.03
乡村	**Rural Area**	**675**	**298**	**263**	**114**	**100.00**	**100.00**	**100.00**	**100.00**
教育部门办	Run by Ed. Dept.	453	228	208	17	67.11	76.51	79.09	14.91
其他部门办	Run by Non-ed. Dept.	8	3	3	2	1.19	1.01	1.14	1.75
地方企业办	Run by Local Enterprises	1			1	0.15			0.88
民办	Non-government	213	67	52	94	31.56	22.48	19.77	82.46
总计中：	**of the Total:**								
独立设置少数民族学校	Inde. Sec. Schools for Minorities	469	257	175	37	3.46	4.71	2.58	2.81

4-20 普通高中学生和构成情况（2017年）
Number and Composition of Students in Regular Senior Secondary Schools(2017)

单位：人，% (person,%)

项 目	Item	绝对数 Value			构成 Percentage		
		毕业生数 Graduates	招生数 Entrants	在校学生数 Enrolment	毕业生数 Graduates	招生数 Entrants	在校学生数 Enrolment
总 计	**Total**	**7757292**	**8000548**	**23745484**	**100.00**	**100.00**	**100.00**
教育部门	Run by Ed. Dept.	6873453	6831371	20516111	88.61	85.39	86.40
其他部门	Run by Non-ed. Dept.	53783	53290	161692	0.69	0.67	0.68
地方企业	Run by Local Enterprises	1400	1793	5073	0.02	0.02	0.02
民办	Non-government	828656	1114094	3062608	10.68	13.93	12.90
城 区	**Cities**	**3733722**	**3786008**	**11314380**	**100.00**	**100.00**	**100.00**
教育部门	Run by Ed. Dept.	3263755	3177682	9616311	87.41	83.93	84.99
其他部门	Run by Non-ed. Dept.	26515	24827	77074	0.71	0.66	0.68
地方企业	Run by Local Enterprises	685	626	1882	0.02	0.02	0.02
民办	Non-government	442767	582873	1619113	11.86	15.40	14.31
镇 区	**Counties and Towns**	**3792139**	**3936780**	**11651820**	**100.00**	**100.00**	**100.00**
教育部门	Run by Ed. Dept.	3427456	3450520	10314521	90.38	87.65	88.52
其他部门	Run by Non-ed. Dept.	24654	25524	76288	0.65	0.65	0.65
地方企业	Run by Local Enterprises	715	1167	3191	0.02	0.03	0.03
民办	Non-government	339314	459569	1257820	8.95	11.67	10.80
乡 村	**Rural**	**231431**	**277760**	**779284**	**100.00**	**100.00**	**100.00**
教育部门	Run by Ed. Dept.	182242	203169	585279	78.75	73.15	75.10
其他部门	Run by Non-ed. Dept.	2614	2939	8330	1.13	1.06	1.07
地方企业	Run by Local Enterprises						
民办	Non-government	46575	71652	185675	20.12	25.80	23.83

4-21 中等职业学校分学科学生和构成情况（2017年）
Number and Composition of Students by Field of Education in Secondary Vocational Schools(2017)

单位：人，% (person,%)

项 目	Item	绝对数 Value				构成 Percentage		
		毕业生数 Graduates	#获得职业资格证书 Recipients of Vocational Qualifications	招生数 Entrants	在校学生数 Enrolment	毕业生数 Graduates	招生数 Entrants	在校学生数 Enrolment
总 计	**Total**	**4063981**	**3218321**	**4515235**	**12542893**	**100.00**	**100.00**	**100.00**
#女	Female	1962315	1520489	2037673	5812830	48.29	45.13	45.13
农林牧渔类	Agriculture, Forestry, Husbandry & Fisheries	327628	253383	272369	791192	8.06	6.03	6.03
资源环境类	Resources and Environment	11620	9561	9201	23912	0.29	0.20	0.20
能源与新能源类	Energy and New Energy	14899	12306	11533	34601	0.37	0.26	0.26
土木水利类	Civil and Hydraulic Engineering	184653	144830	144469	408245	4.54	3.20	3.20
加工制造类	Manufacturing	561121	482122	527249	1541284	13.81	11.68	11.68
石油化工类	Petroleum and Chemical	21377	17334	16614	48542	0.53	0.37	0.37
轻纺食品类	Light Industry, Textile, and Food	38371	33766	36737	91537	0.94	0.81	0.81
交通运输类	Transport	410055	340580	522275	1438050	10.09	11.57	11.57
信息技术类	Information Technologies	650226	546531	796560	2099578	16.00	17.64	17.64
医药卫生类	Medicine and Health	421861	272558	421440	1285590	10.38	9.33	9.33
休闲保健类	Leisure and Health	24169	19252	34518	90592	0.59	0.76	0.76
财经商贸类	Finance and Trade	463477	363836	517081	1503893	11.40	11.45	11.45
旅游服务类	Tourism Services	194903	162762	274469	709858	4.80	6.08	6.08
文化艺术类	Culture and Arts	200251	151975	262299	714959	4.93	5.81	5.81
体育与健身	Sports and Fitness	31049	22133	53261	136856	0.76	1.18	1.18
教育类	Education	412827	311677	502199	1345980	10.16	11.12	11.12
司法服务类	Justice Services	13744	5952	19521	49669	0.34	0.43	0.43
公共管理与服务类	Public Management and Services	48311	39290	54432	129670	1.19	1.21	1.21
其他	Others	33439	28473	39008	98885	0.82	0.86	0.86

4-22 技工学校情况
General Condition of Vocational School

单位：万人 (10 000 persons)

年 份 Year	技 工 学校数 (个) Number of Vocational Schools (unit)	招生数 Students Newly Enrolled	在 校 学生数 Number of Students in School	毕业生数 Number of Graduates	在 职 教职工数 Total Teachers and Staff	兼 职 教师数 Part-time Teachers	培训社会人员人次 Person-time of Trainees from the Society	培训社会人员结业人数 Graduates of Trainees Recruited from the Society
绝对数 Absolute figure								
1990	4184	50.6	133.2	41.3	30.8	1.7		
1995	4521	74.6	189.0	68.5	33.7	1.9	89.9	71.3
2000	3792	50.4	140.1	64.6	24.0	2.7	158.5	156.7
2001	3470	55.1	134.7	47.7	22.0	2.6	151.7	163.9
2002	3075	73.3	153.0	45.4	20.3	2.6	208.6	196.9
2003	2970	91.6	193.1	45.3	20.2	3.0	226.9	223.7
2004	2884	109.7	234.4	53.5	20.4	2.9	265.6	257.5
2005	2855	118.4	275.3	69.0	20.4	3.2	273.3	270.1
2006	2880	134.8	320.8	86.4	21.5	3.6	337.7	330.2
2007	2995	158.5	367.1	99.7	24.0	3.8	380.7	369.8
2008	3075	161.4	397.5	109.0	24.7	4.1	400.0	389.8
2009	3064	156.4	414.3	115.2	25.8	4.3	484.1	382.9
2010	2998	158.6	421.0	121.3	26.5	4.4	468.4	371.3
2011	2914	163.5	429.4	118.9	26.5	4.3	527.5	416.1
2012	2892	156.8	422.8	120.2	26.7	4.3	551.3	441.6
2013	2882	133.5	386.6	116.9	26.9	4.1	525.3	397.1
2014	2818	124.4	339.0	106.8	26.5	4.2	508.5	372.3
2015	2545	121.4	321.5	94.6	26.0	4.1	476.6	378.9
2016	2526	127.2	323.2	93.1	26.5	4.3	451.6	349.9
2017	2490	130.9	338.2	90.5	26.9	4.4	456.4	326.1
比上年增长(%) Increase over Preceding year(%)								
2001	-8.5	9.4	-3.8	-26.1	-8.3	-4.1	-4.3	4.6
2002	-11.4	33.0	13.6	-4.9	-7.6	-2.4	37.6	20.2
2003	-3.4	25.0	26.2	-0.2	-0.5	17.4	8.8	20.2
2004	-2.9	19.8	21.4	18.1	1.0	-3.3	17.1	13.6
2005	-1.0	7.9	17.4	29.0		10.3	2.9	4.9
2006	0.9	13.9	16.5	25.2	5.4	12.5	23.6	22.3
2007	4.0	17.6	14.4	15.3	11.6	5.6	12.7	12.0
2008	2.7	1.8	8.3	9.4	2.8	7.9	5.1	5.4
2009	-0.4	-3.1	4.2	5.7	4.6	5.2	21.0	-1.8
2010	-2.2	1.4	1.6	5.3	2.7	1.0	-3.2	-3.0
2011	-2.8	3.1	2.0	-2.0		-1.7	12.6	12.1
2012	-0.8	-4.1	-1.5	1.1	0.8	0.6	4.5	6.1
2013	-0.3	-14.9	-8.6	-2.8	0.9	-5.7	-4.7	-10.1
2014	-2.2	-6.8	-12.3	-8.6	-1.6	2.8	-3.2	-6.2
2015	-9.7	-2.4	-5.2	-11.4	-1.8	-1.7	-6.3	1.8
2016	-0.7	4.7	0.5	-1.6	1.8	4.9	-5.2	-7.6
2017	-1.4	2.9	4.7	-2.8	1.3			-0.1

4-23 分地区技工学校情况(2017年)
General Condition of Vocational School by Region

单位：人 (person)

地 区	Region	学校数(个) Vocational Schools (unit)	在职教职工数 Total Teachers and Staff	#女性 Female	专任教师数 Full-time Teachers	招生数 Entrants	在校学生数 Enrolment	#女性 Female	毕业生数 Graduates
全 国	**National**	**2490**	**268565**	**121752**	**198798**	**1309068**	**3382075**	**997445**	**904789**
北 京	Beijing	28	3224	1611	1777	11098	32019	8750	11581
天 津	Tianjin	24	2414	1061	1534	9933	22283	6102	5550
河 北	Hebei	177	13331	6556	9973	52997	110598	29474	33969
山 西	Shanxi	86	9322	4758	6207	31818	99345	30032	29225
内蒙古	Inner Mongolia	51	7038	3583	5425	5935	16455	3625	5813
辽 宁	Liaoning	102	7513	3612	5272	24424	64213	16127	18913
吉 林	Jilin	62	3928	1912	2894	15831	34715	8839	6865
黑龙江	Heilongjiang	127	10999	5028	7335	24360	55893	17345	21235
上 海	Shanghai								
江 苏	Jiangsu	118	18160	8641	14235	105615	253325	82829	69631
浙 江	Zhejiang	77	11381	5397	9259	47189	141668	39870	33106
安 徽	Anhui	89	7519	3117	5694	54595	89513	31112	16399
福 建	Fujian	62	4436	2094	3291	33381	70021	23294	16203
江 西	Jiangxi	85	10084	4409	7767	52346	134949	48168	33536
山 东	Shandong	194	29294	12512	22565	129109	332634	95152	103815
河 南	Henan	149	13446	5987	9905	108355	264736	79254	85320
湖 北	Hubei	124	8122	3394	6456	31620	77910	22669	21944
湖 南	Hunan	131	11128	3730	9141	39563	146878	33611	28339
广 东	Guangdong	162	30362	13822	22610	188840	553727	160098	146514
广 西	Guangxi	44	6594	3023	4537	51777	121470	39754	28526
海 南	Hainan	11	1776	768	1267	9182	22025	4305	5511
重 庆	Chongqing	51	4637	2161	3146	31370	97315	32880	25590
四 川	Sichuan	84	10775	4955	7974	46180	113961	36690	32730
贵 州	Guizhou	60	7333	3364	5174	35486	86366	22993	20064
云 南	Yunnan	34	5127	2113	4410	51890	140760	38454	26698
陕 西	Shaanxi	135	11319	5098	7232	66245	153498	44268	37961
甘 肃	Gansu	82	4564	1698	3087	12697	37370	12579	14886
青 海	Qinghai	14	1357	626	1083	6312	17369	6081	5087
宁 夏	Ningxia	25	2816	1452	1831	2783	6716	2091	264
新 疆	Xinjiang	102	10566	5270	7717	28137	84343	20999	19514

注：专任教师人数包括文化技术理论课教师和生产实习指导教师，不含一体化教师。
Note: The number of full-time teacher includes teachers of cultural and technical theory and production guide teachers, not include allround teachers.

4-24 全国职业技能鉴定情况
Statistics of Occupational Skill Testing

单位：人 (person)

年 份 Year	职业技能鉴定机构数（个） Number of Testing Agencies (unit)	鉴定所数 Testing Agencies	鉴定站数 Testing Stations	工考委和中央企业试点单位数 The Units of Workers Assessing Committees & the Central Enterprises Pilot	考评人员人 数 Number of the Assessors	本年鉴定考核人数 Number of the Candidates	初 级 Primary	中 级 Medium	高 级 Senior
1996	5682	2369	794	2519	37859	2685695	932642	1318141	360490
1997	5752	3012	1030	1710	50779	3141832	1044325	1625749	427603
1998	6878	3690	1263	1925	70466	3194218	1185862	1670410	278862
1999	7820	4202	2240	1378	97209	3678723	1548193	1711318	369049
2000	8179	4440	2824	915	128033	4421880	1818534	2050863	505685
2001	8336	4702	2837	797	143068	5348001	2057575	2571508	645644
2002	8517	4448	3617	452	175247	6619012	2373190	3204580	965404
2003	7252	4780	2293	179	155971	6875444	2461777	3338421	969477
2004	9441	4305	5059	77	198560	8812781	3145324	4164858	1237088
2005	7654	4144	3347	163	164442	9577395	3222564	4552986	1456750
2006	7998	3860	4002	136	161596				
2007	7794	4251	3378	165	158186	12231413	4389064	5422375	1907654
2008	9933	4096	4662	1175	203883	13374707	5104213	5758542	2029246
2009	9538	4825	4486	227	232060	14920761	6029998	6110523	2126028
2010	9803	4612	5058	133	210497	16575457	6768836	6531792	2722092
2011	10677	5533	4977	167	194795	17459327	7254275	6579593	3098462
2012	10963	5321	5441	201	213403	18305470	7538797	6611139	3476563
2013	9865	5067	4664	134	252662	18385729	7752500	6355360	3514734
2014	9521	4387	4701	433	215761	18539992	6934618	6745021	3930805
2015	12156	5750	5578	828	264237	18941156	7079392	6986241	4006089
2016	8224	3460	4438	326	282782	17554798	6410623	6540058	3855614
2017	8071	3503	4255	313	308612	14729033	4959459	5465266	3610460

4-24 续表 continued

单位：人 (person)

年 份 Year	技 师 Technicians	高级技师 Senior Technicians	本年获取证书人数 Number of the Candidates Got the Certificates	初 级 Primary	中 级 Medium	高 级 Senior	技 师 Technicians	高级技师 Senior Technicians
1996	69132	5290	2146895	727215	1094809	271346	51262	2263
1997	39478	4677	2786360	949828	1439046	364024	30506	2956
1998	51799	7285	2858782	1071270	1491968	244529	44995	6020
1999	45329	4780	3141392	1341236	1466663	293584	36699	3210
2000	43794	3004	3726619	1553035	1743885	393201	34175	2323
2001	67688	5586	4570081	1756881	2236967	523010	49689	3534
2002	69379	6459	5562607	2036748	2712382	761195	48852	3430
2003	96653	9116	5839222	2124504	2870097	768890	69501	6230
2004	215859	49652	7375590	2692723	3519811	982528	143818	36710
2005	290637	54458	7857292	2732405	3756905	1133278	195577	39127
2006			9252416	3124130	4390924	1440591	260830	35384
2007	442715	69605	9956079	3687419	4518674	1429235	274176	46575
2008	403738	78968	11372105	4492273	4891989	1606473	318047	63323
2009	544210	110002	12320051	5251357	5134383	1516357	336623	81331
2010	453762	98975	13929377	5899097	5544598	2097432	316663	71587
2011	428247	98750	14820504	6533022	5464700	2464290	286769	71723
2012	503134	175837	15487834	6655352	5604790	2760639	336187	130866
2013	577770	185365	15366664	6766044	5372332	2728517	376144	123627
2014	654415	275133	15542766	6094580	5707155	3117737	429024	194270
2015	659634	209800	15392295	5915465	5831396	3092249	416439	136746
2016	577112	171391	14461529	5549708	5481352	2963711	350596	116162
2017	540693	153155	11987218	4207073	4541983	2804674	330333	103155

4-25 初中阶段学校和构成情况(2017年)
Number and Composition of Schools in Junior Secondary Education(2017)

单位：所，% (unit, %)

项目	Item	绝对数 Value				构成 Percentage			
		合计 Total	初级中学 Regular Junior Secondary Schools	九年一贯制学校 9-year Schools	职业初中 Vocational Junior Secondary Schools	合计 Total	初级中学 Regular Junior Secondary Schools	九年一贯制学校 10-year Schools	职业初中 Vocational Junior Secondary Schools
总计	**Total**	**51894**	**35696**	**16183**	**15**	**100.00**	**100.00**	**100.00**	**100.00**
教育部门	Run by Ed. Dept.	46091	34246	11832	13	88.82	95.94	73.11	86.67
其他部门	Run by Non-ed. Dept.	505	156	348	1	0.97	0.44	2.15	6.67
地方企业办	Run by Local Enterprises	21	1	20		0.04	0.00	0.12	
民办	Non-government	5277	1293	3983	1	10.17	3.62	24.61	6.67
城区	**Urban Area**	**12355**	**7930**	**4422**	**3**	**100.00**	**100.00**	**100.00**	**100.00**
教育部门	Run by Ed. Dept.	9734	7299	2433	2	78.79	92.04	55.02	66.67
其他部门	Run by Non-ed. Dept.	130	60	69	1	1.05	0.76	1.56	33.33
地方企业办	Run by Local Enterprises	7		7		0.06		0.16	
民办	Non-government	2484	571	1913		20.11	7.20	43.26	
镇区	**Counties & Towns Area**	**24251**	**18260**	**5986**	**5**	**100.00**	**100.00**	**100.00**	**100.00**
教育部门	Run by Ed. Dept.	21940	17637	4299	4	90.47	96.59	71.82	80.00
其他部门	Run by Non-ed. Dept.	317	83	234		1.31	0.45	3.91	
地方企业办	Run by Local Enterprises	6		6		0.02		0.10	
民办	Non-government	1988	540	1447	1	8.20	2.96	24.17	20.00
乡村	**Rural Area**	**15288**	**9506**	**5775**	**7**	**100.00**	**100.00**	**100.00**	**100.00**
教育部门	Run by Ed. Dept.	14417	9310	5100	7	94.30	97.94	88.31	100.00
其他部门	Run by Non-ed. Dept.	58	13	45		0.38	0.14	0.78	
地方企业办	Run by Local Enterprises	8	1	7		0.05	0.01	0.12	
民办	Non-government	805	182	623		5.27	1.91	10.79	
总计中:	**of the Total:**								
独立设置少数民族学校	Inde. Sec. Schools for Minoritie	1600	1045	552	3	3.08	2.93	3.41	20.00

4-26 初中学生和构成情况(2017年)
Number and Composition of Students in Junior Secondary Schools(2017)

单位：人，%　　(person,%)

项　目	Item	绝对数 Value				构成 Percentage			
		毕业生数 Graduates	招生数 Entrants	在校生数 Enrolment	#女 Female	毕业生数 Graduates	招生数 Entrants	在校生数 Enrolment	#女 Female
总　计	**Total**	**13974699**	**15472209**	**44420630**	**20598359**	**100.00**	**100.00**	**100.00**	**100.00**
教育部门	Run by Ed. Dept.	12224918	13307792	38420927	18090264	87.48	86.01	86.49	87.82
其他部门	Run by Non-ed. Dept.	70835	69836	213231	98551	0.51	0.45	0.48	0.48
地方企业办	Run by Local Enterprises	2880	3656	9637	4153	0.02	0.02	0.02	0.02
民办	Non-government	1676066	2090925	5776835	2405391	11.99	13.51	13.00	11.68
城　区	**Urban Area**	**4836743**	**5499957**	**15671422**	**7214833**	**100.00**	**100.00**	**100.00**	**100.00**
教育部门	Run by Ed. Dept.	3951368	4412054	12646946	5922201	81.69	80.22	80.70	82.08
其他部门	Run by Non-ed. Dept.	25281	23567	73774	32722	0.52	0.43	0.47	0.45
地方企业办	Run by Local Enterprises	1428	1585	4453	1926	0.03	0.03	0.03	0.03
民办	Non-government	858666	1062751	2946249	1257984	17.75	19.32	18.80	17.44
镇　区	**Counties & Towns Area**	**7058957**	**7732411**	**22315114**	**10381757**	**100.00**	**100.00**	**100.00**	**100.00**
教育部门	Run by Ed. Dept.	6325263	6836212	19812549	9353920	89.61	88.41	88.79	90.10
其他部门	Run by Non-ed. Dept.	39924	39582	120298	56624	0.57	0.51	0.54	0.55
地方企业办	Run by Local Enterprises	1101	1758	4133	1835	0.02	0.02	0.02	0.02
民办	Non-government	692669	854859	2378134	969378	9.81	11.06	10.66	9.34
乡　村	**Rural Area**	**2078999**	**2239841**	**6434094**	**3001769**	**100.00**	**100.00**	**100.00**	**100.00**
教育部门	Run by Ed. Dept.	1948287	2059526	5961432	2814143	93.71	91.95	92.65	93.75
其他部门	Run by Non-ed. Dept.	5630	6687	19159	9205	0.27	0.30	0.30	0.31
地方企业办	Run by Local Enterprises	351	313	1051	392	0.02	0.01	0.02	0.01
民办	Non-government	124731	173315	452452	178029	6.00	7.74	7.03	5.93

4-27 普通小学校数、教学点数及学生情况(2017年)
Number of Schools, External Teaching Sites and Students in Regular Primary Schools(2017)

项　目	Item	学校数(所) Schools (unit)	教学点数(个) External Teachingsites (unit)	毕业生数(人) Graduates (person)	招生数(人) Entrants (person)	#受过学前教育 Those Received the Pre-school Education	在校生数(人) Enrolment (person)	#女 Female
总　计	**Total**	**167009**	**102998**	**15658999**	**17665544**	**17430535**	**100936980**	**46883168**
教育部门	Run by Ed. Dept.	160590	102811	14327070	16225151	16007633	92420593	43295290
其他部门	Run by Non-ed. Dept.	293	76	61930	60574	59921	357964	169412
地方企业办	Run by Local Enterprises	19	1	2870	2842	2787	16703	7412
民办	Non-government	6107	110	1267129	1376977	1360194	8141720	3411054
城　区	**Urban Area**	**27159**	**1682**	**5128287**	**6300296**	**6252652**	**34622854**	**15909940**
教育部门	Run by Ed. Dept.	24926	1675	4495574	5511676	5475385	30267363	14039761
其他部门	Run by Non-ed. Dept.	102	5	17926	17535	17471	104697	49332
地方企业办	Run by Local Enterprises	8		1478	1566	1566	9291	4131
民办	Non-government	2123	2	613309	769519	758230	4241503	1816716
镇　区	**Counties & Towns Area**	**43798**	**11023**	**6222672**	**6496373**	**6438675**	**38560500**	**17796448**
教育部门	Run by Ed. Dept.	41541	10986	5710991	6053066	5999560	35631442	16596881
其他部门	Run by Non-ed. Dept.	143	17	37836	35741	35416	212948	100825
地方企业办	Run by Local Enterprises	2	1	796	791	758	4380	2050
民办	Non-government	2112	19	473049	406775	402941	2711730	1096692
乡　村	**Rural Area**	**96052**	**90293**	**4308040**	**4868875**	**4739208**	**27753626**	**13176780**
教育部门	Run by Ed. Dept.	94123	90150	4120505	4660409	4532688	26521788	12658648
其他部门	Run by Non-ed. Dept.	48	54	6168	7298	7034	40319	19255
地方企业办	Run by Local Enterprises	9		596	485	463	3032	1231
民办	Non-government	1872	89	180771	200683	199023	1188487	497646
总计中:	**of the Total:**							
五年制	5-Year			501043	538554	537660	2627358	1237973
九年一贯制学校	9-year Sec Schools			1645350	1787919	1765646	10384335	4689171
十二年一贯制学校	12-year Sec Schools			170604	189206	184401	1092400	456212
独立设置的少数民族学校	Inde. Schools for Minorities	6752		468132	548118	524677	3112298	1501512

4-28 进城务工子女和农村留守儿童在校情况（2017年）
Children of Migrant Workers and Children Left Behind (2017)

单位：人　　(person)

项　目	Item	进城务工人员随迁子女 Children of Migrant Workers	#外省迁入 From Other Provinces	#本省外县迁入 From Other Counties of the Same Province	农村留守儿童 Rural Children Left Behind
普通小学	**Regular Primary Schools**				
毕业生数	Graduates	1383431	628279	755152	1506129
招生数	Entrants	1809889	807701	1002188	1746431
#受过学前教育	Trained in Preschool	1800113	803817	996296	1709924
在校学生数	Enrolment	10421804	4695084	5726720	10644790
#女	Female	4633796	2062379	2571417	4942217
初　中	**Junior Secondary Schools**				
毕业生数	Graduates	943837	348143	595694	1444164
招生数	Entrants	1299836	546291	753545	1695521
在校学生数	Enrolment	3644540	1470075	2174465	4860813
#女	Female	1607398	636994	970404	2264221

4-29 特殊教育学校数和学生情况(2017年)
Number of Schools and Students in Special Education(2017)

项　目	Item	学校数 (所) Schools (unit)	毕业生数 (人) Graduates (person)	招生数 (人) Entrants (person)	在校生数 (人) Enrolment (person)	#女 Female
总 计	**Total**	**2107**	**69401**	**110843**	**578826**	**207005**
#女	Female		23005	36854	207005	207005
少数民族学生	Minority Student		5894	11915	58782	23707
寄宿生	Resident Student			25141	154083	58723
特殊教育学校中:	In Special Education:					
寄宿生	Resident Student			16422	117041	44092
职业技术班	Vocational Technology Class		840	644	3371	1093
特殊教育学校	Special Education School		25004	44372	242659	89067
视力残疾	Vision Disability		1832	1509	9005	3324
听力残疾	Hearing Disability		9517	7696	55607	24030
智力残疾	Intelligence Disability		12787	30256	158704	55459
其他残疾	Other Disability		868	4911	19343	6254
城区	Area	1027	26949	35434	201029	71724
镇区	Urban	947	28727	49689	243519	88099
乡村	Rural	133	13725	25720	134278	47182

4-30 幼儿园数、班数和构成情况(2017年)
Number and Composition of Kindergartens, Classes in Pre-primary Education (2017)

项目	Item	绝对数 Value			构成(%) Percentage(%)		
		幼儿园数(所) Number of Kindergartens (unit)	#少数民族 Minorities	班数(个) Classes (unit)	幼儿园数 Number of Kindergartens	#少数民族 Minorities	班数 Classes
总　计	**Total**	**254950**	**7659**	**1612901**	**100.00**	**100.00**	**100.00**
教育部门	Run by Ed.Dept.	75553	6951	560117	29.63	90.76	34.73
其他部门办	Run by Non-ed.Dept.	1809	18	21154	0.71	0.24	1.31
地方企业	Run by Local Enterprises	1289		10404	0.51		0.65
事业单位	Run by Public Institutions	3181	47	22153	1.25	0.61	1.37
部队	Run by Army	511	1	3952	0.20	0.01	0.25
集体办	Run by Communities	12235	47	65451	4.80	0.61	4.06
民办	Run by Non-government	160372	595	929670	62.90	7.77	57.64
城　区	**Urban Area**	**78961**	**348**	**593017**	**100.00**	**100.00**	**100.00**
教育部门	Run by Ed.Dept.	10710	186	119203	13.56	53.45	20.10
其他部门办	Run by Non-ed.Dept.	1070	3	12063	1.36	0.86	2.03
地方企业	Run by Local Enterprises	1044		8715	1.32		1.47
事业单位	Run by Public Institutions	1016	15	8394	1.29	4.31	1.42
部队	Run by Army	477		3818	0.60		0.64
集体办	Run by Communities	3989	14	29998	5.05	4.02	5.06
民办	Run by Non-government	60655	130	410826	76.82	37.36	69.28
镇　区	**Counties & Towns Area**	**85807**	**1312**	**576473**	**100.00**	**100.00**	**100.00**
教育部门	Run by Ed.Dept.	23613	991	203829	27.52	75.53	35.36
其他部门办	Run by Non-ed.Dept.	589	6	5804	0.69	0.46	1.01
地方企业	Run by Local Enterprises	211		1501	0.25		0.26
事业单位	Run by Public Institutions	884	16	6230	1.03	1.22	1.08
部队	Run by Army	13		54	0.02		0.01
集体办	Run by Communities	2521	10	17015	2.94	0.76	2.95
民办	Run by Non-government	57976	289	342040	67.57	22.03	59.33
乡　村	**Rural Area**	**90182**	**5999**	**443411**	**100.00**	**99.98**	**100.00**
教育部门	Run by Ed.Dept.	41230	5774	237085	45.72	96.25	53.47
其他部门办	Run by Non-ed.Dept.	150	9	3287	0.17	0.15	0.74
地方企业	Run by Local Enterprises	34		188	0.04		0.04
事业单位	Run by Public Institutions	1281	16	7529	1.42	0.27	1.70
部队	Run by Army	21	1	80	0.02		0.02
集体办	Run by Communities	5725	23	18438	6.35	0.38	4.16
民办	Run by Non-government	41741	176	176804	46.29	2.93	39.87

4-31 小学学龄儿童净入学率和各级普通学校毕业生升学率
Net Enrolment Ratio of School-age Children in Primary Schools and Promotion Rate of Graduates of Regular School by Levels

单位：% (%)

年 份 Year	小学学龄儿童净入学率 Net Enrollment Ratio of School-age Children in Primary Schools	小学升学率 Promotion Rate from Primary Schools to Junior Secondary Schools	初中升学率 Promotion Rate from Junior Secondary Schools to Senior Secondary Schools	高中升学率 Promotion Rate from Senior Secondary Schools to Higher Education
1990	97.8	74.6	40.6	27.3
1991	97.9	77.7	42.6	28.7
1992	97.2	79.7	43.4	34.9
1993	97.7	81.8	44.1	43.3
1994	98.4	86.6	47.8	46.7
1995	98.5	90.8	48.3	49.9
1996	98.8	92.6	48.8	51.0
1997	98.9	93.7	57.5	48.6
1998	98.9	94.3	50.7	46.1
1999	99.1	94.4	50.0	63.8
2000	99.1	94.9	51.2	73.2
2001	99.1	95.5	52.9	78.8
2002	98.6	97.0	58.3	83.5
2003	98.7	97.9	59.6	83.4
2004	98.9	98.1	63.8	82.5
2005	99.2	98.4	69.7	76.3
2006	99.3	100.0	75.7	75.1
2007	99.5	99.9	80.5	70.3
2008	99.5	99.7	82.1	72.7
2009	99.4	99.1	85.6	77.6
2010	99.7	98.7	87.5	83.3
2011	99.8	98.3	88.9	86.5
2012	99.9	98.3	88.4	87.0
2013	99.7	98.3	91.2	87.6
2014	99.8	98.0	95.1	90.2
2015	99.9	98.2	94.1	92.5
2016	99.9	98.7	93.7	94.5
2017	99.9	98.8	94.9	

注：1.1991年以前的入学率是按7-11周岁统一计算的；从1991年起入学率是按各地不同入学年龄和学制分别计算的。
2.高中升学率为普通高校招生数与普通高中毕业生数之比。

Note: a) Enrolment ratio of school-age children before 1991 was calculated on the basis of primary school pupils aged 7-11 enrolled. From 1991 onwards its calculation has taken account of the age of entry and the length of schooling prevailing.
b) Promotion rate of senior secondary school graduates is the ratio of total number of new entrants.

4-32 每十万人口各级学校平均在校生数
Number of Enrolment of Per 100 000 Inhabitants

单位：人 (person)

年 份 Year	高等教育 Higher Education	高中阶段 Senior Secondary Education	初中阶段 Junior Secondary Education	小学 Primary Education	学前教育 Pre-school Education
1990	326	1337	3426	10707	1725
1991	304	1355	3465	10502	1907
1992	313	1365	3518	10413	2072
1993	376	1448	3599	10656	2190
1994	433	1293	3681	10819	2219
1995	457	1610	3945	11010	2262
1996	470	1780	4180	11273	2208
1997	482	1905	4289	11435	2058
1998	519	1978	4408	11287	1944
1999	594	2032	4656	10855	1864
2000	723	2000	4969	10335	1782
2001	931	2021	5161	9937	1602
2002	1146	2283	5240	9525	1595
2003	1298	2523	5209	9100	1560
2004	1420	2824	5058	8725	1617
2005	1613	3070	4781	8358	1676
2006	1816	3321	4557	8192	1731
2007	1924	3409	4364	8037	1787
2008	2042	3463	4227	7819	1873
2009	2128	3495	4097	7584	2001
2010	2189	3504	3955	7448	2230
2011	2253	3495	3779	7403	2554
2012	2335	3411	3535	7196	2736
2013	2418	3227	3279	6913	2876
2014	2488	3100	3222	6946	2977
2015	2524	2965	3152	7086	3118
2016	2530	2887	3150	7211	3211
2017	2576	2861	3213	7300	3327

注：1.高等教育包括普通高等学校和成人高等学校。
2.高中阶段合计数据包括普通高中、成人高中、普通中专、职业高中、技工学校和成人中专。
3.初中阶段包括普通初中和职业初中。下表同。

Note: a) Institutions of higher education include that of regular institutions of higher education and institutions of higher education for adults.
b) Total of senior secondary schools include that of regular senior schools, adult senior schools, regular secondary technical schools, secondary vocational schools, technical worker school, adult technical secondary schools.
c) Junior secondary schools include regular junior schools and junior vocational schools.The same applies to the table following.

4-33 分地区每十万人口各级学校平均在校生数(2017年)
Number of Students Per 100 000 Population by Level and Region(2017)

单位：人 (person)

地 区	Region	学前教育 Pre-school Education	小 学 Primary Education	初中阶段 Junior Secondary Education	高中阶段 Senior Secondary Education	高等教育 Higher Education
全 国	**National Total**	**3327**	**7300**	**3213**	**2861**	**2576**
北 京	Beijing	2050	4031	1226	1245	5300
天 津	Tianjin	1674	4149	1679	1820	4072
河 北	Hebei	3179	8530	3481	2822	2328
山 西	Shanxi	2791	6196	2940	3119	2401
内蒙古	Inner Mongolia	2540	5260	2455	2559	1969
辽 宁	Liaoning	2179	4445	2201	2303	2859
吉 林	Jilin	1666	4494	2264	2123	3038
黑龙江	Heilongjiang	1472	3623	2380	2158	2403
上 海	Shanghai	2367	3243	1701	1099	3498
江 苏	Jiangsu	3257	6753	2609	2316	3045
浙 江	Zhejiang	3503	6333	2788	2635	2345
安 徽	Anhui	3242	7110	3263	3123	2250
福 建	Fujian	4272	7927	3138	2717	2352
江 西	Jiangxi	3505	9209	4160	3150	2676
山 东	Shandong	2787	7122	3311	2796	2519
河 南	Henan	4458	10303	4502	3551	2455
湖 北	Hubei	2991	6025	2527	2156	3000
湖 南	Hunan	3357	7500	3366	2905	2419
广 东	Guangdong	4013	8564	3238	3128	2454
广 西	Guangxi	4423	9586	4206	3686	2383
海 南	Hainan	3973	8828	3635	3402	2261
重 庆	Chongqing	3145	6888	3249	3305	3084
四 川	Sichuan	3177	6679	3015	2889	2339
贵 州	Guizhou	4316	10185	5147	4502	2129
云 南	Yunnan	2922	7864	3925	3094	1999
西 藏	Tibet	3213	9520	3763	2358	1678
陕 西	Shaanxi	3804	6617	2753	3076	3582
甘 肃	Gansu	3562	7110	3280	3098	2217
青 海	Qinghai	3495	7843	3471	3647	1391
宁 夏	Ningxia	3415	8613	4136	3412	2278
新 疆	Xinjiang	6035	9534	3761	3712	1863

4-34 分地区普通本专科学生情况（2017年）
Number of Regular Students Enrolled in Normal and Short-cycle Courses in Regular Higher Education by Region (2017)

单位：人 (person)

地 区	Region	招生数 Entrants	本 科 Normal Courses	专 科 Short-cycle Courses	在 校 学生数 Enrolment	本 科 Normal Courses	专 科 Short-cycle Courses
全 国	**National Total**	**7614893**	**4107534**	**3507359**	**27535869**	**16486320**	**11049549**
北 京	Beijing	150511	128213	22298	592878	515269	77609
天 津	Tianjin	138679	85746	52933	514669	341775	172894
河 北	Hebei	365066	189114	175952	1268873	735827	533046
山 西	Shanxi	203277	121102	82175	762974	488394	274580
内蒙古	Inner Mongolia	122078	62360	59718	448092	252161	195931
辽 宁	Liaoning	249805	166287	83518	980995	702417	278578
吉 林	Jilin	171239	118321	52918	643872	478823	165049
黑龙江	Heilongjiang	195192	130031	65161	734166	518129	216037
上 海	Shanghai	135592	95073	40519	514917	376152	138765
江 苏	Jiangsu	456629	267396	189233	1767877	1096984	670893
浙 江	Zhejiang	255635	146183	109452	1002346	616276	386070
安 徽	Anhui	307187	160385	146802	1147401	649355	498046
福 建	Fujian	200005	119024	80981	750987	497440	253547
江 西	Jiangxi	288453	134856	153597	1048289	530546	517743
山 东	Shandong	548479	262937	285542	2015345	1036819	978526
河 南	Henan	569361	258032	311329	2004662	1077108	927554
湖 北	Hubei	394100	213037	181063	1400918	863408	537510
湖 南	Hunan	357872	178349	179523	1273208	703480	569728
广 东	Guangdong	558417	276627	281790	1925775	1105754	820021
广 西	Guangxi	266945	117893	149052	866716	456835	409881
海 南	Hainan	52162	28026	24136	185538	110388	75150
重 庆	Chongqing	209497	112934	96563	746859	453829	293030
四 川	Sichuan	433030	225118	207912	1499715	865109	634606
贵 州	Guizhou	199747	86696	113051	627672	317072	310600
云 南	Yunnan	202091	103172	98919	705854	413831	292023
西 藏	Tibet	9667	5802	3865	35643	24212	11431
陕 西	Shaanxi	284672	164600	120072	1069374	670588	398786
甘 肃	Gansu	131489	71604	59885	466185	292521	173664
青 海	Qinghai	19626	9857	9769	66974	37502	29472
宁 夏	Ningxia	34728	20432	14296	121051	78519	42532
新 疆	Xinjiang	103662	48327	55335	346044	179797	166247

4-34 续表 continued

单位：人 (person)

地区	Region	毕业生数 Graduates	本科 Normal Courses	专科 Short-cycle Courses	授予学位数 Degrees Conferred	预计毕业生数 Estimated Graduates for Next Year	本科 Normal Courses	专科 Short-cycle Courses
全国	**National Total**	**7358287**	**3841839**	**3516448**	**3771039**	**7804685**	**4031331**	**3773354**
北京	Beijing	155444	121362	34082	119482	158210	127780	30430
天津	Tianjin	139162	79010	60152	77623	143621	83296	60325
河北	Hebei	329972	170408	159564	168293	345777	175493	170284
山西	Shanxi	210429	113275	97154	111556	219074	118607	100467
内蒙古	Inner Mongolia	117798	57501	60297	55965	127958	60747	67211
辽宁	Liaoning	268767	174113	94654	172505	287960	187254	100706
吉林	Jilin	170059	114984	55075	112174	171105	116748	54357
黑龙江	Heilongjiang	197183	125363	71820	124278	204845	127718	77127
上海	Shanghai	134207	86945	47262	85166	144227	94853	49374
江苏	Jiangsu	489522	252892	236630	246299	517918	273758	244160
浙江	Zhejiang	276580	146131	130449	144446	293532	157909	135623
安徽	Anhui	322786	152059	170727	150310	342659	157679	184980
福建	Fujian	204417	121774	82643	120803	215351	127389	87962
江西	Jiangxi	295985	122575	173410	121204	313527	128990	184537
山东	Shandong	571220	245517	325703	242100	599314	248133	351181
河南	Henan	504119	253804	250315	249042	570592	267607	302985
湖北	Hubei	394897	212847	182050	207659	387197	211687	175510
湖南	Hunan	332792	162286	170506	158683	357602	169664	187938
广东	Guangdong	511222	245563	265659	243473	549584	267581	282003
广西	Guangxi	210666	88932	121734	87376	228277	103506	124771
海南	Hainan	50370	24871	25499	23551	52026	26056	25970
重庆	Chongqing	196414	104704	91710	101731	208491	110511	97980
四川	Sichuan	386145	184269	201876	180585	413791	196688	217103
贵州	Guizhou	149037	75025	74012	71164	166121	72713	93408
云南	Yunnan	175254	96365	78889	94580	193399	98795	94604
西藏	Tibet	9020	5493	3527	5317	9436	5691	3745
陕西	Shaanxi	305124	172708	132416	170176	318079	175165	142914
甘肃	Gansu	124786	70242	54544	68391	126452	73670	52782
青海	Qinghai	14661	7937	6724	7709	18440	8651	9789
宁夏	Ningxia	31563	17205	14358	16477	32609	18912	13697
新疆	Xinjiang	78686	35679	43007	32921	87511	38080	49431

4-35 分地区普通高中情况（2017年）
Statistics on Regular Senior Secondary Schools by Region (2017)

单位：人 (person)

地区	Region	学校数（所）Schools (unit)	教职工数 Educational Personnel	#专任教师 Full-time Teachers	毕业生数 Graduates	招生数 Entrants	在校学生数 Enrolment
全国	**National Total**	**13555**	**2665073**	**1773953**	**7757292**	**8000548**	**23745484**
北京	Beijing	304	57783	21452	49685	53755	163977
天津	Tianjin	187	30028	16504	55239	54984	163601
河北	Hebei	630	140800	94430	376969	457055	1291375
山西	Shanxi	505	99179	63941	260270	227416	719683
内蒙古	Inner Mongolia	293	54651	35652	153262	143632	435827
辽宁	Liaoning	418	65109	51346	202502	213683	629623
吉林	Jilin	244	42952	29934	130110	141705	413783
黑龙江	Heilongjiang	371	59378	42452	181619	189010	556496
上海	Shanghai	258	32367	17937	51344	53276	158924
江苏	Jiangsu	564	125374	94719	317594	314573	943365
浙江	Zhejiang	580	92850	69608	246221	259298	773353
安徽	Anhui	662	117840	77998	376695	352692	1084974
福建	Fujian	534	99759	50720	196523	208867	637102
江西	Jiangxi	475	86681	55727	301912	334383	966977
山东	Shandong	592	169272	134446	553774	550056	1654861
河南	Henan	813	164948	124687	631394	709731	2054919
湖北	Hubei	532	88156	65929	289536	271228	819413
湖南	Hunan	608	112996	75802	344076	398100	1146267
广东	Guangdong	1030	257489	151435	676686	611384	1892669
广西	Guangxi	460	79988	55988	281761	350724	974811
海南	Hainan	116	26886	13328	56105	56627	171077
重庆	Chongqing	255	67399	39436	210874	201279	601804
四川	Sichuan	754	168405	97461	490317	464671	1412959
贵州	Guizhou	451	84745	64094	323440	348498	1011043
云南	Yunnan	509	89666	56573	252177	297919	834140
西藏	Tibet	34	6002	5187	18339	20587	58758
陕西	Shaanxi	473	85896	57297	266982	243804	756647
甘肃	Gansu	384	60975	45386	208113	182636	577281
青海	Qinghai	101	13081	9093	38284	42437	123865
宁夏	Ningxia	63	13698	10904	53632	49189	148837
新疆	Xinjiang	355	70720	44487	161857	197349	567073

4-36 分地区中等职业学校情况（2017年）
Statistics on Secondary Vocational Schools by Region (2017)

单位：人 (person)

地区	Region	学校数（所）Schools (unit)	教职工数 Educational Personnel	#专任教师 Full-time Teachers	毕业生数 Graduates	#获得职业资格证书 With Professional Qualification Certificates	招生数 Entrants	在校学生数 Enrolment	预计毕业生数 Estimated Graduates for Next Year
全　国	**National**	**8181**	**811147**	**640398**	**4063981**	**3218321**	**4515235**	**12542893**	**4136983**
北　京	Beijing	89	9824	6338	28981	18042	19422	74511	26723
天　津	Tianjin	73	8421	6108	29111	23553	30316	98415	35298
河　北	Hebei	609	58789	46119	220087	160310	287128	706167	238023
山　西	Shanxi	449	31852	25196	111375	97569	109692	329291	120429
内蒙古	Inner Mongolia	248	18480	13736	67326	46608	67913	192620	63667
辽　宁	Liaoning	288	27464	20582	96048	62861	103382	314385	103030
吉　林	Jilin	274	17724	13459	38899	24218	44566	131774	43109
黑龙江	Heilongjiang	237	19349	14090	74655	51633	64975	203828	71991
上　海	Shanghai	94	12289	8125	36722	31136	34212	106110	35449
江　苏	Jiangsu	228	50288	42317	216521	196727	225970	651464	217140
浙　江	Zhejiang	251	38324	33925	158960	155182	184672	531910	173074
安　徽	Anhui	359	33157	27804	279668	247163	287852	760672	270241
福　建	Fujian	184	19813	16479	117763	109951	116477	345500	115281
江　西	Jiangxi	366	17235	12514	105534	52639	112030	344343	106846
山　东	Shandong	401	60408	48659	248347	206220	261190	793357	262529
河　南	Henan	640	62705	49755	318726	249485	420404	1065231	323173
湖　北	Hubei	289	26595	20211	114889	94647	127224	371206	121541
湖　南	Hunan	467	34447	27001	194901	159209	250215	686467	209108
广　东	Guangdong	459	58112	45197	342297	232485	322267	993850	331896
广　西	Guangxi	271	28095	20942	199722	131593	252803	686797	211948
海　南	Hainan	79	6378	4421	33989	16128	45413	118819	33406
重　庆	Chongqing	132	18156	14932	94965	78360	109163	308252	99575
四　川	Sichuan	436	48804	38340	353490	329562	349331	860013	334289
贵　州	Guizhou	192	21839	18181	158978	122463	183061	503118	164982
云　南	Yunnan	374	26342	21680	144267	103555	187900	501015	148670
西　藏	Tibet	11	1631	1520	5599	509	7462	19300	5285
陕　西	Shaanxi	245	18671	13962	95895	75713	98383	262136	86998
甘　肃	Gansu	209	16659	13787	67833	60848	73230	193859	64082
青　海	Qinghai	39	3041	2433	19455	12851	28004	75047	21859
宁　夏	Ningxia	28	3482	2752	24660	19452	25067	74742	24998
新　疆	Xinjiang	160	12773	9833	64318	47649	85511	238694	72343

4-37 分地区初中情况（2017年）
Statistics on Regular Junior Secondary Schools by Region (2017)

单位：人 (person)

地 区	Region	学校数（所）Schools (unit)	专任教师 Full-time Teachers	城区 City	镇区 Township	乡村 Rural	在校学生数 Enrolment	城区 City	镇区 Township	乡村 Rural
全 国	**National Total**	**51894**	**3548688**	**1221327**	**1752616**	**574745**	**44420630**	**15671422**	**22315114**	**6434094**
北 京	Beijing	345	34451	28301	3380	2770	266404	227393	23164	15847
天 津	Tianjin	338	26869	18582	5447	2840	262243	179789	55795	26659
河 北	Hebei	2375	187549	52829	99843	34877	2600675	738329	1429555	432791
山 西	Shanxi	1835	108283	34628	54335	19320	1082430	384856	556641	140933
内蒙古	Inner Mongolia	683	57604	22312	31729	3563	618655	262142	326356	30157
辽 宁	Liaoning	1522	99482	52208	35610	11664	963450	519628	341860	101962
吉 林	Jilin	1172	64637	25476	25628	13533	618704	281681	236607	100416
黑龙江	Heilongjiang	1429	89672	39418	36609	13645	903983	409233	382855	111895
上 海	Shanghai	560	39276	33343	4799	1134	411712	356373	45052	10287
江 苏	Jiangsu	2148	181859	87105	86287	8467	2086934	1032286	972722	81926
浙 江	Zhejiang	1735	124699	61863	51141	11695	1558460	775584	649903	132973
安 徽	Anhui	2810	155495	34384	84757	36354	2021627	471914	1143507	406206
福 建	Fujian	1240	99880	34011	47606	18263	1215717	497622	545295	172800
江 西	Jiangxi	2140	120568	29880	64506	26182	1910421	490289	1055983	364149
山 东	Shandong	2968	275893	104262	145628	26003	3293601	1320251	1688378	284972
河 南	Henan	4515	299006	70950	160095	67961	4291617	1036126	2400588	854903
湖 北	Hubei	2041	129034	49985	61150	17899	1487131	617505	683979	185647
湖 南	Hunan	3304	171593	41497	92543	37553	2296294	599563	1273612	423119
广 东	Guangdong	3536	279821	145595	105821	28405	3561001	1988834	1254252	317915
广 西	Guangxi	1757	129756	30181	81285	18290	2034632	458854	1295217	280561
海 南	Hainan	397	25932	9885	13944	2103	333342	147771	163359	22212
重 庆	Chongqing	863	76209	30317	39402	6490	990403	404724	506097	79582
四 川	Sichuan	3722	201344	52309	113598	35437	2491364	692182	1420415	378767
贵 州	Guizhou	2048	127528	25088	80990	21450	1829870	359464	1177240	293166
云 南	Yunnan	1668	128970	23954	66392	38624	1872808	344907	987425	540476
西 藏	Tibet	98	10042	2286	6065	1691	124571	24159	77255	23157
陕 西	Shaanxi	1621	99994	30814	59663	9517	1049654	399606	579678	70370
甘 肃	Gansu	1468	81032	16454	42801	21777	856127	208540	456701	190886
青 海	Qinghai	270	16074	4479	8212	3383	205814	60659	106671	38484
宁 夏	Ningxia	247	20171	7375	9434	3362	279180	112872	128667	37641
新 疆	Xinjiang	1039	85965	21556	33916	30493	901806	268286	350285	283235

4-38 分地区普通小学情况（2017年）
Statistics on Regular Primary Schools by Region (2017)

单位：人 (person)

地 区	Region	学校数（所）Schools (unit)	专任教师 Full-time Teachers	城区 City	镇区 Township	乡村 Rural	在校学生数 Enrolment	城区 City	镇区 Township	乡村 Rural
全 国	**National Total**	**167009**	**5944910**	**1865679**	**2161813**	**1917418**	**100936980**	**34622854**	**38560500**	**27753626**
北 京	Beijing	984	64514	52954	5033	6527	875849	752970	58638	64241
天 津	Tianjin	857	43023	31027	4870	7126	648049	464538	79959	103552
河 北	Hebei	11697	365877	77431	138118	150328	6372170	1478354	2539876	2353940
山 西	Shanxi	5646	169057	47825	64705	56527	2281194	848149	960589	472456
内蒙古	Inner Mongolia	1658	99653	32203	47483	19967	1325442	538131	617934	169377
辽 宁	Liaoning	3634	140206	67983	40831	31392	1945975	1128955	499570	317450
吉 林	Jilin	4153	108405	35541	35793	37071	1228205	524582	441339	262284
黑龙江	Heilongjiang	1537	114487	43095	43647	27745	1376526	630141	555327	191058
上 海	Shanghai	741	54697	46208	6732	1757	784896	674304	87265	23327
江 苏	Jiangsu	4075	300216	136754	127185	36277	5402074	2428691	2321417	651966
浙 江	Zhejiang	3286	205127	100033	72867	32227	3540079	1767299	1277042	495738
安 徽	Anhui	8108	244978	47960	99488	97530	4405178	954231	1951911	1499036
福 建	Fujian	5190	168867	59575	65397	43895	3070865	1245393	1206539	618933
江 西	Jiangxi	7760	226990	49376	95351	82263	4228966	1021802	1960562	1246602
山 东	Shandong	9738	421877	140812	160891	120174	7084730	2518781	2731127	1834822
河 南	Henan	20372	527021	104311	191470	231240	9820554	2171044	3882353	3767157
湖 北	Hubei	5378	203304	71194	74630	57480	3545680	1387044	1357390	801246
湖 南	Hunan	7757	265887	66451	119328	80108	5116575	1329693	2466916	1319966
广 东	Guangdong	10258	507788	271998	125715	110075	9419581	5372837	2371466	1675278
广 西	Guangxi	8454	247133	52316	83114	111703	4637548	1051929	1660135	1925484
海 南	Hainan	1388	49790	14699	20053	15038	809483	313341	339414	156728
重 庆	Chongqing	2954	125270	45343	50869	29058	2099536	861705	883921	353910
四 川	Sichuan	5721	325016	76019	145698	103299	5518361	1437617	2579964	1500780
贵 州	Guizhou	7113	202061	36794	84390	80877	3620770	736316	1634653	1249801
云 南	Yunnan	11186	227269	35469	61568	130232	3752041	693101	1043503	2015437
西 藏	Tibet	806	20429	3201	6144	11084	315122	49484	92290	173348
陕 西	Shaanxi	4752	159061	49041	75897	34123	2523085	950834	1208343	363908
甘 肃	Gansu	6172	141962	24315	48536	69111	1855722	440375	724143	691204
青 海	Qinghai	758	27319	6208	10401	10710	465091	119600	187135	158356
宁 夏	Ningxia	1353	34239	10230	11007	13002	581350	204967	193702	182681
新 疆	Xinjiang	3523	153387	29313	44602	79472	2286283	526646	646077	1113560

4-39 分地区特殊教育情况（2017年）
Statistics on Special Education by Region (2017)

单位：人 (person)

地 区	Region	学校数（所）Schools (unit)	专任教师 Full-time Teachers	毕业生数 Graduates	招生数 Entrants	在校学生数 Enrolment	#女 Female
全 国	**National Total**	**2107**	**55979**	**69401**	**110843**	**578826**	**207005**
北 京	Beijing	21	993	1545	907	6440	2279
天 津	Tianjin	20	624	325	549	3987	1364
河 北	Hebei	161	3319	1693	3124	17112	6187
山 西	Shanxi	73	1656	1662	2508	12684	5027
内蒙古	Inner Mongolia	44	1405	1129	2324	11094	4174
辽 宁	Liaoning	75	2048	989	1654	11226	3723
吉 林	Jilin	50	1595	780	1466	8797	3129
黑龙江	Heilongjiang	73	1925	1292	2780	12375	4355
上 海	Shanghai	30	1268	1684	1192	7409	2596
江 苏	Jiangsu	101	3437	3630	4267	27512	9445
浙 江	Zhejiang	86	2566	2910	3069	18532	6531
安 徽	Anhui	72	1647	1634	4983	27354	9584
福 建	Fujian	71	2070	4010	4067	25099	8559
江 西	Jiangxi	89	1428	4206	5966	30330	10933
山 东	Shandong	147	5183	4044	5375	28501	9925
河 南	Henan	148	3776	2127	6509	30672	10835
湖 北	Hubei	84	1765	1278	2294	13953	4765
湖 南	Hunan	79	1996	3070	6295	31192	10717
广 东	Guangdong	133	4451	4254	8893	44084	13833
广 西	Guangxi	79	1577	1758	4573	22080	7325
海 南	Hainan	7	246	313	548	2556	851
重 庆	Chongqing	36	965	2162	3348	18585	6750
四 川	Sichuan	127	2798	9557	10361	53461	20171
贵 州	Guizhou	76	1728	2407	5269	25840	9552
云 南	Yunnan	64	1605	6007	7358	34075	13525
西 藏	Tibet	5	214	271	769	4050	1784
陕 西	Shaanxi	58	1255	1411	3226	14683	5432
甘 肃	Gansu	41	877	1232	2531	13492	4881
青 海	Qinghai	16	184	414	1173	5061	2037
宁 夏	Ningxia	13	397	555	1009	5319	2060
新 疆	Xinjiang	28	981	1052	2456	11271	4676

4-40 分地区各级学校生师比(2017年)
Student-Teacher Ratio by Level of Regular Schools by Region(2017)

(教师人数=1) (Number of Teachers=1)

地 区	Region	普通小学 Primary School	初 中 Junior Secondary School	普通高中 Regular Senior Secondary School	中等职业学校 Secondary Vocational School	普通高校 Regular Institution of Higher Education
全 国	**National Total**	**16.98**	**12.52**	**13.39**	**18.98**	**17.52**
北 京	Beijing	13.58	7.73	7.64	13.13	17.13
天 津	Tianjin	15.06	9.76	9.91	15.79	18.24
河 北	Hebei	17.42	13.87	13.68	14.56	17.11
山 西	Shanxi	13.49	10.00	11.26	13.65	18.28
内蒙古	Inner Mongolia	13.30	10.74	12.22	10.91	17.47
辽 宁	Liaoning	13.88	9.68	12.26	14.64	17.45
吉 林	Jilin	11.33	9.57	13.82	10.18	17.84
黑龙江	Heilongjiang	12.02	10.08	13.11	12.12	15.51
上 海	Shanghai	14.35	10.48	8.86	13.06	16.82
江 苏	Jiangsu	17.99	11.48	9.96	16.00	15.65
浙 江	Zhejiang	17.26	12.50	11.11	15.60	15.12
安 徽	Anhui	17.98	13.00	13.91	25.38	18.52
福 建	Fujian	18.19	12.17	12.56	21.02	15.95
江 西	Jiangxi	18.63	15.85	17.35	23.63	18.03
山 东	Shandong	16.79	11.94	12.31	15.81	17.99
河 南	Henan	18.63	14.35	16.48	22.29	18.32
湖 北	Hubei	17.44	11.53	12.43	16.84	17.44
湖 南	Hunan	19.24	13.38	15.12	23.06	18.37
广 东	Guangdong	18.55	12.73	12.50	22.82	17.68
广 西	Guangxi	18.77	15.68	17.41	31.72	17.78
海 南	Hainan	16.26	12.85	12.84	24.76	18.18
重 庆	Chongqing	16.76	13.00	15.26	22.43	17.94
四 川	Sichuan	16.98	12.37	14.50	21.03	19.37
贵 州	Guizhou	17.92	14.35	15.77	25.24	17.89
云 南	Yunnan	16.51	14.52	14.74	24.60	19.35
西 藏	Tibet	15.43	12.40	11.33	12.70	15.49
陕 西	Shaanxi	15.86	10.50	13.21	19.61	17.99
甘 肃	Gansu	13.07	10.57	12.72	13.70	17.19
青 海	Qinghai	17.02	12.80	13.62	26.28	15.64
宁 夏	Ningxia	16.98	13.84	13.65	17.77	17.21
新 疆	Xinjiang	14.91	10.49	12.75	18.41	18.18

4-41 分地区就业训练中心综合情况(2017年)
Employment Training Centers by Region(2017)

单位：人 (person)

地区	Region	机构数（个）Number of Employment Trainning Centers (unit)	在职教职工总人数 Total Teachers and Staff	#教师 Teachers	兼职教师人数 Part-time Teachers	经费来源（万元）Resources of Funds (10 000 yuan)	#财政补助费 Financial Allowance	#职业培训补贴 Occupa-tional Training Allowance
全　国	**National Total**	**2583**	**35439**	**21800**	**21158**	**1617248**	**365376**	**1171331**
北　京	Beijing	6	222	139	107	47278	38578	8700
天　津	Tianjin	18	177	69	245	35531	6958	28572
河　北	Hebei	443	6511	3682	1900	54855	2039	52816
山　西	Shanxi	74	1649	669	455	33661	4395	26768
内蒙古	Inner Mongolia	63	375	231	189	21267	134	21133
辽　宁	Liaoning	71	704	423	610	19829	7826	11962
吉　林	Jilin	54	391	243	325	4883	3274	1609
黑龙江	Heilongjiang	130	722	496	1217	14590		11279
上　海	Shanghai							
江　苏	Jiangsu	101	1679	951	1559	169786	33021	133994
浙　江	Zhejiang	45	491	227	1291	43038	18190	20055
安　徽	Anhui	59	1694	1189	482	90837	57679	21188
福　建	Fujian	41	330	123	254	14153	4690	7593
江　西	Jiangxi	124	1079	574	721	59558	1957	57355
山　东	Shandong	224	4951	3528	2023	182824	56442	114404
河　南	Henan	146	2159	1227	876	87843	11291	74268
湖　北	Hubei	106	1440	762	845	116130	6764	106990
湖　南	Hunan	222	2955	2238	1845	177301	27387	149914
广　东	Guangdong	103	1854	1030	1305	139060	37705	90976
广　西	Guangxi	19	662	462	184	15080		15080
海　南	Hainan							
重　庆	Chongqing	20	78	57	179	12256		12256
四　川	Sichuan	118	811	368	637	45292	8230	21931
贵　州	Guizhou	28	69	22	145	13347	3281	9967
云　南	Yunnan							
西　藏	Tibet							
陕　西	Shaanxi	147	2717	1909	1442	77663	2482	64608
甘　肃	Gansu	54	472	244	217	105952	29976	75976
青　海	Qinghai	17	378	251	230	2394	946	1419
宁　夏	Ningxia	7	40	27	41	3248	1457	1600
新　疆	Xinjiang	143	829	659	1834	29593	672	28920

4-41 续表 continued

单位：人 (person)

地 区	Region	培训人数 Trainees	#女 Female	按培训对象分组 Grouped by Personnel 失业人员 Unemployment Workers	农村劳动者 Rural Workers	在职职工 Workers	结业人数 Number of Graduates	按获取证书分组 Grouped by Certification Level 初级职业资格 Primary Certificates	中级职业资格 Medium Certificates	高级职业资格 Senior Certificates	就业人数 Employment
全 国	**National Total**	**3624088**	**1736276**	**857639**	**1576215**	**467255**	**3178574**	**1272051**	**281455**	**72002**	**2197610**
北 京	Beijing	16835	9618	1551	13270	645	10406	5552	58		11334
天 津	Tianjin	33364	22083	10225	15058	5133	31923	21572	4955	733	17920
河 北	Hebei	315546	133322	100825	170057	1942	252040	125110	17093	2278	171575
山 西	Shanxi	148598	73906	12665	54413	52720	129985	10941	1647	505	54901
内蒙古	Inner Mongolia	48996	27267	26012	14982	2096	48682	13446			43963
辽 宁	Liaoning	56133	33934	16824	25389	5289	44294	5387	1038	62	23982
吉 林	Jilin	22043	12180	9002	8511	1353	15331	7426	758	51	14908
黑龙江	Heilongjiang	136787	57233	50447	48509	301	102983	22533	6792	1210	71825
上 海	Shanghai										
江 苏	Jiangsu	488177	239877	154587	171341	93019	477689	117669	83735	22823	317894
浙 江	Zhejiang	101851	40836	10138	26228	39899	94256	22751	9177	10830	52401
安 徽	Anhui	61553	28442	12068	25527	13308	58767	38591	5642	437	39727
福 建	Fujian	26400	12004	3510	12898	3647	21181	1498	2670	1816	16326
江 西	Jiangxi	228443	86729	47949	54342	13204	224131	133431	208		197748
山 东	Shandong	246891	124688	61990	93992	4163	200576	110103	17722	6962	149449
河 南	Henan	279109	146315	64381	119576	25092	242447	84393	8535	3644	159060
湖 北	Hubei	318699	162348	75547	179617	10994	265867	95612	21510	3899	181014
湖 南	Hunan	296581	133461	59469	174040	58017	281752	223065	56351	2229	267664
广 东	Guangdong	175888	82055	12609	35290	71188	118550	48758	5737	6024	58689
广 西	Guangxi	14160	6441	6796	3927	591	13497	3269	47	87	6427
海 南	Hainan										
重 庆	Chongqing	18851	10058	7205	5006		18730	2298	1776		
四 川	Sichuan	95850	48696	23435	51801	7401	83841	36159	2848	507	39371
贵 州	Guizhou	18280	7117	586	12831	170	14264	9406	394		8140
云 南	Yunnan										
西 藏	Tibet										
陕 西	Shaanxi	206928	115915	28496	130628	6860	188157	64695	2511	4172	116122
甘 肃	Gansu	123740	63524	47392	51065	10912	119618	27299	2757		73404
青 海	Qinghai	11692	4221	2299	6377	3	11140	7280	447		6144
宁 夏	Ningxia	2682	995	150	2297		2682	1484			2592
新 疆	Xinjiang	130011	53011	11481	69243	39308	105785	32323	27047	3733	95030

4-42 分地区民办职业培训机构综合情况(2017年)
Vocational Training Agencies by Region (2017)

单位：人 (person)

地 区	Region	机构数(个) Number of Vocational Trainning Agencies (unit)	在职教职工总人数 Total Teachers and Staff	#教师 Teachers	兼职教师人数 Part-time Teachers	经费来源(万元) Resources of Funds (10 000 yuan)	#财政补助费 Financial Allowance	#职业培训补贴 Occupational Training Allowance	培训人数 Trainees	#女 Female
全 国	**National Total**	**20391**	**325836**	**192944**	**119993**	**886276**	**71273**	**338984**	**12393905**	**5110970**
北 京	Beijing	351	6006	3512	2348	80801	2989	4214	322052	121071
天 津	Tianjin	423	5798	3406	3667	31833	118	26196	329894	145529
河 北	Hebei	833	10103	6138	3304	24332	96	7847	523972	235391
山 西	Shanxi	508	7570	4543	2536	31045	1961	14641	380152	179990
内蒙古	Inner Mongolia	385	4522	2879	2448	8245	486	4494	134296	72947
辽 宁	Liaoning	748	8163	4756	3328	8325	851	1663	202792	72414
吉 林	Jilin	487	4206	2806	1964	8625	372	2456	197856	96528
黑龙江	Heilongjiang	631	4818	3074	1797	4908	18	400	68502	42192
上 海	Shanghai	434	47030	17293	3743	90886	3676	59488	1068442	462503
江 苏	Jiangsu	1383	17607	11089	8932	24905	865	11326	927053	398604
浙 江	Zhejiang	931	11755	4657	5095	30998	3410	9842	434750	209749
安 徽	Anhui	946	10594	6855	4946	11036	698	7982	340896	158142
福 建	Fujian	543	6265	3776	3275	16226	2776	4743	314024	143644
江 西	Jiangxi	757	8246	5380	2943	7958	1898	1198	353564	142835
山 东	Shandong	1742	18966	12029	7250	40224	2641	15962	643771	351067
河 南	Henan	962	14533	8993	4706	63267	2679	14856	596852	300920
湖 北	Hubei	648	11433	7566	3366	28735	836	4928	354086	157728
湖 南	Hunan	556	5748	4101	2675	13456	280	7548	294323	79998
广 东	Guangdong	1428	13538	7365	5443	41751	2225	21586	714819	350433
广 西	Guangxi	1	50	40	10	11100		11100	1240	114
海 南	Hainan	174	496	366	1318	7259		5160	45579	19143
重 庆	Chongqing	572	8269	4221	2633	57480	1508	7089	1027814	42891
四 川	Sichuan	1380	22166	14262	8549	62676	3668	34176	749857	360244
贵 州	Guizhou	330	7256	4736	2792	21267	9	13355	227651	101781
云 南	Yunnan	798	32994	24700	8294	56343		24733	720560	286770
西 藏	Tibet	87	1394	938	511	3705	1921	1318	63205	19208
陕 西	Shaanxi	658	13484	8141	9453	62054	12882	7542	353172	190551
甘 肃	Gansu	564	5689	3948	2419	1422		186	288625	112795
青 海	Qinghai	192	2005	1466	793	4319	30	4289	91484	31057
宁 夏	Ningxia	313	6619	4832	4256	26698	21847	4851	304531	95927
新 疆	Xinjiang	626	8513	5076	5199	4396	533	3815	318091	128804

4-42 续表 continued

单位：人 (person)

地区	Region	按培训对象分组 Grouped by trainee				结业人数	按获取证书分组 Grouped by Certification Level				就业人数
		劳动预备制学员 Pupils of Labour Preparatory System	失业人员 Unemployment Workers	农村劳动者 Rural Workers	在职职工 Workers	Number of Graduates	初级职业资格 Primary Certificates	中级职业资格 Medium Certificates	高级职业资格 Senior Certificates	技师和高级技师资格 Technicians and Senior Technicians Certificates	Employment
全国	**National Total**	**464919**	**1220307**	**4359090**	**4181095**	**10570112**	**3327613**	**1345749**	**653954**	**84036**	**7637748**
北京	Beijing	5009	30624	59529	160562	265445	81341	25900	19209	3665	135725
天津	Tianjin	6835	28131	101662	140882	314326	145875	41088	36915	5037	99061
河北	Hebei	12983	57126	220549	204784	494039	77863	38328	5344	1947	465310
山西	Shanxi	22718	44191	200354	63028	346750	79560	16008	5700	74	212073
内蒙古	Inner Mongolia	6444	33219	48007	28085	111304	50605	12048	5444	1638	85911
辽宁	Liaoning	4441	29499	48750	52971	185975	61829	28719	11621	7774	99722
吉林	Jilin	27399	29715	65625	27827	177895	58389	11175	5771	1541	109830
黑龙江	Heilongjiang	15926	18702	25638	3301	55273	30338	5960	1639	90	22199
上海	Shanghai		20043	9316	985528	945511	242494	64919	44530	4666	1006160
江苏	Jiangsu	44623	107475	143270	396602	592561	155240	182937	77937	7163	521469
浙江	Zhejiang	12791	38071	131529	201352	349295	107810	47920	72114	5668	229292
安徽	Anhui	7384	24670	100252	104755	255976	89565	48922	17841	216	210972
福建	Fujian	10582	31422	66763	128902	250918	68309	31123	26227	2406	156823
江西	Jiangxi	24354	65823	93831	96001	315173	60173	75393	13504	1152	222665
山东	Shandong	33292	133002	228068	146308	586859	216424	85411	33690	2502	418931
河南	Henan	36349	43045	284203	92842	516632	111891	49372	24783	4080	332632
湖北	Hubei	23413	46459	98933	98545	297344	87725	44825	21455	7081	208296
湖南	Hunan	20154	42577	154870	59784	276969	145710	31119	5200	1047	246876
广东	Guangdong	20301	58986	180075	249991	561002	184325	67057	35527	5326	358465
广西	Guangxi			329	911	218					
海南	Hainan	1701	2690	26731	240	38742	5080	6078	2031	65	16780
重庆	Chongqing	36721	62810	398515	367942	886381	102845	98672	19867	4675	718620
四川	Sichuan	24200	110755	296016	197208	643410	157841	126978	56480	8259	401025
贵州	Guizhou	2797	12569	136194	14681	203787	74636	9961	671	62	109215
云南	Yunnan		38973	425499	83794	652234	325518	131807	97806	6103	411580
西藏	Tibet	293	3896	49483	6180	40369	25663	1605	110		37246
陕西	Shaanxi	15108	25036	138215	96727	302900	108866	22397	4610		163602
甘肃	Gansu	30017	40410	183108	11488	261310	108991	10846	318		148655
青海	Qinghai	1900	6454	64836	11247	79452	42262				60632
宁夏	Ningxia	6693	9564	218044	70230	297838	74192	14430	4780	1409	237534
新疆	Xinjiang	10491	24370	160896	78397	264224	246253	14751	2830	390	190447

4-43 分地区职业技能鉴定综合情况(2017年)
Statistics of Occupational Skill Testing by Region (2017)

单位：人 (person)

地 区	Region	职业技能鉴定机构数(个) Number of Testing Agencies (unit)	鉴定所数 Testing Agencies	鉴定站数 Testing Stations	工考委和中央企业试点单位数 The Units of Workers Assessing Committees & the Central Enterprises Pilot	考评人员人数 Number of the Assessors	本年鉴定考核人数 Number of the Candidates	初级 Primary	中级 Medium	高级 Senior
全 国	**National Total**	**8071**	**3503**	**4255**	**313**	**308612**	**14729033**	**4959459**	**5465266**	**3610460**
行业合计	Subtotal of Industrial Administrations	2345	9	2336		89560	2546084	810597	817338	726816
地方合计	Subtotal of Local Governments	5708	3494	1919	295	204847	11937378	4077961	4549640	2820102
中央企业试点	The Central Enterprises Pilot	18			18	14205	245571	70901	98288	63542
北 京	Beijing	30	29		1	2394	130864	39621	32305	40721
天 津	Tianjin	128	93	24	11	3331	58782	13665	14146	15681
河 北	Hebei	368	348	15	5	3924	360114	148253	105640	79318
山 西	Shanxi	202	151	49	2	4053	323878	105993	101280	106263
内蒙古	Inner Mongolia	127		126	1	10125	191847	58623	67584	50974
辽 宁	Liaoning	124	115	9		929	232184	61617	100989	41894
吉 林	Jilin	22	21	1		509	108063	38725	37509	23683
黑龙江	Heilongjiang	49	36	13		1036	144897	43669	39203	49235
上 海	Shanghai	503	303	200		3898	380191	166757	105138	94565
江 苏	Jiangsu	577	316	2	259	4245	1264515	237195	635616	360354
浙 江	Zhejiang	54	29	25		10011	865825	221458	309745	302625
安 徽	Anhui	414	1	413		10289	374233	131992	168061	62723
福 建	Fujian	145	141	4		1614	290472	60900	135072	82935
江 西	Jiangxi	360	283	77		379	312028	67177	198990	39758
山 东	Shandong	176	3	173		930	1114187	441935	349185	269914
河 南	Henan	380	275	89	16	33795	491162	200624	128870	147702
湖 北	Hubei	164	164			2752	453979	102800	188470	140106
湖 南	Hunan	67	67			5151	476564	169910	183998	88382
广 东	Guangdong	44	44			58266	1045362	294959	411008	281026
广 西	Guangxi	14	14			2773	297069	137862	131285	24562
海 南	Hainan	14	4	10		206	29972	13785	12063	3802
重 庆	Chongqing	62	62			932	356547	101293	204549	38117
四 川	Sichuan	724	308	416		12232	746157	158116	345831	219447
贵 州	Guizhou	152	152			3028	212350	97416	85132	28384
云 南	Yunnan	289	198	91		11768	623660	339462	148208	125934
西 藏	Tibet	29	29			322	11333	6000	4500	433
陕 西	Shaanxi	224	113	111		6852	327256	120738	137205	64956
甘 肃	Gansu	36	36			205	242335	155362	80873	5759
青 海	Qinghai	61	29	32		102	50543	42037	3682	4668
宁 夏	Ningxia	62	61	1		2745	110650	86257	18343	4415
新 疆	Xinjiang	56	38	18		4786	248881	194167	35472	11282
新疆兵团	Xinjiang Production and Construction Crops	51	31	20		1265	61478	19593	29688	10484

4-43 续表 continued

单位：人 (person)

地 区	Region	技 师 Technicians	高级技师 Senior Technicians	本年获取证书人数 Number of the Candidates Got the Certificates	初 级 Primary	中 级 Medium	高 级 Senior	技 师 Technicians	高级技师 Senior Technicians
全 国	**National Total**	**540693**	**153155**	**11987218**	**4207073**	**4541983**	**2804674**	**330333**	**103155**
行业合计	Subtotal of Industrial Administrations	136056	55277	1857892	533604	616728	580087	85833	41640
地方合计	Subtotal of Local Governments	394098	95577	9999945	3634534	3879908	2185245	239922	60336
中央企业试点	The Central Enterprises Pilot	10539	2301	129381	38935	45347	39342	4578	1179
北 京	Beijing	13941	4276	93537	37140	29103	22217	3541	1536
天 津	Tianjin	10437	4853	55908	12480	13634	15332	9853	4609
河 北	Hebei	19526	7377	320003	137278	95007	68243	13647	5828
山 西	Shanxi	9324	1018	300902	99277	96810	97588	6448	779
内蒙古	Inner Mongolia	14030	636	164891	53946	62510	37963	10022	450
辽 宁	Liaoning	23946	3738	184821	50913	79760	35421	16582	2145
吉 林	Jilin	6658	1488	78055	28707	30180	14810	3383	975
黑龙江	Heilongjiang	11606	1184	128950	41375	35876	41908	8885	906
上 海	Shanghai	10594	3137	237739	123478	65049	44546	3329	1337
江 苏	Jiangsu	28455	2895	1090735	212222	566872	291112	18419	2110
浙 江	Zhejiang	27328	4669	731729	192370	273199	247097	16982	2081
安 徽	Anhui	10611	846	305210	113551	137114	49244	5093	208
福 建	Fujian	10021	1544	240647	52236	118469	63464	5590	888
江 西	Jiangxi	5523	580	286683	64696	185287	32675	3607	418
山 东	Shandong	37429	15724	972312	416579	309668	209549	25172	11344
河 南	Henan	12097	1869	445477	194293	120223	122213	7276	1472
湖 北	Hubei	12000	10603	392922	94576	169623	113857	7975	6891
湖 南	Hunan	29791	4483	383662	156118	145318	61180	18334	2712
广 东	Guangdong	47195	11174	649818	217314	253631	155767	18955	4151
广 西	Guangxi	2871	489	256919	124336	111915	17848	2444	376
海 南	Hainan	274	48	21846	11160	8056	2516	98	16
重 庆	Chongqing	8423	4165	313276	92862	183769	29774	4382	2489
四 川	Sichuan	20115	2648	664650	144598	309537	195421	13623	1471
贵 州	Guizhou	1082	336	191595	88780	75625	25925	944	321
云 南	Yunnan	8606	1450	561234	325518	131807	97806	5266	837
西 藏	Tibet	400		8364	4000	3664	400	300	
陕 西	Shaanxi	3681	676	279696	97795	119471	59207	2720	503
甘 肃	Gansu	246	95	226348	145280	75312	5415	246	95
青 海	Qinghai	134	22	38981	33165	2735	2978	97	6
宁 夏	Ningxia	1430	205	92993	74192	14222	3438	1021	120
新 疆	Xinjiang	4619	3341	222464	175698	28561	10530	4420	3255
新疆兵团	Xinjiang Production and Construction Crops	1705	8	57578	18601	27901	9801	1268	7

4-44 教育经费情况
Basic Statistics on Educational Funds

单位：万元 (10 000 yuan)

年份 Year / 地区 Region		合计 Total	国家财政性教育经费 Government Appropriation for Education	#公共财政教育经费 Public Expenditure on Education	民办学校中举办者投入 Funds from Runners of Private Schools	社会捐赠经费 Donations and Fund-raising for Running Schools	事业收入 Income from Teaching Research and Other Auxiliary Activity	#学杂费 Tuition and Miscel-laneous Fees	其他教育经费 Other Educational Funds
	1992	8670491	7287506	5649364		696285		439319	
	1995	18779501	14115233	10929473	203672	1628414		2012423	
	2000	38490806	25626056	21917652	858537	1139557	9382717	5948304	1483939
	2001	46376626	30570100	27056548	1280895	1128852	11575137	7456014	1821643
	2002	54800278	34914048	32549425	1725549	1272791	14609169	9227792	2278722
	2003	62082653	38506237	36190977	2590148	1045927	17218399	11214985	2721943
	2004	72425989	44658575	42444209	3478529	934204	20114268	13465517	3240414
	2005	84188391	51610759	49460379	4522185	931613	23399991	15530545	3723842
	2006	98153087	63483648	61353481	5490583	899078	24073042	15523301	4206736
	2007	121480663	82802142	80943369	809337	930584	31772357	21309082	5166242
	2008	145007374	104496296	102129675	698479	1026663	33670711	23492983	5115225
	2009	165027065	122310935	119749753	749829	1254991	35275939	25155983	5435371
	2010	195618471	146700670	141639029	1054254	1078839	41060664	30155593	5724045
	2011	238692936	185867009	178217380	1119320	1118675	44246927	33169742	6341005
	2012	286553052	231475698	203141685	1281753	956919	46198404	35048301	6640278
	2013	303647182	244882177	214056715	1474089	855445	49262087	37376869	7173384
	2014	328064609	264205820	225760099	1313476	796700	54271581	40530393	7477031
	2015	361291927	292214511	258618740	1876620	869960	58097239	43173611	8233597
	2016	388883850	313962519	277006325	2032733	810447	62768292	47709339	9309860
中　央	Central Government	36227666	25351988	14883286		314724	8138797	2846879	2422158
地　方	Local Governments	352656184	288610531	262123039	2032733	495724	54629494	44862461	6887702
北　京	Beijing	11934724	10491718	8822890	9261	10879	1299205	1034188	123662
天　津	Tianjin	5365129	4530501	4258000	2168	3656	736267	610873	92537
河　北	Hebei	14203834	11888154	11155774	49418	7217	2106271	1755230	152774
山　西	Shanxi	7942196	6633065	6075869	21478	1349	1223188	998978	63115
内蒙古	Inner Mongolia	7624806	6648963	5432898	16182	3795	597735	485656	358132
辽　宁	Liaoning	9206907	7421874	6328446	13099	3893	1693886	1388429	74154
吉　林	Jilin	6439837	5403748	4959177	17500	3644	907907	786174	107038
黑龙江	Heilongjiang	7336607	6385696	5959695	7521	1265	903123	791455	39002
上　海	Shanghai	11218946	9237025	8019825	5955	8503	1565521	1255665	401941
江　苏	Jiangsu	24020855	19233685	18419418	136862	92081	3828459	3054072	729767
浙　江	Zhejiang	18908104	14235711	13136547	145215	34872	3639753	2933513	852553
安　徽	Anhui	12357931	10304306	9108725	57504	9871	1844677	1520679	141573
福　建	Fujian	10473975	8403251	7893640	53413	55910	1710075	1409245	251325
江　西	Jiangxi	10468837	8816174	8401619	43813	13337	1523413	1267594	72100
山　东	Shandong	22422970	18754460	18231843	114150	19004	3276472	2807720	258884
河　南	Henan	18902582	14922439	12450080	117466	6032	3593113	3069815	263531
湖　北	Hubei	13009264	10446404	9797918	126305	6898	2251451	1838664	178207
湖　南	Hunan	13781959	10836439	10273884	82134	6988	2561467	2041954	294931
广　东	Guangdong	33675376	24875764	22439024	505912	93098	7741252	6611376	459350
广　西	Guangxi	10914241	9137061	8507844	35648	9386	1595245	1266473	136901
海　南	Hainan	3068767	2496491	2139154	71954	2814	439279	357484	58228
重　庆	Chongqing	8863208	7054576	5652593	117792	13178	1430841	1135283	246821
四　川	Sichuan	17620946	14423197	12774499	126748	36263	2852604	2276355	182134
贵　州	Guizhou	10335342	8909339	8402520	44819	9000	1073184	850508	299000
云　南	Yunnan	11886446	10227745	8641229	63876	22110	1226316	992947	346400
西　藏	Tibet	1857714	1829919	1758336	185	172	22250	16435	5188
陕　西	Shaanxi	10049114	8086909	7762893	16157	7661	1782644	1386605	155743
甘　肃	Gansu	6706137	6065624	5487834	7126	6221	559101	439486	68064
青　海	Qinghai	2162973	1918513	1687874	4966	2065	103591	69574	133837
宁　夏	Ningxia	2072544	1795089	1497139	14464	3242	198793	157980	60956
新　疆	Xinjiang	7823914	7196691	6645853	3642	1320	342409	252052	279852

注：1. "民办学校中举办者投入"数据1992-2006年为社会团体和公民个人办学总经费。
2. "公共财政教育经费"数据1992-2012年包括教育事业费、基建经费、教育费附加、科研经费和其他经费，2012年起包括教育事业费、基建经费和教育费附加。

Note: a) "Funds from runners of private schools" from 1992 to 2006 equals to funds from social organizations and citizens for running schools.
b) From 1992 to 2012, the Public Expenditure on Education referred to budgetary educational funds, which included the appropriated funds for education, for science research, capital construction, other funds, and education surcharges. Since 2012, it includes the appropriated funds for education, capital construction, and education surcharges.

4-45 各类学校教育经费情况(2017年)
Educational Funds in Various Schools (2017)

单位：万元 (10 000 yuan)

学校类别	Type of Schools	合计 Total	国家财政性教育经费 Government Appropriation for Education	#一般公共预算教育经费 Public Expenditure on Education	民办学校中举办者投入 Funds from Runners of Private Schools	捐赠收入 Donation Income	事业收入 Income from Teaching Research and Other Auxiliary Activity	#学费 Tuition Fees	其他教育经费 Other Educational Funds
全国总计	**National Total**	**425620069**	**342077546**	**299197838**	**2250061**	**849974**	**69575734**	**52932815**	**10866754**
按学校类别分组	**Grouped by Type of Schools**								
高等学校	Institutions of Higher Education	111080749	68990718	57133991	379795	464311	34904664	23322768	6341262
普通高等学校	Regular Institutions of Higher Education	109469964	67989388	56309595	379795	464148	34362612	22959872	6274022
成人高等学校	Institutions of Higher Education for Adults	1610785	1001330	824397		163	542051	362897	67240
中等职业学校	Vocational Secondary Schools	23201469	20389163	18307431	83673	16468	2084882	1201033	627283
中等专业学校	Specialized Secondary Schools	10778774	9486862	8479153	33384	7611	966427	551944	284490
职业高中	Vocational Senior Secondary Schools	8305283	7583926	6872051	37794	6194	510649	297538	166720
技工学校	Technical Schools	3063201	2434414	2181450	8270	1790	467744	273721	150983
成人中专学校	Specialized Secondary Schools for Adults	1054211	883961	774777	4225	872	140063	77830	25091
中学	Secondary Schools	116449093	103030275	93153225	767192	175401	10943611	8853960	1532614
普通中学	Regular Secondary Schools	116368591	102960953	93087575	767192	175303	10936888	8852869	1528254
普通高中	Regular Senior Secondary Schools	43177526	35603363	32012149	227933	88155	6569099	5104767	688977
普通初中	Regular Junior Secondary Schools	73191065	67357590	61075427	539259	87149	4367790	3748102	839277
#农村	Rural Areas	42143149	39995349	36563111	300927	48492	1459654	1192182	338728
成人中学	Secondary Schools for Adults	80502	69322	65650		98	6722	1091	4360
小学	Primary Schools	118880722	112456647	101442982	443526	90881	4673083	4134441	1216584
普通小学	Regular Primary Schools	118879709	112455635	101442018	443526	90881	4673083	4134441	1216584
#农村	Rural Areas	73143350	70843601	64009398	197040	43334	1460703	1226792	598672
成人小学	Primary Schools for Adults	1012	1012	964					
特殊教育	Special Education Schools	1530912	1498119	1341161	1388	2744	8581	4859	20080
幼儿园	Kindergartens	32560543	15635710	14400483	574488	29606	15870232	15377757	450508
教育行政单位	Education Administrative Unit	4012866	3780584	3321238		4525	18333		209423
教育事业单位	Education Institution	8204344	6981885	5981450		65236	813359		343864
其它	Others	9699372	9314444	4115875		802	258989	37996	125136

注：1.为与《预算法》表述保持一致，从2017年起，将“公共财政教育经费”修改为“一般公共预算教育经费”(以下相关表同)。
2.一般公共预算教育经费包括教育事业费、基建经费和教育费附加。

Note: a) In order to keep consistent with the expression of the Budget Law, since 2017, the "public expenditure on education " was amended to "general public budget on education expenditure". The same applies to the table following.
b) General public budget on education expenditure includes education operating expenses, construction expenditure and education surcharge.

4-46 分地区一般公共预算教育经费增长情况(2017年)
Growth of General Public Budget on Education Expenditure by Region (2017)

地 区	Region	一般公共预算教育经费(亿元) General Public Budget on Education Expenditure (100 million yuan)	一般公共预算教育经费占一般公共预算支出比例(%) Proportion of Education Expenditure on General Public Budget (%)	一般公共预算教育经费本年比上年增长(%) This Year's Growth of General Public Budget on Education Expenditure over the Previous Year (%)	财政经常性收入本年比上年增长(%) This Year's Growth of Finance Regular Income over the Previous Year (%)	一般公共预算教育经费与财政经常性收入增长幅度比较(百分点) Growth Range Comparison of General Public Budget on Education Expenditure and Finance Regular Income (percentage point)
北 京	Beijing	955.70	14.01	8.32	9.16	-0.84
天 津	Tianjin	434.61	13.25	2.07	2.51	-0.44
河 北	Hebei	1246.63	18.84	11.75	10.57	1.18
山 西	Shanxi	618.09	16.45	1.73	29.14	-27.41
内蒙古	Inner Mongolia	545.77	12.07	0.46	-9.69	10.15
辽 宁	Liaoning	647.42	13.37	2.30	18.44	-16.14
吉 林	Jilin	503.80	13.52	1.59	-2.09	3.68
黑龙江	Heilongjiang	595.07	12.82	-0.15	7.39	-7.54
上 海	Shanghai	835.65	11.07	4.20	3.69	0.51
江 苏	Jiangsu	1979.27	18.63	7.46	1.82	5.64
浙 江	Zhejiang	1413.14	18.77	7.57	11.85	-4.28
安 徽	Anhui	1012.52	16.32	11.16	2.41	8.75
福 建	Fujian	850.47	18.02	7.74	4.43	3.31
江 西	Jiangxi	939.42	18.33	11.81	5.97	5.84
山 东	Shandong	1888.83	20.40	3.60	5.00	-1.40
河 南	Henan	1441.41	17.53	15.78	7.89	7.89
湖 北	Hubei	1037.10	15.18	5.85	4.34	1.51
湖 南	Hunan	1119.83	15.78	9.00	7.98	1.02
广 东	Guangdong	2522.55	16.77	12.42	9.97	2.45
广 西	Guangxi	911.92	18.56	7.19	5.54	1.65
海 南	Hainan	220.73	15.28	3.19	7.87	-4.68
重 庆	Chongqing	614.54	14.17	8.72	0.94	7.78
四 川	Sichuan	1397.19	16.08	9.37	5.04	4.33
贵 州	Guizhou	906.66	19.69	7.90	4.85	3.05
云 南	Yunnan	988.75	17.31	14.42	4.21	10.21
西 藏	Tibet	216.36	12.86	23.05	11.74	11.31
陕 西	Shaanxi	814.11	16.84	4.87	13.28	-8.41
甘 肃	Gansu	567.36	17.15	3.39	7.82	-4.43
青 海	Qinghai	186.63	12.20	10.57	3.03	7.54
宁 夏	Ningxia	166.80	12.12	11.41	7.29	4.12
新 疆	Xinjiang	721.70	15.55	8.59	4.66	3.93

4-47 分地区各级教育生均一般公共预算教育事业费增长情况
Growth of Per Student General Public Budget on Educational Operting Expenses by School Level and Region

单位：元，% (yuan, %)

地 区	Region	普通小学 Regular Primary Schools			普通初中 Regular Junior Secondary Schools			普通高中 Regular Senior Secondary Schools		
		2016	2017	增长率 Growth Rate	2016	2017	增长率 Growth Rate	2016	2017	增长率 Growth Rate
全 国	**National Total**	**9557.89**	**10199.12**	**6.71**	**13415.99**	**14641.15**	**9.13**	**12315.21**	**13768.92**	**11.80**
北 京	Beijing	25793.55	30016.78	16.37	45516.37	57636.12	26.63	50802.57	61409.06	20.88
天 津	Tianjin	18284.41	18683.78	2.18	29961.87	30949.79	3.30	31425.02	34527.91	9.87
河 北	Hebei	7300.16	7914.19	8.41	10532.56	11441.39	8.63	10858.95	12098.74	11.42
山 西	Shanxi	9450.60	10151.83	7.42	12266.96	13523.76	10.25	10653.32	11738.74	10.19
内蒙古	Inner Mongolia	13109.32	13110.02	0.01	16301.67	16380.17	0.48	14333.65	14874.78	3.78
辽 宁	Liaoning	9735.78	10218.47	4.96	13710.03	14564.35	6.23	11402.50	11950.73	4.81
吉 林	Jilin	13087.73	13846.91	5.80	16878.96	17746.68	5.14	11760.99	11758.63	-0.02
黑龙江	Heilongjiang	14066.49	14383.58	2.25	15514.68	15920.79	2.62	11494.50	11844.07	3.04
上 海	Shanghai	22125.13	20676.54	-6.55	30284.67	30573.39	0.95	37768.99	38966.34	3.17
江 苏	Jiangsu	12503.03	13081.57	4.63	21194.74	22364.58	5.52	21134.25	23902.20	13.10
浙 江	Zhejiang	12908.55	13937.07	7.97	18798.27	20564.12	9.39	21742.03	23965.22	10.23
安 徽	Anhui	8573.56	9035.59	5.39	12435.26	13239.49	6.47	8924.35	10300.82	15.42
福 建	Fujian	9636.46	10110.59	4.92	14692.28	16100.38	9.58	12947.13	14830.89	14.55
江 西	Jiangxi	7989.54	8500.64	6.40	10513.42	11346.21	7.92	10820.34	11891.58	9.90
山 东	Shandong	8790.76	9151.57	4.10	14630.28	15227.84	4.08	12546.04	13483.70	7.47
河 南	Henan	5036.31	5759.21	14.35	7811.96	8997.60	15.18	6397.76	8149.18	27.38
湖 北	Hubei	10076.72	11030.98	9.47	17271.97	18635.99	7.90	14174.22	16371.65	15.50
湖 南	Hunan	7861.30	8378.07	6.57	11878.72	12574.64	5.86	9739.52	11494.65	18.02
广 东	Guangdong	9997.31	11267.58	12.71	13725.98	16084.37	17.18	13478.72	15642.56	16.05
广 西	Guangxi	7690.45	7897.88	2.70	9507.61	10028.82	5.48	9326.70	9896.63	6.11
海 南	Hainan	11353.02	11296.31	-0.50	14585.94	14982.87	2.72	15629.73	16846.79	7.79
重 庆	Chongqing	9180.10	10533.21	14.74	11917.36	14692.02	23.28	10931.98	12847.76	17.52
四 川	Sichuan	9003.19	9620.83	6.86	12063.03	13394.03	11.03	9587.72	10950.32	14.21
贵 州	Guizhou	9659.17	9753.05	0.97	10131.84	11273.06	11.26	9637.74	10637.85	10.38
云 南	Yunnan	8931.35	10491.47	17.47	10822.06	12730.79	17.64	10370.21	11687.76	12.71
西 藏	Tibet	24237.46	26246.80	8.29	24605.62	27341.64	11.12	27454.25	32086.14	16.87
陕 西	Shaanxi	11172.06	11016.89	-1.39	14155.05	15163.88	7.13	11740.03	13001.71	10.75
甘 肃	Gansu	10321.93	10776.09	4.40	11721.46	12551.12	7.08	9839.95	11040.72	12.20
青 海	Qinghai	11948.81	13191.54	10.40	14915.34	16910.88	13.38	14062.50	15581.08	10.80
宁 夏	Ningxia	8719.91	9503.42	8.99	11929.40	12920.35	8.31	10899.08	12613.25	15.73
新 疆	Xinjiang	12133.41	11738.70	-3.25	17410.13	17949.09	3.10	14772.19	14471.04	-2.04

注：为与《预算法》表述保持一致，从2017年起，将“生均公共财政预算教育事业费”修改为“生均一般公共预算教育事业费”。
Note: In order to keep consistent with the expression of the Budget Law, since 2017, the "per student public financial budget on educational operting expenses" was amended to "per student general public budget on educational operting expenses".

4-47 续表 continued

单位：元，%　　　　(yuan,%)

地区	Region	中等职业学校 Secondary Vocational Schools			普通高等学校 Regular HEIs		
		2016	2017	增长率 Growth Rate	2016	2017	增长率 Growth Rate
全　国	**National Total**	**12227.70**	**13272.66**	**8.55**	**18747.65**	**20298.63**	**8.27**
北　京	Beijing	38661.50	53256.01	37.75	55687.68	63805.40	14.58
天　津	Tianjin	26651.70	22927.18	-13.97	19581.45	23422.18	19.61
河　北	Hebei	13524.02	14111.66	4.35	16151.52	17134.71	6.09
山　西	Shanxi	13682.26	15119.20	10.50	13910.03	13659.81	-1.80
内蒙古	Inner Mongolia	16389.99	16962.34	3.49	18298.34	18654.08	1.94
辽　宁	Liaoning	12005.48	11907.28	-0.82	12768.27	13252.89	3.80
吉　林	Jilin	22112.22	25260.35	14.24	17517.39	17973.10	2.60
黑龙江	Heilongjiang	15734.44	16395.69	4.20	14942.16	15379.91	2.93
上　海	Shanghai	28302.29	29080.01	2.75	30292.80	33711.72	11.29
江　苏	Jiangsu	13668.13	15701.15	14.87	19057.20	20274.76	6.39
浙　江	Zhejiang	18789.57	19688.74	4.79	18289.20	20113.29	9.97
安　徽	Anhui	10115.03	10985.90	8.61	12786.08	14389.81	12.54
福　建	Fujian	14416.41	16120.95	11.82	16151.67	19164.75	18.65
江　西	Jiangxi	8527.77	10705.40	25.54	14303.69	14680.65	2.64
山　东	Shandong	13761.07	14128.45	2.67	12892.11	13769.62	6.81
河　南	Henan	7375.56	8422.64	14.20	12601.16	13741.99	9.05
湖　北	Hubei	15398.42	16252.87	5.55	16816.17	16842.55	0.16
湖　南	Hunan	9722.77	9931.20	2.14	12281.82	13945.66	13.55
广　东	Guangdong	11598.22	13861.44	19.51	20398.26	24149.23	18.39
广　西	Guangxi	9754.12	9906.96	1.57	14374.16	16124.80	12.18
海　南	Hainan	13056.93	13570.72	3.93	16815.30	17942.13	6.70
重　庆	Chongqing	10441.61	11409.22	9.27	15093.72	15226.00	0.88
四　川	Sichuan	9344.50	10636.98	13.83	12236.78	13983.05	14.27
贵　州	Guizhou	6425.03	6451.44	0.41	15586.11	17781.19	14.08
云　南	Yunnan	11220.00	10859.93	-3.21	14931.80	15424.55	3.30
西　藏	Tibet	30228.19	44896.55	48.53	33384.17	34070.32	2.06
陕　西	Shaanxi	9264.29	9928.49	7.17	14413.14	16115.35	11.81
甘　肃	Gansu	12083.35	13958.83	15.52	18053.38	19841.84	9.91
青　海	Qinghai	12867.51	12933.28	0.51	24694.50	25439.03	3.01
宁　夏	Ningxia	10561.81	13269.54	25.64	27272.72	25080.97	-8.04
新　疆	Xinjiang	13332.91	12421.88	-6.83	18188.38	17207.82	-5.39

4-48 分地区各级教育生均一般公共预算公用经费增长情况
Growth of Per Student General Public Budget on Communal Expenditure by School Level and Region

单位：元，% (yuan, %)

地 区	Region	普通小学 Regular Primary Schools			普通初中 Regular Junior Secondary Schools			普通高中 Regular Senior Secondary Schools		
		2016	2017	增长率 Growth Rate	2016	2017	增长率 Growth Rate	2016	2017	增长率 Growth Rate
全 国	**National Total**	**2610.80**	**2732.07**	**4.64**	**3562.05**	**3792.53**	**6.47**	**3198.05**	**3395.59**	**6.18**
北 京	Beijing	10308.69	10855.08	5.30	16707.86	21282.49	27.38	18425.09	21677.24	17.65
天 津	Tianjin	4244.66	3649.46	-14.02	5790.51	5014.55	-13.40	7977.08	8078.09	1.27
河 北	Hebei	1861.95	1922.14	3.23	2695.48	2796.80	3.76	2427.95	2596.72	6.95
山 西	Shanxi	2159.49	2221.08	2.85	2821.68	2895.00	2.60	2527.16	2639.79	4.46
内蒙古	Inner Mongolia	3352.30	3122.05	-6.87	4545.55	4145.20	-8.81	4328.76	4196.31	-3.06
辽 宁	Liaoning	2057.11	2076.14	0.93	2688.60	2699.83	0.42	2276.37	2326.41	2.20
吉 林	Jilin	3080.98	3177.00	3.12	4030.77	4209.50	4.43	3372.95	2818.22	-16.45
黑龙江	Heilongjiang	2949.65	2882.82	-2.27	3678.59	3785.87	2.92	2631.22	2684.55	2.03
上 海	Shanghai	6985.13	6474.28	-7.31	9041.92	9422.59	4.21	11061.46	11327.40	2.40
江 苏	Jiangsu	2844.23	2896.50	1.84	4076.18	4332.78	6.30	4107.54	4348.54	5.87
浙 江	Zhejiang	2741.46	2939.42	7.22	3850.89	4184.02	8.65	4771.53	5077.41	6.41
安 徽	Anhui	2871.49	2963.34	3.20	4073.36	4244.80	4.21	2440.40	2442.42	0.08
福 建	Fujian	2705.08	2782.90	2.88	3677.11	3861.90	5.03	2533.03	3047.95	20.33
江 西	Jiangxi	2949.11	3351.81	13.65	4065.25	4603.82	13.25	4436.09	4977.34	12.20
山 东	Shandong	2192.00	2242.74	2.31	3602.23	3608.72	0.18	2711.17	2640.64	-2.60
河 南	Henan	1980.88	2040.36	3.00	3082.13	3214.15	4.28	2304.39	2725.60	18.28
湖 北	Hubei	2842.89	2992.90	5.28	4083.41	4233.65	3.68	4063.41	4022.59	-1.00
湖 南	Hunan	2377.86	2472.49	3.98	3215.97	3271.40	1.72	2253.82	2471.96	9.68
广 东	Guangdong	2489.27	2699.99	8.47	3278.49	3597.45	9.73	3092.79	3241.87	4.82
广 西	Guangxi	2049.22	2414.22	17.81	2863.90	3128.55	9.24	2735.46	3121.08	14.10
海 南	Hainan	4171.77	4277.04	2.52	5939.41	6055.36	1.95	7376.20	7603.57	3.08
重 庆	Chongqing	3416.73	3163.34	-7.42	3905.74	4321.93	10.66	3810.87	3628.18	-4.79
四 川	Sichuan	2337.49	2727.46	16.68	2905.91	3374.57	16.13	1959.95	2414.65	23.20
贵 州	Guizhou	2024.45	2224.97	9.90	2498.66	2819.89	12.86	2337.53	2716.22	16.20
云 南	Yunnan	2187.85	2205.87	0.82	2840.87	2877.19	1.28	2885.07	2390.66	-17.14
西 藏	Tibet	7600.47	7938.50	4.45	5980.63	6279.26	4.99	8297.53	8263.90	-0.41
陕 西	Shaanxi	3554.27	3913.37	10.10	4093.82	4725.17	15.42	4048.29	4712.26	16.40
甘 肃	Gansu	2588.47	2472.80	-4.47	2828.00	2724.90	-3.65	2111.20	2295.03	8.71
青 海	Qinghai	3028.22	3146.54	3.91	3906.87	3914.52	0.20	3815.66	3624.62	-5.01
宁 夏	Ningxia	3140.41	3318.43	5.67	4359.20	4750.55	8.98	2614.39	3256.53	24.56
新 疆	Xinjiang	2528.65	2493.23	-1.40	4252.55	4713.46	10.84	3463.06	3180.97	-8.15

注：为与《预算法》表述保持一致，从2017年起，将“生均公共财政预算公用经费”修改为“生均一般公共预算公用经费”。

Note: In order to keep consistent with the expression of the Budget Law, since 2017, the "per student public financial budget on educational communal expenditure" was amended to "per student general public budget on educational communal expenditure".

4-48 续表 continued

单位：元，% (yuan,%)

地 区	Region	中等职业学校 Secondary Vocational Schools			普通高等学校 Regular HEIs		
		2016	2017	增长率 Growth Rate	2016	2017	增长率 Growth Rate
全 国	**National Total**	**4778.79**	**4908.30**	**2.71**	**8067.26**	**8506.02**	**5.44**
北 京	Beijing	15587.33	25370.60	62.76	29346.33	32126.86	9.47
天 津	Tianjin	7212.38	4494.85	-37.68	9690.57	13382.15	38.09
河 北	Hebei	3943.54	4004.38	1.54	8067.89	7834.22	-2.90
山 西	Shanxi	5215.56	5258.33	0.82	5508.98	5585.81	1.39
内蒙古	Inner Mongolia	6241.84	5851.69	-6.25	6378.36	6741.17	5.69
辽 宁	Liaoning	4595.09	4243.96	-7.64	5656.75	5249.98	-7.19
吉 林	Jilin	6866.47	8105.51	18.04	7737.82	8153.47	5.37
黑龙江	Heilongjiang	5652.56	4651.87	-17.70	5391.04	5469.38	1.45
上 海	Shanghai	8969.86	9379.08	4.56	16117.34	18146.62	12.59
江 苏	Jiangsu	4320.58	4915.91	13.78	7895.42	8420.73	6.65
浙 江	Zhejiang	6416.07	6247.93	-2.62	8045.70	9297.02	15.55
安 徽	Anhui	5393.03	5030.22	-6.73	7160.62	6773.80	-5.40
福 建	Fujian	5435.98	6197.99	14.02	7267.94	9694.83	33.39
江 西	Jiangxi	3715.17	5003.90	34.69	4901.92	5127.55	4.60
山 东	Shandong	5069.97	5109.01	0.77	3258.02	3536.26	8.54
河 南	Henan	3610.42	3811.34	5.57	6778.87	7112.47	4.92
湖 北	Hubei	7393.21	7103.60	-3.92	7128.30	6747.58	-5.34
湖 南	Hunan	4269.57	3675.52	-13.91	4235.62	4194.51	-0.97
广 东	Guangdong	4329.79	4694.61	8.43	8665.85	10254.16	18.33
广 西	Guangxi	4505.42	4686.68	4.02	8395.30	10677.18	27.18
海 南	Hainan	7319.31	7129.19	-2.60	9838.93	9758.56	-0.82
重 庆	Chongqing	5172.21	4935.81	-4.57	8470.93	7209.91	-14.89
四 川	Sichuan	3589.35	3972.25	10.67	4695.80	5069.07	7.95
贵 州	Guizhou	2725.41	2617.41	-3.96	5200.02	6542.64	25.82
云 南	Yunnan	4787.58	3503.52	-26.82	5961.89	5061.68	-15.10
西 藏	Tibet	12895.19	21023.13	63.03	13629.37	8709.98	-36.09
陕 西	Shaanxi	3322.77	3314.37	-0.25	6738.53	6519.85	-3.25
甘 肃	Gansu	3971.43	4765.71	20.00	11220.89	12293.51	9.56
青 海	Qinghai	7415.64	6569.56	-11.41	12723.16	12760.45	0.29
宁 夏	Ningxia	5128.39	7451.16	45.29	14778.14	11496.18	-22.21
新 疆	Xinjiang	5008.46	4687.03	-6.42	6534.96	5533.82	-15.32

五、就　业
Employment

5-1 全国就业主要指标和增长情况
Main Indicators of National Labour Statistics

项　目	Item	2016	2017	2017年比2016年增长% Change in 2017 over 2016 %
劳动力(万人)	**Labor Force(10 000 persons)**	**80694**	**80686**	**-0.01**
就业人员合计(万人)	**Total Number of Employed Persons(10 000 persons)**	**77603**	**77640**	**0.05**
第一产业	Primary Industry	21496	20944	-2.57
第二产业	Secondary Industry	22350	21824	-2.35
第三产业	Tertiary Industry	33757	34872	3.30
就业人员构成(合计=100)	**Composition of Employed Persons(total=100)**			
第一产业	Primary Industry	27.7	27.0	-2.61
第二产业	Secondary Industry	28.8	28.1	-2.40
第三产业	Tertiary Industry	43.5	44.9	3.25
按城乡分就业人员(万人)	**Number of Employed Persons by Urban and Rural Areas(10 000 persons)**			
城镇就业人员	Urban Employed Persons	41428	42462	2.50
#国有单位	State-owned Units	6170	6064	-1.72
城镇集体单位	Urban Collective-owned Units	453	406	-10.38
股份合作单位	Cooperative Units	86	77	-10.47
联营单位	Joint Ownership Units	18	13	-27.78
有限责任公司	Limited Liability Corporations	6381	6367	-0.22
股份有限公司	Share-holding Corporations Ltd.	1824	1846	1.21
城镇私营企业	Private Enterprises in Urban Areas	12083	13327	10.30
港澳台商投资单位	Units with Funds from Hong Kong, Macao & Taiwan	1305	1290	-1.15
外商投资单位	Foreign Funded Units	1361	1291	-5.11
城镇个体	Self-employed Individuals in Urban Areas	8627	9348	8.36
乡村就业人员	Rural Employed Persons	36175	35178	-2.76
#乡村私营企业	Private Enterprises in Rural Areas	5914	6554	10.82
乡村个体	Self-employed Individuals in Rural Areas	4235	4878	15.18
城镇登记失业人数(万人)	**Number of Registered Unemployed Persons in Urban Areas(10 000 persons)**	**982**	**972**	**-1.02**
城镇登记失业率(%)	**Registered Unemployment Rate in Urban Areas(%)**	**4.02**	**3.90**	**-2.99**

5-2 三次产业就业人员和构成（年底数）

Number and Composition of Employed Persons at Year-end by Three Strata of Industry

年 份 Year	经济活动人口（万人） Economically Active Population (10 000 persons)	就业人员（万人） Total Employed Persons (10 000 persons)	第一产业 Primary Industry	第二产业 Secondary Industry	第三产业 Tertiary Industry	构成（合计=100） Percentage (total=100) 第一产业 Primary Industry	第二产业 Secondary Industry	第三产业 Tertiary Industry
1952	21106	20729	17317	1531	1881	83.5	7.4	9.1
1957	23971	23771	19309	2142	2320	81.2	9.0	9.8
1962		25910	21276	2059	2575	82.1	8.0	9.9
1965		28670	23396	2408	2866	81.6	8.4	10.0
1970		34432	27811	3518	3103	80.8	10.2	9.0
1975		38168	29456	5152	3560	77.2	13.5	9.3
1978	40682	40152	28318	6945	4890	70.5	17.3	12.2
1979	41592	41024	28634	7214	5177	69.8	17.6	12.6
1980	42903	42361	29122	7707	5532	68.7	18.2	13.1
1981	44165	43725	29777	8003	5945	68.1	18.3	13.6
1982	45674	45295	30859	8346	6090	68.1	18.4	13.5
1983	46707	46436	31151	8679	6606	67.1	18.7	14.2
1984	48433	48197	30868	9590	7739	64.0	19.9	16.1
1985	50112	49873	31130	10384	8359	62.4	20.8	16.8
1986	51546	51282	31254	11216	8811	60.9	21.9	17.2
1987	53060	52783	31663	11726	9395	60.0	22.2	17.8
1988	54630	54334	32249	12152	9933	59.3	22.4	18.3
1989	55707	55329	33225	11976	10129	60.1	21.6	18.3
1990	65323	64749	38914	13856	11979	60.1	21.4	18.5
1991	66091	65491	39098	14015	12378	59.7	21.4	18.9
1992	66782	66152	38699	14355	13098	58.5	21.7	19.8
1993	67468	66808	37680	14965	14163	56.4	22.4	21.2
1994	68135	67455	36628	15312	15515	54.3	22.7	23.0
1995	68855	68065	35530	15655	16880	52.2	23.0	24.8
1996	69765	68950	34820	16203	17927	50.5	23.5	26.0
1997	70800	69820	34840	16547	18432	49.9	23.7	26.4
1998	72087	70637	35177	16600	18860	49.8	23.5	26.7
1999	72791	71394	35768	16421	19205	50.1	23.0	26.9
2000	73992	72085	36043	16219	19823	50.0	22.5	27.5
2001	73884	72797	36399	16234	20165	50.0	22.3	27.7
2002	74492	73280	36640	15682	20958	50.0	21.4	28.6
2003	74911	73736	36204	15927	21605	49.1	21.6	29.3
2004	75290	74264	34830	16709	22725	46.9	22.5	30.6
2005	76120	74647	33442	17766	23439	44.8	23.8	31.4
2006	76315	74978	31941	18894	24143	42.6	25.2	32.2
2007	76531	75321	30731	20186	24404	40.8	26.8	32.4
2008	77046	75564	29923	20553	25087	39.6	27.2	33.2
2009	77510	75828	28890	21080	25857	38.1	27.8	34.1
2010	78388	76105	27931	21842	26332	36.7	28.7	34.6
2011	78579	76420	26594	22544	27282	34.8	29.5	35.7
2012	78894	76704	25773	23241	27690	33.6	30.3	36.1
2013	79300	76977	24171	23170	29636	31.4	30.1	38.5
2014	79690	77253	22790	23099	31364	29.5	29.9	40.6
2015	80091	77451	21919	22693	32839	28.3	29.3	42.4
2016	80694	77603	21496	22350	33757	27.7	28.8	43.5
2017	80686	77640	20944	21824	34872	27.0	28.1	44.9

注：全国就业人员1990-2000年的数据根据劳动力调查、人口普查推算，2001年及以后数据根据第六次人口普查数据重新修订(下表同)。

Note: From 1990 to 2000, the total number of employed persons were estimated according to Labour Force Survey and Population Census, since 2001, were revised according to the 6th National Population Census. The same applies to the following tables.

5-3　城乡就业人员数(年底数)
Number of Employment in Urban and Rural Areas at Year-end

单位：万人，%　　(10 000 persons, %)

年　份 Year	就业人员 Employment		城　镇 就业人员 Urban Employment	乡　村 就业人员 Rural Employment
	合　计 Total	占人口比重 Percentage of Total Population		
1952	20729	36.1	2486	18243
1953	21364	36.3	2754	18610
1954	21832	36.2	2744	19088
1955	22328	36.3	2802	19526
1956	23018	36.6	2993	20025
1957	23771	36.8	3205	20566
1958	26600	40.3	5300	21300
1959	26173	38.9	5389	20784
1960	25880	39.1	6119	19761
1961	25590	38.9	5336	20254
1962	25910	38.5	4537	21373
1963	26640	38.5	4603	22037
1964	27736	39.3	4828	22908
1965	28670	39.5	5136	23534
1966	29805	40.0	5354	24451
1967	30814	40.3	5446	25368
1968	31915	40.6	5630	26285
1969	33225	41.2	5825	27400
1970	34432	41.5	6312	28120
1971	35620	41.8	6868	28752
1972	35854	41.1	7200	28654
1973	36652	41.1	7388	29264
1974	37369	41.1	7687	29682
1975	38168	41.3	8222	29946
1976	38834	41.4	8692	30142
1977	39377	41.5	9127	30250
1978	40152	41.7	9514	30638
1979	41024	42.1	9999	31025
1980	42361	42.9	10525	31836
1981	43725	43.7	11053	32672
1982	45295	44.6	11428	33867
1983	46436	45.1	11746	34690
1984	48197	46.2	12229	35968
1985	49873	47.1	12808	37065

5-3 续表 conttinued

单位：万人，%　　(10 000 persons, %)

年 份 Year	就业人员 Employment 合 计 Total	占人口比重 Percentage of Total Population	城 镇 就业人员 Urban Employment	乡 村 就业人员 Rural Employment
1986	51282	47.7	13292	37990
1987	52783	48.3	13783	39000
1988	54334	48.9	14267	40067
1989	55329	49.1	14390	40939
1990	64749	56.6	17041	47708
1991	65491	56.5	17465	48026
1992	66152	56.5	17861	48291
1993	66808	56.4	18262	48546
1994	67455	56.3	18653	48802
1995	68065	56.2	19040	49025
1996	68950	56.3	19922	49028
1997	69820	56.5	20781	49039
1998	70637	56.6	21616	49021
1999	71394	56.8	22412	48982
2000	72085	56.9	23151	48934
2001	72797	57.0	24123	48674
2002	73280	57.0	25159	48121
2003	73736	57.1	26230	47506
2004	74264	57.1	27293	46971
2005	74647	57.1	28389	46258
2006	74978	57.0	29630	45348
2007	75321	57.0	30953	44368
2008	75564	56.9	32103	43461
2009	75828	56.8	33322	42506
2010	76105	56.8	34687	41418
2011	76420	56.7	35914	40506
2012	76704	56.6	37102	39602
2013	76977	56.6	38240	38737
2014	77253	56.5	39310	37943
2015	77451	56.3	40410	37041
2016	77603	56.1	41428	36175
2017	77640	55.9	42462	35178

5-4 分行业分登记注册类型城镇非私营单位就业人员数和构成(2017年底)

Number of Employed Persons and Composition in Urban Non-Private Units at Year-end by Status of Registration and Sector in Detail (2017)

单位：万人，%　　　　(10 000 persons, %)

项　　目	Item	合　计 Total	国有单位 State-owned Units	城镇集体单位 Urban Collective-owned Units	其他单位 Units of Other Types of Ownership
全国总计	**National Total**	**17643.8**	**6063.8**	**406.0**	**11174.0**
农、林、牧、渔业	Agriculture, Forestry, Animal Husbandry and Fishery	255.4	236.1	1.8	17.5
采矿业	Mining	455.4	34.0	7.7	413.6
制造业	Manufacturing	4635.5	124.0	52.8	4458.7
电力、热力、燃气及水生产和供应业	Production and Supply of Electricity, Heat, Gas and Water	377.0	159.9	3.2	213.9
建筑业	Construction	2643.2	154.2	133.0	2356.1
批发和零售业	Wholesale and Retail Trades	842.8	72.0	21.2	749.6
交通运输、仓储和邮政业	Transport, Storage and Post	843.9	353.0	12.2	478.7
住宿和餐饮业	Hotels and Catering Services	265.9	31.7	4.2	230.0
信息传输、软件和信息技术服务业	Information Transmission, Software and Information Technology	395.4	26.9	0.8	367.7
金融业	Financial Intermediation	688.8	143.1	42.0	503.7
房地产业	Real Estate	444.8	26.3	7.4	411.0
租赁和商务服务业	Leasing and Business Services	522.6	116.8	27.7	378.1
科学研究和技术服务业	Scientific Research and Technical Services	420.4	206.2	4.2	210.0
水利、环境和公共设施管理业	Management of Water Conservancy, Environment	268.5	195.9	10.0	62.6
居民服务、修理和其他服务业	Services to Households, Repair and Other Services	78.2	18.5	3.8	56.0
教育	Education	1730.4	1582.4	18.9	129.1
卫生和社会工作	Health and Social Service	897.9	773.8	51.0	73.2
文化、体育和娱乐业	Culture, Sports and Entertainment	152.2	98.8	1.7	51.7
公共管理、社会保障和社会组织	Public Management, Social Security and Social Organization	1725.6	1710.3	2.4	12.9
构成(全国总计=100)	**Percentage (Total=100)**				
全国总计	**National Total**	**100.0**	**100.0**	**100.0**	**100.0**
农、林、牧、渔业	Agriculture, Forestry, Animal Husbandry and Fishery	1.4	3.9	0.4	0.2
采矿业	Mining	2.6	0.6	1.9	3.7
制造业	Manufacturing	26.3	2.0	13.0	39.9
电力、热力、燃气及水生产和供应业	Production and Supply of Electricity, Heat, Gas and Water	2.1	2.6	0.8	1.9
建筑业	Construction	15.0	2.5	32.8	21.1
批发和零售业	Wholesale and Retail Trades	4.8	1.2	5.2	6.7
交通运输、仓储和邮政业	Transport, Storage and Post	4.8	5.8	3.0	4.3
住宿和餐饮业	Hotels and Catering Services	1.5	0.5	1.0	2.1
信息传输、软件和信息技术服务业	Information Transmission, Software and Information Technology	2.2	0.4	0.2	3.3
金融业	Financial Intermediation	3.9	2.4	10.3	4.5
房地产业	Real Estate	2.5	0.4	1.8	3.7
租赁和商务服务业	Leasing and Business Services	3.0	1.9	6.8	3.4
科学研究和技术服务业	Scientific Research and Technical Services	2.4	3.4	1.0	1.9
水利、环境和公共设施管理业	Management of Water Conservancy, Environment	1.5	3.2	2.5	0.6
居民服务、修理和其他服务业	Services to Households, Repair and Other Services	0.4	0.3	0.9	0.5
教育	Education	9.8	26.1	4.7	1.2
卫生和社会工作	Health and Social Service	5.1	12.8	12.6	0.7
文化、体育和娱乐业	Culture, Sports and Entertainment	0.9	1.6	0.4	0.5
公共管理、社会保障和社会组织	Public Management, Social Security and Social Organization	9.8	28.2	0.6	0.1

5-5 按行业分城镇非私营单位就业人员数构成(2017年底数)
Composition of Employed Persons in Urban Non-Private Units at Year-end by Sector (2017)

单位：% (%)

年份 Year 地区 Region		构成 Composition 合计 Total	#水利、环境和公共设施管理业 Management of Water Conservancy, Environment and Public Facilities	#居民服务、修理和其他服务业 Services to Households, Repair and Other Services	#教育 Education	#卫生和社会工作 Health and Social Service	#文化、体育和娱乐业 Culture, Sports and Entertainment	#公共管理、社会保障和社会组织 Public Management, Social Security and Social Organization
	2005	100.0	1.6	0.5	13.0	4.5	1.1	10.9
	2006	100.0	1.6	0.5	12.8	4.5	1.0	10.8
	2007	100.0	1.6	0.5	12.6	4.5	1.0	10.7
	2008	100.0	1.6	0.5	12.6	4.6	1.0	10.9
	2009	100.0	1.6	0.5	12.3	4.7	1.0	11.1
	2010	100.0	1.7	0.5	12.1	4.8	1.0	10.9
	2011	100.0	1.6	0.4	11.2	4.7	0.9	10.2
	2012	100.0	1.6	0.4	10.9	4.7	0.9	10.1
	2013	100.0	1.4	0.4	9.3	4.3	0.8	8.7
	2014	100.0	1.5	0.4	9.5	4.4	0.8	8.8
	2015	100.0	1.5	0.4	9.6	4.7	0.8	9.1
	2016	100.0	1.5	0.4	9.7	4.8	0.8	9.4
	2017	100.0	1.5	0.4	9.8	5.1	0.9	9.8
北京	Beijing	100.0	1.3	1.1	6.2	3.6	2.3	5.9
天津	Tianjin	100.0	1.5	2.4	6.7	4.1	0.9	6.5
河北	Hebei	100.0	2.3	0.4	16.5	7.3	0.9	16.6
山西	Shanxi	100.0	2.4	0.2	12.0	4.9	1.0	13.8
内蒙古	Inner Mongolia	100.0	3.0	0.3	12.5	5.8	1.3	16.7
辽宁	Liaoning	100.0	2.5	0.4	9.7	5.9	0.9	10.4
吉林	Jilin	100.0	2.8	0.9	11.8	6.4	1.2	11.8
黑龙江	Heilongjiang	100.0	2.7	0.9	10.1	5.6	0.9	10.8
上海	Shanghai	100.0	1.4	1.2	4.9	3.0	1.0	3.3
江苏	Jiangsu	100.0	1.0	0.2	6.3	3.4	0.5	5.0
浙江	Zhejiang	100.0	1.0	0.2	7.0	4.4	0.6	6.8
安徽	Anhui	100.0	1.4	0.2	12.3	6.1	0.6	9.9
福建	Fujian	100.0	0.9	0.6	7.9	3.6	0.6	6.3
江西	Jiangxi	100.0	1.7	0.2	11.5	5.6	0.7	11.5
山东	Shandong	100.0	1.5	0.3	9.8	5.4	0.6	9.7
河南	Henan	100.0	1.2	0.3	11.0	5.3	0.7	10.2
湖北	Hubei	100.0	1.6	0.2	10.3	6.4	1.0	9.4
湖南	Hunan	100.0	1.3	0.3	11.8	7.1	1.0	14.4
广东	Guangdong	100.0	0.9	0.5	6.5	3.4	0.6	5.8
广西	Guangxi	100.0	2.0	0.2	15.7	8.4	0.8	13.6
海南	Hainan	100.0	3.3	0.5	13.1	6.6	1.3	14.8
重庆	Chongqing	100.0	1.7	0.4	10.3	5.0	0.8	8.0
四川	Sichuan	100.0	1.6	0.3	12.1	6.5	0.8	12.4
贵州	Guizhou	100.0	1.7	0.5	17.3	7.2	0.8	17.9
云南	Yunnan	100.0	1.7	0.5	14.1	6.5	0.9	13.6
西藏	Tibet	100.0	0.5	0.7	15.4	5.9	2.4	43.3
陕西	Shaanxi	100.0	1.9	0.3	10.9	5.5	1.1	12.0
甘肃	Gansu	100.0	2.5	0.1	14.8	5.9	1.1	17.3
青海	Qinghai	100.0	1.9	0.1	12.1	6.8	1.4	17.3
宁夏	Ningxia	100.0	3.2	0.1	12.5	6.8	1.4	16.0
新疆	Xinjiang	100.0	1.7	0.3	12.0	5.6	0.9	20.3

5-6　分地区就业人员受教育程度构成(2017年)
Educational Attainment Composition of Employment by Region (2017)

单位：%　　(%)

地　区	Region	合　计 Total	男 Male	女 Female	未上过学 Illiterate	小　学 Primary School	初　中 Junior School	普通高中 Senior School	中等职业教育 Medium Vocational Education	高等职业教育 High Vocational Education	大学专科 College	大学本科 University	研究生 Graduate
全　国	**National Total**	**100.0**	**56.5**	**43.5**	**2.3**	**16.9**	**43.4**	**12.8**	**5.2**	**1.2**	**9.4**	**8.0**	**0.8**
北　京	Beijing	100.0	58.8	41.2	0.1	2.3	20.7	12.5	7.0	1.6	18.2	30.4	7.2
天　津	Tianjin	100.0	57.6	42.4	0.4	7.1	34.5	11.8	10.4	1.3	13.6	18.7	2.3
河　北	Hebei	100.0	59.3	40.7	0.9	12.3	49.8	13.5	6.0	1.0	9.8	6.2	0.5
山　西	Shanxi	100.0	62.1	37.9	1.2	11.7	45.2	14.0	5.7	1.1	11.6	8.9	0.8
内蒙古	Inner Mongolia	100.0	59.4	40.6	2.0	16.0	43.7	12.6	3.8	0.6	11.9	8.9	0.5
辽　宁	Liaoning	100.0	55.9	44.1	0.4	11.2	51.3	9.9	5.1	1.2	10.0	9.9	0.9
吉　林	Jilin	100.0	56.1	43.9	0.7	16.4	46.9	13.7	4.1	1.1	8.4	8.3	0.5
黑龙江	Heilongjiang	100.0	57.2	42.8	0.8	15.2	51.1	11.8	3.3	0.9	8.3	8.0	0.6
上　海	Shanghai	100.0	57.7	42.3	0.6	4.4	28.8	12.2	5.8	2.1	16.4	25.0	4.8
江　苏	Jiangsu	100.0	54.8	45.2	2.0	13.4	37.8	13.1	6.6	2.0	13.5	10.8	0.9
浙　江	Zhejiang	100.0	57.0	43.0	1.8	15.0	37.2	14.1	4.1	1.3	12.6	12.9	1.0
安　徽	Anhui	100.0	55.1	44.9	7.1	20.0	46.7	9.3	3.5	0.7	7.0	5.2	0.4
福　建	Fujian	100.0	59.1	40.9	2.3	19.3	40.1	12.0	6.3	1.1	9.0	9.2	0.6
江　西	Jiangxi	100.0	56.4	43.6	1.9	19.9	47.7	14.0	4.2	0.9	6.4	4.7	0.3
山　东	Shandong	100.0	56.4	43.6	2.4	14.6	46.5	12.5	7.1	1.1	8.5	6.5	0.6
河　南	Henan	100.0	55.5	44.5	2.1	14.2	51.6	14.4	4.1	1.1	7.6	4.6	0.3
湖　北	Hubei	100.0	54.8	45.2	2.7	17.1	43.3	13.8	5.9	1.4	8.2	6.5	1.1
湖　南	Hunan	100.0	58.4	41.6	1.2	15.5	43.6	17.5	4.7	1.2	9.1	6.5	0.6
广　东	Guangdong	100.0	56.9	43.1	0.5	10.7	41.9	18.9	7.6	1.8	10.8	7.3	0.5
广　西	Guangxi	100.0	55.8	44.2	1.0	18.0	51.6	9.6	5.7	1.1	7.3	5.2	0.4
海　南	Hainan	100.0	56.5	43.5	1.8	12.9	51.4	12.7	5.7	0.9	7.9	6.5	0.3
重　庆	Chongqing	100.0	56.4	43.6	1.9	27.2	33.3	12.5	4.5	1.2	10.7	7.8	0.9
四　川	Sichuan	100.0	54.3	45.7	3.4	29.4	39.2	9.8	4.1	1.0	7.6	5.1	0.4
贵　州	Guizhou	100.0	53.9	46.1	8.4	32.2	39.1	6.7	2.9	0.5	4.8	5.2	0.2
云　南	Yunnan	100.0	54.5	45.5	4.7	32.6	42.8	6.1	3.7	0.7	4.6	4.5	0.4
西　藏	Tibet	100.0	61.5	38.5	23.7	46.4	12.8	3.3	1.4	0.5	6.0	5.5	0.2
陕　西	Shaanxi	100.0	58.1	41.9	2.3	13.0	44.2	14.1	4.4	1.6	11.4	8.2	0.7
甘　肃	Gansu	100.0	55.8	44.2	4.8	24.6	40.6	11.8	3.2	0.7	7.2	6.8	0.3
青　海	Qinghai	100.0	56.6	43.4	6.1	25.1	35.7	10.1	2.8	0.7	10.5	8.9	0.2
宁　夏	Ningxia	100.0	58.1	41.9	5.2	16.5	39.7	11.2	4.8	0.9	11.7	9.7	0.5
新　疆	Xinjiang	100.0	57.0	43.0	1.4	16.3	40.7	10.6	6.1	1.1	12.4	10.8	0.7

资料来源：2017年劳动力调查资料(下同)。
Source: Data Resource: 2017 Labour Force Survey (the same as below).

5-7 按受教育程度和性别分的全国就业人员职业构成(2017年)
Occupation Composition of Employment by Educational Attainment and Sex (2017)

单位：% (%)

受教育程度	Educational Attainment	合 计 Total	单 位 负责人 Unit Heads	专业技术人员 Professional and Technical Personnel	办事人员和有关人员 Clerk and Related Workers	商业、服务业人员 Business Service Personnel	农林牧渔水利业生产人员 Agriculture and Water Conservancy Labors	生产运输设备操作人员及有关人员 Production, Transport Equipment Operators and Related Workers	其 他 Others
总 计	**Total**	**100.0**	**1.7**	**9.0**	**9.3**	**30.5**	**27.2**	**21.8**	**0.6**
未上过学	Illiterate	100.0	0.1	1.7	1.0	10.7	77.8	8.3	0.3
小 学	Primary School	100.0	0.4	1.3	2.0	16.3	62.2	17.3	0.5
初 中	Junior School	100.0	1.0	2.9	4.2	31.8	30.3	29.1	0.6
高 中	Senior School	100.0	2.5	7.1	11.1	44.1	11.0	23.4	0.9
中等职业教育	Medium Vocational Education	100.0	2.1	14.7	13.6	41.8	4.2	23.1	0.6
高等职业教育	High Vocational Education	100.0	2.7	16.3	17.0	42.9	2.6	17.6	0.8
大学专科	College	100.0	3.6	23.9	23.9	34.7	1.3	11.8	0.9
大学本科	University	100.0	4.0	36.6	28.7	23.3	0.5	6.3	0.6
研究生	Graduate	100.0	4.5	57.5	21.9	12.7	0.2	2.8	0.3
男	**Male**	**100.0**	**2.2**	**7.4**	**10.1**	**29.0**	**23.2**	**27.5**	**0.7**
未上过学	Illiterate	100.0	0.2	2.3	2.0	11.6	70.3	13.2	0.4
小 学	Primary School	100.0	0.6	1.6	2.9	15.1	56.5	22.6	0.6
初 中	Junior School	100.0	1.2	3.0	5.0	28.8	26.6	34.7	0.7
高 中	Senior School	100.0	3.0	5.7	11.7	39.4	10.9	28.4	0.9
中等职业教育	Medium Vocational Education	100.0	2.5	9.5	13.6	39.3	4.3	30.2	0.6
高等职业教育	High Vocational Education	100.0	3.5	11.6	17.5	40.8	2.8	23.1	0.7
大学专科	College	100.0	4.8	17.5	24.4	34.8	1.3	16.2	1.0
大学本科	University	100.0	5.5	30.5	30.1	24.2	0.5	8.5	0.7
研究生	Graduate	100.0	6.2	53.2	23.2	13.5	0.2	3.4	0.3
女	**Female**	**100.0**	**1.0**	**11.1**	**8.2**	**32.4**	**32.3**	**14.6**	**0.5**
未上过学	Illiterate	100.0	0.1	1.5	0.6	10.4	80.8	6.4	0.2
小 学	Primary School	100.0	0.2	1.1	1.0	17.4	67.6	12.3	0.4
初 中	Junior School	100.0	0.6	2.7	3.2	36.3	35.7	21.0	0.5
高 中	Senior School	100.0	1.6	9.5	10.0	52.1	11.0	15.0	0.8
中等职业教育	Medium Vocational Education	100.0	1.5	21.6	13.6	45.1	4.1	13.6	0.6
高等职业教育	High Vocational Education	100.0	1.6	22.8	16.4	45.6	2.4	10.3	0.9
大学专科	College	100.0	2.1	31.6	23.2	34.5	1.3	6.5	0.8
大学本科	University	100.0	2.2	43.8	27.0	22.4	0.5	3.7	0.5
研究生	Graduate	100.0	2.4	63.0	20.4	11.8	0.2	2.0	0.2

5-8　按失业原因和性别分的城镇失业人员受教育程度构成(2017年)
Educational Attainment Composition of Educational Urban Unemployment by Unemployed Reason and Sex (2017)

单位: %　　(%)

受教育程度	Educational Attainment	合计 Total	正在上学 Studying	毕业后未工作 Job-off after Graduated	因单位原因失去工作 Lose Job for Working Unit Reasons	因个人原因失去工作 Lose Job for Individual Reasons	承包土地被征用 Land Expro-priated	离退休 Retired	料理家务 Take Care of House-work	其他 Others
总　计	**Total**	**100.0**	**100.0**	**100.0**	**100.0**	**100.0**	**100.0**	**100.0**	**100.0**	**100.0**
未上过学	Illiterate	0.7			0.6	0.5	2.6	0.6	1.3	1.0
小　学	Primary School	6.4		0.6	6.0	5.5	23.6	8.2	10.6	9.3
初　中	Junior School	35.0	0.9	10.6	39.3	37.3	50.7	40.0	46.2	40.9
高　中	Senior School	19.7	8.0	11.3	26.1	20.1	16.4	32.2	18.7	21.2
中等职业教育	Medium Vocational Education	9.1	4.8	9.7	10.0	10.0	4.9	6.5	8.1	7.7
高等职业教育	High Vocational Education	2.1	3.2	2.8	2.0	2.1		2.0	1.6	2.4
大学专科	College	15.3	25.4	29.7	11.2	16.1	0.7	7.1	9.5	10.2
大学本科	University	11.0	51.7	32.9	4.7	7.9	1.2	3.1	3.7	6.7
研究生	Graduate	0.8	5.9	2.3	0.1	0.5		0.2	0.2	0.6
男	**Male**	**100.0**	**100.0**	**100.0**	**100.0**	**100.0**	**100.0**	**100.0**	**100.0**	**100.0**
未上过学	Illiterate	0.4			0.3	0.5	1.1	0.3	1.9	0.6
小　学	Primary School	5.8		0.4	5.4	5.8	20.9	11.0	14.7	10.0
初　中	Junior School	34.2	0.3	11.9	40.7	39.6	54.7	39.5	50.2	41.0
高　中	Senior School	20.9	8.9	13.1	28.3	20.3	17.8	32.2	22.0	21.8
中等职业教育	Medium Vocational Education	9.0	5.7	10.8	9.3	9.7	3.2	5.2	4.5	7.7
高等职业教育	High Vocational Education	2.3	2.2	3.6	1.9	2.0		1.9	0.9	2.5
大学专科	College	15.9	31.6	31.0	9.7	15.3	0.6	6.0	3.8	9.6
大学本科	University	10.8	43.4	28.0	4.2	6.5	1.7	3.4	1.3	6.2
研究生	Graduate	0.7	7.9	1.2	0.1	0.3		0.6	0.6	0.4
女	**Female**	**100.0**	**100.0**	**100.0**	**100.0**	**100.0**	**100.0**	**100.0**	**100.0**	**100.0**
未上过学	Illiterate	0.9			0.9	0.6	5.2	0.8	1.3	1.6
小　学	Primary School	6.8		1.0	6.9	5.2	28.1	6.4	10.3	8.0
初　中	Junior School	35.7	1.5	8.9	37.1	35.1	43.8	40.3	45.9	40.8
高　中	Senior School	18.7	7.1	9.0	22.6	20.0	14.0	32.3	18.5	20.2
中等职业教育	Medium Vocational Education	9.1	3.8	8.3	11.3	10.3	7.8	7.4	8.3	7.6
高等职业教育	High Vocational Education	2.0	4.4	1.8	2.0	2.2		2.2	1.7	2.3
大学专科	College	14.8	18.4	28.1	13.6	16.8	0.8	7.8	10.0	11.1
大学本科	University	11.2	61.1	39.2	5.5	9.2	0.5	2.8	3.9	7.5
研究生	Graduate	0.9	3.6	3.8	0.1	0.7			0.1	1.0

5-9 按行业和性别分的城镇就业人员调查周平均工作时间(2017年)
Weekly Working Hours in Urban Area by Sector and Sex (2017)

单位：小时/周 (hours/per week)

项目	Item	合计 Total	男 Male	女 Female	男女比 (女=1) Sex Ratio (female=1)
总计	**Total**	**46.2**	**47.0**	**45.2**	**1.04**
农、林、牧、渔业	Farming, Forestry, Animal Husbandry and Fishery	39.3	41.3	37.4	1.10
采矿业	Mining	46.4	47.2	43.2	1.09
制造业	Manufacturing	48.0	48.1	47.9	1.00
电力、热力、燃气及水生产和供应业	Production and Supply of Electricity, Heat, Gas and Water	43.2	43.6	42.0	1.04
建筑业	Construction	48.2	48.7	45.1	1.08
批发和零售业	Wholesale and Retail Trades	48.9	49.5	48.4	1.02
交通运输、仓储和邮政业	Transport, Storage and Post	48.1	48.9	44.3	1.10
住宿和餐饮业	Hotels and Catering Services	50.8	51.7	49.9	1.04
信息传输、软件和信息技术服务业	Information Transmission, Software and Information Technology	43.3	43.6	42.9	1.02
金融业	Financial Intermediation	42.3	42.6	41.9	1.02
房地产业	Real Estate	45.4	46.2	44.2	1.05
租赁和商务服务业	Leasing and Business Services	44.7	45.5	43.7	1.04
科学研究和技术服务业	Scientific Research and Technical Service	42.6	43.0	42.0	1.02
水利、环境和公共设施管理业	Management of Water Conservancy, Environment and Public Establishment	45.0	45.2	44.5	1.02
居民服务、修理和其他服务业	Services to Household, Repair and Other Services	47.7	48.7	46.6	1.05
教育	Education	41.8	42.1	41.6	1.01
卫生和社会工作	Health and Social Service	43.9	44.6	43.5	1.03
文化体育和娱乐业	Culture, Sports and Entertainment	45.5	45.8	45.1	1.02
公共管理、社会保障和社会组织	Public Management, Social Security and Social Organization	41.9	42.3	41.3	1.02
国际组织	International Organizations	43.6	44.1	40.0	1.10

5-10 按年龄和性别分的城镇就业人员工作时间构成(2017年)
Composition of Urban Employment Working Hours by Age and Sex (2017)

单位：%　　(%)

年龄 Age	合计 Total	1-8小时 1-8 Hours	9-19小时 9-19 Hours	20-39小时 20-39 Hours	40小时 40 Hours	41-48小时 41-48 Hours	48小时以上 48 Hours+
总计 Total	**100.0**	**1.0**	**1.1**	**5.1**	**42.4**	**19.1**	**31.2**
16-19	100.0	0.7	1.5	4.1	28.6	23.7	41.4
20-24	100.0	1.0	0.6	3.5	41.0	23.4	30.4
25-29	100.0	0.8	0.7	3.2	44.3	21.0	30.0
30-34	100.0	0.7	0.7	3.4	45.4	19.5	30.4
35-39	100.0	0.8	0.7	3.5	45.0	18.5	31.4
40-44	100.0	1.0	0.9	4.5	42.6	18.4	32.7
45-49	100.0	0.9	1.0	5.0	42.8	18.2	32.1
50-54	100.0	1.0	1.5	6.8	41.8	17.3	31.7
55-59	100.0	1.6	2.0	9.5	39.6	17.1	30.3
60-64	100.0	2.1	4.4	16.8	26.0	17.9	32.7
65+	100.0	3.3	8.2	26.1	22.2	15.4	24.8
男 Male	**100.0**	**0.9**	**0.9**	**4.3**	**41.1**	**18.9**	**33.8**
16-19	100.0	0.9	1.3	3.8	26.8	23.9	43.3
20-24	100.0	0.9	0.6	3.2	37.4	23.6	34.3
25-29	100.0	0.8	0.6	2.9	40.9	21.2	33.7
30-34	100.0	0.7	0.6	2.8	43.0	19.2	33.6
35-39	100.0	0.7	0.6	2.9	42.7	18.3	34.7
40-44	100.0	1.0	0.7	3.7	41.5	17.9	35.2
45-49	100.0	0.8	0.8	4.0	42.3	17.8	34.3
50-54	100.0	0.9	1.0	5.0	43.7	17.2	32.3
55-59	100.0	1.2	1.3	6.7	43.8	17.1	29.9
60-64	100.0	1.6	3.1	13.5	26.8	18.9	36.1
65+	100.0	2.7	7.2	23.0	23.0	15.6	28.5
女 Female	**100.0**	**1.1**	**1.4**	**6.2**	**44.2**	**19.4**	**27.7**
16-19	100.0	0.5	1.7	4.7	31.5	23.3	38.3
20-24	100.0	1.2	0.7	3.8	45.5	23.1	25.6
25-29	100.0	0.8	0.8	3.6	48.6	20.7	25.5
30-34	100.0	0.8	0.8	4.0	48.2	19.8	26.5
35-39	100.0	0.9	0.8	4.2	48.0	18.9	27.3
40-44	100.0	1.1	1.0	5.6	43.9	19.0	29.5
45-49	100.0	1.1	1.3	6.3	43.5	18.6	29.2
50-54	100.0	1.2	2.4	10.3	38.2	17.3	30.5
55-59	100.0	2.5	3.8	16.6	28.5	17.1	31.5
60-64	100.0	2.9	6.6	22.4	24.6	16.4	27.2
65+	100.0	4.2	9.9	31.0	20.9	15.2	18.8

5-11 城镇登记失业人数和失业率
Urban Registred Unemplyoment and Unemployment Rate

单位：万人，%　　(10 000 persons, %)

年 份 Year	登记失业人数 Urban Registered Unemployment	比上年增长 Increase over Preceeding Year	登记失业率 Registered Unemployment Rate
1978	530		5.3
1979	568	7.1	5.4
1980	542	-4.6	4.9
1981	440	-18.8	3.8
1982	379	-13.7	3.2
1983	271	-28.5	2.3
1984	236	-13.2	1.9
1985	239	1.2	1.8
1986	264	10.9	2.0
1987	277	4.6	2.0
1988	296	7.1	2.0
1989	378	27.6	2.6
1990	383	1.4	2.5
1991	352	-8.1	2.3
1992	364	3.3	2.3
1993	420	15.4	2.6
1994	476	13.4	2.8
1995	520	9.1	2.9
1996	553	6.3	3.0
1997	577	4.3	3.1
1998	571	-1.0	3.1
1999	575	0.7	3.1
2000	595	3.5	3.1
2001	681	14.4	3.6
2002	770	13.1	4.0
2003	800	3.9	4.3
2004	827	3.4	4.2
2005	839	1.5	4.2
2006	847	1.0	4.1
2007	830	-2.0	4.0
2008	886	6.7	4.2
2009	921	4.0	4.3
2010	908	-1.4	4.1
2011	922	1.5	4.1
2012	917	-0.5	4.1
2013	926	1.0	4.1
2014	952	2.8	4.1
2015	966	1.5	4.1
2016	982	1.7	4.0
2017	972	-1.0	3.9

5-12　分地区城镇登记失业人数和增长变化情况
Urban Registred Umemployment and Increase Rate by Region

单位：万人，%　　(10 000 persons, %)

地　区	Region	登记失业人数 Unemployment							比上年增长 Increase over Preceeding year					
		2011	2012	2013	2014	2015	2016	2017	2012	2013	2014	2015	2016	2017
北　京	Beijing	8.1	8.1	7.5	7.4	7.8	8.0	8.1	0.2	-7.5	-1.4	5.6	1.9	1.4
天　津	Tianjin	20.1	20.4	21.7	22.5	25.1	25.8	26.0	1.4	6.3	3.9	11.3	2.8	0.9
河　北	Hebei	36.0	36.8	37.2	38.3	39.4	39.7	39.9	2.3	1.1	2.9	2.9	0.8	0.5
山　西	Shanxi	21.1	21.0	21.1	24.5	25.6	26.1	26.5	-0.7	0.5	16.3	4.1	2.0	1.8
内蒙古	Inner Mongolia	21.8	23.1	23.8	24.8	25.9	26.7	27.1	5.9	2.9	4.0	4.4	3.3	1.4
辽　宁	Liaoning	39.4	38.1	39.6	41.0	46.2	47.3	42.7	-3.4	3.9	3.6	12.7	2.6	-9.8
吉　林	Jilin	22.2	22.3	22.6	23.2	23.9	25.7	26.3	0.4	1.4	2.5	3.0	7.7	2.2
黑龙江	Heilongjiang	35.0	41.3	41.4	39.9	41.0	39.6	39.7	17.8	0.3	-3.7	2.8	-3.4	0.4
上　海	Shanghai	27.0	26.7	25.3	25.6	24.8	24.3	22.1	-1.2	-5.2	1.3	-3.2	-2.2	-9.0
江　苏	Jiangsu	41.4	40.5	37.6	36.6	36.0	35.2	34.7	-2.4	-7.1	-2.8	-1.5	-2.2	-1.5
浙　江	Zhejiang	31.7	33.4	33.4	33.1	33.7	33.9	33.8	5.5	0.0	-0.8	1.7	0.5	-0.2
安　徽	Anhui	33.1	31.3	32.4	31.5	30.9	30.4	29.0	-5.5	3.4	-2.8	-1.7	-1.5	-4.8
福　建	Fujian	14.6	14.5	14.7	14.3	15.4	16.3	17.1	-0.6	1.1	-2.4	7.4	5.6	5.4
江　西	Jiangxi	24.6	25.7	27.4	29.4	29.9	31.3	32.3	4.3	6.7	7.3	1.8	4.6	3.2
山　东	Shandong	45.1	43.4	42.2	43.1	43.7	45.8	45.7	-3.8	-2.9	2.2	1.4	4.9	-0.2
河　南	Henan	38.4	38.3	40.2	40.0	42.5	43.6	40.7	-0.3	5.1	-0.6	6.1	2.6	-6.7
湖　北	Hubei	55.1	42.3	40.2	37.9	33.4	32.9	37.1	-23.3	-4.9	-5.7	-11.8	-1.5	12.6
湖　南	Hunan	43.1	44.1	45.6	47.3	45.1	44.9	44.5	2.3	3.4	3.6	-4.6	-0.4	-1.1
广　东	Guangdong	38.8	39.6	38.0	36.8	37.0	38.0	37.1	2.0	-4.1	-3.0	0.4	2.8	-2.2
广　西	Guangxi	18.8	18.9	18.0	18.7	18.1	18.1	14.7	0.7	-4.7	3.4	-2.9	0.0	-18.8
海　南	Hainan	2.9	3.6	3.9	4.3	4.8	5.1	5.5	27.3	8.6	7.8	11.9	6.3	8.1
重　庆	Chongqing	13.0	12.4	12.1	13.4	14.3	15.7	14.3	-4.1	-2.9	11.2	6.2	10.0	-9.1
四　川	Sichuan	36.9	40.7	42.9	54.4	54.6	56.3	55.8	10.1	5.4	26.8	0.5	3.0	-0.9
贵　州	Guizhou	12.5	12.6	13.7	14.1	14.5	14.8	14.9	0.4	8.7	3.1	2.9	2.0	0.8
云　南	Yunnan	16.0	17.4	18.1	19.2	19.5	20.1	19.8	9.0	3.7	6.1	1.5	3.2	-1.4
西　藏	Tibet	1.0	1.6	1.6	1.7	1.8	1.8	1.9	57.7	-0.7	3.5	4.9	4.3	5.7
陕　西	Shaanxi	20.9	19.5	21.1	22.3	22.3	22.7	23.4	-6.8	8.1	6.1		1.8	3.0
甘　肃	Gansu	10.8	9.8	9.3	9.7	9.5	9.8	9.6	-9.1	-5.1	4.5	-2.3	3.1	-1.3
青　海	Qinghai	4.4	4.1	4.2	4.2	4.4	4.6	4.7	-6.0	3.3	-0.3	5.4	3.2	1.9
宁　夏	Ningxia	5.2	4.6	4.7	5.0	4.9	5.1	5.1	-11.8	1.9	6.5	-1.1	3.2	-0.7
新　疆	Xinjiang	11.1	11.8	11.9	11.2	10.3	9.7	10.0	6.6	0.4	-5.8	-8.3	-6.0	3.5

5-13 分地区城镇登记失业人数情况(2017年)

Basic Conditions of Urban Registered Unemployment by Region (2017)

单位：万人 (10 000 persons)

地 区	Region	上年末结转登记失业人员 Unemployment at Last Year-end	本年新登记的失业人员 Unemployment Newly Registered This Year	#女性 Female	#就业转失业人数 Unemploy-employed	本年失业人员就业人数 From the Unemployed This Year	#女性 Female	本年末登记失业人数 Unemployment at the Year-end	#女性 Female	#长期失业者 Long-term Unemployment
北京	Beijing	8.0	16.8	6.8	13.7	15.7	6.4	8.1	3.3	0.2
天津	Tianjin	25.8	9.8	4.3	6.9	9.6	4.6	26.0	12.8	0.0
河北	Hebei	39.7	42.1	17.1	10.3	41.9	19.1	39.9	16.3	2.9
山西	Shanxi	25.7	19.5	6.6	2.5	17.5	6.1	26.5		3.3
内蒙古	Inner Mongolia	26.7	22.2	10.9	6.4	21.3	10.2	27.1	12.2	3.5
辽宁	Liaoning	47.3	88.2	38.7	60.9	82.1	38.8	42.7	21.1	5.5
吉林	Jilin	25.7	32.6	15.6	10.1	30.4	14.2	26.3	10.7	1.0
黑龙江	Heilongjiang	39.6	58.6	24.8	34.3	54.1	23.0	39.7	17.0	1.2
上海	Shanghai	24.3	38.0	15.4	21.9	38.6	18.8	22.1	8.1	6.6
江苏	Jiangsu	35.2	116.1	53.5	79.4	115.3	54.3	34.7	15.0	2.2
浙江	Zhejiang	33.9	46.3	23.0	23.4	44.0	21.5	33.8	14.4	2.9
安徽	Anhui	30.4	28.6	13.9	6.2	29.5	13.6	29.0	12.8	0.9
福建	Fujian	16.3	31.6	15.5	16.6	29.3	14.4	17.1	7.9	1.5
江西	Jiangxi	31.3	27.9	12.2	4.5	26.9	13.2	32.3	10.9	1.0
山东	Shandong	44.8	66.0	30.1	33.4	63.0	27.9	45.7	19.2	3.4
河南	Henan	43.6	39.5	15.7	9.9	39.2	15.2	40.7	18.3	1.5
湖北	Hubei	32.9	52.1	24.2	11.4	45.7	21.4	37.1	16.2	2.0
湖南	Hunan	44.9	31.5	14.7	9.2	31.3	14.3	44.5	16.7	0.6
广东	Guangdong	38.0	58.9	30.0	21.4	54.5	27.9	37.1	17.4	1.8
广西	Guangxi	18.1	14.6	6.8	4.4	14.6	6.6	14.7	7.2	1.1
海南	Hainan	5.1	4.7	2.2	2.7	4.1	1.8	5.5	2.7	0.2
重庆	Chongqing	15.7	31.5	16.0	10.2	30.7	15.7	14.3	7.1	0.4
四川	Sichuan	56.3	48.7	23.7	27.1	45.9	22.1	55.8	27.5	1.9
贵州	Guizhou	14.8	12.6	5.4	2.5	12.5	5.4	14.9	6.6	0.7
云南	Yunnan	20.1	38.0	16.2	9.0	37.6	16.3	19.8	8.5	2.8
西藏	Tibet	1.8	1.7	1.0	0.2	1.6	0.9	1.9	1.0	0.3
陕西	Shaanxi	22.7	21.3	10.1	2.4	20.4	9.8	23.4	7.5	2.2
甘肃	Gansu	9.8	26.5	13.2	5.6	26.6	13.3	9.6	4.2	1.1
青海	Qinghai	4.6	6.7	2.2	1.4	6.6	2.5	4.7	1.6	0.7
宁夏	Ningxia	5.1	16.9	9.1	9.5	17.0	8.9	5.1	2.3	0.2
新疆	Xinjiang	9.7	42.0	20.0	7.5	41.2	19.5	10.0	5.5	0.5
新疆兵团	Xingjiang Production and Construction Crops	3.5	19.4	8.6	8.0	20.5	11.0	3.9	2.1	0.2

5-14 各地区研究与试验发展(R&D)人员全时当量(2017年)
Full-time Equivalent of R&D Personnel by Region (2017)

单位：人年 (man-year)

地　区	Region	R&D人员全时当量 Total	#研究人员 Researchers	基础研究 Basic Research	应用研究 Applied Research	试验发展 Experimental Development
全　国	**National Total**	**4033597**	**1740442**	**290090**	**489635**	**3253907**
东部地区	Eastern Region	2645815	1068104	157542	271331	2216956
中部地区	Middle Region	683365	294341	42647	86750	553985
西部地区	Western Region	522624	271269	57285	96902	368441
东北地区	Northeast Region	181795	106729	32617	34653	114525
北　京	Beijing	269835	163535	47429	70539	151874
天　津	Tianjin	103087	48423	7438	16182	79467
河　北	Hebei	113191	52972	5973	15434	91784
山　西	Shanxi	47694	22294	4573	10472	32650
内蒙古	Inner Mongolia	33030	15129	2126	4186	26718
辽　宁	Liaoning	88858	49390	10908	16062	61889
吉　林	Jilin	45530	27679	10522	11164	23844
黑龙江	Heilongjiang	47406	29660	11188	7427	28792
上　海	Shanghai	183462	92389	20376	25415	137671
江　苏	Jiangsu	560002	205616	19098	31851	509054
浙　江	Zhejiang	398091	124415	9481	17567	371043
安　徽	Anhui	140452	58142	10365	15833	114254
福　建	Fujian	140325	52185	6378	13993	119954
江　西	Jiangxi	61897	26637	4450	5494	51953
山　东	Shandong	304820	130465	17742	30211	256867
河　南	Henan	162504	64256	4577	14865	143062
湖　北	Hubei	139990	64166	9122	19964	110917
湖　南	Hunan	130829	58845	9561	20121	101149
广　东	Guangdong	565287	194453	22106	48805	494382
广　西	Guangxi	36857	20484	6446	11230	19182
海　南	Hainan	7715	3651	1521	1333	4860
重　庆	Chongqing	79149	35289	5568	10770	62815
四　川	Sichuan	144821	77241	11630	25577	107613
贵　州	Guizhou	28290	13327	3993	3906	20391
云　南	Yunnan	46576	23013	7502	8296	30778
西　藏	Tibet	1249	911	422	416	412
陕　西	Shaanxi	98188	54271	9666	20653	67869
甘　肃	Gansu	23738	14481	4335	5145	14257
青　海	Qinghai	5656	2819	758	960	3938
宁　夏	Ningxia	9859	4577	1503	1498	6858
新　疆	Xinjiang	15212	9729	3338	4264	7610

5-15 公共就业服务工作情况(2017年)
Situations of Public Employment Services (2017)

单位：人 (person)

项 目	Item	本期单位登记招聘人数 Total Registered Job Vacancies This Year	本期登记求职人数 Total Registered Job-seekers This Year	#女性 Female	#应届高校毕业生 College Graduates
总 计	**Total**	**55984664**	**40026976**	**16809256**	**4539464**
市(地、州)及以上公共就业人才服务机构	Public Employment (Talent) Services Institution of City (Prefecture) and Above	23970900	16904310	6868559	2436320
区(县)公共就业人才服务机构	Public Employment (Talent) Services Institution of District (County)	24533350	16574239	6981306	1638699
街道(乡镇)公共就业人才服务机构	Public Employment (Talent) Services Institution of Street (Town)	5731066	4706282	2104896	298601
社区(行政村)公共就业人才服务窗口	Public Employment (Talent) Services Window of Community (Administrative Village)	1749348	1842145	854495	165844

5-15 续表 continued

单位：人 (person)

项 目	Item	本期接受职业指导人数 Person-times of Vocational Guidance This Year	#女性 Female	本期接受创业服务人数 Person-times of Vocational Guidance
总 计	**Total**	**16393780**	**6878223**	**3877246**
市(地、州)及以上公共就业人才服务机构	Public Employment (Talent) Services Institution of City (Prefecture) and Above	4894420	2075802	1176027
区(县)公共就业人才服务机构	Public Employment (Talent) Services Institution of District (County)	8613081	3462522	1971341
街道(乡镇)公共就业人才服务机构	Public Employment (Talent) Services Institution of Street (Town)	1914178	872183	472899
社区(行政村)公共就业人才服务窗口	Public Employment (Talent) Services Window of Community (Administrative Village)	972101	467716	256979

5-16　各地区公共就业服务工作情况(2017年)
Situations of Public Employment Services by Region (2017)

单位：人　　　　(person)

地　区	Region	本期单位登记招聘人数 Total Registered Job Vacancies This Year	本期登记求职人数 Total Registered Job-seekers This Year	#女性 Female	#应届高校毕业生 College Graduates	#农村劳动者 Rural Labours	本期接受职业指导人数 Person-times of Vocational Guidance This Year	#女性 Female	本期接受创业服务人数 Person-times of Vocational Guidance
总　计	**National Total**	**55984664**	**40026976**	**16809256**	**4539464**	**14298866**	**16393780**	**6878223**	**3877246**
北　京	Beijing	1008596	241950	76331	52284	1106	252879	12136	47260
天　津	Tianjin	1022607	988364	441592	65615	140688	602404	257528	43967
河　北	Hebei	1139360	1169661	454167	244454	377466	597088	196282	93564
山　西	Shanxi	1134001	1113769	370821	223275	354217	392566	140031	85398
内蒙古	Inner Mongolia	540842	430459	191479	51012	70444	219945	111847	39926
辽　宁	Liaoning	2121508	2040554	765056	83319	358147	73151	29372	85593
吉　林	Jilin	692780	559279	233044	25384	181693	311477	148466	56605
黑龙江	Heilongjiang	938854	1086295	431894	92537	203224	569389	239052	46612
上　海	Shanghai	1194098	431049	157191	8668	34641	55156	16148	111636
江　苏	Jiangsu	7043264	6103216	2868878	693795	1780542	2366444	1109649	655352
浙　江	Zhejiang	5562140	2777551	1160917	239867	776895	1370314	607267	209110
安　徽	Anhui	2940731	1788090	787168	325711	554180	876761	361835	156178
福　建	Fujian	5021263	4081347	1807872	142433	3317960	350723	149159	10982
江　西	Jiangxi	2227144	1027633	462623	71953	577661	616375	268921	134322
山　东	Shandong	2682210	1994121	870921	373670	640106	844401	349847	217924
河　南	Henan	1865491	1462974	528001	193107	418649	911096	334897	216143
湖　北	Hubei	1667457	1269012	562011	70559	509870	924501	402315	207677
湖　南	Hunan	605213	1215421	475487	202154	321542	947245	323654	605241
广　东	Guangdong	6220386	3468471	1315512	306200	1486906	757998	330685	106775
广　西	Guangxi	2656053	1328031	591571	268808	151188	225343	104301	23005
海　南	Hainan	483545	142816	49886	14803	54941	45013	19275	13702
重　庆	Chongqing	786619	523148	246335	8585	98126	383828	161566	71406
四　川	Sichuan	1715672	1193315	560623	88579	450006	987467	442365	222251
贵　州	Guizhou	1513617	757938	219224	150881	282709	310366	125449	59279
云　南	Yunnan	826118	530402	219135	92539	226918	355488	141191	115817
西　藏	Tibet	63290	44798	18524	7545	18226	31639	15726	3712
陕　西	Shaanxi	949380	885082	374701	241238	307247	359080	150954	84722
甘　肃	Gansu	411459	359199	169714	69229	104737	205359	92279	69570
青　海	Qinghai	190621	425566	98840	79471	263599	49679	21762	12019
宁　夏	Ningxia	184926	59008	22905	6725	28218	45250	16755	13446
新　疆	Xinjiang	508476	402757	207891	36854	159792	299279	165675	55212
兵　团	Xinjiang Production and Construction Corps	66943	125700	68942	8210	47222	56076	31834	2840

六、收入消费
Earning and Consumption

6-1 城镇非私营单位就业人员工资总额和指数

Total Wage Bill of Employed Persons in Urban Non-Private Units and Related Indices

年 份 Year	合 计 Total	国有单位 State-owned Units	城镇集体单位 Urban Collective-owned Units	其他单位 Units of Other Types of Ownership
工资总额(亿元) Total Wage Bill (100 million yuan)				
1995	8055.8	6172.6	1210.6	672.6
2000	10954.7	7744.9	950.7	2259.1
2005	20627.1	12291.7	906.4	7429.0
2006	24262.3	13920.6	983.8	9357.9
2007	29471.5	16689.1	1108.1	11674.3
2008	35289.5	19487.9	1203.2	14598.4
2009	40288.2	21862.7	1273.3	17152.1
2010	47269.9	24886.4	1433.7	20949.7
2011	59954.7	28954.8	1737.4	29262.4
2012	70914.2	32950.0	1990.4	35973.8
2013	93064.3	33359.6	2195.8	57508.9
2014	102817.2	36106.6	2302.7	64408.0
2015	112007.8	40387.9	2239.4	69380.5
2016	120074.8	44462.9	2268.6	73343.3
2017	129889.1	48884.1	2215.6	78789.3
指数(上年=100) Indices (preceding year=100)				
1995	119.0	117.4	115.6	142.2
2000	107.9	106.2	95.5	120.8
2005	117.1	111.4	103.4	130.3
2006	117.6	113.3	108.5	126.0
2007	121.5	119.9	112.6	124.8
2008	119.7	116.8	108.6	125.0
2009	114.2	112.2	105.8	117.5
2010	117.3	113.8	112.6	122.1
2011	126.8	116.3	121.2	139.7
2012	118.3	113.8	114.6	122.9
2013	131.2	101.2	110.3	159.9
2014	110.5	108.2	104.9	112.0
2015	108.9	111.9	97.3	107.7
2016	107.2	110.1	101.3	105.7
2017	108.2	109.9	97.7	107.4

注：1995-2008年的城镇单位就业人员工资总额即为原来的城镇单位就业人员劳动报酬总额。

Note: Total wage bill of employed persons in urban units from 1995 to 2008 referred to total earning of employed persons in urban units.

6-2 按登记注册类型和行业分城镇非私营单位就业人员工资总额(2017年)
Average Wage of Employed Persons in Urban Non-Private Units by Status of Registration and Sector in Detail (2017)

单位：亿元，%　　(100 million yuan,%)

项　　目	Item	绝对数 Value			
		合　计 Total	国有单位 State-owned Units	城镇集体单位 Urban Collective-owned Units	其他单位 Units of Other Types of Ownership
全国总计	**National Total**	**129889.1**	**48884.1**	**2215.6**	**78789.3**
农、林、牧、渔业	Agriculture, Forestry, Animal Husbandry and Fishery	949.9	862.4	8.1	79.4
采矿业	Mining	3208.6	243.9	34.3	2930.4
制造业	Manufacturing	29740.5	983.6	258.2	28498.8
电力、热力、燃气及水生产和供应业	Production and Supply of Electricity, Heat, Gas and Water	3406.6	1466.3	19.2	1921.1
建筑业	Construction	14283.9	832.0	547.3	12904.6
批发和零售业	Wholesale and Retail Trades	5980.1	591.5	74.4	5314.2
交通运输、仓储和邮政业	Transport, Storage and Post	6754.1	2951.7	52.3	3750.1
住宿和餐饮业	Hotels and Catering Services	1211.9	161.5	19.0	1031.4
信息传输、软件和信息技术服务业	Information Transmission, Software and Information Technology	5198.4	222.4	6.3	4969.6
金融业	Financial Intermediation	8295.0	1547.2	416.4	6331.5
房地产业	Real Estate	3059.3	178.4	36.7	2844.1
租赁和商务服务业	Leasing and Business Services	4176.0	725.2	133.6	3317.3
科学研究和技术服务业	Scientific Research and Technical Services	4491.5	2040.2	31.6	2419.8
水利、环境和公共设施管理业	Management of Water Conservancy, Environment	1394.3	1008.7	41.3	344.3
居民服务、修理和其他服务业	Services to Households, Repair and Other Services	390.2	113.8	17.2	259.2
教育	Education	14324.4	13342.1	139.5	842.7
卫生和社会工作	Health and Social Service	7930.8	7075.9	354.7	500.2
文化、体育和娱乐业	Culture, Sports and Entertainment	1339.9	869.2	9.5	461.2
公共管理、社会保障和社会组织	Public Management, Social Security and Social Organization	13753.5	13668.2	16.0	69.3

6-2 续表 continued

单位：亿元，% (100 million yuan,%)

项目	Item	构成 Percentage 合计 Total	国有单位 State-owned Units	城镇集体单位 Urban Collective-owned Units	其他单位 Units of Other Types of Ownership
全国总计	**National Total**	**100.0**	**100.0**	**100.0**	**100.0**
农、林、牧、渔业	Agriculture, Forestry, Animal Husbandry and Fishery	0.7	1.8	0.4	0.1
采矿业	Mining	2.5	0.5	1.5	3.7
制造业	Manufacturing	22.9	2.0	11.7	36.2
电力、热力、燃气及水生产和供应业	Production and Supply of Electricity, Heat, Gas and Water	2.6	3.0	0.9	2.4
建筑业	Construction	11.0	1.7	24.7	16.4
批发和零售业	Wholesale and Retail Trades	4.6	1.2	3.4	6.7
交通运输、仓储和邮政业	Transport, Storage and Post	5.2	6.0	2.4	4.8
住宿和餐饮业	Hotels and Catering Services	0.9	0.3	0.9	1.3
信息传输、软件和信息技术服务业	Information Transmission, Software and Information Technology	4.0	0.5	0.3	6.3
金融业	Financial Intermediation	6.4	3.2	18.8	8.0
房地产业	Real Estate	2.4	0.4	1.7	3.6
租赁和商务服务业	Leasing and Business Services	3.2	1.5	6.0	4.2
科学研究和技术服务业	Scientific Research and Technical Services	3.5	4.2	1.4	3.1
水利、环境和公共设施管理业	Management of Water Conservancy, Environment	1.1	2.1	1.9	0.4
居民服务、修理和其他服务业	Services to Households, Repair and Other Services	0.3	0.2	0.8	0.3
教育	Education	11.0	27.3	6.3	1.1
卫生和社会工作	Health and Social Service	6.1	14.5	16.0	0.6
文化、体育和娱乐业	Culture, Sports and Entertainment	1.0	1.8	0.4	0.6
公共管理、社会保障和社会组织	Public Management, Social Security and Social Organization	10.6	28.0	0.7	0.1

6-3 分地区城镇非私营单位就业人员工资总额和指数(2017年)

Total Wage Bill of Employed Persons in Urban Non-Private Units and Related Indices by Region (2017)

地 区	Region	工资总额 (亿元) Total Wage Bill(100 million yuan)				指数(上年=100) Indices(preceding year=100)			
		合 计 Total	国 有 单 位 State-owned Units	城镇集体 单 位 Urban Collective-owned Units	其 他 单 位 Units of Other Types of Ownership	合 计 Total	国 有 单 位 State-owned Units	城镇集体 单 位 Urban Collective-owned Units	其 他 单 位 Units of Other Types of Ownership
全 国	**National Total**	**129889.1**	**48884.1**	**2215.6**	**78789.3**	**108.2**	**109.9**	**97.7**	**107.4**
		0	0	0	0				
北 京	Beijing	10676.0	2663.8	84.7	7927.5	112.8	113.3	100.5	112.8
天 津	Tianjin	2556.7	812.7	18.3	1725.7	102.9	109.6	66.0	100.6
河 北	Hebei	3356.3	1813.8	67.4	1475.1	95.4	108.3	107.6	82.8
山 西	Shanxi	2558.3	1236.3	74.6	1247.5	111.1	108.6	99.3	114.4
内蒙古	Inner Mongolia	1890.1	1150.6	33.6	706.0	103.4	104.0	94.1	102.9
		0	0	0	0				
辽 宁	Liaoning	3200.0	1495.6	70.2	1634.3	100.8	99.5	76.2	103.5
吉 林	Jilin	1899.0	1083.6	28.1	787.3	104.1	107.3	102.4	100.0
黑龙江	Heilongjiang	2368.6	1453.5	50.1	864.9	105.2	104.2	94.9	107.6
		0	0	0	0				
上 海	Shanghai	8258.9	1201.0	91.3	6966.5	108.6	104.2	103.9	109.5
江 苏	Jiangsu	11433.4	2857.1	195.8	8380.5	108.0	111.2	96.1	107.3
浙 江	Zhejiang	8319.1	2670.8	84.6	5563.7	108.4	112.6	100.8	106.6
安 徽	Anhui	3323.7	1383.8	73.9	1866.0	110.3	110.3	102.4	110.7
福 建	Fujian	4425.0	1376.5	63.8	2984.7	108.3	114.0	107.6	105.9
江 西	Jiangxi	2799.5	1329.1	55.5	1414.9	107.2	111.2	90.2	104.5
山 东	Shandong	8059.3	3191.7	234.4	4633.2	107.0	108.5	96.7	106.5
		0	0	0	0				
河 南	Henan	6094.8	2358.5	142.6	3593.6	110.0	114.5	92.9	108.0
湖 北	Hubei	4505.9	1980.8	57.2	2467.9	107.0	109.9	103.2	104.9
湖 南	Hunan	3541.6	1692.6	73.7	1775.3	108.5	109.2	94.5	108.6
广 东	Guangdong	15511.6	3742.6	249.7	11519.3	109.6	112.9	106.4	108.6
广 西	Guangxi	2487.5	1405.4	55.1	1027.0	109.0	110.1	100.7	108.0
海 南	Hainan	674.4	312.4	7.9	354.1	109.5	106.1	92.3	113.1
		0	0	0	0				
重 庆	Chongqing	2834.1	1060.8	38.9	1734.3	106.3	112.7	91.6	103.2
四 川	Sichuan	5387.3	2722.3	122.4	2542.6	108.9	110.7	91.3	108.0
贵 州	Guizhou	2235.5	1321.5	34.6	879.5	110.5	107.4	104.9	115.8
云 南	Yunnan	2869.3	1639.4	63.5	1166.3	115.2	118.2	102.3	111.9
西 藏	Tibet	356.8	316.0	1.3	39.6	111.2	110.3	84.8	120.3
		0	0	0	0				
陕 西	Shaanxi	3310.5	1559.8	83.2	1667.5	108.5	106.8	105.6	110.3
甘 肃	Gansu	1623.9	1078.7	33.8	511.5	108.6	109.7	94.7	107.4
青 海	Qinghai	478.2	295.9	5.9	176.4	114.0	115.9	91.8	111.7
宁 夏	Ningxia	508.2	270.2	4.4	233.6	108.5	109.6	113.0	107.2
新 疆	Xinjiang	2345.9	1407.5	15.4	923.0	107.7	107.9	87.8	107.8

6-4 城镇非私营单位就业人员平均工资和指数
Average Wage of Employed Persons in Urban Non-Private Units and Related Indices

年份 Year	合 计 Total	#在岗职工 Staff and Workers	国有单位 State-owned Units	城镇集体单位 Urban Collective-owned Units	其他单位 Units of Other Types of Ownership
平均工资(元) Average Wage (yuan)					
1995	5348	5500	5553	3934	7728
2000	9333	9371	9441	6241	11238
2005	18200	18364	18978	11176	18362
2006	20856	21001	21706	12866	21004
2007	24721	24932	26100	15444	24271
2008	28898	29229	30287	18103	28552
2009	32244	32736	34130	20607	31350
2010	36539	37147	38359	24010	35801
2011	41799	42452	43483	28791	41323
2012	46769	47593	48357	33784	46360
2013	51483	52388	52657	38905	51453
2014	56360	57361	57296	42742	56485
2015	62029	63241	65296	46607	60906
2016	67569	68993	72538	50527	65531
2017	74318	76121	81114	55243	71304
平均货币工资指数(上年=100) Indices of Average Wage (preceding year=100)					
1995	118.9	121.2	117.3	121.1	119.9
2000	112.2	112.3	111.8	108.4	110.8
2005	114.3	114.6	115.4	114.9	111.2
2006	114.6	114.4	114.4	115.1	114.4
2007	118.5	118.7	120.2	120.0	115.6
2008	116.9	117.2	116.0	117.2	117.6
2009	111.6	112.0	112.7	113.8	109.8
2010	113.3	113.5	112.4	116.5	114.2
2011	114.4	114.3	113.4	119.9	115.4
2012	111.9	112.1	111.2	117.3	112.2
2013	110.1	110.1	108.9	115.2	111.0
2014	109.5	109.5	108.8	109.9	109.8
2015	110.1	110.3	114.0	109.0	107.8
2016	108.9	109.1	111.1	108.4	107.6
2017	110.0	110.3	111.8	109.3	108.8
平均实际工资指数(上年=100) Indices of Average Real Wage (preceding year=100)					
1995	101.8	103.8	100.4	103.7	102.6
2000	111.3	111.4	110.9	107.5	109.9
2005	112.5	112.8	113.6	113.1	109.4
2006	112.9	112.7	112.7	113.4	112.7
2007	113.4	113.6	115.0	114.8	110.6
2008	110.7	111.0	109.8	111.0	111.4
2009	112.6	113.0	113.7	114.8	110.8
2010	109.8	110.0	108.9	112.9	110.7
2011	108.6	108.5	107.7	113.9	109.6
2012	109.0	109.2	108.3	114.3	109.2
2013	107.3	107.3	106.1	112.2	108.2
2014	107.2	107.2	106.6	107.6	107.5
2015	108.5	108.6	112.3	107.4	106.2
2016	106.7	106.9	108.8	106.2	105.4
2017	108.2	108.5	110.0	107.5	107.0

注：1995-2008年的城镇单位就业人员平均工资即为原来的城镇单位就业人员平均劳动报酬。
Note: Average wage of employed persons in urban units from 1995 to 2008 referred to average earning of employed persons in urban units.

6-5 按登记注册类型和行业分城镇非私营单位就业人员平均工资(2017年)
Average Wage of Employed Persons in Urban Non-Private Units by Status of Registration and Sector in Detail (2017)

单位：元 (yuan)

项　目	Item	合　计 Total	国有单位 State-owned Units	城镇集体单位 Urban Collective-owned Units	其他单位 Units of Other Types of Ownership
全国总计	**National Total**	**74318**	**81114**	**55243**	**71304**
农、林、牧、渔业	Agriculture, Forestry, Animal Husbandry and Fishery	36504	35886	44392	43907
采矿业	Mining	69500	71402	44930	69792
制造业	Manufacturing	64452	77649	48202	64271
电力、热力、燃气及水生产和供应业	Production and Supply of Electricity, Heat, Gas and Water	90348	91375	60259	90026
建筑业	Construction	55568	55623	42608	56291
批发和零售业	Wholesale and Retail Trades	71201	81907	35094	71190
交通运输、仓储和邮政业	Transport, Storage and Post	80225	83848	42549	78523
住宿和餐饮业	Hotels and Catering Services	45751	50816	44613	45068
信息传输、软件和信息技术服务业	Information Transmission, Software and Information Technology	133150	82762	83191	136988
金融业	Financial Intermediation	122851	109128	99635	128781
房地产业	Real Estate	69277	67632	49486	69743
租赁和商务服务业	Leasing and Business Services	81393	62843	48536	89619
科学研究和技术服务业	Scientific Research and Technical Services	107815	99164	75188	117092
水利、环境和公共设施管理业	Management of Water Conservancy, Environment	52229	51735	41348	55535
居民服务、修理和其他服务业	Services to Households, Repair and Other Services	50552	61592	45646	47177
教育	Education	83412	84860	74102	66762
卫生和社会工作	Health and Social Service	89648	92796	70485	69649
文化、体育和娱乐业	Culture, Sports and Entertainment	87803	87850	56948	88709
公共管理、社会保障和社会组织	Public Management, Social Security and Social Organization	80372	80589	67206	54082

6-6 分地区城镇非私营单位就业人员平均工资和指数(2017年)
Average Wage of Employed Persons in Urban Non-Private Units and Related Indices(2017)

地 区	Region	平均工资(元) Average Wage (yuan)				
		合 计 Total	#在岗职工 Staff and Workers	国有单位 State-owned Units	城镇集体单 位 Urban Collective-owned Units	其他单位 Units of Other Types of Ownership
全 国	**National Total**	**74318**	**76121**	**81114**	**55243**	**71304**
北 京	Beijing	131700	134994	146019	58177	129187
天 津	Tianjin	94534	96965	122417	50215	86103
河 北	Hebei	63036	65266	64522	46587	62276
山 西	Shanxi	60061	61547	63133	48337	58102
内蒙古	Inner Mongolia	66679	67688	70361	67837	61393
辽 宁	Liaoning	61153	62545	61998	38397	61956
吉 林	Jilin	61451	62908	68132	51487	54475
黑龙江	Heilongjiang	56067	59995	55789	45814	57290
上 海	Shanghai	129795	130765	123411	74669	132255
江 苏	Jiangsu	78267	79741	102328	71426	72609
浙 江	Zhejiang	80750	82642	122415	59286	69739
安 徽	Anhui	65150	67927	75733	56758	59346
福 建	Fujian	67420	69029	86616	62947	61253
江 西	Jiangxi	61429	63069	72845	51556	53899
山 东	Shandong	68081	69305	83845	58002	60748
河 南	Henan	55495	55997	65958	51882	50388
湖 北	Hubei	65912	67736	75299	47563	60408
湖 南	Hunan	63690	65994	73061	44047	57702
广 东	Guangdong	79183	80020	98074	55013	75193
广 西	Guangxi	63821	66456	70407	46457	57603
海 南	Hainan	67727	69062	73759	55960	63446
重 庆	Chongqing	70889	73272	90342	53701	63040
四 川	Sichuan	69419	71631	80321	55115	61279
贵 州	Guizhou	71795	75109	79177	79044	62775
云 南	Yunnan	69106	73515	89448	70108	52336
西 藏	Tibet	108817	115549	116581	51658	72754
陕 西	Shaanxi	65181	67433	67001	53547	64246
甘 肃	Gansu	63374	65726	70549	43138	53549
青 海	Qinghai	75701	76535	84938	62994	64391
宁 夏	Ningxia	70298	72779	76043	64359	64750
新 疆	Xinjiang	67932	68641	66561	73143	70050

6-6 续表 1 continued

地 区 Region	平均货币工资指数(上年=100) Indices of Average Wage(preceding year=100)				
	合 计 Total	#在岗职工 Staff and Workers	国有单位 State-owned Units	城镇集体单位 Urban Collective-owned Units	其他单位 Units of Other Types of Ownership
全 国 National Total	**110.0**	**110.3**	**111.8**	**109.3**	**108.8**
北 京 Beijing	109.8	110.0	116.4	98.4	108.0
天 津 Tianjin	109.5	110.4	113.6	103.9	107.1
河 北 Hebei	113.9	114.5	109.8	106.4	117.7
山 西 Shanxi	111.8	112.0	110.4	108.5	113.5
内蒙古 Inner Mongolia	109.2	109.2	106.6	110.2	112.8
辽 宁 Liaoning	109.2	109.4	108.3	102.3	109.7
吉 林 Jilin	109.5	109.4	109.9	116.9	108.1
黑龙江 Heilongjiang	106.9	108.5	105.6	110.1	108.9
上 海 Shanghai	108.2	108.5	108.9	110.8	107.9
江 苏 Jiangsu	109.4	109.7	114.7	113.1	107.7
浙 江 Zhejiang	110.1	110.7	112.2	103.9	108.8
安 徽 Anhui	110.2	110.8	114.4	111.3	107.8
福 建 Fujian	108.8	109.3	112.5	111.3	106.9
江 西 Jiangxi	109.4	109.7	112.3	102.4	106.9
山 东 Shandong	108.9	109.0	109.0	107.8	108.5
河 南 Henan	112.1	111.9	116.5	113.8	109.3
湖 北 Hubei	110.2	110.8	113.4	111.0	107.7
湖 南 Hunan	109.4	109.7	113.5	105.8	106.2
广 东 Guangdong	109.5	109.8	113.8	111.5	108.1
广 西 Guangxi	110.3	110.3	110.4	107.9	109.9
海 南 Hainan	109.8	110.4	108.7	112.2	111.1
重 庆 Chongqing	108.2	108.7	113.5	107.9	104.9
四 川 Sichuan	108.6	108.9	110.1	105.6	107.1
贵 州 Guizhou	108.3	107.8	109.6	113.2	107.6
云 南 Yunnan	114.3	115.7	120.0	113.2	108.5
西 藏 Tibet	105.4	104.7	106.1	107.2	103.6
陕 西 Shaanxi	109.3	109.4	110.3	111.0	108.3
甘 肃 Gansu	110.1	110.4	110.4	111.3	108.7
青 海 Qinghai	113.7	113.5	114.8	115.0	111.4
宁 夏 Ningxia	107.2	107.3	109.2	122.2	104.8
新 疆 Xinjiang	106.6	106.2	105.1	111.7	108.8

6-6 续表 2 continued

地 区	Region	平均实际工资指数(上年=100) Indices of Average Real Wage(preceding year=100) 合 计 Total	#在岗职工 Staff and Workers	国有单位 State-owned Units	城镇集体单位 Urban Collective-owned Units	其他单位 Units of Other Types of Ownership
全 国	**National Total**	**108.2**	**108.5**	**110.0**	**107.5**	**107.0**
北 京	Beijing	108.0	108.1	114.5	96.7	106.2
天 津	Tianjin	107.7	108.6	111.7	102.1	105.3
河 北	Hebei	112.0	112.6	108.0	104.7	115.7
山 西	Shanxi	110.0	110.1	108.6	106.7	111.6
内蒙古	Inner Mongolia	107.4	107.4	104.8	108.4	110.9
辽 宁	Liaoning	107.3	107.6	106.5	100.6	107.9
吉 林	Jilin	107.7	107.6	108.0	115.0	106.3
黑龙江	Heilongjiang	105.1	106.7	103.8	108.2	107.1
上 海	Shanghai	106.4	106.7	107.0	109.0	106.1
江 苏	Jiangsu	107.5	107.9	112.8	111.2	105.9
浙 江	Zhejiang	108.3	108.9	110.4	102.2	107.0
安 徽	Anhui	108.4	109.0	112.5	109.5	106.0
福 建	Fujian	107.0	107.5	110.6	109.5	105.1
江 西	Jiangxi	107.6	107.9	110.4	100.7	105.1
山 东	Shandong	107.0	107.2	107.2	106.0	106.7
河 南	Henan	110.2	110.1	114.6	111.9	107.5
湖 北	Hubei	108.3	109.0	111.5	109.2	105.9
湖 南	Hunan	107.5	107.9	111.6	104.1	104.4
广 东	Guangdong	107.7	108.0	111.9	109.6	106.3
广 西	Guangxi	108.4	108.5	108.6	106.1	108.0
海 南	Hainan	108.0	108.5	106.9	110.3	109.2
重 庆	Chongqing	106.3	106.9	111.6	106.1	103.1
四 川	Sichuan	106.8	107.1	108.2	103.9	105.3
贵 州	Guizhou	106.5	106.0	107.8	111.3	105.8
云 南	Yunnan	112.4	113.7	118.0	111.3	106.7
西 藏	Tibet	103.6	103.0	104.4	105.4	101.9
陕 西	Shaanxi	107.5	107.6	108.4	109.1	106.5
甘 肃	Gansu	108.2	108.5	108.5	109.4	106.9
青 海	Qinghai	111.8	111.6	112.9	113.1	109.6
宁 夏	Ningxia	105.4	105.5	107.4	120.1	103.1
新 疆	Xinjiang	104.8	104.4	103.4	109.8	107.0

6-7 城乡居民恩格尔系数
Engel's Coefficient of Urban and Rural Households

年 份 Year	城镇居民恩格尔系数（%） Engel's Coefficient of Urban Households (%)	农村居民恩格尔系数（%） Engel's Coefficient of Rural Households (%)	年 份 Year	城镇居民恩格尔系数（%） Engel's Coefficient of Urban Households (%)	农村居民恩格尔系数（%） Engel's Coefficient of Rural Households (%)
1978	57.5	67.7	2001	38.2	47.7
1980	56.9	61.8	2002	37.7	46.2
1985	53.3	57.8	2003	37.1	45.6
1990	54.2	58.8	2004	37.7	47.2
			2005	36.7	45.5
1991	53.8	57.6			
1992	53.0	57.6	2006	35.8	43.0
1993	50.3	58.1	2007	36.3	43.1
1994	50.0	58.9	2008	37.9	43.7
1995	50.1	58.6	2009	36.5	41.0
			2010	35.7	41.1
1996	48.8	56.3			
1997	46.6	55.1	2011	36.3	40.4
1998	44.7	53.4	2012	36.2	39.3
1999	42.1	52.6	2013	35.0	37.7
2000	39.4	49.1	2014	30.0	33.6
			2015	29.7	33.0
			2016	29.3	32.2
			2017	28.6	31.2

6-8　全国居民人均收支和构成情况
Per Capita Income and Consumption Expenditure and Composition Nationwide

单位：元，%　　(yuan,%)

项　目	Item	绝对数 Value				构成 Percentage			
		2014	2015	2016	2017	2014	2015	2016	2017
全国居民人均收入	**Per Capita Income Nationwide**								
可支配收入	**Disposable Income**	**20167.1**	**21966.2**	**23821.0**	**25973.8**	**100.00**	**100.00**	**100.00**	**100.00**
工资性收入	Income of Wages and Salaries	11420.6	12459.0	13455.2	14620.3	56.63	56.72	56.48	56.29
经营净收入	Net Business Income	3732.0	3955.6	4217.7	4501.8	18.51	18.01	17.71	17.33
财产净收入	Net Income from Property	1587.8	1739.6	1889.0	2107.4	7.87	7.92	7.93	8.11
转移净收入	Net Income from Transfer	3426.8	3811.9	4259.1	4744.3	16.99	17.35	17.88	18.27
现金可支配收入	**Cash Disposable Income**	**18747.4**	**20424.3**	**22204.5**	**24201.9**	**100.00**	**100.00**	**100.00**	**100.00**
工资性收入	Income of Wages and Salaries	11352.7	12386.2	13379.0	14537.8	60.56	60.64	60.25	60.07
经营净收入	Net Business Income	3571.5	3782.7	4111.4	4424.1	19.05	18.52	18.52	18.28
财产净收入	Net Income from Property	621.8	689.5	739.8	811.5	3.32	3.38	3.33	3.35
转移净收入	Net Income from Transfer	3201.3	3565.9	3974.3	4428.6	17.08	17.46	17.90	18.30
全国居民人均支出	**Per Capita Expenditure Nationwide**								
消费支出	**Consumption Expenditure**	**14491.4**	**15712.4**	**17110.7**	**18322.1**	**100.00**	**100.00**	**100.00**	**100.00**
食品烟酒	Food,Tobacco and Liquor	4493.9	4814.0	5151.0	5373.6	31.01	30.64	30.10	29.33
衣着	Clothing	1099.3	1164.1	1202.7	1237.6	7.59	7.41	7.03	6.75
居住	Residence	3200.5	3419.2	3746.4	4106.9	22.09	21.76	21.90	22.41
生活用品及服务	Household Facilities, Articles and Services	889.7	951.4	1043.7	1120.7	6.14	6.05	6.10	6.12
交通通信	Transport and Communications	1869.3	2086.9	2337.8	2498.9	12.90	13.28	13.66	13.64
教育文化娱乐	Education, Culture and Recreation	1535.9	1723.1	1915.3	2086.2	10.60	10.97	11.19	11.39
医疗保健	Health Care and Medical Services	1044.8	1164.5	1307.5	1451.2	7.21	7.41	7.64	7.92
其他用品及服务	Miscellaneous Goods and Services	358.0	389.2	406.3	447.0	2.47	2.48	2.37	2.44
现金消费支出	**Cash Consumption Expenditure**	**11975.7**	**12988.7**	**14142.0**	**15122.3**	**100.00**	**100.00**	**100.00**	**100.00**
食品烟酒	Food, Tobacco and Liquor	4185.6	4505.0	4846.7	5073.0	34.95	34.68	34.27	33.55
衣着	Clothing	1098.6	1163.5	1202.2	1237.0	9.17	8.96	8.50	8.18
居住	Residence	1215.7	1251.9	1359.8	1519.0	10.15	9.64	9.62	10.04
生活用品及服务	Household Facilities, Articles and Services	882.6	943.8	1036.1	1110.8	7.37	7.27	7.33	7.35
交通通信	Transport and Communications	1866.2	2083.7	2332.9	2495.3	15.58	16.04	16.50	16.50
教育文化娱乐	Education, Culture and Recreation	1534.9	1722.0	1914.3	2085.3	12.82	13.26	13.54	13.79
医疗保健	Health Care and Medical Services	838.3	933.3	1048.5	1160.7	7.00	7.19	7.41	7.68
其他用品及服务	Miscellaneous Goods and Services	353.8	385.6	401.5	441.2	2.95	2.97	2.84	2.92

注：自2013年起，数据来源于国家统计局开展的城乡一体化住户收支与生活状况调查(以下相关表同)。

Note: Since 2013, the data are complied on the basis of the intergrated household income and expenditure survey of the NBS, including both urban and rural households. The same applies to the relevant tables following.

6-9 城镇居民人均收支和构成情况
Per Capita Income and Consumption Expenditure and Composition of Urban Households

单位：元，%　　(yuan,%)

项　目	Item	绝对数 Value				构成 Percentage			
		2014	2015	2016	2017	2014	2015	2016	2017
城镇居民人均收入	**Per Capita Income Nationwide**								
可支配收入	**Disposable Income**	**28843.9**	**31194.8**	**33616.2**	**36396.2**	**100.00**	**100.00**	**100.00**	**100.00**
工资性收入	Income of Wages and Salaries	17936.8	19337.1	20665.0	22200.9	62.19	61.99	61.47	61.00
经营净收入	Net Business Income	3279.0	3476.1	3770.1	4064.7	11.37	11.14	11.22	11.17
财产净收入	Net Income from Property	2812.1	3041.9	3271.3	3606.9	9.75	9.75	9.73	9.91
转移净收入	Net Income from Transfer	4815.9	5339.7	5909.8	6523.6	16.70	17.12	17.58	17.92
现金可支配收入	**Cash Disposable Income**	**26860.2**	**29042.0**	**31270.0**	**33757.3**	**100.00**	**100.00**	**100.00**	**100.00**
工资性收入	Income of Wages and Salaries	17821.3	19214.8	20541.7	22072.7	66.35	66.16	65.69	65.39
经营净收入	Net Business Income	3528.0	3714.0	4032.3	4321.9	13.13	12.79	12.90	12.80
财产净收入	Net Income from Property	977.8	1072.8	1139.6	1234.1	3.64	3.69	3.64	3.66
转移净收入	Net Income from Transfer	4533.1	5040.4	5556.4	6128.5	16.88	17.36	17.77	18.15
城镇居民人均支出	**Per Capita Expenditure Nationwide**								
消费支出	**Consumption Expenditure**	**19968.1**	**21392.4**	**23078.9**	**24445.0**	**100.00**	**100.00**	**100.00**	**100.00**
食品烟酒	Food,Tobacco and Liquor	6000.0	6359.7	6762.4	7001.0	30.05	29.73	29.30	28.64
衣着	Clothing	1627.2	1701.1	1739.0	1757.9	8.15	7.95	7.54	7.19
居住	Residence	4489.6	4726.0	5113.7	5564.0	22.48	22.09	22.16	22.76
生活用品及服务	Household Facilities, Articles and Services	1233.2	1306.5	1426.8	1525.0	6.18	6.11	6.18	6.24
交通通信	Transport and Communications	2637.3	2895.4	3173.9	3321.5	13.21	13.53	13.75	13.59
教育文化娱乐	Education, Culture and Recreation	2142.3	2382.8	2637.6	2846.6	10.73	11.14	11.43	11.65
医疗保健	Health Care and Medical Services	1305.6	1443.4	1630.8	1777.4	6.54	6.75	7.07	7.27
其他用品及服务	Miscellaneous Goods and Services	532.9	577.5	594.7	651.5	2.67	2.70	2.58	2.67
现金消费支出	**Cash Consumption Expenditure**	**16690.6**	**17887.0**	**19284.1**	**20329.4**	**100.00**	**100.00**	**100.00**	**100.00**
食品烟酒	Food, Tobacco and Liquor	5874.9	6224.8	6627.7	6861.2	35.20	34.80	34.37	33.75
衣着	Clothing	1626.6	1700.5	1738.4	1757.3	9.75	9.51	9.01	8.64
居住	Residence	1625.6	1665.9	1810.4	1986.8	9.74	9.31	9.39	9.77
生活用品及服务	Household Facilities, Articles and Services	1225.6	1298.7	1417.8	1514.5	7.34	7.26	7.35	7.45
交通通信	Transport and Communications	2631.5	2889.8	3166.5	3315.6	15.77	16.16	16.42	16.31
教育文化娱乐	Education, Culture and Recreation	2140.7	2381.0	2636.3	2845.4	12.83	13.31	13.67	14.00
医疗保健	Health Care and Medical Services	1038.5	1153.7	1298.7	1403.7	6.22	6.45	6.73	6.90
其他用品及服务	Miscellaneous Goods and Services	527.1	572.6	588.3	644.8	3.16	3.20	3.05	3.17

6-10 农村居民人均收支和构成情况
Per Capita Income and Consumption Expenditure and Composition of Rural Households

单位：元，% (yuan,%)

项 目	Item	绝对数 Value				构成 Percentage			
		2014	2015	2016	2017	2014	2015	2016	2017
农村居民人均收入	**Per Capita Income of Rural Households**								
可支配收入	**Disposable Income**	**10488.9**	**11421.7**	**12363.4**	**13432.4**	**100.00**	**100.00**	**100.00**	**100.00**
工资性收入	Income of Wages and Salaries	4152.2	4600.3	5021.8	5498.4	39.59	40.28	40.62	40.93
经营净收入	Net Business Income	4237.4	4503.6	4741.3	5027.8	40.40	39.43	38.35	37.43
财产净收入	Net Income from Property	222.1	251.5	272.1	303.0	2.12	2.20	2.20	2.26
转移净收入	Net Income from Transfer	1877.2	2066.3	2328.2	2603.2	17.90	18.09	18.83	19.38
现金可支配收入	**Cash Disposable Income**	**9698.2**	**10577.8**	**11600.6**	**12703.9**	**100.00**	**100.00**	**100.00**	**100.00**
工资性收入	Income of Wages and Salaries	4137.5	4583.9	5000.8	5470.9	42.66	43.33	43.11	43.06
经营净收入	Net Business Income	3620.1	3861.3	4203.9	4547.0	37.33	36.50	36.24	35.79
财产净收入	Net Income from Property	224.7	251.5	272.1	303.0	2.32	2.38	2.35	2.38
转移净收入	Net Income from Transfer	1715.9	1881.2	2123.8	2383.0	17.69	17.78	18.31	18.76
农村居民人均支出	**Per Capita Expenditure of Rural Households**								
消费支出	**Consumption Expenditure**	**8382.6**	**9222.6**	**10129.8**	**10954.5**	**100.00**	**100.00**	**100.00**	**100.00**
食品烟酒	Food,Tobacco and Liquor	2814.0	3048.0	3266.1	3415.4	33.57	33.05	32.24	31.18
衣着	Clothing	510.4	550.5	575.4	611.6	6.09	5.97	5.68	5.58
居住	Residence	1762.7	1926.2	2147.1	2353.5	21.03	20.89	21.20	21.48
生活用品及服务	Household Facilities, Articles and Services	506.5	545.6	595.7	634.0	6.04	5.92	5.88	5.79
交通通信	Transport and Communications	1012.6	1163.1	1359.9	1509.1	12.08	12.61	13.43	13.78
教育文化娱乐	Education, Culture and Recreation	859.5	969.3	1070.3	1171.3	10.25	10.51	10.57	10.69
医疗保健	Health Care and Medical Services	753.9	846.0	929.2	1058.7	8.99	9.17	9.17	9.66
其他用品及服务	Miscellaneous Goods and Services	163.0	174.0	186.0	200.9	1.94	1.89	1.84	1.83
现金消费支出	**Cash Consumption Expenditure**	**6716.7**	**7392.1**	**8127.3**	**8856.5**	**100.00**	**100.00**	**100.00**	**100.00**
食品烟酒	Food, Tobacco and Liquor	2301.3	2540.0	2763.4	2921.2	34.26	34.36	34.00	32.98
衣着	Clothing	509.7	549.9	575.0	610.9	7.59	7.44	7.07	6.90
居住	Residence	758.5	779.0	832.8	956.0	11.29	10.54	10.25	10.79
生活用品及服务	Household Facilities, Articles and Services	500.1	538.3	589.7	624.9	7.44	7.28	7.26	7.06
交通通信	Transport and Communications	1012.5	1162.6	1357.8	1508.1	15.07	15.73	16.71	17.03
教育文化娱乐	Education, Culture and Recreation	859.2	969.0	1069.9	1170.7	12.79	13.11	13.16	13.22
医疗保健	Health Care and Medical Services	614.9	681.4	755.8	868.2	9.16	9.22	9.30	9.80
其他用品及服务	Miscellaneous Goods and Services	160.5	172.0	183.0	196.3	2.39	2.33	2.25	2.22

6-11 城乡居民按收入五等份分组的人均可支配收入情况
Per Capita Disposable Income of Urban and Rural Households by Income Quintile

单位：元 (yuan)

组　别	Item	全国 National Total			城镇 Urban Area			农村 Rural Area		
		2015	2016	2017	2015	2016	2017	2015	2016	2017
低收入户(20%)	Low Income Households	5221.2	5528.7	5958.4	12230.9	13004.1	13723.1	3085.6	3006.5	3301.9
中等偏下户(20%)	Lower Middle Income Households	11894.0	12898.9	13842.8	21446.2	23054.9	24550.1	7220.9	7827.7	8348.6
中等收入户(20%)	Middle Income Households	19320.1	20924.4	22495.3	29105.2	31521.8	33781.3	10310.6	11159.1	11978.0
中等偏上户(20%)	Upper Middle Income Households	29437.6	31990.4	34546.8	38572.4	41805.6	45163.4	14537.3	15727.4	16943.6
高收入户（20%）	High Income Households	54543.5	59259.5	64934.0	65082.2	70347.8	77097.2	26013.9	28448.0	31299.3

6-12 东、中、西部及东北地区城乡居民人均可支配收入情况
Per Capita Disposable Income of Urban and Rrual Households in Eastern, Central, Western and Northeastern Regions

单位：元 (yuan)

组　别	Item	全国 National Total			城镇 Urban Area			农村 Rural Area		
		2015	2016	2017	2015	2016	2017	2015	2016	2017
东部地区	Eastern Region	28223.3	30654.7	33414.0	36691.3	39651.0	42989.8	14297.4	15498.3	16822.1
中部地区	Central Region	18442.1	20006.2	21833.6	26809.6	28879.3	31293.8	10919.0	11794.3	12805.8
西部地区	Western Region	16868.1	18406.8	20130.3	26473.1	28609.7	30986.9	9093.4	9918.4	10828.6
东北地区	Northeastern Region	21008.4	22351.5	23900.5	27399.6	29045.1	30959.5	11490.1	12274.6	13115.8

6-13 分地区城乡居民人均可支配收入情况
Per Capita Disposable Income in Urban and Rural Households by Region

单位：元 (yuan)

地 区	Region	全国 National Total			城镇 Urban Area			农村 Rural Area		
		2015	2016	2017	2015	2016	2017	2015	2016	2017
全 国	**National Average**	**21966.2**	**23821.0**	**25973.8**	**31194.8**	**33616.2**	**36396.2**	**11421.7**	**12363.4**	**13432.4**
北 京	Beijing	48458.0	52530.4	57229.8	52859.2	57275.3	62406.3	20568.7	22309.5	24240.5
天 津	Tianjin	31291.4	34074.5	37022.3	34101.3	37109.6	40277.5	18481.6	20075.6	21753.7
河 北	Hebei	18118.1	19725.4	21484.1	26152.2	28249.4	30547.8	11050.5	11919.4	12880.9
山 西	Shanxi	17853.7	19048.9	20420.0	25827.7	27352.3	29131.8	9453.9	10082.5	10787.5
内蒙古	Inner Mongolia	22310.1	24126.6	26212.2	30594.1	32974.9	35670.0	10775.9	11609.0	12584.3
辽 宁	Liaoning	24575.6	26039.7	27835.4	31125.7	32876.1	34993.4	12056.9	12880.7	13746.8
吉 林	Jilin	18683.7	19967.0	21368.3	24900.9	26530.4	28318.7	11326.2	12122.9	12950.4
黑龙江	Heilongjiang	18592.7	19838.5	21205.8	24202.6	25736.4	27446.0	11095.2	11831.9	12664.8
上 海	Shanghai	49867.2	54305.3	58988.0	52961.9	57691.7	62595.7	23205.2	25520.4	27825.0
江 苏	Jiangsu	29538.9	32070.1	35024.1	37173.5	40151.6	43621.8	16256.7	17605.6	19158.0
浙 江	Zhejiang	35537.1	38529.0	42045.7	43714.5	47237.2	51260.7	21125.0	22866.1	24955.8
安 徽	Anhui	18362.6	19998.1	21863.3	26935.8	29156.0	31640.3	10820.7	11720.5	12758.2
福 建	Fujian	25404.4	27607.9	30047.7	33275.3	36014.3	39001.4	13792.7	14999.2	16334.8
江 西	Jiangxi	18437.1	20109.6	22031.4	26500.1	28673.3	31198.1	11139.1	12137.7	13241.8
山 东	Shandong	22703.2	24685.3	26929.9	31545.3	34012.1	36789.4	12930.4	13954.1	15117.5
河 南	Henan	17124.8	18443.1	20170.0	25575.6	27232.9	29557.9	10852.9	11696.7	12719.2
湖 北	Hubei	20025.6	21786.6	23757.2	27051.5	29385.8	31889.4	11843.9	12725.0	13812.1
湖 南	Hunan	19317.5	21114.8	23102.7	28838.1	31283.9	33947.9	10992.5	11930.4	12935.8
广 东	Guangdong	27858.9	30295.8	33003.3	34757.2	37684.3	40975.1	13360.4	14512.2	15779.7
广 西	Guangxi	16873.4	18305.1	19904.8	26415.9	28324.4	30502.1	9466.6	10359.5	11325.5
海 南	Hainan	18979.0	20653.4	22553.2	26356.4	28453.5	30817.4	10857.6	11842.9	12901.8
重 庆	Chongqing	20110.1	22034.1	24153.0	27238.8	29610.0	32193.2	10504.7	11548.8	12637.9
四 川	Sichuan	17221.0	18808.3	20579.8	26205.3	28335.3	30726.9	10247.4	11203.1	12226.9
贵 州	Guizhou	13696.6	15121.1	16703.6	24579.6	26742.6	29079.8	7386.9	8090.3	8869.1
云 南	Yunnan	15222.6	16719.9	18348.3	26373.2	28610.6	30995.9	8242.1	9019.8	9862.2
西 藏	Tibet	12254.3	13639.2	15457.3	25456.6	27802.4	30671.1	8243.7	9093.8	10330.2
陕 西	Shaanxi	17395.0	18873.7	20635.2	26420.2	28440.1	30810.3	8688.9	9396.4	10264.5
甘 肃	Gansu	13466.6	14670.3	16011.0	23767.1	25693.5	27763.4	6936.2	7456.9	8076.1
青 海	Qinghai	15812.7	17301.8	19001.0	24542.3	26757.4	29168.9	7933.4	8664.4	9462.3
宁 夏	Ningxia	17329.1	18832.3	20561.7	25186.0	27153.0	29472.3	9118.7	9851.6	10737.9
新 疆	Xinjiang	16859.1	18354.7	19975.1	26274.7	28463.4	30774.8	9425.1	10183.2	11045.3

6-14 分地区全国居民人均可支配收入来源和构成情况(2017年)
Per Capita Disposable Income and Composition of Nationwide Households by Sources and Region(2017)

单位：元，% (yuan, %)

地区	Region	可支配收入 Disposable Income	工资性收入 Income from Wages and Salaries	经营净收入 Net Business Income	财产净收入 Net Income from Properties	转移净收入 Net Income from Transfers
全国	**National Average**	**25973.8**	**14620.3**	**4501.8**	**2107.4**	**4744.3**
北京	Beijing	57229.8	35216.6	1408.3	9305.9	11299.0
天津	Tianjin	37022.3	23165.0	3262.2	3504.9	7090.3
河北	Hebei	21484.1	13003.5	3210.8	1467.3	3802.6
山西	Shanxi	20420.0	11957.1	2624.1	1227.9	4610.9
内蒙古	Inner Mongolia	26212.2	13899.7	6363.8	1287.6	4661.2
辽宁	Liaoning	27835.4	14596.2	4881.9	1342.7	7014.6
吉林	Jilin	21368.3	10631.3	4712.7	898.7	5125.6
黑龙江	Heilongjiang	21205.8	10318.8	4499.3	993.0	5394.8
上海	Shanghai	58988.0	34365.4	1532.6	9030.1	14059.9
江苏	Jiangsu	35024.1	20399.2	4994.2	3238.6	6392.1
浙江	Zhejiang	42045.7	24137.3	7123.4	4741.6	6043.4
安徽	Anhui	21863.3	11920.9	4878.9	1227.7	3835.8
福建	Fujian	30047.7	17380.1	5600.1	2885.1	4182.4
江西	Jiangxi	22031.4	12553.1	3760.9	1397.0	4320.4
山东	Shandong	26929.9	15532.3	5892.6	1831.3	3673.8
河南	Henan	20170.0	10108.1	4574.5	1237.3	4250.1
湖北	Hubei	23757.2	11830.6	5157.3	1501.9	5267.4
湖南	Hunan	23102.7	11836.6	4483.5	1626.8	5155.7
广东	Guangdong	33003.3	23052.9	4420.9	3602.0	1927.5
广西	Guangxi	19904.8	9819.3	5014.1	1171.5	3899.8
海南	Hainan	22553.2	13371.2	4285.7	1365.4	3530.9
重庆	Chongqing	24153.0	12603.8	4016.7	1525.5	6007.0
四川	Sichuan	20579.8	10013.6	4263.7	1362.9	4939.6
贵州	Guizhou	16703.6	8642.8	3842.1	903.3	3315.5
云南	Yunnan	18348.3	8468.1	4771.0	1850.9	3258.3
西藏	Tibet	15457.3	7839.7	4482.3	753.4	2381.9
陕西	Shaanxi	20635.2	11254.5	2629.5	1179.8	5571.4
甘肃	Gansu	16011.0	8798.4	2982.2	1043.7	3186.7
青海	Qinghai	19001.0	11351.0	2861.2	949.0	3839.9
宁夏	Ningxia	20561.7	12270.3	3628.2	819.8	3843.3
新疆	Xinjiang	19975.1	10907.2	4743.7	739.3	3584.9

6-14 续表 continued

单位：元，% (yuan, %)

地 区	Region	可支配收入来源构成 Percentage of Disposable Income	工资性收入 Income from Wages and Salaries	经营净收入 Net Business Income	财产净收入 Net Income from Properties	转移净收入 Net Income from Transfers
全 国	**National Average**	**100.00**	**56.29**	**17.33**	**8.11**	**18.27**
北 京	Beijing	100.00	61.54	2.46	16.26	19.74
天 津	Tianjin	100.00	62.57	8.81	9.47	19.15
河 北	Hebei	100.00	60.53	14.94	6.83	17.70
山 西	Shanxi	100.00	58.56	12.85	6.01	22.58
内蒙古	Inner Mongolia	100.00	53.03	24.28	4.91	17.78
辽 宁	Liaoning	100.00	52.44	17.54	4.82	25.20
吉 林	Jilin	100.00	49.75	22.05	4.21	23.99
黑龙江	Heilongjiang	100.00	48.66	21.22	4.68	25.44
上 海	Shanghai	100.00	58.26	2.60	15.31	23.84
江 苏	Jiangsu	100.00	58.24	14.26	9.25	18.25
浙 江	Zhejiang	100.00	57.41	16.94	11.28	14.37
安 徽	Anhui	100.00	54.52	22.32	5.62	17.54
福 建	Fujian	100.00	57.84	18.64	9.60	13.92
江 西	Jiangxi	100.00	56.98	17.07	6.34	19.61
山 东	Shandong	100.00	57.68	21.88	6.80	13.64
河 南	Henan	100.00	50.11	22.68	6.13	21.07
湖 北	Hubei	100.00	49.80	21.71	6.32	22.17
湖 南	Hunan	100.00	51.23	19.41	7.04	22.32
广 东	Guangdong	100.00	69.85	13.40	10.91	5.84
广 西	Guangxi	100.00	49.33	25.19	5.89	19.59
海 南	Hainan	100.00	59.29	19.00	6.05	15.66
重 庆	Chongqing	100.00	52.18	16.63	6.32	24.87
四 川	Sichuan	100.00	48.66	20.72	6.62	24.00
贵 州	Guizhou	100.00	51.74	23.00	5.41	19.85
云 南	Yunnan	100.00	46.15	26.00	10.09	17.76
西 藏	Tibet	100.00	50.72	29.00	4.87	15.41
陕 西	Shaanxi	100.00	54.54	12.74	5.72	27.00
甘 肃	Gansu	100.00	54.95	18.63	6.52	19.90
青 海	Qinghai	100.00	59.74	15.06	4.99	20.21
宁 夏	Ningxia	100.00	59.68	17.65	3.99	18.69
新 疆	Xinjiang	100.00	54.60	23.75	3.70	17.95

6-15 分地区城镇居民人均可支配收入来源和构成情况(2017年)
Per Capita Disposable Income and Composition of Urban Households by Sources and Region(2017)

单位：元，% (yuan,%)

地 区	Region	可支配收入 Disposable Income	工资性收入 Income from Wages and Salaries	经营净收入 Net Business Income	财产净收入 Net Income from Properties	转移净收入 Net Income from Transfers
全 国	**National Average**	**36396.2**	**22200.9**	**4064.7**	**3606.9**	**6523.6**
北 京	Beijing	62406.3	37883.2	1293.4	10519.7	12710.0
天 津	Tianjin	40277.5	25302.5	2771.9	4037.4	8165.8
河 北	Hebei	30547.8	19496.0	2139.2	2724.1	6188.5
山 西	Shanxi	29131.8	17831.0	2443.4	2190.1	6667.3
内蒙古	Inner Mongolia	35670.0	21707.4	6349.3	1824.0	5789.3
辽 宁	Liaoning	34993.4	19256.7	4405.8	1874.1	9456.8
吉 林	Jilin	28318.7	16917.1	2494.0	1402.1	7505.5
黑龙江	Heilongjiang	27446.0	15782.6	2896.6	1314.4	7452.3
上 海	Shanghai	62595.7	35995.0	1551.1	9975.7	15074.0
江 苏	Jiangsu	43621.8	26298.3	4655.4	4625.0	8043.0
浙 江	Zhejiang	51260.7	28817.7	7668.7	6911.3	7863.1
安 徽	Anhui	31640.3	19756.2	4720.7	2310.9	4852.5
福 建	Fujian	39001.4	23886.0	5159.0	4579.5	5376.9
江 西	Jiangxi	31198.1	19794.9	2605.5	2630.5	6167.2
山 东	Shandong	36789.4	23431.0	5193.9	3033.5	5130.9
河 南	Henan	29557.9	16833.5	4356.8	2545.0	5822.6
湖 北	Hubei	31889.4	17915.2	4497.7	2594.5	6882.1
湖 南	Hunan	33947.9	18765.9	4605.8	3204.1	7372.2
广 东	Guangdong	40975.1	30087.3	4560.8	5077.2	1249.8
广 西	Guangxi	30502.1	17943.2	4904.2	2390.0	5264.7
海 南	Hainan	30817.4	20395.7	3180.6	2375.4	4865.7
重 庆	Chongqing	32193.2	18335.8	3685.3	2375.6	7796.6
四 川	Sichuan	30726.9	17299.3	3586.2	2626.8	7214.6
贵 州	Guizhou	29079.8	16552.6	4721.8	2184.9	5620.6
云 南	Yunnan	30995.9	16923.2	3814.9	4346.4	5911.4
西 藏	Tibet	30671.1	23897.6	763.9	2469.7	3540.0
陕 西	Shaanxi	30810.3	18105.7	2029.1	2155.7	8519.8
甘 肃	Gansu	27763.4	18459.6	2132.1	2378.7	4793.0
青 海	Qinghai	29168.9	20568.3	1899.2	1612.5	5088.8
宁 夏	Ningxia	29472.3	19568.7	3062.3	1269.8	5571.6
新 疆	Xinjiang	30774.8	20716.3	3179.7	1351.8	5527.0

6-15 续表 continued

单位：元，%　　(yuan,%)

地 区	Region	可支配收入来源构成 Percentage of Disposable Income	工资性收入 Income from Wages and Salaries	经营净收入 Net Business Income	财产净收入 Net Income from Properties	转移净收入 Net Income from Transfers
全 国	**National Average**	**100.00**	**61.00**	**11.17**	**9.91**	**17.92**
北 京	Beijing	100.00	60.70	2.07	16.86	20.37
天 津	Tianjin	100.00	62.82	6.88	10.02	20.27
河 北	Hebei	100.00	63.82	7.00	8.92	20.26
山 西	Shanxi	100.00	61.21	8.39	7.52	22.89
内蒙古	Inner Mongolia	100.00	60.86	17.80	5.11	16.23
辽 宁	Liaoning	100.00	55.03	12.59	5.36	27.02
吉 林	Jilin	100.00	59.74	8.81	4.95	26.50
黑龙江	Heilongjiang	100.00	57.50	10.55	4.79	27.15
上 海	Shanghai	100.00	57.50	2.48	15.94	24.08
江 苏	Jiangsu	100.00	60.29	10.67	10.60	18.44
浙 江	Zhejiang	100.00	56.22	14.96	13.48	15.34
安 徽	Anhui	100.00	62.44	14.92	7.30	15.34
福 建	Fujian	100.00	61.24	13.23	11.74	13.79
江 西	Jiangxi	100.00	63.45	8.35	8.43	19.77
山 东	Shandong	100.00	63.69	14.12	8.25	13.95
河 南	Henan	100.00	56.95	14.74	8.61	19.70
湖 北	Hubei	100.00	56.18	14.10	8.14	21.58
湖 南	Hunan	100.00	55.28	13.57	9.44	21.72
广 东	Guangdong	100.00	73.43	11.13	12.39	3.05
广 西	Guangxi	100.00	58.83	16.08	7.84	17.26
海 南	Hainan	100.00	66.18	10.32	7.71	15.79
重 庆	Chongqing	100.00	56.96	11.45	7.38	24.22
四 川	Sichuan	100.00	56.30	11.67	8.55	23.48
贵 州	Guizhou	100.00	56.92	16.24	7.51	19.33
云 南	Yunnan	100.00	54.60	12.31	14.02	19.07
西 藏	Tibet	100.00	77.92	2.49	8.05	11.54
陕 西	Shaanxi	100.00	58.77	6.59	7.00	27.65
甘 肃	Gansu	100.00	66.49	7.68	8.57	17.26
青 海	Qinghai	100.00	70.51	6.51	5.53	17.45
宁 夏	Ningxia	100.00	66.40	10.39	4.31	18.90
新 疆	Xinjiang	100.00	67.32	10.33	4.39	17.96

6-16 分地区农村居民人均可支配收入来源和构成情况(2017年)
Per Capita Disposable Income and Composition of Rural Households by Sources and Region(2017)

单位：元，%　　(yuan,%)

地 区	Region	可支配收入 Disposable Income	工资性收入 Income from Wages and Salaries	经营净收入 Net Business Income	财产净收入 Net Income from Properties	转移净收入 Net Income from Transfers
全 国	**National Average**	**13432.4**	**5498.4**	**5027.8**	**303.0**	**2603.2**
北 京	Beijing	24240.5	18222.8	2140.4	1570.5	2306.8
天 津	Tianjin	21753.7	13138.7	5561.9	1007.6	2045.4
河 北	Hebei	12880.9	6840.9	4227.9	274.2	1537.9
山 西	Shanxi	10787.5	5462.4	2824.0	163.9	2337.2
内蒙古	Inner Mongolia	12584.3	2649.3	6384.6	514.8	3035.6
辽 宁	Liaoning	13746.8	5423.1	5819.1	296.9	2207.7
吉 林	Jilin	12950.4	3018.3	7399.8	289.1	2243.2
黑龙江	Heilongjiang	12664.8	2840.3	6692.8	553.0	2578.6
上 海	Shanghai	27825.0	20289.2	1372.8	862.4	5300.7
江 苏	Jiangsu	19158.0	9513.0	5619.4	680.3	3345.3
浙 江	Zhejiang	24955.8	15457.1	6112.2	717.8	2668.6
安 徽	Anhui	12758.2	4624.0	5026.2	218.9	2889.1
福 建	Fujian	16334.8	7415.9	6275.8	290.0	2353.0
江 西	Jiangxi	13241.8	5609.2	4868.8	214.2	2549.6
山 东	Shandong	15117.5	6068.9	6729.7	390.8	1928.2
河 南	Henan	12719.2	4770.4	4747.2	199.5	3002.1
湖 北	Hubei	13812.1	4389.6	5963.9	165.8	3292.8
湖 南	Hunan	12935.8	5340.8	4368.9	148.2	3077.9
广 东	Guangdong	15779.7	7854.6	4118.6	414.8	3391.7
广 西	Guangxi	11325.5	3242.4	5103.1	185.1	2794.9
海 南	Hainan	12901.8	5167.5	5576.3	185.9	1972.0
重 庆	Chongqing	12637.9	4394.5	4491.4	308.0	3444.0
四 川	Sichuan	12226.9	4016.1	4821.4	322.5	3066.9
贵 州	Guizhou	8869.1	3635.7	3285.2	92.0	1856.2
云 南	Yunnan	9862.2	2794.9	5412.5	176.5	1478.2
西 藏	Tibet	10330.2	2428.1	5735.4	175.0	1991.6
陕 西	Shaanxi	10264.5	4271.5	3241.5	185.1	2566.3
甘 肃	Gansu	8076.1	2275.4	3556.2	142.3	2102.2
青 海	Qinghai	9462.3	2704.1	3763.6	326.4	2668.2
宁 夏	Ningxia	10737.9	4224.0	4252.0	323.8	1938.0
新 疆	Xinjiang	11045.3	2796.5	6037.0	232.9	1979.0

6-16 续表 continued

单位：元，% (yuan,%)

地 区	Region	可支配收入来源构成 Percentage of Disposable Income	工资性收入 Income from Wages and Salaries	经营净收入 Net Business Income	财产净收入 Net Income from Properties	转移净收入 Net Income from Transfers
全 国	**National Average**	**100.00**	**40.93**	**37.43**	**2.26**	**19.38**
北 京	Beijing	100.00	75.18	8.83	6.48	9.52
天 津	Tianjin	100.00	60.40	25.57	4.63	9.40
河 北	Hebei	100.00	53.11	32.82	2.13	11.94
山 西	Shanxi	100.00	50.64	26.18	1.52	21.67
内蒙古	Inner Mongolia	100.00	21.05	50.73	4.09	24.12
辽 宁	Liaoning	100.00	39.45	42.33	2.16	16.06
吉 林	Jilin	100.00	23.31	57.14	2.23	17.32
黑龙江	Heilongjiang	100.00	22.43	52.85	4.37	20.36
上 海	Shanghai	100.00	72.92	4.93	3.10	19.05
江 苏	Jiangsu	100.00	49.66	29.33	3.55	17.46
浙 江	Zhejiang	100.00	61.94	24.49	2.88	10.69
安 徽	Anhui	100.00	36.24	39.40	1.72	22.64
福 建	Fujian	100.00	45.40	38.42	1.78	14.41
江 西	Jiangxi	100.00	42.36	36.77	1.62	19.25
山 东	Shandong	100.00	40.14	44.52	2.59	12.75
河 南	Henan	100.00	37.51	37.32	1.57	23.60
湖 北	Hubei	100.00	31.78	43.18	1.20	23.84
湖 南	Hunan	100.00	41.29	33.77	1.15	23.79
广 东	Guangdong	100.00	49.78	26.10	2.63	21.49
广 西	Guangxi	100.00	28.63	45.06	1.63	24.68
海 南	Hainan	100.00	40.05	43.22	1.44	15.28
重 庆	Chongqing	100.00	34.77	35.54	2.44	27.25
四 川	Sichuan	100.00	32.85	39.43	2.64	25.08
贵 州	Guizhou	100.00	40.99	37.04	1.04	20.93
云 南	Yunnan	100.00	28.34	54.88	1.79	14.99
西 藏	Tibet	100.00	23.50	55.52	1.69	19.28
陕 西	Shaanxi	100.00	41.61	31.58	1.80	25.00
甘 肃	Gansu	100.00	28.17	44.03	1.76	26.03
青 海	Qinghai	100.00	28.58	39.77	3.45	28.20
宁 夏	Ningxia	100.00	39.34	39.60	3.02	18.05
新 疆	Xinjiang	100.00	25.32	54.66	2.11	17.92

6-17 分地区全国居民人均消费支出和构成情况(2017年)
Per Capita Consumption Expenditure and Composition of Nationwide Households by Region (2017)

单位：元，% (yuan,%)

地区	Region	消费支出 Consumption Expenditure	食品烟酒 Food, Tobacco and Liquor	衣着 Clothing	居住 Residence	生活用品及服务 Household Facilities Articles and Services	交通通信 Transport and Communi-cations
全国	**National Average**	**18322.1**	**5373.6**	**1237.6**	**4106.9**	**1120.7**	**2498.9**
北京	Beijing	37425.3	7548.9	2238.3	12295.0	2492.4	5034.0
天津	Tianjin	27841.4	8647.0	1944.8	5922.4	1655.5	3744.5
河北	Hebei	15437.0	3912.8	1173.5	3679.4	1066.2	2290.3
山西	Shanxi	13664.4	3324.8	1206.0	2933.5	761.0	1884.0
内蒙古	Inner Mongolia	18945.5	5205.3	1866.2	3324.0	1199.9	2914.9
辽宁	Liaoning	20463.4	5605.4	1671.6	3732.5	1191.7	3088.4
吉林	Jilin	15631.9	4144.1	1379.0	2912.3	795.8	2218.0
黑龙江	Heilongjiang	15577.5	4209.0	1437.7	2833.0	776.4	2185.5
上海	Shanghai	39791.9	10005.9	1733.4	13708.7	1824.9	4057.7
江苏	Jiangsu	23468.6	6524.8	1505.9	5586.2	1443.5	3496.4
浙江	Zhejiang	27079.1	7750.8	1585.9	6992.9	1345.8	4306.5
安徽	Anhui	15751.7	5143.4	1037.5	3397.6	890.8	2102.3
福建	Fujian	21249.3	7212.7	1119.1	5533.0	1179.0	2642.8
江西	Jiangxi	14459.0	4626.1	1005.8	3552.2	859.9	1600.7
山东	Shandong	17280.7	4715.1	1374.6	3565.8	1260.5	2568.3
河南	Henan	13729.6	3687.0	1184.5	2988.3	1056.4	1698.6
湖北	Hubei	16937.6	5098.4	1131.7	3699.0	1025.9	1795.7
湖南	Hunan	17160.4	5003.6	1086.1	3428.9	1054.0	2042.6
广东	Guangdong	24819.6	8317.0	1230.3	5790.9	1447.4	3380.0
广西	Guangxi	13423.7	4409.9	564.7	2909.3	762.8	1878.5
海南	Hainan	15402.7	5935.9	631.1	2925.6	769.0	1995.0
重庆	Chongqing	17898.1	5943.5	1394.8	3140.9	1245.5	2310.3
四川	Sichuan	16179.9	5632.2	1152.7	2946.8	1062.9	2200.0
贵州	Guizhou	12969.6	3954.0	863.4	2670.3	802.4	1781.6
云南	Yunnan	12658.1	3838.4	651.3	2471.1	742.0	2033.4
西藏	Tibet	10320.1	4788.6	1047.6	1763.2	617.2	1176.9
陕西	Shaanxi	14899.7	4124.0	1084.0	2978.6	1036.2	1760.7
甘肃	Gansu	13120.1	3886.9	1071.3	2475.1	836.8	1796.5
青海	Qinghai	15503.1	4453.0	1265.9	2754.5	929.0	2409.6
宁夏	Ningxia	15350.3	3796.4	1268.9	2861.5	932.4	2616.8
新疆	Xinjiang	15087.3	4338.5	1305.5	2698.5	943.2	2382.6

6-17 续表 1 continued

单位：元，% (yuan,%)

地 区	Region	教育文化娱乐 Education, Culture and Recreation	医疗保健 Health Care and Medical Services	其他用品及服务 Miscellaneous Goods and Services	消费支出构成 Percentage of Consumption Expenditure	食品烟酒 Food, Tobacco and Liquor	衣着 Clothing
全 国	**National Average**	**2086.2**	**1451.2**	**447.0**	**100.00**	**29.33**	**6.75**
北 京	Beijing	3916.7	2899.7	1000.4	100.00	20.17	5.98
天 津	Tianjin	2691.5	2390.0	845.6	100.00	31.06	6.99
河 北	Hebei	1578.3	1396.3	340.1	100.00	25.35	7.60
山 西	Shanxi	1879.3	1359.7	316.1	100.00	24.33	8.83
内蒙古	Inner Mongolia	2227.8	1653.8	553.8	100.00	27.47	9.85
辽 宁	Liaoning	2534.5	1999.9	639.3	100.00	27.39	8.17
吉 林	Jilin	1928.5	1818.3	435.9	100.00	26.51	8.82
黑龙江	Heilongjiang	1898.0	1791.3	446.6	100.00	27.02	9.23
上 海	Shanghai	4685.9	2602.1	1173.3	100.00	25.15	4.36
江 苏	Jiangsu	2747.6	1510.9	653.3	100.00	27.80	6.42
浙 江	Zhejiang	2844.9	1696.1	556.1	100.00	28.62	5.86
安 徽	Anhui	1700.5	1135.9	343.8	100.00	32.65	6.59
福 建	Fujian	1966.4	1105.3	491.0	100.00	33.94	5.27
江 西	Jiangxi	1606.8	877.8	329.7	100.00	31.99	6.96
山 东	Shandong	1948.4	1484.3	363.6	100.00	27.29	7.95
河 南	Henan	1559.8	1219.8	335.2	100.00	26.85	8.63
湖 北	Hubei	1930.4	1838.3	418.2	100.00	30.10	6.68
湖 南	Hunan	2805.1	1424.0	316.1	100.00	29.16	6.33
广 东	Guangdong	2620.4	1319.5	714.1	100.00	33.51	4.96
广 西	Guangxi	1585.8	1075.6	237.1	100.00	32.85	4.21
海 南	Hainan	1756.8	1101.2	288.1	100.00	38.54	4.10
重 庆	Chongqing	1993.0	1471.9	398.1	100.00	33.21	7.79
四 川	Sichuan	1468.2	1320.2	396.8	100.00	34.81	7.12
贵 州	Guizhou	1783.3	851.2	263.5	100.00	30.49	6.66
云 南	Yunnan	1573.7	1125.3	223.0	100.00	30.32	5.15
西 藏	Tibet	441.6	271.5	213.5	100.00	46.40	10.15
陕 西	Shaanxi	1857.6	1704.8	353.7	100.00	27.68	7.28
甘 肃	Gansu	1537.1	1233.4	282.8	100.00	29.63	8.17
青 海	Qinghai	1686.6	1598.7	405.8	100.00	28.72	8.17
宁 夏	Ningxia	1955.6	1553.6	365.1	100.00	24.73	8.27
新 疆	Xinjiang	1599.3	1466.3	353.4	100.00	28.76	8.65

6-17 续表 2 continued

单位：元，% (yuan,%)

地　区	Region	居　住 Residence	生活用品及服务 Household Facilities Articles and Services	交通通信 Transport and Communi-cations	教育文化娱　乐 Education, Culture and Recreation	医疗保健 Health Care and Medical Services	其他用品及服务 Miscellaneous Goods and Services
全　国	**National Average**	**22.41**	**6.12**	**13.64**	**11.39**	**7.92**	**2.44**
北　京	Beijing	32.85	6.66	13.45	10.47	7.75	2.67
天　津	Tianjin	21.27	5.95	13.45	9.67	8.58	3.04
河　北	Hebei	23.84	6.91	14.84	10.22	9.05	2.20
山　西	Shanxi	21.47	5.57	13.79	13.75	9.95	2.31
内蒙古	Inner Mongolia	17.54	6.33	15.39	11.76	8.73	2.92
辽　宁	Liaoning	18.24	5.82	15.09	12.39	9.77	3.12
吉　林	Jilin	18.63	5.09	14.19	12.34	11.63	2.79
黑龙江	Heilongjiang	18.19	4.98	14.03	12.18	11.50	2.87
上　海	Shanghai	34.45	4.59	10.20	11.78	6.54	2.95
江　苏	Jiangsu	23.80	6.15	14.90	11.71	6.44	2.78
浙　江	Zhejiang	25.82	4.97	15.90	10.51	6.26	2.05
安　徽	Anhui	21.57	5.66	13.35	10.80	7.21	2.18
福　建	Fujian	26.04	5.55	12.44	9.25	5.20	2.31
江　西	Jiangxi	24.57	5.95	11.07	11.11	6.07	2.28
山　东	Shandong	20.63	7.29	14.86	11.28	8.59	2.10
河　南	Henan	21.77	7.69	12.37	11.36	8.88	2.44
湖　北	Hubei	21.84	6.06	10.60	11.40	10.85	2.47
湖　南	Hunan	19.98	6.14	11.90	16.35	8.30	1.84
广　东	Guangdong	23.33	5.83	13.62	10.56	5.32	2.88
广　西	Guangxi	21.67	5.68	13.99	11.81	8.01	1.77
海　南	Hainan	18.99	4.99	12.95	11.41	7.15	1.87
重　庆	Chongqing	17.55	6.96	12.91	11.14	8.22	2.22
四　川	Sichuan	18.21	6.57	13.60	9.07	8.16	2.45
贵　州	Guizhou	20.59	6.19	13.74	13.75	6.56	2.03
云　南	Yunnan	19.52	5.86	16.06	12.43	8.89	1.76
西　藏	Tibet	17.08	5.98	11.40	4.28	2.63	2.07
陕　西	Shaanxi	19.99	6.95	11.82	12.47	11.44	2.37
甘　肃	Gansu	18.87	6.38	13.69	11.72	9.40	2.16
青　海	Qinghai	17.77	5.99	15.54	10.88	10.31	2.62
宁　夏	Ningxia	18.64	6.07	17.05	12.74	10.12	2.38
新　疆	Xinjiang	17.89	6.25	15.79	10.60	9.72	2.34

6-18 分地区城镇居民人均消费支出和构成情况(2017年)
Per Capita Consumption Expenditure and Composition of Urban Households by Region (2017)

单位：元，%　　(yuan,%)

地区	Region	消费支出 Consumption Expenditure	食品烟酒 Food, Tobacco and Liquor	衣着 Clothing	居住 Residence	生活用品及服务 Household Facilities Articles and Services	交通通信 Transport and Communi-cations
全国	**National Average**	**24445.0**	**7001.0**	**1757.9**	**5564.0**	**1525.0**	**3321.5**
北京	Beijing	40346.3	8003.3	2428.7	13347.4	2633.0	5395.5
天津	Tianjin	30283.6	9456.2	2118.9	6469.9	1773.8	3924.2
河北	Hebei	20600.3	5067.1	1688.8	5047.6	1485.1	2923.3
山西	Shanxi	18404.0	4244.2	1774.4	3866.6	1093.8	2658.2
内蒙古	Inner Mongolia	23637.8	6468.8	2576.7	4108.0	1670.2	3511.3
辽宁	Liaoning	25379.4	6988.3	2167.9	4510.6	1536.8	3770.7
吉林	Jilin	20051.2	5168.7	1954.1	3800.0	1114.9	2785.2
黑龙江	Heilongjiang	19269.8	5247.0	1920.8	3644.1	1030.8	2563.9
上海	Shanghai	42304.3	10456.5	1827.0	14749.0	1927.9	4253.5
江苏	Jiangsu	27726.3	7616.2	1838.5	6773.5	1708.6	3971.6
浙江	Zhejiang	31924.2	8906.1	1925.7	8413.5	1617.4	4955.8
安徽	Anhui	20740.2	6665.3	1544.1	4234.6	1215.0	2914.3
福建	Fujian	25980.5	8551.6	1438.0	6829.1	1478.1	3353.0
江西	Jiangxi	19244.5	5994.0	1531.2	4588.8	1196.2	2156.9
山东	Shandong	23072.1	6179.6	2033.6	4894.8	1736.5	3284.4
河南	Henan	19422.3	5187.8	1779.3	4226.6	1572.1	2269.6
湖北	Hubei	21275.6	6542.5	1544.8	4669.4	1287.2	2131.7
湖南	Hunan	23162.6	6585.0	1682.4	4353.2	1492.6	2904.6
广东	Guangdong	30197.9	9711.7	1587.1	7127.8	1782.8	4285.5
广西	Guangxi	18348.6	6098.5	908.1	3884.6	1093.3	2607.3
海南	Hainan	20371.9	7575.3	895.7	3855.9	1102.8	2811.5
重庆	Chongqing	22759.2	7305.3	1950.9	3960.4	1592.1	2992.0
四川	Sichuan	21990.6	7329.3	1723.3	3906.2	1403.8	3198.3
贵州	Guizhou	20347.8	6242.6	1570.0	3819.8	1359.2	2889.0
云南	Yunnan	19559.7	5665.1	1144.2	3904.8	1162.7	3113.6
西藏	Tibet	21087.5	9253.6	1973.3	4183.6	1161.8	2312.5
陕西	Shaanxi	20388.2	5798.6	1627.0	3796.5	1486.6	2394.7
甘肃	Gansu	20659.4	6032.6	1905.8	3828.3	1358.0	2952.6
青海	Qinghai	21473.0	6060.8	1901.1	3836.8	1398.8	3241.3
宁夏	Ningxia	20219.5	4952.2	1768.1	3680.3	1257.1	3470.9
新疆	Xinjiang	22796.9	6359.6	2025.3	3954.7	1590.0	3545.2

6-18 续表 1 continued

单位：元，% (yuan,%)

地 区	Region	教育文化娱乐 Education, Culture and Recreation	医疗保健 Health Care and Medical Services	其他用品及服务 Miscellaneous Goods and Services	消费支出构成 Percentage of Consumption Expenditure	食品烟酒 Food, Tobacco and Liquor	衣着 Clothing
全 国	**National Average**	**2846.6**	**1777.4**	**651.5**	**100.00**	**28.64**	**7.19**
北 京	Beijing	4325.2	3088.0	1125.1	100.00	19.84	6.02
天 津	Tianjin	2979.0	2599.5	962.2	100.00	31.23	7.00
河 北	Hebei	2172.7	1737.3	478.4	100.00	24.60	8.20
山 西	Shanxi	2559.4	1741.4	465.9	100.00	23.06	9.64
内蒙古	Inner Mongolia	2636.7	1907.3	758.8	100.00	27.37	10.90
辽 宁	Liaoning	3164.3	2380.1	860.6	100.00	27.54	8.54
吉 林	Jilin	2445.4	2164.0	619.0	100.00	25.78	9.75
黑龙江	Heilongjiang	2289.5	1966.7	606.9	100.00	27.23	9.97
上 海	Shanghai	5087.2	2734.7	1268.5	100.00	24.72	4.32
江 苏	Jiangsu	3450.5	1573.7	793.6	100.00	27.47	6.63
浙 江	Zhejiang	3521.1	1871.8	713.0	100.00	27.90	6.03
安 徽	Anhui	2372.2	1274.5	520.1	100.00	32.14	7.45
福 建	Fujian	2483.5	1235.1	612.1	100.00	32.92	5.53
江 西	Jiangxi	2235.4	1044.3	497.7	100.00	31.15	7.96
山 东	Shandong	2622.5	1780.6	540.2	100.00	26.78	8.81
河 南	Henan	2226.9	1611.5	548.5	100.00	26.71	9.16
湖 北	Hubei	2420.9	2165.5	513.6	100.00	30.75	7.26
湖 南	Hunan	3972.9	1693.0	478.9	100.00	28.43	7.26
广 东	Guangdong	3284.3	1503.6	915.1	100.00	32.16	5.26
广 西	Guangxi	2151.5	1254.2	351.0	100.00	33.24	4.95
海 南	Hainan	2236.1	1505.1	389.5	100.00	37.19	4.40
重 庆	Chongqing	2528.5	1882.5	547.5	100.00	32.10	8.57
四 川	Sichuan	2221.9	1595.6	612.1	100.00	33.33	7.84
贵 州	Guizhou	2731.3	1244.0	491.9	100.00	30.68	7.72
云 南	Yunnan	2363.1	1786.6	419.5	100.00	28.96	5.85
西 藏	Tibet	1044.0	639.7	519.0	100.00	43.88	9.36
陕 西	Shaanxi	2617.9	2140.8	526.1	100.00	28.44	7.98
甘 肃	Gansu	2341.9	1741.2	499.1	100.00	29.20	9.22
青 海	Qinghai	2528.3	1948.6	557.2	100.00	28.23	8.85
宁 夏	Ningxia	2629.7	1936.6	524.5	100.00	24.49	8.74
新 疆	Xinjiang	2629.5	2065.6	627.1	100.00	27.90	8.88

6-18 续表 2 continued

单位：元，% (yuan,%)

地 区	Region	居 住 Residence	生活用品及服务 Household Facilities Articles and Services	交通通信 Transport and Communi-cations	教育文化娱乐 Education, Culture and Recreation	医疗保健 Health Care and Medical Services	其他用品及服务 Miscellaneous Goods and Services
全 国	**National Average**	**22.76**	**6.24**	**13.59**	**11.65**	**7.27**	**2.67**
北 京	Beijing	33.08	6.53	13.37	10.72	7.65	2.79
天 津	Tianjin	21.36	5.86	12.96	9.84	8.58	3.18
河 北	Hebei	24.50	7.21	14.19	10.55	8.43	2.32
山 西	Shanxi	21.01	5.94	14.44	13.91	9.46	2.53
内蒙古	Inner Mongolia	17.38	7.07	14.85	11.15	8.07	3.21
辽 宁	Liaoning	17.77	6.06	14.86	12.47	9.38	3.39
吉 林	Jilin	18.95	5.56	13.89	12.20	10.79	3.09
黑龙江	Heilongjiang	18.91	5.35	13.31	11.88	10.21	3.15
上 海	Shanghai	34.86	4.56	10.05	12.03	6.46	3.00
江 苏	Jiangsu	24.43	6.16	14.32	12.44	5.68	2.86
浙 江	Zhejiang	26.35	5.07	15.52	11.03	5.86	2.23
安 徽	Anhui	20.42	5.86	14.05	11.44	6.15	2.51
福 建	Fujian	26.29	5.69	12.91	9.56	4.75	2.36
江 西	Jiangxi	23.85	6.22	11.21	11.62	5.43	2.59
山 东	Shandong	21.22	7.53	14.24	11.37	7.72	2.34
河 南	Henan	21.76	8.09	11.69	11.47	8.30	2.82
湖 北	Hubei	21.95	6.05	10.02	11.38	10.18	2.41
湖 南	Hunan	18.79	6.44	12.54	17.15	7.31	2.07
广 东	Guangdong	23.60	5.90	14.19	10.88	4.98	3.03
广 西	Guangxi	21.17	5.96	14.21	11.73	6.84	1.91
海 南	Hainan	18.93	5.41	13.80	10.98	7.39	1.91
重 庆	Chongqing	17.40	7.00	13.15	11.11	8.27	2.41
四 川	Sichuan	17.76	6.38	14.54	10.10	7.26	2.78
贵 州	Guizhou	18.77	6.68	14.20	13.42	6.11	2.42
云 南	Yunnan	19.96	5.94	15.92	12.08	9.13	2.14
西 藏	Tibet	19.84	5.51	10.97	4.95	3.03	2.46
陕 西	Shaanxi	18.62	7.29	11.75	12.84	10.50	2.58
甘 肃	Gansu	18.53	6.57	14.29	11.34	8.43	2.42
青 海	Qinghai	17.87	6.51	15.09	11.77	9.07	2.59
宁 夏	Ningxia	18.20	6.22	17.17	13.01	9.58	2.59
新 疆	Xinjiang	17.35	6.97	15.55	11.53	9.06	2.75

6-19 分地区农村居民人均消费支出和构成情况(2017年)
Per Capita Consumption Expenditure and Composition of Rural Households by Region (2017)

单位：元，% (yuan, %)

地 区	Region	消费支出 Consumption Expenditure	食品烟酒 Food, Tobacco and Liquor	衣 着 Clothing	居 住 Residence	生活用品及服务 Household Facilities Articles and Services	交通通信 Transport and Communi-cations
全 国	**National Average**	**10954.5**	**3415.4**	**611.6**	**2353.5**	**634.0**	**1509.1**
北 京	Beijing	18810.5	4653.2	1024.6	5587.8	1596.1	2729.9
天 津	Tianjin	16385.9	4851.5	1128.2	3354.4	1100.5	2902.0
河 北	Hebei	10535.9	2817.2	684.4	2380.8	668.5	1689.4
山 西	Shanxi	8424.0	2308.3	577.5	1901.9	393.0	1028.0
内蒙古	Inner Mongolia	12184.4	3384.7	842.3	2194.3	522.1	2055.6
辽 宁	Liaoning	10787.3	2883.4	694.7	2200.9	512.6	1745.5
吉 林	Jilin	10279.4	2903.2	682.5	1837.3	409.3	1531.0
黑龙江	Heilongjiang	10523.9	2788.3	776.6	1722.7	428.1	1667.7
上 海	Shanghai	18089.8	6114.1	925.3	4722.9	935.2	2365.9
江 苏	Jiangsu	15611.5	4510.7	892.0	3395.2	954.3	2619.5
浙 江	Zhejiang	18093.4	5608.2	955.8	4358.4	842.1	3102.5
安 徽	Anhui	11106.1	3726.0	565.6	2618.2	589.0	1346.0
福 建	Fujian	14003.4	5162.2	630.8	3547.9	721.0	1555.0
江 西	Jiangxi	9870.4	3314.4	502.0	2558.2	537.4	1067.4
山 东	Shandong	10342.1	2960.4	585.2	1973.5	690.2	1710.4
河 南	Henan	9211.5	2495.9	712.4	2005.5	647.2	1245.4
湖 北	Hubei	11632.5	3332.4	626.4	2512.3	706.2	1384.7
湖 南	Hunan	11533.6	3521.2	527.2	2562.5	642.8	1234.5
广 东	Guangdong	13199.6	5303.9	459.5	2902.4	722.8	1423.6
广 西	Guangxi	9436.6	3042.8	286.7	2119.8	495.2	1288.5
海 南	Hainan	9599.4	4021.3	321.9	1839.2	379.3	1041.5
重 庆	Chongqing	10936.1	3993.1	598.2	1967.3	749.0	1334.1
四 川	Sichuan	11396.7	4235.2	682.9	2157.1	782.3	1378.2
贵 州	Guizhou	8299.0	2505.2	416.1	1942.6	449.9	1080.6
云 南	Yunnan	8027.3	2612.8	320.6	1509.1	459.6	1308.6
西 藏	Tibet	6691.5	3283.9	735.7	947.5	433.6	794.2
陕 西	Shaanxi	9305.6	2417.3	530.6	2144.9	577.1	1114.4
甘 肃	Gansu	8029.7	2438.2	507.9	1561.5	484.9	1016.0
青 海	Qinghai	9902.7	2944.7	670.0	1739.1	488.3	1629.3
宁 夏	Ningxia	9982.1	2522.2	718.6	1958.7	574.4	1675.2
新 疆	Xinjiang	8712.6	2667.3	710.3	1659.8	408.5	1421.4

6-19 续表 1 continued

单位：元，% (yuan, %)

地区	Region	教育文化娱乐 Education, Culture and Recreation	医疗保健 Health Care and Medical Services	其他用品及服务 Miscellaneous Goods and Services	消费支出构成 Percentage of Consumption Expenditure	食品烟酒 Food, Tobacco and Liquor	衣着 Clothing
全国	**National Average**	**1171.3**	**1058.7**	**200.9**	**100.00**	**31.18**	**5.58**
北京	Beijing	1313.7	1699.3	205.8	100.00	24.74	5.45
天津	Tianjin	1343.2	1407.2	298.9	100.00	29.61	6.89
河北	Hebei	1014.1	1072.6	208.9	100.00	26.74	6.50
山西	Shanxi	1127.2	937.5	150.6	100.00	27.40	6.86
内蒙古	Inner Mongolia	1638.6	1288.4	258.4	100.00	27.78	6.91
辽宁	Liaoning	1295.0	1251.4	203.8	100.00	26.73	6.44
吉林	Jilin	1302.5	1399.6	214.1	100.00	28.24	6.64
黑龙江	Heilongjiang	1362.1	1551.2	227.2	100.00	26.50	7.38
上海	Shanghai	1219.8	1456.4	350.2	100.00	33.80	5.12
江苏	Jiangsu	1450.5	1395.0	394.4	100.00	28.89	5.71
浙江	Zhejiang	1590.9	1370.2	265.3	100.00	31.00	5.28
安徽	Anhui	1075.0	1006.8	179.5	100.00	33.55	5.09
福建	Fujian	1174.6	906.5	305.4	100.00	36.86	4.50
江西	Jiangxi	1004.1	718.2	168.6	100.00	33.58	5.09
山东	Shandong	1140.9	1129.3	152.1	100.00	28.62	5.66
河南	Henan	1030.3	909.0	166.0	100.00	27.10	7.73
湖北	Hubei	1330.7	1438.3	301.6	100.00	28.65	5.38
湖南	Hunan	1710.2	1171.8	163.4	100.00	30.53	4.57
广东	Guangdong	1186.0	921.7	279.7	100.00	40.18	3.48
广西	Guangxi	1127.9	931.0	144.8	100.00	32.24	3.04
海南	Hainan	1197.0	629.5	169.7	100.00	41.89	3.35
重庆	Chongqing	1226.2	883.9	184.2	100.00	36.51	5.47
四川	Sichuan	847.7	1093.6	219.6	100.00	37.16	5.99
贵州	Guizhou	1183.3	602.5	118.9	100.00	30.19	5.01
云南	Yunnan	1044.0	681.5	91.1	100.00	32.55	3.99
西藏	Tibet	238.6	147.5	110.6	100.00	49.08	10.99
陕西	Shaanxi	1082.8	1260.4	178.0	100.00	25.98	5.70
甘肃	Gansu	993.7	890.6	136.8	100.00	30.36	6.32
青海	Qinghai	897.1	1270.4	263.8	100.00	29.74	6.77
宁夏	Ningxia	1212.4	1131.2	189.3	100.00	25.27	7.20
新疆	Xinjiang	747.5	970.7	127.1	100.00	30.61	8.15

6-19 续表 2 continued

单位：元，% (yuan, %)

地 区	Region	居 住 Residence	生活用品及服务 Household Facilities Articles and Services	交通通信 Transport and Communi-cations	教育文化娱乐 Education, Culture and Recreation	医疗保健 Health Care and Medical Services	其他用品及服务 Miscellaneous Goods and Services
全 国	**National Average**	**21.48**	**5.79**	**13.78**	**10.69**	**9.66**	**1.83**
北 京	Beijing	29.71	8.49	14.51	6.98	9.03	1.09
天 津	Tianjin	20.47	6.72	17.71	8.20	8.59	1.82
河 北	Hebei	22.60	6.34	16.03	9.63	10.18	1.98
山 西	Shanxi	22.58	4.67	12.20	13.38	11.13	1.79
内蒙古	Inner Mongolia	18.01	4.29	16.87	13.45	10.57	2.12
辽 宁	Liaoning	20.40	4.75	16.18	12.00	11.60	1.89
吉 林	Jilin	17.87	3.98	14.89	12.67	13.62	2.08
黑龙江	Heilongjiang	16.37	4.07	15.85	12.94	14.74	2.16
上 海	Shanghai	26.11	5.17	13.08	6.74	8.05	1.94
江 苏	Jiangsu	21.75	6.11	16.78	9.29	8.94	2.53
浙 江	Zhejiang	24.09	4.65	17.15	8.79	7.57	1.47
安 徽	Anhui	23.57	5.30	12.12	9.68	9.07	1.62
福 建	Fujian	25.34	5.15	11.10	8.39	6.47	2.18
江 西	Jiangxi	25.92	5.44	10.81	10.17	7.28	1.71
山 东	Shandong	19.08	6.67	16.54	11.03	10.92	1.47
河 南	Henan	21.77	7.03	13.52	11.18	9.87	1.80
湖 北	Hubei	21.60	6.07	11.90	11.44	12.36	2.59
湖 南	Hunan	22.22	5.57	10.70	14.83	10.16	1.42
广 东	Guangdong	21.99	5.48	10.78	8.98	6.98	2.12
广 西	Guangxi	22.46	5.25	13.65	11.95	9.87	1.53
海 南	Hainan	19.16	3.95	10.85	12.47	6.56	1.77
重 庆	Chongqing	17.99	6.85	12.20	11.21	8.08	1.68
四 川	Sichuan	18.93	6.86	12.09	7.44	9.60	1.93
贵 州	Guizhou	23.41	5.42	13.02	14.26	7.26	1.43
云 南	Yunnan	18.80	5.73	16.30	13.00	8.49	1.13
西 藏	Tibet	14.16	6.48	11.87	3.57	2.20	1.65
陕 西	Shaanxi	23.05	6.20	11.98	11.64	13.55	1.91
甘 肃	Gansu	19.45	6.04	12.65	12.38	11.09	1.70
青 海	Qinghai	17.56	4.93	16.45	9.06	12.83	2.66
宁 夏	Ningxia	19.62	5.75	16.78	12.15	11.33	1.90
新 疆	Xinjiang	19.05	4.69	16.31	8.58	11.14	1.46

6-20 居民消费水平
Household Consumption Expenditure

年份 Year	绝对数(元) Level (yuan) 全体居民 All Households	城镇居民 Urban Household	农村居民 Rural Household	城乡消费水平对比(农村居民=1) Urban/Rural Consumption Ratio (Rural Household=1)	指数(上年=100) Index (Preceding Year=100) 全体居民 All Households	城镇居民 Urban Household	农村居民 Rural Household	指数(1978=100) Index (1978=100) 全体居民 All Households	城镇居民 Urban Household	农村居民 Rural Household
1978	184	405	138	2.9	104.1	103.3	104.3	100.0	100.0	100.0
1980	238	490	178	2.7	109.1	107.3	108.6	116.8	110.4	115.7
1985	440	750	346	2.2	112.7	107.4	114.4	181.3	137.4	192.5
1990	831	1404	627	2.2	102.8	101.4	103.4	227.5	163.6	240.4
1995	2330	4769	1344	3.5	108.3	109.5	105.0	339.8	285.6	288.8
2000	3721	6999	1917	3.7	110.6	109.7	106.6	493.1	382.9	377.6
2001	3987	7324	2032	3.6	106.1	103.8	104.6	523.2	397.4	395.2
2002	4301	7745	2157	3.6	108.4	106.3	106.6	567.3	422.5	421.1
2003	4606	8104	2292	3.5	105.8	103.5	104.6	600.0	437.2	440.5
2004	5138	8880	2521	3.5	107.2	106.0	103.9	643.0	463.3	457.8
2005	5771	9832	2784	3.5	109.7	108.5	106.8	705.4	502.6	488.9
2006	6416	10739	3066	3.5	108.4	106.6	107.3	765.0	535.6	524.7
2007	7572	12480	3538	3.5	112.8	111.6	108.7	862.6	597.6	570.4
2008	8707	14061	4065	3.5	108.3	106.5	107.0	934.3	636.4	610.3
2009	9514	15127	4402	3.4	109.8	108.0	109.3	1026.1	687.1	666.9
2010	10919	17104	4941	3.5	109.6	107.9	107.4	1124.5	741.2	716.0
2011	13134	19912	6187	3.2	111.0	108.2	112.9	1248.6	802.1	808.6
2012	14699	21861	6964	3.1	109.1	107.2	108.9	1362.0	859.9	880.4
2013	16190	23609	7773	3.0	107.3	105.3	108.6	1462.0	905.4	955.8
2014	17778	25424	8711	2.9	107.7	105.6	109.9	1574.6	956.3	1050.4
2015	19397	27210	9679	2.8	107.5	105.4	109.5	1692.6	1008.1	1150.6
2016	21228	29219	10752	2.7	107.3	105.2	109.1	1816.1	1060.9	1254.9
2017	22902	31032	11704	2.7	105.9	104.2	107.2	1928.6	1108.3	1348.2

注：1.城乡消费水平对比没有剔除城乡价格不可比的因素(以下相关表同)。
2.居民消费水平指按常住人口计算的人均居民消费支出(以下相关表同)。
3.本表绝对数按当年价格计算，指数按不变价格计算。

Note: a) The effect of price differentials between urban and rural areas has not been removed in the calculation of the urban/rural consumption ratio. The same applies to the table following.
b) Household consumption level refers to per capita household consumption on the basis of usual residents. The same applies to the table following.
c) Level in this table are calculated at current prices, while indices are calculated at constant prices.

6-21 分地区居民消费水平(2017年)
Household Consumption Expenditure by Region (2017)

地 区	Region	绝对数(元) Level (yuan) 全体居民 All Households	城镇居民 Urban Household	农村居民 Rural Household	城乡消费水平对比(农村居民=1) Urban/Rural Consumption Ratio (Rural Household=1)	指数(上年=100) Index (Preceding Year=100) 全体居民 All Households	城镇居民 Urban Household	农村居民 Rural Household
北 京	Beijing	52912	57100	26132	2.2	105.7	105.8	105.5
天 津	Tianjin	38975	42067	23952	1.8	106.4	106.3	106.5
河 北	Hebei	15893	20753	10149	2.0	109.5	106.6	112.0
山 西	Shanxi	18132	23345	11284	2.1	118.8	116.5	121.4
内蒙古	Inner Mongolia	23909	29971	14184	2.1	104.3	102.7	106.9
辽 宁	Liaoning	24866	30342	13528	2.2	103.4	102.6	106.9
吉 林	Jilin	15083	19552	9244	2.1	106.2	105.6	105.9
黑龙江	Heilongjiang	18859	24012	11352	2.1	107.3	106.6	108.8
上 海	Shanghai	53617	57507	25622	2.2	107.3	107.2	107.6
江 苏	Jiangsu	39796	45865	26755	1.7	109.3	107.7	112.2
浙 江	Zhejiang	33851	38730	23717	1.6	107.2	107.3	104.8
安 徽	Anhui	17141	23888	9610	2.5	108.1	105.6	109.7
福 建	Fujian	25969	30474	17885	1.7	109.4	107.3	113.5
江 西	Jiangxi	17290	21815	12009	1.8	108.2	105.2	111.8
山 东	Shandong	28353	34955	18530	1.9	108.6	105.2	113.9
河 南	Henan	17842	25593	10294	2.5	109.0	106.8	109.1
湖 北	Hubei	21642	28121	12432	2.3	109.4	107.0	113.2
湖 南	Hunan	19418	26244	11504	2.3	108.0	106.2	107.0
广 东	Guangdong	30762	37257	15943	2.3	105.2	104.3	107.6
广 西	Guangxi	16064	22970	9371	2.5	106.5	102.4	113.4
海 南	Hainan	20939	27683	11848	2.3	109.5	107.7	110.2
重 庆	Chongqing	22927	30101	10527	2.9	108.6	106.4	110.9
四 川	Sichuan	17920	22983	12856	1.8	108.6	105.8	110.9
贵 州	Guizhou	16349	24230	9879	2.5	112.2	109.4	111.9
云 南	Yunnan	15831	23490	9123	2.6	106.8	102.5	108.3
西 藏	Tibet	10990	20643	6676	3.1	110.6	108.0	109.7
陕 西	Shaanxi	18485	25276	9819	2.6	108.1	105.9	109.8
甘 肃	Gansu	14203	22344	7395	3.0	107.8	104.7	109.2
青 海	Qinghai	18020	23621	11868	2.0	106.6	102.9	111.6
宁 夏	Ningxia	21058	27887	11956	2.3	108.0	103.3	118.5
新 疆	Xinjiang	16736	24230	9573	2.5	107.7	106.7	106.6

注：本表绝对数按当年价格计算，指数按不变价格计算。
Note: Level in this table are calculated at current prices, while indices are calculated at constant prices.

6-22 分地区最终消费支出和构成(2017年)
Final Consumption Expenditure and Its Composition by Region (2017)

地区	Region	最终消费支出(亿元) Final Consumption Expenditures (100 million yuan)	居民消费支出 Household Consumption	城镇居民 Urban Household	农村居民 Rural Household	政府消费支出 Government Consumption	最终消费支出=100 Final Consumption Expenditures=100 居民消费支出 Household Consumption	政府消费支出 Government Consumption	居民消费支出=100 Household Consumption Expenditures=100 城镇居民 Urban Household	农村居民 Rural Household
北京	Beijing	16842.1	11491.5	10724.0	767.5	5350.6	68.2	31.8	93.3	6.7
天津	Tianjin	8424.2	6078.2	5440.5	637.6	2346.0	72.2	27.8	89.5	10.5
河北	Hebei	16055.7	11911.3	8425.2	3486.2	4144.4	74.2	25.8	70.7	29.3
山西	Shanxi	8756.4	6694.4	4893.7	1800.7	2062.0	76.5	23.5	73.1	26.9
内蒙古	Inner Mongolia	8463.4	6035.7	4660.9	1374.8	2427.8	71.3	28.7	77.2	22.8
辽宁	Liaoning	13777.3	10874.8	8947.9	1927.0	2902.5	78.9	21.1	82.3	17.7
吉林	Jilin	5799.9	4098.8	3009.8	1089.0	1701.1	70.7	29.3	73.4	26.6
黑龙江	Heilongjiang	10122.5	7155.1	5402.1	1753.0	2967.4	70.7	29.3	75.5	24.5
上海	Shanghai	17551.0	12970.1	12214.0	756.2	4580.9	73.9	26.1	94.2	5.8
江苏	Jiangsu	43020.8	31892.4	25082.7	6809.7	11128.4	74.1	25.9	78.6	21.4
浙江	Zhejiang	25479.0	19036.3	14702.1	4334.2	6442.7	74.7	25.3	77.2	22.8
安徽	Anhui	13498.9	10670.4	7843.3	2827.1	2828.5	79.0	21.0	73.5	26.5
福建	Fujian	13150.9	10108.4	7617.0	2491.4	3042.5	76.9	23.1	75.4	24.6
江西	Jiangxi	10223.2	7965.7	5412.5	2553.2	2257.5	77.9	22.1	67.9	32.1
山东	Shandong	35185.9	28285.5	20854.3	7431.1	6900.5	80.4	19.6	73.7	26.3
河南	Henan	23129.6	17029.7	12051.6	4978.1	6099.9	73.6	26.4	70.8	29.2
湖北	Hubei	17171.8	12754.5	9728.5	3026.0	4417.3	74.3	25.7	76.3	23.7
湖南	Hunan	18076.0	13283.9	9639.0	3644.9	4792.1	73.5	26.5	72.6	27.4
广东	Guangdong	45129.0	34097.1	28712.2	5384.9	11031.9	75.6	24.4	84.2	15.8
广西	Guangxi	10505.4	7847.1	5522.1	2325.0	2658.4	74.7	25.3	70.4	29.6
海南	Hainan	2781.8	1929.4	1464.5	464.9	852.4	69.4	30.6	75.9	24.1
重庆	Chongqing	9290.6	7019.7	5838.4	1181.3	2270.9	75.6	24.4	83.2	16.8
四川	Sichuan	19365.7	14841.2	9518.1	5323.1	4524.5	76.6	23.4	64.1	35.9
贵州	Guizhou	7506.4	5832.6	3897.4	1935.2	1673.8	77.7	22.3	66.8	33.2
云南	Yunnan	10506.1	7599.8	5265.0	2334.8	2906.3	72.3	27.7	69.3	30.7
西藏	Tibet	1045.1	370.5	215.0	155.5	674.6	35.5	64.5	58.0	42.0
陕西	Shaanxi	9675.3	7068.7	5419.1	1649.6	2606.6	73.1	26.9	76.7	23.3
甘肃	Gansu	5148.3	3718.2	2664.0	1054.3	1430.1	72.2	27.8	71.6	28.4
青海	Qinghai	1815.4	1073.9	736.9	337.0	741.6	59.2	40.8	68.6	31.4
宁夏	Ningxia	2113.2	1428.5	1080.9	347.6	684.7	67.6	32.4	75.7	24.3
新疆	Xinjiang	7272.1	4052.4	2867.2	1185.2	3219.7	55.7	44.3	70.8	29.2

注：本表按当年价格计算。
Note: Data in value terms in this table are calculated at current prices.

6-23 农村贫困状况
Poverty Conditions in Rural Areas

年 份 Year	1978年标准 1978 Standard		2008年标准 2008 Standard		2010年标准 2010 Standard	
	贫困人口(万人) Poverty Population (10 000 persons)	贫困发生率(%) Poverty Headcount Rate (%)	贫困人口(万人) Poverty Population (10 000 persons)	贫困发生率(%) Poverty Headcount Rate (%)	贫困人口(万人) Poverty Population (10 000 persons)	贫困发生率(%) Poverty Headcount Rate (%)
1978	25000	30.7			77039	97.5
1980	22000	26.8			76542	96.2
1981	15200	18.5				
1982	14500	17.5				
1983	13500	16.2				
1984	12800	15.1				
1985	12500	14.8			66101	78.3
1986	13100	15.5				
1987	12200	14.3				
1988	9600	11.1				
1989	10200	11.6				
1990	8500	9.4			65849	73.5
1991	9400	10.4				
1992	8000	8.8				
1994	7000	7.7				
1995	6540	7.1			55463	60.5
1997	4962	5.4				
1998	4210	4.6				
1999	3412	3.7				
2000	3209	3.5	9422	10.2	46224	49.8
2001	2927	3.2	9029	9.8		
2002	2820	3.0	8645	9.2		
2003	2900	3.1	8517	9.1		
2004	2610	2.8	7587	8.1		
2005	2365	2.5	6432	6.8	28662	30.2
2006	2148	2.3	5698	6.0		
2007	1479	1.6	4320	4.6		
2008			4007	4.2		
2009			3597	3.8		
2010			2688	2.8	16567	17.2
2011					12238	12.7
2012					9899	10.2
2013					8249	8.5
2014					7017	7.2
2015					5575	5.7
2016					4335	4.5
2017					3046	3.1

注：1. 1978年标准：1978-1999年称为农村贫困标准，2000-2007年称为农村绝对贫困标准。
2. 2008年标准：2000-2007年称为农村低收入标准，2008-2010年称为农村贫困标准。
3. 2010年标准：即现行农村贫困标准，为每人每年2300元(2010年不变价)。

Note: a) 1978 Standard: It was referred to as the rural poverty standard from 1978 to 1999, and as the rural absolute poverty standard from 2000 to 2007.
b) 2008 Standard: It was referred to as the rural low income standard from 2000 to 2007, and as the rural poverty standard from 2008 to 2010.
c) 2010 Standard: It was the current rural poverty standard which is 2 300 yuan (in 2010's constant price) per person each year.

七、社会保障
Social Security

7-1 社会保险基金收支及累计结余和增长情况
Revenue, Expenses and Balance of Social Insurance Fund and Increase Rate

单位：亿元，%　　(100 million yuan, %)

年 份 Year	绝对数 Value					
	合 计 Total	基本养老保险 Basic Pension Insurance	失业保险 Unemployment Insurance	基本医疗保险 Basic Medical Care Insurance	工伤保险 Work Injury Insurance	生育保险 Maternity Insurance
基金收入 Revenue						
1990	186.8	178.8	7.2			
1995	1006.0	950.1	35.3	9.7	8.1	2.9
2000	2644.9	2278.5	160.4	170.0	24.8	11.2
2001	3101.9	2489.0	187.3	383.6	28.3	13.7
2002	4048.7	3171.5	213.4	607.8	32.0	21.8
2003	4882.9	3680.0	249.5	890.0	37.6	25.8
2004	5780.3	4258.4	290.8	1140.5	58.3	32.1
2005	6975.2	5093.3	340.3	1405.3	92.5	43.8
2006	8643.2	6309.8	402.4	1747.1	121.8	62.1
2007	10812.3	7834.2	471.7	2257.2	165.6	83.6
2008	13696.1	9740.2	585.1	3040.4	216.7	113.7
2009	16115.6	11490.8	580.4	3671.9	240.1	132.4
2010	19276.1	13872.9	649.8	4308.9	284.9	159.6
2011	25153.3	18004.8	923.1	5539.2	466.4	219.8
2012	30738.8	21830.2	1138.9	6938.7	526.7	304.2
2013	35252.9	24732.6	1288.9	8248.3	614.8	368.4
2014	39827.7	27619.9	1379.8	9687.2	694.8	446.1
2015	46012.1	32195.5	1367.8	11192.9	754.2	501.7
2016	53562.7	37990.8	1228.9	13084.3	736.9	521.9
2017	67154.2	46613.8	1112.6	17931.6	853.8	642.5
基金支出 Expenses						
1990	151.9	149.3	2.5			
1995	877.1	847.6	18.9	7.3	1.8	1.6
2000	2385.6	2115.5	123.4	124.5	13.8	8.3
2001	2748.0	2321.3	156.6	244.1	16.5	9.6
2002	3471.5	2842.9	182.6	409.4	19.9	12.8
2003	4016.4	3122.1	199.8	653.9	27.1	13.5
2004	4627.4	3502.1	211.3	862.2	33.3	18.8
2005	5400.8	4040.3	206.9	1078.7	47.5	27.4
2006	6477.4	4896.7	198.0	1276.7	68.5	37.5
2007	7887.8	5964.9	217.7	1561.8	87.9	55.6
2008	9925.1	7389.6	253.5	2083.6	126.9	71.5
2009	12302.6	8894.4	366.8	2797.4	155.7	88.3
2010	15018.9	10755.3	423.3	3538.1	192.4	109.9
2011	18652.9	13363.2	432.8	4431.4	286.4	139.2
2012	23331.3	16711.5	450.6	5543.6	406.3	219.3
2013	27916.3	19818.7	531.6	6801.0	482.1	282.8
2014	33002.7	23325.8	614.7	8133.6	560.5	368.1
2015	38988.1	27929.4	736.4	9312.1	598.7	411.5
2016	46888.4	34004.3	976.1	10767.1	610.3	530.6
2017	57145.0	40423.8	893.8	14421.7	662.3	743.5
累计结余 Balance at Year-end						
1990	117.3	97.9	19.5			
1995	516.8	429.8	68.4	3.1	12.7	2.7
2000	1327.5	947.1	195.9	109.8	57.9	16.8
2001	1622.8	1054.1	226.2	253.0	68.9	20.6
2002	2423.4	1608.0	253.8	450.7	81.1	29.7
2003	3313.8	2206.5	303.5	670.6	91.2	42.0
2004	4493.4	2975.0	385.8	957.9	118.6	55.9
2005	6073.7	4041.0	519.0	1278.1	163.5	72.1
2006	8255.9	5488.9	724.8	1752.4	192.9	96.9
2007	11236.6	7391.4	979.1	2476.9	262.6	126.6
2008	15225.6	9931.0	1310.1	3431.7	384.6	168.2
2009	19006.5	12526.1	1523.6	4275.9	468.8	212.1
2010	23407.5	15787.8	1749.8	5047.1	561.4	261.4
2011	30233.1	20727.8	2240.2	6180.0	742.6	342.5
2012	38106.6	26243.5	2929.0	7644.5	861.9	427.6
2013	45588.1	31274.8	3685.9	9116.4	996.2	514.7
2014	52462.4	35644.5	4451.5	10644.8	1128.8	592.7
2015	59532.5	39937.1	5083.0	12542.8	1285.3	684.4
2016	66349.7	43965.2	5333.3	14964.3	1410.9	675.9
2017	77311.6	50202.2	5552.4	19385.6	1606.9	564.5

注：1.2007年及以后基本医疗保险基金中包括职工基本医疗保险和城乡居民基本医疗保险。
2.2010年及以后基本养老保险基金中包括城镇职工基本养老保险和城乡居民基本养老保险。
3.工伤保险累计结余中含储备金。

Note: a) Data of basic medical care insurance include both workers and urban and rural residents from 2007.
b) Data of the basic pension insurance for 2010 and following years include the basic pension insurances for urban workers and for urban and rural residents.
c) The grand total of work injury insurance at year-end include reserve fund.

7-1 续表 continued

单位：亿元，% (100 million yuan, %)

年 份 Year	比上年增长 Increase Rate					
	合 计 Total	基本养老保险 Basic Pension Insurance	失业保险 Unemployment Insurance	基本医疗保险 Basic Medical Care Insurance	工伤保险 Work Injury Insurance	生育保险 Maternity Insurance
基金收入 Revenue						
1990	21.64	21.85	17.12			
1995	35.57	34.30	38.73	206.29	77.53	99.36
2000	19.58	15.95	28.11	89.17	18.68	3.78
2001	17.28	9.24	16.75	125.65	14.15	23.07
2002	30.52	27.42	13.92	58.44	13.25	58.89
2003	20.61	16.03	16.92	46.43	17.38	18.28
2004	18.38	15.72	16.55	28.15	55.05	24.42
2005	20.67	19.61	17.02	23.22	58.66	36.45
2006	23.91	23.88	18.25	24.32	31.70	41.85
2007	25.10	24.16	17.22	29.20	35.94	34.56
2008	26.67	24.33	24.05	34.70	30.86	36.00
2009	17.67	17.97	-0.81	20.77	10.81	16.45
2010	19.61	20.73	11.96	17.35	18.67	20.52
2011	30.49	29.78	42.06	28.55	63.69	37.75
2012	22.21	21.25	23.38	25.27	12.92	38.39
2013	14.69	13.30	13.17	18.87	16.72	21.09
2014	12.98	11.67	7.05	17.45	13.01	21.09
2015	15.53	16.57	-0.87	15.54	8.55	12.49
2016	16.41	18.00	-10.15	16.90	-2.30	4.02
2017	25.37	22.70	-9.46	37.05	15.86	23.10
基金支出 Expenses						
1990	25.67	25.67	25.45			
1995	29.00	28.21	32.85	150.18	92.36	95.30
2000	13.16	9.90	34.69	80.30	-10.50	17.09
2001	15.19	9.73	26.85	96.00	19.54	14.88
2002	26.33	22.47	16.63	67.70	20.61	33.28
2003	15.70	9.82	9.42	59.74	36.24	5.65
2004	15.21	12.17	5.76	31.86	22.88	39.26
2005	16.71	15.37	-2.08	25.11	42.64	45.74
2006	19.93	21.20	-4.30	18.36	44.19	36.81
2007	21.77	21.82	9.94	22.33	28.34	48.32
2008	25.83	23.88	16.43	33.41	44.37	28.60
2009	23.95	20.36	44.71	34.26	22.68	23.43
2010	22.08	20.92	15.40	26.48	23.59	24.48
2011	24.20	24.25	2.25	25.25	48.84	26.68
2012	25.08	25.06	4.11	25.10	41.87	57.59
2013	19.65	18.59	17.99	22.68	18.66	28.93
2014	18.22	17.70	15.63	19.59	16.26	30.16
2015	18.14	19.74	19.79	14.49	6.82	11.80
2016	20.26	21.75	32.55	15.62	1.93	28.96
2017	21.87	18.88	-8.43	33.94	8.52	40.13
累计结余 Balance at Year-end						
1990	43.75	43.96	42.71			
1995	41.32	41.04	31.58	335.45	87.32	91.74
2000	31.46	29.12	22.57	90.83	28.79	20.59
2001	22.24	11.29	15.45	130.36	19.08	22.69
2002	49.34	52.55	12.22	78.14	17.69	44.50
2003	36.74	37.22	19.56	48.79	12.48	41.26
2004	35.60	34.83	27.12	42.84	30.04	33.10
2005	35.17	35.83	34.53	33.43	37.86	28.98
2006	35.93	35.83	39.66	37.11	17.98	34.38
2007	36.10	34.66	35.08	41.34	36.14	30.67
2008	35.50	34.36	33.81	38.55	46.46	32.86
2009	24.83	26.13	16.29	24.60	21.89	26.10
2010	23.16	26.04	14.85	18.04	19.77	23.25
2011	29.16	31.29	28.03	22.45	32.26	31.03
2012	26.04	26.61	30.75	23.70	16.08	24.84
2013	19.63	19.17	25.84	19.25	15.58	20.38
2014	15.08	13.97	20.77	16.76	13.31	15.15
2015	13.48	12.04	14.19	17.83	13.86	15.46
2016	11.45	10.09	4.92	19.31	9.77	-1.23
2017	16.52	14.19	4.11	29.55	13.89	-16.49

7-2 社会保险基本情况
Basic Statistics of Social Insurance

单位：万人 (10 000 persons)

年 份 Year	年末参加基本养老保险人数 Basic Pension Insurance Participants at Year-end	城镇职工基本养老保险 Urban Employees Basic Pension Insurance			城乡居民基本养老保险 Basic Pension Insurance for Urban and Rural Residents
		合 计 Total	职 工 Number of Employees	离退休人 员 Number of Retirees	
1989	5710.3	5710.3	4816.9	893.4	
1990	6166.0	6166.0	5200.7	965.3	
1991	6740.3	6740.3	5653.7	1086.6	
1992	9456.2	9456.2	7774.7	1681.5	
1993	9847.6	9847.6	8008.2	1839.4	
1994	10573.5	10573.5	8494.1	2079.4	
1995	10979.0	10979.0	8737.8	2241.2	
1996	11116.7	11116.7	8758.4	2358.3	
1997	11203.9	11203.9	8670.9	2533.0	
1998	11203.1	11203.1	8475.8	2727.3	
1999	12485.4	12485.4	9501.8	2983.6	
2000	13617.4	13617.4	10447.5	3169.9	
2001	14182.5	14182.5	10801.9	3380.6	
2002	14736.6	14736.6	11128.8	3607.8	
2003	15506.7	15506.7	11646.5	3860.2	
2004	16352.9	16352.9	12250.3	4102.6	
2005	17487.9	17487.9	13120.4	4367.5	
2006	18766.3	18766.3	14130.9	4635.4	
2007	20136.9	20136.9	15183.2	4953.7	
2008	21891.1	21891.1	16587.5	5303.6	
2009	23549.9	23549.9	17743.0	5806.9	
2010	35984.1	25707.3	19402.3	6305.0	10276.8
2011	61573.3	28391.3	21565.0	6826.2	33182.0
2012	78796.3	30426.8	22981.1	7445.7	48369.5
2013	81968.4	32218.4	24177.3	8041.0	49750.1
2014	84231.9	34124.4	25531.0	8593.4	50107.5
2015	85833.4	35361.2	26219.2	9141.9	50472.2
2016	88776.8	37929.7	27826.3	10103.4	50847.1
2017	91548.3	40293.3	29267.6	11025.7	51255.0

7-2 续表 Contiuned

年 份 Year	失业保险 Unemployment Insurance			基本医疗保险 Basic Medical Care Insurance			工伤保险 Work Injury Insurance		年末参加生育保险人数（万人） Maternity Insurance Contributors at Year-end (10 000 persons)
	年末参保人数（万人） Contributors at Year-end (10 000 persons)	全年发放失业保险金人数（万人） Beneficiaries of Unemployment Insurance Fund (10 000 persons)	全年发放失业保险金（亿元） Unemployed Relief (100 million yuan)	年末参保人数（万人） Contributors at Year-end (10 000 persons)	职工基本医疗保险年末参保 Staff and Workers	城乡居民基本医疗保险年末参保 Residents	年末参保人数（万人） Contributors at Year-end (10 000 persons)	年末享受工伤待遇的人数（万人） Beneficiaries at Year-end (10 000 persons)	
1994	7967.8	196.5	5.1	400.3	400.3		1822.1	5.8	915.9
1995	8237.7	261.3	8.2	745.9	745.9		2614.8	7.1	1500.2
1996	8333.1	330.8	13.9	855.7	855.7		3102.6	10.1	2015.6
1997	7961.4	319.0	18.7	1762.0	1762.0		3507.8	12.5	2485.9
1998	7927.9	158.1	20.4	1877.6	1877.6		3781.3	15.3	2776.7
1999	9852.0	271.4	31.9	2065.3	2065.3		3912.3	15.1	2929.8
2000	10408.4	329.7	56.2	3786.9	3786.9		4350.3	18.8	3001.6
2001	10354.6	468.5	83.3	7285.9	7285.9		4345.3	18.7	3455.1
2002	10181.6	657.0	116.8	9401.2	9401.2		4405.6	26.5	3488.2
2003	10372.9	741.6	133.4	10901.7	10901.7		4574.8	32.9	3655.4
2004	10583.9	753.5	137.5	12403.6	12403.6		6845.2	51.9	4383.8
2005	10647.7	677.8	132.4	13782.9	13782.9		8478.0	65.1	5408.5
2006	11186.6	598.1	125.8	15731.8	15731.8		10268.5	77.8	6458.9
2007	11644.6	538.5	129.4	22311.1	18020.0	4291.1	12173.3	96.0	7775.3
2008	12399.8	516.7	139.5	31821.6	19995.6	11826.0	13787.2	117.8	9254.1
2009	12715.5	483.9	145.8	40147.0	21937.4	18209.6	14895.5	129.6	10875.7
2010	13375.6	431.6	140.4	43262.9	23734.7	19528.3	16160.7	147.5	12335.9
2011	14317.1	394.4	159.9	47343.2	25227.1	22116.1	17695.9	163.0	13892.0
2012	15224.7	390.1	181.3	53641.3	26485.6	27155.7	19010.1	190.5	15428.7
2013	16416.8	416.7	203.2	57072.6	27443.1	29629.4	19917.2	195.2	16392.0
2014	17042.6	422.0	233.3	59746.9	28296.0	31450.9	20639.2	198.2	17038.7
2015	17326.0	456.8	269.8	66581.6	28893.1	37688.5	21432.5	201.9	17771.0
2016	18088.8	483.9	309.4	74391.6	29531.5	44860.0	21889.3	196.0	18451.0
2017	18784.2	458.1	318.2	117681.4	30322.7	87358.7	22723.7	192.8	19300.2

7-3 分地区城乡居民基本养老保险情况(2017年)
Statistics on Basic Pension Insurance for Urban and Rural Residents by Region (2017)

地 区	Region	参保人数(万人) Contributors at Year-end (10 000 persons)	#实际领取待遇人数 Actually Persons Received Pension	城镇居民 Urban Residents	农村居民 Rural Residents	基金收支情况(亿元) Revenue and Expenses(100 million yuan) 基金收入 Revenue	基金支出 Expenses	累计结余 Balance at Year-end
全　国	**National Total**	**51255.0**	**15597.9**	**2167.1**	**49087.9**	**3304.2**	**2372.2**	**6317.6**
北　京	Beijing	213.1	86.6	22.0	191.1	45.9	37.6	147.3
天　津	Tianjin	156.5	79.5	17.3	139.1	78.5	36.2	244.3
河　北	Hebei	3474.1	996.5	83.3	3390.8	162.7	120.7	291.1
山　西	Shanxi	1554.2	403.1	101.1	1453.1	75.2	45.9	175.6
内蒙古	Inner Mongolia	743.4	213.7	50.3	693.1	56.9	43.8	88.4
辽　宁	Liaoning	1036.2	393.5	48.2	988.0	61.2	54.2	69.6
吉　林	Jilin	668.4	245.7	40.8	627.5	38.3	26.8	54.8
黑龙江	Heilongjiang	839.3	266.7	23.0	816.3	48.0	30.4	70.0
上　海	Shanghai	78.8	50.3	10.1	68.7	62.5	63.3	76.5
江　苏	Jiangsu	2338.2	1069.8	110.6	2227.6	312.6	252.0	565.5
浙　江	Zhejiang	1200.7	533.1	97.3	1103.4	158.6	157.6	151.9
安　徽	Anhui	3429.5	915.0	152.6	3276.8	150.2	96.5	321.7
福　建	Fujian	1493.7	446.3	80.7	1413.1	85.8	65.8	143.9
江　西	Jiangxi	1870.0	467.5	66.9	1803.1	86.3	48.8	174.8
山　东	Shandong	4530.6	1476.6		4530.6	369.8	230.9	822.5
河　南	Henan	5010.2	1364.0	277.0	4733.2	208.2	155.7	403.3
湖　北	Hubei	2214.6	697.4		2214.6	137.2	90.7	248.5
湖　南	Hunan	3322.0	945.1	88.0	3234.0	159.8	110.3	271.3
广　东	Guangdong	2586.8	847.6	251.3	2335.5	188.2	170.6	402.8
广　西	Guangxi	1805.9	570.2		1805.9	93.9	65.6	138.8
海　南	Hainan	285.9	72.8	31.9	253.9	27.9	13.7	65.2
重　庆	Chongqing	1109.0	362.6	115.5	993.5	66.8	50.9	116.9
四　川	Sichuan	3074.9	1126.2	61.7	3013.1	250.2	159.8	442.2
贵　州	Guizhou	1748.5	448.9	33.9	1714.6	63.3	44.4	110.3
云　南	Yunnan	2258.9	516.6	191.0	2067.9	92.0	51.8	231.8
西　藏	Tibet	183.1	25.1	6.4	176.7	12.3	4.7	22.2
陕　西	Shaanxi	1733.8	479.2	72.2	1661.6	92.0	69.9	193.2
甘　肃	Gansu	1262.4	308.7	49.7	1212.7	61.9	37.4	138.6
青　海	Qinghai	239.1	45.3	10.2	228.9	17.0	10.7	33.1
宁　夏	Ningxia	185.5	39.6	17.8	167.7	12.2	8.3	27.3
新　疆	Xinjiang	590.5	103.4	39.0	551.5	27.8	17.1	70.3
新疆兵团	Xinjiang Production and Construction Corps	16.9	1.3	16.8	0.1	1.4	0.2	3.9

注：2012年8月起，新型农村社会养老保险和城镇居民社会养老保险制度全覆盖工作全面启动，合并为城乡居民社会养老保险。
Note: Since August, 2012, system of new rural old-age insurance and urban basic pension insurance have started completely, and called basic pension insurance for urban and rural residents as total.

7-4 分地区城镇职工基本养老保险情况(2017年)
Statistics on Urban Employee Basic Pension Insurance by Region (2017)

地 区	Region	年末参加城镇职工基本养老保险人数(万人) Urban Employee Basic Pension Insurance Contributors at Year-end (10 000 persons)	职 工 Number of Staff and Workers	离退休人员 Number of Retirees	基金收支情况(亿元) Revenue and Expenses(100 million yuan) 基金收入 Revenue	基金支出 Expenses	累计结余 Balance at Year-end
全 国	**National Total**	**40293.3**	**29267.6**	**11025.7**	**43309.6**	**38051.5**	**43884.6**
北 京	Beijing	1604.5	1321.4	283.1	2223.0	1394.3	4394.9
天 津	Tianjin	655.0	441.2	213.8	894.3	836.1	463.2
河 北	Hebei	1535.8	1102.0	433.8	1439.2	1411.6	735.2
山 西	Shanxi	798.7	555.7	243.0	1234.6	1082.3	1457.7
内蒙古	Inner Mongolia	694.3	437.2	257.1	853.5	707.2	605.2
辽 宁	Liaoning	1949.8	1195.5	754.4	1863.2	2207.0	572.8
吉 林	Jilin	814.5	482.3	332.2	764.1	767.0	340.0
黑龙江	Heilongjiang	1206.1	682.2	523.9	1240.5	1534.2	-486.2
上 海	Shanghai	1548.2	1059.0	489.2	2767.4	2571.1	2068.8
江 苏	Jiangsu	3034.5	2238.5	796.1	2885.6	2555.3	3730.8
浙 江	Zhejiang	2712.4	1964.9	747.5	3052.6	2636.7	3709.8
安 徽	Anhui	1077.0	754.1	322.9	993.3	784.6	1393.9
福 建	Fujian	1022.1	840.0	182.0	785.3	666.5	820.0
江 西	Jiangxi	1005.2	697.6	307.7	974.1	862.6	638.1
山 东	Shandong	2660.9	2022.2	638.8	2289.3	2358.7	2315.7
河 南	Henan	1897.6	1437.6	460.0	1521.5	1471.8	1104.0
湖 北	Hubei	1546.6	1020.5	526.1	1793.6	1864.2	751.6
湖 南	Hunan	1279.3	856.6	422.7	1448.1	1349.1	1104.1
广 东	Guangdong	5287.1	4718.0	569.0	3457.0	1898.0	9245.1
广 西	Guangxi	777.8	525.9	251.9	977.0	881.9	556.7
海 南	Hainan	240.9	172.0	68.9	271.1	232.0	173.5
重 庆	Chongqing	989.2	628.3	360.8	1434.7	1372.4	897.1
四 川	Sichuan	2335.1	1519.0	816.0	3295.9	2276.4	3245.8
贵 州	Guizhou	588.2	446.9	141.3	667.1	575.7	619.2
云 南	Yunnan	591.5	420.1	171.3	1096.0	958.9	950.8
西 藏	Tibet	42.9	33.7	9.2	130.8	84.7	123.6
陕 西	Shaanxi	953.3	706.9	246.4	1049.2	961.8	566.1
甘 肃	Gansu	429.8	288.2	141.6	391.3	363.5	403.7
青 海	Qinghai	138.3	95.6	42.8	197.6	205.5	55.8
宁 夏	Ningxia	205.2	145.0	60.2	243.0	221.4	217.7
新 疆	Xinjiang	478.2	339.8	138.4	739.7	651.5	1002.7
新疆兵团	Xinjiang Production and Construction Corps	168.2	102.3	65.9	266.5	254.4	71.3
不分地区	Not Classified by Region	25.1	17.4	7.7	69.4	52.9	36.0

注：不分地区合计中，包括中国人民银行、中国农业发展银行数。
Note: Data in the category of "Not Classified by Region" include data from the People's Bank of China and Agricultural Development Bank of China.

7-5 分地区基本医疗保险参保情况(2017年)
Persons Covered of Basic Medical Care Insurance by Region (2017)

单位：万人 (10 000 persons)

地区	Region	年末参保人数合计 Persons Covered at Year-end	职工基本医疗保险 Employees Basic Medical Care Insurance	职工 Staff and Workers	退休人员 Retirees	城乡居民基本医疗保险 Basic Medical Care Insurance for Urban and Rural Residents
全国	**National Total**	**117681.4**	**30322.7**	**22288.4**	**8034.3**	**87358.7**
北京	Beijing	1771.4	1569.2	1282.9	286.2	202.2
天津	Tianjin	1088.4	554.1	353.1	201.0	534.3
河北	Hebei	6883.1	986.9	674.5	312.4	5896.2
山西	Shanxi	3215.4	664.1	474.9	189.2	2551.3
内蒙古	Inner Mongolia	2161.5	495.1	346.6	148.4	1666.4
辽宁	Liaoning	2277.5	1575.9	967.5	608.4	701.6
吉林	Jilin	1380.9	576.0	368.3	207.6	804.9
黑龙江	Heilongjiang	2892.6	843.8	493.2	350.6	2048.8
上海	Shanghai	1839.7	1495.1	1005.4	489.7	344.6
江苏	Jiangsu	7619.1	2601.1	1921.4	679.8	5018.0
浙江	Zhejiang	5251.6	2117.4	1702.9	414.5	3134.2
安徽	Anhui	2108.1	809.2	571.5	237.7	1298.9
福建	Fujian	3768.6	819.3	664.3	155.1	2949.3
江西	Jiangxi	4762.4	558.7	366.9	191.8	4203.7
山东	Shandong	9295.7	2013.1	1526.8	486.3	7282.6
河南	Henan	10410.7	1228.2	883.9	344.4	9182.5
湖北	Hubei	5622.2	1018.9	702.7	316.2	4603.3
湖南	Hunan	6906.2	867.1	581.8	285.4	6039.1
广东	Guangdong	10365.0	3962.6	3483.5	479.1	6402.4
广西	Guangxi	5173.2	556.7	396.6	160.2	4616.5
海南	Hainan	419.5	209.6	149.1	60.4	209.9
重庆	Chongqing	3248.5	640.3	455.3	184.9	2608.2
四川	Sichuan	7714.8	1526.4	1068.0	458.4	6188.4
贵州	Guizhou	1001.3	410.4	298.9	111.5	590.9
云南	Yunnan	4463.8	491.3	344.0	147.3	3972.5
西藏	Tibet	69.9	40.0	30.9	9.1	29.9
陕西	Shaanxi	1251.0	619.8	429.2	190.5	631.2
甘肃	Gansu	2512.2	320.2	212.2	108.0	2192.0
青海	Qinghai	549.0	94.0	61.2	32.8	455.0
宁夏	Ningxia	618.3	123.5	88.9	34.6	494.8
新疆	Xinjiang	794.6	399.2	301.1	98.1	395.4
新疆兵团	Xinjiang Production and Construction Corps	245.0	135.4	80.8	54.6	109.7

7-6 分地区基本医疗保险基金收支情况(2017年)
Revenue and Expenses of Basic Medical Care Insurance by Region (2017)

单位：亿元 (100 million yuan)

地 区	Region	基金收入 Revenue 合 计 Total	职 工 Workers	居 民 Non-employment	基金支出 Expenses 合 计 Total	职 工 Workers	居 民 Non-employment	累计结余 Balance at the Year-end 合 计 Total	职 工 Workers	居 民 Non-employment
全 国	**National Total**	**17931.6**	**12278.3**	**5653.3**	**14421.7**	**9466.9**	**4954.8**	**19385.6**	**15851.0**	**3534.6**
北 京	Beijing	1065.7	1040.1	25.6	920.1	898.0	22.1	609.5	571.6	37.9
天 津	Tianjin	357.5	303.5	54.0	274.2	240.1	34.1	282.5	212.7	69.8
河 北	Hebei	749.6	387.7	361.9	616.5	305.4	311.1	790.5	605.5	185.0
山 西	Shanxi	371.6	213.7	157.9	322.8	186.5	136.3	421.4	288.8	132.6
内蒙古	Inner Mongolia	312.0	198.9	113.1	268.1	162.6	105.5	301.9	240.6	61.3
辽 宁	Liaoning	496.9	456.5	40.4	464.0	430.3	33.7	459.2	406.7	52.5
吉 林	Jilin	195.6	161.7	33.9	174.5	143.4	31.1	282.7	238.0	44.7
黑龙江	Heilongjiang	433.6	285.5	148.1	387.4	259.7	127.7	427.2	320.6	106.6
上 海	Shanghai	1404.4	1340.4	64.0	729.4	663.7	65.7	2085.7	2079.6	6.1
江 苏	Jiangsu	1368.7	978.6	390.1	1149.3	810.0	339.3	1463.6	1282.9	180.7
浙 江	Zhejiang	1234.0	895.0	339.0	989.5	663.2	326.3	1568.5	1481.1	87.4
安 徽	Anhui	339.8	259.6	80.2	269.4	203.0	66.4	403.4	323.9	79.5
福 建	Fujian	478.7	290.7	188.0	382.4	220.1	162.3	631.0	534.7	96.3
江 西	Jiangxi	474.9	178.0	296.9	341.6	131.5	210.1	444.5	230.4	214.1
山 东	Shandong	1194.8	739.6	455.2	1094.2	631.6	462.6	979.2	780.4	198.8
河 南	Henan	894.3	360.8	533.5	753.9	265.2	488.7	809.6	494.7	314.9
湖 北	Hubei	697.4	371.9	325.5	578.6	318.5	260.1	569.5	338.5	231.0
湖 南	Hunan	676.4	313.6	362.8	561.1	243.3	317.8	583.5	389.3	194.2
广 东	Guangdong	1564.9	1152.5	412.4	1245.0	867.2	377.8	2474.8	2107.4	367.4
广 西	Guangxi	374.8	194.4	180.4	264.6	147.4	117.2	477.3	278.5	198.8
海 南	Hainan	83.3	69.8	13.5	60.5	49.5	11.0	113.7	98.1	15.6
重 庆	Chongqing	410.6	250.3	160.3	392.2	241.1	151.1	311.6	217.5	94.1
四 川	Sichuan	1023.2	649.7	373.5	762.7	449.5	313.2	1126.1	890.0	236.1
贵 州	Guizhou	186.4	153.9	32.5	143.3	120.5	22.8	188.5	141.6	46.9
云 南	Yunnan	503.2	250.3	252.9	406.8	192.2	214.6	431.5	299.1	132.4
西 藏	Tibet	39.5	34.8	4.7	21.8	18.3	3.5	61.4	63.3	-1.9
陕 西	Shaanxi	287.7	246.5	41.2	246.1	204.1	42.0	343.0	305.0	38.0
甘 肃	Gansu	248.4	114.2	134.2	224.7	94.6	130.1	178.5	117.0	61.5
青 海	Qinghai	69.1	62.4	6.7	51.7	44.6	7.1	87.4	87.9	-0.5
宁 夏	Ningxia	93.1	58.1	35.0	85.8	49.3	36.5	81.4	64.9	16.5
新 疆	Xinjiang	249.3	220.6	28.7	193.2	172.4	20.8	348.2	321.1	27.1
新疆兵团	Xinjiang Production and Construction Corps	52.1	45.0	7.1	46.0	39.9	6.1	48.7	39.6	9.2

7-7 分地区失业保险情况(2017年)
Statistics of Unemployment Insurance by Region (2017)

地区	Region	年末参加失业保险人数(万人) Unemployment Insurance Contributors at Year-end (10 000 persons)	年末领取失业保险金人数(万人) Beneficiaries of Unemployment Insurance Fund (10 000 persons)	基金收支情况(亿元) Revenue and Expenses (100 million yuan)		
				基金收入 Revenue	基金支出 Expenses	累计结余 Balance at Year-end
全国	**National Total**	**18784.2**	**220.2**	**1112.6**	**893.8**	**5552.4**
北京	Beijing	1170.9	3.9	82.2	65.9	237.9
天津	Tianjin	311.3	8.4	37.9	50.7	91.4
河北	Hebei	529.7	7.2	27.7	27.1	158.5
山西	Shanxi	420.6	3.0	25.2	12.3	178.5
内蒙古	Inner Mongolia	247.1	2.5	17.0	7.3	128.9
辽宁	Liaoning	679.9	10.5	38.9	26.6	282.5
吉林	Jilin	263.7	2.8	21.4	12.1	125.7
黑龙江	Heilongjiang	315.1	4.1	19.7	17.2	167.8
上海	Shanghai	961.8	11.1	87.2	98.5	169.9
江苏	Jiangsu	1583.0	32.1	88.0	100.0	428.0
浙江	Zhejiang	1380.9	8.9	74.2	63.3	411.9
安徽	Anhui	472.4	8.1	26.1	25.2	116.4
福建	Fujian	612.3	4.9	24.3	16.6	171.6
江西	Jiangxi	286.3	1.7	9.6	3.8	77.2
山东	Shandong	1268.3	20.1	67.6	65.2	300.1
河南	Henan	805.6	7.5	32.5	19.8	188.4
湖北	Hubei	561.3	6.4	26.2	21.0	178.5
湖南	Hunan	563.7	6.8	23.2	16.5	132.9
广东	Guangdong	3163.7	14.6	113.5	71.5	683.3
广西	Guangxi	302.1	5.4	19.4	15.2	133.9
海南	Hainan	168.0	2.2	5.9	5.2	35.1
重庆	Chongqing	466.3	3.9	17.2	15.5	113.8
四川	Sichuan	776.7	27.4	136.0	62.2	415.3
贵州	Guizhou	235.7	2.2	13.8	11.3	80.2
云南	Yunnan	259.8	5.2	17.0	11.4	133.4
西藏	Tibet	15.2		2.0	0.3	18.2
陕西	Shaanxi	356.5	2.9	20.4	14.3	159.6
甘肃	Gansu	165.4	0.9	10.5	5.9	83.1
青海	Qinghai	41.5	0.3	3.3	1.6	29.2
宁夏	Ningxia	88.5	1.2	4.8	3.2	36.3
新疆	Xinjiang	244.2	3.1	16.8	24.6	69.0
新疆兵团	Xinjiang Production and Construction Corps	66.6	0.9	3.1	2.6	15.8

7-8 分地区工伤保险情况(2017年)
Statistics of Work Injury Insurance by Region (2017)

地 区	Region	年末参加工伤保险人数(万人) Work Injury Insurance Contributors at Year-end (10 000 persons)	享受工伤保险待遇人数(万人) Beneficiaries at Year-end (10 000 persons)	基金收支情况(亿元) Revenue and Expenses (100 million yuan)		
				基金收入 Revenue	基金支出 Expenses	累计结余 Balance at Year-end
全 国	**National Total**	**22723.7**	**192.8**	**853.8**	**662.3**	**1606.9**
北 京	Beijing	1117.9	4.4	37.9	33.0	48.3
天 津	Tianjin	395.3	3.6	11.0	11.3	14.7
河 北	Hebei	860.7	10.0	46.4	39.6	35.3
山 西	Shanxi	582.6	6.3	35.1	32.5	61.0
内蒙古	Inner Mongolia	307.8	2.4	14.1	10.9	42.4
辽 宁	Liaoning	862.1	13.8	37.4	31.6	40.1
吉 林	Jilin	441.4	5.1	15.8	11.1	38.2
黑龙江	Heilongjiang	519.1	6.2	23.7	24.0	32.0
上 海	Shanghai	958.1	6.4	38.8	30.7	68.2
江 苏	Jiangsu	1690.2	14.3	85.3	58.9	136.9
浙 江	Zhejiang	1977.2	19.4	58.2	51.0	93.6
安 徽	Anhui	565.5	10.5	24.5	17.6	48.7
福 建	Fujian	798.7	4.3	20.0	15.9	62.3
江 西	Jiangxi	517.1	5.1	19.8	13.9	43.0
山 东	Shandong	1569.1	11.1	58.9	42.2	100.6
河 南	Henan	900.9	5.4	31.1	22.2	65.9
湖 北	Hubei	656.6	6.5	23.1	15.2	47.1
湖 南	Hunan	782.8	11.9	42.0	31.2	69.4
广 东	Guangdong	3402.0	14.5	73.9	51.2	275.3
广 西	Guangxi	388.8	1.6	12.6	5.5	41.5
海 南	Hainan	141.4	0.4	5.1	1.6	16.4
重 庆	Chongqing	504.6	6.7	22.7	18.7	6.7
四 川	Sichuan	876.0	7.6	32.7	26.2	67.4
贵 州	Guizhou	332.5	2.4	15.1	12.6	22.5
云 南	Yunnan	383.7	4.4	16.6	12.7	27.8
西 藏	Tibet	33.4	0.1	1.5	0.6	4.7
陕 西	Shaanxi	459.3	2.8	17.3	14.2	35.1
甘 肃	Gansu	198.6	1.9	9.2	7.1	15.6
青 海	Qinghai	64.9	0.5	4.0	2.8	8.3
宁 夏	Ningxia	90.3	0.5	5.4	4.4	10.6
新 疆	Xinjiang	265.1	2.0	11.6	9.5	21.5
新疆兵团	Xinjiang Production and Construction Corps	80.0	0.4	2.8	2.3	5.6

注：工伤保险累计结余中含储备金。
Note: Balance of work injury insurance includes reserves.

7-9 分地区生育保险情况(2017年)
Statistics of Maternity Insurance by Region (2017)

地 区	Region	年末参加生育保险人数(万人) Maternity Insurance Contributors at Year-end (10 000 persons)	享受生育保险待遇人次(万人次) Beneficiaries at Year-end (10 000 person-times)	基金收支情况(亿元) Revenue and Expenses (100 million yuan)		
				基金收入 Revenue	基金支出 Expenses	累计结余 Balance at Year-end
全 国	**National Total**	**19300.2**	**1112.8**	**642.5**	**743.5**	**564.5**
北 京	Beijing	1035.2	68.6	80.7	88.3	29.1
天 津	Tianjin	296.9	27.4	12.7	19.7	10.6
河 北	Hebei	737.8	36.3	15.0	18.7	16.2
山 西	Shanxi	464.2	14.2	8.3	9.4	19.6
内蒙古	Inner Mongolia	307.6	11.5	9.3	8.1	18.3
辽 宁	Liaoning	782.4	44.2	17.6	17.0	14.5
吉 林	Jilin	370.1	17.1	7.6	8.7	12.8
黑龙江	Heilongjiang	355.1	8.9	6.8	6.4	15.3
上 海	Shanghai	972.0	36.4	78.6	68.1	42.1
江 苏	Jiangsu	1582.0	167.1	56.7	72.3	27.4
浙 江	Zhejiang	1393.0	77.2	45.4	50.1	36.7
安 徽	Anhui	554.1	23.5	11.6	13.1	12.6
福 建	Fujian	634.5	27.5	14.2	20.1	17.1
江 西	Jiangxi	279.3	13.5	6.0	9.0	7.6
山 东	Shandong	1186.6	90.9	52.7	62.2	23.2
河 南	Henan	692.7	30.5	19.8	23.1	27.3
湖 北	Hubei	522.1	35.2	14.4	17.1	23.5
湖 南	Hunan	561.9	34.0	14.1	15.2	24.4
广 东	Guangdong	3300.9	169.6	87.1	110.6	93.1
广 西	Guangxi	338.6	20.4	9.2	13.6	13.6
海 南	Hainan	140.3	8.8	3.5	4.0	4.9
重 庆	Chongqing	411.3	26.6	0.0	0.0	0.0
四 川	Sichuan	776.3	34.3	20.9	26.4	13.4
贵 州	Guizhou	304.0	20.5	7.9	9.2	7.8
云 南	Yunnan	307.9	22.2	12.6	17.5	4.4
西 藏	Tibet	29.1	1.4	1.9	1.2	2.6
陕 西	Shaanxi	328.7	12.6	6.1	8.1	13.0
甘 肃	Gansu	175.3	7.7	4.8	7.1	6.4
青 海	Qinghai	50.0	3.8	2.0	2.7	3.3
宁 夏	Ningxia	81.7	6.2	4.4	4.8	1.9
新 疆	Xinjiang	260.4	12.8	9.7	10.4	19.7
新疆兵团	Xinjiang Production and Construction Corps	68.0	1.7	1.3	1.4	1.8

7-10 医疗救助情况(2017年)
Statistics on Medical Aid (2017)

地 区	Region	资助参加医疗保险和合作医疗人数(万人) Aid for Medical Insurance and Cooperative Medical Care (10 000 persons)	直接医疗救助人次数(万人次) Direct Medical Aid (10 000 person-times)	资助参加医疗保险和合作医疗支出(万元) Expenses of Medical Insurance and Cooperative Medical Insurance (10 000 yuan)	直接医疗救助支出(万元) Expenses for Direct Medical Aid (10 000 yuan)
全 国	**National Total**	**5621.0**	**3517.1**	**739969.1**	**2660889.7**
北 京	Beijing	1.6	13.0	1111.1	26218.0
天 津	Tianjin	24.7	201.4	10966.1	27200.2
河 北	Hebei	228.2	45.1	43648.7	77629.4
山 西	Shanxi	121.0	24.9	14980.3	59061.5
内蒙古	Inner Mongolia	166.0	31.2	17888.1	66779.6
辽 宁	Liaoning	103.6	99.0	21757.7	52324.7
吉 林	Jilin	79.8	54.3	16097.2	55407.4
黑龙江	Heilongjiang	229.8	60.7	36112.2	100104.1
上 海	Shanghai	7.5	29.6	4682.8	40360.7
江 苏	Jiangsu	154.3	491.1	34046.0	152168.7
浙 江	Zhejiang	47.0	320.9	18139.8	120726.1
安 徽	Anhui	390.7	194.0	71897.3	141786.3
福 建	Fujian	72.7	125.9	13095.6	44176.1
江 西	Jiangxi	170.7	201.2	15536.7	128182.3
山 东	Shandong	184.8	114.2	29557.6	100752.9
河 南	Henan	347.1	71.8	30121.0	91481.5
湖 北	Hubei	204.0	118.4	35100.8	138676.7
湖 南	Hunan	344.6	115.4	33601.1	118341.0
广 东	Guangdong	264.8	168.4	50032.7	232427.0
广 西	Guangxi	247.6	28.3	27789.7	62200.4
海 南	Hainan	22.7	13.6	5380.0	22650.1
重 庆	Chongqing	173.7	474.5	23408.0	116474.9
四 川	Sichuan	425.9	208.6	58278.1	187490.1
贵 州	Guizhou	265.3	52.3	17155.1	78571.7
云 南	Yunnan	428.2	107.3	36520.1	86501.2
西 藏	Tibet	6.8	6.0	782.7	24876.5
陕 西	Shaanxi	77.8	51.3	15407.8	123791.7
甘 肃	Gansu	549.6	27.2	22695.8	67814.1
青 海	Qinghai	59.6	17.2	10532.8	29619.1
宁 夏	Ningxia	50.5	12.0	4021.6	21093.2
新 疆	Xinjiang	170.6	38.4	19624.6	66002.5

注：自2016年起，将资助参加医疗保险和资助参加合作医疗保险合并统计。
Note: Since 2016, the statistics of medical insurance and cooperative medical insurance are combined.

7-11 城市居民最低生活保障情况
Subsistence Allowance for Urban Residents

单位：万人 (10 000 persons)

年 份 Year	城市居民最低生活保障人数 Number of Persons Receiving Subsistence Allowance in Urban Areas	#残疾人 Disabled Persons	# "三无"人员 "Three-without" Persons	老年人 Aged Persons	在职人员 On-job Persons	灵活就业 Flexibly Employed Persons	登记失业 Unemployed Persons with Registration	未登记失业 Unemployed Persons without Registration	在校生 Students	其 他 Others
2007	2272.1	161.0	125.8	298.4	93.9	343.8	627.2	364.3	321.6	223.0
2008	2334.8	169.1	106.9	316.7	82.2	381.7	564.3	402.2	358.1	229.6
2009	2345.6	181.0	94.1	333.5	79.0	432.2	510.2	410.9	369.1	210.7
2010	2310.5	180.7	89.3	338.6	68.2	432.4	492.8	420.0	357.3	201.2
2011	2276.8	184.1	80.3	346.9	61.5	429.7	472.5	426.7	348.5	191.0
2012	2143.5	174.5	64.9	339.3	49.6	459.3	400.4	422.1	318.3	154.5
2013	2064.0	169.2	58.0	330.3	45.1	462.1	365.5	416.8	303.2	141.3
2014	1877.0	161.1	50.0	315.8	37.5	425.8	312.5	398.7	266.0	120.7
2015	1701.1	165.7	43.8	293.5	31.1	377.3	264.1	394.0	235.9	105.1
2016	1480.2	156.5		258.0	22.7	304.4	252.9	370.9	271.4	
2017	1261.0	159.9		219.0	18.6	265.0	153.5	399.6	205.4	

7-12 农村居民最低生活保障情况
Subsistence Allowance for Rural Residents

单位：万人 (10 000 persons)

年 份 Year	农村救助总人数 Total Number of Rural Residents Receiving Relief	农村居民最低生活保障人数 Number of Rural Residents Receiving Subsistence Allowance	农村特困人员集中供养人数 Rural Destitute Households with Centralized Livelihood	农村特困人员分散供养人数 Rural Destitute Households with Decentralized Livelihood	传统救济人数 Number of Persons Receiving Traditional Relief	农村临时救济人数 Number of Rural Residents Receiving Temporary Relief
2007	4818.6	3566.3	138.0	393.3	75.0	646.0
2008	5757.3	4305.5	155.6	393.0	72.2	831.0
2009	5922.0	4760.0	171.8	381.6	62.2	546.4
2010	6443.5	5214.0	177.4	378.9	59.5	613.7
2011	6522.2	5305.7	184.5	366.5	68.7	596.8
2012	5969.7	5344.5	185.3	360.3	79.6	
2013	5998.3	5388.0	183.5	353.8	73.0	
2014	5810.8	5207.0	174.3	354.8	74.5	
2015	5889.4	4903.6	162.3	354.4	63.8	405.3
2016	5083.3	4586.5	139.7	357.2		
2017	4512.0	4045.2	99.6	367.2		

7-13 分地区城市居民最低生活保障情况(2017年)
Subsistence Allowance for Urban Residents(2017)

单位：万人，万户 (10 000 persons, 10 000 households)

地 区	Region	城市居民最低生活保障人数 Number of Persons Receiving Subsistence Allowance in Urban Areas	#女 Female	#老年人 Aged Persons	城市居民最低生活保障户数 Number of households Receiving Subsistence Allowance in Urban Areas
全 国	**National Total**	**1261.03**	**561.44**	**218.95**	**741.53**
北 京	Beijing	7.83	3.42	1.41	4.70
天 津	Tianjin	10.71	5.35	1.83	6.71
河 北	Hebei	35.50	15.61	5.38	21.03
山 西	Shanxi	45.98	20.50	4.93	24.03
内蒙古	Inner Mongolia	43.04	21.22	6.93	27.18
辽 宁	Liaoning	53.85	22.15	7.25	33.49
吉 林	Jilin	59.18	28.77	11.96	40.46
黑龙江	Heilongjiang	95.36	44.10	10.35	59.63
上 海	Shanghai	15.71	5.85	0.51	11.26
江 苏	Jiangsu	20.52	9.16	5.79	12.19
浙 江	Zhejiang	22.16	9.21	6.77	15.05
安 徽	Anhui	47.93	20.18	15.34	31.06
福 建	Fujian	6.82	2.97	1.65	4.29
江 西	Jiangxi	83.26	31.95	17.08	42.96
山 东	Shandong	23.78	11.57	4.36	13.78
河 南	Henan	67.78	27.99	15.34	42.54
湖 北	Hubei	45.86	21.85	8.92	28.64
湖 南	Hunan	76.70	35.39	12.60	47.86
广 东	Guangdong	22.85	8.23	4.88	11.92
广 西	Guangxi	19.07	8.78	3.16	10.27
海 南	Hainan	6.32	2.72	0.53	3.07
重 庆	Chongqing	33.97	15.49	4.14	21.15
四 川	Sichuan	118.41	45.79	24.03	70.20
贵 州	Guizhou	31.50	13.38	5.48	17.90
云 南	Yunnan	70.87	34.81	17.07	47.40
西 藏	Tibet	3.31	1.51	0.65	1.87
陕 西	Shaanxi	30.61	15.01	2.34	15.71
甘 肃	Gansu	65.05	29.16	6.52	27.06
青 海	Qinghai	13.39	7.15	1.98	6.93
宁 夏	Ningxia	10.84	5.44	0.97	6.10
新 疆	Xinjiang	72.87	36.74	8.78	35.08

7-14 分地区农村居民最低生活保障情况(2017年)
Subsistence Allowance for Rural Residents by Region (2017)

单位：万人，万户 (10 000 persons, 10 000 households)

地区	Region	农村居民最低生活保障人数 Number of Rural Residents Receiving Subsistence Allowance	#女 Female	#老年人 Aged Persons	农村特困人员集中供养人数 Rural Destitute Households with Centralized Livelihood	农村特困人员分散供养人数 Rural Destitute Households with Decentralized Livelihood	农村居民最低生活保障家庭数 Number of Households Receiving Subsistence Allowance in Rural Areas
全国	**National Total**	**4045.15**	**1649.25**	**1562.75**	**99.6**	**367.2**	**2249.27**
北京	Beijing	4.40	1.77	1.88	0.2	0.3	2.73
天津	Tianjin	9.13	3.72	2.71	0.1	1.0	4.52
河北	Hebei	160.17	61.98	91.10	3.2	20.0	114.58
山西	Shanxi	111.19	45.26	65.81	1.8	12.9	80.75
内蒙古	Inner Mongolia	119.87	60.61	75.94	1.1	7.3	82.74
辽宁	Liaoning	73.02	27.18	34.19	2.4	10.7	49.67
吉林	Jilin	70.32	30.90	41.28	2.0	8.8	52.19
黑龙江	Heilongjiang	105.18	50.44	60.38	2.3	9.0	69.97
上海	Shanghai	3.48	1.79	1.37	0.1	0.1	2.84
江苏	Jiangsu	97.21	38.57	39.06	6.4	13.7	53.40
浙江	Zhejiang	59.23	23.92	23.50	2.6	0.1	39.41
安徽	Anhui	155.47	61.59	68.72	9.1	30.7	89.26
福建	Fujian	39.08	16.05	11.60	0.6	6.1	21.10
江西	Jiangxi	175.70	59.07	54.42	11.5	9.6	92.64
山东	Shandong	181.55	79.31	100.43	6.2	14.9	133.67
河南	Henan	288.05	100.85	154.11	7.7	41.2	219.21
湖北	Hubei	137.90	63.27	51.94	4.8	19.8	79.08
湖南	Hunan	124.88	56.24	39.53	6.1	31.8	62.94
广东	Guangdong	146.77	46.48	41.11	2.1	20.5	57.94
广西	Guangxi	253.93	114.99	61.77	1.8	23.2	89.07
海南	Hainan	18.14	8.17	3.81	0.2	2.4	7.48
重庆	Chongqing	60.22	27.32	11.08	1.7	9.4	32.40
四川	Sichuan	366.31	117.44	160.84	13.9	32.0	218.09
贵州	Guizhou	260.01	103.11	81.60	3.6	4.8	119.14
云南	Yunnan	329.95	148.02	117.58	1.6	12.2	198.70
西藏	Tibet	22.68	9.45	8.11	0.9	0.6	7.95
陕西	Shaanxi	87.63	37.37	27.48	2.9	9.0	36.98
甘肃	Gansu	299.30	116.80	64.71	0.8	10.3	95.55
青海	Qinghai	42.65	20.43	7.05	0.3	1.7	12.90
宁夏	Ningxia	38.11	17.58	14.46	0.2	0.8	29.06
新疆	Xinjiang	203.63	99.57	45.17	1.4	2.5	93.32

7-15 分地区城市居民最低生活保障平均标准
Average Standard of Subsistence Allowance in Urban Areas by Region

单位：元/人、月 (yuan per capita per month)

地 区	Region	2013	2014	2015	2016	2017	2017年比2016年增减% Change in 2017 over 2016 %
全 国	**National Average**	**373.3**	**410.5**	**451.1**	**494.6**	**540.6**	**9.3**
北 京	Beijing	580.0	650.0	710.0	800.0	900.0	12.5
天 津	Tianjin	600.0	640.0	705.0	780.0	860.0	10.3
河 北	Hebei	378.5	431.9	441.4	501.2	544.0	8.6
山 西	Shanxi	351.1	383.7	413.2	441.1	467.5	6.0
内蒙古	Inner Mongolia	460.3	481.4	508.0	540.2	591.6	9.5
辽 宁	Liaoning	411.5	452.8	493.5	522.8	561.6	7.4
吉 林	Jilin	322.5	371.1	401.6	446.9	483.4	8.2
黑龙江	Heilongjiang	387.7	446.8	506.4	535.9	550.7	2.8
上 海	Shanghai	640.0	710.0	790.0	880.0	970.0	10.2
江 苏	Jiangsu	485.1	536.1	581.7	610.8	645.6	5.7
浙 江	Zhejiang	515.5	573.3	640.5	673.7	706.2	4.8
安 徽	Anhui	380.5	421.5	455.0	497.1	531.2	6.9
福 建	Fujian	363.3	404.4	478.1	514.8	589.8	14.6
江 西	Jiangxi	395.7	418.3	452.0	480.8	531.7	10.6
山 东	Shandong	417.7	451.9	470.1	494.9	513.6	3.8
河 南	Henan	309.2	328.8	374.1	425.1	459.6	8.1
湖 北	Hubei	375.1	411.0	447.1	487.9	563.6	15.5
湖 南	Hunan	356.1	352.8	359.8	431.3	444.1	3.0
广 东	Guangdong	380.4	454.5	513.8	576.2	674.8	17.1
广 西	Guangxi	334.7	340.1	404.4	457.6	518.0	13.2
海 南	Hainan	353.3	379.6	466.8	467.0	484.4	3.7
重 庆	Chongqing	346.8	369.0	419.1	459.6	500.0	8.8
四 川	Sichuan	306.4	336.2	367.0	419.5	485.1	15.6
贵 州	Guizhou	347.6	395.0	453.4	507.3	557.0	9.8
云 南	Yunnan	323.9	359.6	395.9	442.2	516.0	16.7
西 藏	Tibet	432.4	533.9	591.3	693.5	751.5	8.4
陕 西	Shaanxi	374.7	388.5	460.7	479.5	532.2	11.0
甘 肃	Gansu	279.0	328.3	378.1	410.9	458.6	11.6
青 海	Qinghai	330.8	351.0	370.4	400.8	450.5	12.4
宁 夏	Ningxia	287.6	304.8	361.8	416.4	473.2	13.6
新 疆	Xinjiang	300.4	329.2	349.2	383.9	409.0	6.5

7-16 分地区农村居民最低生活保障平均标准
Average Standard of Subsistence Allowance in Rural Areas by Region

单位：元/人、年 (yuan per capita per year)

地 区	Region	2013	2014	2015	2016	2017	2017年比2016年增减% Change in 2017 over 2016 %
全 国	**National Average**	**2433.9**	**2776.6**	**3177.6**	**3744.0**	**4300.7**	**14.9**
北 京	Beijing	6258.5	7587.7	8520.0	9600.0	10800.0	12.5
天 津	Tianjin	5304.0	6153.6	7194.0	9060.0	10320.0	13.9
河 北	Hebei	2269.1	2543.5	2670.7	3359.0	3829.1	14.0
山 西	Shanxi	2157.6	2454.8	2757.8	3246.6	3646.9	12.3
内蒙古	Inner Mongolia	3415.0	3633.8	3891.2	4212.0	4920.2	16.8
辽 宁	Liaoning	2839.0	3195.7	3548.5	3914.9	4350.9	11.1
吉 林	Jilin	2034.1	2466.1	2721.2	3444.9	3734.9	8.4
黑龙江	Heilongjiang	2236.9	2764.2	3573.9	3787.1	3857.5	1.9
上 海	Shanghai	6000.0	7560.0	9480.0	10440.0	11640.0	11.5
江 苏	Jiangsu	4752.3	5345.5	6029.8	6480.9	7147.1	10.3
浙 江	Zhejiang	4721.0	5686.0	6683.9	7292.4	8040.6	10.3
安 徽	Anhui	2463.4	2828.3	3121.1	3840.4	4427.5	15.3
福 建	Fujian	2375.0	2732.2	3405.9	3841.4	5054.0	31.6
江 西	Jiangxi	2417.0	2638.6	2965.7	3314.9	3743.3	12.9
山 东	Shandong	2473.1	2936.7	3340.0	3777.8	4165.5	10.3
河 南	Henan	1696.8	1824.1	2232.3	3084.4	3356.4	8.8
湖 北	Hubei	2024.9	2567.8	3235.2	3828.8	4706.4	22.9
湖 南	Hunan	2068.1	2326.8	2446.4	3082.0	3689.0	19.7
广 东	Guangdong	3233.3	3837.9	4489.9	5342.7	6340.8	18.7
广 西	Guangxi	1993.1	2029.0	2556.1	2985.3	3338.4	11.8
海 南	Hainan	3022.9	3355.0	4168.4	4163.5	4300.8	3.3
重 庆	Chongqing	2417.4	2667.2	2841.0	3694.9	4287.7	16.0
四 川	Sichuan	1832.2	2139.7	2409.1	3154.6	3767.8	19.4
贵 州	Guizhou	1833.0	2116.1	2620.0	3201.8	3660.0	14.3
云 南	Yunnan	1953.5	2141.9	2341.9	2710.7	3342.0	23.3
西 藏	Tibet	1980.8	2230.9	2337.5	2621.5	3355.5	28.0
陕 西	Shaanxi	2143.4	2262.8	2654.2	3203.3	3733.7	16.6
甘 肃	Gansu	1939.1	2275.6	2617.7	2932.9	3765.3	28.4
青 海	Qinghai	2089.0	2213.1	2494.2	2970.0	3335.0	12.3
宁 夏	Ningxia	2037.8	2281.8	2606.1	3388.9	3468.9	2.4
新 疆	Xinjiang	1804.1	2029.4	2287.4	2994.2	3561.3	18.9

7-17 分地区养老机构数(2017年)
Statistics on Institution for Aged by Region(2017)

单位：个 (unit)

地 区	Region	合 计 Total	按城乡分 by Area		按登记批准机关分 by Approval Authori			
			城市 Urban	农村 Rural	工商部门 Business Administration Department	编制部门 Authorized Strength Department	民政部门 Civil Administration Department	未登记 Not registered
全 国	**National Total**	**28770**	**13764**	**15006**	**474**	**15144**	**12712**	**440**
北 京	Beijing	656	386	270	29	347	280	
天 津	Tianjin	278	225	53	2	40	236	
河 北	Hebei	1169	675	494	2	452	709	6
山 西	Shanxi	551	283	268	1	274	274	2
内蒙古	Inner Mongolia	728	421	307	2	344	372	10
辽 宁	Liaoning	1543	1190	353	8	308	1195	32
吉 林	Jilin	1232	653	579	17	640	564	11
黑龙江	Heilongjiang	1008	864	144		169	838	1
上 海	Shanghai	669	467	202	6	26	634	3
江 苏	Jiangsu	2251	999	1252	30	1146	1069	6
浙 江	Zhejiang	1416	576	840	41	649	720	6
安 徽	Anhui	1396	550	846	12	126	1255	3
福 建	Fujian	354	257	97	3	218	126	7
江 西	Jiangxi	1352	459	893	1	1187	150	14
山 东	Shandong	1810	955	855	24	462	1322	2
河 南	Henan	1106	536	570	1	662	439	4
湖 北	Hubei	1632	529	1103	24	1315	265	28
湖 南	Hunan	1586	454	1132	6	1358	177	45
广 东	Guangdong	1579	594	985	67	1242	233	37
广 西	Guangxi	421	377	44	5	171	203	42
海 南	Hainan	35	34	1	3	22	10	
重 庆	Chongqing	688	373	315	62	343	280	3
四 川	Sichuan	2588	711	1877	109	2002	411	66
贵 州	Guizhou	877	259	618	4	668	143	62
云 南	Yunnan	440	205	235	10	213	216	1
西 藏	Tibet	15	12	3		10	5	
陕 西	Shaanxi	609	260	349	1	370	217	21
甘 肃	Gansu	248	122	126	2	125	108	13
青 海	Qinghai	45	18	27		24	21	
宁 夏	Ningxia	94	34	60	2	52	37	3
新 疆	Xinjiang	394	286	108		179	203	12

7-18 分地区分床位养老机构数(2017年)
Statistics on Institutions for Aged by Beds and by Region(2017)

单位：个，% (unit,%)

地 区	Region	合 计 Total	0-99张床位 0-99 Beds	100-299张床位 100-299 Beds	300-499张床位 300-499 Beds	500张及以上床位 500 Beds and over	比 重 Proportion	0-99张床位 0-99 Beds	100-299张床位 100-299 Beds	300-499张床位 300-499 Beds	500张及以上床位 500 Beds and over
全 国	**National Total**	**28770**	**15085**	**11121**	**1683**	**881**	**100.0**	**52.4**	**38.7**	**5.8**	**3.1**
北 京	Beijing	656	224	287	76	69	100.0	34.1	43.8	11.6	10.5
天 津	Tianjin	278	108	132	14	24	100.0	38.8	47.5	5.0	8.6
河 北	Hebei	1169	590	432	96	51	100.0	50.5	37.0	8.2	4.4
山 西	Shanxi	551	358	169	19	5	100.0	65.0	30.7	3.4	0.9
内蒙古	Inner Mongolia	728	408	266	39	15	100.0	56.0	36.5	5.4	2.1
辽 宁	Liaoning	1543	1025	405	78	35	100.0	66.4	26.2	5.1	2.3
吉 林	Jilin	1232	871	312	32	17	100.0	70.7	25.3	2.6	1.4
黑龙江	Heilongjiang	1008	605	308	63	32	100.0	60.0	30.6	6.3	3.2
上 海	Shanghai	669	202	349	84	34	100.0	30.2	52.2	12.6	5.1
江 苏	Jiangsu	2251	758	1138	257	98	100.0	33.7	50.6	11.4	4.4
浙 江	Zhejiang	1416	558	625	139	94	100.0	39.4	44.1	9.8	6.6
安 徽	Anhui	1396	613	685	73	25	100.0	43.9	49.1	5.2	1.8
福 建	Fujian	354	206	100	35	13	100.0	58.2	28.2	9.9	3.7
江 西	Jiangxi	1352	797	502	35	18	100.0	58.9	37.1	2.6	1.3
山 东	Shandong	1810	717	857	162	74	100.0	39.6	47.3	9.0	4.1
河 南	Henan	1106	664	394	28	20	100.0	60.0	35.6	2.5	1.8
湖 北	Hubei	1632	605	928	57	42	100.0	37.1	56.9	3.5	2.6
湖 南	Hunan	1586	1203	335	29	19	100.0	75.9	21.1	1.8	1.2
广 东	Guangdong	1579	1046	390	85	58	100.0	66.2	24.7	5.4	3.7
广 西	Guangxi	421	270	122	17	12	100.0	64.1	29.0	4.0	2.9
海 南	Hainan	35	19	8	3	5	100.0	54.3	22.9	8.6	14.3
重 庆	Chongqing	688	367	280	22	19	100.0	53.3	40.7	3.2	2.8
四 川	Sichuan	2588	1301	1134	99	54	100.0	50.3	43.8	3.8	2.1
贵 州	Guizhou	877	604	262	10	1	100.0	68.9	29.9	1.1	0.1
云 南	Yunnan	440	249	163	19	9	100.0	56.6	37.0	4.3	2.0
西 藏	Tibet	15	4	10	1		100.0	26.7	66.7	6.7	
陕 西	Shaanxi	609	284	229	74	22	100.0	46.6	37.6	12.2	3.6
甘 肃	Gansu	248	171	65	9	3	100.0	69.0	26.2	3.6	1.2
青 海	Qinghai	45	27	13	1	4	100.0	60.0	28.9	2.2	8.9
宁 夏	Ningxia	94	39	42	9	4	100.0	41.5	44.7	9.6	4.3
新 疆	Xinjiang	394	192	179	18	5	100.0	48.7	45.4	4.6	1.3

7-19 分地区每千老年人口床位情况
Statistics on Beds per 1000 Senior Citizens by Region

单位：张 (bed)

地　区	Region	2013	2014	2015	2016	2017
全　国	**National Total**	**24.39**	**27.20**	**30.31**	**31.62**	**30.92**
北　京	Beijing	39.25	45.69	28.95	38.22	39.58
天　津	Tianjin	24.55	20.88	23.73	23.06	22.44
河　北	Hebei	36.77	38.87	40.94	34.98	32.64
山　西	Shanxi	13.02	16.48	16.31	22.21	23.02
内蒙古	Inner Mongolia	22.47	49.00	56.66	58.32	52.17
辽　宁	Liaoning	28.41	24.31	21.14	22.90	21.43
吉　林	Jilin	19.16	17.82	14.35	25.60	22.86
黑龙江	Heilongjiang	18.66	21.80	27.04	27.33	27.37
上　海	Shanghai	32.08	33.49	27.20	28.89	27.84
江　苏	Jiangsu	41.39	38.61	41.02	40.33	40.23
浙　江	Zhejiang	36.54	52.90	51.74	56.29	57.06
安　徽	Anhui	31.70	34.95	36.06	35.17	32.04
福　建	Fujian	16.64	25.66	24.88	23.24	26.69
江　西	Jiangxi	24.83	28.43	30.94	30.15	29.20
山　东	Shandong	32.59	31.03	37.14	38.50	33.76
河　南	Henan	21.51	25.18	24.19	23.48	22.40
湖　北	Hubei	27.16	27.25	30.12	33.02	31.83
湖　南	Hunan	17.42	16.76	19.21	21.75	23.62
广　东	Guangdong	11.16	15.34	19.87	28.22	33.62
广　西	Guangxi	17.64	21.92	25.78	25.59	25.14
海　南	Hainan	11.08	16.60	17.65	18.02	18.26
重　庆	Chongqing	31.96	25.01	33.18	29.34	25.46
四　川	Sichuan	30.09	24.51	30.65	31.43	31.50
贵　州	Guizhou	14.20	22.42	35.30	36.80	36.73
云　南	Yunnan	9.22	11.18	19.90	21.62	19.05
西　藏	Tibet	17.25	27.66	61.95	14.24	17.32
陕　西	Shaanxi	17.34	17.79	23.60	25.47	25.52
甘　肃	Gansu	19.03	24.75	33.75	34.40	32.41
青　海	Qinghai	16.18	26.64	31.64	38.37	32.57
宁　夏	Ningxia	10.22	15.10	30.41	40.72	29.05
新　疆	Xinjiang	13.56	21.01	24.78	26.62	23.70

7-20 孤儿和家庭收养情况(2017年)
Statistics on Orphans and Children Adopted by Families(2017)

单位：人 (person)

地 区	Region	孤儿数 Number of Orphans	集中供养 Concentrate Raising	社会散居 Social Unsettle	家庭收养儿童数 Number of Children-adoption in Families	被中国公民收养 Children Adopted by Chinese Citizens	被外国人收养 Children Adopted by Foreigners
全 国	**National Total**	**409840**	**86025**	**323815**	**18820**	**16592**	**2228**
北 京	Beijing	2149	1582	567	215	177	38
天 津	Tianjin	815	538	277	44	22	22
河 北	Hebei	16744	2122	14622	277	250	27
山 西	Shanxi	12228	3206	9022	229	95	134
内蒙古	Inner Mongolia	4848	1158	3690	246	178	68
辽 宁	Liaoning	6830	3037	3793	178	155	23
吉 林	Jilin	4963	1566	3397	24	10	14
黑龙江	Heilongjiang	6725	1280	5445	106	84	22
上 海	Shanghai	1670	1581	89	212	152	60
江 苏	Jiangsu	15301	3024	12277	1637	1515	122
浙 江	Zhejiang	3851	2039	1812	3174	3087	87
安 徽	Anhui	26855	2836	24019	593	534	59
福 建	Fujian	4660	1646	3014	613	554	59
江 西	Jiangxi	22688	5444	17244	183	88	95
山 东	Shandong	16072	2392	13680	1662	1537	125
河 南	Henan	24488	4951	19537	627	288	339
湖 北	Hubei	10464	1963	8501	735	676	59
湖 南	Hunan	33993	4325	29668	591	530	61
广 东	Guangdong	29408	8146	21262	1257	953	304
广 西	Guangxi	20264	2168	18096	2400	2290	110
海 南	Hainan	1355	288	1067	107	102	5
重 庆	Chongqing	4246	1062	3184	258	236	22
四 川	Sichuan	26631	3687	22944	1027	983	44
贵 州	Guizhou	17908	2528	15380	216	157	59
云 南	Yunnan	23685	1878	21807	1492	1422	70
西 藏	Tibet	5537	5214	323	30	30	
陕 西	Shaanxi	9822	2415	7407	367	248	119
甘 肃	Gansu	14879	2215	12664	91	50	41
青 海	Qinghai	13754	1545	12209	45	36	9
宁 夏	Ningxia	6270	423	5847	25	6	19
新 疆	Xinjiang	20737	9766	10971	159	147	12

7-21 分地区儿童收养机构情况(2017年)
Statistics on Institution of Children Adopted by Region (2017)

地 区	Region	机构数 (个) Number of Institution (unit)	年末床位数 (张) Number of Beds at Year-end (bed)	年末在院儿童人数 (人) Number of Children in Institution at Year-end (person)
全 国	**National Total**	**663**	**103261**	**58857**
北 京	Beijing	10	1740	1054
天 津	Tianjin	2	792	608
河 北	Hebei	5	534	186
山 西	Shanxi	11	1100	707
内蒙古	Inner Mongolia	9	2003	1180
辽 宁	Liaoning	13	3934	2874
吉 林	Jilin	10	3127	1691
黑龙江	Heilongjiang	15	3365	1359
上 海	Shanghai	4	2091	1726
江 苏	Jiangsu	32	4171	2118
浙 江	Zhejiang	17	2794	1418
安 徽	Anhui	36	6283	2929
福 建	Fujian	11	1273	745
江 西	Jiangxi	11	1149	546
山 东	Shandong	18	5176	2330
河 南	Henan	24	4419	3129
湖 北	Hubei	46	4173	1800
湖 南	Hunan	52	4706	2328
广 东	Guangdong	46	6396	3139
广 西	Guangxi	41	3442	1289
海 南	Hainan	2	140	92
重 庆	Chongqing	6	2579	938
四 川	Sichuan	83	7242	2839
贵 州	Guizhou	25	3066	1175
云 南	Yunnan	28	3434	1518
西 藏	Tibet	9	4920	4265
陕 西	Shaanxi	18	3050	1962
甘 肃	Gansu	17	2807	1591
青 海	Qinghai	6	1375	1247
宁 夏	Ningxia	9	1012	375
新 疆	Xinjiang	47	10968	9699

7-22 优抚安置情况
Statistics on Preferential Treatment and Resettlement

年份 Year 地区 Region		国家重点优抚对象（万人）State Entitled Groups (10 000 persons)	定期抚恤人数 Number of People Receiving Regular Pension	定期补助人数 Number of People Receiving Regular Subsidy	伤残人员 Injured and Disabled Persons	接收军队离退休人员（人）Number of Retired Veterans Resettled (person)
	2007	622.4	48.9	487.1	86.5	28058
	2008	633.2	47.9	498.2	87.2	21378
	2009	630.7	45.9	497.7	87.2	18904
	2010	625.0	44.8	493.5	86.7	13451
	2011	852.5	42.2	724.4	85.9	14530
	2012	944.4	41.2	818.4	84.9	18570
	2013	950.5	36.6	832.6	81.2	38706
	2014	917.3	31.1	809.6	76.6	27699
	2015	897.0	26.5	796.8	73.7	19429
	2016	874.8	22.0	781.3	71.5	11053
	2017	857.7	18.7	768.9	70.1	10531
北京	Beijing	4.5	0.1	3.2	1.2	1466
天津	Tianjin	4.7	0.1	3.9	0.8	156
河北	Hebei	59.4	0.9	54.3	4.1	613
山西	Shanxi	18.2	0.5	15.6	2.1	148
内蒙古	Inner Mongolia	5.2	0.2	3.9	1.2	80
辽宁	Liaoning	19.3	0.4	16.4	2.5	675
吉林	Jilin	12.1	0.4	10.0	1.7	82
黑龙江	Heilongjiang	11.6	0.3	10.0	1.3	101
上海	Shanghai	3.9	0.5	2.7	0.7	579
江苏	Jiangsu	46.2	1.2	40.3	4.7	561
浙江	Zhejiang	31.7	0.4	29.1	2.2	121
安徽	Anhui	45.7	0.7	41.8	3.2	126
福建	Fujian	18.4	0.4	16.9	1.2	481
江西	Jiangxi	29.6	1.7	25.9	2.0	63
山东	Shandong	81.9	1.6	71.7	8.6	529
河南	Henan	73.7	1.2	66.6	5.9	357
湖北	Hubei	41.5	1.3	37.0	3.1	339
湖南	Hunan	73.8	1.4	68.1	4.3	241
广东	Guangdong	41.8	0.6	38.7	2.5	524
广西	Guangxi	28.7	0.4	27.3	1.1	119
海南	Hainan	2.7	0.2	2.3	0.2	58
重庆	Chongqing	22.2	0.4	19.9	2.0	228
四川	Sichuan	85.1	1.9	77.4	5.8	445
贵州	Guizhou	22.7	0.3	21.0	1.4	31
云南	Yunnan	28.3	0.4	26.2	1.7	152
西藏	Tibet	0.4		0.1	0.2	1079
陕西	Shaanxi	25.3	0.6	22.5	2.2	677
甘肃	Gansu	13.0	0.2	11.7	1.0	89
青海	Qinghai	1.5		1.1	0.3	54
宁夏	Ningxia	1.3		1.1	0.2	2
新疆	Xinjiang	3.4	0.2	2.4	0.8	355

7-23 定期补助优抚对象情况

Regular Beneficiaries of Subsidies with Preferential Treatment

单位：人 (person)

年份 Year	定期补助总人数 Regular Beneficiaries of Subsidies	#在乡红军老战士 Red Army Soldiers in the Countryside	#西路军 West Road Army of the Red Army	#红军失散人员 Scattered Red Army Soldiers	#在乡复员军人 Demobilized Soldiers in the Countryside	#带病回乡退伍军人 Veterans in the Countryside	#60岁以上农村籍退伍军人 Rural Veterans over 60
1978	9251	9251					
1979	7872	7872					
1980	6922	6922					
1981	6567	6567					
1982	1002181	6383			859055	136743	
1983	1104586	6142			952993	145451	
1984	1243633	6159			1081350	156124	
1985	1461180	6329			1185502	183129	
1986	1999872	6315			1673990	210445	
1987	2230873	7466			1833402	241290	
1988	2360462	7415			1950641	247009	
1989	2715258	6628			2272639	283075	
1990	2866579	7514			2373873	305045	
1991	2939074	7015			2419453	346021	
1992	2975175	6599			2402869	373989	
1993	2947209	5531	2997	105200	2424984	408497	
1994	2963965	5058	2430	104566	2424435	427476	
1995	2987751	4659	2318	101507	2423191	456076	
1996	3018047	4480	2303	108534	2421517	481213	
1997	3037367	4195	2214	115706	2396017	519235	
1998	3033826	3996	2157	112092	2367266	548315	
1999	3056727	3687	2106	105303	2363466	582165	
2000	3057257	3326	1997	100309	2320739	630886	
2001	3170877	3325	1889	93131	2246954	782802	
2002	3251971	3136	1691	90021	2274657	882090	
2003	3300232	2893	1610	86264	2262264	919349	
2004	3277914	2701	1454	83366	2214467	950428	
2005	3265797	2681	1370	75588	2145421	977424	
2006	3274059	2417	1220	68070	2064713	1072684	
2007	4870800	2049	966	63205	1988977	1134414	
2008	4981893	1622	440	47136	1920235	1193622	
2009	4976839	1351	322	41272	1809019	1219752	
2010	4935399	1226	273	37131	1703396	1265664	
2011	7243706	911	190	29208	1587006	1321786	2373772
2012	8183693	757	164	25961	1474790	1324325	3210986
2013	8326336	647	117	18976	1260945	1306479	3566766
2014	8095950	341	87	11269	993204	1242020	3748039
2015	7968445	177		3708	792440	1183750	3924604
2016	7813467	55	50	2060	636698	1127704	4055748
2017	7688907	32	13	1371	516309	1073801	4198829

7-24 烈士褒扬和优待情况
Commendation and Preferential Treatment of Martyrs

年 份 Year	本年批准烈士人数（人） Number of Martyrs Approved During the Year (person)	零散烈士纪念建筑物（个） Scattered Martyr Memorial Buildings (unit)	优待优抚对象户数（户） Number of Households with Preferential Treatment (household)	优待总金额（万元） Total Pension of Preferential Treatment (10 000 yuan)
1978		5347		
1979		3779		20393
1980		2825		31459
1981		2915		47255
1982	8601	3592	4730756	58750
1983	11024	3826	4387292	59588
1984	8478	3953	4102419	62263
1985	5887	3716	3567165	71655
1986	11758	3871	3355694	75243
1987	10644	4121	3223550	80915
1988	9035	4236	3225253	87160
1989	3960	4466	3086285	92169
1990	3067	6065	2941486	99535
1991	1556	6474	2967881	106354
1992	1338	6957	2967002	116573
1993	1467	6956	3009163	131555
1994	1215	7279	3027420	155627
1995	1277	7067	3051322	194379
1996	1187	7020	3040439	251798
1997	888	7048	3334000	321741
1998	749	7322	3250395	356413
1999	616	7252	3818210	402998
2000	468	7427	3855797	469054
2001	460	7802	3973085	385859
2002	403	8051	4130817	374819
2003	461	7781	3962425	391581
2004	316	7425	3632630	418499
2005	314	7483	3393218	379631
2006	265	7414	3220933	421010
2007	168	7186	3277318	454090
2008	297	7569	3301682	666011
2009	213	7622	3280522	751065
2010	173	9729	3308766	671536
2011	233	12378	3330859	968175
2012	172	13151	3471611	1121135
2013	200	13601	3402629	1351368
2014	267	11365	3354536	1510252
2015	341	11838	3170333	1929548
2016	150	11815	3043916	1713322
2017	184		2879584	1849202

7-25 人口受灾和救灾情况
Population Affected by Disasters and Disaster Relief

年份 Year	受灾人口 (万人次) Population Affected by Disasters (10 000 person-times)	因灾死亡人口 (人) Number of Persons Died in Disasters (person)	紧急转移人口 (万人) Population Evacuated in Emergency (10 000 persons)	直接经济损失 (亿元) Direct economic losses (100 million yuan)	倒塌房屋 (万间) Collapsed Houses (10 000 rooms)	农作物受灾面积 (万公顷) Crops Areas Affected by Disaster (10 000 hectares)
1978		4965			73.1	4844.0
1979		6962			152.1	3937.0
1980		6821			137.3	5003.0
1981	26710.0	7422			261.5	3979.0
1982	22900.7	7935			320.3	3313.0
1983	22439.0	10952		260.9	345.4	3471.0
1984	20894.0	6927			274.7	3189.0
1985	26446.0	4394	290.5	410.4	224.9	4437.0
1986	29928.0	5410	345.8		209.7	4714.0
1987	23512.0	5495	348.0	326.3	180.0	4207.0
1988	36169.0	7306	582.9		258.0	5087.0
1989	34569.0	5952	365.3	525.0	194.1	4699.0
1990	29348.0	7338	579.2	616.0	247.4	3847.0
1991	41941.0	7315	1308.5	1215.1	581.5	5547.0
1992	37174.0	5741	303.6	853.9	196.6	5133.0
1993	37541.0	6125	307.7	933.2	271.6	4867.0
1994	43799.0	8549	1054.0	1876.0	512.1	5504.0
1995	24215.0	5561	1064.0	1863.0	439.3	4587.0
1996	32305.0	7273	1216.0	2882.0	809.0	5975.0
1997	47886.0	3212	511.3	1975.0	288.0	5343.0
1998	35216.0	5511	2082.4	3007.4	821.4	2229.0
1999	35319.0	2966	664.8	1962.4	174.5	4998.0
2000	45652.3	3014	467.1	2045.3	147.3	5469.0
2001	37255.9	2583	211.1	1942.0	92.2	5215.0
2002	37841.8	2840	471.8	1717.4	175.7	4711.9
2003	49745.9	2259	707.3	1884.2	343.0	5438.6
2004	33920.6	2250	563.2	1602.3	155.0	3710.6
2005	40653.7	2475	1570.3	2042.1	226.4	3881.8
2006	43453.3	3186	1384.5	2528.1	193.3	4109.1
2007	39777.9	2325	1499.1	2363.0	146.7	4899.0
2008	47795.0	88928	2682.2	11752.4	1097.8	3999.0
2009	47933.5	1528	709.9	2523.7	83.8	4721.4
2010	42610.2	7844	1858.4	5339.9	273.3	3742.6
2011	43290.0	1126	939.4	3096.4	93.5	3247.1
2012	29421.7	1530	1109.6	4185.5	90.6	2496.2
2013	38818.7	2284	1215.0	5808.4	87.5	3135.0
2014	24353.7	1818	601.7	3373.8	45.0	2489.1
2015	18620.3	819	644.4	2704.1	24.8	2177.0
2016	18911.7	1432	910.1	5032.9	52.1	2622.1
2017	14448.0	881	525.3	3018.7	15.3	1847.8

7-26 社会捐赠情况
Statistics on Social Donations

年份 Year 地区 Region		社会捐赠款物合计(亿元) Total Social Donations (100 million yuan)	社会捐赠款 Donated Money	民政部门 Civil Affairs Department	各类社会组织 Other Social Donations	社会捐赠其他物资折款 Total Value from Other Social Donations in Kinds
	1997	14.0	4.2			9.9
	1998	113.2	50.2	50.2		63.0
	1999	17.8	6.9	5.0	2.0	10.8
	2000	16.3	9.3	5.4	3.9	7.0
	2001	20.0	11.7	7.6	4.1	8.3
	2002	20.8	19.0	11.1	7.9	1.8
	2003	43.4	41.0	29.2	11.9	2.4
	2004	35.1	34.0	17.1	16.9	1.2
	2005	61.9	60.3	31.3	29.0	1.6
	2006	89.5	83.1	43.0	40.1	6.4
	2007	148.4	132.8	50.9	81.9	15.6
	2008	764.0	744.5	479.3	265.2	19.6
	2009	485.9	483.7	66.5	417.2	2.2
	2010	601.7	596.8	179.8	417.0	4.9
	2011	494.9	490.1	96.6	393.5	4.8
	2012	578.8	572.5	101.7	470.8	6.3
	2013	575.1	566.4	107.6	458.8	8.7
	2014	380.7	368.8	81.7	287.1	11.9
	2015	659.8	654.5	44.3	610.3	5.2
	2016	834.3	827.0	40.3	786.7	7.4
	2017	791.2	754.2	25.1	729.2	37.0
部本级	Ministry Level	399.4	399.4		399.4	
北京	Beijing	41.6	32.0	0.8	31.2	9.6
天津	Tianjin	6.4	6.4		6.4	
河北	Hebei	2.4	2.3	0.1	2.3	0.1
山西	Shanxi	1.7	1.4	0.3	1.1	0.3
内蒙古	Inner Mongolia	0.4	0.4		0.3	
辽宁	Liaoning	6.8	6.7	0.1	6.7	0.1
吉林	Jilin	0.9	0.8	0.2	0.6	0.2
黑龙江	Heilongjiang	0.5	0.4	0.1	0.3	0.1
上海	Shanghai	31.5	30.9	0.5	30.4	0.7
江苏	Jiangsu	52.4	39.9	11.0	28.9	12.5
浙江	Zhejiang	27.3	27.2	0.1	27.1	0.1
安徽	Anhui	4.6	4.6		4.6	
福建	Fujian	5.9	5.9		5.9	
江西	Jiangxi	6.2	3.8	2.1	1.7	2.4
山东	Shandong	26.7	26.2	0.5	25.7	0.5
河南	Henan	2.4	2.0	0.4	1.6	0.4
湖北	Hubei	6.6	6.5	0.1	6.3	0.2
湖南	Hunan	49.6	49.5	0.1	49.4	0.1
广东	Guangdong	56.5	56.2	0.2	56.0	0.3
广西	Guangxi	0.6	0.5		0.5	
海南	Hainan					
重庆	Chongqing	8.4	8.3	0.1	8.2	0.1
四川	Sichuan	29.7	23.5	5.8	17.7	6.2
贵州	Guizhou	4.8	4.3	0.5	3.8	0.6
云南	Yunnan	3.2	2.9	0.2	2.8	0.2
西藏	Tibet	0.6	0.6		0.5	
陕西	Shaanxi	5.7	3.8	1.5	2.3	1.9
甘肃	Gansu	0.6	0.5	0.1	0.5	0.1
青海	Qinghai	5.4	5.4		5.4	
宁夏	Ningxia	1.5	1.5		1.5	
新疆	Xinjiang	0.9	0.4	0.3	0.1	0.5

注：社会捐赠其他物资折款指民政部门接收的捐赠衣被和物资。
Note: Total value from other social donations in kinds refers to those clothes, quilts and goods received by department of civil affairs.

7-27 分地区残疾人参加社会保险情况(2017年)
PWDs Covered by Social Insurance(2017)

单位：万人 (10 000 persons)

地区	Region	残疾居民参加城乡社会养老保险 Disable Residents Covered by Pension Insurance	享受养老金 Covered by Insurance Pension	60周岁以下参保残疾居民 PWDs under Age 60	重度残疾人 Persons with Severe Disability	#全部或部分代缴 Paid by Subsidy Totally or Partially	其他残疾人 other PWDs	#全部或部分代缴 Paid by Subsidy Totally or Partially
全国	**National Total**	**2614.7**	**1042.3**	**1572.5**	**547.2**	**529.5**	**1025.3**	**282.9**
北京	Beijing	9.6	1.9	7.7	4.4	4.4	3.3	2.8
天津	Tianjin	7.6	5.0	2.6	2.1	2.1	0.5	0.5
河北	Hebei	146.3	45.3	101.0	26.9	26.6	74.1	25.0
山西	Shanxi	105.5	49.8	55.7	16.6	16.0	39.1	6.7
内蒙古	Inner Mongolia	41.2	18.6	22.6	9.4	8.3	13.1	4.9
辽宁	Liaoning	40.0	18.3	21.6	7.6	7.1	14.0	2.4
吉林	Jilin	30.5	9.3	21.2	9.1	8.6	12.1	6.4
黑龙江	Heilongjiang	37.3	17.2	20.1	5.6	5.3	14.5	3.5
上海	Shanghai	6.6	1.8	4.8	3.8	3.8	1.0	0.6
江苏	Jiangsu	140.4	62.3	78.1	24.2	23.7	53.9	19.7
浙江	Zhejiang	63.4	28.1	35.4	13.6	13.2	21.7	15.6
安徽	Anhui	131.0	48.7	82.3	34.9	34.6	47.4	5.5
福建	Fujian	68.7	34.7	34.0	16.1	16.0	17.9	16.2
江西	Jiangxi	84.5	32.1	52.5	17.3	17.0	35.2	11.7
山东	Shandong	153.9	60.8	93.2	37.0	35.5	56.1	11.1
河南	Henan	330.9	137.6	193.4	65.3	62.5	128.1	3.8
湖北	Hubei	126.3	49.3	77.0	29.3	27.8	47.7	19.4
湖南	Hunan	172.8	66.7	106.1	33.1	32.8	73.1	9.4
广东	Guangdong	96.5	38.3	58.2	31.6	30.3	26.5	7.9
广西	Guangxi	112.3	59.2	53.1	17.6	16.7	35.4	9.6
海南	Hainan	16.0	5.7	10.3	5.0	5.0	5.3	0.6
重庆	Chongqing	52.7	20.1	32.6	12.8	12.7	19.8	3.3
四川	Sichuan	222.9	72.9	150.0	41.7	40.5	108.3	26.3
贵州	Guizhou	76.6	38.3	38.4	9.9	8.8	28.4	6.1
云南	Yunnan	86.3	31.0	55.3	18.1	17.4	37.1	19.1
西藏	Tibet	2.0	0.9	1.1	0.3	0.3	0.8	0.7
陕西	Shaanxi	77.3	27.0	50.3	13.4	13.4	36.9	18.2
甘肃	Gansu	103.9	34.3	69.6	23.5	23.0	46.1	8.1
青海	Qinghai	12.5	4.9	7.6	3.9	3.9	3.6	3.0
宁夏	Ningxia	21.1	10.2	10.9	5.0	5.0	5.9	3.3
新疆	Xinjiang	38.3	12.0	26.2	8.0	7.6	18.2	11.6

7-28 分地区残疾人托养服务情况(2017年)
PWDs Fostering service by Region (2017)

单位：人 (person)

地区	Region	合计 PWDs in the Institutions	寄宿制机构中托养残疾人 PWDs Fostered in the Form of Bording	#智力残疾人 Persons with Intellectual Disability	#精神残疾人 Persons with Psychiatric Disability	#重度肢体残疾人 Persons with Severe Physical Disabilities	日间照料机构中托养残疾人 PWDs Fostered in the Form of Day Care	#智力残疾人 Persons with Intellectual Disability
全国	**National Total**	**1010975**	**69762**	**16404**	**25721**	**14063**	**77645**	**32689**
北京	Beijing	128939	756	332	63	138		
天津	Tianjin	40764	458	213	34	172	746	539
河北	Hebei	19411	3881	796	1853	590	2754	769
山西	Shanxi	4057	710	217	260	138	1024	317
内蒙古	Inner Mongolia	12048	2535	360	156	621	228	206
辽宁	Liaoning	27403	5392	1479	1885	918	1180	940
吉林	Jilin	6801	1586	217	1022	302	149	39
黑龙江	Heilongjiang	9148	2179	463	903	421	24	14
上海	Shanghai	34686	5723	2395	2024	1107	10865	6769
江苏	Jiangsu	49752	3120	1158	258	876	9124	3355
浙江	Zhejiang	315337	8639	2066	2750	2562	8373	4216
安徽	Anhui	16401	2493	358	1385	437	675	164
福建	Fujian	20456	1096	113	273	306	1057	567
江西	Jiangxi	7528	1085	289	88	102	853	441
山东	Shandong	26203	6634	1710	2255	1506	3779	1218
河南	Henan	20325	3504	561	1870	572	754	170
湖北	Hubei	16038	1896	583	733	217	2846	1313
湖南	Hunan	21755	1143	353	300	249	2428	963
广东	Guangdong	41132	1380	424	551	149	22000	7828
广西	Guangxi	28792	1610	60	1488	45	1482	615
海南	Hainan	21642	877	38	823	2		
重庆	Chongqing	30153	761	63	516	51	473	114
四川	Sichuan	31732	1924	206	1323	244	1769	842
贵州	Guizhou	8446	797	69	523	34	75	22
云南	Yunnan	15633	965	124	551	36	742	126
西藏	Tibet	721	13	3				
陕西	Shaanxi	16138	4455	976	806	1255	332	96
甘肃	Gansu	15201	1071	179	189	291	367	73
青海	Qinghai	2609	273	39	12	93	267	47
宁夏	Ningxia	5875	551	144	152	107	1485	245
新疆	Xinjiang	15849	2255	416	675	522	1794	681

7-28 续表 continued

单位：人 (person)

地区	Region	#精神残疾人 Persons with Psychiatric Disability	#重度肢体残疾人 Persons with Severe Physical Disabilities	综合服务机构中托养残疾人 PWDs in Combined Fostering Services Facilities	#智力残疾人 Persons with Intellectual Disability	#精神残疾人 Persons with Psychiatric Disability	#重度肢体残疾人 Persons with Severe Physical Disabilities	享受居家托养服务残疾人 PWDs Receiving Fostering Service at home
全国	**National Total**	**20730**	**12241**	**83807**	**23122**	**20709**	**21035**	**779761**
北京	Beijing			687	246	286	99	127496
天津	Tianjin	117	50	36	18	5	13	39524
河北	Hebei	692	512	4213	752	883	1285	8563
山西	Shanxi	150	369	878	210	280	226	1445
内蒙古	Inner Mongolia	1	7	1218	206	151	342	8067
辽宁	Liaoning	126	92	2090	559	788	454	18741
吉林	Jilin	38	71	543	212	76	171	4523
黑龙江	Heilongjiang		10	1990	743	664	500	4955
上海	Shanghai	3843	16	581	260	320		17517
江苏	Jiangsu	1709	1725	17020	6237	2612	4171	20488
浙江	Zhejiang	2703	646	12317	3476	3433	3569	286008
安徽	Anhui	183	248	3065	595	510	752	10168
福建	Fujian	140	45	1349	452	255	69	16954
江西	Jiangxi	193	149	525	169	185	145	5065
山东	Shandong	523	494	6730	1628	1170	1932	9060
河南	Henan	237	342	5116	864	1348	1680	10951
湖北	Hubei	585	600	3662	858	1078	703	7634
湖南	Hunan	766	567	2159	655	796	379	16025
广东	Guangdong	6407	4016	3479	1175	923	641	14273
广西	Guangxi	430	297	268	29	128	97	25432
海南	Hainan			466	24	438		20299
重庆	Chongqing	109	210	817	209	432	23	28102
四川	Sichuan	283	305	2411	703	721	645	25628
贵州	Guizhou	31	11	1176	184	740	52	6398
云南	Yunnan	149	369	473	49	212	125	13453
西藏	Tibet							708
陕西	Shaanxi	78	72	3584	773	703	1085	7767
甘肃	Gansu	98	93	2384	636	515	308	11379
青海	Qinghai	30	52	874	187	100	380	1195
宁夏	Ningxia	693	388	366	110	35	117	3473
新疆	Xinjiang	416	485	3330	903	922	1072	8470

7-29 保险公司业务经济技术指标
Economic and Technical Indicators of Insurance Companies Funded with Chinese and Foreign Capital

单位：亿元 (100 million yuan)

项　　目	Item	2016		2017	
		保　费 Premium	赔款及给付 Claim and Payment	保　费 Premium	赔款及给付 Claim and Payment
合　计	**Total**	**30904.2**	**10515.7**	**36577.8**	**11178.4**
财产保险公司	**Property Insurance Companies**	**9265.7**	**5045.6**	**10541.4**	**5495.8**
企业财产保险	Enterprise Property Insurance	381.2	266.2	392.0	225.5
家庭财产保险	Family Property Insurance	52.2	23.6	62.9	25.4
机动车辆保险	Motor Vehicle Insurance	6834.2	3648.1	7521.1	3937.9
工程保险	Engineering Insurance	93.2	45.4	110.2	47.3
责任保险	Liability Insurance	362.4	166.2	451.4	201.2
信用保险	Export Credit Insurance	200.9	91.5	214.4	94.7
保证保险	Guarantee Insurance	184.1	65.1	379.2	77.8
船舶保险	Ship Insurance	51.2	36.7	48.0	34.8
货物运输保险	Freight Transport Insurance	85.5	55.3	100.2	62.2
特殊风险保险	Special Risks Insurance	40.3	17.5	50.4	29.0
农业保险	Agriculture Insurance	417.7	299.2	478.9	333.4
健康险	Health Insurance	293.7	234.6	394.1	309.0
意外伤害保险	Accident Injury Insurance	247.9	81.5	312.7	100.7
其他险	Other Insurance	21.2	14.7	25.8	16.8
人寿保险公司	**Life Insurance Companies**	**21638.3**	**5469.5**	**26036.3**	**5682.1**
寿险	Life Insurance	17395.9	4602.0	21455.4	4572.6
健康险	Health Insurance	3739.5	765.0	3992.5	986.5
人身意外伤害险	Personal Accident Insurance	502.9	102.5	588.4	122.9

注：本表人寿保险公司中包括中华控股寿险业务。
Note: Life insurance companies include life insurance of China United Insurance Holding Company.

7-30 分地区原保险保费收入和赔付支出情况(2017年)
Premium of Primary Insurance and Payment by Region (2017)

单位: 亿元 (100 million yuan)

地 区	Region	原保险保费收入 Premium of Primary Insurance			赔付支出 Payment		
		小计 Sub-total	财产险业务 Property Insurance	人身险业务 Life Insurance	小计 Sub-total	财产险业务 Property Insurance	人身险业务 Life Insurance
全 国	**National Total**	**36577.77**	**9834.57**	**26743.20**	**11178.36**	**5086.09**	**6092.27**
			0.00	**0.00**	**0.00**	**0.00**	**0.00**
北 京	Beijing	1972.96	405.64	1567.32	577.72	212.47	365.25
天 津	Tianjin	564.96	141.57	423.39	154.90	74.10	80.81
山 西	Shanxi	823.21	194.10	629.11	259.88	96.73	163.15
河 北	Hebei	1713.89	487.36	1226.53	547.54	225.38	322.16
内蒙古	Inner Mongolia	570.06	179.83	390.23	186.50	113.26	73.24
			0.00	0.00	0.00	0.00	0.00
辽 宁	Liaoning	946.00	238.01	707.99	279.85	135.00	144.85
#大 连	Dalian	329.77	78.95	250.82	95.57	40.91	54.67
吉 林	Jilin	641.39	155.33	486.06	175.11	82.18	92.93
黑龙江	Heilongjiang	931.44	169.54	761.90	240.51	92.79	147.72
			0.00	0.00	0.00	0.00	0.00
上 海	Shanghai	1587.19	429.00	1158.19	548.73	233.69	315.04
江 苏	Jiangsu	3449.27	814.00	2635.27	983.66	455.63	528.04
浙 江	Zhejiang	1844.41	620.33	1224.08	540.07	350.06	190.01
#宁 波	Ningbo	302.83	138.93	163.91	113.32	80.70	32.62
安 徽	Anhui	1107.36	366.28	741.09	397.70	187.04	210.67
福 建	Fujian	831.84	227.81	604.03	253.99	115.91	138.08
#厦 门	Xiamen	200.32	73.56	126.76	71.69	45.64	26.05
江 西	Jiangxi	727.29	213.74	513.55	216.87	106.90	109.98
山 东	Shandong	2341.09	586.37	1754.72	710.78	296.56	414.22
#青 岛	Qingdao	395.52	107.78	287.74	120.39	57.27	63.12
		0.00	0.00	0.00	0.00	0.00	0.00
河 南	Henan	2019.92	443.59	1576.33	625.58	217.46	408.13
湖 北	Hubei	1347.28	308.53	1038.75	406.48	153.29	253.19
湖 南	Hunan	1109.70	314.19	795.51	376.70	165.22	211.48
广 东	Guangdong	3275.81	823.05	2452.76	885.33	407.11	478.22
#深 圳	Shenzhen	1029.84	282.31	747.53	257.13	141.99	115.15
广 西	Guangxi	565.11	195.98	369.13	181.83	84.98	96.85
海 南	Hainan	164.83	57.14	107.69	49.08	27.11	21.98
		0	0	0	0	0	0
重 庆	Chongqing	744.00	183.87	560.13	256.83	96.46	160.37
四 川	Sichuan	1937.64	496.35	1441.28	583.29	241.09	342.20
贵 州	Guizhou	389.31	179.26	210.05	153.80	91.37	62.43
云 南	Yunnan	612.66	255.14	357.52	218.11	115.06	103.05
西 藏	Tibet	28.01	16.85	11.16	12.39	8.72	3.67
		0.00	0.00	0.00	0.00	0.00	0.00
陕 西	Shaanxi	869.01	214.21	654.80	260.06	107.66	152.40
甘 肃	Gansu	366.38	112.31	254.06	119.18	54.91	64.27
青 海	Qinghai	80.20	33.34	46.86	29.25	16.50	12.75
宁 夏	Ningxia	165.29	56.04	109.25	49.55	26.96	22.59
新 疆	Xinjiang	523.48	169.90	353.58	173.44	89.10	84.34
		0.00	0.00	0.00		0.00	0.00
集团、总公司本级	Head Offices	68.50	64.40	4.10	65.51	38.91	26.60

注：1.本表数据为各公司上报中国保险统计信息系统年报数据,未经审计。
2.全国本级是指集团、总公司直接开展的业务，不计入任何地区。

Note: a) Data in this table are of annual data that reported to China Insurance Statistical Information System by insurance companies.
b) Data of business run by head offices do not count to any region.

八、居住环境
Living Condition

8-1 城市公用事业基本情况
Basic Statistics on City Public Utilities

项　目	Item	1990	1995	2000	2010	2015	2017
城市建设	**City Areas and Floor Space of Buildings**						
城市个数(个)	Number of Cities (unit)			663	657	656	657
城区面积(平方公里)	Urban Area (sq.km)	1165970	1171698	878015	178692	191776	198357
建成区面积(平方公里)	Area of Built Districts (sq.km)	12856	19264	22439	40058	52102	56225
城市建设用地面积(平方公里)	Area of Land Used for Urban Construction (sq.km)	11608	22064	22114	39758	51584	55155
城市人口密度（人/平方公里)	Population Density of City Districts (persons/sq.km)	279	322	442	2209	2399	2477
城市供水、燃气及集中供热	**Water Supply, Gas Supply and Heating**						
全年供水总量(亿立方米)	Annual Volume of Tap Water Supply (100 million cu.m)	382.3	481.6	469.0	507.9	560.5	593.8
#生活用水	Water Consumption for Residential Use	100.1	158.1	200.0	238.8	287.3	315.4
人均生活用水(吨)	Per Capita Water Consumption for Residential Use (ton)	67.9	71.3	95.5	62.6	63.7	65.3
用水普及率(%)	Coverage Rate of Urban Population with Access to Tap Water (%)	48.0	58.7	63.9	96.7	98.1	98.3
人工煤气供气量(亿立方米)	Gaswork Gas Supply (100 million cu.m)	174.7	126.7	152.4	279.9	47.1	27.1
#家庭用量	Consumption of Gaswork Gas for Residential Use	27.4	45.7	63.1	26.9	10.8	7.4
天然气供气量(亿立方米)	Natural Gas Supply (100 million cu.m)	64.2	67.3	82.1	487.6	1040.8	1263.8
#家庭用量	Consumption of Natural Gas for Residential Use	11.6	16.4	24.8	117.2	208.0	282.5
液化石油气供气量(万吨)	Liquefied Petroleum Gas (10 000 tons)	219.0	488.7	1053.7	1268.0	1039.2	998.8
#家庭用量	Consumption of Liquefied Gas for Residential Use	142.8	370.2	532.3	633.9	587.1	544.8
供气管道长度(万公里)	Length of Gas Pipelines (10 000 km)	2.4	4.4	8.9	30.9	52.8	64.1
燃气普及率(%)	Coverage Rate of Urban Population with Access to Gas(%)	19.1	34.3	45.4	92.0	95.3	96.3
集中供热面积(亿平方米)	Area of Centralized Heating (100 million sq.m)	2.1	6.5	11.1	43.6	67.2	83.1
城市市政设施	**Municipal Infra-structure**						
年末实有道路长度(万公里)	Length of Paved Roads at Year-end (10 000 km)	9.5	13.0	16.0	29.4	36.5	39.8
每万人拥有道路长度(公里)	Length of Paved Roads Per 10 000 Persons (km)	3.1	3.8	4.1	7.5	7.9	8.1
年末实有道路面积(亿平方米)	Area of Paved Roads at Year-end (100 million sq.m)	10.2	16.5	23.8	52.1	71.8	78.9
人均拥有道路面积(平方米)	Per Capita Area of Paved Roads (sq.m)	3.1	4.4	6.1	13.2	15.6	16.1
城市排水管道长度(万公里)	Length of City Sewage Pipes (10 000 km)	5.8	11.0	14.2	37.0	54.0	63.0
城市公共交通	**Public Traffic**						
年末公共交通车辆运营数(万辆)	Number of Public Vehicles under Operation at Year-end (Buses and Trolley Buses, etc.) (10 000 units)	6.2	13.7	22.6	38.3	50.3	58.3
每万人拥有公交车辆(标台)	Number of Public Transportation Vehicles Per 10 000 Persons (unit)	2.2	3.6	5.3	11.2	13.3	14.7
出租汽车数(万辆)	Taxis (10 000 units)	11.1	50.4	82.5	98.6	109.2	110.3
城市绿化和园林	**City Greening**						
城市绿地面积(万公顷)	Area of Green Land (10 000 hectares)	47.5	67.8	86.5	213.4	267.0	292.1
人均公园绿地面积(平方米)	Per Capita Area of Parks and Green Land (sq.m)	1.8	2.5	3.7	11.2	13.3	14.0
公园个数(个)	Number of Parks and Zoos (unit)	1970	3619	4455	9955	13834	15633
公园面积(万公顷)	Area of Parks (10 000 hectares)	3.9	7.3	8.2	25.8	38.4	44.5
城市环境卫生	**Environmental Sanitation**						
生活垃圾清运量(万吨)	Volume of Garbage Disposal (10 000 tons)	6767	10671	11819	15805	19142	21521
粪便清运量(万吨)	Volume of Disposal of Excrement and Urine (10 000 tons)	2385	3066	2829	1951	1437	
每万人拥有公厕(座)	Number of Public Toilets per 10 000 Persons (unit)	3.0	3.0	2.7	3.0	2.7	2.8

注：1.本表各项指标按全社会范围计算。
2.2006年以前“城区面积”为“城市面积”。
3.计算人均和普及率指标所使用的人口数2006年以前为城市人口，2006年起为城区人口与城区暂住人口之和，以公安部门的户籍统计和暂住人口统计为准。
4.自2017年起，粪便清运量不再统计。

Note: a) Data have covered the public utilities of all city units.
b) Before 2006, Urban Area is the area of the city proper.
c) Per capita data and coverage rate are calculated on the basis of urban population before 2006. Since 2006, those indicators are calculated on the basis of the sum of districts area population and temporarily residing population, which are provided by the Ministry of Public Security.
d) Since 2017, volume of disposal of excrement and urine has not been collected.

8-2 分地区城市公共交通情况(2017年)
Basic Statistics on Public Transportation in Cities by Region (2017)

地 区	Region	年末公共交通车辆运营数(辆) Number of Public Vehicles under Operation at Year-end (unit)	公共汽、电车 Bus and Trolley Bus	轨道交通 Subways, Light Rail, Streetcar	运营线路总长度(公里) Length under Operation (km)	公共汽、电车 Bus and Trolley Bus
全 国	**National Total**	**583437**	**554820**	**28617**	**795935**	**791365**
北 京	Beijing	30966	25624	5342	19898	19290
天 津	Tianjin	13528	12686	842	19058	18883
河 北	Hebei	24706	24508	198	37390	37362
山 西	Shanxi	9252	9252		14291	14291
内蒙古	Inner Mongolia	8013	8013		11898	11898
辽 宁	Liaoning	23675	22723	952	27077	26842
吉 林	Jilin	11823	11215	608	14589	14506
黑龙江	Heilongjiang	17741	17633	108	20721	20699
上 海	Shanghai	22214	17461	4753	24827	24161
江 苏	Jiangsu	44137	41558	2579	69678	69100
浙 江	Zhejiang	35373	34281	1092	75654	75474
安 徽	Anhui	16477	16171	306	15718	15666
福 建	Fujian	17572	17224	348	24651	24596
江 西	Jiangxi	9908	9614	294	19695	19646
山 东	Shandong	50907	50642	265	95696	95642
河 南	Henan	26216	25778	438	21856	21762
湖 北	Hubei	21809	20453	1356	22871	22637
湖 南	Hunan	21051	20706	345	19320	19251
广 东	Guangdong	68535	63698	4837	100961	100219
广 西	Guangxi	10339	10219	120	15484	15452
海 南	Hainan	3717	3717		6097	6097
重 庆	Chongqing	13944	12768	1176	16428	16164
四 川	Sichuan	28502	27086	1416	31216	31041
贵 州	Guizhou	7018	7018		10277	10277
云 南	Yunnan	11134	10642	492	21459	21373
西 藏	Tibet	640	640		1538	1538
陕 西	Shaanxi	13309	12559	750	11612	11523
甘 肃	Gansu	5850	5850		7392	7392
青 海	Qinghai	2339	2339		3177	3177
宁 夏	Ningxia	3823	3823		6154	6154
新 疆	Xinjiang	8919	8919		9254	9254

8-2 续表 continued

地区	Region	轨道交通 Subways, Light Rail, Streetcar	公共交通客运总量(万人次) Passengers Transported by Public Vehicles (10 000 person-times)	公共汽、电车 Bus and Trolley Bus	轨道交通 Subways, Light Rail, Streetcar	出租汽车(辆) Number of Taxi (unit)
全国	**National Total**	**4570**	**8470688**	**6627688**	**1843000**	**1102823**
北京	Beijing	608	713396	335595	377801	68484
天津	Tianjin	175	173279	138124	35155	31940
河北	Hebei	28	181829	177792	4037	53871
山西	Shanxi		127183	127183		30492
内蒙古	Inner Mongolia		108390	108390		39062
辽宁	Liaoning	235	432824	383993	48831	82067
吉林	Jilin	83	177218	167632	9586	56356
黑龙江	Heilongjiang	22	255084	247405	7679	63569
上海	Shanghai	666	573841	220072	353769	46397
江苏	Jiangsu	578	582024	449242	132782	53465
浙江	Zhejiang	180	392857	347638	45219	38435
安徽	Anhui	52	176245	171973	4272	39490
福建	Fujian	55	211379	206505	4874	21466
江西	Jiangxi	49	118395	107424	10971	14361
山东	Shandong	54	396777	390128	6649	61678
河南	Henan	94	259421	234191	25230	46863
湖北	Hubei	234	413335	320652	92683	36748
湖南	Hunan	69	261597	238250	23347	25768
广东	Guangdong	742	1098428	648287	450141	66777
广西	Guangxi	32	118925	109281	9644	17532
海南	Hainan		30635	30635		6979
重庆	Chongqing	264	322446	248136	74310	21871
四川	Sichuan	175	413213	360209	53004	32611
贵州	Guizhou		141536	141536		21249
云南	Yunnan	86	153795	141312	12483	19061
西藏	Tibet		9120	9120		2218
陕西	Shaanxi	89	281740	221206	60534	25468
甘肃	Gansu		124946	124946		23737
青海	Qinghai		36710	36710		8637
宁夏	Ningxia		40744	40744		12765
新疆	Xinjiang		143378	143378		33406

8-3 分地区城市市容环境卫生情况(2017年)
Basic Statistics on Urban Sanitation in Cities by Region (2017)

地 区	Region	清扫保洁面积(万平方米) Area under Cleaning Program (10 000 sq.m)	生活垃圾清运量(万吨) Volume of Garbage Disposal (10 000 tons)	市容环卫专用车辆设备总数(台) Number of Special Vehicles for Environmental Sanitation (unit)	公共厕所(座) Number of Public Lavatories (unit)	#三类以上 Third Grade and Above
全 国	**National Total**	**842048**	**21520.9**	**228019**	**136084**	**104264**
北 京	Beijing	14861	924.8	11520	5275	5228
天 津	Tianjin	13529	306.9	4725	1475	809
河 北	Hebei	30452	699.6	9329	5450	3242
山 西	Shanxi	16581	479.1	5545	2380	1839
内蒙古	Inner Mongolia	22901	369.2	4632	6448	2636
辽 宁	Liaoning	39255	864.5	7822	4172	1933
吉 林	Jilin	17741	495.0	6548	3417	1624
黑龙江	Heilongjiang	25996	553.2	8315	5719	2061
上 海	Shanghai	18852	743.1	8583	6221	2642
江 苏	Jiangsu	67319	1734.7	16820	12934	11413
浙 江	Zhejiang	49663	1454.6	8255	7883	6752
安 徽	Anhui	32514	612.2	5938	3467	2972
福 建	Fujian	17554	786.4	3981	3924	2789
江 西	Jiangxi	20042	451.5	3838	2242	1837
山 东	Shandong	74631	1591.3	18314	6547	6070
河 南	Henan	36166	985.6	14511	8593	8055
湖 北	Hubei	32460	908.0	13264	5173	4569
湖 南	Hunan	27762	764.9	5018	3576	2198
广 东	Guangdong	107035	2644.5	20472	10582	9605
广 西	Guangxi	21686	438.3	7987	1552	1376
海 南	Hainan	10794	213.1	5944	697	617
重 庆	Chongqing	18249	529.7	3418	4115	2917
四 川	Sichuan	37804	989.9	7620	5893	4565
贵 州	Guizhou	13425	323.5	4732	2109	2003
云 南	Yunnan	17237	409.1	3933	5091	4888
西 藏	Tibet	976	46.5	412	360	40
陕 西	Shaanxi	19232	379.2	4226	5350	4997
甘 肃	Gansu	10368	254.6	4021	1694	1479
青 海	Qinghai	3017	77.7	697	698	654
宁 夏	Ningxia	8920	119.0	1852	759	692
新 疆	Xinjiang	15026	371.4	5747	2288	1762

8-4 分地区城市绿地和园林(2017年)
Basic Statistics on Parks and Green Areas in Cities by Region (2017)

地区	Region	城市绿地面积(公顷) Area of Green Land (hectare)	#公园绿地 Park Green Areas	公园(个) Number of Parks (unit)	公园面积(公顷) Area of Parks (hectare)	建成区绿化覆盖率(%) Green Covered Area as % of Completed Area (%)
全国	**National Total**	**2921346**	**688441**	**15633**	**444622**	**40.9**
北京	Beijing	83501	31019	300	31019	48.4
天津	Tianjin	44309	11982	135	2839	36.8
河北	Hebei	88273	26833	713	20414	41.8
山西	Shanxi	63987	13647	316	10797	40.6
内蒙古	Inner Mongolia	67171	17511	296	14929	40.2
辽宁	Liaoning	122999	27339	496	16621	40.7
吉林	Jilin	48070	13257	306	9816	35.8
黑龙江	Heilongjiang	69711	16780	371	11450	35.5
上海	Shanghai	136327	19805	224	2409	39.1
江苏	Jiangsu	285981	48060	1107	30141	43.0
浙江	Zhejiang	159214	32544	1252	19111	40.4
安徽	Anhui	102402	22075	432	14454	42.2
福建	Fujian	69755	18049	636	13957	43.7
江西	Jiangxi	63747	16646	468	10601	45.2
山东	Shandong	235690	63042	1090	37721	42.1
河南	Henan	101171	30002	438	14242	39.4
湖北	Hubei	86713	24421	420	13950	38.4
湖南	Hunan	67669	17817	337	12607	41.2
广东	Guangdong	455838	99885	3219	71798	43.5
广西	Guangxi	88789	14025	254	10296	39.1
海南	Hainan	15343	3636	85	2594	40.1
重庆	Chongqing	61575	25584	418	13742	40.3
四川	Sichuan	107505	30912	588	16370	40.0
贵州	Guizhou	47360	11182	168	10634	37.0
云南	Yunnan	45173	10895	775	8620	38.9
西藏	Tibet	5238	435	36	355	34.8
陕西	Shaanxi	69219	13586	259	7819	39.9
甘肃	Gansu	26851	9617	156	5002	33.3
青海	Qinghai	6426	2137	45	1453	32.6
宁夏	Ningxia	26418	5747	79	3049	40.4
新疆	Xinjiang	68921	9972	214	5814	40.0

注：公园绿地面积包括综合公园、社区公园、专类公园、带状公园和街旁绿地。
Note: Area of park green areas includes comprehensive park, community park, topic park, belt-shaped park and green area nearby street.

8-5 分地区城市设施水平情况(2017年)
Level of Public Facilities in Cities by Region (2017)

地 区	Region	城市用水普及率(%) Coverage Rate of Urban Population with Access to Tap Water (%)	城市燃气普及率(%) Coverage Rate of Urban Population with Access to Gas (%)	每万人拥有公共交通车辆(标台) Number of Public Transportation Vehicles Per 10 000 Population (unit)	人均城市道路面积(平方米) Per Capita Area of Paved Roads (sq.m)	人均公园绿地面积(平方米) Per Capita Public Green Areas (sq.m)	每万人拥有公共厕所(座) Number of Public Lavatories Per 10 000 Population (unit)
全 国	**National Average**	**98.30**	**96.26**	**14.73**	**16.05**	**14.01**	**2.77**
北 京	Beijing	100.00	100.00	26.55	7.44	16.20	2.81
天 津	Tianjin	100.00	100.00	19.64	17.41	14.15	1.74
河 北	Hebei	99.05	98.78	15.34	18.88	14.52	2.95
山 西	Shanxi	97.81	98.34	9.74	15.92	11.98	2.09
内蒙古	Inner Mongolia	99.10	96.01	10.65	23.89	19.66	7.24
辽 宁	Liaoning	98.45	97.14	13.23	13.68	12.07	1.84
吉 林	Jilin	94.85	92.99	11.15	14.30	11.37	2.93
黑龙江	Heilongjiang	98.53	87.77	14.09	13.89	11.78	4.01
上 海	Shanghai	100.00	100.00	13.94	4.51	8.19	2.57
江 苏	Jiangsu	99.98	99.73	17.42	25.62	14.95	4.02
浙 江	Zhejiang	100.00	99.97	16.93	17.28	13.32	3.23
安 徽	Anhui	99.43	98.57	13.61	22.19	14.32	2.25
福 建	Fujian	99.56	97.45	15.85	17.41	14.13	3.07
江 西	Jiangxi	98.11	97.38	12.55	17.90	14.50	1.95
山 东	Shandong	99.82	99.57	16.36	25.13	17.84	1.85
河 南	Henan	95.88	93.96	12.28	13.90	12.00	3.44
湖 北	Hubei	99.27	97.13	12.38	15.74	11.00	2.33
湖 南	Hunan	96.52	93.50	14.43	13.72	9.99	2.01
广 东	Guangdong	97.80	96.88	15.30	12.86	18.24	1.93
广 西	Guangxi	97.63	97.80	10.74	17.56	12.42	1.37
海 南	Hainan	98.40	98.32	13.54	18.22	12.16	2.33
重 庆	Chongqing	98.05	96.37	11.50	12.67	17.05	2.74
四 川	Sichuan	94.91	91.22	14.46	13.72	12.48	2.38
贵 州	Guizhou	96.54	87.74	11.02	12.18	15.25	2.88
云 南	Yunnan	96.71	75.93	13.60	12.52	11.50	5.38
西 藏	Tibet	92.80	56.77	10.43	14.70	5.85	4.84
陕 西	Shaanxi	95.95	93.61	15.63	16.32	12.64	4.98
甘 肃	Gansu	98.81	90.56	10.52	16.51	14.87	2.62
青 海	Qinghai	98.93	94.19	14.37	14.40	11.18	3.65
宁 夏	Ningxia	95.66	91.71	15.26	21.83	19.17	2.53
新 疆	Xinjiang	98.75	98.32	14.58	19.78	13.23	3.04

注：人均和普及率指标按城区人口与暂住人口之和计算，以公安部门的户籍统计和暂住人口统计为准。
Note: Per capita data and coverage rate are calculated on the basis of the sum of districts area population and temporarily residing population, which are provided by the Ministry of Public Security.

8-6 分地区农村改厕情况
Sanitation Lavatory Improvement In Rural by Region

单位：万户，%　　(10 000 households,%)

地　区	Region	农村总户数 Total Rural Households	累计使用卫生厕所户数 Accumulative Households Sanitary Toilets	累计使用卫生公厕户数 Accumulative Households Using Sanitary Public Lavatories	卫生厕所普及率 Access Rate to Sanitary Toilets	无害化卫生厕所普及率 Access Rate to Harmless Sanitary Toilets
	2005	24843.1	13740.1	1034.1	55.3	
	2009	25402.5	16055.7	2970.7	63.2	40.5
	2010	25415.4	17138.3	2827.7	67.4	45.0
	2011	26044.3	18018.5	2972.8	69.2	47.3
	2012	25977.2	18627.5	2896.6	71.7	49.7
	2013	26185.9	19400.6	3165.1	74.1	52.4
	2014	26219.1	19939.3	3990.9	76.1	55.2
	2015	26372.8	20684.3	3879.5	78.4	57.5
	2016	26731.1	21460.1	3502.6	80.3	60.5
	2017	26549.7	21700.6	2997.7	81.7	62.5
北　京	Beijing	103.7	101.7	13.3	98.1	98.1
天　津	Tianjin	131.4	122.4	14.9	93.2	93.2
河　北	Hebei	1570.2	1151.5	87.1	73.3	51.8
山　西	Shanxi	718.7	439.4	67.9	61.1	38.0
内蒙古	Inner Mongolia	442.6	344.7	99.4	77.9	33.5
辽　宁	Liaoning	681.1	539.5	49.4	79.2	45.2
吉　林	Jilin	424.9	346.3	41.3	81.5	27.9
黑龙江	Heilongjiang	584.2	421.8	76.7	72.3	15.8
上　海	Shanghai	99.9	99.1	18.9	99.2	99.1
江　苏	Jiangsu	1546.9	1514.4	82.5	97.9	92.5
浙　江	Zhejiang	1184.9	1168.7	168.4	98.6	96.7
安　徽	Anhui	1478.2	1091.4	248.7	73.8	45.3
福　建	Fujian	753.8	716.3	52.4	95.0	93.5
江　西	Jiangxi	858.1	805.4	147.1	93.9	77.7
山　东	Shandong	2031.9	1876.3	92.9	92.3	78.5
河　南	Henan	2052.0	1538.7	353.2	75.0	57.1
湖　北	Hubei	1127.3	939.4	134.2	83.3	58.9
湖　南	Hunan	1542.8	1273.7	33.0	82.6	43.8
广　东	Guangdong	1511.2	1441.0	87.2	95.4	93.0
广　西	Guangxi	1124.6	1029.6	85.1	91.6	86.5
海　南	Hainan	142.0	122.5	4.0	86.3	85.3
重　庆	Chongqing	619.1	409.6	182.7	66.2	66.2
四　川	Sichuan	2088.6	1741.8	322.5	83.4	66.6
贵　州	Guizhou	904.5	596.4	117.3	64.5	48.0
云　南	Yunnan	994.3	731.2	218.1	73.5	45.6
西　藏	Tibet	58.7	30.7		52.3	
陕　西	Shaanxi	706.1	332.9	39.9	47.2	29.2
甘　肃	Gansu	514.4	398.2	86.4	77.4	36.6
青　海	Qinghai	96.1	66.5	8.6	69.2	19.7
宁　夏	Ningxia	106.2	78.9	25.0	74.3	56.1
新　疆	Xinjiang	351.5	230.5	39.7	65.6	48.0

8-7 分地区农村水电建设和发电量、农村用电量情况
Rural Hydropower Construction and Amount of Electric Power Generation, Electricity Consumption

年份 Year 地区 Region	本年完成投资额（万元）Amount of Investment Completed This Year (10 000 yuan)	年末发电设备容量（千瓦）Capability of Electricity Generation Equipment at Year-end (kW)	在建电站规模（千瓦）Scale of Electric Power Plant under Construction (kW)	发电量（万千瓦时）Amount of Electric Power Generation (10 000 kWh)	农村用电量（亿千瓦时）Electricity Consumed in Rural Areas (100 million kWh)
1978					253.1
1980					320.8
1985					508.9
1990	348848	13978100		4181100	844.5
1995	1321689	18721073	10760000	6316247	1655.7
2000	2220993	27487791	7459500	8755014	2421.3
2005	4343826	43090145	17727677	13571702	4375.7
2006	4604296	47196651	20653424	14835889	4895.8
2007	5117926	53855597	20944545	16346041	5509.9
2008	4568884	51274371	21239258	16275902	5713.2
2009	4563240	55121211	12890100	15672471	6104.4
2010	4398453	59240191	13700560	20444256	6632.3
2011	4243988	62123430	10309266	17566867	7139.6
2012	3671548	65686071	9947388	21729246	7508.5
2013	3457047	71186268	9477045	22327712	8549.5
2014	3171306	73221047	9666971	22814929	8884.4
2015	3082737	75829591	8038846	23512814	9026.9
2016	2493935	77910629	7436391	26821937	9238.3
2017	1999937	79269995	6628296	24772495	9524.4
北京 Beijing		42920		2430	61.5
天津 Tianjin		5800		333	40.3
河北 Hebei	4080	396073	27710	61054	615.2
山西 Shanxi	3765	198871	61945	39129	99.3
内蒙古 Inner Mongolia	500	95245		19632	78.9
辽宁 Liaoning	6123	443529	133155	69017	528.0
吉林 Jilin	41673	588740	218265	160373	53.0
黑龙江 Heilongjiang	9524	373280	71220	88602	79.8
上海 Shanghai					1013.2
江苏 Jiangsu	552	39871		9619	1888.0
浙江 Zhejiang	36235	4054524	90540	850917	976.7
安徽 Anhui	20598	1113915	16000	255110	171.3
福建 Fujian	44724	7417445	30000	2330107	388.4
江西 Jiangxi	30071	3402721	74590	966182	108.5
山东 Shandong		89499		6096	488.5
河南 Henan	7323	504342	2960	107048	328.8
湖北 Hubei	108359	3806649	235980	1191820	156.6
湖南 Hunan	137785	6358228	249590	1945672	128.6
广东 Guangdong	71299	7596750	76260	2061747	1414.8
广西 Guangxi	222336	4593586	99890	1427558	103.5
海南 Hainan		457140	25430	141428	15.5
重庆 Chongqing	97129	2672353	360540	792445	80.2
四川 Sichuan	476292	11791723	1530061	4260817	188.4
贵州 Guizhou	180494	3476426	607050	1022253	95.1
云南 Yunnan	263793	11984990	1525500	4296614	102.3
西藏 Tibet	40647	369289	56440	85774	1.3
陕西 Shaanxi	114534	1495619	350040	396179	130.8
甘肃 Gansu	26036	2626581	556180	975145	55.9
青海 Qinghai	11107	1096695	139800	480702	6.4
宁夏 Ningxia		6240		710	14.6
新疆 Xinjiang	44955	2049251	89150	689081	111.1
水利部直属 Directly under The Ministry of Water Resources		121700		38901	

注：本表由水利部农村水电及水库移民司提供。农村水电是以小水电为主体，直接为农村经济社会发展服务的水电站及其供电网络。

Note: Data in this table are from the Rural Hydropower and Electrification Development Bureau of Ministry of Water Resources. Rural hydropower is the small hydropower as mainbody,hydropower and electricity networks directly providing services for rural economic and social development.

8-8 分地区村庄公共设施情况(2017年)
Public Facilities of Villages by Region(2017)

地 区	Region	集中供水的行政村 Administrative Villages With Access to Piped Water 个数(个) Number (unit)	比例(%) Percent (%)	年生活用水量(万立方米) Annual Domestic Water Consumption (10 000 cu.m)	供水管道长度(公里) Length of Water Supply Pipelines (km)	#本年新增 Added This Year	用水人口(万人) Population with Access to Water (10 000 persons)	供水普及率(%) Water Coverage Rate (%)	人均日生活用水量 Per Capita Daily Water Consumption (liter)
全 国	**National Total**	**383526**	**71.95**	**1632547.38**	**1496198.22**	**101479.08**	**50983.49**	**75.51**	**87.73**
北 京	Beijing	3063	84.68	16215.77	16418.86	126.89	427.27	92.14	103.98
天 津	Tianjin	2409	81.74	7803.91	9654.51	124.85	225.65	93.86	94.75
河 北	Hebei	34513	79.80	99648.56	88351.62	2917.87	3708.49	85.53	73.62
山 西	Shanxi	19868	75.27	39398.88	49996.74	1125.49	1469.75	86.08	73.44
内蒙古	Inner Mongolia	7481	68.01	16128.07	34561.62	1549.10	740.29	68.23	59.69
辽 宁	Liaoning	6802	62.21	34391.95	35658.17	1228.07	1123.08	66.10	83.90
吉 林	Jilin	5495	60.19	19163.09	30914.23	2338.00	646.52	53.79	81.21
黑龙江	Heilongjiang	7734	80.25	30755.41	56690.17	3011.88	1114.33	78.44	75.62
上 海	Shanghai	1514	98.70	16934.46	9514.88	52.80	428.92	94.56	108.17
江 苏	Jiangsu	13834	96.99	103602.43	104889.33	3072.31	3367.26	95.61	84.29
浙 江	Zhejiang	17171	75.51	71700.79	60744.00	2897.80	1757.48	86.03	111.77
安 徽	Anhui	9511	59.51	70405.47	54650.95	5586.34	2262.01	61.11	85.27
福 建	Fujian	11308	85.67	51038.35	34482.33	1587.01	1522.58	90.21	91.84
江 西	Jiangxi	10384	53.97	46375.50	35291.46	3791.74	1476.87	56.87	86.03
山 东	Shandong	63894	95.30	137937.72	145501.96	4651.69	4613.75	92.98	81.91
河 南	Henan	28031	65.04	106417.27	83200.04	8448.78	3809.91	69.01	76.53
湖 北	Hubei	12458	63.90	47061.89	52881.38	6206.12	1482.81	69.59	86.95
湖 南	Hunan	12034	50.77	127169.69	55506.53	4637.26	1850.14	58.62	188.32
广 东	Guangdong	11981	65.91	121131.76	61896.53	5351.54	3131.41	79.73	105.98
广 西	Guangxi	7898	55.79	71866.48	38521.47	2446.49	2444.61	64.67	80.54
海 南	Hainan	2818	80.79	14706.63	9511.05	554.48	443.09	89.95	90.93
重 庆	Chongqing	6215	72.18	30695.01	27011.85	2721.76	983.64	72.04	85.49
四 川	Sichuan	25258	54.98	93189.58	83881.56	10524.26	3063.99	63.16	83.33
贵 州	Guizhou	9535	64.32	50502.05	48509.09	7391.28	1631.30	71.77	84.82
云 南	Yunnan	10115	71.93	86364.65	77828.85	8151.92	2545.79	79.88	92.94
西 藏	Tibet	1689	31.13	6961.69	8156.22	247.45	182.92	83.45	104.27
陕 西	Shaanxi	15195	84.60	44403.51	43289.35	3044.50	1627.83	83.50	74.73
甘 肃	Gansu	11213	69.90	27159.01	47503.25	3140.34	1307.47	76.35	56.91
青 海	Qinghai	2763	66.71	7884.37	14194.27	802.70	317.67	90.15	68.00
宁 夏	Ningxia	2109	91.34	7872.35	14936.72	1297.59	316.24	89.97	68.20
新 疆	Xinjiang	7588	85.91	25385.72	53616.38	2306.55	903.76	85.17	76.96
新疆兵团	Xinjiang Production and Construction Corps	1645	89.50	2275.36	8432.85	144.22	56.66	88.35	110.02

注：自2017年起，村内自建集中供水设施的行政村、对生活污水进行处理的行政村比例和对生活垃圾进行处理的行政村比例不再进行统计。
Note: Since 2017, the administrative villages with self-built central water supply facilities, administrative villages with domestic wastewater treatment treated and administrative villages with domestic garbge treated are no longer statistically analyzed.

8-8 续表 1 continued

地 区	Region	用气人口（万人）Population with Access to Gas (10 000 persons)	燃气普及率(%) Gas Coverage Rate (%)	集中供热面积（万平方米）Area of Centrally Heated District (10 000 sq.m)	村庄内道路长度（公里）The Length of Roads within Villages (km)	本年新增 Added This Year	本年更新改造 Renewal and Upgrading during The Reported Year	硬化道路 Hardened Roads
全 国	**National Total**	**18232.31**	**27.00**	**23132.17**	**2853096.15**	**120436.34**	**100054.88**	**1189343.96**
北 京	Beijing	166.25	35.85	1447.98	19765.91	44.70	231.91	9190.14
天 津	Tianjin	113.17	47.08	717.87	12997.81	297.20	393.85	3259.94
河 北	Hebei	1108.66	25.57	4378.05	150759.56	3686.09	3859.12	63178.29
山 西	Shanxi	217.40	12.73	2797.45	79630.94	755.58	1051.17	44252.95
内蒙古	Inner Mongolia	61.89	5.70	406.55	78230.17	2913.78	1223.46	35601.44
辽 宁	Liaoning	269.23	15.85	1381.12	79183.92	2682.25	4302.94	37066.68
吉 林	Jilin	89.60	7.46	338.35	81622.09	1864.88	2577.75	36382.89
黑龙江	Heilongjiang	59.03	4.16	479.75	93549.77	1041.41	2128.42	42252.06
上 海	Shanghai	308.72	68.06		11742.01	111.59	155.51	6130.89
江 苏	Jiangsu	2784.55	79.07	2.60	137010.17	3852.21	5101.83	83258.77
浙 江	Zhejiang	1060.46	51.91		71667.55	1738.25	2026.57	21234.83
安 徽	Anhui	875.12	23.64		124313.89	6535.49	5715.48	27044.71
福 建	Fujian	980.83	58.11		67364.34	2135.40	2656.76	34347.49
江 西	Jiangxi	517.17	19.91		82879.05	4995.64	3001.70	34146.91
山 东	Shandong	2261.43	45.57	7834.80	316570.77	9134.19	11091.44	156874.15
河 南	Henan	495.52	8.98	738.55	148578.89	8445.87	6248.00	38889.73
湖 北	Hubei	599.11	28.12		134816.88	5435.81	5242.98	39283.06
湖 南	Hunan	638.30	20.23		141426.34	6120.17	5524.87	45443.93
广 东	Guangdong	2143.07	54.56	2.00	128902.46	3612.97	2666.47	56149.90
广 西	Guangxi	1496.05	39.58		110085.98	5536.59	2600.17	34968.58
海 南	Hainan	339.87	68.99		22825.23	840.63	379.71	2753.95
重 庆	Chongqing	257.93	18.89		18639.15	1809.51	1055.84	6241.66
四 川	Sichuan	860.39	17.74		237583.42	16856.11	7611.58	139943.07
贵 州	Guizhou	60.63	2.67		93044.61	9803.98	5423.26	31772.78
云 南	Yunnan	104.88	3.29		115482.53	6697.64	8007.81	31545.53
西 藏	Tibet	12.39	5.65		17438.99	155.41	468.19	5022.91
陕 西	Shaanxi	212.36	10.89	455.03	88154.64	3895.16	2948.25	56338.37
甘 肃	Gansu	54.24	3.17	907.55	70914.31	4137.80	3219.45	21465.25
青 海	Qinghai	4.73	1.34	17.53	27313.04	1279.90	278.25	12265.25
宁 夏	Ningxia	23.19	6.60	345.23	24317.81	1087.66	1223.66	11566.66
新 疆	Xinjiang	39.74	3.74	506.08	57200.82	2848.48	1456.06	18999.33
新疆兵团	Xinjiang Production and Construction Corps	16.40	25.57	375.68	9083.10	83.99	182.42	2471.86

8-8 续表 2 continued

地 区	Region	村庄内道路面积（万平方米） The Area of Roads within Villages (10 000 sq.m)	本年新增 Added This Year	本年更新改造 Renewal and Upgrading during The Reported Year	硬化道路 Hardened Roads	排水管道沟渠长度（公里） The Length of Drainage Pipelines and Canals (km)	#本年新增 Added This Year
全 国	**National Total**	**1948499.84**	**101338.31**	**72921.27**	**807336.92**	**1097937.94**	**51546.43**
北 京	Beijing	12051.32	34.79	179.86	5430.62	8378.16	141.86
天 津	Tianjin	8064.20	153.42	178.78	2340.11	3549.45	200.84
河 北	Hebei	89853.17	2599.20	2401.07	32940.82	65714.72	1382.50
山 西	Shanxi	41842.52	590.76	982.24	21789.28	66271.78	401.25
内蒙古	Inner Mongolia	47021.63	1601.03	523.93	18223.46	8832.72	518.59
辽 宁	Liaoning	45584.72	1805.88	2349.49	20139.83	38602.66	649.41
吉 林	Jilin	44112.37	1312.08	1836.41	18159.65	51009.92	606.30
黑龙江	Heilongjiang	46984.45	478.32	942.96	18758.76	26530.81	462.07
上 海	Shanghai	19780.26	87.44	82.49	15506.13	5917.51	222.27
江 苏	Jiangsu	68950.87	2222.55	2615.69	42699.35	41820.85	2088.64
浙 江	Zhejiang	61334.44	2300.03	1982.97	16273.88	38675.02	1811.76
安 徽	Anhui	91136.79	6426.05	4381.07	21884.82	38630.07	2156.22
福 建	Fujian	39105.87	1258.97	1821.75	18471.75	58749.82	2506.11
江 西	Jiangxi	66867.76	3135.81	1626.52	18247.69	31694.06	2732.54
山 东	Shandong	197815.69	6352.80	5990.05	96423.16	227998.26	8434.27
河 南	Henan	141619.68	8245.73	4578.32	33588.13	41205.53	3473.63
湖 北	Hubei	117958.35	17159.69	14209.24	35845.18	40576.64	2490.59
湖 南	Hunan	87658.23	5132.00	3595.19	25132.94	44680.53	2103.02
广 东	Guangdong	108601.17	4602.02	1650.13	41815.54	37833.11	1745.75
广 西	Guangxi	55150.60	3188.32	1261.05	18245.79	23287.01	2209.96
海 南	Hainan	15711.50	727.39	180.30	2184.88	2868.93	250.47
重 庆	Chongqing	9224.99	1061.47	545.71	3232.85	13010.63	1012.38
四 川	Sichuan	122314.95	9784.64	4293.49	69302.84	66118.32	4516.85
贵 州	Guizhou	77291.96	8437.64	4483.55	23627.21	19340.85	2183.59
云 南	Yunnan	69697.94	4452.77	4952.46	19432.82	33555.35	2818.31
西 藏	Tibet	8040.46	83.16	191.71	2296.91	1854.53	57.80
陕 西	Shaanxi	41959.02	1970.74	1414.78	26417.90	25531.83	1746.40
甘 肃	Gansu	39806.88	3177.73	1889.49	11289.38	17009.01	1430.86
青 海	Qinghai	14260.46	587.60	125.41	6250.74	4631.53	170.63
宁 夏	Ningxia	12743.69	519.00	521.44	6152.34	9545.94	473.54
新 疆	Xinjiang	37272.10	1784.31	1044.60	12176.75	3177.37	491.48
新疆兵团	Xinjiang Production and Construction Corps	108681.80	64.97	89.12	103055.41	1335.02	56.54

8-9 互联网主要指标发展情况(年底数)
Main Indicators on Internet Development at Year-end

年 份 地 区	Year Region	域名数 (万个) Number of Domain Names (10 000 units)	网站数 (万个) Number of Websites (10 000 sites)	网页数 (万个) Number of Webpages (10 000 pages)	IPv4地址数 (万个) IPv4 Addresses (10 000)
	2000		26.5		
	2005	259.2	69.4		7439.1
	2006	410.9	84.3	447257.8	9801.6
	2007	1193.1	150.4	847108.5	13527.5
	2008	1682.6	287.8	1608637.0	18127.3
	2009	1681.8	323.2	3360173.2	23244.6
	2010	865.6	190.8	6000806.0	27763.7
	2011	774.8	229.6	8658229.8	33044.0
	2012	1341.2	268.1	12274681.7	33053.5
	2013	1843.6	320.2	15004076.3	24668.5
	2014	2059.6	334.9	18991864.9	33198.8
	2015	3101.4	422.9	21229622.4	24698.3
	2016	4227.6	482.4	23599758.4	28229.8
	2017	3848.0	533.3	26039903.0	33870.5
北 京	Beijing	537.5	70.6	9531606.1	8633.6
天 津	Tianjin	26.5	5.8	467368.4	355.6
河 北	Hebei	63.8	13.1	1054868.6	965.3
山 西	Shanxi	24.4	5.5	327970.9	433.5
内蒙古	Inner Mongolia	9.9	1.7	13474.7	264.2
辽 宁	Liaoning	47.5	12.3	209977.1	1131.3
吉 林	Jilin	24.6	3.3	152994.0	409.8
黑龙江	Heilongjiang	20.1	4.3	258253.2	409.8
上 海	Shanghai	240.6	41.5	1892366.4	1527.6
江 苏	Jiangsu	161.6	28.9	1291048.1	1612.2
浙 江	Zhejiang	207.6	40.0	3316217.1	2191.4
安 徽	Anhui	72.2	8.1	206187.6	558.9
福 建	Fujian	882.5	30.3	827546.3	657.1
江 西	Jiangxi	33.2	4.4	212189.3	586.0
山 东	Shandong	119.6	31.2	502119.7	1656.3
河 南	Henan	123.2	23.5	1187272.6	890.8
湖 北	Hubei	79.0	11.7	189036.0	809.5
湖 南	Hunan	112.4	8.8	152334.9	799.3
广 东	Guangdong	397.9	77.7	3274458.2	3227.9
广 西	Guangxi	52.9	5.0	126896.1	467.4
海 南	Hainan	38.6	2.5	84745.1	159.2
重 庆	Chongqing	43.8	5.5	77438.7	569.0
四 川	Sichuan	118.4	23.4	299900.3	938.2
贵 州	Guizhou	25.5	2.0	17166.7	149.0
云 南	Yunnan	23.3	2.7	177203.9	331.9
西 藏	Tibet	1.8	0.2	380.2	44.0
陕 西	Shaanxi	39.6	6.9	160042.5	552.1
甘 肃	Gansu	11.7	1.3	11312.2	159.2
青 海	Qinghai	2.0	0.4	1529.2	61.0
宁 夏	Ningxia	3.3	0.7	5714.8	94.8
新 疆	Xinjiang	8.2	1.1	10284.0	203.2
不分地区	Not Classified by Region	294.9	59.0		3021.2

注：各地区IPv4地址数是根据各地区占全国的比例推算数据。

Note: The number of IPv4 addresses in each region is calculated according to the proportion of the regions in the whole country.

8-9 续表 continued

年 份 Year 地 区 Region		互联网宽带接入端口(万个) Broad Band Subscribers Port of Internet (10 000 ports)	互联网拨号用户(万户) Dial-up Subscribers of Internet (10 000 subscribers)	互联网宽带接入用户(万户) Broadband Subscribers of Internet (10 000 subscribers)	#城市宽带接入用户 Urban Broadband Subscribers	#农村宽带接入用户 Rural Broadband Subscribers
	2000		900.5			
	2005	4874.7	3559.5	3735.0		
	2006	6486.4	2644.6	5085.3		
	2007	8539.3	1941.0	6641.4		
	2008	10890.4	1227.8	8287.9		
	2009	13835.7	754.4	10397.8		
	2010	18781.1	590.1	12629.1	9963.5	2475.7
	2011	23239.4	550.7	15000.1	11691.4	3308.8
	2012	32108.4	569.8	17518.3	13442.4	4075.9
	2013	35945.3	485.1	18890.9	14153.6	4737.3
	2014	40546.1	441.6	20048.3	15174.6	4873.7
	2015	57709.4	331.6	25946.6	19547.2	6398.4
	2016	71276.9	306.3	29720.7	22266.6	7454.0
	2017	77599.1	301.7	34854.0	25476.7	9377.3
北 京	Beijing	1818.0	46.2	541.9	471.2	70.8
天 津	Tianjin	795.3		339.3	325.0	14.4
河 北	Hebei	4126.9		1910.1	1189.1	721.0
山 西	Shanxi	1840.1	3.4	872.9	687.1	185.8
内蒙古	Inner Mongolia	1294.1		494.0	390.5	103.5
辽 宁	Liaoning	3118.8	16.7	1058.6	844.9	213.7
吉 林	Jilin	1761.1	4.7	501.5	426.5	75.0
黑龙江	Heilongjiang	1937.2	7.9	664.6	513.8	150.8
上 海	Shanghai	1810.2		681.3	681.3	
江 苏	Jiangsu	6531.7	3.7	3106.1	1953.2	1152.9
浙 江	Zhejiang	5455.1	29.6	2464.6	1860.4	604.2
安 徽	Anhui	2872.2	19.4	1323.7	900.8	422.8
福 建	Fujian	2861.8		1373.6	913.6	460.0
江 西	Jiangxi	1985.9	0.7	997.1	687.8	309.3
山 东	Shandong	5596.9	38.8	2588.7	1744.1	844.6
河 南	Henan	4475.8		2128.4	1535.6	592.8
湖 北	Hubei	2605.5	12.7	1242.9	979.5	263.4
湖 南	Hunan	2436.0		1315.5	941.4	374.0
广 东	Guangdong	6482.3	68.8	3246.8	2635.0	611.8
广 西	Guangxi	2216.4	7.3	968.0	671.8	296.2
海 南	Hainan	571.6		228.7	149.1	79.6
重 庆	Chongqing	1935.2		866.9	661.4	205.5
四 川	Sichuan	4702.8	7.7	2167.5	1430.3	737.2
贵 州	Guizhou	1325.6		568.6	436.7	131.9
云 南	Yunnan	1661.8	5.6	812.6	694.2	118.3
西 藏	Tibet	154.6		61.2	55.3	5.9
陕 西	Shaanxi	1993.2	11.4	903.2	662.2	241.0
甘 肃	Gansu	1099.9	9.8	576.4	380.0	196.4
青 海	Qinghai	310.5	0.9	120.1	105.9	14.2
宁 夏	Ningxia	415.0	1.4	159.2	140.6	18.6
新 疆	Xinjiang	1407.4	5.1	569.9	408.3	161.6
不分地区	Not Classified by Region					

8-10 森林火灾情况(2017年)
Forest Fires (2017)

地区	Region	森林火灾次数(次) Forest Fires (time)	一般火灾 Ordinary Fires	较大火灾 Major Fires	重大火灾 Severe Fires	特别重大火灾 Especially Severe Fires	火场总面积(公顷) Total Area of Fires (hectare)	受害森林面积(公顷) Destructed Forest Area (hectare)	伤亡人数(人) Casualties (person)	其他损失折款(万元) Economic Loss (10 000 yuan)
全国	**National Total**	**3223**	**2258**	**958**	**4**	**3**	**44428**	**24502**	**46**	**4624.1**
北京	Beijing	3	1	2	0	0	23	19	0	1.5
天津	Tianjin	2	2	0	0	0	9	1	0	0.0
河北	Hebei	38	24	14	0	0	1157	319	0	4.0
山西	Shanxi	6	2	4	0	0	299	69	4	60.7
内蒙古	Inner Mongolia	177	91	80	3	3	24805	16780	9	635.5
辽宁	Liaoning	80	47	33	0	0	802	356	0	180.6
吉林	Jilin	90	80	10	0	0	450	174	1	396.5
黑龙江	Heilongjiang	97	85	12	0	0	883	239	0	0.0
上海	Shanghai									
江苏	Jiangsu	11	11	0	0	0	18	2	0	4.6
浙江	Zhejiang	70	18	52	0	0	512	251	1	313.6
安徽	Anhui	127	117	10			242	47	0	12.5
福建	Fujian	52	10	42	0	0	467	319	0	32.7
江西	Jiangxi	67	9	58	0	0	1739	707	0	477.9
山东	Shandong	19	8	11	0	0	70	50	7	15.6
河南	Henan	81	76	5	0	0	237	14	0	13.5
湖北	Hubei	466	427	39	0	0	822	217	2	84.7
湖南	Hunan	334	199	135	0	0	2196	961	5	323.1
广东	Guangdong	302	195	107	0	0	1505	733	1	372.9
广西	Guangxi	644	424	220	0	0	4380	1351	4	943.0
海南	Hainan	15	8	7	0	0	24	16	1	2.6
重庆	Chongqing	12	11	1	0	0	33	12	3	16.5
四川	Sichuan	171	152	18	1	0	1611	1015	1	379.9
贵州	Guizhou	18	13	5	0	0	234	42	0	7.7
云南	Yunnan	49	20	29			1032	395	7	110.2
西藏	Tibet	1	0	1	0	0	7	7	0	0.0
陕西	Shaanxi	181	136	45	0	0	362	148	0	6.0
甘肃	Gansu	6	4	2	0	0	15	11	0	13.1
青海	Qinghai	16	13	3	0	0	178	129	0	182.8
宁夏	Ningxia	30	24	6	0	0	287	91	0	11.7
新疆	Xinjiang	58	51	7	0	0	33	30	0	20.7

8-11 突发环境事件情况(2017年)
Environmental Emergencies (2017)

地 区	Region	突发环境事件次数(次) Number of Environmental Emergencies (time)	特别重大环境事件 Extraordinarily Serious Environmental Emergencies	重 大 环境事件 Serious Environmental Emergencies	较 大 环境事件 Comparatively Serious Environmental Emergencies	一 般 环境事件 Ordinary Environmental Emergencies
全 国	**National Total**	**302**	**0**	**1**	**6**	**295**
北 京	Beijing	11	0	0	0	11
天 津	Tianjin	0	0	0	0	0
河 北	Hebei	2	0	0	1	1
山 西	Shanxi	19	0	0	1	18
内蒙古	Inner Mongolia	1	0	0	0	1
辽 宁	Liaoning	15	0	0	0	15
吉 林	Jilin	0	0	0	0	0
黑龙江	Heilongjiang	0	0	0	0	0
上 海	Shanghai	0	0	0	0	0
江 苏	Jiangsu	8	0	0	0	8
浙 江	Zhejiang	13	0	0	0	13
安 徽	Anhui	4	0	0	0	4
福 建	Fujian	15	0	0	0	15
江 西	Jiangxi	6	0	0	1	5
山 东	Shandong	8	0	0	0	8
河 南	Henan	5	0	0	0	5
湖 北	Hubei	18	0	0	1	17
湖 南	Hunan	15	0	0	1	14
广 东	Guangdong	48	0	0	0	48
广 西	Guangxi	8	0	0	0	8
海 南	Hainan	4	0	0	0	4
重 庆	Chongqing	12	0	0	0	12
四 川	Sichuan	16	0	1	0	15
贵 州	Guizhou	11	0	0	0	11
云 南	Yunnan	4	0	0	0	4
西 藏	Tibet	0	0	0	0	0
陕 西	Shaanxi	32	0	0	0	32
甘 肃	Gansu	5	0	0	0	5
青 海	Qinghai	3	0	0	0	3
宁 夏	Ningxia	11	0	0	1	10
新 疆	Xinjiang	8	0	0	0	8

注：本表数据为初步数。
Note: Data in this table are preliminary data.

九、文化休闲
Culture and Leisure

9-1 主要文化机构情况
Number of Institutions in Cultural Industry

单位：个 (unit)

年份 Year	公共图书馆 Public Libraries	文化馆(站) Cultural Centers	省级、地市级文化馆 Art Centers at Provincial & Prefecture Level	县市级文化馆 Cultural Centers at County & City Level	乡镇(街道)文化站 Township (sub-district) Cultural Centers	博物馆 Museums	艺术表演团体 Art Performance Troupes	艺术表演场馆 Art Performance Places
1978	1218	6893	92	2748	4053	349	3150	1095
1980	1732	8739	218	2912	5609	365	3533	1444
1985	2344	8576	335	2960	5281	711	3317	1377
1986	2406	8913	337	2993	5583	777	3195	2058
1987	2440	8974	348	2973	5653	827	3094	2148
1988	2485	9045	358	2975	5712	903	2985	2081
1989	2512	9037	366	2955	5716	967	2850	2050
1990	2527	9216	366	2955	5895	1013	2805	1955
1991	2535	10507	371	2894	7242	1075	2772	2068
1992	2558	9564	372	2900	6292	1106	2753	2037
1993	2572	10155	370	2886	6899	1130	2707	2024
1994	2589	11276	374	2887	8015	1161	2698	1998
1995	2615	13487	373	2886	10228	1194	2682	1958
1996	2620	45253	392	2892	41969	1219	2664	1934
1997	2628	45449	385	2901	42163	1282	2663	1947
1998	2662	45834	386	2901	42547	1339	2652	1929
1999	2669	45837	389	2905	42543	1363	2632	1911
2000	2675	45321	390	2907	42024	1392	2619	1900
2001	2696	43379	399	2842	40138	1461	2605	1854
2002	2697	42516	389	2854	39273	1511	2587	1829
2003	2709	41816	382	2846	38588	1515	2601	1900
2004	2720	41402	380	2841	38181	1548	2759	1928
2005	2762	41588	375	2851	38362	1581	2805	1866
2006	2778	40088	395	2819	36874	1617	2866	1839
2007	2799	40601	411	2806	37384	1722	4512	1732
2008	2820	41156	389	2829	37938	1893	5114	1662
2009	2850	41959	361	2862	38736	2252	6139	1499
2010	2884	43382	374	2890	40118	2435	6864	1461
2011	2952	43675	379	2906	40390	2650	7055	1429
2012	3076	43876	382	2919	40575	3069	7321	1279
2013	3112	44260	385	2930	40945	3473	8180	1344
2014	3117	44423	385	2928	41110	3658	8769	1338
2015	3139	44291	386	2929	40976	3852	10787	2143
2016	3153	44497	389	2933	41175	4109	12301	2285
2017	3166	44521	390	2938	41193	4721	15742	2455

注：1.2007年以前艺术表演团体为文化系统内数据，2007年起含非文化部门单位。
2.2015年以前艺术表演场馆为公有制艺术表演场馆，2015年起含民营艺术表演场馆。
3.1996年以前文化站数据未包括其他部门所属乡镇文化站。1996–1998年包括其他部门所属文化站，1999年以后，其他部门所属文化站划归文化部门管理。

Note: a) The Art performance troupes referred to those under the official cultural system before 2007 and expanded the coverage to those both under and outside the official cultural system starting from 2007.
b) Art performance places refer to those of state-owned before 2015, and also include those of non-state owned since 2015.
c) Culture stations did not include township culture stations of other department before 1996, and included culture stations of other department from 1996 to 1998. Since 1999, culture stations of other department was put under Culture Department's administration.

9-2 分地区艺术表演团体、艺术表演场馆演出情况(2017年)

Statistics on Performance of Art Performance Troupes and Art Performance Places by Region (2017)

地 区 Region	艺术表演团体 Art Performance Troupes						艺术表演场馆 Art Performance Places				
	机构数(个) Number of Institutions (unit)	演出场次(万场次) Number of Performances (10 000 shows)	#国内演出 Domestic Performances	#农村 Rural Performances	国内演出观众人次(万人次) Number of Domestic Audience (10 000 person-times)	#农村 Rural Audience	机构数(个) Number of Institutions (unit)	演(映)出场次(万场次) Number of Performances (10 000 shows)	#艺术演出 Art Performances	观众人次(万人次) Number of Audience (10 000 person-times)	#艺术演出 Art Performances
全 国 National Total	**15742**	**293.58**	**292.15**	**184.31**	**124739**	**82956**	**2455**	**141.98**	**21.18**	**13454**	**3234**
中 央 Central Level	16	0.32	0.28	0.01	255	17	7	0.13	0.12	86	67
北 京 Beijing	451	6.08	6.02	1.10	1101	376	66	4.37	1.52	1061	157
天 津 Tianjin	103	0.91	0.90	0.25	465	191	57	5.80	0.37	446	106
河 北 Hebei	735	9.58	9.49	6.16	5501	3419	96	6.10	0.44	199	66
山 西 Shanxi	665	10.26	10.16	7.77	5693	3957	121	7.51	0.42	549	200
内蒙古 Inner Mongolia	206	2.88	2.86	2.14	1602	1026	44	2.58	0.25	154	29
辽 宁 Liaoning	187	1.30	1.18	0.30	518	131	121	2.49	1.64	742	71
吉 林 Jilin	68	0.70	0.65	0.30	426	183	56	5.70	1.11	255	85
黑龙江 Heilongjiang	71	0.78	0.71	0.22	333	104	51	0.44	0.27	158	36
上 海 Shanghai	199	2.64	2.61	0.84	969	218	49	2.32	0.75	587	292
江 苏 Jiangsu	628	10.42	10.36	4.52	3724	2022	254	42.44	2.48	1736	395
浙 江 Zhejiang	1410	37.05	37.02	22.91	20973	16259	365	11.69	4.20	1525	270
安 徽 Anhui	2639	58.23	58.17	42.88	25331	18924	91	1.61	0.59	490	105
福 建 Fujian	426	7.72	7.67	6.78	2661	2240	59	18.49	0.17	268	45
江 西 Jiangxi	425	6.68	6.63	4.30	3134	2107	61	1.94	0.35	233	70
山 东 Shandong	772	10.89	10.82	7.45	4838	3666	100	1.32	0.44	417	219
河 南 Henan	1671	64.68	64.66	36.72	15048	11467	157	0.63	0.38	320	99
湖 北 Hubei	473	6.46	6.43	4.12	4151	2544	65	5.35	0.31	322	183
湖 南 Hunan	534	6.02	5.98	4.08	2488	1656	92	3.33	0.92	655	158
广 东 Guangdong	390	4.15	4.12	2.85	2350	1408	83	2.08	0.54	1246	210
广 西 Guangxi	108	1.44	1.43	0.40	973	279	38	2.29	0.13	98	14
海 南 Hainan	77	1.08	1.07	0.47	941	292	17	0.37	0.23	624	13
重 庆 Chongqing	1283	15.16	15.15	11.82	3371	2232	24	0.08	0.06	42	10
四 川 Sichuan	697	7.77	7.70	3.83	2541	1057	101	1.20	0.84	258	81
贵 州 Guizhou	137	1.47	1.46	0.94	2713	355	9	0.04	0.03	3	
云 南 Yunnan	316	5.60	5.57	1.40	2855	960	45	0.61	0.34	257	30
西 藏 Tibet	87	0.58	0.56	0.46	428	317	15	0.06	0.05	7	5
陕 西 Shaanxi	462	5.96	5.91	4.33	4252	2629	120	2.02	1.22	348	148
甘 肃 Gansu	286	2.93	2.91	2.12	3378	1815	45	2.63	0.75	200	39
青 海 Qinghai	48	0.39	0.35	0.19	245	90	19	0.28	0.06	45	6
宁 夏 Ningxia	45	1.78	1.74	1.40	389	262	3	0.09	0.02	24	19
新 疆 Xinjiang	127	1.67	1.61	1.26	1094	752	24	6.01	0.17	106	8

9-3 分地区公共图书馆基本情况(2017年)
Statistics on Public Libraries by Region (2017)

地区	Region	公共图书馆 (个) Number of Public Library (unit)	总藏量 (万册件) Total Collections (10 000 copies)	人均拥有公共图书馆藏量 (册) Collections of Public Libraries Owned Per Person (copy)	有效借书证数 (万个) Accumulative Number of Library Cards Distributed (10 000 units)	总流通人次 (万人次) Total Number of Circulation (10 000 person-times)	#书刊文献外借人次 Borrowing from Libraries	书刊文献外借册次 (万册次) Number of Books and Periodicals Lent to Readers (10 000 copies-times)	阅览室座席数 (个) Seats of Reading Room (unit)
总计	**National Total**	**3166**	**96953**	**0.70**	**6736.08**	**74450**	**25503**	**55091**	**1064163**
中央	Central Level	1	3769		416.91	584	40	68	5427
北京	Beijing	23	2759	1.27	138.71	1555	391	1047	17637
天津	Tianjin	32	1662	1.07	77.67	1403	421	1058	17242
河北	Hebei	173	2547	0.34	144.10	2308	740	1416	40683
山西	Shanxi	128	1751	0.47	121.39	1190	382	810	33917
内蒙古	Inner Mongolia	117	1787	0.71	64.31	1003	381	780	31973
辽宁	Liaoning	130	3964	0.91	139.80	2580	879	1900	38011
吉林	Jilin	66	1973	0.73	112.31	867	434	766	21430
黑龙江	Heilongjiang	109	2158	0.57	82.18	1072	379	794	28168
上海	Shanghai	24	7773	3.21	280.46	2993	671	2792	22684
江苏	Jiangsu	115	8598	1.07	1300.72	7975	2970	5586	65425
浙江	Zhejiang	101	7813	1.38	1040.55	10847	2862	6982	68536
安徽	Anhui	124	2537	0.41	178.51	2376	1070	1899	39852
福建	Fujian	90	3322	0.85	234.73	2970	1166	3351	37364
江西	Jiangxi	113	2429	0.53	155.52	1722	873	1561	36248
山东	Shandong	154	5539	0.55	321.63	3972	1758	3031	62878
河南	Henan	158	2874	0.30	143.57	2951	1400	2097	50101
湖北	Hubei	116	3597	0.61	186.68	2388	1182	2136	44751
湖南	Hunan	139	3050	0.44	171.38	2177	899	1849	38091
广东	Guangdong	143	8708	0.78	680.37	9147	2111	6851	95355
广西	Guangxi	115	2786	0.57	103.94	2344	587	1183	32677
海南	Hainan	23	490	0.53	21.36	524	82	243	6039
重庆	Chongqing	43	1672	0.54	156.77	1524	546	1223	27622
四川	Sichuan	204	3793	0.46	181.10	2601	1088	1845	55179
贵州	Guizhou	98	1386	0.39	62.86	784	357	551	24559
云南	Yunnan	151	2111	0.44	50.91	1261	520	958	30971
西藏	Tibet	81	195	0.58	1.54	25	4	8	2939
陕西	Shaanxi	110	1733	0.45	48.36	1357	454	795	23741
甘肃	Gansu	103	1496	0.57	42.37	775	380	662	21726
青海	Qinghai	49	459	0.77	16.80	159	70	103	4352
宁夏	Ningxia	26	721	1.06	20.89	465	196	363	11963
新疆	Xinjiang	107	1502	0.61	37.69	552	211	381	26622

9-3 续表 continued

地 区	Region	每万人拥有公共图书馆建筑面积（平方米）Floor Space of Buildings of Public Libraries Owned per 10 000 Population (sq.m)	组织各类讲座次数（次）Number of Lectures (time)	参加讲座人次（万人次）Attending Lectures (10 000 person-times)	举办展览（个）Exhibitions Held (unit)	参观展览人次（万人次）Visiting Exhibitions (10 000 person-times)	举办培训班（个）Training Classes Held (unit)	参加培训人次（万人次）Attending Training (10 000 person-times)	计算机（台）Computers (set)	#电子阅览室终端数 Terminals in Electronic Media Reading Rooms
总 计	**National Total**	**109.0**	**74174**	**1254.34**	**30443**	**7190.98**	**50973**	**411.44**	**220992**	**144255**
中 央	Central Level		568	6.98	20	123.09	254	12.76	3606	700
北 京	Beijing	138.3	2226	17.53	489	166.51	1313	4.72	4544	2179
天 津	Tianjin	209.1	1453	20.53	583	75.41	395	3.02	4387	2834
河 北	Hebei	65.5	3178	32.15	893	128.68	1465	8.62	7994	5585
山 西	Shanxi	138.5	2120	35.96	593	196.74	816	6.03	6587	4810
内蒙古	Inner Mongolia	160.7	1393	21.35	495	36.87	530	4.21	7201	4943
辽 宁	Liaoning	132.8	2696	25.49	1000	292.90	2730	8.27	9592	5945
吉 林	Jilin	105.9	835	10.43	333	95.79	413	3.16	4722	2912
黑龙江	Heilongjiang	86.2	1357	19.46	781	75.05	1302	5.13	6332	4189
上 海	Shanghai	177.4	2665	39.99	422	97.56	1605	9.85	6283	3029
江 苏	Jiangsu	152.4	3545	54.10	1566	374.38	2359	10.85	11739	6769
浙 江	Zhejiang	190.4	5258	89.98	2618	745.58	6769	39.48	11813	7551
安 徽	Anhui	76.6	2374	45.09	900	207.14	1008	8.67	7823	5792
福 建	Fujian	130.2	2327	28.60	1092	241.67	2396	110.32	7051	4585
江 西	Jiangxi	87.0	1743	25.45	1361	276.20	1041	7.79	7159	5035
山 东	Shandong	110.7	5826	76.79	1753	279.01	3233	20.16	12042	7951
河 南	Henan	64.2	4192	78.06	1444	160.77	2170	14.27	9757	6582
湖 北	Hubei	125.8	2605	51.47	992	169.61	1639	9.59	7576	5025
湖 南	Hunan	68.8	4233	166.70	942	347.03	2377	21.99	7226	4887
广 东	Guangdong	120.0	8394	173.31	4310	1619.04	5977	32.73	17453	10928
广 西	Guangxi	86.5	1777	32.81	942	393.12	1747	11.58	6643	4334
海 南	Hainan	90.7	244	5.15	115	15.49	768	1.75	1609	976
重 庆	Chongqing	110.6	1604	26.36	996	180.88	1952	10.92	4667	3474
四 川	Sichuan	75.6	3601	57.35	1289	394.96	1419	8.80	11249	7966
贵 州	Guizhou	71.8	1572	17.68	591	59.33	729	5.33	5507	3666
云 南	Yunnan	84.3	2012	28.95	1300	169.45	1411	11.36	7623	5390
西 藏	Tibet	165.2	92	0.89	154	2.83	190	0.23	1437	1010
陕 西	Shaanxi	73.9	1893	30.13	995	130.90	1734	9.86	5884	4202
甘 肃	Gansu	108.2	1131	18.60	449	45.06	404	3.45	5358	3505
青 海	Qinghai	127.9	169	1.77	116	6.83	118	0.92	2194	1379
宁 夏	Ningxia	195.5	320	3.36	161	18.79	178	1.05	2303	1784
新 疆	Xinjiang	113.3	771	11.90	748	64.34	531	4.60	5631	4338

9-4 分地区文化馆(站)基本情况(2017年)
Statistics on Cultural Centers by Region (2017)

单位：个 (unit)

地 区	Region	文化馆(站) Number of Art Centers	文化馆 Number of Art Centers	文化站 Number of Cultural Centers
全 国	**National Total**	**44521**	**3328**	**41193**
北 京	Beijing	350	20	330
天 津	Tianjin	258	19	239
河 北	Hebei	2431	180	2251
山 西	Shanxi	1540	131	1409
内蒙古	Inner Mongolia	1231	120	1111
辽 宁	Liaoning	1585	125	1460
吉 林	Jilin	980	79	901
黑龙江	Heilongjiang	1635	148	1487
上 海	Shanghai	238	25	213
江 苏	Jiangsu	1394	115	1279
浙 江	Zhejiang	1472	101	1371
安 徽	Anhui	1561	123	1438
福 建	Fujian	1223	97	1126
江 西	Jiangxi	1873	118	1755
山 东	Shandong	1972	157	1815
河 南	Henan	2603	205	2398
湖 北	Hubei	1406	125	1281
湖 南	Hunan	2573	143	2430
广 东	Guangdong	1756	146	1610
广 西	Guangxi	1298	124	1174
海 南	Hainan	243	23	220
重 庆	Chongqing	1066	41	1025
四 川	Sichuan	4785	207	4578
贵 州	Guizhou	1694	99	1595
云 南	Yunnan	1593	149	1444
西 藏	Tibet	774	82	692
陕 西	Shaanxi	1536	123	1413
甘 肃	Gansu	1463	103	1360
青 海	Qinghai	415	55	360
宁 夏	Ningxia	271	26	245
新 疆	Xinjiang	1302	119	1183

9-5 分地区博物馆基本情况(2017年)
Statistics on Museums by Region (2017)

地 区	Region	机 构 (个) Number of Institutions (unit)	从业人员 (人) Number of Employed Persons (person)	#专业技术人员 Professional Technical Staff	文物藏品 (件/套) Number of Collections (piece/set)	基本陈列展览 (个) Displays Exhibition (unit)	参观人次 (万人次) Spectators (10 000 person-times)	门票销售总额 (万元) Ticket Sales for Entrance Ticket (10 000 yuan)
总 计	**National Total**	**4721**	**105079**	**37333**	**36623080**	**24611**	**97172**	**990512.4**
中 央	Central Level	3	2895	1525	3259655	156	2498	75699.1
北 京	Beijing	71	4000	940	1940011	415	1833	81377.7
天 津	Tianjin	62	1406	599	707276	438	1279	3479.1
河 北	Hebei	122	3925	1269	369705	743	2991	9669.6
山 西	Shanxi	138	3995	1130	1206352	414	2468	29770.6
内蒙古	Inner Mongolia	93	1705	810	656358	463	1240	259.0
辽 宁	Liaoning	65	2163	1073	529269	455	1538	12704.3
吉 林	Jilin	107	1583	817	628707	451	1128	4356.3
黑龙江	Heilongjiang	183	2893	1210	998973	866	2332	1703.4
上 海	Shanghai	98	2940	1655	2103805	617	2270	555757.7
江 苏	Jiangsu	322	6633	2379	1830926	1980	9108	24013.3
浙 江	Zhejiang	308	5236	1746	1403205	2149	6485	3414.7
安 徽	Anhui	196	2948	1119	755266	940	3183	777.3
福 建	Fujian	123	2503	919	606176	1020	2933	207.5
江 西	Jiangxi	139	3101	1128	418234	560	3233	90.7
山 东	Shandong	485	7976	2995	3567077	2707	6764	13540.6
河 南	Henan	334	6782	1924	966764	1277	5543	7214.4
湖 北	Hubei	199	3956	1912	1686427	1069	3471	631.5
湖 南	Hunan	120	3204	968	591210	442	5513	89.7
广 东	Guangdong	184	3651	1826	1004848	1496	5112	5886.0
广 西	Guangxi	132	2212	858	254298	570	1828	219.2
海 南	Hainan	19	311	125	77738	91	146	
重 庆	Chongqing	94	2652	832	560457	467	3096	10500.0
四 川	Sichuan	255	6688	1815	4058627	1165	6752	32417.1
贵 州	Guizhou	84	1892	480	148955	249	1851	40.0
云 南	Yunnan	125	1656	921	1296332	684	2342	321.3
西 藏	Tibet	7	181	56	66050	8	10	
陕 西	Shaanxi	282	8732	2205	3792154	1187	5791	110937.0
甘 肃	Gansu	204	4791	1329	490705	935	2837	4516.1
青 海	Qinghai	23	294	163	78590	73	150	
宁 夏	Ningxia	54	847	247	358000	231	743	917.6
新 疆	Xinjiang	90	1328	358	210930	293	701	1.6

9-6 全国文化事业费基本情况
Basic Statistics on Operating Expenses of Culture

单位：亿元，%　　(100 million yuan,%)

年 份 Year	文化事业费 Operating Expenses of Culture	国家财政总支出 Total Government Financial Expenditures	文化事业费总支出占国家财政总支出比重 Proportion of Operating Expenses of Culture in Government Financial Expenditures
1978	4.44	1122.09	0.40
1979	5.84	1281.79	0.46
1980	5.61	1228.83	0.46
“六五”时期 6th Five-Year Period	**36.03**	**7483.18**	**0.48**
1985	9.32	2004.25	0.47
“七五”时期 7th Five-Year Period	**62.45**	**12865.67**	**0.49**
1986	10.74	2204.91	0.49
1987	10.77	2262.18	0.48
1988	12.18	2491.21	0.49
1989	13.57	2823.78	0.48
1990	15.19	3083.59	0.49
“八五”时期 8th Five-Year Period	**121.33**	**24387.47**	**0.50**
1991	17.28	3386.62	0.51
1992	19.46	3742.20	0.52
1993	22.37	4642.30	0.48
1994	28.83	5792.62	0.50
1995	33.39	6823.72	0.49
“九五”时期 9th Five-Year Period	**254.51**	**57043.46**	**0.45**
1996	38.77	7937.55	0.49
1997	46.19	9233.56	0.50
1998	50.78	10798.18	0.47
1999	55.61	13187.67	0.42
2000	63.16	15886.50	0.40
“十五”时期 10th Five-Year Period	**496.13**	**128022.85**	**0.39**
2001	70.99	18902.58	0.38
2002	83.66	22053.15	0.38
2003	94.03	24649.95	0.38
2004	113.63	28486.89	0.40
2005	133.82	33930.28	0.39
“十一五”时期 11th Five-Year Period	**1220.40**	**318672.05**	**0.38**
2006	158.03	40422.73	0.39
2007	198.96	49781.35	0.40
2008	248.04	62592.66	0.40
2009	292.31	76299.93	0.38
2010	323.06	89575.38	0.36
“十二五”时期 12th Five-Year Period	**2669.62**	**703076.19**	**0.38**
2011	392.62	109247.79	0.36
2012	480.10	125952.97	0.38
2013	530.49	140212.10	0.38
2014	583.44	151661.54	0.38
2015	682.97	175877.77	0.39
“十三五”时期 13th Five-Year Period			
2016	770.69	187755.21	0.41
2017	855.80	203085.49	0.42

注：1.国家财政总支出系国家财政决算数。
2.文化事业费：1953～1980年系国家财政决算数(“一五”至“四五”时期含文物、出版经费，“五五”时期不含文物、出版经费)；1981年以后系文化事业统计年报数(不含文物、出版及科学研究费；不含基本建设的财政拨款和行政运行经费，以下各表同)。

Note: a) Government financial expenditures is final accounting.
b) Operating expenses of culture: 1953-1980, is national financial final accounting (1st Five-Year Period to 4th Five-Year Period, includes expenditure of antique and publish, 5th Five-Year Period, exclusives expenditure of antique and publish), after 1981, is data from culture operating statistics annual report (exclusives expenditure of antique, publish and research, fiscal appropriation of capital construction and expenditure of administrative operation), same with the table related.

9-7 分地区文化事业费及占财政支出比重
Operating Expenses of Culture and Proportion in Government Financial Expenditures by Region

地 区	Region	文化事业费(万元) Operating Expenses of Culture (10 000 yuan)					
		1995	2000	2005	2010	2015	2017
全 国	**National Total**	**333853**	**631591**	**1338193**	**3230646**	**6829708**	**8558022**
中 央	Central Level	20973	55498	113028	152788	369620	299616
北 京	Beijing	8427	24008	64587	161693	275832	361972
天 津	Tianjin	5098	9796	31592	56348	153744	186858
河 北	Hebei	11393	18984	39626	70307	185348	251894
山 西	Shanxi	9215	12347	29832	78000	182007	222493
内蒙古	Inner Mongolia	8624	14515	30543	112982	228905	276846
辽 宁	Liaoning	17525	26790	47578	113430	165405	212426
吉 林	Jilin	10613	15711	26566	90327	156425	177986
黑龙江	Heilongjiang	10722	16598	33742	74631	152601	180777
上 海	Shanghai	15431	42608	79201	186266	365523	438826
江 苏	Jiangsu	18234	38527	77658	163123	403417	578084
浙 江	Zhejiang	14764	35334	110397	242002	488225	594303
安 徽	Anhui	8836	15849	30541	76813	146252	183018
福 建	Fujian	11023	22174	42949	101855	187522	242920
江 西	Jiangxi	7404	10696	23398	73401	127094	152603
山 东	Shandong	16315	30944	61687	138876	299770	388222
河 南	Henan	12447	20948	37708	95143	206034	251487
湖 北	Hubei	11268	19367	43585	114389	235648	343992
湖 南	Hunan	10525	16564	34771	86133	193798	277967
广 东	Guangdong	27486	58321	128095	269940	539257	814334
广 西	Guangxi	8617	14608	28089	80097	172230	194955
海 南	Hainan	2965	3468	6007	27356	57512	90745
重 庆	Chongqing		9151	17505	77350	169727	207739
四 川	Sichuan	16905	20500	44523	143902	395788	413220
贵 州	Guizhou	4785	9131	18731	53676	119936	193288
云 南	Yunnan	14563	23945	42036	86881	191211	241060
西 藏	Tibet	2124	4264	8003	21050	57816	83889
陕 西	Shaanxi	8583	13976	23462	89457	205168	208554
甘 肃	Gansu	6935	9130	20882	55563	113802	166608
青 海	Qinghai	2574	3696	7349	41114	65393	88383
宁 夏	Ningxia	2108	3625	9646	24483	58611	63793
新 疆	Xinjiang	7371	10518	24877	71273	160088	169165

注：各地财政支出不含中央转移支付部分。
Note: Government Financial Expenditures excluding around the central transfer payments.

9-7 续表 continued

地 区	Region	文化事业费占财政支出比重(%) Proportion of Operating Expenses of Culture in Government Financial Expenditures(%)											
		1995		2000		2005		2010		2015		2017	
		比重 Proportion	位次 Rank	比重 Proportion	位次 Rank	比重 Proportion	位次 Rank	比重 Proportion	位次 Rank	比重 Proportion	位次 Rank	比重 Proportion	位次 Rank
全 国	**National Total**	**0.49**		**0.40**		**0.39**		**0.36**		**0.39**		**0.42**	
中 央	Central Level												
北 京	Beijing	0.55	28	0.54	14	0.61	4	0.60	2	0.48	8	0.53	10
天 津	Tianjin	0.55	28	0.53	15	0.71	3	0.41	14	0.48	9	0.57	7
河 北	Hebei	0.60	23	0.46	28	0.40	24	0.25	31	0.33	27	0.38	27
山 西	Shanxi	0.82	7	0.55	11	0.44	14	0.40	15	0.53	4	0.59	4
内蒙古	Inner Mongolia	0.84	5	0.59	8	0.44	15	0.50	7	0.54	3	0.61	3
辽 宁	Liaoning	0.64	15	0.52	17	0.39	25	0.35	22	0.37	24	0.44	19
吉 林	Jilin	0.88	3	0.90	1	0.42	18	0.51	6	0.49	7	0.48	16
黑龙江	Heilongjiang	0.61	18	0.45	30	0.42	19	0.33	25	0.38	21	0.39	26
上 海	Shanghai	0.59	25	0.68	5	0.48	9	0.56	4	0.59	2	0.58	5
江 苏	Jiangsu	0.72	10	0.61	6	0.46	12	0.33	26	0.42	15	0.54	8
浙 江	Zhejiang	0.82	7	0.82	2	0.87	1	0.75	1	0.73	1	0.79	1
安 徽	Anhui	0.65	14	0.49	23	0.42	20	0.30	29	0.28	31	0.30	31
福 建	Fujian	0.64	15	0.69	4	0.72	2	0.60	3	0.47	10	0.52	11
江 西	Jiangxi	0.67	13	0.48	26	0.41	22	0.38	18	0.29	30	0.30	30
山 东	Shandong	0.59	25	0.51	18	0.42	21	0.34	23	0.36	25	0.42	22
河 南	Henan	0.60	23	0.47	27	0.33	31	0.28	30	0.30	28	0.31	29
湖 北	Hubei	0.69	12	0.53	15	0.55	6	0.46	10	0.38	22	0.51	12
湖 南	Hunan	0.61	18	0.49	23	0.39	26	0.32	28	0.34	26	0.40	24
广 东	Guangdong	0.52	30	0.55	11	0.55	7	0.50	8	0.42	16	0.54	9
广 西	Guangxi	0.61	18	0.57	10	0.45	13	0.40	16	0.42	17	0.40	25
海 南	Hainan	0.70	11	0.51	18	0.39	27	0.47	9	0.46	12	0.63	2
重 庆	Chongqing			0.49	23	0.35	29	0.45	11	0.45	13	0.48	15
四 川	Sichuan	0.61	18	0.45	30	0.41	23	0.34	24	0.53	5	0.48	17
贵 州	Guizhou	0.56	27	0.46	28	0.35	30	0.33	27	0.30	29	0.42	23
云 南	Yunnan	0.62	17	0.58	9	0.54	8	0.38	19	0.41	20	0.42	21
西 藏	Tibet	0.61	18	0.71	3	0.43	16	0.38	20	0.42	18	0.50	14
陕 西	Shaanxi	0.84	5	0.51	18	0.36	28	0.40	17	0.47	11	0.43	20
甘 肃	Gansu	0.85	4	0.50	22	0.48	10	0.38	21	0.38	23	0.50	13
青 海	Qinghai	0.89	2	0.55	11	0.43	17	0.55	5	0.43	14	0.58	6
宁 夏	Ningxia	0.92	1	0.60	7	0.60	5	0.44	12	0.51	6	0.46	18
新 疆	Xinjiang	0.76	9	0.51	18	0.47	11	0.42	13	0.42	19	0.36	28

9-8 图书、期刊和报纸出版情况
Number of Books, Magazines and Newspapers Published

年份 Year	图书 Books Published			期刊 Magazines Published		报纸 Newspapers Published	
	种数（种） Number of Publication (kind)	#新出版 New Publication	总印数（亿册、亿张） Printed Copies (100 million copies)	种数（种） Number of Publication (kind)	总印数（亿册） Total Printed Copies (100 million copies)	种数（种） Number of Publication (kind)	总印数（亿份） Total Printed Copies (100 million copies)
绝对数 Value							
1995	101381	59159	63.2	7583	23.4	2089	263.3
1996	112813	63647	71.6	7916	23.1	2163	274.3
1997	120106	66585	73.1	7918	24.4	2149	287.6
1998	130613	74719	72.4	7999	25.4	2053	300.4
1999	141831	83095	73.2	8187	28.5	2038	318.4
2000	143376	84235	62.7	8725	29.4	2007	329.3
2001	154526	91416	63.1	8889	28.9	2111	351.1
2002	170962	100693	68.7	9029	29.5	2137	367.8
2003	190391	110812	66.7	9074	29.5	2119	383.1
2004	208294	121597	64.1	9490	28.3	1922	402.4
2005	222473	128578	64.7	9468	27.6	1931	412.6
2006	233971	160757	64.1	9468	28.5	1938	424.5
2007	248283	136226	62.9	9468	30.4	1938	438.0
2008	274123	148978	70.6	9549	31.0	1943	442.9
2009	301719	168296	70.4	9851	31.5	1937	439.1
2010	328387	189295	71.7	9884	32.2	1939	452.1
2011	369523	207506	77.1	9849	32.9	1928	467.4
2012	414005	241986	79.2	9867	33.5	1918	482.3
2013	444427	255981	83.1	9877	32.7	1915	482.4
2014	448431	255890	81.8	9966	30.9	1912	463.9
2015	475768	260426	86.6	10014	28.8	1906	430.1
2016	499884	262415	90.4	10084	27.0	1894	390.1
2017	512487	255106	92.4	10130	24.9	1884	362.5
比上年增长(%) Increase Rate (%)							
1996	11.3	7.6	13.2	4.4	-1.2	3.5	4.2
1997	6.5	4.6	2.1		5.5	-0.6	4.9
1998	8.7	12.2	-0.9	1.0	4.1	-4.5	4.4
1999	8.6	11.2	1.1	2.4	12.2	-0.7	6.0
2000	1.1	1.4	-14.2	6.6	3.4	-1.5	3.4
2001	7.8	8.5	0.6	1.9	-1.8	5.2	6.6
2002	10.6	10.1	8.9	1.6	2.1	1.2	4.8
2003	11.4	10.0	-2.9	0.5		-0.8	4.2
2004	9.4	9.7	-3.9	4.6	-4.1	-9.3	5.0
2005	6.8	5.7	0.9	-0.2	-2.5	0.5	2.5
2006	5.2	25.0	-0.9		3.3	0.4	2.9
2007	6.1	-15.3	-1.8		6.7		3.2
2008	10.4	9.4	12.2	0.9	2.1	0.3	1.1
2009	10.1	13.0	-0.3	3.2	1.5	-0.3	-0.9
2010	8.8	12.5	1.9	0.3	2.0	0.1	3.0
2011	12.5	9.6	7.5	-0.4	2.2	-0.6	3.4
2012	12.0	16.6	2.9	0.2	2.0	-0.5	3.2
2013	7.3	5.8	4.9	0.1	-2.3	-0.2	
2014	0.9		-1.5	0.9	-5.4	-0.2	-3.8
2015	6.1	1.8	5.8	0.5	-7.0	-0.3	-7.3
2016	5.1	0.8	4.3	0.7	-6.3	-0.6	-9.3
2017	2.5	-2.8	2.2	0.5	-7.7	-0.5	-7.1

9-9 图书出版和构成情况(2017年)
Statistics on Books Published and Composition by Categories (2017)

类别	Category	绝对数 Value		构成(%) Percentage(%)	
		种数(种) Number of Publications (item)	印数(万册) Printed Copies (10 000 copies)	种数 Number of Publications	印数 Printed Copies
图书总计	**Total**	**512487**	**924399**	**100.0**	**100.0**
使用"中国标准书号"部分合计	**Publications with "China International Standard Book Number"**	**512207**	**922490**	**99.9**	**99.8**
马列主义、毛泽东思想	Marxism-Leninism, Mao Zedong Thought	777	1127	0.2	0.1
哲学	Philosophy	9984	6765	1.9	0.7
社会科学总论	General Social Sciences	5445	2668	1.1	0.3
政治、法律	Politics and Law	18256	24765	3.6	2.7
军事	Military Affairs	1410	848	0.3	0.1
经济	Economics	34840	15267	6.8	1.7
文化、科学、教育、体育	Culture, Science, Education and Sports	210137	696426	41.0	75.3
语言、文字	Languages	21790	25745	4.3	2.8
文学	Literature	56790	73772	11.1	8.0
艺术	Arts	27294	19941	5.3	2.2
历史、地理	History and Geography	18720	12486	3.7	1.4
自然科学总论	General Natural Sciences	793	551	0.2	0.1
数理科学、化学	Mathematics and Chemistry	9482	4157	1.9	0.4
天文学、地球科学	Astronomy and Geology	2968	1276	0.6	0.1
生物科学	Biology	3486	1922	0.7	0.2
医学、卫生	Medicine and Health Care	22633	10356	4.4	1.1
农业科学	Agricultural Science	5517	1922	1.1	0.2
工业技术	Industrial Technology	48783	15996	9.5	1.7
交通运输	Transportation	6035	2522	1.2	0.3
航空、航天	Aeronautics and Aerospace	613	191	0.1	
环境科学	Environmental Science	2525	1019	0.5	0.1
综合性图书	General Books	3929	2768	0.8	0.3
不使用"中国标准书号"部分合计	**Publications without "China International Standard Book Number"**	**280**	**1909**	**0.1**	**0.2**
图片	Pictures	280	251	0.1	
国标(GB)、部标(BB)等标准类文件印品	Standards Publications such as National Standards, Ministry Standards		1214		0.1
活页文选、活页歌篇、小件印品等	Loose-leaf Collectanea, Loose-leaf Song and Prints of Small Volume		444		

9-10 课本出版和构成情况(2017年)
Publication of Textbooks and Composition (2017)

项　目	Item	种数 (种) Number of Items (kind)	#新出版 New Publication	总印数 (万册) Printed Copies (10 000 copies)	总印张 (千印张) Printed Sheets (1 000 sheets)	定价总金额 (万元) Total Priced Value (10 000 yuan)
绝对数	**Value**					
总计	**Total**	**86591**	**23776**	**325612**	**25818117**	**3565664**
大专及以上课本	Textbooks for Colleges and Universities	62414	19066	30303	5317760	1134594
中专、技校课本	Textbooks for Secondary Technical Schools	5683	1417	5093	647879	126391
中学课本	Textbooks for Secondary Schools	6015	662	151823	11724114	1235633
小学课本	Textbooks for Primary Schools	5530	856	133116	7350399	877150
业余教育课本	Textbooks for Spare-time Education	2638	931	2415	401364	99465
扫盲课本	Textbooks for Eliminating Illiteracy	4	3	62	6787	2909
教学用书	Teaching Materials	4307	841	2800	369814	89522
构成(%)	**Percentage(%)**					
总计	**Total**	**100.0**	**100.0**	**100.0**	**100.0**	**100.0**
大专及以上课本	Textbooks for Colleges and Universities	72.1	80.2	9.3	20.6	31.8
中专、技校课本	Textbooks for Secondary Technical Schools	6.6	6.0	1.6	2.5	3.5
中学课本	Textbooks for Secondary Schools	6.9	2.8	46.6	45.4	34.7
小学课本	Textbooks for Primary Schools	6.4	3.6	40.9	28.5	24.6
业余教育课本	Textbooks for Spare-time Education	3.0	3.9	0.7	1.6	2.8
扫盲课本	Textbooks for Eliminating Illiteracy					0.1
教学用书	Teaching Materials	5.0	3.5	0.9	1.4	2.5

9-11 图书、期刊、报纸进出口和构成情况(2017年)
Statistics and Composition on Imports and Exports of Books, Magazines and Newspapers (2017)

指 标	Item	出 口 Exports		进 口 Imports	
		数量（万册、份）Number (10 000 copies)	金额（万美元）Value (10 000 USD)	数量（万册、份）Number (10 000 copies)	金额（万美元）Value (10 000 USD)
绝对数	**Value**				
总计	**Total**	**1870.72**	**6024.66**	**3255.60**	**31978.76**
图书	Books Published	1232.71	5460.53	2033.59	17036.94
哲学、社会科学	Philosophy, Social Science	177.09	1438.03	86.39	2549.01
文化、教育	Culture and Education	144.32	1001.70	436.38	3903.70
文学、艺术	Literature and Art	198.92	1102.92	265.11	2108.04
自然、科学技术	Natural Science and S&T	46.81	291.03	66.38	2368.56
少儿读物	For Children	539.70	802.35	690.59	2371.98
综合性图书	General Books	125.87	824.50	488.74	3735.65
期刊	Magazines Published	335.19	504.37	311.74	13595.01
报纸	Newspapers Published	302.82	59.76	910.27	1346.81
构成(%)	**Percentage(%)**				
总计	**Total**	**100.00**	**100.00**	**100.00**	**100.00**
图书	Books Published	65.89	90.64	62.46	53.28
哲学、社会科学	Philosophy, Social Science	9.47	23.87	2.65	7.97
文化、教育	Culture and Education	7.71	16.63	13.40	12.21
文学、艺术	Literature and Art	10.63	18.31	8.14	6.59
自然、科学技术	Natural Science and S&T	2.50	4.83	2.04	7.41
少儿读物	For Children	28.85	13.32	21.21	7.42
综合性图书	General Books	6.73	13.69	15.01	11.68
期刊	Magazines Published	17.92	8.37	9.58	42.51
报纸	Newspapers Published	16.19	0.99	27.96	4.21

注：本表数据为全国有出版物进口经营许可证的出版物进出口经营单位数据。
Note: Data are from national publication import and export units that have publication import business certificate.

9-12　分地区各类出版物情况(2017年)

Number of Publications Published by Region (2017)

地　区	Region	图书 Books Published					期刊 Magazines Published		
		种数(种) Number of Publication (kind)	#新出版 New Publication	#少数民族 Minority	#盲文 Braille	总印数(万册、万张) Printed Copies (10 000 copies)	种数(种) Number of Publication (kind)	#少数民族 Minority	总印数(万册) Total Printed Copies (10 000 copies)
全　国	**National Total**	**512487**	**255106**	**8592**	**610**	**924399**	**10130**	**229**	**249212.7**
中　央	Central Level	203354	102810	547	610	239988	3067	19	82974.0
北　京	Beijing	14411	6875			27407	175		3030.1
天　津	Tianjin	7803	5035			8081	255		2859.6
河　北	Hebei	9857	2924			29436	227		4228.0
山　西	Shanxi	3517	2192			10899	202		2217.3
内蒙古	Inner Mongolia	3411	1554	2194		6018	152	45	1398.5
辽　宁	Liaoning	10940	4796	226		17449	321		7834.0
吉　林	Jilin	28397	15299	722		27652	241	14	7437.2
黑龙江	Heilongjiang	7549	5577	81		8837	315	2	4389.8
上　海	Shanghai	27772	13262			42315	639		9431.6
江　苏	Jiangsu	28864	12610			63660	471		11543.9
浙　江	Zhejiang	14462	7135			39919	229		7533.7
安　徽	Anhui	9745	4864			30704	186		4399.4
福　建	Fujian	4289	2545			10809	176		3031.8
江　西	Jiangxi	7982	4546			22657	166		7384.9
山　东	Shandong	17109	6334			55543	272		9760.7
河　南	Henan	9497	5283			27498	248		8516.9
湖　北	Hubei	13590	7404			22973	430		14335.3
湖　南	Hunan	12219	4844			45901	259		11684.5
广　东	Guangdong	9868	5031			30202	388		11428.5
广　西	Guangxi	7319	2909	35		29022	184	1	4090.0
海　南	Hainan	4098	1685			6071	44		749.8
重　庆	Chongqing	5320	2208			13533	138		4706.8
四　川	Sichuan	13329	8287	718		29197	357	4	5127.8
贵　州	Guizhou	1062	769	22		9151	93		1734.2
云　南	Yunnan	7972	4438	302		16423	128	3	2830.1
西　藏	Tibet	622	327	454		1483	39	16	248.0
陕　西	Shaanxi	11220	5692			18748	287		2976.4
甘　肃	Gansu	3480	1998	168		7822	134	3	8762.6
青　海	Qinghai	599	296	321		1054	54	12	283.4
宁　夏	Ningxia	3570	1617			5837	37		648.8
新　疆	Xinjiang	9260	3960	2802		18110	216	110	1635.5

9-12 续表 continued

地 区	Region	报 纸 Newspapers Published 种 数（种）Number of Publication (kind)	总印数（万份）Total Printed Copies (10000 copies)	音像制品 Audio-Video Published 种 数（种）Number of Publication (kind)	出版数量（万盒、万张）Total Printed Copies (10000 cassettes, 10000 discs)	电子出版物 Electronic Published 种 数（种）Number of Publication (kind)	数量（万张）Number of Electronic Publications (10000 discs)
全 国	**National Total**	**1884**	**3624989**	**13552**	**25591.9**	**9240**	**28132.9**
中 央	Central Level	215	781431	5542	15443.7	5614	20065.2
北 京	Beijing	34	57625	362	155.0	79	30.0
天 津	Tianjin	24	37590	57	30.0	97	37.3
河 北	Hebei	64	116454	80	251.3	102	116.3
山 西	Shanxi	60	201110	125	64.2	59	11.8
内蒙古	Inner Mongolia	58	28289	73	20.2	35	14.4
辽 宁	Liaoning	66	85938	236	89.2	257	238.7
吉 林	Jilin	51	76453	253	209.7	57	29.9
黑龙江	Heilongjiang	68	56321	3	0.1	3	1.5
上 海	Shanghai	70	90839	3149	3919.7	748	1456.5
江 苏	Jiangsu	81	228585	246	1208.1	304	2717.8
浙 江	Zhejiang	66	230830	275	339.7	326	802.2
安 徽	Anhui	51	71577	67	19.9	12	2.2
福 建	Fujian	42	83957	94	27.0	22	10.1
江 西	Jiangxi	40	90694	267	222.7	72	9.0
山 东	Shandong	87	233653	173	49.7	345	357.6
河 南	Henan	77	178066	67	8.2	133	210.1
湖 北	Hubei	73	105848	124	39.2	145	256.5
湖 南	Hunan	48	92913	274	385.8	97	172.0
广 东	Guangdong	99	274299	1158	1767.9	312	1337.9
广 西	Guangxi	53	57997	136	67.3	11	1.3
海 南	Hainan	14	20914	39	7.7	1	0.1
重 庆	Chongqing	27	38600	66	24.7	146	70.6
四 川	Sichuan	85	141828	70	65.1	163	84.6
贵 州	Guizhou	27	27611				
云 南	Yunnan	42	35615	198	102.7	28	65.4
西 藏	Tibet	27	11556	143	51.4		
陕 西	Shaanxi	43	52761	134	108.2	66	32.3
甘 肃	Gansu	50	47025	20	5.2		
青 海	Qinghai	26	9094	11	7.5	5	1.3
宁 夏	Ningxia	14	10495	2	0.2	0	0.0
新 疆	Xinjiang	102	49023	108	900.7	1	0.2

9-13 分地区少年儿童读物和课本出版情况(2017年)
Number of Books Published for Children and Textbooks by Region (2017)

地区	Region	种数(种) Number of Publications (kind)				总印数(万册) Printed Copies (10 000 copies)		总印张(万印张) Printed Sheets (10 000 sheets)	
		儿童读物 Books for Children	#新出版 New Published	课本 Textbooks	#新出版 New Published	儿童读物 Books for Children	课本 Textbooks	儿童读物 Books for Children	课本 Textbooks
全国	**National Total**	**42441**	**22834**	**86591**	**23776**	**82007**	**325612**	**488368**	**2581812**
中央	Central Level	8923	5316	50503	12316	14530	87709	87913	895583
北京	Beijing	2649	915	1050	411	5519	1911	48835	16637
天津	Tianjin	1046	546	421	121	2075	1365	9507	10129
河北	Hebei	886	297	303	45	1694	12291	7713	82421
山西	Shanxi	159	61	137	31	111	4800	739	32429
内蒙古	Inner Mongolia	289	173	855	104	114	4025	369	29557
辽宁	Liaoning	1212	692	2808	680	1869	6112	13172	46690
吉林	Jilin	4097	2081	1126	716	4247	4357	22661	30178
黑龙江	Heilongjiang	1491	1366	1011	528	578	3673	2773	25743
上海	Shanghai	1164	609	6173	1704	7138	13520	20620	117999
江苏	Jiangsu	2105	1137	3401	998	3118	19793	18716	136345
浙江	Zhejiang	3054	1445	1363	309	7826	12292	54272	81692
安徽	Anhui	1149	453	873	291	5132	9439	47337	68816
福建	Fujian	464	320	404	143	554	5126	3714	34828
江西	Jiangxi	2292	1178	327	119	5601	7007	28408	55514
山东	Shandong	2284	1129	1310	376	5071	17800	28365	110368
河南	Henan	925	476	1182	464	1103	14542	4033	105088
湖北	Hubei	800	498	2254	836	1199	8141	7653	65679
湖南	Hunan	976	378	976	324	1886	14638	10155	90262
广东	Guangdong	842	566	1625	466	1061	18229	5526	122533
广西	Guangxi	1334	557	442	77	2639	10210	17756	67161
海南	Hainan	118	81	21		103	1246	676	8087
重庆	Chongqing	95	83	1882	526	149	6718	400	43998
四川	Sichuan	2270	1510	2347	1058	5790	9319	33818	73247
贵州	Guizhou	78	42	118		104	6319	633	45789
云南	Yunnan	290	202	180	56	913	7399	3914	51868
西藏	Tibet	16	15	136	1	3	1045	14	7337
陕西	Shaanxi	607	254	1926	944	1243	6367	4560	48317
甘肃	Gansu	273	149	72	29	274	2993	1907	23718
青海	Qinghai	23	20	157	6	9	905	40	7076
宁夏	Ningxia	73	57	4	1	89	841	439	6339
新疆	Xinjiang	457	228	1204	96	265	5480	1733	40387

9-14 国家综合档案馆基本情况
Basic Statistics on National Comprehensive Archives

年 份 Year	馆藏档案 (万卷、万件) Number of Archives (10 000 volumes, 10 000 pieces)	照片档案 (万张) Photos (10 000 sheets)	开放档案 (万卷、万件) Archives Open to Public (10 000 volume, 10 000 pieces)	利用档案 (万卷、万件次) Utilized Archives (10 000 volume-times, 10 000 piece-times)	档案馆建筑面积 (万平方米) Floor Space of Archive Institutions (10 000 sq.m)
1991	9637.4	371.0	2094.3	937.0	348.1
1992	10003.5	402.4	2018.7	773.8	255.7
1993	10726.8	435.5	2140.7	891.9	275.9
1994	10783.0	449.6	2454.6	674.4	268.3
1995	11318.3	485.5	2790.3	529.3	282.5
1996	11341.4	494.6	2939.2	485.4	297.5
1997	12222.9	553.0	3304.6	501.0	347.6
1998	12276.5	579.7	3556.5	446.5	310.7
1999	12866.8	584.5	3808.2	508.5	328.4
2000	13314.0	631.7	4072.0	494.4	336.2
2001	13756.6	642.8	4129.7	575.4	342.0
2002	14790.7	720.5	4301.1	548.9	351.0
2003	15945.9	797.4	4618.4	602.6	361.4
2004	17601.5	827.9	4868.3	813.9	376.8
2005	18688.7	908.8	5132.3	868.0	393.1
2006	21656.5	1277.2	5746.3	1166.4	406.1
2007	23675.3	1393.3	5875.5	1244.9	421.9
2008	25051.0	1505.3	6072.2	1257.4	465.4
2009	28089.2	1646.3	6687.4	1308.0	473.3
2010	32198.6	1809.2	7428.6	1417.3	504.4
2011	35445.5	1965.8	7828.4	1564.5	551.1
2012	40547.7	1827.4	8254.6	1521.1	627.1
2013	42454.5	1927.6	8900.5	1477.8	709.3
2014	53470.3	2041.8	9179.7	1688.8	736.0
2015	58641.7	2102.4	9266.3	1978.3	785.5
2016	65062.5	2228.2	9707.9	2033.7	859.8
2017	65371.1	2336.5	10151.7	2078.0	949.3

9-15 各类档案馆和人员情况
Statistics on Archive Institutions and Personnel

单位：个，人 (unit, person)

年 份 Year	国家综合档案馆 National Comprehensive Archives		国家专门档案馆 National Special Archives		部门档案馆 Department Archives		企 业 档案馆数 Enterprise Archive Institutions	事业单位 档案馆数 Institutional Archive Institutions	科技事业单位档案馆数 Science and Technology Archive Institutions
	馆 数 Number of Institutions	专职人员 Full-time Personnel	馆 数 Number of Institutions	专职人员 Full-time Personnel	馆 数 Number of Institutions	专职人员 Full-time Personnel			
1991	2957	21657	211	2038	128	2171	229	19	28
1992	2962	22226	206	2082	122	2258	231	19	28
1993	2980	23624	200	2245	122	1448	221	20	31
1994	2983	23568	205	2294	136	2160	209	20	36
1995	3024	24777	216	2484	144	2168	213	27	38
1996	3011	24542	226	2658	134	2072	232	23	44
1997	3021	24904	223	2578	162	2521	228	26	46
1998	3034	24197	232	3200	149	2411	245	27	46
1999	3046	23530	225	3436	142	2123	304	40	59
2000	3070	23701	234	3319	141	1865	307	53	80
2001	3100	23652	243	3448	142	2086	286	47	84
2002	3110	22825	253	3435	148	2109	299	75	93
2003	3121	23086	260	3514	141	1770	300	75	85
2004	3127	23401	258	3591	149	1932	300	79	99
2005	3142	23413	238	3452	145	2020	301	105	63
2006	3154	22689	239	3537	137	1699	216	110	95
2007	3161	21399	245	3737	146	1985	215	126	94
2008	3170	21414	240	3663	154	1886	241	141	87
2009	3191	20949	241	3626	149	1814	233	167	96
2010	3194	19750	252	3833	167	1747	223	160	111
2011	3196	19985	255	3843	170	2121	183	179	124
2012	3237	18009	238	3577	183	2161	204	260	
2013	3325	18106	240	3579	218	2182	189	274	
2014	3319	17863	247	3538	209	2129	169	252	
2015	3322	18386	234	3457	237	2263	176	224	
2016	3336	17511	236	3521	213	2021	180	272	
2017	3333	16799	234	3275	202	1939	167	274	

注：2012年以前的事业单位档案馆数指文化事业档案馆数，2012年新修订的《全国档案事业统计年报制度》不再细分事业单位的属性，统称“省部属事业单位档案馆”，包括文化事业档案馆和科技事业单位档案馆。

Note: Institutional archive institutions before 2012 refer to culture archive institutions, the newly revised Annual Report of National Archive Statistics in 2012 does not further subcategorize public institutions by their attributes, but generally called public archive institutions affiliated to ministries or provincial governments, which include cultural archive institutions, and science and technology archive institutions.

9-16 全国成年国民阅读情况
Statistics on Reading of Adult

年 份 year	图书阅读率 (%) Reading Rate of Book (%)	数字化阅读方式接触率(%) Contact Rate of Digital Reading (%)	人均纸质图书阅读量(本) Per Capital Reading Paper Books (book)
2010	52.3	32.8	4.25
2011	53.9	38.6	4.35
2012	54.9	40.3	4.39
2013	57.8	50.1	4.77
2014	58.0	58.1	4.56
2015	58.4	64.0	4.58
2016	58.8	68.2	4.65
2017	59.1	73.0	4.66

注：本表数据来自中国新闻出版研究院“全国国民阅读调查”结果。
Note: Data resource is Chinese Academy of Press and Publication “National Reading Survey”.

9-17 广播电视电影事业发展情况
Basic Statistics on Radio, Television and Movies Industry

指 标	Item	2010	2016	2017
广播	**Radio**			
广播节目综合人口覆盖率 (%)	Radio Coverage Rate of the Population (%)	96.80	98.37	98.71
#农村	Rural	95.64	97.79	98.24
公共广播节目套数（套）	Number of Public Radio Programs (set)	2549	2741	2825
公共广播节目播出时间(万小时)	Length of Public Radio Programs Broadcasted(10 000 hours)	1266.0	1456.5	1491.9
广播节目制作时间（万小时）	Length of Radio Programs Produced (10 000 hours)	681.4	782.0	788.8
电视	**Television**			
电视节目综合人口覆盖率 (%)	TV Coverage Rate of the Population (%)	97.60	98.88	99.07
#农村	Rural	96.78	98.49	98.74
有线广播电视实际用户数(万户)	Actual Users of Cable Radio and TV (10 000 households)	18872	22830	21446
#农村	Rural	7293	8093	7504
#数字电视	Users of Digital TV	8870	20157	19404
有线广播电视实际用户数占家庭总户数比重 (%)	Actual Popularization Rate of Cable Radio and TV (%)	46.40	52.75	48.32
#农村有线广播电视实际用户数占农村家庭总户数比重	Actual Rural Popularization Rate of Cable Radio and TV	29.35	33.17	31.70
公共电视节目套数（套）	Number of Public TV Programs (set)	3272	3360	3493
公共电视节目播出时间(万小时)	Length of Public TV Programs Broadcasted (10 000 hours)	1635.50	1792.44	1881.02
电视剧播出数（万部）	Number of TV Plays Broadcasted (10 000 sets)	24.92	22.72	23.14
#进口电视剧播出数	Imported TV Plays	0.88	0.24	0.15
电视剧播出数（万集）	Number of TV Plays Broadcasted (10 000 parts)	635.86	688.64	698.74
#进口电视剧播出数	Imported TV Plays	19.51	7.25	4.03
动画电视播出时间（万小时）	Number of Cartoons Broadcasted (10 000 hours)		32.89	36.28
#进口动画电视播出时间	Imported Cartoons		0.89	1.15
电视节目制作时间（万小时）	Length of TV Programs Produced (10 000 hours)	274.30	350.72	365.18
电影	**Movies**			
国有电影制片厂（个）	State-owned Movie Studios (unit)	38	38	38
#电影故事片厂	Feature Film Studios	31	31	31
电影院线（条）	Movie Circuit (line)	37	48	48
银幕（块）	Movie Screen (unit)	6256	41129	50776
全国电影票房收入（亿元）	Domestic Movie Box Office Revenue	157.20	492.83	559.11
#国产电影票房收入	Chinese Movies		287.47	301.04
进口电影票房收入	Imported Movies		205.36	258.07
广播电视技术及其他	**TV Technology and Others**			
广播电视总收入（亿元）	Revenue of Radio and TV (100 million yuan)	2002.85	5039.77	6070.21
广播电视从业人员数（万人）	Staff and Workers of Radio and TV (10 000 persons)	75.09	91.93	97.69
中、短波转播发射台（座）	Transmission and Relaying Stations of Medium and Short Wave Broadcast (unit)	822	862	
调频、电视转播发射台（万座）	Relaying Stations of Frequency Modulation Broadcasting (10 000 units)		1.45	
微波实有站（座）	Microwave Stations (unit)	2376	1988	

9-18 广播电视节目制作时间
Length of Radio and Television Programs Produced

单位：小时 (hour)

项 目	Item	1995	2005	2010	2015	2016	2017
广播节目制作	**Production of Radio Programs**	**2332164**	**6139227**	**6814226**	**7718163**	**7820296**	**7888254**
新闻资讯	News Programs	353368	1066880	1216632	1436129	1457302	1426059
专题服务	Special Subject Programs	1054140	1822621	1955180	2072348	2096407	2144051
综艺	General Entertainment Programs	924656	1937290	1942828	2078791	2103561	2106228
广播剧	Radio Play Programs		75456	80181	183124	172558	231143
广告	Advertising Programs		671071	775931	752705	761747	766344
其他	Others		565909	843474	1195065	1228720	1214428
电视节目制作	**Production of TV Programs**	**383513**	**2553861**	**2742949**	**3520190**	**3507217**	**3651775**
新闻资讯	News Programs	80800	637956	719680	978801	989934	1085110
专题服务	Special Subject Programs	193391	525528	640857	930283	899782	909003
综艺益智	General Entertainment Programs	109322	382350	407849	511398	484081	474273
影视剧	TV Play Programs		193771	93536	120604	119102	153062
广告	Advertising Programs		524892	526839	481973	483620	534911
其他	Others		289364	354188	497131	530698	495417

9-19 公共广播电视节目播出时间
Length of Public Radio and Television Programs

单位：小时，% (hour,%)

年 份 Year	总 计 Total	新闻资讯类节目 News	专题服务类节目 Special Subject	综艺益智类节目 General Entertainment	广播(影视)剧类节目 Radio Play	广告类节 目 Advertising	其他类节 目 Others
绝对数 Value							
广播 Radio							
2013	13795461	2820086	3108653	3732369	770085	1259269	2104998
2014	14058328	2837111	3167377	3748730	784852	1312388	2207871
2015	14218253	2841836	3111009	3861989	823465	1224789	2355164
2016	14565058	2934010	3258408	3882453	831977	1218478	2439732
2017	14918863	2973289	3226312	3853327	948163	1330122	2587650
电视 Television							
2013	17057212	2352285	2108918	1419911	7366010	1951125	1858964
2014	17476126	2443782	2196434	1436727	7426969	2032610	1939603
2015	17796010	2520624	2254774	1446914	7621202	1953734	1998761
2016	17924388	2601767	2286042	1445203	7651965	1923282	2016128
2017	18810197	2718463	2508151	1471166	7988062	2081640	2042715
构成 Composition							
广播 Radio							
2013	100.0	20.4	22.5	27.1	5.6	9.1	15.3
2014	100.0	20.2	22.5	26.7	5.6	9.3	15.7
2015	100.0	20.0	21.9	27.2	5.8	8.6	16.6
2016	100.0	20.1	22.4	26.7	5.7	8.4	16.8
2017	100.0	19.9	21.6	25.8	6.4	8.9	17.3
电视 Television							
2013	100.0	13.8	12.4	8.3	43.2	11.4	10.9
2014	100.0	14.0	12.6	8.2	42.5	11.6	11.1
2015	100.0	14.2	12.7	8.1	42.8	11.0	11.2
2016	100.0	14.5	12.8	8.1	42.7	10.7	11.2
2017	100.0	14.5	13.3	7.8	42.5	11.1	10.9

9-20 分地区广播电视节目播出情况(2017年)
Radio and TV Programs Broadcasted by Region (2017)

地 区	Region	公共广播节目套数(套) Number of Public Radio Programs (set)	公共电视节目套数(套) Number of TV Programs (set)	电视剧播出数(部) Number of TV Plays Broadcasted (set)	#进口 Import	动画电视播出时间(小时) Number of Cartoons Broadcasted (hour)	#进口 Import
全 国	**National Total**	**2825**	**3493**	**231379**	**1473**	**362825**	**11480**
总局直属	directly under the State Administration	23	30	773	64	6877	829
北 京	Beijing	26	26	407		7319	160
天 津	Tianjin	22	23	3307	2	5223	324
河 北	Hebei	153	180	12238	1	6234	468
山 西	Shanxi	119	149	8372	46	10707	
内蒙古	Inner Mongolia	126	118	9171	49	7480	71
辽 宁	Liaoning	111	122	8911	119	8209	169
吉 林	Jilin	80	74	6103	15	1715	
黑龙江	Heilongjiang	107	105	4963	1	4844	625
上 海	Shanghai	22	25	864	37	16613	2463
江 苏	Jiangsu	122	124	7110		13313	183
浙 江	Zhejiang	112	112	8481	13	20055	152
安 徽	Anhui	104	109	7697	15	5678	
福 建	Fujian	91	101	3044		11645	
江 西	Jiangxi	108	121	9266	110	15963	390
山 东	Shandong	162	251	14140	268	20800	2914
河 南	Henan	157	174	12956	18	7801	
湖 北	Hubei	90	117	13149	56	13880	30
湖 南	Hunan	111	137	12615	65	25436	116
广 东	Guangdong	131	154	6827	30	29743	
广 西	Guangxi	75	116	6166	79	10477	
海 南	Hainan	25	16	916		5291	
重 庆	Chongqing	35	46	3106		9945	120
四 川	Sichuan	146	213	18189	131	19716	361
贵 州	Guizhou	46	103	5196	32	6394	
云 南	Yunnan	64	175	9138		16161	538
西 藏	Tibet	28	44	385		4246	
陕 西	Shaanxi	111	122	7599		6598	
甘 肃	Gansu	97	111	7068	15	12685	278
青 海	Qinghai	26	46	1739	2	3199	
宁 夏	Ningxia	26	29	2206		5124	547
新 疆	Xinjiang	169	220	19277	305	23455	743

9-21 分地区广播电视节目综合人口覆盖情况(2017年)
Population Coverage of Radio and TV Programs by Region (2017)

单位：% (%)

地 区	Region	广播节目综合人口覆盖率 Population Coverage Rate of Radio Programs	#农村 Rural	电视节目综合人口覆盖率 Population Coverage Rate of TV Programs	#农村 Rural
全 国	**National Total**	**98.71**	**98.24**	**99.07**	**98.74**
北 京	Beijing	100.00	100.00	100.00	100.00
天 津	Tianjin	100.00	100.00	100.00	100.00
河 北	Hebei	99.35	99.13	99.29	99.04
山 西	Shanxi	98.75	97.91	99.55	99.23
内蒙古	Inner Mongolia	99.24	98.66	99.22	98.63
辽 宁	Liaoning	99.07	98.40	99.15	98.61
吉 林	Jilin	98.94	98.77	98.86	98.42
黑龙江	Heilongjiang	98.83	99.13	98.94	99.34
上 海	Shanghai	100.00	100.00	100.00	100.00
江 苏	Jiangsu	100.00	100.00	100.00	100.00
浙 江	Zhejiang	99.68	99.65	99.75	99.70
安 徽	Anhui	99.04	98.78	99.19	98.98
福 建	Fujian	99.01	98.74	99.15	98.93
江 西	Jiangxi	98.35	97.87	98.89	98.43
山 东	Shandong	99.07	98.85	98.93	98.80
河 南	Henan	98.62	98.37	98.84	98.69
湖 北	Hubei	99.38	99.16	99.32	99.06
湖 南	Hunan	98.49	97.45	99.30	98.91
广 东	Guangdong	99.94	99.99	99.93	99.86
广 西	Guangxi	97.21	96.74	98.55	98.30
海 南	Hainan	99.05	98.51	99.07	98.55
重 庆	Chongqing	98.96	98.55	99.22	98.88
四 川	Sichuan	97.42	96.73	98.54	98.18
贵 州	Guizhou	93.45	93.12	96.47	96.22
云 南	Yunnan	98.39	97.91	98.66	98.26
西 藏	Tibet	96.17	95.35	97.26	96.62
陕 西	Shaanxi	98.60	98.19	98.99	98.54
甘 肃	Gansu	98.38	98.06	98.68	98.38
青 海	Qinghai	98.41	97.84	98.43	97.86
宁 夏	Ningxia	97.59	95.85	99.37	98.90
新 疆	Xinjiang	97.26	97.10	97.47	97.40

9-22 分地区有线广播电视传输干线网络及实际用户情况（2017年）
Transmission Trunk and Actual Users of Cable Radios and TVs by Region (2017)

地区	Region	有线广播电视传输干线网络总长(万公里) Total Length of Transmission Trunk for Cable Radios and TVs (10 000 km)	有线广播电视实际用户数(万户) Actual Users of Cable Radios and TVs (10 000 households)	#农村有线广播电视 Users of Rural Cable Radios and TVs	#数字电视 Users of Digital TV	#付费电视 Pay TV	有线广播电视实际用户数占家庭总户数的比重(%) Popularization Rate of Actual Cable TV Programs (%)	#农村 Rural Areas
全国合计	**National Total**	**214.52**	**21445.63**	**7503.53**	**19404.43**	**7013.78**	**48.32**	**31.70**
北京	Beijing	20.12	586.83	87.66	546.85	67.27	109.04	85.12
天津	Tianjin	0.38	358.37	57.61	341.53	122.89	96.70	46.49
河北	Hebei	11.00	850.99	161.18	628.42	242.50	35.68	10.52
山西	Shanxi	6.04	443.05	107.47	346.79	50.94	33.92	21.73
内蒙古	Inner Mongolia	3.53	273.00	44.06	238.21	23.20	32.58	12.31
辽宁	Liaoning	5.85	800.11	206.71	724.71	176.90	52.43	32.88
吉林	Jilin	1.00	466.51	149.95	448.56	218.56	45.82	35.27
黑龙江	Heilongjiang	4.60	606.14	112.44	554.60	244.39	41.63	18.51
上海	Shanghai	4.82	519.28	41.73	485.08	256.90	95.95	53.04
江苏	Jiangsu	4.35	1605.82	832.18	1478.65	634.54	65.44	67.41
浙江	Zhejiang	7.31	1419.56	918.85	1401.81	475.48	85.88	75.96
安徽	Anhui	3.29	837.39	353.20	550.85	67.77	39.09	24.15
福建	Fujian	5.20	727.02	440.06	727.02	307.77	67.18	59.38
江西	Jiangxi	8.95	638.15	457.22	581.89	225.64	49.82	74.81
山东	Shandong	41.22	1765.70	685.63	1694.99	731.42	55.86	36.84
河南	Henan	5.20	1011.59	332.82	804.42	59.82	30.74	15.87
湖北	Hubei	11.93	1082.94	443.97	1060.57	525.43	52.26	41.35
湖南	Hunan	10.92	1181.87	372.58	1038.15	278.28	56.91	37.94
广东	Guangdong	17.15	1798.13	390.88	1691.66	398.44	72.68	57.42
广西	Guangxi	1.12	678.73	183.13	533.23	212.30	42.80	16.60
海南	Hainan	1.31	131.71	43.22	124.38	22.06	50.14	28.94
重庆	Chongqing	5.28	351.47	100.48	316.39	183.82	27.88	14.27
四川	Sichuan	2.82	1088.43	363.23	1006.40	637.50	30.31	17.88
贵州	Guizhou	12.53	576.43	247.90	576.43	167.37	43.26	28.69
云南	Yunnan	2.66	407.97	140.21	360.68	250.67	27.92	14.86
西藏	Tibet	0.46	23.62	0.06	19.81	2.51	30.54	0.10
陕西	Shaanxi	4.54	693.56	167.66	690.10	180.57	54.12	33.33
甘肃	Gansu	1.66	200.99	27.70	159.00	93.66	23.83	5.59
青海	Qinghai	0.71	44.91	2.80	44.35	24.86	25.09	2.95
宁夏	Ningxia	0.36	68.00	1.12	62.00	47.00	32.11	1.37
新疆	Xinjiang	4.21	207.36	29.82	166.91	83.30	26.92	8.71

9-23 电影创作生产情况
Basic Statistics on Film Production

年 份 Year	电影故事片厂 (个) Number of Feature Film Studios (unit)	生产故事影片 (部) Feature Films (film)	生产动画影片 (部) Cartoons (reel)	生产科教影片 (部) Popular Science Films (reel)	生产纪录影片 (部) Documentary Films (reel)	生产特种影片 (部) Special Films (reel)
1978	12	46	26	289	202	
1979	17	65	25	349	317	
1980	17	82	32	337	242	
1981	19	105	33	277	276	
1982	19	112	33	284	259	
1983	19	127	37	343	299	
1984	20	144	37	387	337	
1985	20	127	45	357	419	
1986	20	134	46	383	417	
1987	22	146	45	353	347	
1988	22	158	38	344	350	
1989	22	136	53	334	259	
1990	22	134	51	326	296	
1991	22	130	46	351	283	
1992	22	170	56	354	307	
1993	22	154	47	252	300	
1994	22	148	32	182	22	
1995	30	146	37	40	111	
1996	30	110	58	33	39	
1997	31	88	28	34	95	
1998	31	82	9	30	54	
1999	31	99	3	20	14	
2000	31	91	1	49	10	
2001	27	88	1	56	9	
2002	31	100	2	60	7	
2003	31	140	2	53	6	
2004	31	212	4	30	10	
2005	32	260	7	33	2	
2006	32	330	13	36	13	
2007	32	402	6	34	9	
2008	33	406	16	39	16	2
2009	31	456	27	52	19	4
2010	31	526	16	54	16	9
2011	31	558	24	76	26	5
2012	31	745	33	74	15	26
2013	31	638	29	121	18	18
2014	31	618	40	52	25	23
2015	31	686	51	96	38	17
2016	31	772	49	67	32	24
2017	31	798	32	68	44	28

注：1.本表电影故事片厂指国有电影故事片厂。
2.2005年及以前动画片数为美术片数。

Note: a) The number of feature film studios in this table only includes those approved by the State Council.
b) The real of cartoons refer to the arts films before 2005.

9-24 全国电影市场情况
Statistics on Movie

项　目	Item	2010	2011	2012	2013	2014	2015	2016	2017
电影院线(条)	Movie Circuit(line)	37	39	45	45	47	48	48	48
影院(家)	Cinema(unit)	2000	2800	2984	3849	4866	6395	8106	9293
银幕(块)	Movie Screen(unit)	6256	9200	13118	18195	23592	31627	41179	50776
放映场次(千场)	Number of Screen(1000 shows)	8452	13120	18987	25970	36432	50470	74781	89337
院线观众人次（万人次）	Audience Person Times (10 000 person times)	28097	35475	46577	61688	83630	126220	137430	162370
票房(亿元)	Movie Box Office Income (10 000 million yuan)	101.72	131.15	170.73	217.69	296.39	440.69	492.83	559.11

9-25 全国农村电影市场情况
Statistics on Movie in Rural

项　目	Item	2010	2011	2012	2013	2014	2015	2016	2017
影片订购场次（万场）	Movie Session Ordered(10 000 rounds)				907.13	927.03	977.21	995.54	1124.90
#公益版权影片订购场次(万场)	Public-interest Copyright Movie Session Ordered(10 000 rounds)	687.14	722.35	709.25	568.23	541.83	496.98	401.96	478.60
公益版权影片订购节目(部)	Puolic-intesest Copyright Movie Session Ordered(10 000 film)	685	871	1047	1219	1419	1545	1477	1427
农村院线(条)	Movie Line in Rural(line)	240	246	248	249	252	252	245	246
卫星接收站(个)	Satellite Receiving Station(unit)	149	201	204	206	208	212	210	219

9-26 运动员获世界冠军情况
World Championships Won by Chinese Athletes

年 份 Year	项 数 (项) Number of Events (item)	人 数 (人) Number of Persons (person)	个 数 (个) Number of Champions (time)
1978	4	4	4
1979	12	20	12
1980	3	3	3
1981	25	53	25
1982	12	31	13
1983	37	50	39
1984	33	46	37
1985	42	70	46
1986	26	56	26
1987	64	72	69
1988	54	59	54
1989	80	83	82
1990	54	61	54
1991	88	86	93
1992	86	68	89
1993	101	106	103
1994	79	86	79
1995	98	187	102
1996	72	58	75
1997	87	96	92
1998	75	89	83
1999	91	129	92
2000	92	109	110
2001	79	138	90
2002	99	123	110
2003	17	94	84
2004	27	175	101
2005	22	159	106
2006	24	169	141
2007	22	217	123
2008	24	151	120
2009	30	223	142
2010	22	180	108
2011	24	198	138
2012	24	140	107
2013	22	164	124
2014	22	206	98
2015	25	214	127
2016	23	154	107
2017	24	248	106

9-27 体育系统机构及人员情况(2017年)

Number of Institutions and Engaged Persons of Physical Education System (2017)

单位：个，人　　　　(unit, person)

指　标	Item	合 计 Total		国家级 National Level	
		机构 Institutions	人员 Persons	机构 Institutions	人员 Persons
绝对数	**Value**				
总计	**Total**	**7081**	**146966**	**45**	**4704**
体育行政机关	Administrative Agencies of Physical Culture and Sports	2995	25088	1	222
运动项目管理部门	Sports Events Management	290	34601	20	1118
本科院校	Colleges	7	5312	1	1023
职业、运动技术学院	Sports Technical Institutes	19	6308		
体育运动学校	Physical Education and Sports Schools	231	15300		
竞技体校	Competitive Sports School	14	427		
少儿体育运动学校（业余体校）	Spare-time Sports School	1435	20150	1	3
单项运动学校	Physical Education and Sports Schools	21	445		
体育中学	Secondary Schools of Physical Education	39	1569		
训练基地	Training Bases	74	2611	5	617
体育场馆	Stadium and Gymnasium	683	13857	1	288
体育科研机构	Science and Technology Institute	62	1401	1	173
其他事业单位	Other Institutions	1143	17010	13	752
其他	Others	68	2887	2	508
构成(%)	**Composition(%)**				
总计	**Total**	**100.0**	**100.0**	**100.0**	**100.0**
体育行政机关	Administrative Agencies of Physical Culture and Sports	42.3	17.1	2.2	4.7
运动项目管理部门	Sports Events Management	4.1	23.5	44.4	23.8
本科院校	Colleges	0.1	3.6	2.2	21.7
职业、运动技术学院	Sports Technical Institutes	0.3	4.3		
体育运动学校	Physical Education and Sports Schools	3.3	10.4		
竞技体校	Competitive Sports School	0.2	0.3		
少儿体育运动学校（业余体校）	Spare-time Sports School	20.3	13.7	2.2	0.1
单项运动学校	Physical Education and Sports Schools	0.3	0.3		
体育中学	Secondary Schools of Physical Education	0.6	1.1		
训练基地	Training Bases	1.0	1.8	11.1	13.1
体育场馆	Stadium and Gymnasium	9.6	9.4	2.2	6.1
体育科研机构	Science and Technology Institute	0.9	1.0	2.2	3.7
其他事业单位	Other Institutions	16.1	11.6	28.9	16.0
其他	Others	1.0	2.0	4.4	10.8

9-27 续表 continued

单位：个，人 (unit, person)

指 标	Item	省级 Provincial Level		地级 Prefectural Level		县级 County Level	
		机构 Institutions	人员 Persons	机构 Institutions	人员 Persons	机构 Institutions	人员 Persons
绝对数	**Value**						
总计	**Total**	**703**	**57019**	**1897**	**46438**	**4436**	**38805**
体育行政机关	Administrative Agencies of Physical Culture and Sports	31	1676	433	6642	2530	16548
运动项目管理部门	Sports Events Management	227	30408	41	2990	2	85
本科院校	Colleges	6	4289				
职业、运动技术学院	Sports Technical Institutes	17	5886	2	422		
体育运动学校	Physical Education and Sports Schools	32	2694	171	11807	28	799
竞技体校	Competitive Sports School			4	147	10	280
少儿体育运动学校（业余体校）	Spare-time Sports School	20	422	319	8853	1095	10872
单项运动学校	Physical Education and Sports Schools	4	134	11	180	6	131
体育中学	Secondary Schools of Physical Education			20	875	19	694
训练基地	Training Bases	25	1385	40	532	4	77
体育场馆	Stadium and Gymnasium	62	2862	381	7961	239	2746
体育科研机构	Science and Technology Institute	28	932	31	274	2	22
其他事业单位	Other Institutions	229	5315	412	4566	489	6377
其他	Others	22	1016	32	1189	12	174
构成(%)	**Composition(%)**						
总计	**Total**	**100.0**	**100.0**	**100.0**	**100.0**	**100.0**	**100.0**
体育行政机关	Administrative Agencies of Physical Culture and Sports	4.4	2.9	22.8	14.3	57.0	42.6
运动项目管理部门	Sports Events Management	32.3	53.3	2.2	6.4		0.2
本科院校	Colleges	0.9	7.5				
职业、运动技术学院	Sports Technical Institutes	2.4	10.3	0.1	0.9		
体育运动学校	Physical Education and Sports Schools	4.6	4.7	9.0	25.4	0.6	2.1
竞技体校	Competitive Sports School			0.2	0.3	0.2	0.7
少儿体育运动学校（业余体校）	Spare-time Sports School	2.8	0.7	16.8	19.1	24.7	28.0
单项运动学校	Physical Education and Sports Schools	0.6	0.2	0.6	0.4	0.1	0.3
体育中学	Secondary Schools of Physical Education			1.1	1.9	0.4	1.8
训练基地	Training Bases	3.6	2.4	2.1	1.1	0.1	0.2
体育场馆	Stadium and Gymnasium	8.8	5.0	20.1	17.1	5.4	7.1
体育科研机构	Science and Technology Institute	4.0	1.6	1.6	0.6		0.1
其他事业单位	Other Institutions	32.6	9.3	21.7	9.8	11.0	16.4
其他	Others	3.1	1.8	1.7	2.6	0.3	0.4

9-28 分地区按岗位和文化程度分在岗专职教练员情况(2017年)
Coaches with Full-time Contracts by Post and Educational Attainment by Region (2017)

单位：人 (person)

地区	Region	合计 Total	按岗位分 by Post 一线 First Grade	二线 Second Grade	三线 Third Grade	按文化程度分 by Educational Attainment 研究生及以上 Post- graduates and Above	本科 Under- graduates	专科 Junior College	中专(中学)及以下 Secondary Technical Schools
全国	**National Total**	**24554**	**5225**	**5435**	**13894**	**563**	**16748**	**6270**	**973**
国家直属	Directly Under the Jurisdiction of State	93	70	6	17	29	53	10	1
北京	Beijing	716	172	103	441	26	584	102	4
天津	Tianjin	467	175	36	256	13	322	120	12
河北	Hebei	815	164	170	481	11	569	185	50
山西	Shanxi	675	132	243	300	10	404	224	37
内蒙古	Inner Mongolia	509	70	146	293	1	307	162	39
辽宁	Liaoning	1394	361	459	574	43	1031	290	30
吉林	Jilin	756	128	191	437	21	497	202	36
黑龙江	Heilongjiang	1093	349	108	636	10	745	295	43
上海	Shanghai	1229	275	161	793	30	989	196	14
江苏	Jiangsu	1445	261	432	752	48	1177	192	28
浙江	Zhejiang	968	232	193	543	13	785	154	16
安徽	Anhui	599	151	132	316	15	373	188	23
福建	Fujian	1079	203	197	679	8	764	275	32
江西	Jiangxi	585	125	96	364	8	312	229	36
山东	Shandong	2365	320	587	1458	51	1689	491	134
河南	Henan	1025	175	481	369	45	733	229	18
湖北	Hubei	805	241	154	410	27	437	289	52
湖南	Hunan	873	118	106	649	11	490	336	36
广东	Guangdong	1440	381	403	656	20	1095	279	46
广西	Guangxi	827	121	179	527	29	487	263	48
海南	Hainan	124	29	5	90		88	27	9
重庆	Chongqing	294	69	99	126	9	203	73	9
四川	Sichuan	1168	232	49	887	33	683	408	44
贵州	Guizhou	271	75	97	99	2	157	98	14
云南	Yunnan	803	96	156	551	5	491	271	36
西藏	Tibet	47	24		23	2	19	25	1
陕西	Shaanxi	733	177	161	395	25	460	212	36
甘肃	Gansu	515	123	133	259	11	340	148	16
青海	Qinghai	134	41		93	2	83	43	6
宁夏	Ningxia	140	67	31	42	3	113	21	3
新疆	Xinjiang	567	68	121	378	2	268	233	64

9-29 分地区分技术等级运动员情况(2017年)
Certified Athletes by Region and Technical Grade (2017)

单位：人 (person)

地 区	Region	合 计 Total	#女 Female	国际级运动健将 International Master of Sports	#女 Female	运动健将 Master of Sports	#女 Female	一 级运动员 First Grade	#女 Female	二 级运动员 Second Grade	#女 Female
全 国	**National Total**	**42885**	**15877**	**32**	**16**	**478**	**175**	**11083**	**4663**	**31292**	**11023**
国家直属	Directly Under the Jurisdiction of State	115	39	4	4	18	6	16	2	77	27
北 京	Beijing	1746	633	8	5	96	39	569	219	1073	370
天 津	Tianjin	1372	417					264	92	1108	325
河 北	Hebei	2518	847					530	239	1988	608
山 西	Shanxi	1468	550					304	135	1164	415
内蒙古	Inner Mongolia	1388	513					342	152	1046	361
辽 宁	Liaoning	1538	626					485	229	1053	397
吉 林	Jilin	815	270					198	93	617	177
黑龙江	Heilongjiang	724	222					267	127	457	95
上 海	Shanghai	1605	659	11	3	111	42	490	250	993	364
江 苏	Jiangsu	2500	992					587	264	1913	728
浙 江	Zhejiang	1984	858					712	317	1272	541
安 徽	Anhui	1395	482					379	127	1016	355
福 建	Fujian	1163	451			2	2	313	104	848	345
江 西	Jiangxi	1181	408			27	11	263	103	891	294
山 东	Shandong	2908	1107	9	4	137	58	742	296	2020	749
河 南	Henan	2318	787					525	186	1793	601
湖 北	Hubei	2129	688			5	3	365	169	1759	516
湖 南	Hunan	1577	520					363	144	1214	376
广 东	Guangdong	3329	1426			77	14	892	417	2360	995
广 西	Guangxi	664	304					170	77	494	227
海 南	Hainan	200	71					19		181	71
重 庆	Chongqing	1879	693					372	152	1507	541
四 川	Sichuan	1977	823					626	282	1351	541
贵 州	Guizhou	581	177					126	57	455	120
云 南	Yunnan	693	240					192	70	501	170
西 藏	Tibet	24	12			5		11	6	8	6
陕 西	Shaanxi	698	322					287	131	411	191
甘 肃	Gansu	679	253					207	82	472	171
青 海	Qinghai	387	92					109	24	278	68
宁 夏	Ningxia	271	90					3		268	90
新 疆	Xinjiang	1059	305					355	117	704	188

9-30 体育场地和面积情况(截至2013年12月31日)
Statistics on Sports Ground and Area (by 2013.12.31)

类　型	Type	场地数量 (万个) Number of Sports Ground (10 000 unit)	场地数量构成 (%) Proportion (%)	场地面积 (亿平方米) Area of Sports Ground (100 million sq.m)	场地面积构成 (%) Proportion (%)
合　计	**Total**	**169.5**	**100.0**	**19.9**	**100.0**
按系统分	**by System**				
体育系统	Sports System	2.4	1.4	1.0	4.8
教育系统	Education System	66.1	39.0	10.6	53.0
#高等院校	Higher Education	5.0	2.9	0.8	4.2
中小学	Secondary and Primary Education	58.5	34.5	9.3	46.6
其他	Others	2.6	1.5	0.5	2.3
军队系统	Army System	5.2	3.1	0.4	2.2
其他系统	Other Systems	95.8	56.5	8.0	40.0
按单位类型分	**by Unit Type**				
行政机关	Administrative Agency	8.4	5.1	0.9	4.4
事业单位	Institutional Organization	68.7	41.8	11.5	58.8
企业单位	Business Units	13.8	8.4	4.1	21.1
#内资企业	Domestic Funded Enterprises	12.9	7.9	3.4	17.4
港、澳、台商投资企业	Enterprises with Funds from Hongkong, Macao and Taiwan	0.5	0.3	0.4	2.0
外商投资企业	Enterprises with Foreign Investment	0.4	0.2	0.3	1.7
其他单位	Other Units	73.4	44.7	3.1	15.7
按场地类型分	**by Ground Type**				
82种主要体育场地类型	82 Kinds Main Sports Ground Tpye	154.0	93.8	17.9	91.9
其他类体育场地	Other Sports Ground Types	10.2	6.2	1.6	8.1

注：1.本表数据来自第六次全国体育场地普查。
　　2.“按单位类型分”和“按场地类型分”的体育场地分布数据不包括军队系统所属的各类体育场地。

Note: a) Data resource is 6th National Sports Ground General Survey.
　　b) "by Unit Type" and "by Ground Type" data excludes sports grounds belonging to army system.

9-31 体育场地城乡分布情况(截至2013年12月31日)
Statistics on Sports Ground by Area (by 2013.12.31)

场地类型	Ground Type	城镇 Urban		乡村 Rural	
		数量（万个） Number (10 000 unit)	场地面积（亿平方米） Area of Sports Ground (100 million sq.m)	数量（万个） Number (10 000 unit)	场地面积（亿平方米） Area of Sports Ground (100 million sq.m)
合　计	**Total**	**96.27**	**13.37**	**67.97**	**6.12**
室内体育场地	Sports Ground Indoor	12.87	0.54	2.73	0.05
室外体育场地	Sports Ground Outdoor	83.40	12.83	65.24	6.07

注：本表数据来自第六次全国体育场地普查。体育场地分布数据不包括军队系统所属的各类体育场地。
Note: Data resource is 6th National Sports Ground General Survey. Data in this table excludes sports grounds belonging to army system.

9-32 分年龄城乡居民参加体育锻炼情况
Statistics on Urban and Rural Residents Participating in Physical Exercises by Age

单位：% (%)

年　龄 Age	2007		2014	
	参加过锻炼比例 Ever Participating in Physical Exercises	经常参加锻炼比例 Often Participating in Physical Exercises	参加过锻炼比例 Ever Participating in Physical Exercises	经常参加锻炼比例 Often Participating in Physical Exercises
20-29	38.2	6.2	48.2	13.7
30-39	33.1	6.1	41.7	12.4
40-49	31.5	8.0	41.1	14.9
50-59	29.9	10.8	40.0	18.0
60-69	28.4	11.7	36.2	18.2
≥70	22.2	8.5	26.0	10.8

注：本表数据来自全民健身活动状况调查结果。
Note: Data resource is national fitness activities survey.

9-33 分年龄接受体育锻炼指导的人数比重(2014年)
Proportion of People Accepting Guidance of Physical Exercises by Age(2014)

单位：% (%)

项　目	Item	合计 Total	年龄 Age 20-29	30-39	40-49	50-59	60-69	≥70
合　计	**Total**	**100.0**	**100.0**	**100.0**	**100.0**	**100.0**	**100.0**	**100.0**
专业教练指导	Guided by Professional Coach	5.7	11.4	6.4	4.2	2.9	2.9	1.9
社会体育指导员	Guided by Social Physical Instructor	5.3	5.3	4.5	5.6	5.7	5.7	4.9
其他受过相关专业训练的指导	Guided by Other Related Professional Exercises	4.7	6.4	4.8	4.3	3.6	4.5	2.9
同事、朋友相互指导	Guided by Friends or Colleagues	32.3	37.4	34.4	31.6	30.8	26.5	21.4
看资料(书刊、视频)指导	Guided by Book or Video	5.0	5.3	5.4	4.7	4.8	4.5	3.9
没有指导	No Guided	47.1	34.2	44.5	49.6	52.2	55.9	65.0

注：本表数据来自全民健身活动状况调查结果。
Note: Data resource is national fitness activities survey.

9-34 国内游客旅游情况
Statistics on Domestic Visitors

指　标	Indicator	2012	2013	2014	2015	2016	2017
绝对数	**Value**						
国内居民出境人数（万人次）	Number of Chinese Outbound Visitors (10 000 person-times)	8318.17	9818.52	11659.32	12786.00	13513.00	14272.74
#因私出境人数	For Private Purpose	7705.51	9197.08	11002.91	12172.00	12850.00	13581.56
国内游客(亿人次)	Number of Domestic Visitors(100 million person-times)	29.57	32.62	36.11	40.00	44.40	50.01
国际旅游收入（亿美元）	Foreign Exchange Earnings from International Tourism (100 million USD)	500.28	516.64	569.13	1136.50	1200.00	1234.17
国内旅游收入(亿元)	Earnings from Domestic Tourism(100 million yuan)	22706.22	26276.12	30311.86	34195.05	39390.00	45660.77
比上年增长(%)	**Increase Rate (%)**						
国内居民出境人数	Number of Chinese Outbound Visitors	18.41	18.04	9.26	9.66	5.69	5.62
#因私出境人数	For Private Purpose	20.18	19.36	19.63	10.63	5.57	5.69
国内游客	Number of Domestic Visitors	11.97	10.31	10.70	10.77	11.00	12.64
国际旅游收入	Foreign Exchange Earnings from International Tourism	3.23	3.27	10.16	99.69	5.59	2.85
国内旅游收入	Earnings from Domestic Tourism	17.62	15.72	15.36	12.81	15.19	15.92

注：2015年以后，“国际旅游收入”补充完善了停留时间为3-12个月的入境游客花费和游客在华短期旅居的花费，与以前年度不可比。
Note: Since 2015, Foreign Exchange Earnings from International Tourism has supplemented and improved the cost of inbound tourists and short-term tourists for the term of 3-12 months in China, so it is not comparable with the previous year.

9-35 城乡居民国内旅游情况
Statistics on Tourism of Urban and Rural Residents

年 份 Year	国内游客 (百万人次) Domestic Tourists (million person-times)	城镇居民 Urban Residents	农村居民 Rural Residents	旅游总花费 (亿元) Tourism Expenditure (100 million yuan)	城镇居民 Urban Residents	农村居民 Rural Residents	人均花费 (元) Per Capita Expenditure (yuan)	城镇居民 Urban Residents	农村居民 Rural Residents
1994	524	205	319	1023.5	848.2	175.3	195.3	414.7	54.9
1995	629	246	383	1375.7	1140.1	235.6	218.7	464.0	61.5
1996	640	256	383	1638.4	1368.4	270.0	256.2	534.1	70.5
1997	644	259	385	2112.7	1551.8	560.9	328.1	599.8	145.7
1998	695	250	445	2391.2	1515.1	876.1	345.0	607.0	197.0
1999	719	284	435	2831.9	1748.2	1083.7	394.0	614.8	249.5
2000	744	329	415	3175.5	2235.3	940.3	426.6	678.6	226.6
2001	784	375	409	3522.4	2651.7	870.7	449.5	708.3	212.7
2002	878	385	493	3878.4	2848.1	1030.3	441.8	739.7	209.1
2003	870	351	519	3442.3	2404.1	1038.2	395.7	684.9	200.0
2004	1102	459	643	4710.7	3359.0	1351.7	427.5	731.8	210.2
2005	1212	496	716	5285.9	3656.1	1629.7	436.1	737.1	227.6
2006	1394	576	818	6229.7	4414.7	1815.0	446.9	766.4	221.9
2007	1610	612	998	7770.6	5550.4	2220.2	482.6	906.9	222.5
2008	1712	703	1009	8749.3	5971.7	2777.6	511.0	849.4	275.3
2009	1902	903	999	10183.7	7233.8	2949.9	535.4	801.1	295.3
2010	2103	1065	1038	12579.8	9403.8	3176.0	598.2	883.0	306.0
2011	2641	1687	954	19305.4	14808.6	4496.8	731.0	877.8	471.4
2012	2957	1933	1024	22706.2	17678.0	5028.2	767.9	914.5	491.0
2013	3262	2186	1076	26276.1	20692.6	5583.5	805.5	946.6	518.9
2014	3611	2483	1128	30311.9	24219.8	6092.1	839.7	975.4	540.2
2015	4000	2802	1188	34195.1	27610.9	6584.2	857.0	985.5	554.2
2016	4440	3195	1240	39390.0	32241.3	7147.8	888.2	1009.1	576.4
2017	5001	3677	1324	45660.8	37673.0	7987.7	913.0	1024.6	603.3

9-36 按城乡和性别划分的休闲娱乐活动平均时间
Average Time of Leisure and Entertainment Activities by Area and Gender

单位：分钟 (minute)

休闲娱乐活动	Leisure and Entertainment Activities	合计 Total			城市 Urban			农村 Rural		
		合计 Total	男 Male	女 Female	合计 Total	男 Male	女 Female	合计 Total	男 Male	女 Female
合　计	**Total**	**233**	**252**	**215**	**276**	**303**	**251**	**185**	**196**	**174**
使用媒体	Media	152	165	140	176	195	159	125	131	118
阅读书报杂志	Reading Books, Newspapers or Magazines	11	14	9	18	22	15	4	5	3
看电视及影视光盘	Watching TV or Compact Disk	126	131	121	133	139	127	117	121	113
听广播及音频节目	Listening to the Radio or Audio Program	1	1	1	1	1	1	1	1	
上互联网	Surf the Internet	14	19	9	23	32	15	3	4	2
健身锻炼	Fitness Exercises	23	24	22	36	37	34	9	10	7
走路跑步	Working or Running	18	19	17	27	28	26	7	8	6
武术气功	Martial Arts or Qigong				1	1	1			
跳舞和健身	Dancing or Bodybuilding	3	2	3	4	3	5	1	1	1
球类运动	Ball Game	2	2	1	2	4	1	1	1	
业余爱好、游戏	Hobbies and Games	22	26	18	24	29	20	19	22	15
棋牌游戏	Chess and Card Game	19	23	16	21	25	17	18	20	15
计算机游戏	Computer Game	1	2	1	1	2	1	1	1	
群体游戏	Group Game	1	1	1	1	1	1			
外出参观、看电影与演出	Touring, Seeing Movie and Performance	2	3	2	4	4	3	1	1	1
看电影	Seeing Movie				1		1			
外出参观	Touring	2	2	2	3	3	3			
社会交往	Social Communication	23	22	24	22	21	22	25	24	26
交流与交谈	Talking and Communication	22	21	23	20	19	20	24	22	25
其他社会交往活动	Others	1	2	1	2	2	2	1	1	1
相关交通活动	Related Transportation Activities	8	9	7	12	12	11	4	4	3
工作日	**Weekday**	**214**	**228**	**201**	**249**	**268**	**231**	**175**	**184**	**166**
使用媒体	Media	143	154	133	164	179	150	120	126	114
阅读书报杂志	Reading Books, Newspapers or Magazines	11	13	9	18	21	14	3	5	2
看电视及影视光盘	Watching TV or Compact Disk	119	123	115	124	128	120	113	117	110
听广播及音频节目	Listening to the Radio or Audio Program	1	1	1	1	1	1		1	
上互联网	Surf the Internet	12	16	8	21	28	14	3	4	1
健身锻炼	Fitness Exercises	22	23	21	34	35	33	8	10	7
走路跑步	Working or Running	17	18	16	26	27	25	7	8	6
武术气功	Martial Arts or Qigong				1	1	1			

注：1.数据来源于国家统计局2008年时间利用调查。
　　2.平均时间指用于某类活动的时间总和除以全部调查对象人数。

Note: a) Data resource is from NBS 2008 Time Use Survey.
　　b) Average time refers to total time of certain activity divide by number of respondents.

9-36 续表 continued

单位：分钟 (minute)

休闲娱乐活动	Leisure and Entertainment Activities	合计 Total			城市 Urban			农村 Rural		
		合计 Total	男 Male	女 Female	合计 Total	男 Male	女 Female	合计 Total	男 Male	女 Female
跳舞和健身	Dancing or Bodybuilding	3	2	3	4	3	5	1	1	1
球类运动	Ball Game	1	2	1	2	3	1	1	1	
业余爱好、游戏	Hobbies and Games	18	21	15	20	23	16	16	18	14
棋牌游戏	Chess and Card Game	16	18	14	17	19	14	15	17	13
计算机游戏	Computer Game	1	1		1	2	1	1	1	
群体游戏	Group Game	1	1	1	1	1	1			
外出参观、看电影与演出	Touring, Seeing Movie and Performance	1	1	1	2	2	2	1	1	1
看电影	Seeing Movie									
外出参观	Touring	1	1	1	1	1	1			
社会交往	Social Communication	21	20	22	19	18	20	23	22	25
交流与交谈	Talking and Communication	20	19	21	18	17	19	22	21	24
其他社会交往活动	Others	1	1	1	1	1	1	1	1	1
相关交通活动	Related Transportation Activities	6	6	6	8	9	8	3	4	3
休息日	**Weekend**	**281**	**312**	**252**	**344**	**389**	**301**	**211**	**228**	**195**
使用媒体	Media	174	192	156	208	237	181	136	144	128
阅读书报杂志	Reading Books, Newspapers or Magazines	13	16	10	20	24	16	5	6	3
看电视及影视光盘	Watching TV or Compact Disk	142	150	134	156	168	145	127	131	122
听广播及音频节目	Listening to the Radio or Audio Program	1	1	1	1	2	1	1	1	
上互联网	Surf the Internet	17	24	11	29	42	18	4	6	2
健身锻炼	Fitness Exercises	26	28	23	40	43	37	10	12	8
走路跑步	Working or Running	20	21	18	30	32	29	8	10	6
武术气功	Martial Arts or Qigong				1	1	1			
跳舞和健身	Dancing or Bodybuilding	2	2	3	4	3	5	1	1	1
球类运动	Ball Game	2	4	1	4	6	2	1	2	
业余爱好、游戏	Hobbies and Games	31	39	24	36	45	28	25	32	19
棋牌游戏	Chess and Card Game	28	35	22	32	40	25	24	29	18
计算机游戏	Computer Game	1	2	1	2	3	1	1	2	
群体游戏	Group Game	1	1	1	2	2	1			
外出参观、看电影与演出	Touring, Seeing Movie and Performance	5	5	5	8	8	8	2	2	2
看电影	Seeing Movie	1	1	1	1	1	1			
外出参观	Touring	4	4	4	6	6	6	1	1	1
社会交往	Social Communication	28	28	29	28	28	27	29	28	30
交流与交谈	Talking and Communication	26	25	27	25	25	24	28	26	29
其他社会交往活动	Others	2	3	2	3	3	2	1	2	1
相关交通活动	Related Transportation Activities	13	14	12	20	22	18	5	6	5

9-37 按城乡和性别划分的休闲娱乐活动参与率
Participation Rate of Leisure and Entertainment Activities by Area and Gender

单位：% (%)

休闲娱乐活动	Leisure and Entertainment Activities	合计 Total			城市 Urban			农村 Rural		
		合计 Total	男 Male	女 Female	合计 Total	男 Male	女 Female	合计 Total	男 Male	女 Female
合　计	**Total**	**94**	**95**	**94**	**96**	**97**	**95**	**93**	**94**	**91**
使用媒体	Media	90	91	89	92	93	92	87	88	86
阅读书报杂志	Reading Books, Newspapers or Magazines	18	21	15	29	33	25	6	8	4
看电视及影视光盘	Watching TV or Compact Disk	86	87	86	87	87	86	86	86	85
听广播及音频节目	Listening to the Radio or Audio Program	2	2	1	2	3	2	1	1	1
上互联网	Surf the Internet	11	13	9	19	23	15	2	3	1
健身锻炼	Fitness Exercises	27	28	25	39	40	39	12	15	10
走路跑步	Working or Running	22	23	21	33	33	32	10	13	8
武术气功	Martial Arts or Qigong	1	1	1	1	1	1			
跳舞和健身	Dancing or Bodybuilding	4	4	5	7	6	8	1	1	2
球类运动	Ball Game	2	3	1	3	4	2	1	2	
业余爱好、游戏	Hobbies and Games	13	16	11	15	18	12	11	14	9
棋牌游戏	Chess and Card Game	12	14	9	13	16	10	11	13	9
计算机游戏	Computer Game	1	1	1	1	1	1	1	1	
群体游戏	Group Game	1		1	1	1	1			
外出参观、看电影与演出	Touring, Seeing Movie and Performance	2	2	2	3	3	3	1	1	1
看电影	Seeing Movie				1	1	1			
外出参观	Touring	1	1	1	2	2	2			
社会交往	Social Communication	29	28	29	30	29	31	28	28	28
交流与交谈	Talking and Communication	28	27	29	29	28	30	27	27	27
其他社会交往活动	Others	1	1	1	1	2	1	1	1	1
相关交通活动	Related Transportation Activities	16	16	15	22	23	21	8	9	7
工作日	**Weekday**	**94**	**95**	**93**	**96**	**96**	**95**	**92**	**94**	**91**
使用媒体	Media	89	90	89	92	93	91	87	88	86
阅读书报杂志	Reading Books, Newspapers or Magazines	18	21	15	29	33	25	6	8	4
看电视及影视光盘	Watching TV or Compact Disk	85	86	85	85	86	85	85	86	85
听广播及音频节目	Listening to the Radio or Audio Program	1	2	1	2	3	2	1	1	1
上互联网	Surf the Internet	11	13	8	18	22	15	2	3	1
健身锻炼	Fitness Exercises	26	27	25	39	39	39	12	14	10
走路跑步	Working or Running	22	23	21	32	33	31	10	12	8
武术气功	Martial Arts or Qigong	1	1	1	1	1	1			

注：1.数据来源于国家统计局2008年时间利用调查。
　　2.参与率指参与某类活动的人数占全部调查对象的比重。

Note: a) Data resource is from NBS 2008 Time Use Survey.
　　b) Particapation rate refers to proportion of people particapating certain activity in the whole respondents.

9-37 续表 continued

单位：% (%)

休闲娱乐活动	Leisure and Entertainment Activities	合计 Total			城市 Urban			农村 Rural		
		合计 Total	男 Male	女 Female	合计 Total	男 Male	女 Female	合计 Total	男 Male	女 Female
跳舞和健身	Dancing or Bodybuilding	5	4	5	8	6	9	2	2	2
球类运动	Ball Game	2	3	1	3	4	2	1	1	
业余爱好、游戏	Hobbies and Games	12	14	10	14	17	11	10	12	8
棋牌游戏	Chess and Card Game	11	13	9	12	14	9	9	11	8
计算机游戏	Computer Game	1	1	1	1	1	1	1	1	
群体游戏	Group Game				1	1	1			
外出参观、看电影与演出	Touring, Seeing Movie and Performance	1	1	1	2	2	2	1	1	1
看电影	Seeing Movie									
外出参观	Touring	1	1	1	1	1	1			
社会交往	Social Communication	28	27	28	28	27	29	27	27	27
交流与交谈	Talking and Communication	27	26	28	27	26	29	27	27	27
其他社会交往活动	Others	1	1	1	1	1	1	1	1	1
相关交通活动	Related Transportation Activities	13	14	13	18	19	18	7	8	6
休息日	**Weekend**	**95**	**96**	**95**	**98**	**98**	**97**	**93**	**94**	**92**
使用媒体	Media	91	92	90	94	95	93	88	88	87
阅读书报杂志	Reading Books, Newspapers or Magazines	18	21	15	28	32	24	7	9	4
看电视及影视光盘	Watching TV or Compact Disk	88	89	88	89	90	89	87	87	86
听广播及音频节目	Listening to the Radio or Audio Program	2	2	2	3	3	2	1	1	1
上互联网	Surf the Internet	12	15	9	20	26	15	3	3	2
健身锻炼	Fitness Exercises	27	29	26	41	42	39	13	15	10
走路跑步	Working or Running	23	24	22	34	34	33	11	13	9
武术气功	Martial Arts or Qigong	1	1	1	1	1	1			
跳舞和健身	Dancing or Bodybuilding	4	3	4	6	5	7	1	1	1
球类运动	Ball Game	3	4	1	4	5	2	1	2	1
业余爱好、游戏	Hobbies and Games	17	20	13	19	23	15	14	17	11
棋牌游戏	Chess and Card Game	15	18	12	17	20	13	13	16	10
计算机游戏	Computer Game	1	1	1	1	2	1	1	1	
群体游戏	Group Game	1	1	1	1	1	1			
外出参观、看电影与演出	Touring, Seeing Movie and Performance	4	4	4	6	6	6	1	1	1
看电影	Seeing Movie	1	1	1	1	1	1	1		1
外出参观	Touring	3	3	3	5	5	5			1
社会交往	Social Communication	32	32	32	33	33	34	30	30	30
交流与交谈	Talking and Communication	31	30	31	32	31	32	30	29	30
其他社会交往活动	Others	2	2	2	2	3	2	1	1	1
相关交通活动	Related Transportation Activities	22	24	20	32	35	30	10	12	9

十、资源环境

Resources and Environment

10-1 全国自然生态情况
Natural Ecology

年 份 Year	自然保护区 数 (个) Number of Nature Reserves (unit)	自然保护区面 积 (万公顷) Area of Nature Reserves (10 000 hectares)	保护区面积占辖区面积比重 (%) Percentage of Nature Reserves in the Region (%)	累计除涝面 积 (万公顷) Area with Flood Prevention Measures (10 000 hectares)	累计水土流失治理面积 (万公顷) Area of Soil Erosion under Control (10 000 hectares)
2000	1227	9821	9.9		8096.1
2001	1551	12989	12.9		8153.9
2002	1757	13295	13.2		8541.0
2003	1999	14398	14.4	2113.9	8971.4
2004	2194	14823	14.8	2119.8	9200.5
2005	2349	14995	15.0	2134.0	9465.5
2006	2395	15154	15.2	2137.6	9749.1
2007	2531	15188	15.2	2141.9	9987.1
2008	2538	14894	14.9	2142.5	10158.7
2009	2541	14775	14.7	2158.4	10454.5
2010	2588	14944	14.9	2169.2	10680.0
2011	2640	14971	14.9	2172.2	10966.4
2012	2669	14979	14.9	2185.7	10295.3
2013	2697	14631	14.8	2194.3	10689.2
2014	2729	14699	14.8	2236.9	11160.9
2015	2740	14703	14.8	2271.3	11557.8
2016	2750	14733	14.9	2306.7	12041.2
2017	2750	14717	14.3	2382.4	12583.9

10-2 水资源情况
Water Resources

年　份 Year	水资源总量 (亿立方米) Total Amount of Water Resources (100 million cu.m)	地　表 水资源量 Surface Water Resources	地　下 水资源量 Groundwater Resources	地表水与地下 水资源重复量 Duplicated Measurement Between Surface Water and Groundwater	人均水资源量 (立方米/人) Per Capita Water Resources (cu.m/person)
2000	27700.8	26561.9	8501.9	7363.0	2193.9
2005	28053.1	26982.4	8091.1	7020.4	2151.8
2006	25330.1	24358.1	7642.9	6670.8	1932.1
2007	25255.2	24242.5	7617.2	6604.5	1916.3
2008	27434.3	26377.0	8122.0	7064.7	2071.1
2009	24180.2	23125.2	7267.0	6212.1	1816.2
2010	30906.4	29797.6	8417.0	7308.2	2310.4
2011	23256.7	22213.6	7214.5	6171.4	1730.2
2012	29526.9	28371.4	8416.1	7260.6	2186.1
2013	27957.9	26839.5	8081.1	6962.7	2059.7
2014	27266.9	26263.9	7745.0	6742.0	1998.6
2015	27962.6	26900.8	7797.0	6735.2	2039.2
2016	32466.4	31273.9	8854.8	7662.3	2354.9
2017	28761.2	27746.3	8309.6	7294.7	2074.5

10-3 供水用水情况
Water Supply and Water Use

年 份 Year	供水总量 (亿立方米) Water Supply (100 million cu.m)	地表水 Surface Water	地下水 Ground-water	其 他 Others	用水总量 (亿立方米) Water Use (100 million cu.m)	农 业 Agricul-ture	工 业 Industry	生 活 Consump-tion	生 态 Ecological Protection	人均用水量 (立方米/人) Per Capita Water Use (cu.m/person)
2000	5530.7	4440.4	1069.2	21.1	5497.6	3783.5	1139.1	574.9		435.4
2005	5633.0	4572.2	1038.8	22.0	5633.0	3580.0	1285.2	675.1	92.7	432.1
2006	5795.0	4706.8	1065.5	22.7	5795.0	3664.4	1343.8	693.8	93.0	442.0
2007	5818.7	4723.9	1069.1	25.7	5818.7	3599.5	1403.0	710.4	105.7	441.5
2008	5910.0	4796.4	1084.8	28.7	5910.0	3663.5	1397.1	729.3	120.2	446.2
2009	5965.2	4839.5	1094.5	31.2	5965.2	3723.1	1390.9	748.2	103.0	448.0
2010	6022.0	4881.6	1107.3	33.1	6022.0	3689.1	1447.3	765.8	119.8	450.2
2011	6107.2	4953.3	1109.1	44.8	6107.2	3743.6	1461.8	789.9	111.9	454.4
2012	6141.8	4963.0	1134.2	44.6	6141.8	3880.3	1423.9	728.8	108.8	454.7
2013	6183.4	5007.3	1126.2	49.9	6183.4	3921.5	1406.4	750.1	105.4	455.5
2014	6094.9	4920.5	1116.9	57.5	6094.9	3869.0	1356.1	766.6	103.2	446.7
2015	6103.2	4971.5	1069.2	62.5	6103.2	3851.5	1334.8	794.2	122.7	445.1
2016	6040.2	4912.4	1057.0	70.8	6040.2	3768.0	1308.0	821.6	142.6	438.1
2017	6043.4	4945.5	1016.7	81.2	6043.4	3766.4	1277.0	838.1	161.9	435.9

注：1.生态用水仅包括部分河湖、湿地人工补水和城市环境用水。
2.2012年起，生活用水量中的牲畜用水量调整至农业用水量中。

Note: a) Water use by ecological protection only includes artificial supplement of river & lake, wetland and city entironment.
b) Since 2012, water use for animal husbandry in water use for consumption is moved to rural water use.

10-4 全国自然灾害情况
Natural Disasters

年 份 Year	地质灾害 Geological Disasters			地震灾害 Earthquake Disasters		
	灾害起数 (处) Number of Geological Disasters (unit)	人员伤亡 (人) Casualties (person)	直接经济损失 (万元) Direct Economic Loss (10 000 yuan)	灾害次数 (次) Number of Earthquake Disasters (time)	人员伤亡 (人) Casualties (person)	直接经济损失 (万元) Direct Economic Loss (10 000 yuan)
2000	19653	27697	494201	10	2987	146792
2001	5793	1675	348699	12		
2002	40246	2759	509740	5	362	13100
2003	15489	1333	504325	21	7465	466040
2004	13555	1407	408828	11	696	94959
2005	17751	1223	357678	13	882	262811
2006	102804	1227	431590	10	229	79962
2007	25364	1123	247528	3	422	201922
2008	26580	1598	326936	17	446293	85949594
2009	10580	845	190109	8	407	273782
2010	30670	3445	638509	12	13795	2361077
2011	15804	413	413151	18	540	6020873
2012	14675	636	625253	12	1279	828757
2013	15374	929	1043568	14	15965	9953631
2014	10937	637	567027	20	3666	3326078
2015	8355	422	250528	14	1192	1791918
2016	10997	593	354290	16	104	668693
2017	7521	523	359477	12	676	1476600

10-4 续表 continued

年 份 Year	海洋灾害 Marine Disasters			森林火灾 Forest Fires		
	发生次数（次） Number of Marine Disasters (time)	死亡、失踪人数（人） Deaths and Missing People (person)	直接经济损失（亿元） Direct Economic Loss (100 million yuan)	灾害次数（次） Number of Forest Fires (time)	人员伤亡（人） Casualties (person)	其他损失折款（万元） Economic Loss (10 000 yuan)
2000		79	120.8	5934	178	3069
2001		401	100.1	4933	58	7409
2002	126	124	65.9	7527	98	3610
2003	172	128	80.5	10463	142	37000
2004	155	140	54.2	13466	252	20213
2005	176	371	332.4	11542	152	15029
2006	180	492	218.5	8170	102	5375
2007	163	161	88.4	9260	94	12416
2008	128	152	206.1	14144	174	12594
2009	132	95	100.2	8859	110	14511
2010		137	132.8	7723	108	11611
2011	114	76	62.1	5550	91	20173
2012	138	68	155.0	3966	21	10802
2013	115	121	163.5	3929	55	6062
2014	100	24	136.1	3703	112	42513
2015	79	30	72.7	2936	26	6371
2016	123	60	46.5	2034	36	4136
2017	119	17	56.1	3223	46	4624

10-5 分地区自然保护基本情况(2017年)
Basic Situation of Natural Protection by Region (2017)

地区	Region	自然保护区个数(个) Number of Nature Reserves (unit)	自然保护区面积(万公顷) Area of Nature Reserves (10 000 hectares)	保护区面积占辖区面积比重(%) Area of Nature Reserves as Percentage of Area of Jurisdiction (%)
全国	**National Total**	**2750**	**14716.7**	**14.3**
			0.0	0.0
北京	Beijing	20	13.5	8.2
天津	Tianjin	8	9.1	7.6
河北	Hebei	45	70.9	3.7
山西	Shanxi	46	110.2	7.0
内蒙古	Inner Mongolia	182	1270.3	10.7
			0.0	
辽宁	Liaoning	105	267.3	13.4
吉林	Jilin	51	252.6	13.5
黑龙江	Heilongjiang	250	791.6	16.7
			0.0	
上海	Shanghai	4	13.7	5.3
江苏	Jiangsu	31	53.6	3.8
浙江	Zhejiang	37	21.2	1.7
安徽	Anhui	106	50.6	3.6
福建	Fujian	92	44.5	3.2
江西	Jiangxi	200	122.4	7.3
山东	Shandong	88	113.6	4.9
			0.0	
河南	Henan	33	77.8	4.7
湖北	Hubei	80	106.3	5.7
湖南	Hunan	128	122.5	5.8
广东	Guangdong	384	185.0	7.1
广西	Guangxi	78	135.0	5.5
海南	Hainan	49	270.7	6.9
			0.0	
重庆	Chongqing	57	80.2	9.6
四川	Sichuan	169	830.1	17.1
贵州	Guizhou	124	89.4	5.1
云南	Yunnan	160	288.2	7.3
西藏	Tibet	47	4137.1	33.7
			0.0	
陕西	Shaanxi	60	113.1	5.5
甘肃	Gansu	60	887.1	20.8
青海	Qinghai	11	2177.3	30.1
宁夏	Ningxia	14	53.3	8.0
新疆	Xinjiang	31	1958.4	11.8

10-6 分地区森林资源情况
Forest Resources by Region

地 区	Region	林业用地面积（万公顷）Area of Afforested Land (10 000 hectares)	森林面积（万公顷）Forest Area (10 000 hectares)	#人工林 Man-made Forest	森林覆盖率（%）Forest Coverage Rate (%)	活立木总蓄积量（万立方米）Total Standing Forest Stock (10 000 cu.m)	森林蓄积量（万立方米）Stock Volume of Forest (10 000 cu.m)
全 国	**National Total**	**31259**	**20769**	**6933**	**22**	**1643281**	**1513730**
北 京	Beijing	101	59	37	36	1828	1425
天 津	Tianjin	16	11	11	10	454	374
河 北	Hebei	718	439	221	23	13082	10775
山 西	Shanxi	766	282	132	18	11039	9739
内蒙古	Inner Mongolia	4399	2488	332	21	148416	134530
辽 宁	Liaoning	700	557	307	38	25972	25046
吉 林	Jilin	856	764	161	40	96535	92257
黑龙江	Heilongjiang	2207	1962	247	43	177721	164487
上 海	Shanghai	8	7	7	11	380	186
江 苏	Jiangsu	179	162	157	16	8461	6470
浙 江	Zhejiang	661	601	259	59	24225	21680
安 徽	Anhui	443	380	225	28	21710	18075
福 建	Fujian	927	801	378	66	66675	60796
江 西	Jiangxi	1070	1002	339	60	47032	40841
山 东	Shandong	331	255	245	17	12361	8920
河 南	Henan	505	359	227	22	22881	17095
湖 北	Hubei	850	714	195	38	31325	28653
湖 南	Hunan	1253	1012	475	48	37312	33099
广 东	Guangdong	1076	906	558	51	37775	35683
广 西	Guangxi	1527	1343	635	57	55817	50937
海 南	Hainan	214	188	136	55	9774	8904
重 庆	Chongqing	406	316	93	38	17437	14652
四 川	Sichuan	2328	1704	449	35	177576	168000
贵 州	Guizhou	861	653	237	37	34384	30076
云 南	Yunnan	2501	1914	414	50	187514	169309
西 藏	Tibet	1784	1472	5	12	228812	226207
陕 西	Shaanxi	1228	853	237	41	42416	39593
甘 肃	Gansu	1043	507	103	11	24055	21454
青 海	Qinghai	808	406	7	6	4884	4331
宁 夏	Ningxia	180	62	14	12	873	660
新 疆	Xinjiang	1100	698	94	4	38680	33654

注：1.本表为第八次全国森林资源清查（2009-2013)资料。
2.全国总计数包括台湾省和香港、澳门特别行政区数据。

Note: a) Data in the table are the figures of the Seventh National Forestry Survey (2009-2013).
b) Data of national total include forest resources in Taiwan province and Hong Kong SAR and Macao SAR.

10-7 分地区水资源情况(2017年)
Water Resources by Region(2017)

地 区	Region	水资源总量(亿立方米) Total Amount of Water Resources (100 million cu.m)	地表水资源量 Surface Water Resources	地下水资源量 Groundwater Resources	地表水与地下水资源重复量 Duplicated Measurement Between Surface Water and Groundwater	人均水资源量(立方米/人) Per Capita Water Resources (cu.m/person)
全 国	**National Total**	**28761.2**	**27746.3**	**8309.6**	**7294.7**	**2074.5**
北 京	Beijing	29.8	12.0	20.4	2.6	137.2
天 津	Tianjin	13.0	8.8	5.5	1.3	83.4
河 北	Hebei	138.3	60.0	116.3	38.0	184.5
山 西	Shanxi	130.2	87.8	104.1	61.7	352.7
内蒙古	Inner Mongolia	309.9	194.1	207.3	91.5	1227.5
辽 宁	Liaoning	186.3	161.0	86.6	61.3	426.0
吉 林	Jilin	394.4	339.8	133.3	78.7	1447.3
黑龙江	Heilongjiang	742.5	626.5	273.2	157.2	1957.1
上 海	Shanghai	34.0	27.8	9.2	3.0	140.6
江 苏	Jiangsu	392.9	295.4	114.5	17.0	490.3
浙 江	Zhejiang	895.3	881.9	204.3	190.9	1592.1
安 徽	Anhui	784.9	717.8	201.0	133.9	1260.8
福 建	Fujian	1055.6	1054.2	287.5	286.1	2711.9
江 西	Jiangxi	1655.1	1637.2	379.5	361.6	3592.5
山 东	Shandong	225.6	139.1	151.1	64.6	226.1
河 南	Henan	423.1	311.2	206.5	94.6	443.2
湖 北	Hubei	1248.8	1219.3	319.0	289.5	2118.9
湖 南	Hunan	1912.4	1905.7	436.8	430.1	2795.5
广 东	Guangdong	1786.6	1777.0	440.7	431.1	1611.9
广 西	Guangxi	2388.0	2386.0	446.6	444.6	4912.1
海 南	Hainan	383.9	380.5	96.8	93.4	4165.7
重 庆	Chongqing	656.1	656.1	116.1	116.1	2142.9
四 川	Sichuan	2467.1	2466.0	607.5	606.4	2978.9
贵 州	Guizhou	1051.5	1051.5	260.8	260.8	2947.4
云 南	Yunnan	2202.6	2202.6	762.0	762.0	4602.4
西 藏	Tibet	4749.9	4749.9	1086.0	1086.0	142311.3
陕 西	Shaanxi	449.1	422.6	141.6	115.1	1174.5
甘 肃	Gansu	238.9	231.8	133.4	126.3	912.5
青 海	Qinghai	785.7	764.3	355.7	334.3	13188.9
宁 夏	Ningxia	10.8	8.7	19.3	17.2	159.2
新 疆	Xinjiang	1018.6	969.5	587.0	537.9	4206.4

10-8 分地区供水用水情况(2017年)
Water Supply and Water Use by Region (2017)

地 区	Region	供水总量(亿立方米) Water Supply (100 million cu.m)	地表水 Surface Water	地下水 Ground-water	其 他 Others	用水总量(亿立方米) Water Use (100 million cu.m)	农 业 Agricul-ture	工 业 Industry	生 活 Consump-tion	生 态 Ecological Protection	人均用水量(立方米/人) Per Capita Water Use (cu.m/person)
全 国	**National Total**	**6043.4**	**4945.5**	**1016.7**	**81.2**	**6043.4**	**3766.4**	**1277.0**	**838.1**	**161.9**	**435.9**
北 京	Beijing	39.5	12.4	16.6	10.5	39.5	5.1	3.5	18.3	12.7	181.9
天 津	Tianjin	27.5	19.0	4.6	3.9	27.5	10.7	5.5	6.1	5.2	176.3
河 北	Hebei	181.6	59.4	116.0	6.2	181.6	126.1	20.3	27.0	8.2	242.3
山 西	Shanxi	74.9	39.6	31.1	4.2	74.9	45.5	13.5	12.8	3.0	202.9
内蒙古	Inner Mongolia	188.0	99.2	85.3	3.4	188.0	138.1	15.7	11.0	23.1	744.7
辽 宁	Liaoning	131.1	72.4	54.5	4.2	131.1	81.6	18.6	25.4	5.5	299.8
吉 林	Jilin	126.7	81.5	44.7	0.4	126.7	89.8	18.1	14.1	4.7	465.0
黑龙江	Heilongjiang	353.1	188.9	163.1	1.0	353.1	316.4	19.7	15.4	1.5	930.7
上 海	Shanghai	104.8	104.8			104.8	16.7	62.7	24.6	0.8	433.3
江 苏	Jiangsu	591.3	575.3	8.4	7.7	591.3	280.6	250.1	58.5	2.1	737.8
浙 江	Zhejiang	179.5	176.2	1.3	2.0	179.5	80.9	46.1	47.0	5.5	319.2
安 徽	Anhui	290.3	256.5	30.8	3.0	290.3	158.2	92.2	33.8	6.2	466.3
福 建	Fujian	192.0	186.4	5.0	0.7	192.0	91.2	64.4	33.2	3.2	493.3
江 西	Jiangxi	248.0	237.6	8.3	2.1	248.0	156.3	60.5	28.9	2.3	538.3
山 东	Shandong	209.5	121.1	79.7	8.7	209.5	134.0	28.8	34.6	12.0	210.0
河 南	Henan	233.8	113.1	115.5	5.1	233.8	122.8	51.0	40.2	19.8	244.9
湖 北	Hubei	290.3	281.4	8.8	0.1	290.3	148.1	87.8	53.2	1.2	492.6
湖 南	Hunan	326.9	311.7	15.2	0.1	326.9	193.7	86.0	44.5	2.8	477.8
广 东	Guangdong	433.5	417.3	13.8	2.3	433.5	220.3	107.0	100.9	5.3	391.1
广 西	Guangxi	284.9	273.1	10.5	1.4	284.9	195.8	46.0	40.2	3.0	586.0
海 南	Hainan	45.6	42.3	3.1	0.2	45.6	33.3	3.0	8.4	0.8	494.8
重 庆	Chongqing	77.4	76.1	1.1	0.2	77.4	25.4	30.4	20.5	1.1	252.8
四 川	Sichuan	268.4	254.3	12.1	1.9	268.4	160.5	51.4	50.7	5.8	324.1
贵 州	Guizhou	103.5	101.1	1.8	0.6	103.5	58.9	24.8	18.8	0.9	290.1
云 南	Yunnan	156.6	149.9	3.7	3.1	156.6	108.5	23.4	21.7	3.1	327.2
西 藏	Tibet	31.4	27.8	3.6		31.4	26.9	1.5	2.7	0.2	940.8
陕 西	Shaanxi	93.0	58.2	32.6	2.3	93.0	58.2	14.3	17.0	3.5	243.2
甘 肃	Gansu	116.1	87.1	25.1	3.9	116.1	92.3	10.4	8.7	4.7	443.5
青 海	Qinghai	25.8	20.7	5.0	0.2	25.8	19.2	2.5	2.9	1.2	433.1
宁 夏	Ningxia	66.1	60.3	5.5	0.2	66.1	56.7	4.5	2.3	2.5	974.3
新 疆	Xinjiang	552.3	440.9	109.8	1.6	552.3	514.4	13.1	14.7	10.2	2280.8

注：生态用水仅包括部分河湖、湿地人工补水和城市环境用水。
Note: Water use by ecological protection only includes artificial supplement of river & lake, wetland and city entironment.

10-9 分地区草原建设利用情况(2017年)
Construction & Utilization of Grassland by Region (2017)

单位：千公顷，% (1 000 hectares, %)

地区	Region	草原总面积 Area of Grassland	累计种草保留面积 Accumulated Grassland Reserved	当年新增种草面积 Newly Increased Grassland of the Year	比重(全国=100) 草原总面积 Area of Grassland	累计种草保留面积 Accumulated Grassland Reserved	当年新增草种面积 Newly Increased Grassland of the Year
全国	**National Total**	**392832.7**	**19036.0**	**6119.1**	**100.00**	**100.00**	**100.00**
北京	Beijing	394.8	0.0	0.0	0.10		
天津	Tianjin	146.6	5.6	2.6	0.04	0.03	0.04
河北	Hebei	4712.1	215.5	114.6	1.20	1.13	1.87
山西	Shanxi	4552.0	392.7	146.0	1.16	2.06	2.39
内蒙古	Inner Mongolia	78804.5	3683.5	1788.2	20.06	19.35	29.22
辽宁	Liaoning	3388.8	506.3	78.2	0.86	2.66	1.28
吉林	Jilin	5842.2	329.7	158.3	1.49	1.73	2.59
黑龙江	Heilongjiang	7531.8	408.1	181.1	1.92	2.14	2.96
上海	Shanghai	73.3	0.0	0.0	0.02		
江苏	Jiangsu	412.7	18.6	16.4	0.11	0.10	0.27
浙江	Zhejiang	3169.9	0.0	0.0	0.81		
安徽	Anhui	1663.2	76.5	64.8	0.42	0.40	1.06
福建	Fujian	2048.0	32.2	20.6	0.52	0.17	0.34
江西	Jiangxi	4442.3	179.4	105.9	1.13	0.94	1.73
山东	Shandong	1638.0	160.3	147.5	0.42	0.84	2.41
河南	Henan	4433.8	86.1	70.3	1.13	0.45	1.15
湖北	Hubei	6352.2	199.8	65.7	1.62	1.05	1.07
湖南	Hunan	6372.7	230.1	85.1	1.62	1.21	1.39
广东	Guangdong	3266.2	39.4	23.7	0.83	0.21	0.39
广西	Guangxi	8698.3	103.8	24.5	2.21	0.55	0.40
海南	Hainan	949.8	12.2	2.4	0.24	0.06	0.04
重庆	Chongqing	2158.4	78.1	39.3	0.55	0.41	0.64
四川	Sichuan	20380.4	2875.3	610.6	5.19	15.10	9.98
贵州	Guizhou	4287.3	302.6	131.8	1.09	1.59	2.15
云南	Yunnan	15308.4	1443.2	326.3	3.90	7.58	5.33
西藏	Tibet	82051.9	216.2	28.0	20.89	1.14	0.46
陕西	Shaanxi	5206.2	891.6	135.2	1.33	4.68	2.21
甘肃	Gansu	17904.2	2559.6	705.9	4.56	13.45	11.54
青海	Qinghai	36369.7	1425.6	303.9	9.26	7.49	4.97
宁夏	Ningxia	3014.1	718.2	146.4	0.77	3.77	2.39
新疆	Xinjiang	57258.8	1845.5	595.8	14.58	9.69	9.74

10-10 分地区地质公园建设情况(2017年)
Construction of Geoparks by Region (2017)

地区	Region	地质公园(个) Geopark (unit)	#国家级 National Level	地质公园面积(公顷) Area of Geopark (hectare)	#国家级 National Level	地质公园类别(个) Categories of Geoparks (unit) 地质构造、剖面和形迹 Geological Structure, Section or Traces	古生物化石 Fossil	地质地貌景观 Geological-geomor Phological Landscape	本年建设投资(万元) Investment in Current Year (10 000 yuan)
全国	**National Total**	**544**	**207**	**9938423**	**5788116**	**67**	**45**	**432**	**604104**
北京	Beijing	6	5	202842	200042	1	1	4	
天津	Tianjin	1	1	26460	26460	1			
河北	Hebei	18	10	161272	114715	4	1	13	51601
山西	Shanxi	19	8	228056	142156	3	1	15	1084
内蒙古	Inner Mongolia	22	8	486946	366845		5	17	350
辽宁	Liaoning	15	4	94819	25505	3	2	10	49
吉林	Jilin	9	5	281821			2	7	515
黑龙江	Heilongjiang	31	7	1012227	385423	2	1	28	500
上海	Shanghai	1	1	14500	14500			1	
江苏	Jiangsu	11	3	16346	4238	2	1	8	2204
浙江	Zhejiang	13	4	90302	43783	3	1	9	20257
安徽	Anhui	18	11	130255	104153	2		16	19940
福建	Fujian	22	10	252369	157469	2		20	44971
江西	Jiangxi	12	4	318818	203613			12	101002
山东	Shandong	65	12	297667	218352	3	6	56	16629
河南	Henan	29	15	587298	503508	13	1	15	195384
湖北	Hubei	28	8	597679	177281	5	1	22	16086
湖南	Hunan	31	10	294125	123492	1		30	340
广东	Guangdong	17	8	355231	322589		1	16	9401
广西	Guangxi	22	8	251215	93310	1		21	1425
海南	Hainan	6	1	45272	10800		2	4	1200
重庆	Chongqing	9	5	160170	84984		2	7	
四川	Sichuan	29	14	671306	351719	3	2	24	8220
贵州	Guizhou	20	9	268505	150702	4	6	10	800
云南	Yunnan	12	10	310963	274782	2	3	7	12557
西藏	Tibet	4	2	473044	463280	2		2	
陕西	Shaanxi	17	7	258747	139705	3		14	80342
甘肃	Gansu	32	7	874675	294455	3	4	25	4708
青海	Qinghai	8	6	571908	355541			8	
宁夏	Ningxia	4	1	38201	12960	2	1	1	1870
新疆	Xinjiang	12	5	554121	410490	1	1	10	12670

注：数据来自自然资源部。
Note: Data source is Ministry of Natural Resources.

10-11 各地区林业系统野生动植物保护及自然保护区工程建设情况(2017年)

Wildlife Conservation and Nature Reserve Program of Forestry Establishments by Region(2017)

地区	Region	自然保护区个数(个) Nature Reserves (unit)	#国家级 National Reserves	自然保护区面积(万公顷) Nature Reserves Area (10 000 hectares)	#国家级 National Reserves	国际重要湿地 International Important Wetland 个数(个) Number (unit)	面积(万公顷) Area (10 000 hectares)	林业投资完成额(万元) Investment Completed (10 000 yuan)	#国家投资 State Investment
全国	**National Total**	**2249**	**375**	**12613.0**	**8198.3**	**49**	**411.2**	**254075**	**236685**
北京	Beijing	17	2	13.1	2.8			7487	7487
天津	Tianjin	5	1	5.4	0.1			1082	1082
河北	Hebei	32	9	60.8	21.7			1593	1593
山西	Shanxi	45	7	109.3	11.7			2991	2991
内蒙古	Inner Mongolia	150	24	911.8	311.7	2	74.8	6514	6514
辽宁	Liaoning	75	13	117.0	21.9	2	14.0	2801	2801
吉林	Jilin	44	15	257.5	102.5	2	24.9	3505	3505
黑龙江	Heilongjiang	157	43	678.1	318.7	7	71.5	6175	6174
上海	Shanghai	1	1	2.4	2.4	2	3.6	15025	15025
江苏	Jiangsu	15	1	15.0	0.3	2	53.1	2769	39
浙江	Zhejiang	23	8	11.8	8.0	1	0.0	4204	3414
安徽	Anhui	98	6	40.6	10.3	1	3.3	4580	4490
福建	Fujian	89	15	42.3	21.6	1	0.2	5345	5345
江西	Jiangxi	183	16	101.9	25.5	1	2.2	7200	7197
山东	Shandong	48	4	60.7	17.5	1	9.6	2498	987
河南	Henan	25	11	50.9	34.7			2327	2322
湖北	Hubei	58	17	90.4	47.9	3	6.4	8669	6906
湖南	Hunan	163	22	135.6	62.1	3	39.3	18115	17780
广东	Guangdong	290	8	130.2	16.3	4	6.8	8034	7836
广西	Guangxi	63	19	128.6	33.5	2	0.7	26019	25127
海南	Hainan	30	7	23.3	13.7	1	0.5	6939	6930
重庆	Chongqing	53	6	74.5	24.6			2902	2902
四川	Sichuan	123	24	725.0	263.0	1	16.7	32243	23483
贵州	Guizhou	104	7	88.7	23.5			6970	6970
云南	Yunnan	132	17	269.7	139.0	4	1.4	12791	12592
西藏	Tibet	60	10	4206.7	3720.2	2	11.7	8014	8014
陕西	Shaanxi	52	20	110.3	59.3			7076	6974
甘肃	Gansu	48	16	772.3	599.3	2	28.9	8874	8874
青海	Qinghai	10	7	2165.5	2073.4	3	18.4	3230	3230
宁夏	Ningxia	10	6	49.9	42.9			1469	1469
新疆	Xinjiang	46	13	1163.8	168.1			26283	26281
大兴安岭	Daxinganling					1	23.0	351	351

注：国际重要湿地包括香港特别行政区1处。

Note: The international important wetlands includes 1 in Hongkong Special Administrative Region.

10-12 主要城市气候情况(2017年)
Climate of Major Cities (2017)

城　　市	City	年平均气温(摄氏度) Annual Average Temperature (℃)	年极端最高气温(摄氏度) Annual Maximum Temperature (℃)	年极端最低气温(摄氏度) Annual Minimum Temperature (℃)	年平均相对湿度(%) Annual Average Humidity (%)	全年日照时数(小时) Annual Average Sunshine Hours (hour)	全年降水量(毫米) Annual Average Precipitation (millimeter)
北　京	Beijing	14.2	38.5	-10.1	50	2600.1	576.2
天　津	Tianjin	14.2	38.9	-9.9	55	2452.8	512.9
石家庄	Shijiazhuang	15.0	39.5	-8.6	54	2242.9	558.5
太　原	Taiyuan	11.5	37.9	-15.7	57	2622.0	521.2
呼和浩特	Hohhot	7.7	35.4	-20.5	44	2746.4	325.3
沈　阳	Shenyang	9.3	37.5	-22.3	59	2556.3	463.8
大　连	Dalian	12.4	32.0	-10.0	58	2684.0	521.7
长　春	Changchun	7.0	33.4	-23.8	60	2801.6	694.3
哈尔滨	Harbin	5.1	34.6	-27.7	64	2277.2	480.8
上　海	Shanghai	17.7	40.9	-1.0	71	1809.2	1388.8
南　京	Nanjing	17.0	40.0	-4.6	72	2037.4	1255.1
杭　州	Hangzhou	18.3	41.3	-2.5	71	1818.4	1442.0
合　肥	Hefei	17.1	41.1	-5.1	75	1675.8	951.9
福　州	Fuzhou	21.2	39.3	4.0	73	1632.4	1478.0
南　昌	Nanchang	19.2	38.8	-0.3	73	1853.5	1698.8
济　南	Jinan	15.7	37.4	-8.9	54	2376.6	615.5
青　岛	Qingdao	14.1	33.0	-6.0	67	2314.0	729.1
郑　州	Zhengzhou	16.8	38.8	-6.0	60	2115.6	598.8
武　汉	Wuhan	17.3	39.7	-5.0	81	1662.0	1107.3
长　沙	Changsha	17.7	39.1	-1.7	77	1498.9	1684.2
广　州	Guangzhou	22.1	38.3	4.5	80	1671.5	2067.4
南　宁	Nanning	21.9	37.9	7.5	80	1632.2	1548.7
桂　林	Guilin	20.3	37.0	0.1	72	1347.6	2183.0
海　口	Haikou	24.6	37.9	11.1	82	1994.0	2009.4
重庆(沙坪坝)	Chongqing(Shapingba)	19.4	42.0	4.7	75	1154.4	1245.5
成都(温江)	Chengdu(Wenjiang)	16.6	36.5	-2.5	81	1156.7	966.9
贵　阳	Guiyang	15.2	32.7	-0.6	80	1100.7	1165.9
昆　明	Kunming	15.7	29.7	-3.6	73	2349.0	1186.4
拉　萨	Lhasa	9.8	27.0	-9.6	36	3070.3	550.6
西安(泾河)	Xi'an(Jinghe)	15.6	41.8	-5.4	59	1966.1	649.1
兰州(皋兰)	Lanzhou(Gaolan)	8.0	38.6	-10.0	57	2439.2	303.0
西　宁	Xining	6.3	34.6	-17.7	57	2555.9	464.0
银　川	Yinchuan	11.0	39.1	-15.2	47	2894.5	211.3
乌鲁木齐	Urumqi	3.5	30.4	-17.6	59	2667.9	309.7

注：1.数据来自中国气象局。

2.从2004年1月份开始成都站被温江站替代、兰州站被皋兰站替代；从2006年1月份开始重庆被沙坪坝站替代、西安站被泾河站替代。

Note: a) Data source is China Meteorological Administration.

b) Since January 2004, Chengdu station was substituted by Wenjiang station, Lanzhou by Gaolan; Since January 2006, Chongqing station was substituted by Shapingba station, Xi'an by Jinghe.

10-13 分地区城市污水排放和处理情况(2017年)
Urban Waste Water Discharged and Treated by Region (2017)

地 区	Region	城市污水排放量（万立方米）Waste Water Discharged (10 000 cu.m)	污水处理厂（座）Waste Water Treatment Plants (unit)	#二、三级处理 Secondary & Tertiary Treatment	污水处理厂污水处理能力（万立方米/日）Treatment Capacity (10 000 cu.m/day)	#二、三级处理 Secondary & Tertiary Treatment	污水处理厂污水处理量（万立方米）Volume of Waste Water Treated (10 000 cu.m)
全 国	**National Total**	**4923895**	**2209**	**2065**	**15743.0**	**14843.5**	**4528949**
北 京	Beijing	177677	67	67	665.6	665.6	168755
天 津	Tianjin	99719	47	47	290.5	290.5	91469
河 北	Hebei	165919	85	85	583.2	583.2	162054
山 西	Shanxi	73861	38	31	257.1	207.2	68409
内蒙古	Inner Mongolia	65960	44	44	245.1	245.1	63085
辽 宁	Liaoning	255291	102	75	814.2	673.1	236834
吉 林	Jilin	105963	45	27	409.1	353.1	96698
黑龙江	Heilongjiang	111139	67	66	383.9	381.9	97078
上 海	Shanghai	229526	51	51	821.0	821.0	215739
江 苏	Jiangsu	427700	196	179	1278.9	1191.4	363876
浙 江	Zhejiang	303802	88	83	946.4	926.4	278596
安 徽	Anhui	153008	66	66	493.8	493.8	143591
福 建	Fujian	123006	66	65	388.9	383.9	109564
江 西	Jiangxi	91989	47	44	274.5	270.5	87055
山 东	Shandong	327755	189	189	1140.3	1140.3	316818
河 南	Henan	191080	100	95	741.3	715.8	185055
湖 北	Hubei	221887	85	85	640.0	640.0	205148
湖 南	Hunan	189141	66	50	541.1	443.1	176564
广 东	Guangdong	712678	273	254	2172.3	1866.0	672591
广 西	Guangxi	135948	46	46	323.2	323.2	98909
海 南	Hainan	31260	23	19	99.1	42.6	26384
重 庆	Chongqing	112096	51	47	315.8	303.3	106174
四 川	Sichuan	213866	130	123	630.2	623.1	188567
贵 州	Guizhou	58609	51	51	201.6	201.6	55550
云 南	Yunnan	90431	42	42	242.9	242.9	83845
西 藏	Tibet	8648	7	6	26.2	25.9	7694
陕 西	Shaanxi	97919	42	42	303.0	303.0	90518
甘 肃	Gansu	38959	24	24	142.9	142.9	36972
青 海	Qinghai	16496	11	11	44.4	44.4	11914
宁 夏	Ningxia	24691	19	19	92.5	92.5	23518
新 疆	Xinjiang	67871	41	32	234.0	206.2	59925

10-13 续表 continued

地 区	Region	其他污水处理设施 Other Waste Water Treatment Equipments		污水处理总能力（万立方米/日） Total Treatment Capacity	污水处理总量（万吨） Total Volume of Waste Water Treated	污水再生利用量（万立方米） Total Volume of Waste Water Recycled & Reused	城市污水处理率（%） Waste Water Treatment Rate	#污水处理厂集中处理率 Waste Water Treatment Concentration Rate
		处理能力（万立方米/日） Treatment Capacity	处理量（万立方米） Volume of Treatment					
		(10 000 cu.m/day)	(10 000 cu.m)	(10 000 cu.m/day)	(10 000 tons)	(10 000 cu.m)	(%)	
全 国	**National Total**	**1293.7**	**125961**	**17036.7**	**4654910**	**713421**	**94.5**	**92.0**
北 京	Beijing	22.0	4532	687.6	173287	105085	97.5	95.0
天 津	Tianjin	3.0	855	293.5	92324	26075	92.6	91.7
河 北	Hebei	4.1	196	587.3	162250	40188	97.8	97.7
山 西	Shanxi			257.1	68409	16287	92.6	92.6
内蒙古	Inner Mongolia	3.0		248.1	63085	16029	95.6	95.6
辽 宁	Liaoning	9.0	1423	823.2	238257	18280	93.3	92.8
吉 林	Jilin	0.2	55	409.3	96753	1368	91.3	91.3
黑龙江	Heilongjiang	45.3	2897	429.2	99975	7672	90.0	87.4
上 海	Shanghai		1172	821.0	216911		94.5	94.0
江 苏	Jiangsu	494.7	43649	1773.6	407525	83065	95.3	85.1
浙 江	Zhejiang	60.8	9917	1007.2	288513	19064	95.0	91.7
安 徽	Anhui	50.4	5293	544.2	148884	13674	97.3	93.9
福 建	Fujian	32.7	3859	421.6	113423	6829	92.2	89.1
江 西	Jiangxi	3.6	741	278.1	87796		95.4	94.6
山 东	Shandong	16.1	954	1156.4	317772	98507	97.0	96.7
河 南	Henan	2.5	140	743.8	185195	30989	96.9	96.9
湖 北	Hubei	57.1	4795	697.1	209943	28613	94.6	92.5
湖 南	Hunan	24.9	4118	566.0	180682	9624	95.5	93.4
广 东	Guangdong	7.3	732	2179.6	673323	153627	94.5	94.4
广 西	Guangxi	373.4	28854	696.6	127763		94.0	72.8
海 南	Hainan	3.8	745	102.9	27129	2447	86.8	84.4
重 庆	Chongqing	3.2	857	319.0	107031	958	95.5	94.7
四 川	Sichuan	40.3	7101	670.5	195668	11681	91.5	88.2
贵 州	Guizhou			201.6	55550	958	94.8	94.8
云 南	Yunnan	11.8	1220	254.7	85065	1388	94.1	92.7
西 藏	Tibet			26.2	7694		89.0	89.0
陕 西	Shaanxi	1.0		304.0	90518	5122	92.4	92.4
甘 肃	Gansu			142.9	36972	3737	94.9	94.9
青 海	Qinghai		1161	44.4	13075	1759	79.3	72.2
宁 夏	Ningxia			92.5	23518	4867	95.3	95.3
新 疆	Xinjiang	23.5	695	257.5	60620	5528	89.3	88.3

10-14 分地区城市生活垃圾无害化处理情况(2017年)
Statistics on Harmless Treatment of Consumption Wastes in Cities by Region (2017)

地 区	Region	生活垃圾清运量(万吨) Consumption Wasts Collected and Transported (10 000 tons)	无害化处理厂(座) Number of Harmless Treatment Plants/Grounds (unit)	卫生填埋 Sanitary Landfill	焚烧 Incineration	其他 Others	无害化处理能力(吨/日) Harmless Treatment Capacity (ton/day)	卫生填埋 Sanitary Landfill
全 国	**National Total**	**21521**	**1013**	**654**	**286**	**73**	**679889**	**360524**
北 京	Beijing	925	24	13	5	6	24341	10341
天 津	Tianjin	307	9	4	5	0	10600	5100
河 北	Hebei	700	53	40	9	4	24606	14156
山 西	Shanxi	479	25	18	5	2	14081	9719
内蒙古	Inner Mongolia	369	27	24	3	0	12399	9049
辽 宁	Liaoning	865	39	34	3	2	26903	22229
吉 林	Jilin	495	16	10	6	0	11280	5678
黑龙江	Heilongjiang	553	33	27	5	1	17201	12858
上 海	Shanghai	743	15	4	9	2	24650	10350
江 苏	Jiangsu	1735	67	28	32	7	60267	19960
浙 江	Zhejiang	1455	71	22	38	11	62052	19287
安 徽	Anhui	612	39	18	17	4	24020	9510
福 建	Fujian	786	29	11	14	4	22268	5418
江 西	Jiangxi	452	21	18	3	0	13008	11468
山 东	Shandong	1591	83	39	36	8	50185	19005
河 南	Henan	986	47	40	6	1	25747	19847
湖 北	Hubei	908	47	33	10	4	25028	11907
湖 南	Hunan	765	32	27	5	0	24920	20320
广 东	Guangdong	2644	80	49	25	6	78185	43337
广 西	Guangxi	438	26	19	6	1	13206	8206
海 南	Hainan	213	11	6	5	0	6145	2240
重 庆	Chongqing	530	25	20	4	1	12103	7065
四 川	Sichuan	990	48	31	15	2	25822	11262
贵 州	Guizhou	324	21	14	6	1	11473	6958
云 南	Yunnan	409	28	19	9	0	11698	4098
西 藏	Tibet	47	5	4	1	0	1049	349
陕 西	Shaanxi	379	22	22	0	0	18254	18254
甘 肃	Gansu	255	23	20	2	1	7859	4959
青 海	Qinghai	78	8	7	0	1	1779	1659
宁 夏	Ningxia	119	12	9	1	2	4531	2871
新 疆	Xinjiang	371	27	24	1	2	14229	13064

10-14 续表 continued

地 区	Region	焚烧 Incineration	其他 Others	无害化处理量（万吨） Amount of Harmless Treated (10 000 tons)	卫生填埋 Sanitary Landfill	焚烧 Incineration	其他 Others	生活垃圾无害化处理率（%） Proportion of Harmless Treated Garbage (%)
全 国	**National Total**	**298062**	**21303**	**21034.2**	**12037.6**	**8463.3**	**533.2**	**97.7**
北 京	Beijing	9200	4800	923.7	438.0	326.5	159.2	99.9
天 津	Tianjin	5500		289.8	152.2	137.6		94.4
河 北	Hebei	9700	750	698.0	391.1	284.8	22.1	99.8
山 西	Shanxi	4062	300	454.5	333.1	114.9	6.5	94.9
内蒙古	Inner Mongolia	3350		367.0	305.5	61.5		99.4
辽 宁	Liaoning	2780	1894	856.3	728.2	65.5	62.6	99.1
吉 林	Jilin	5602		355.3	193.8	161.5		71.8
黑龙江	Heilongjiang	4000	343	457.7	352.7	100.0	5.0	82.7
上 海	Shanghai	13300	1000	743.1	369.8	360.8	12.5	100.0
江 苏	Jiangsu	38979	1328	1734.7	415.5	1287.7	31.4	100.0
浙 江	Zhejiang	40985	1780	1454.6	598.1	824.4	32.1	100.0
安 徽	Anhui	13860	650	611.9	267.0	334.9	10.0	99.9
福 建	Fujian	15100	1750	781.5	269.4	486.7	25.3	99.4
江 西	Jiangxi	1540		440.5	387.0	53.5		97.6
山 东	Shandong	29330	1850	1591.3	656.2	897.3	37.8	100.0
河 南	Henan	5850	50	982.1	821.6	159.1	1.3	99.7
湖 北	Hubei	11721	1400	907.0	479.6	393.0	34.4	99.9
湖 南	Hunan	4600		763.0	637.3	125.7		99.8
广 东	Guangdong	33438	1410	2591.2	1625.8	910.6	54.8	98.0
广 西	Guangxi	4800	200	438.0	306.5	123.9	7.5	99.9
海 南	Hainan	3905		213.0	66.3	146.8		100.0
重 庆	Chongqing	5000	38	526.7	310.2	214.0	2.5	99.4
四 川	Sichuan	13960	600	975.4	508.6	456.8	10.0	98.5
贵 州	Guizhou	4300	215	308.1	234.2	71.4	2.4	95.2
云 南	Yunnan	7600		379.4	153.9	225.5		92.7
西 藏	Tibet	700		44.4	43.4	1.0		95.4
陕 西	Shaanxi			375.3	375.3			99.0
甘 肃	Gansu	2600	300	250.5	151.2	88.5	10.8	98.4
青 海	Qinghai		120	73.7	72.9		0.8	94.8
宁 夏	Ningxia	1500	160	117.9	82.2	34.6	1.2	99.1
新 疆	Xinjiang	800	365	328.9	311.1	14.8	3.0	88.6

10-15 分地区自然灾害损失情况(2017年)
Loss Caused by Natural Disasters by Region (2017)

单位：千公顷 (1 000 hectares)

地区	Region	农作物受灾面积合计 Total Areas Affected of Farm Crops		旱灾 Drought		洪涝、山体滑坡、泥石流和台风 Flood, Waterlogging, Landslides and Debris Flow, Typhoon	
		受灾 Area Affected	绝收 Total Crop Failure	受灾 Area Affected	绝收 Total Crop Failure	受灾 Area Affected	绝收 Total Crop Failure
全国	**National Total**	**18478.1**	**1826.7**	**9874.8**	**752.4**	**5808.8**	**766.1**
北京	Beijing	6.7	0.1				
天津	Tianjin						
河北	Hebei	718.0	42.9	367.4	30.1	91.6	4.8
山西	Shanxi	821.3	53.6	497.3	21.1	52.9	5.1
内蒙古	Inner Mongolia	3917.3	376.1	3238.8	246.9	212.0	44.3
辽宁	Liaoning	949.6	57.8	777.6	30.1	112.7	21.8
吉林	Jilin	983.1	100.2	475.4	8.9	451.9	83.4
黑龙江	Heilongjiang	1550.5	110.7	997.2	41.3	188.0	30.9
上海	Shanghai						
江苏	Jiangsu	90.7	8.1	37.3	3.9	0.6	
浙江	Zhejiang	107.3	7.1			105.3	7.0
安徽	Anhui	399.8	34.7	216.9	16.2	156.8	17.4
福建	Fujian	57.5	5.7	20.0	2.0	37.4	3.7
江西	Jiangxi	441.4	55.3	41.2	2.5	394.9	52.6
山东	Shandong	856.9	86.4	531.0	81.3	97.5	4.2
河南	Henan	1247.0	109.4	219.1	43.7	933.7	63.2
湖北	Hubei	1437.1	200.8	626.7	34.3	692.7	160.4
湖南	Hunan	1217.7	138.2	222.0	17.4	990.2	119.6
广东	Guangdong	282.6	10.7			282.5	10.7
广西	Guangxi	196.0	16.7			193.6	16.1
海南	Hainan	10.8	0.7			10.8	0.7
重庆	Chongqing	125.9	6.8	79.6	2.6	38.4	3.2
四川	Sichuan	215.7	32.0	34.8	5.8	142.7	23.5
贵州	Guizhou	267.3	41.2	56.5	9.1	164.7	24.8
云南	Yunnan	406.6	50.0	102.0	4.9	226.5	30.9
西藏	Tibet	12.8	2.5			10.6	2.2
陕西	Shaanxi	651.1	92.8	434.2	64.0	82.4	16.7
甘肃	Gansu	773.1	66.0	526.7	42.0	82.5	10.6
青海	Qinghai	272.4	30.8	225.3	17.3	5.0	0.9
宁夏	Ningxia	174.4	29.5	130.7	23.3	7.0	2.3
新疆	Xinjiang	287.5	59.9	17.1	3.7	43.9	5.1

注：农作物受灾面积合计、受灾人口、死亡人口(含失踪)和直接经济损失含地震、森林、海洋等灾害。

Note: Total areas affected of farm crops, population affected, deaths (including missing) and direct economic loss include earthquake, forest disasters and sea disasters.

10-15 续表 continued

单位：千公顷 (1 000 hectares)

地 区	Region	风雹灾害 Wind and Hail		低温冷冻和雪灾 Low-temperature, Freezing and Snow Disaster		人口受灾 Population		直接经济损失(亿元) Direct Economic Loss (100 million yuan)
		受灾 Area Affected	绝收 Total Crop Failure	受灾 Area Affected	绝收 Total Crop Failure	受灾人口(万人次) Population Affected (10 000 person-times)	死亡人口(含失踪)(人) Deaths (including missing) (person)	
全 国	**National Total**	**2268.1**	**225.2**	**524.5**	**83.0**	**14448.0**	**979**	**3018.7**
北 京	Beijing	6.7	0.1	0.0	0.0	4.6	7	0.8
天 津	Tianjin	0.0	0.0	0.0	0.0	0.0	0	
河 北	Hebei	217.6	7.8	41.4	0.2	722.0	6	46.0
山 西	Shanxi	218.1	23.6	53.0	3.8	658.0	5	58.0
内蒙古	Inner Mongolia	254.6	28.6	211.9	56.3	722.7	18	126.5
辽 宁	Liaoning	58.9	5.5	0.4	0.4	599.4	5	108.5
吉 林	Jilin	54.8	7.9	1.0	0.0	363.4	39	394.8
黑龙江	Heilongjiang	325.3	32.0	40.0	6.5	241.5	7	54.7
上 海	Shanghai	0.0	0.0	0.0	0.0	0.0	0	0.0
江 苏	Jiangsu	52.8	4.2	0.0	0.0	77.0	18	8.0
浙 江	Zhejiang	0.9	0.1	1.1	0.0	113.0	11	46.2
安 徽	Anhui	26.0	1.1	0.1	0.0	347.6	7	21.2
福 建	Fujian	0.1	0.0	0.0	0.0	61.4	9	17.1
江 西	Jiangxi	5.3	0.2	0.0	0.0	665.5	20	118.2
山 东	Shandong	227.1	0.7	1.3	0.2	785.7	2	86.8
河 南	Henan	93.5	2.5	0.7	0.0	1538.5	21	58.2
湖 北	Hubei	41.0	5.6	76.7	0.5	1254.8	42	149.7
湖 南	Hunan	5.5	1.2	0.0	0.0	1716.3	99	588.0
广 东	Guangdong	0.1	0.0	0.0	0.0	326.4	25	316.2
广 西	Guangxi	2.4	0.6	0.0	0.0	357.4	92	99.0
海 南	Hainan	0.0	0.0	0.0	0.0	88.4	1	4.0
重 庆	Chongqing	7.9	1.0	0.0	0.0	252.1	52	24.5
四 川	Sichuan	12.2	2.0	24.1	0.7	421.8	186	153.9
贵 州	Guizhou	35.8	6.8	10.3	0.5	531.4	68	57.6
云 南	Yunnan	65.4	13.0	12.7	1.2	629.0	110	76.6
西 藏	Tibet	2.2	0.3	0.0	0.0	29.7	10	17.8
陕 西	Shaanxi	128.2	11.5	6.3	0.6	687.3	69	162.9
甘 肃	Gansu	145.2	13.2	18.7	0.2	668.2	22	105.1
青 海	Qinghai	42.1	12.6	0.0	0.0	207.6	17	17.4
宁 夏	Ningxia	33.9	3.5	2.8	0.4	227.2	0	12.0
新 疆	Xinjiang	204.5	39.6	22.0	11.5	150.1	11	89.1

10-16 全国环境污染治理投资和构成情况
Investment and Percentage in the Treatment of Environmental Pollution

单位：亿元，%　　　　(100 million yuan, %)

年份 Year	环境污染治理投资总额 Total Investment in Treatment of Environmental Pollution	城镇环境基础设施建设投资 Investment in Urban Environment Infrastructure Facilities	#燃气 Gas Supply	#集中供热 Central Heating	#排水 Sewerage Projects
绝对数 Value					
2001	1166.7	655.8	81.7	90.3	244.9
2002	1456.5	878.4	98.9	134.6	308.0
2003	1750.1	1194.8	147.4	164.3	419.8
2004	2057.5	1288.9	163.4	197.7	404.8
2005	2565.2	1466.9	164.3	250.0	431.5
2006	2779.5	1528.4	179.2	252.5	403.6
2007	3668.8	1749.0	187.0	272.4	517.1
2008	4937.0	2247.7	199.2	328.2	637.2
2009	5258.4	3245.1	219.2	441.5	1035.5
2010	7612.2	5182.2	357.9	557.5	1172.7
2011	7114.0	4557.2	444.1	593.3	971.6
2012	8253.5	5062.7	551.8	798.1	934.1
2013	9516.5	5223.0	607.9	819.5	1055.0
2014	9575.5	5463.9	574.0	763.0	1196.1
2015	8806.3	4946.8	463.1	687.8	1248.5
2016	9219.8	5412.0	532.0	662.5	1485.5
2017	9539.0	6085.7	566.7	778.3	1727.5
构成 Percentage					
2001	100.0	56.2	7.0	7.7	21.0
2002	100.0	60.3	6.8	9.2	21.1
2003	100.0	68.3	8.4	9.4	24.0
2004	100.0	62.6	7.9	9.6	19.7
2005	100.0	57.2	6.4	9.7	16.8
2006	100.0	55.0	6.4	9.1	14.5
2007	100.0	47.7	5.1	7.4	14.1
2008	100.0	45.5	4.0	6.6	12.9
2009	100.0	61.7	4.2	8.4	19.7
2010	100.0	68.1	4.7	7.3	15.4
2011	100.0	64.1	6.2	8.3	13.7
2012	100.0	61.3	6.7	9.7	11.3
2013	100.0	54.9	6.4	8.6	11.1
2014	100.0	57.1	6.0	8.0	12.5
2015	100.0	56.2	5.3	7.8	14.2
2016	100.0	58.7	5.8	7.2	16.1
2017	100.0	63.8	5.9	8.2	18.1

注：城镇环境基础设施建设投资统计范围包括设市城市和县城。
Note: Scope of Investment in Urban Environment Infrastructure Facilities included cities officially designated and county seats.

10-16 续表 continued

单位：亿元，% (100 million yuan, %)

年 份 Year	#园林绿化 Gardening & Greening	#市容环境卫生 Sanitation	工业污染治理投资 Investment in the Treatment of Industrial Pollution	当年完成环保验收项目环保投资 Environmental Protection Investment in the Environmental Protection Acceptance Projects in the Year	环境污染治理投资总额占GDP比重 Investment in Anti-pollution Projects as Percentage of GDP
绝对数 Value					
2001	181.4	57.5		336.4	1.06
2002	261.5	75.4		389.7	1.21
2003	352.4	110.9		333.5	1.29
2004	400.5	122.5		460.5	1.29
2005	456.3	164.8		640.1	1.39
2006	475.2	217.9		767.2	1.28
2007	601.6	171.0		1367.4	1.38
2008	823.9	259.2		2146.7	1.57
2009	1137.6	411.2		1570.7	1.54
2010	2670.6	423.5		2033.0	1.86
2011	1991.9	556.2	444.4	2112.4	1.47
2012	2380.0	398.6	500.5	2690.4	1.53
2013	2234.9	505.7	849.7	3425.8	1.52
2014	2338.5	592.2	997.7	3113.9	1.49
2015	2075.4	472.0	773.7	3085.8	1.28
2016	2170.9	561.1	819.0	2988.8	1.24
2017	2390.2	623.0	681.5	2771.7	1.15
构成 Percentage					
2001	15.5	4.9		28.8	
2002	18.0	5.2		26.8	
2003	20.1	6.3		19.1	
2004	19.5	6.0		22.4	
2005	17.8	6.4		25.0	
2006	17.1	7.8		27.6	
2007	16.4	4.7		37.3	
2008	16.7	5.3		43.5	
2009	21.6	7.8		29.9	
2010	35.1	5.6		26.7	
2011	28.0	7.8	6.2	29.7	
2012	28.8	4.8	6.1	32.6	
2013	23.5	5.3	8.9	36.0	
2014	24.4	6.2	10.4	32.5	
2015	23.6	5.4	8.8	35.0	
2016	23.5	6.1	8.9	32.4	
2017	25.1	6.5	7.1	29.1	

10-17 分地区环境污染治理投资和构成情况(2017年)
Investment and Percentage in the Treatment of Environmental Pollution by Region (2017)

单位：亿元，% (100 million yuan, %)

地 区	Region	环境污染治理投资总额 Total Investment in Treatment of Environmental	城镇环境基础设施建设投资 Investment in Urban Environment Infrastructure	工业污染源治理投资 Investment in Treatment of Industrial Pollution	当年完成环保验收项目环保投资 Environmental Protection Investment in the Environmental Protection Acceptance Projects in the Year
全 国	**National Total**	**9539.0**	**6085.7**	**681.5**	**2771.7**
北 京	Beijing	665.4	640.0	15.7	9.7
天 津	Tianjin	71.2	44.3	7.8	19.0
河 北	Hebei	605.8	311.9	34.3	259.6
山 西	Shanxi	278.2	148.1	51.5	78.6
内蒙古	Inner Mongolia	419.6	278.4	42.1	99.0
辽 宁	Liaoning	219.2	128.4	13.0	77.7
吉 林	Jilin	91.6	61.8	9.1	20.7
黑龙江	Heilongjiang	131.4	84.5	9.1	37.7
上 海	Shanghai	160.4	97.5	44.8	18.1
江 苏	Jiangsu	715.4	363.6	44.8	307.0
浙 江	Zhejiang	452.9	284.1	36.9	131.9
安 徽	Anhui	505.0	369.3	25.9	109.8
福 建	Fujian	224.4	145.5	14.7	64.1
江 西	Jiangxi	315.5	239.3	10.6	65.7
山 东	Shandong	948.8	442.5	113.1	393.2
河 南	Henan	641.3	483.1	50.5	107.7
湖 北	Hubei	434.5	304.5	17.5	112.6
湖 南	Hunan	219.3	161.5	8.6	49.2
广 东	Guangdong	366.2	146.8	42.0	177.4
广 西	Guangxi	184.1	145.1	7.6	31.5
海 南	Hainan	54.1	40.1	3.4	10.5
重 庆	Chongqing	222.1	143.4	6.1	72.7
四 川	Sichuan	308.2	220.3	12.7	75.2
贵 州	Guizhou	216.7	86.0	5.3	125.4
云 南	Yunnan	142.6	101.1	6.0	35.5
西 藏	Tibet	27.2	26.8	0.1	0.3
陕 西	Shaanxi	314.5	213.2	17.2	84.1
甘 肃	Gansu	89.3	61.0	7.5	20.9
青 海	Qinghai	41.1	17.9	1.5	21.7
宁 夏	Ningxia	84.4	44.8	8.6	31.1
新 疆	Xinjiang	385.5	250.9	13.5	121.1

注：1.数据来自生态环境部、住房和城乡建设部。
2.城镇环境基础设施建设投资统计范围包括设市城市和县城。
3.当年完成环保验收工业项目环保投资全国总额包含国家本级投资总额。

Note: a) Data source is Ministry of Ecology and Environment, Ministry of Housing and Urban-Rural Development.
b) Scope of Investment in Urban Environment Infrastructure Facilities included cities officially designated and county seats.
c) National total environmental protection investment in the environmental protection acceptance industrial projects in the year includes total investment at the national level.

10-17 续表 continued

单位：亿元，% (100 million yuan, %)

地 区	Region	环境污染治理投资构成 Percentage of Investment in Treatment of Environmental Pollution	城镇环境基础设施建设投资 Investment in Urban Environment Infrastructure Facilities	工业污染源治理投资 Investment in Treatment of Industrial Pollution Sources	当年完成环保验收项目环保投资 Environmental Protection Investment in the Environmental Protection Acceptance Projects in the Year	环境污染治理投资总额占GDP比重(%) Investment in Anti-pollution Projects as Percentage of GDP (%)
全 国	**National Total**	**100.0**	**63.8**	**7.1**	**29.1**	**1.15**
北 京	Beijing	100.0	96.2	2.4	1.5	2.38
天 津	Tianjin	100.0	62.3	11.0	26.7	0.38
河 北	Hebei	100.0	51.5	5.7	42.9	1.78
山 西	Shanxi	100.0	53.2	18.5	28.2	1.79
内蒙古	Inner Mongolia	100.0	66.4	10.0	23.6	2.61
辽 宁	Liaoning	100.0	58.6	6.0	35.5	0.94
吉 林	Jilin	100.0	67.5	9.9	22.6	0.61
黑龙江	Heilongjiang	100.0	64.3	6.9	28.7	0.83
上 海	Shanghai	100.0	60.7	27.9	11.3	0.52
江 苏	Jiangsu	100.0	50.8	6.3	42.9	0.83
浙 江	Zhejiang	100.0	62.7	8.1	29.1	0.87
安 徽	Anhui	100.0	73.1	5.1	21.7	1.87
福 建	Fujian	100.0	64.9	6.6	28.6	0.70
江 西	Jiangxi	100.0	75.8	3.4	20.8	1.58
山 东	Shandong	100.0	46.6	11.9	41.4	1.31
河 南	Henan	100.0	75.3	7.9	16.8	1.44
湖 北	Hubei	100.0	70.1	4.0	25.9	1.22
湖 南	Hunan	100.0	73.6	3.9	22.4	0.65
广 东	Guangdong	100.0	40.1	11.5	48.4	0.41
广 西	Guangxi	100.0	78.8	4.1	17.1	0.99
海 南	Hainan	100.0	74.2	6.3	19.4	1.21
重 庆	Chongqing	100.0	64.6	2.7	32.7	1.14
四 川	Sichuan	100.0	71.5	4.1	24.4	0.83
贵 州	Guizhou	100.0	39.7	2.5	57.9	1.60
云 南	Yunnan	100.0	70.9	4.2	24.9	0.87
西 藏	Tibet	100.0	98.7	0.3	1.1	2.07
陕 西	Shaanxi	100.0	67.8	5.5	26.7	1.44
甘 肃	Gansu	100.0	68.2	8.4	23.4	1.20
青 海	Qinghai	100.0	43.5	3.7	52.7	1.56
宁 夏	Ningxia	100.0	53.1	10.1	36.8	2.45
新 疆	Xinjiang	100.0	65.1	3.5	31.4	3.54

10-18 环保重点城市空气质量情况(2017年)
Ambient Air Quality in Key Cities of Environmental Protection (2017)

城市	City	二氧化硫年平均浓度(微克/立方米) Annual Average Concentration of SO_2 ($\mu g/m^3$)	二氧化氮年平均浓度(微克/立方米) Annual Average Concentration of SO_2 ($\mu g/m^3$)	可吸入颗粒物(PM_{10})年平均浓度(微克/立方米) Annual Average Concentration of PM_{10} ($\mu g/m^3$)	一氧化碳日均值第95百分位浓度(毫克/立方米) 95th Percentile Daily Average Concentration of CO (mg/m^3)	臭氧(O3)日最大8小时第90百分位浓度(微克/立方米) 90th Percentile Daily Maximum 8 Hours Average Concentration of O3($\mu g/m^3$)	细颗粒物($PM_{2.5}$)年平均浓度(微克/立方米) Annual Average Concentration of $PM_{2.5}$ ($\mu g/m^3$)	空气质量达到及好于二级的天数(天) Days of Air Quality Equal to or Above Grade II (day)
北京	Beijing	8	46	84	2.1	193	58	226
天津	Tianjin	16	50	94	2.8	192	62	209
石家庄	Shijiazhuang	33	54	154	3.6	201	86	151
唐山	Tangshan	40	59	119	3.8	205	66	205
秦皇岛	Qinhuangdao	26	49	82	2.9	170	44	268
邯郸	Handan	36	51	154	3.4	195	86	142
保定	Baoding	29	50	135	3.6	218	84	159
太原	Taiyuan	54	54	131	2.5	185	65	176
大同	Datong	44	32	73	3.0	154	36	301
阳泉	Yangquan	49	48	116	2.5	198	61	193
长治	Changzhi	43	41	103	3.1	188	60	195
临汾	Linfen	79	37	122	4.1	214	79	128
呼和浩特	Hohhot	29	45	95	2.8	167	43	255
包头	Baotou	28	42	93	2.7	159	44	277
赤峰	Chifeng	23	20	70	2.3	133	34	318
沈阳	Shenyang	37	40	85	1.9	166	50	256
大连	Dalian	17	28	58	1.4	163	34	300
鞍山	Anshan	30	36	85	2.4	158	48	263
抚顺	Fushun	24	34	81	1.7	144	47	275
本溪	Benxi	27	31	71	2.3	116	40	318
锦州	Jinzhou	45	38	78	2.0	172	48	255
长春	Changchun	26	40	78	1.9	142	46	276
吉林	Jilin	18	29	79	1.8	147	52	259
哈尔滨	Harbin	25	44	84	2.0	133	58	271
齐齐哈尔	Qiqihar	22	22	65	1.5	112	38	319
牡丹江	Mudanjiang	10	26	65	1.3	105	36	329
上海	Shanghai	12	44	55	1.2	181	39	275
南京	Nanjing	16	47	76	1.5	179	40	264
无锡	Wuxi	13	46	77	1.6	184	44	247
徐州	Xuzhou	22	44	119	1.7	187	66	176
常州	Changzhou	18	45	76	1.5	184	48	249
苏州	Suzhou	14	48	64	1.4	173	42	261
南通	Nantong	21	38	64	1.4	179	39	266
连云港	Lianyungang	18	33	73	1.5	153	45	289
扬州	Yangzhou	18	40	93	1.4	192	54	228
镇江	Zhenjiang	15	43	88	1.2	182	55	232
杭州	Hangzhou	11	45	72	1.3	173	45	271

10-18 续表 1 continued

城　市 City	二氧化硫年平均浓度(微克/立方米) Annual Average Concentration of SO_2 (μg/m³)	二氧化氮年平均浓度(微克/立方米) Annual Average Concentration of SO_2 (μg/m³)	可吸入颗粒物(PM_{10})年平均浓度(微克/立方米) Annual Average Concentration of PM_{10} (μg/m³)	一氧化碳日均值第95百分位浓度(毫克/立方米) 95th Percentile Daily Average Concentration of CO (mg/m³)	臭氧(O3)日最大8小时第90百分位浓度(微克/立方米) 90th Percentile Daily Maximum 8 Hours Average Concentration of O3(μg/m³)	细颗粒物($PM_{2.5}$)年平均浓度(微克/立方米) Annual Average Concentration of $PM_{2.5}$ (μg/m³)	空气质量达到及好于二级的天数(天) Days of Air Quality Equal to or Above Grade II (day)
宁　波 Ningbo	10	38	60	1.1	158	37	311
温　州 Wenzhou	12	41	65	1.0	145	38	329
湖　州 Huzhou	15	38	64	1.3	187	42	250
绍　兴 Shaoxing	12	35	70	1.2	170	45	275
合　肥 Hefei	12	52	80	1.4	170	56	224
芜　湖 Wuhu	15	49	82	1.6	177	49	249
马鞍山 Maanshan	17	39	83	1.8	188	50	238
福　州 Fuzhou	6	29	51	0.9	141	27	349
厦　门 Xiamen	11	32	48	0.8	117	27	362
泉　州 Quanzhou	12	28	53	0.9	148	28	345
南　昌 Nanchang	15	37	76	1.6	148	41	300
九　江 Jiujiang	20	29	70	1.2	148	48	287
济　南 Jinan	25	48	128	2.1	193	65	181
青　岛 Qingdao	15	38	78	1.3	166	39	283
淄　博 Zibo	41	47	120	2.8	194	65	188
枣　庄 Zaozhuang	30	28	125	1.4	175	63	192
烟　台 Yantai	18	33	68	1.6	163	35	294
潍　坊 Weifang	25	35	116	1.8	186	59	210
济　宁 Jinin	26	41	106	1.9	200	56	217
泰　安 Taian	25	39	97	1.9	213	58	197
日　照 Rizhao	15	37	85	1.4	158	47	273
郑　州 Zhengzhou	21	54	118	2.2	199	66	166
开　封 Kaifeng	20	39	103	2.2	182	62	188
洛　阳 Luoyang	25	42	117	2.4	204	69	166
平顶山 Pingdingshan	24	40	106	2.1	180	63	185
安　阳 Anyang	31	50	132	4.1	210	79	154
焦　作 Jiaozuo	25	44	125	3.1	208	73	168
三门峡 Sanmenxia	22	41	98	2.1	181	57	217
武　汉 Wuhan	10	50	85	1.6	151	52	255
宜　昌 Yichang	12	35	88	1.7	137	58	258
荆　州 Jingzhou	18	36	92	1.7	140	56	273
长　沙 Changsha	13	40	69	1.3	153	52	262
株　洲 Zhuzhou	19	36	81	1.4	142	52	272
湘　潭 Xiangtan	20	37	80	1.3	142	51	267
岳　阳 Yueyang	14	25	70	1.4	142	49	305
常　德 Changde	12	22	77	1.8	147	54	275
张家界 Zhangjiajie	8	22	67	1.9	129	42	324
广　州 Guangzhou	12	52	56	1.2	162	35	294

10-18 续表 2 continued

城 市	City	二氧化硫年平均浓度(微克/立方米) Annual Average Concentration of SO_2 ($\mu g/m^3$)	二氧化氮年平均浓度(微克/立方米) Annual Average Concentration of SO_2 ($\mu g/m^3$)	可吸入颗粒物(PM_{10})年平均浓度(微克/立方米) Annual Average Concentration of PM_{10} ($\mu g/m^3$)	一氧化碳日均值第95百分位浓度(毫克/立方米) 95th Percentile Daily Average Concentration of CO (mg/m^3)	臭氧(O3)日最大8小时第90百分位浓度(微克/立方米) 90th Percentile Daily Maximum 8 Hours Average Concentration of O3($\mu g/m^3$)	细颗粒物($PM_{2.5}$)年平均浓度(微克/立方米) Annual Average Concentration of $PM_{2.5}$ ($\mu g/m^3$)	空气质量达到及好于二级的天数(天) Days of Air Quality Equal to or Above Grade II (day)
韶 关	Shaoguan	17	29	52	1.4	152	38	326
深 圳	Shenzhen	8	30	45	1.0	147	28	343
珠 海	Zhuhai	7	32	43	1.0	160	30	322
汕 头	Shantou	12	21	49	1.1	140	29	353
湛 江	Zhanjiang	10	15	42	1.1	153	29	327
南 宁	Nanning	11	35	56	1.4	119	35	337
柳 州	Liuzhou	19	26	66	1.5	127	45	308
桂 林	Guilin	15	25	60	1.3	139	44	308
北 海	Beihai	9	13	45	1.4	138	28	336
海 口	Haikou	6	12	37	0.8	127	20	352
重 庆	Chongqing	12	46	72	1.4	163	45	277
成 都	Chengdu	11	53	88	1.7	171	56	235
自 贡	Zigong	15	37	89	1.6	150	66	227
攀 枝 花	Panzhihua	35	36	67	2.7	119	34	359
泸 州	Luzhou	17	35	80	1.0	147	53	273
德 阳	Deyang	9	30	84	1.3	166	51	247
绵 阳	Mianyang	9	32	71	1.4	134	48	295
南 充	Nanchong	12	34	72	1.3	150	46	289
宜 宾	Yibin	18	34	80	1.7	146	57	261
贵 阳	Guiyang	13	27	53	1.1	121	32	347
遵 义	Zunyi	12	28	54	1.1	109	33	344
昆 明	Kunming	15	32	58	1.2	124	28	360
曲 靖	Qujing	18	23	54	1.4	126	28	357
玉 溪	Yuxi	16	22	47	1.9	125	23	362
拉 萨	Lhasa	8	23	54	1.1	128	20	361
西 安	Xi'an	19	59	126	2.8	185	73	180
铜 川	Tongchuan	20	35	91	2.2	165	52	242
宝 鸡	Baoji	12	41	102	2.1	155	58	247
咸 阳	Xianyang	21	54	132	2.4	201	79	154
渭 南	Weinan	18	56	129	2.3	183	70	165
延 安	Yan'an	32	52	90	3.0	146	42	313
兰 州	Lanzhou	20	57	111	2.8	161	49	232
金 昌	Jinchang	27	16	74	1.0	138	24	322
西 宁	Xining	24	40	83	2.8	136	34	294
银 川	Yinchuan	48	42	106	2.5	169	48	232
石 嘴 山	Shizuishan	55	32	97	2.0	162	43	243
乌鲁木齐	Urumqi	13	49	105	3.4	122	70	241
克拉玛依	Karamay	8	23	69	1.6	131	34	318

十一、公共安全
Public Safety

11-1 公安机关立案的刑事案件和构成情况
Criminal Cases Registered in Public Security Organs and Its Composition

案件类别	Category of Cases	立案(起) Number of Cases Registered (case)		构成(%) Composition(%)	
		2016	2017	2016	2017
合　计	**Total**	**6427533**	**5482570**	**100.00**	**100.00**
杀人	Homicide	8634	7990	0.13	0.15
伤害	Injury	123818	111124	1.93	2.03
抢劫	Robbery	61428	39230	0.96	0.72
强奸	Rape	27767	27664	0.43	0.50
拐卖妇女儿童	Abducting Women or Children	7121	6668	0.11	0.12
盗窃	Larceny	4304321	3459742	66.97	63.10
诈骗	Fraud	979956	927583	15.25	16.92
走私	Smuggling	2407	3277	0.04	0.06
伪造、变造货币，出售、购买、运输、持有、使用假币	Forging Currency, Selling, Buying, Transporting, Holding and Using Counterfeit Currency	1163	1467	0.02	0.03
其他	Others	910918	897825	14.16	16.37

11-2 公安机关受理和查处治安案件数(2017年)
Cases of Offence Against Public Order Handled by Public Security Organs (2017)

案件类别	Category of Cases	受理(起) Number of Cases Accepted to be Treated (case)	查处(起) Number of Cases Investigated and Treated (case)	每万人口受理案件数(起/万人) Number of Cases Accepted per 10 000 Population (case/10 000 persons)
合　计	**Total**	**10436059**	**9609333**	**75.1**
扰乱单位秩序	Disturbing Business Orders	67901	65150	0.5
扰乱公共场所秩序	Disturbing the Orders in Public Places	361120	359352	2.6
寻衅滋事	Causing Quarrels and Making Troubles	86493	80458	0.6
阻碍执行职务	Obstructing Government Workers in Performing Their Duties	41128	39562	0.3
非法携带枪支、弹药、管制工具	Violation of Firearms Control Regulations	95067	93152	0.7
违反危险物质管理规定	Violation of Explosives Control Regulations	65838	64452	0.5
殴打他人	Battering Other Persons	2578537	2429352	18.5
故意伤害	Willfully Injuring Others	204054	189348	1.5
盗窃	Stealing Property	2151885	1756479	15.5
敲诈勒索	Extortion and Blackmail	10858	9226	0.1
抢夺	Robbery and Snatch	16600	10958	0.1
盗窃、损毁公共设施	Stealing and Damaging Public Facilities	13334	11239	0.1
伪造、变造、倒卖有价票证、凭证	Forge/alter/scalp Valuable Coupons or Certificates	5379	5212	
违反旅馆业管理	Violating the Hotel Management Regulations	112571	111155	0.8
违反房屋出租管理	Violating the Rent Control Regulations	141812	141409	1.0
诈骗	Swindling, Seizing and Extorting Property	343876	270212	2.5
卖淫、嫖娼	Prostitution or Soliciting Prostitutes	88091	85899	0.6
赌博	Gambling	265826	263506	1.9
毒品违法活动	Illegal Drug Related Action	679500	670332	4.9
其他	Others	3106189	2952880	22.3

11-3 交通事故情况(2017年)
Basic Statistics on Traffic Accidents (2017)

类　别	Type	发生数（起）Number of Traffic Accidents (case)	死亡人数（人）Number of Deaths (person)	受伤人数（人）Number of Injuries (person)	直接财产损失（万元）Direct Property Losses (10 000 yuan)
总计	**Total**	**203049**	**63772**	**209654**	**121311.3**
机动车	Vehicles	182343	59166	188585	115556.2
#汽车	Motor Vehicles	139412	46817	139180	103978.0
摩托车	Motorcycles	39780	10991	46504	9815.1
拖拉机	Tractors	1896	804	1776	706.9
非机动车	Non-motor-driven Vehicles	18144	3253	19619	3973.7
#自行车	Bicycles	1576	350	1450	358.8
行人乘车人	Pedestrians and Passengers	2470	1322	1347	1755.9
其他	Others	92	31	103	25.6

11-4 分地区交通事故情况(2017年)
Basic Statistics on Traffic Accidents by Region (2017)

地 区	Region	发生数 (起) Number of Traffic Accidents (case)	死亡人数 (人) Number of Deaths (person)	受伤人数 (人) Number of Injuries (person)	直接财产损失 (万元) Direct Property Losses (10 000 yuan)
全 国	**National Total**	**203049**	**63772**	**209654**	**121311.3**
北 京	Beijing	3223	1378	2803	3149.5
天 津	Tianjin	5564	813	5542	4532.8
河 北	Hebei	4848	2496	4427	4694.8
山 西	Shanxi	4988	2125	4934	3683.6
内蒙古	Inner Mongolia	3385	1014	3480	1639.1
辽 宁	Liaoning	4793	1971	4335	1838.0
吉 林	Jilin	5485	2013	5556	4562.5
黑龙江	Heilongjiang	3623	1137	3839	3782.1
上 海	Shanghai	709	676	221	362.8
江 苏	Jiangsu	13226	4567	11595	5818.9
浙 江	Zhejiang	12782	3837	12160	4773.2
安 徽	Anhui	11506	2692	12806	5541.9
福 建	Fujian	8693	1879	9334	2351.9
江 西	Jiangxi	5356	2122	5797	5093.8
山 东	Shandong	13403	3665	12595	6183.3
河 南	Henan	6361	2076	6123	4556.0
湖 北	Hubei	11661	4775	11070	9484.6
湖 南	Hunan	5459	1156	6658	5227.4
广 东	Guangdong	23900	5345	24477	10412.8
广 西	Guangxi	3843	2247	3660	1908.4
海 南	Hainan	2022	674	2479	1236.3
重 庆	Chongqing	4573	947	5909	1813.2
四 川	Sichuan	6947	2166	7481	4960.2
贵 州	Guizhou	14711	3472	19360	11994.8
云 南	Yunnan	5371	2920	5504	3152.6
西 藏	Tibet	329	165	427	278.0
陕 西	Shaanxi	5819	1561	5578	4223.3
甘 肃	Gansu	2755	1320	3130	830.0
青 海	Qinghai	1128	527	1175	1120.3
宁 夏	Ningxia	1569	376	1677	928.7
新 疆	Xinjiang	5017	1660	5522	1176.7

11-5 分地区火灾事故情况(2017年)
Basic Statistics on Fire Accidents by Region (2017)

地 区	Region	发生数 (起) Number of Fire Accidents (case)	死亡人数 (人) Number of Deaths (person)	受伤人数 (人) Number of Injuries (person)	直接经济损失 (万元) Direct Economic Loss (10 000 yuan)	人口火灾发生率 (1/10万人) Population Fire Rate (1/100 000 persons)	平均每起事故损失 (元) Average Loss per Accident (yuan)
全 国	**National Total**	**281467**	**1390**	**881**	**359950.1**	**20.2**	**12788**
北 京	Beijing	3926	50	17	6005.2	18.1	15296
天 津	Tianjin	1687	43	27	7886.0	10.8	46746
河 北	Hebei	5379	41	38	20888.1	7.2	38833
山 西	Shanxi	4717	40	20	6247.4	12.7	13244
内蒙古	Inner Mongolia	8046	29	15	7562.7	31.8	9399
辽 宁	Liaoning	20981	48	13	11950.9	48.0	5696
吉 林	Jilin	8187	28	8	5303.2	30.1	6478
黑龙江	Heilongjiang	7547	21	25	8978.9	19.9	11897
上 海	Shanghai	4209	54	50	7814.7	17.4	18567
江 苏	Jiangsu	18622	85	72	28356.8	23.2	15228
浙 江	Zhejiang	20758	117	78	31316.4	36.7	15086
安 徽	Anhui	9454	31	23	15507.4	15.1	16403
福 建	Fujian	8230	73	36	11483.1	21.0	13953
江 西	Jiangxi	8809	67	26	16598.1	19.1	18842
山 东	Shandong	21549	51	18	25535.3	21.5	11850
河 南	Henan	13010	45	25	10193.9	13.6	7835
湖 北	Hubei	12459	16	19	8400.2	21.1	6742
湖 南	Hunan	8856	66	60	14417.7	12.9	16280
广 东	Guangdong	16511	134	70	30663.6	14.8	18572
广 西	Guangxi	5639	35	37	10475.8	11.5	18577
海 南	Hainan	1018	13	12	4270.5	11.0	41950
重 庆	Chongqing	5472	35	32	10394.4	17.8	18996
四 川	Sichuan	20530	80	73	13972.7	24.7	6806
贵 州	Guizhou	3996	33	16	10616.7	11.2	26568
云 南	Yunnan	7063	79	32	8001.9	14.7	11329
西 藏	Tibet	116			377.7	3.4	32560
陕 西	Shaanxi	9680	28	7	8797.8	25.2	9089
甘 肃	Gansu	7302	6	18	4413.8	27.8	6045
青 海	Qinghai	1685	2	2	1607.4	28.2	9539
宁 夏	Ningxia	3297	2		2746.3	48.3	8330
新 疆	Xinjiang	12732	38	12	9165.4	52.1	7199

11-6 人民检察院直接立案侦查案件和构成情况(2017年)
Cases and Composition under Direct Investigation by People's Procuratorate (2017)

案件分类	Category of Cases	受案(件) Cases Accepted (case)	立案件数(件) Number of Cases Registered (case)	立案人数(人) Person of Cases Registered (person)	#要案 Key Case	结案件数(件) Number of Cases Settled (case)	结案人数(人) Person of Cases Settled (person)
绝对数	**Value**						
合计	**Total**	**44037**	**34163**	**46113**	**2996**	**40254**	**53751**
贪污	Corruption	13435	8233	13663	409	9476	15680
贿赂	Bribery	18013	15570	17606	1970	18850	21318
挪用公款	Misappropriation of Public Funds	2670	2735	3394	85	3181	3921
集体私分	Collective Illegal Possession of Public Funds	211	192	448	68	242	583
巨额财产来源不明	Unstated Source of Large Amount of Properties	215	8	8	2	4	5
滥用职权	Abuse of Power	3943	2880	4077	296	3132	4480
玩忽职守	Dereliction of Duty	3579	3612	5212	129	4021	5839
徇私舞弊	Fraudulent Practice	998	551	720	16	590	781
其他	Others	973	382	985	21	758	1144
构成(%)	**Percentage(%)**						
合计	**Total**	**100.00**	**100.00**	**100.00**	**100.00**	**100.00**	**100.00**
贪污	Corruption	30.51	24.10	29.63	13.65	23.54	29.17
贿赂	Bribery	40.90	45.58	38.18	65.75	46.83	39.66
挪用公款	Misappropriation of Public Funds	6.06	8.01	7.36	2.84	7.90	7.29
集体私分	Collective Illegal Possession of Public Funds	0.48	0.56	0.97	2.27	0.60	1.08
巨额财产来源不明	Unstated Source of Large Amount of Properties	0.49	0.02	0.02	0.07	0.01	0.01
滥用职权	Abuse of Power	8.95	8.43	8.84	9.88	7.78	8.33
玩忽职守	Dereliction of Duty	8.13	10.57	11.30	4.31	9.99	10.86
徇私舞弊	Fraudulent Practice	2.27	1.61	1.56	0.53	1.47	1.45
其他	Others	2.21	1.12	2.14	0.70	1.88	2.13

注：结案中含上年旧存（以下各表同）。
Note: Data of cases settled include cases turned over from previous year. The same applies to the tables following.

11-7 人民检察院审查逮捕、审查起诉和构成情况(2017年)
Arrests and Prosecution Approved by People's Procuratorate (2017)

案件分类	Category of Cases	批捕、决定逮捕合计 Total of Arrests		决定起诉合计 Total of Public Prosecutions	
		件 (case)	人 (person)	件 (case)	人 (person)
绝对数	**Value**				
合计	**Total**	**764878**	**1081545**	**1219603**	**1705772**
危害公共安全案	Offences Against Public Security	103020	125521	342471	367500
破坏社会主义市场经济秩序案	Offences Against Socialist Economic Order	39115	58946	58081	103511
侵犯公民人身、民主权利案	Offences Against Citizens' Personal and Democratic Rights	113127	148890	163061	223845
侵犯财产案	Offences Against Properties	256261	335944	328315	448375
妨害社会管理秩序案	Offences Against Social Management of Order	242052	399980	297530	521064
危害国防利益案	Offences Against National Defense	179	259	211	322
军人违反职责案	Offences on Dereliction of Duty by Servicemen				
贪污贿赂案	Offences on Corruption and Bribery	9922	10613	24825	33580
渎职侵权案	Offences on Abuse and Dereliction of Duty	1039	1196	4995	7379
其他	Others	163	196	114	196
构成(%)	**Percentage(%)**				
合计	**Total**	**100.00**	**100.00**	**100.00**	**100.00**
危害公共安全案	Offences Against Public Security	13.47	11.61	28.08	21.54
破坏社会主义市场经济秩序案	Offences Against Socialist Economic Order	5.11	5.45	4.76	6.07
侵犯公民人身、民主权利案	Offences Against Citizens' Personal and Democratic Rights	14.79	13.77	13.37	13.12
侵犯财产案	Offences Against Properties	33.50	31.06	26.92	26.29
妨害社会管理秩序案	Offences Against Social Management of Order	31.65	36.98	24.40	30.55
危害国防利益案	Offences Against National Defense	0.02	0.02	0.02	0.02
军人违反职责案	Offences on Dereliction of Duty by Servicemen				
贪污贿赂案	Offences on Corruption and Bribery	1.30	0.98	2.04	1.97
渎职侵权案	Offences on Abuse and Dereliction of Duty	0.14	0.11	0.41	0.43
其他	Others	0.02	0.02	0.01	0.01

11-8 人民检察院办理刑事抗诉案件情况(2017年)
Criminal Appeals Handled by People's Procuratorate (2017)

案件类别	Category of Cases	提出抗诉 Presenting Procuratoral Appeal	审判结果 合 计 Total Result of Judgement	改 判 Revising Judgment		维持原判 Affirming Original Judgment	发回重审 Remanding for Retrial
		(件) (case)	(件) (case)	(件) (case)	(人) (person)	(件) (case)	(件) (case)
合 计	**Total**	**7932**	**6573**	**3330**	**4778**	**1734**	**1509**
二审小计	Sub-total of Second Instance	6812	5925	2957	4328	1631	1337
贪污贿赂案件	Embazzlement and Bribery Cases	774	777	362	457	246	188
渎职侵权案件	Dereliction of Duty and Infingement of Citizens' Right Cases	240	207	75	87	83	102
刑事案件	Criminal Cases	5798	4941	2520	3784	1302	1047
再审小计	Sub-total of Retrial	1120	648	373	450	103	172
贪污贿赂案件	Embazzlement and Bribery Cases	108	77	45	45	18	14
渎职侵权案件	Dereliction of Duty and Infingement of Citizens' Right Cases	16	13	1	1	7	5
刑事案件	Criminal Cases	996	558	327	404	78	153

11-9 人民检察院办理民事、行政抗诉案件情况(2017年)
Civil and Administrative Appeals Handled by People's Procuratorate (2017)

单位：件 (case)

案件类别	Category of Cases	合 计 Total	民事案件 Civil Cases	行政案件 Administrative Cases
提请抗诉	Submitting Procuratoral Appeal	6177	5814	363
抗 诉	Procuratoral Appeal	3283	3144	139
提出再审检察建议	Giving Retrial Procuratorate Suggestion	3153	3093	60
抗诉案件再审	Retrial of Procuratoral Appeal	1706	1647	59
改 判	Revising Judgment	879	859	20
发回重审	Remanding for Retrial	233	223	10
调 解	Mediation	111	111	0
维持原判	Affirming Original Judgment	377	350	27
其 他	Others	106	104	2

11-10 人民检察院受理举报、控告和申诉案件情况(2017年) Cases of Reporting, Accusation and Petition Handled by People's Procuratorate (2017)

单位：件 (case)

案件类别	Category of Cases	受理 Cases Accepted	处理 Cases Handled	#检察机关办理 Handled by General Office of People's Procuratorate	#转其他机关 Transfering to Other Organs
合 计	**Total**	**260495**	**252197**	**175781**	**23872**
首次举报	First Report of an Offence	64615	62328	48122	8285
首次控告	First Accusation	37472	36677	15487	10226
首次申诉	First Petition	158408	153192	112172	5361

11-11 人民检察院处理申诉案件情况(2017年) Appeals Handled by People's Procuratorate (2017)

单位：件 (case)

案件分类	Category of Cases	受案 Cases Accepted	立案复查 Cases Registered for Reinves-tigation	结案 Cases Settled	#改变原决定 Original Decision Changed
合 计	**Total**	**15715**	**6624**	**5805**	**182**
不服检察机关处理决定	Appeals against Decision of Procuratorate's Offices	3988	2617	2287	182
不服不批捕	Appeals against Rejection of Arrest	256	129	115	11
不服不起诉	Appeals against Rejection of Prosecuting	3488	2384	2078	146
不服撤案	Appeals against Withdrawal of the Case	34	16	13	4
不服原免予起诉	Appeals against Original Exemption of Lawsuit				
其他	Others	210	88	81	21
不服法院刑事判决裁定	Appeals against Judgment of Criminal Case	11727	4007	3518	
刑罚执行中被害人申诉	Appeals of the Victim at the Punishment	2448	973	889	
刑罚执行中被告人申诉	Appeals of the Defendant at the Punishment	3197	1073	946	
刑罚执行完毕后被害人申诉	Appeals of the Victim after the Punishment	1151	460	374	
刑罚执行完毕后被告人申诉	Appeals of the Defendant after the Punishment	4239	1247	1088	
其他	Others	692	254	221	

11-12 人民检察院纠正违法情况
Law-breaking Cases Rectified by People's Procuratorate

项　目	Item	2016	2017
书面提出纠正件次合计（件次）	**Total of Written Rectification (case-times)**	**77885**	**94951**
立案监督小计	Sub-total of Supervision of Cases Filing	30093	37809
监督立案	Supervision of Cases Filing	18668	22941
监督撤案	Supervision of Cases Withdrawed	11425	14868
侦查监督小计	Sub-total of Supervision of Investigation	39621	47871
刑事审判监督	Supervision of Criminal Trial	8171	9271
刑罚执行监督人次小计（人次）	**Sub-total of Supervision of Punishment Execution (person-times)**	**58770**	**55638**
监管活动	Administration of Prison and Custody	30261	23145
超期羁押	Excessive Custody	583	1605
减刑、假释、保外就医	Commutation of Sentence, Parole and Released on Parole for Medical Treatment	27926	30888
已纠正件次合计（件次）	**Total of Rectified (case-times)**	**67030**	**81304**
立案监督小计	Sub-total of Supervision of Cases Filing	25311	32511
监督立案	Supervision of Cases Filing	14650	18587
监督撤案	Supervision of Cases Withdrawed	10661	13924
侦查监督小计	Sub-total of Supervision of Investigation	34230	40358
刑事审判监督	Supervision of Criminal Trial	7489	8435
刑罚执行监督人次小计（人次）	**Sub-total of Supervision of Punishment Execution (person-times)**	**57995**	**51969**
监管活动	Administration of Prison and Custody	29872	22375
超期羁押	Excessive Custody	589	1306
减刑、假释、保外就医	Commutation of Sentence, Parole and Released on Parole for Medical Treatment	27534	28288

11-13 人民检察院检察官基本情况
Statistics on People's Procuratorate Procurators

单位：人，%　　　　(person，%)

项　目	Item	2016		2017	
		合计 Total	#女 Female	合计 Total	#女 Female
绝对数	**Value**				
全部检察官人数	**Total of Procurator**	**160681**	**51082**		
检察长人数	Chief Procurator	3358	289	3472	299
副检察长人数	Deputy Chief Procurator	11497	1554	10688	1444
检察员人数	Procurator	117647	36527	205671	69928
助理检察员	Assistant Procurator	28179	12712		
构成	**Percentage**				
全部检察官人数	**Total of Procurator**	**100.00**	**100.00**		
检察长人数	Chief Procurator	2.09	0.57		
副检察长人数	Deputy Chief Procurator	7.16	3.04		
检察员人数	Procurator	73.22	71.51		
助理检察员	Assistant Procurator	17.54	24.89		

11-14 人民法院审理一审案件情况
First Trial Cases by Courts

单位：件 (case)

年 份 Year	收 案 Cases Accepted	#刑 事 Criminal	#民商事 Civil	#知识产权 Intellectual Property Rights	#海事海商 Maritime Affairs	#行 政 Administrative
1978	447755	146968	300787			
1980	763535	197856	565679			
1985	1319741	246655	846391		238	916
1986	1611282	299720	989409		301	632
1987	1875229	289614	1213219		346	5940
1988	2290624	313306	1455130		569	8573
1989	2913515	392564	1815385		725	9934
1990	2916774	459656	1851897		753	13006
1991	2901685	427840	1880635		951	25667
1992	3051157	422991	1948786		1654	27125
1993	3414845	403267	2089257		1830	27911
1994	3955475	482927	2383764		1959	35083
1995	4545676	495741	2718533		2847	52596
1996	5312580	618826	3093995		3945	79966
1997	5288379	436894	3277572		4534	90557
1998	5410798	482164	3375069		5166	98350
1999	5692434	540008	3519244		5736	97569
2000	5356294	560432	3412259		6976	85760
2001	5344934	628996	3459025		6891	100921
2002	5132199	631348	4420123			80728
2003	5130760	632605	4410236			87919
2004	5072881	647541	4332727			92613
2005	5161170	684897	4380095			96178
2006	5183794	702445	4385732			95617
2007	5550062	724112	4724440			101510
2008	6288831	767842	5412591			108398
2009	6688963	768507	5800144			120312
2010	6999350	779595	6090622			129133
2011	7596116	845714	6614049			136353
2012	8442657	996611	7316463			129583
2013	8876733	971567	7781972	88583	11224	123194
2014	9489787	1040457	8307450	95522	12174	141880
2015	11444950	1126748	10097804	109386	17546	220398
2016	12088800	1101191	10762124	134248	16336	225485
2017	12907729	1294377	11373753	201039	15367	230432

注：1.一审案件指人民法院按照诉讼级别管辖按第一审程序审理的案件。
2.2002年起，经济纠纷和海事海商并入民事案件中。
3.2017年起，行政赔偿案件从行政案件中分离出来。

Note: a) First trial cases refer to cases accepted by people's courts according to the first trial proceedings.
b) Data of civil cases include cases of economic disputes and maritime affairs since 2002.
c) Data of administrative compensation cases are separated from administrative cases since 2017.

11-15 人民法院审理刑事一审案件收结案和构成情况(2017年)
First Trial Criminal Cases and Composition Accepted and Settled by Courts (2017)

单位：件，% (case,%)

项 目	Item	收 案 Cases Accepted	结 案 Cases Settled
绝对数	**Value**		
合 计	**Total**	**1294377**	**1296650**
危害公共安全罪	Offences Against Public Security	346856	344409
破坏社会主义市场经济秩序罪	Offences Against Socialist Economic Order	59461	59748
侵犯公民人身权利民主权利罪	Offences Against Citizens' Personal and Democratic Rights	172203	174573
侵犯财产罪	Offences Against Properties	329175	331522
妨害社会管理秩序罪	Offences Against Social Management of Order	355179	354583
危害国防利益罪	Offences Against National Defense	341	348
贪污贿赂罪	Offences on Corruption and Bribery	25443	25757
渎职罪	Offences on Dereliction of Duty	5278	5262
其他	Others	441	448
合计中含自诉案件	Private Prosecution Among the Total	14724	15102
构成	**Percentage**		
合 计	**Total**	**100.00**	**100.00**
危害公共安全罪	Offences Against Public Security	26.80	26.56
破坏社会主义市场经济秩序罪	Offences Against Socialist Economic Order	4.59	4.61
侵犯公民人身权利民主权利罪	Offences Against Citizens' Personal and Democratic Rights	13.30	13.46
侵犯财产罪	Offences Against Properties	25.43	25.57
妨害社会管理秩序罪	Offences Against Social Management of Order	27.44	27.35
危害国防利益罪	Offences Against National Defense	0.03	0.03
贪污贿赂罪	Offences on Corruption and Bribery	1.97	1.99
渎职罪	Offences on Dereliction of Duty	0.41	0.41
其他	Others	0.03	0.03

注：结案中含上年旧存(以下各表同)。
Note: Data of cases settled include cases turned over from previous year. The same applies to the tables following.

11-16 人民法院审理刑事案件罪犯情况
Criminal Offenders Heard by Courts

单位：人，%　　(person,%)

年 份 Year	刑事罪犯总数 Number of Offenders	#青少年罪犯 Young Offenders	不满18岁 Less Than 18 Years	18岁至25岁 Between 18 and 25 Years	青少年罪犯占刑事罪犯比重 Proportion of Young Offenders in the Total
1997	526312	199212	30446	168766	37.9
1998	528301	208076	33612	174464	39.4
1999	602380	221153	40014	181139	36.7
2000	639814	220981	41709	179272	34.5
2001	746328	253465	49883	203582	34.0
2002	701858	217909	50030	167879	31.0
2003	742261	231715	58870	172845	31.2
2004	764441	248834	70086	178748	32.6
2005	842545	285801	82692	203109	33.9
2006	889042	303631	83697	219934	34.2
2007	931745	316298	87506	228792	33.9
2008	1007304	322061	88891	233170	32.0
2009	996666	302023	77604	224419	30.3
2010	1006420	287978	68193	219785	28.6
2011	1050747	282429	67280	215149	26.9
2012	1173406	282990	63782	219208	24.1
2013	1157784	265439	55817	209622	22.9
2014	1183784	249576	50415	199161	21.1
2015	1231656	236341	43839	192502	19.2
2016	1219569	204657	35743	168914	16.8
2017	1268985	183471	32778	150693	14.5

11-17 人民法院审理婚姻家庭、继承一审案件收结案情况(2017年)
First Trial Civil Cases of Marriage, Family Affairs and Inheritance Accepted and Settled by Courts (2017)

单位：件　　(case)

项 目	Item	收案 Cases Accepted	结案 Cases Settled	调解 Mediation	判决 Judgment	不予受理 Not Accepted	驳回 Reject	撤诉 Withdrawal	其他 Other
合 计	**Total**	**1802151**	**1830023**	**676606**	**651196**	**23692**	**28279**	**433185**	**17065**
婚姻家庭	Marriage and Family Affairs	1681658	1708629	601476	626717	21428	26192	416540	16276
离婚	Divorce	1409563	1432578	489559	539023	16428	21238	353373	12957
赡养纠纷	Support Disputes	25394	25942	7267	9618	80	366	8134	477
抚养、扶养关系纠纷	Upbringing Disputes	5914	6087	2374	2031	54	112	1437	79
抚育费纠纷	Upbringing Fee Disputes	97707	98773	44874	28806	2742	1669	19658	1024
监护权纠纷	Guardianship Disputes	833	846	247	260	12	36	272	19
探望权纠纷	Visitation Disputes	4702	4785	1810	1736	97	61	1005	76
其他	Others	137545	139618	55345	45243	2015	2710	32661	1644
继承	Inheritance	117937	118716	73949	23602	2255	2043	16101	766
法定继承	Legal Inheritance	58846	59449	42483	7455	1529	563	7137	282
遗嘱继承	Testament Inheritance	6006	6119	2406	2399	95	112	1049	58
其他	Others	53085	53148	29060	13748	631	1368	7915	426
其他	Others	2556	2678	1181	877	9	44	544	23

11-18 人民法院审理民事一审案件收结案和构成情况(2017年)
First Trial Civil Cases and Composition Accepted and Settled by Courts (2017)

单位：件，% (case,%)

项 目	Item	收 案 Cases Accepted	结 案 Cases Settled	判 决 Judgment	不予受理 Not Accepted	驳 回 Reject	撤 诉 With-drawal	调 解 Mediation	其 他 Other
绝对数	**Value**								
合计	**Total**	**1.1E+07**	**1.2E+07**	**5172571**	**120154**	**513213**	**2796436**	**2885318**	**163671**
人格权纠纷	Personality Disputes	178052	186654	97040	1375	4087	38323	44254	1575
婚姻家庭、继承纠纷	Disputes of Marriage, Family and Inheritance	1802151	1830023	651196	23692	28279	433185	676606	17065
物权纠纷	Property Rights Disputes	319622	329842	137799	4188	25179	97531	59771	5374
合同、无因管理、不当得利纠纷	Contract, Non-cause Management, Improper Profit Disputes	7008397	7179398	3297802	61808	394651	1842914	1485132	97091
知识产权与竞争纠纷	Intellectual Property Rights and Competition Disputes	201039	192938	62330	5245	13987	85919	14872	10585
劳动争议、人事争议	Labor Disputes, Personnel Disputes	451567	470669	220214	8477	19649	78933	132245	11151
海事海商纠纷	Maritime Disputes	15367	16610	5283	283	367	5843	4520	314
与公司、证券、保险、票据等有关的民事纠纷	Civil Disputes Relating to Companies, Securities, Insurance, Bills, etc	217736	219713	109349	2672	8707	41678	50361	6946
侵权责任纠纷	Tort Liability Dispute	1138487	1186649	565397	11892	14683	164613	417087	12977
其他	Others	41335	38867	26161	522	3624	7497	470	593
构成	**Percentage**								
合计	**Total**	**100.00**	**100.00**	**100.00**	**100.00**	**100.00**	**100.00**	**100.00**	**100.00**
人格权纠纷	Personality Disputes	1.57	1.60	1.88	1.14	0.80	1.37	1.53	0.96
婚姻家庭、继承纠纷	Disputes of Marriage, Family and Inheritance	15.84	15.71	12.59	19.72	5.51	15.49	23.45	10.43
物权纠纷	Property Rights Disputes	2.81	2.83	2.66	3.49	4.91	3.49	2.07	3.28
合同、无因管理、不当得利纠纷	Contract, Non-cause Management, Improper Profit Disputes	61.62	61.62	63.76	51.44	76.90	65.90	51.47	59.32
知识产权与竞争纠纷	Intellectual Property Rights and Competition Disputes	1.77	1.66	1.21	4.37	2.73	3.07	0.52	6.47
劳动争议、人事争议	Labor Disputes, Personnel Disputes	3.97	4.04	4.26	7.06	3.83	2.82	4.58	6.81
海事海商纠纷	Maritime Disputes	0.14	0.14	0.10	0.24	0.07	0.21	0.16	0.19
与公司、证券、保险、票据等有关的民事纠纷	Civil Disputes Relating to Companies, Securities, Insurance, Bills, etc	1.91	1.89	2.11	2.22	1.70	1.49	1.75	4.24
侵权责任纠纷	Tort Liability Dispute	10.01	10.18	10.93	9.90	2.86	5.89	14.46	7.93
其他	Others	0.36	0.33	0.51	0.43	0.71	0.27	0.02	0.36

11-19 人民法院审理行政一审案件收结案和构成情况(2017年)
First Trial Administrative Cases and Percentage Accepted and Settled by Courts (2017)

单位：件，%　　　　(case,%)

项　目	Item	收案 Cases Accepted	结案 Cases Settled	判决 Sentence	不予立案 Not to Put on Record	驳回 Reject	撤诉 With-drawal	调解 Mediation	其他 Other
绝对数	**Value**								
合计	**Total**	**230432**	**229112**	**95119**	**14680**	**53512**	**47880**	**1079**	**16842**
土地等资源	Land	24963	25690	10327	1449	7553	4894	70	1397
公安	Public Security	20402	21011	10225	1226	3058	5782	27	693
城建	City Construction	34085	34549	13851	1974	9900	7428	164	1232
交通运输	Traffic and Transport	1846	1705	593	79	208	791	5	29
工商	Industry and Commerce	4830	4655	1540	104	872	1609	20	510
环保	Environment Protection	981	959	478	22	131	292	10	26
计划生育	Family Planning	338	380	155	50	74	95		6
税务	Tax	555	540	195	24	107	195	2	17
卫生	Health	525	572	265	42	128	123		14
乡政府	Townships Government	7098	6912	2415	540	2225	1474	21	237
劳动和社会保障	Labour and Social Security	14447	14424	7006	466	1442	3004	188	2318
其他	Other	120362	117715	48069	8704	27814	22193	572	10363
构成	**Percentage**								
合计	**Total**	**100.00**	**100.00**	**100.00**	**100.00**	**100.00**	**100.00**	**100.00**	**100.00**
土地等资源	Land	10.83	11.21	10.86	9.87	14.11	10.22	6.49	8.29
公安	Public Security	8.85	9.17	10.75	8.35	5.71	12.08	2.50	4.11
城建	City Construction	14.79	15.08	14.56	13.45	18.50	15.51	15.20	7.32
交通运输	Traffic and Transport	0.80	0.74	0.62	0.54	0.39	1.65	0.46	0.17
工商	Industry and Commerce	2.10	2.03	1.62	0.71	1.63	3.36	1.85	3.03
环保	Environment Protection	0.43	0.42	0.50	0.15	0.24	0.61	0.93	0.15
计划生育	Family Planning	0.15	0.17	0.16	0.34	0.14	0.20		0.04
税务	Tax	0.24	0.24	0.21	0.16	0.20	0.41	0.19	0.10
卫生	Health	0.23	0.25	0.28	0.29	0.24	0.26		0.08
乡政府	Townships Government	3.08	3.02	2.54	3.68	4.16	3.08	1.95	1.41
劳动和社会保障	Labour and Social Security	6.27	6.30	7.37	3.17	2.69	6.27	17.42	13.76
其他	Other	52.23	51.38	50.54	59.29	51.98	46.35	53.01	61.53

11-20 律师、公证和调解工作基本情况
Basic Statistics on Lawyers, Notarization and Mediation

项　目	Item	2011	2012	2013	2014	2015	2016	2017
律师工作	**Lawyers**							
律师事务所(个)	Number of Law Offices(unit)	18235	19361	20609	22166	24425	26150	28382
律师人数(人)	Number of Lawyers(person)	214968	232384	248623	271452	297175	325540	357193
#专职律师	Full-time Lawyers	192546	208356	225000	244000	267536	293586	316771
兼职律师	Part-time Lawyers	9740	10108	10550	10545	11199	11567	12369
担任法律顾问(家)	Number of Units with Legal Advisors(unit)	392456	447993	456847	507289	548260	579360	629742
民事诉讼代理(件)	Agent of Civil Cases(case)	1693635	1779118	1887156	2100102	2476112	2744896	3872852
刑事诉讼辩护及代理(件)	Agent and Defender of Criminal Cases(case)	569330	576050	592486	667391	717283	704447	705213
行政诉讼代理(件)	Agent of Administrative Action(case)	52136	43312	57659	64545	86455	98989	156971
非诉讼法律事务(件)	Agent of Non-Litigious Legal Affairs(case)	625229	585358	817703	673080	784264	844414	848806
解答法律询问(万人次)	Agent of Legal Advisory Services (10 000 person-times)	513.6	436.9	452.3	464.3	508.2	530.2	452.4
公证工作	**Notarization**							
公证处(个)	Number of Notary Offices(unit)	3006	3007	2987	3006	3001	3002	2952
公证员(人)	Notaries(person)	12163	12333	12725	12960	13147	13175	13231
办理公证文书(万件)	Number of Notarized Documents (10 000 cases)	1076.6	1120.8	1258.9	1221.6	1246.8	1399.7	1448.7
人民调解工作	**Number of People's Mediation**							
人民调解委员会(万个)	Number of People's Mediation Committees (10 000 units)	81.1	81.7	82.0	80.3	79.8	78.4	75.9
调解人员(万人)	Number of Mediators(10 000 persons)	433.6	428.1	422.9	394.1	391.1	385.2	362.9
调解民间纠纷(万件)	Number of Civil Disputes Mediated (10 000 cases)	893.5	926.6	943.9	933.0	933.1	901.9	874.1

11-21 律师人员构成情况
Basic Statistics on Composition of Lawyers

单位：人　　(person)

项　目	Item	2011	2012	2013	2014	2015	2016	2017	2017年比2016年增减(%) Change in 2017 over 2016(%)
律师人数	**Number of Lawyers**	**214968**	**232384**	**248623**	**271452**	**297175**	**325540**	**357193**	**9.72**
#女	Female	52262	61717	69383	79471	91416	105557	119061	12.79
#中共党员	Communist Party Members	62881	64576	67969	73774	87712	99232	114246	15.13
#博士	With Doctor's Degree	3242	3399	4054	4411	4369	4413	5229	18.49
硕士	With Master's Degree	31885	35612	38094	43944	48420	54014	50876	-5.81
法律专业本科	Undergraduates Majoring in Law	141230	150046	163864	180434	196520	216136	212226	-1.81

注：2017年起，不再统计双学士律师人数。
Note: Since 2017, the number of lawyers with dual bachelor's degres is no longer counted.

11-22 分地区律师和公证员情况(2017年)
Basic Statistics on Lawyers and Notaries by Region (2017)

单位：人 (person)

地区	Region	律师人数 Number of Lawyers	#女 Female	#专职律师 Full-time Lawyers	公证员 Notaries	#女 Female
全国	**National Total**	**357193**	**119061**	**316771**	**13231**	**6500**
北京	Beijing	29297	12431	27608	395	227
天津	Tianjin	6634	3050	6057	143	70
河北	Hebei	14797	5407	12554	705	366
山西	Shanxi	9090	3804	7720	443	222
内蒙古	Inner Mongolia	7065	2723	6246	380	169
辽宁	Liaoning	11965	4874	10349	422	231
吉林	Jilin	4809	1794	3932	367	182
黑龙江	Heilongjiang	5378	1868	4765	399	219
上海	Shanghai	22422	8259	20516	471	224
江苏	Jiangsu	21816	6682	20762	691	348
浙江	Zhejiang	19297	6670	16532	493	228
安徽	Anhui	9996	2232	8512	388	133
福建	Fujian	10641	3347	8706	440	191
江西	Jiangxi	5585	1228	4894	325	136
山东	Shandong	24437	7686	22715	1032	491
河南	Henan	18681	4733	17117	671	303
湖北	Hubei	7340	911	4600	435	186
湖南	Hunan	14067	4045	12519	378	191
广东	Guangdong	37338	12159	34207	850	423
广西	Guangxi	7575	2110	6341	290	126
海南	Hainan	2267	840	1859	87	33
重庆	Chongqing	9791	2583	7965	220	112
四川	Sichuan	19505	6530	17794	923	494
贵州	Guizhou	5871	1510	4708	261	144
云南	Yunnan	10143	4236	9110	625	300
西藏	Tibet	299	116	234	18	9
陕西	Shaanxi	8757	3213	7890	467	233
甘肃	Gansu	3639	925	3104	255	111
青海	Qinghai	935	310	743	123	67
宁夏	Ningxia	2432	1034	2043	128	86
新疆	Xinjiang	4814	1599	4209	368	231
新疆兵团	Xinjiang Production and Construction Crops	510	152	460	38	14

11-23 公证业务分类情况(2017年)
Notarial Services by Type (2017)

分　类	Item	办证件数(件) Number of Notarial Documents Issued (case)	比重 (%) Percentage (%)
合　计	**Total**	**14487247**	**100.00**
合同(协议)	Contracts (Agreements)	1464393	10.11
继承	Inheritance	1272634	8.78
#小额继承	Small inheritance	365791	2.52
委托	Power of Attorney	3223976	22.25
声明	Declaration	895975	6.18
赠与	Gift	75708	0.52
遗嘱	Testaments	148380	1.02
现场监督	Field Supervision	254210	1.75
婚姻状况、亲属关系、收养关系	Marital Status, Kinship Confirmation, Adoptive Relationship	580684	4.01
出生、生存、死亡	Births, Survival, Deaths	452690	3.12
身份、经历、学历、学位、职务、职称	Identity, Resume, Education Background, Academic Degree, Professional Titles	291085	2.01
有无违法犯罪记录	Illegal and Criminal Record Check	407184	2.81
公司章程	Corporation Constitutions	13846	0.10
保全证据	Evidence Preservation	378378	2.61
证书、执照	Certificate, Licence	515355	3.56
签名、印鉴	Signature, Seal	1027569	7.09
文本相符	Conformity of Documentation	1117298	7.71
赋予强制执行效力	Executor Force	1115818	7.70
执行证书	Certificate of Execution	44848	0.31
抵押登记	Mortgage Registration	39055	0.27
提存	Drawing	3409	0.02
保管	Storage	16130	0.11
其他	Others	1148622	7.93

11-24 调解民间纠纷分类情况
Number of Civil Disputes Mediated by Type

项　目	Item	调解纠纷（万件） Civil Disputes (case)		各类纠纷所占比重 (%) Percentage(%)	
		2016	2017	2016	2017
合　计	**Total**	**901.9**	**883.3**	**100.0**	**100.0**
#婚姻家庭	Family Disputes	175.1	164.5	19.4	18.6
房屋、宅基地	Housing and Housing Sites	62.4	54.6	6.9	6.2
邻　里	Neighbor Disputes	229.1	222.6	25.4	25.2
损害赔偿	Compensation for Damages	75.0	71.8	8.3	8.1

11-25 劳动人事争议仲裁情况
Disposal of Labor Disputes

项　目	Item	2013	2014	2015	2016	2017
上期未结案数(件)	**Number of Cases Left Over from Last Period(case)**	**34478**	**31796**	**39580**	**37939**	**38545**
案件受理情况	**Cases Accepted**					
当期案件受理数(件)	Number of Cases(case)	665760	715163	813859	828714	785323
#集体劳动争议案件数	Number of Collective Labour Disputes	6783	8041	10466	9743	7513
劳动者申诉案件数	Number of Cases Appealed by Laborers	641932	690418	784229	801482	762572
按争议原因分(件)	By Cause of the Disputes(case)					
劳动报酬	Labour Remuneration	223351	258716	321179	345745	331463
社会保险	Social Insurances	165665	160961	158002	145705	135211
解除、终止劳动合同	Relieve or End the Labour Contract	147977	155870	182396	188635	169456
劳动者当事人数(人)	Number of Laborers Involved(person)	888430	997807	1159687	1112375	979016
#集体劳动争议	Collective Labour Disputes	218521	267165	341588	289842	203963
案件处理情况	**Cases Settled**					
结案数(件)	Number of Cases Settled(case)	669062	711044	812461	827889	790448
按处理方式分	By Manners of Settlement					
仲裁调解	By Mediation	311806	321598	362814	389737	390278
仲裁裁决	By Arbitrition Lawsuit	283341	313175	368409	366428	336073
其他方式	Others	73915	76271	81238	71724	64097
按处理结果分	By Result of Settlement					
用人单位胜诉	Lawsuit Won by Units	82519	82541	90785	92405	89928
劳动者胜诉	Lawsuit Won by Laborers	217551	250284	287544	286020	259898
双方部分胜诉及其他	Lawsuit Partly Won by Both Parties and Others	368992	378219	434132	449464	440622
案外调解案件数	**Cases Mediated**	**215595**	**227447**	**258114**	**239298**	**208491**

11-26 全国生产安全事故情况
Statistics on Production Safety Accident Nation Wide

单位：起，人 (case, person)

项目	Item	总计 Total				较大事故 Larger Accident			
		2016		2017		2016		2017	
		发生数 Case	死亡人数 Death	发生数 Case	死亡人数 Death	发生数 Case	死亡人数 Death	发生数 Case	死亡人数 Death
合计	**Total**	**63205**	**43062**	**52988**	**37852**	**749**	**2854**	**613**	**2332**
农林牧渔业	Agriculture, Forestry, Animal Husbandry and Fishery	1391	488	1145	453	15	78	11	53
农业机械	Agricultural Machinery	1004	133	829	130				
渔业船舶	Fishery Vessel	269	244	172	181	10	58	9	46
其他	Others	118	111	144	142	5	20	2	7
采矿业	Mining and Quarrying	717	1061	641	872	29	125	41	167
煤矿	Coal Mine	249	526	219	375	22	95	26	104
金属非金属矿山	Metal Mine and Non-Metallic Mine	461	525	407	484	7	30	15	63
其他	Others	7	10	15	13				
商贸制造业	Trading Manufacturing	3148	3219	3165	3260	67	249	70	265
化工	Chemical Industry	220	230	218	271	11	36	15	57
烟花爆竹	Fireworks and Crackers	34	60	33	55	4	19	5	25
冶金机械八行业	Metallurgical Machinery and Mther 8 Industries	1838	1846	1735	1752	26	97	25	90
其他	Others	1056	1083	1179	1182	26	97	25	93
建筑业	Construction	3523	3806	3594	3843	75	275	64	254
房屋建筑及市政工程	Building Construction and Municipal Engineering	1941	1984	1681	1730	32	114	27	100
交通建设工程	Traffic Construction Project	440	509	435	499	17	62	11	42
其他	Others	1142	1313	1478	1614	26	99	26	112
交通运输业	Transportation Industry	52763	32883	43077	27973	534	2020	393	1460
铁路运输业	Rail Transportation	1290	932	1157	899	2	6		
道路运输业	Road Transportation	51055	31496	41554	26654	503	1905	382	1411
水上运输业	Water Transportation	196	203	131	172	16	63	9	40
航空运输业	Air Transportation	10	19	5	4	3	13		
其他	Others	212	233	230	244	10	33	2	9
其他行业	Others	1663	1605	1366	1451	29	107	34	133

11-26 续表 continued

单位：起，人 (case, person)

项 目	Item	重大事故 Serious and Major Accidents 2016 发生数 Case	2016 死亡人数 Death	2017 发生数 Case	2017 死亡人数 Death	#特别重大事故 Extraordinarily Serious Accident 2016 发生数 Case	2016 死亡人数 Death	2017 发生数 Case	2017 死亡人数 Death
合 计	**Total**	**28**	**397**	**24**	**306**	**4**	**173**	**1**	**36**
农林牧渔业	Agriculture, Forestry, Animal Husbandry and Fishery	4	49						
农业机械	Agricultural Machinery								
渔业船舶	Fishery Vessel	4	49						
其 他	Others								
采矿业	Mining and Quarrying	10	141	6	69	2	65		
煤矿	Coal Mine	9	129	6	69	2	65		
金属非金属矿山	Metal Mine and Non-Metallic Mine	1	12						
其 他	Others								
商贸制造业	Trading Manufacturing	2	28	2	20				
化工	Chemical Industry			2	20				
烟花爆竹	Fireworks and Crackers	1	10						
冶金机械八行业	Metallurgical Machinery and Mther 8 Industries								
其 他	Others	1	18						
建筑业	Construction	1	13	1	12	1	73		
房屋建筑及市政工程	Building Construction and Municipal Engineering								
交通建设工程	Traffic Construction Project			1	12				
其 他	Others	1	13			1	73		
交通运输业	Transportation Industry	10	144	10	137	1	35	1	36
铁路运输业	Rail Transportation								
道路运输业	Road Transportation	7	100	8	108	1	35	1	36
水上运输业	Water Transportation	3	44	1	10				
航空运输业	Air Transportation								
其 他	Others			1	19				
其他行业	Others	1	22	5	68				

11-27 全国消协组织受理投诉情况
Statistics on Complaints Accepted by Consumer Society Nationwide

单位：件，% (case, %)

项　目	Item	2016 投诉件数 Complaint Case	2016 比重 Percentage	2017 投诉件数 Complaint Case	2017 比重 Percentage	比重变化 Change % in 2017 over 2016
合　计	**Total**	**653505**	**100.00**	**726840**	**100.00**	
质量	Quality	270990	41.47	158074	21.75	-19.72
售后服务	After-sales Service	148529	22.73	206051	28.35	5.62
合同	Contract	79903	12.23	225829	31.07	18.84
价格	Price	34419	5.27	23106	3.18	-2.09
安全	Safety	20671	3.16	17228	2.37	-0.79
虚假宣传	False Propaganda	31370	4.80	42647	5.87	1.07
假冒	Case of Counterfeit	18524	2.83	16970	2.33	-0.50
计量	Case of Weighing	7552	1.16	6165	0.85	-0.31
人格尊严	Personal Dignity	1948	0.30	4108	0.57	0.27
其他	Others	39599	6.06	26662	3.67	-2.39

注：资料来自《全国消协组织受理投诉情况分析报告》。
Note: Data source is Analysis Report of Statistics on Complaints Accepted by Consumer Society.

11-28 按商品大类分受理投诉情况
Statistics on Complaints by Merchandise Type

单位：件，% (case, %)

项　目	Item	2016 投诉件数 Complaint Case	2016 比重 Percentage	2017 投诉件数 Complaint Case	2017 比重 Percentage	比重变化 Change % in 2017 over 2016
家用电子电器类	Household Electrical Appliance	122785	18.78	95518	13.14	-5.64
服装鞋帽类	Clothing Shoes and Hats	57009	8.72	44411	6.11	-2.61
日用商品类	Commodity	47040	7.20	41937	5.77	-1.43
交通工具类	Vehicle	54239	8.30	54536	7.50	-0.80
食品类	Food	26979	4.13	20944	2.88	-1.25
房屋建材类	Building Materials	28091	4.30	21416	2.95	-1.35
首饰及文体用品类	Jewelry and Stationery and Sporting Goods	12910	1.97	9884	1.36	-0.61
烟、酒和饮料类	Tobacco and Beverages	11817	1.81	9870	1.36	-0.45
农用生产资料类	Agricultural Production Material	8647	1.32	2505	0.34	-0.98
医药及医疗用品类	Medicine and Medical Supplies	7879	1.21	4442	0.61	-0.60

注：资料来自《全国消协组织受理投诉情况分析报告》。
Note: Data source is Analysis Report of Statistics on Complaints Accepted by Consumer Society.

11-29 受理食品药品投诉和查处案件情况
Statistics on Complaint and Investigation Case of Food and Medicine

单位：万件 (10 000 case)

项　目	Item	2015	2016	2017	2017比2016增减(%) Change in 2017 over 2016 (%)
受理药品投诉	Complaint of Medicine	3.9	4.9	5.8	17.5
受理医疗器械投诉	Complaint of Medical Equipment	1.0	1.2	1.5	28.3
受理化妆品投诉	Complaint of Cosmetics	1.9	2.7	3.1	16.8
受理食品(含保健食品)投诉	Complaint of Food (Include Health Food)	43.2	60.5	88.0	45.5
查处药品案件	Investigate and Treat Medicine Case	8.9	9.7	11.2	15.7
查处医疗器械案件	Investigate and Treat Medical Equipment Case	1.1	1.4	1.7	22.6
查处化妆品案件	Investigate and Treat Cosmetics Case	0.6	0.8	1.0	30.3
查处食品(含保健食品)案件	Investigate and Treat Food (Include Health Food) Case	24.8	17.5	25.7	46.9

注：资料来自《食品药品监管统计年报》。
Note: Data source is Yearly Statistics on Food and Drug Supervision.

十二、社会参与
Social Participation

12-1 历届全国人民代表大会代表人数
Number of Deputies to All the Previous National People's Congresses

单位：人 (person)

届 别	Congress	年 份 Year	代表总数 Total Number of Deputies	#女代表 Female Deputies	#少数民族代表 Ethnic Minority Deputies	占代表总数比重(%) As Percentage to Total Deputies (%) 女代表 Female Deputies	少数民族代表 Ethnic Minority Deputies
一 届	First Congress	1954	1226	147	177	12.0	14.4
二 届	Second Congress	1959	1226	150	180	12.2	14.7
三 届	Third Congress	1964	3040	542	373	17.8	12.3
四 届	Fourth Congress	1975	2885	653	270	22.6	9.4
五 届	Fifth Congress	1978	3497	740	381	21.2	10.9
六 届	Sixth Congress	1983	2978	632	404	21.2	13.6
七 届	Seventh Congress	1988	2970	634	445	21.3	15.0
八 届	Eighth Congress	1993	2978	626	439	21.0	14.7
九 届	Ninth Congress	1998	2979	650	428	21.8	14.4
十 届	Tenth Congress	2003	2984	604	415	20.2	13.9
十一届	Eleventh Congress	2008	2987	637	411	21.3	13.8
十二届	Twelfth Congress	2013	2987	699	409	23.4	13.7
十三届	Thirteenth Congress	2018	2980	742	438	24.9	14.7

12-2 历届全国政治协商会议委员情况
Number of Deputies to All the Previous Chinese People's Political Consultative Conferences

单位：人 (person)

届 别	Congress	年 份 Year	委员总数 Total Number of Deputies	#中国共产党委员 Deputies from the Communist Party of China	#少数民族委员 Ethnic Minority Deputies	占委员总数比重(%) As Percentage to Total Deputies (%) 中国共产党委员 Deputies from the Communist Party of China	少数民族委员 Ethnic Minority Deputies
六 届	Sixth Congress	1983	2042	811	179	39.7	8.8
七 届	Seventh Congress	1988	2038	832	221	40.8	10.8
八 届	Eighth Congress	1993	2093	831	241	39.7	11.5
九 届	Ninth Congress	1998	2195	875	258	39.9	11.8
十 届	Tenth Congress	2003	2238	895	262	40.0	11.7
十一届	Eleventh Congress	2008	2237	892	250	39.9	11.2
十二届	Twelfth Congress	2013	2237	893	258	39.9	11.5
十三届	Thirteenth Congress	2018	2158	859	244	39.8	11.3

12-3　分地区居委会选举情况(2017年)
Statistics on Election of Neighborhood Committee by Region(2017)

地　区	Region	社区居委会(个) Neighborhood Committee (unit)	当年完成选举的社区居委会(个) Neighborhood Committee Completing the Election in the Current Year (unit)	当年完成选举的社区选民登记数(人) Electorates Registered of Neighborhood Committee Completing the Election (person)	#本届登记选民数 Electorates Registered in the Current Session	#参加投票人数 Persons Joining in Voting
全　国	**National Total**	**106491**	**30505**	**77533773**	**59840512**	**50938811**
北　京	Beijing	3140				
天　津	Tianjin	1657	183	403557	62334	56101
河　北	Hebei	4415	115	68347	53244	49669
山　西	Shanxi	2377	1115	1423652	1177837	626626
内蒙古	Inner Mongolia	2375	69	39688	25888	22202
辽　宁	Liaoning	4359	253	669188	92044	78207
吉　林	Jilin	1875	637	762269	115396	104739
黑龙江	Heilongjiang	3739	624	2360370	1545824	1042268
上　海	Shanghai	4364	499	1647747	5989	5501
江　苏	Jiangsu	7201	2003	6356112	3402579	2724796
浙　江	Zhejiang	4466	1749	5372783	4508483	4004841
安　徽	Anhui	3516	497	1882256	399599	259383
福　建	Fujian	2404				
江　西	Jiangxi	3569	169	351139	139341	136185
山　东	Shandong	6828	288	251661	87957	88693
河　南	Henan	5466				
湖　北	Hubei	4401				
湖　南	Hunan	5277	5275	10160561	9225279	7783963
广　东	Guangdong	6747	6589	18031609	18031609	17115102
广　西	Guangxi	1969	1523	6373418	5959726	4819442
海　南	Hainan	599	151	138396	137238	128283
重　庆	Chongqing	3055	1	2057	2057	286
四　川	Sichuan	7410	4112	9538018	6279244	5360248
贵　州	Guizhou	4052	2850	6831584	6207695	5178903
云　南	Yunnan	2473	459	1860146	413732	379615
西　藏	Tibet	215	89	73268	39336	35186
陕　西	Shaanxi	2771	79	108194	101368	76933
甘　肃	Gansu	1343	639	1846484	1408712	641221
青　海	Qinghai	477	209	258826	195151	145073
宁　夏	Ningxia	541	81	295046	119045	44573
新　疆	Xinjiang	3410	247	427397	103805	30772

12-4 分地区村委会选举情况(2017年)

Statistics on Election of Village Committee by Region (2017)

地 区	Region	村民委员会(个) Village Committee (unit)	当年完成选举的村委会(个) Village Committee Completing the Election in the Current Year (unit)	当年完成选举的村委会选民登记数(人) Electorates Registered of Village Committee Completing the Election (person)	#本届登记选民数 Electorates Registered in the Current Session	#参加投票人数 Persons Joining in Voting
全 国	**National Total**	**554218**	**151513**	**228812125**	**179264045**	**162363494**
北 京	Beijing	3920				
天 津	Tianjin	3680	2119	2252936	815160	541531
河 北	Hebei	48671	358	1106810	262564	238393
山 西	Shanxi	27881	17375	12138582	9864588	8580580
内蒙古	Inner Mongolia	11053	3	2121	2117	1623
辽 宁	Liaoning	11598	499	1553582	581085	532386
吉 林	Jilin	9327	2184	2563642	161477	170132
黑龙江	Heilongjiang	8968	2425	6375062	1514000	1247236
上 海	Shanghai	1585	39	410854	38528	35882
江 苏	Jiangsu	14462	4209	10419410	8600106	7296403
浙 江	Zhejiang	27458	16343	17358708	13836140	12901644
安 徽	Anhui	14482	1123	4588382	1576937	1204724
福 建	Fujian	14399				
江 西	Jiangxi	17033	1013	2083323	947477	931337
山 东	Shandong	74167	3574	3025764	1220141	1198520
河 南	Henan	46198				
湖 北	Hubei	24970				
湖 南	Hunan	23906	23904	36519515	33310718	31345271
广 东	Guangdong	19785	18904	41415308	41415277	39776143
广 西	Guangxi	14258	10395	24300099	22654628	20220736
海 南	Hainan	2562	442	614872	380023	353553
重 庆	Chongqing	8090				
四 川	Sichuan	45683	25844	32614358	19957774	16209444
贵 州	Guizhou	13436	9160	15837210	15049350	12948601
云 南	Yunnan	11905	1802	4173868	1138324	1074003
西 藏	Tibet	5259	2267	692557	646659	588258
陕 西	Shaanxi	18116	152	62772		3093
甘 肃	Gansu	16039	4107	4962328	2838426	2721575
青 海	Qinghai	4147	1784	1426482	762602	764943
宁 夏	Ningxia	2260	1133	2019092	1637533	1425950
新 疆	Xinjiang	8920	355	294488	52411	51533

12-5 社区服务机构、社会工作师情况
Statistics on Community Service Facilities and Social Workers

年份 Year 地区 Region	社区服务机构和设施(个) Number of Community Service Agencies and Facilities (unit)	社区服务中心(站)覆盖率(%) Coverage Rate of Community Service Centers (%)	社会工作师累计合格人数(人) Accumulated Qualified Social Workers (person)	助理社会工作师累计合格人数(人) Accumulated Qualified Junior Social Workers (person)
2000	187888	22.4		
2005	203275	28.7		
2006	160007	22.7		
2007	172002	24.7		
2008	162976	23.7	4192	20648
2009	174976	25.6	8419	27259
2010	152941	22.4	11083	32687
2011	160352	23.6	13421	40755
2012	200162	15.3	19525	64601
2013	251939	18.8	31183	91901
2014	251368	21.1	38501	120111
2015	360956	22.5	51722	154461
2016	386186	24.4	69391	218794
2017	407453	25.5	83189	243421
北京 Beijing	11749	94.5	6997	19844
天津 Tianjin	2786	39.7	1711	5529
河北 Hebei	36833	4.9	1890	3154
山西 Shanxi	6067	8.1	1423	2311
内蒙古 Inner Mongolia	4495	15.5	963	1570
辽宁 Liaoning	7375	31.0	3345	9088
吉林 Jilin	1840	15.4	1491	4879
黑龙江 Heilongjiang	3231	15.8	1373	3653
上海 Shanghai	6197	49.4	4613	12299
江苏 Jiangsu	41826	84.7	10076	32580
浙江 Zhejiang	33763	50.2	8422	17992
安徽 Anhui	7860	23.3	2235	6228
福建 Fujian	8630	22.5	3149	7209
江西 Jiangxi	3745	7.2	866	2625
山东 Shandong	25156	13.1	5735	9658
河南 Henan	6015	4.7	1932	4527
湖北 Hubei	14738	17.1	1858	7526
湖南 Hunan	15565	15.3	1865	5191
广东 Guangdong	68919	90.2	12857	51979
广西 Guangxi	13916	14.2	849	3040
海南 Hainan	2812	78.5	101	367
重庆 Chongqing	8040	27.9	1767	4692
四川 Sichuan	23457	21.7	2470	9380
贵州 Guizhou	23139	108.1	248	1089
云南 Yunnan	3359	11.7	766	2373
西藏 Tibet	76	0.3	7	25
陕西 Shaanxi	8926	14.9	2562	10218
甘肃 Gansu	10142	16.1	422	1361
青海 Qinghai	1640	10.2	86	315
宁夏 Ningxia	2514	74.4	282	868
新疆 Xinjiang	2642	17.5	828	1851

注：2015年起社区服务机构和设施指标包括社区养老机构、社区互助型养老设施数。
Note: Since 2015, community service agencies and facilities include community endowment agencies and community mutual-aid facilities.

12-6 社会组织情况
Number of NGOs

单位：个 (unit)

年 份 Year	社会组织合计 Total Number of NGOs	社会团体 Social Organizations	民办非企业 Non-enterprise Units Run by NGO	基金会 Foundations
1988	4446	4446		
1989	4544	4544		
1990	10855	10855		
1991	82814	82814		
1992	154502	154502		
1993	167506	167506		
1994	174060	174060		
1995	180583	180583		
1996	184821	184821		
1997	181318	181318		
1998	165600	165600		
1999	142665	136764	5901	
2000	153322	130668	22654	
2001	210939	128805	82134	
2002	244509	133297	111212	
2003	266612	141167	124491	954
2004	289432	153359	135181	892
2005	319762	171150	147637	975
2006	354393	191946	161303	1144
2007	386916	211661	173915	1340
2008	413660	229681	182382	1597
2009	431069	238747	190479	1843
2010	445631	245256	198175	2202
2011	461971	254969	204388	2614
2012	499268	271131	225108	3029
2013	547245	289026	254670	3549
2014	606048	309736	292195	4117
2015	662425	328500	329141	4784
2016	702405	335932	360914	5559
2017	761539	354794	400438	6307

注：2001年以前的基金会含在社会团体内。
Note: Data of social organizations included foundations before 2001.

12-7 分地区社会组织情况(2017年)
Statistics on Social Organizations (2017)

地区	Region	单位数(个) Number of Institutions (unit)	社会团体 Social Organi-zation	#省级 Provincial Level	#地级 Prefecture-level	#县级 County Level
全国	**National Total**	**761539**	**354794**	**31285**	**86165**	**235355**
中央级	Central-level	2312	1989			
北京	Beijing	12164	4586	2054		2532
天津	Tianjin	5048	2044	938		1106
河北	Hebei	21928	9141	1066	2835	5240
山西	Shanxi	13652	6664	782	2202	3680
内蒙古	Inner Mongolia	15116	7954	816	2803	4335
辽宁	Liaoning	22946	8155	841	3650	3664
吉林	Jilin	11112	5207	988	1777	2442
黑龙江	Heilongjiang	15839	6396	1090	2574	2732
上海	Shanghai	14929	3999	1312		2687
江苏	Jiangsu	87024	35139	1075	6283	27781
浙江	Zhejiang	51368	23592	1219	5213	17160
安徽	Anhui	28067	13083	952	4020	8111
福建	Fujian	27959	16992	1278	3780	11934
江西	Jiangxi	22610	11303	868	3077	7358
山东	Shandong	48727	17657	890	6058	10709
河南	Henan	33378	10737	996	3954	5787
湖北	Hubei	29469	12347	991	3422	7934
湖南	Hunan	33611	14720	939	4355	9426
广东	Guangdong	63784	28648	1979	10427	16242
广西	Guangxi	24567	12574	917	2850	8807
海南	Hainan	6873	2792	1141	568	1083
重庆	Chongqing	16824	7586	1052		6534
四川	Sichuan	42282	20149	1379	4457	14313
贵州	Guizhou	12700	7127	774	1594	4759
云南	Yunnan	23184	14679	975	3061	10643
西藏	Tibet	604	545	247	101	197
陕西	Shaanxi	24725	13898	956	2271	10671
甘肃	Gansu	27079	21614	590	1780	19244
青海	Qinghai	5291	3649	572	547	2530
宁夏	Ningxia	6548	4207	744	812	2651
新疆	Xinjiang	9819	5621	864	1694	3063

12-7 续表 Continued

地 区	Region	基金会 Fund Organization	#公募 Public Placement	#非公募 Non-public Placement	民办非企业单位 Non-enterprise Units Run by NGO	法人 League Person	合伙 Partnership	个体 Individual
全 国	**National Total**	**6307**	**1678**	**4629**	**400438**	**331171**	**10298**	**58969**
中央级	Central-level	213	104	109	110	108	1	1
北 京	Beijing	609	44	565	6969	6965		4
天 津	Tianjin	77	20	57	2927	2878	2	47
河 北	Hebei	103	17	86	12684	8810	271	3603
山 西	Shanxi	77	28	49	6911	6454	88	369
内蒙古	Inner Mongolia	120	87	33	7042	5565	217	1260
辽 宁	Liaoning	103	50	53	14688	11912	190	2586
吉 林	Jilin	102	29	73	5803	3514	13	2276
黑龙江	Heilongjiang	103	43	60	9340	6193	210	2937
上 海	Shanghai	426	57	369	10504	9658	14	832
江 苏	Jiangsu	660	231	429	51225	46229	597	4399
浙 江	Zhejiang	593	189	404	27183	23222	696	3265
安 徽	Anhui	124	5	119	14860	11170	471	3219
福 建	Fujian	316	53	263	10651	9220	363	1068
江 西	Jiangxi	74	24	50	11233	7863	465	2905
山 东	Shandong	167	39	128	30903	26040	1425	3438
河 南	Henan	135	46	89	22506	17129	1140	4237
湖 北	Hubei	148	24	124	16974	14677	414	1883
湖 南	Hunan	282	134	148	18609	14012	567	4030
广 东	Guangdong	951	119	832	34185	32384	316	1485
广 西	Guangxi	80	28	52	11913	8943	139	2831
海 南	Hainan	89	22	67	3992	3251	293	448
重 庆	Chongqing	78	26	52	9160	8349	73	738
四 川	Sichuan	158	75	83	21975	18050	498	3427
贵 州	Guizhou	53	30	23	5520	3000	379	2141
云 南	Yunnan	112	46	66	8393	6507	1070	816
西 藏	Tibet	18	10	8	41	29	2	10
陕 西	Shaanxi	122	30	92	10705	7844	147	2714
甘 肃	Gansu	68	4	64	5397	4088	119	1190
青 海	Qinghai	32	17	15	1610	1523	10	77
宁 夏	Ningxia	71	25	46	2270	1665	48	557
新 疆	Xinjiang	43	22	21	4155	3919	60	176

12-8 自治组织情况
Statistics on Autonomy Organizations

年 份 Year	社区居委会 (个) Number of Neighbourhood Committees (unit)	社区居委会成员 (万人) Membership of Neighbourhood Committees (10 000 persons)	村民委员会 (万个) Number of Villagers' Committees (10 000 units)	村民委员会成员 (万人) Membership of Villagers' Committees (10 000 persons)
1979	46810			
1980				
1981	57169			
1982				
1983	65519		31.2	
1984	75609		92.7	
1985	80943	34.9	94.9	379.6
1986	86824	36.2	86.6	365.9
1987	86799	37.0	84.5	359.9
1988	95684	36.1	88.3	366.6
1989	93691	36.6	93.4	379.4
1990	98814	43.1	100.1	409.4
1991	100347	44.1	101.9	424.4
1992	104136	46.5	100.4	430.9
1993	107173	47.9	101.3	456.0
1994	110112	48.0	100.7	458.5
1995	111860	48.0	93.2	400.5
1996	113690	49.3	92.8	397.5
1997	117915	49.8	90.6	378.8
1998	119042	50.8	83.3	358.6
1999	114815	50.1	80.1	351.3
2000	108424	48.4	73.2	315.0
2001	91893	46.4	70.0	316.4
2002	86087	39.6	68.1	294.2
2003	77431	39.7	66.3	319.1
2004	77884	42.5	64.4	292.1
2005	79947	45.4	62.9	265.7
2006	80717	44.3	62.4	243.0
2007	82006	41.6	61.3	241.1
2008	83413	42.2	60.4	233.9
2009	84689	43.1	59.9	234.0
2010	87057	43.9	59.5	233.4
2011	89480	45.4	59.0	231.9
2012	91153	46.9	58.8	232.3
2013	94620	48.4	58.9	232.3
2014	96693	49.7	58.5	230.5
2015	99679	51.2	58.1	229.7
2016	103292	54.0	55.9	225.3
2017	106491	56.5	55.4	224.3

12-9 分地区自治组织和年末成员情况(2017年)

Statistics on Autonomy Organizations and Members by Region(2017)

地区	Region	单位数(个) Number of Institutions (unit)	村民委员会 Village Committee	社区居委会 Neighborhood Committee	年末成员数(万人) Member at Year-end (10 000 persons)	#女 Female	村民委员会 Village Committee	社区居委会 Neighborhood Committee
全国	**National Total**	**660709**	**554218**	**106491**	**280.8**	**79.9**	**224.3**	**56.5**
北京	Beijing	7060	3920	3140	3.7	2.0	1.6	2.1
天津	Tianjin	5337	3680	1657	2.3	1.1	1.2	1.1
河北	Hebei	53086	48671	4415	19.6	3.7	17.3	2.3
山西	Shanxi	30258	27881	2377	11.3	2.9	10.1	1.2
内蒙古	Inner Mongolia	13428	11053	2375	5.2	1.8	4.0	1.2
辽宁	Liaoning	15957	11598	4359	7.6	3.3	4.7	2.9
吉林	Jilin	11202	9327	1875	3.6	1.3	2.9	0.7
黑龙江	Heilongjiang	12707	8968	3739	5.8	2.0	4.0	1.8
上海	Shanghai	5949	1585	4364	2.8	1.7	0.6	2.2
江苏	Jiangsu	21663	14462	7201	11.3	3.5	7.3	4.0
浙江	Zhejiang	31924	27458	4466	12.6	3.6	10.5	2.1
安徽	Anhui	17998	14482	3516	8.1	2.4	6.2	1.9
福建	Fujian	16803	14399	2404	7.1	1.9	5.8	1.3
江西	Jiangxi	20602	17033	3569	8.3	2.1	6.8	1.5
山东	Shandong	80995	74167	6828	32.9	9.4	29.6	3.3
河南	Henan	51664	46198	5466	21.5	4.8	18.8	2.7
湖北	Hubei	29371	24970	4401	12.1	3.7	9.8	2.3
湖南	Hunan	29183	23906	5277	11.0	3.5	8.6	2.4
广东	Guangdong	26532	19785	6747	13.0	3.9	9.0	4.0
广西	Guangxi	16227	14258	1969	8.4	2.3	7.1	1.3
海南	Hainan	3161	2562	599	1.9	0.5	1.5	0.4
重庆	Chongqing	11145	8090	3055	5.8	2.2	3.9	1.9
四川	Sichuan	53093	45683	7410	21.0	5.8	17.7	3.3
贵州	Guizhou	17488	13436	4052	8.5	2.2	6.2	2.3
云南	Yunnan	14378	11905	2473	7.4	1.6	5.9	1.5
西藏	Tibet	5474	5259	215	2.5	0.5	2.4	0.1
陕西	Shaanxi	20887	18116	2771	8.6	2.1	7.1	1.5
甘肃	Gansu	17382	16039	1343	6.9	1.3	6.2	0.7
青海	Qinghai	4624	4147	477	2.1	0.4	1.8	0.3
宁夏	Ningxia	2801	2260	541	1.3	0.5	1.0	0.3
新疆	Xinjiang	12330	8920	3410	6.8	1.9	4.7	2.1

12-10 工会组织情况
Basic Statistics on Trade Unions

年 份 Year	工会基层组织数（万个） Number of Grassroot Trade Unions (10 000 units)	全国已建工会组织的基层单位的职工与会员人数（万人） Membership and Staff and Workers in Grassroot Trade Unions (10 000 persons)				工会专职工作人员人数（万人） Number of Full-time Personnel of Trade Unions (10 000 persons)
		职工人数 Staff and Workers	#女 Female	会员人数 Membership	#女 Female	
1979	32.9	6897.2	2171.7	5147.3		17.9
1980	37.6	7448.2	2518.6	6116.5		24.3
1985	46.5	9643.0	3596.7	8525.8	3149.2	38.1
1990	60.6	11156.9	4291.0	10135.6	3897.7	55.6
1991	61.4	11351.4	4394.8	10389.1	3991.6	58.0
1992	61.7	11223.9	4377.1	10322.5	3974.0	58.0
1993	62.7	11103.8	4359.9	10176.1	3949.6	55.4
1994	58.3	11269.6	4483.2	10202.5	4018.1	56.0
1995	59.3	11321.4	4515.3	10399.6	4116.5	46.8
1996	58.6	11181.4	4500.0	10211.9	4093.1	60.5
1997	51.0	10111.5	4004.8	9131.0	3579.4	57.7
1998	50.4	9716.5	3882.0	8913.4	3546.7	48.4
1999	50.9	9683.0	3797.9	8689.9	3406.2	49.7
2000	85.9	11472.1	4534.5	10361.5	3917.3	48.2
2001	153.8	12997.0	5087.9	12152.3	4696.6	
2002	171.3	14461.5	5157.6	13397.8	4665.2	47.2
2003	90.6	13301.6	5079.3	12340.5	4601.2	46.5
2004	102.0	14436.7	5502.6	13694.9	5135.3	45.6
2005	117.4	15985.3	6016.3	15029.4	5574.8	47.7
2006	132.4	18143.6	6719.3	16994.2	6177.8	54.3
2007	150.8	20452.4	7494.5	19329.0	7042.2	60.2
2008	172.5	22487.5	8168.8	21217.1	7773.8	70.5
2009	184.5	24535.3	8652.6	22634.4	8248.4	74.6
2010	197.6	25345.4	9288.1	23996.5	8871.5	86.4
2011	232.0	27304.7	10211.2	25885.1	9763.6	99.8
2012	266.3	29371.5	11014.5	28021.3	10611.0	107.9
2013	276.7	29946.2	11227.6	28786.9	10886.0	115.6
2014	278.1	29930.9	11299.4	28811.8	10977.7	115.5
2015	280.6	30707.6	11589.2	29546.0	11287.7	111.4
2016	282.5	31428.6	11806.7	30288.1	11520.0	113.0
2017	280.9	31430.3	11884.5	30311.2	11604.8	108.9

注：指标口径调整，2003年以前的工会基层组织数包含部分覆盖单位数。
Note: The extent of the indicator was adjusted, and the number of grassroot trade unions before 2003 contained part of cover units.

12-11 分地区已建工会企业单位董(监)事中职工董(监)事比例
Employee Directors(Supervisors) as Percentage of Directors(Supervisors) in Enterprises with Trade Union by Region

单位：% (%)

地 区	Region	2015		2016		2017	
		职工董事占董事比例 Employee Directors as Percentage of Directors	职工监事占监事比例 Employee Supervisors as Percentage of Supervisors	职工董事占董事比例 Employee Directors as Percentage of Directors	职工监事占监事比例 Employee Supervisors as Percentage of Supervisors	职工董事占董事比例 Employee Directors as Percentage of Directors	职工监事占监事比例 Employee Supervisors as Percentage of Supervisors
全 国	**National Total**	**24.0**	**32.0**	**24.0**	**32.4**	**24.6**	**34.3**
北 京	Beijing	17.0	33.5	18.6	35.3	15.8	34.3
天 津	Tianjin	16.6	26.0	27.3	31.7	19.3	34.2
河 北	Hebei	31.7	38.2	32.9	39.2	31.3	39.6
山 西	Shanxi	26.1	33.5	26.4	33.8	28.7	37.3
内蒙古	Inner Mongolia	9.0	11.3	20.0	21.8	23.4	26.7
辽 宁	Liaoning	29.6	39.2	28.3	46.7	28.0	38.2
吉 林	Jilin	20.9	32.5	15.1	21.1	15.3	24.8
黑龙江	Heilongjiang	33.4	33.6	31.3	32.5	36.1	43.3
上 海	Shanghai	9.5	26.2	10.2	25.5	9.0	26.0
江 苏	Jiangsu	18.5	26.7	18.8	25.7	10.4	23.9
浙 江	Zhejiang	20.7	32.1	20.6	32.6	29.3	37.9
安 徽	Anhui	20.6	25.4	13.2	21.9	14.9	22.4
福 建	Fujian	20.4	30.5	18.3	30.7	29.5	33.6
江 西	Jiangxi	18.3	20.3	15.6	17.9	19.1	20.6
山 东	Shandong	25.2	33.8	25.2	32.9	24.0	34.2
河 南	Henan	41.7	48.2	41.2	46.0	37.9	45.9
湖 北	Hubei	31.1	42.5	29.5	43.7	28.9	49.1
湖 南	Hunan	26.9	40.0	22.3	32.2	22.1	22.5
广 东	Guangdong	15.2	30.2	16.2	28.8	16.9	36.4
广 西	Guangxi	8.7	7.5	9.5	8.7	13.3	14.7
海 南	Hainan	15.2	27.9	15.7	27.7	15.7	29.2
重 庆	Chongqing	25.8	29.3	24.4	29.7	25.8	30.1
四 川	Sichuan	28.6	34.8	27.4	34.1	30.0	41.1
贵 州	Guizhou	21.7	27.0	23.7	30.7	30.6	34.3
云 南	Yunnan	17.2	27.0	20.0	31.4	18.6	31.8
西 藏	Tibet	26.9	52.0	25.2	42.9	9.7	29.2
陕 西	Shaanxi	14.9	28.5	14.5	25.4	17.1	26.9
甘 肃	Gansu	24.0	31.8	28.4	44.8	21.8	36.0
青 海	Qinghai	9.0	16.7	15.6	19.3	13.2	29.1
宁 夏	Ningxia	16.5	30.7	14.9	32.2	15.6	32.2
新 疆	Xinjiang	15.4	24.6	17.3	24.2	14.1	26.6

12-12 分地区基层单位建立职工代表大会制度情况(2017年)
Employee Congress System in Grassroots Trade Union by Region(2017)

单位：个，人 (unit,person)

地区	Region	建立职工(代表)大会制度的企业单位 Number of Establishments with Employee Congress	本年度召开过职工(代表)大会的企业单位 Number of Establishments with Congress Held	职工(代表)大会的职工代表 Congress Members	#女职工代表 Female	实行厂务公开的企业单位 Number of Establishments with Publishing Management Affairs
全国	**National Total**	**4362451**	**3395038**	**19729538**	**5789497**	**4253955**
北京	Beijing	70144	61553	241692	82515	63690
天津	Tianjin	86588	83475	273503	99924	86699
河北	Hebei	144142	100407	719176	172426	140969
山西	Shanxi	120266	108580	607741	112105	117683
内蒙古	Inner Mongolia	61972	38461	437872	86984	61417
辽宁	Liaoning	120780	92289	580740	140988	116162
吉林	Jilin	47183	25432	162961	39935	45157
黑龙江	Heilongjiang	92195	71442	568657	161225	87969
上海	Shanghai	158161	145679	574505	193886	155064
江苏	Jiangsu	329062	255613	2161566	656369	286097
浙江	Zhejiang	423177	331431	1978690	739476	423284
安徽	Anhui	103095	54772	559370	161537	102330
福建	Fujian	197760	151743	692306	212644	192204
江西	Jiangxi	100406	66184	588853	157629	100622
山东	Shandong	336496	277973	1596778	393977	335540
河南	Henan	192392	141349	1144906	457158	189314
湖北	Hubei	174712	136471	744763	232732	160687
湖南	Hunan	158028	103886	843301	153966	159911
广东	Guangdong	484138	342642	1829793	664483	479432
广西	Guangxi	136167	131741	728995	173035	136043
海南	Hainan	17745	12412	44990	14216	17745
重庆	Chongqing	177989	170411	458052	122034	177181
四川	Sichuan	245607	218117	768796	204910	240637
贵州	Guizhou	67046	48945	249677	53887	66628
云南	Yunnan	84362	56633	211515	58370	82736
西藏	Tibet	386	228	2027	573	346
陕西	Shaanxi	139344	94088	458459	99404	136927
甘肃	Gansu	45669	34980	212394	56254	44513
青海	Qinghai	16363	15035	52468	15481	15813
宁夏	Ningxia	9330	8603	57745	18328	8375
新疆	Xinjiang	21746	14463	177247	53046	22780

十三、国际资料
International Statistical Indicators

13-1 人类发展指数(2017年)
Human Development Index (2017)

人类发展指数排名 HDI Rank	国家和地区	Country or Area	人类发展指数 Human Development Index	不平等调整后人类发展指数 Inequality-adjusted Human Development Index	不平等调整后预期寿命指数 Inequality-adjusted Life Expectancy Index	不平等调整后教育指数 Inequality-adjusted Education Index
	极高人类发展水平	Very high human development	0.894	0.799	0.870	0.810
	高人类发展水平	High human development	0.757	0.636	0.782	0.579
	中等人类发展水平	Medium human development	0.645	0.483	0.602	0.372
	低人类发展水平	Low human development	0.504	0.347	0.431	0.263
极高人类发展水平		**Very high human development**				
1	挪威	Norway	0.953	0.876	0.933	0.859
2	瑞士	Switzerland	0.944	0.871	0.942	0.876
3	澳大利亚	Australia	0.939	0.861	0.935	0.904
4	爱尔兰	Ireland	0.938	0.854	0.922	0.891
5	德国	Germany	0.936	0.861	0.913	0.915
6	冰岛	Iceland	0.935	0.878	0.945	0.889
7	中国香港	Hong Kong, China (SAR)	0.933	0.809	0.961	0.768
7	瑞典	Sweden	0.933	0.864	0.937	0.870
9	新加坡	Singapore	0.932	0.816	0.947	0.764
10	荷兰	Netherlands	0.931	0.857	0.925	0.858
11	丹麦	Denmark	0.929	0.860	0.905	0.880
12	加拿大	Canada	0.926	0.852	0.921	0.887
13	美国	United States	0.924	0.797	0.865	0.853
14	英国	United Kingdom	0.922	0.835	0.912	0.880
15	芬兰	Finland	0.920	0.868	0.920	0.887
16	新西兰	New Zealand	0.917	0.846	0.913	0.901
17	比利时	Belgium	0.916	0.836	0.909	0.815
17	列支敦士登	Liechtenstein	0.916			
19	日本	Japan	0.909	0.876	0.955	0.835
20	奥地利	Austria	0.908	0.835	0.922	0.830
21	卢森堡	Luxembourg	0.904	0.811	0.921	0.718
22	以色列	Israel	0.903	0.787	0.932	0.813
22	韩国	Korea (Republic of)	0.903	0.773	0.929	0.702
24	法国	France	0.901	0.808	0.930	0.768
25	斯洛文尼亚	Slovenia	0.896	0.846	0.912	0.866
26	西班牙	Spain	0.891	0.754	0.945	0.671
27	捷克	Czech Republic	0.888	0.840	0.876	0.879
28	意大利	Italy	0.880	0.771	0.944	0.708
29	马耳他	Malta	0.878	0.805	0.901	0.762
30	爱沙尼亚	Estonia	0.871	0.794	0.850	0.849
31	希腊	Greece	0.870	0.753	0.912	0.728
32	塞浦路斯	Cyprus	0.869	0.769	0.900	0.714
33	波兰	Poland	0.865	0.787	0.847	0.825

资料来源：联合国开发计划署《2018年人类发展指数和指标报告》。
Source: UNDP Human Development Indices and Indicators 2018.

13-1 续表 1 continued 1

人类发展指数排名 HDI Rank	国家和地区	Country or Area	人类发展指数 Human Development Index	不平等调整后人类发展指数 Inequality-adjusted Human Development Index	不平等调整后预期寿命指数 Inequality-adjusted Life Expectancy Index	不平等调整后教育指数 Inequality-adjusted Education Index
34	阿联酋	United Arab Emirates	0.863		0.837	
35	安道尔	Andorra	0.858			0.647
35	立陶宛	Lithuania	0.858	0.757	0.797	0.840
37	卡塔尔	Qatar	0.856		0.844	0.619
38	斯洛伐克	Slovakia	0.855	0.797	0.831	0.819
39	文莱	Brunei Darussalam	0.853		0.834	
39	沙特阿拉伯	Saudi Arabia	0.853		0.767	0.660
41	拉脱维亚	Latvia	0.847	0.759	0.792	0.834
41	葡萄牙	Portugal	0.847	0.732	0.918	0.635
43	巴林	Bahrain	0.846		0.828	0.614
44	智利	Chile	0.843	0.710	0.863	0.741
45	匈牙利	Hungary	0.838	0.772	0.822	0.789
46	克罗地亚	Croatia	0.831	0.756	0.853	0.752
47	阿根廷	Argentina	0.825	0.707	0.790	0.765
48	阿曼	Oman	0.821		0.818	
49	俄罗斯	Russian Federation	0.816	0.738	0.725	0.814
50	黑 山	Montenegro	0.814	0.741	0.842	0.732
51	保加利亚	Bulgaria	0.813	0.710	0.788	0.753
52	罗马尼亚	Romania	0.811	0.717	0.797	0.714
53	白俄罗斯	Belarus	0.808	0.755	0.776	0.807
54	巴哈马	Bahamas	0.807		0.784	0.680
55	乌拉圭	Uruguay	0.804	0.689	0.807	0.679
56	科威特	Kuwait	0.803		0.790	0.510
57	马来西亚	Malaysia	0.802		0.803	0.607
58	巴巴多斯	Barbados	0.800	0.699	0.802	0.734
58	哈萨克斯坦	Kazakhstan	0.800	0.737	0.692	0.788
高人类发展水平		**High human development**				
60	伊朗	Iran (Islamic Republic of)	0.798	0.707	0.786	0.705
60	帕劳	Palau	0.798			0.828
62	塞舌尔	Seychelles	0.797		0.763	
63	哥斯达黎加	Costa Rica	0.794	0.651	0.854	0.634
64	土耳其	Turkey	0.791	0.669	0.779	0.595
65	毛里求斯	Mauritius	0.790	0.683	0.769	0.633
66	巴拿马	Panama	0.789	0.623	0.792	0.605
67	塞尔维亚	Serbia	0.787	0.667	0.791	0.714
68	阿尔巴尼亚	Albania	0.785	0.706	0.817	0.681
69	特立尼达和多巴哥	Trinidad and Tobago	0.784		0.659	
70	安提瓜和巴布达	Antigua and Barbuda	0.780		0.804	
70	格鲁吉亚	Georgia	0.780	0.682	0.756	0.826
72	圣基茨和尼维斯	Saint Kitts and Nevis	0.778			

13-1 续表 2 continued 2

人类发展指数排名 HDI Rank	国家和地区	Country or Area	人类发展指数 Human Development Index	不平等调整后人类发展指数 Inequality-adjusted Human Development Index	不平等调整后预期寿命指数 Inequality-adjusted Life Expectancy Index	不平等调整后教育指数 Inequality-adjusted Education Index
73	古巴	Cuba	0.777		0.873	0.695
74	墨西哥	Mexico	0.774	0.609	0.773	0.562
75	格林纳达	Grenada	0.772		0.761	
76	斯里兰卡	Sri Lanka	0.770	0.664	0.793	0.653
77	波黑	Bosnia and Herzegovina	0.768	0.649	0.826	0.576
78	委内瑞拉	Venezuela (Bolivarian Republic of)	0.761	0.636	0.754	0.645
79	巴西	Brazil	0.759	0.578	0.765	0.535
80	阿塞拜疆	Azerbaijan	0.757	0.681	0.666	0.682
80	黎巴嫩	Lebanon	0.757		0.858	0.598
80	南斯拉夫	The former Yugoslav Republic of Macedonia	0.757	0.661	0.803	0.618
83	亚美尼亚	Armenia	0.755	0.680	0.767	0.727
83	泰国	Thailand	0.755	0.636	0.774	0.573
85	阿尔及利亚	Algeria	0.754	0.598	0.735	0.441
86	中国	China	0.752	0.643	0.799	0.571
86	厄瓜多尔	Ecuador	0.752	0.603	0.749	0.601
88	乌克兰	Ukraine	0.751	0.701	0.742	0.766
89	秘 鲁	Peru	0.750	0.606	0.737	0.583
90	哥伦比亚	Colombia	0.747	0.571	0.729	0.545
90	圣卢西亚	Saint Lucia	0.747	0.622	0.780	0.591
92	斐济	Fiji	0.741		0.691	
92	蒙古	Mongolia	0.741	0.639	0.659	0.675
94	多米尼亚	Dominican Republic	0.736	0.581	0.703	0.520
95	约旦	Jordan	0.735	0.617	0.748	0.591
95	突尼斯	Tunisia	0.735	0.573	0.769	0.431
97	牙买加	Jamaica	0.732	0.608	0.768	0.652
98	汤加	Tonga	0.726		0.712	0.736
99	圣文森特和格林纳丁斯	Saint Vincent and the Grenadines	0.723		0.722	
100	苏里南	Suriname	0.720	0.557	0.694	0.537
101	博茨瓦纳	Botswana	0.717		0.596	
101	马尔代夫	Maldives	0.717	0.549	0.836	0.336
103	多米尼克	Dominica	0.715			
104	萨摩亚	Samoa	0.713		0.753	0.658
105	乌兹别克斯坦	Uzbekistan	0.710		0.657	0.712
106	伯利兹	Belize	0.708	0.550	0.700	0.593
106	马绍尔群岛	Marshall Islands	0.708			
108	利比亚	Libya	0.706		0.689	
108	土库曼斯坦	Turkmenistan	0.706	0.575	0.565	0.604
110	加蓬	Gabon	0.702	0.545	0.550	0.481
110	巴拉圭	Paraguay	0.702	0.522	0.671	0.525
112	摩尔多瓦	Moldova (Republic of)	0.700	0.627	0.719	0.658

13-1 续表 3 continued 3

人类发展指数排名 HDI Rank	国家和地区	Country or Area	人类发展指数 Human Development Index	不平等调整后人类发展指数 Inequality-adjusted Human Development Index	不平等调整后预期寿命指数 Inequality-adjusted Life Expectancy Index	不平等调整后教育指数 Inequality-adjusted Education Index
中等人类发展水平		**Medium human development**				
113	菲律宾	Philippines	0.699	0.574	0.648	0.584
113	南非	South Africa	0.699	0.467	0.532	0.607
115	埃及	Egypt	0.696	0.493	0.703	0.381
116	印度尼西亚	Indonesia	0.694	0.563	0.647	0.520
116	越南	Viet Nam	0.694	0.574	0.758	0.515
118	玻利维亚	Bolivia (Plurinational State of)	0.693	0.514	0.569	0.549
119	巴勒斯坦	Palestine, State of	0.686	0.583	0.725	0.566
120	伊拉克	Iraq	0.685	0.546	0.637	0.389
121	萨尔瓦多	El Salvador	0.674	0.524	0.726	0.404
122	吉尔吉斯斯坦	Kyrgyzstan	0.672	0.606	0.691	0.698
123	摩洛哥	Morocco	0.667		0.742	
124	尼加拉瓜	Nicaragua	0.658	0.507	0.746	0.415
125	佛得角	Cabo Verde	0.654		0.707	0.423
125	圭亚那	Guyana	0.654	0.532	0.579	0.532
127	危地马拉	Guatemala	0.650	0.467	0.693	0.335
127	塔吉克斯坦	Tajikistan	0.650	0.562	0.630	0.616
129	纳米比亚	Namibia	0.647	0.422	0.551	0.428
130	印度	India	0.640	0.468	0.590	0.341
131	密克罗尼西亚	Micronesia (Federated States of)	0.627		0.615	
132	东帝汶	Timor-Leste	0.625	0.452	0.601	0.278
133	洪都拉斯	Honduras	0.617	0.459	0.678	0.388
134	不丹	Bhutan	0.612	0.446	0.639	0.259
134	基里巴斯	Kiribati	0.612		0.540	0.488
136	孟加拉国	Bangladesh	0.608	0.462	0.672	0.319
137	刚果(布)	Congo	0.606	0.469	0.520	0.413
138	瓦努阿图	Vanuatu	0.603	0.499	0.692	0.437
139	老挝	Lao People's Democratic Republic	0.601	0.445	0.556	0.320
140	加纳	Ghana	0.592	0.420	0.489	0.363
141	赤道几内亚	Equatorial Guinea	0.591		0.379	
142	肯尼亚	Kenya	0.590	0.434	0.562	0.425
143	圣多美	Sao Tome and Principe	0.589	0.473	0.533	0.455
144	埃斯瓦蒂尼	Eswatini (Kingdom of)	0.588	0.414	0.434	0.401
144	赞比亚	Zambia	0.588	0.388	0.463	0.454
146	柬埔寨	Cambodia	0.582	0.469	0.638	0.354
147	安哥拉	Angola	0.581	0.393	0.426	0.327
148	缅甸	Myanmar	0.578	0.466	0.547	0.324
149	尼泊尔	Nepal	0.574	0.427	0.649	0.296
150	巴基斯坦	Pakistan	0.562	0.387	0.495	0.221
151	喀麦隆	Cameroon	0.556	0.366	0.393	0.367

13-1 续表 4 continued 4

人类发展指数排名 HDI Rank	国家和地区	Country or Area	人类发展指数 Human Development Index	不平等调整后人类发展指数 Inequality-adjusted Human Development Index	不平等调整后预期寿命指数 Inequality-adjusted Life Expectancy Index	不平等调整后教育指数 Inequality-adjusted Education Index
低人类发展水平		**Low human development**				
152	所罗门群岛	Solomon Islands	0.546		0.660	
153	巴布亚新几内亚	Papua New Guinea	0.544		0.525	0.381
154	坦桑尼亚	Tanzania (United Republic of)	0.538	0.404	0.535	0.322
155	叙利亚	Syrian Arab Republic	0.536		0.682	
156	津巴布韦	Zimbabwe	0.535		0.471	0.464
157	尼日利亚	Nigeria	0.532	0.347	0.326	0.299
158	卢旺达	Rwanda	0.524	0.367	0.557	0.318
159	莱索托	Lesotho	0.520	0.359	0.380	0.392
159	毛里塔尼亚	Mauritania	0.520	0.348	0.450	0.230
161	马达加斯加	Madagascar	0.519	0.385	0.561	0.324
162	乌干达	Uganda	0.516	0.370	0.417	0.378
163	贝宁	Benin	0.515	0.326	0.412	0.265
164	塞内加尔	Senegal	0.505	0.340	0.576	0.197
165	科摩罗	Comoros	0.503	0.275	0.480	0.248
165	多哥	Togo	0.503	0.344	0.433	0.309
167	苏丹	Sudan	0.502	0.328	0.496	0.189
168	阿富汗	Afghanistan	0.498	0.350	0.485	0.227
168	海地	Haiti	0.498	0.304	0.479	0.267
170	科特迪瓦	Côte d'Ivoire	0.492	0.311	0.345	0.223
171	马拉维	Malawi	0.477	0.332	0.468	0.323
172	吉布提	Djibouti	0.476	0.306	0.454	0.164
173	埃塞俄比亚	Ethiopia	0.463	0.331	0.530	0.185
174	冈比亚	Gambia	0.460	0.289	0.456	0.189
175	几内亚	Guinea	0.459	0.306	0.430	0.175
176	刚果(金)	Congo (Democratic Republic of the)	0.457	0.319	0.394	0.365
177	几内亚比绍	Guinea-Bissau	0.455	0.276	0.358	0.228
178	也门	Yemen	0.452	0.308	0.522	0.188
179	厄立特里亚	Eritrea	0.440		0.551	
180	莫桑比克	Mozambique	0.437	0.294	0.385	0.255
181	利比里亚	Liberia	0.435	0.298	0.480	0.248
182	马里	Mali	0.427	0.282	0.374	0.158
183	布基纳法索	Burkina Faso	0.423	0.288	0.427	0.174
184	塞拉利昂	Sierra Leone	0.419	0.266	0.298	0.206
185	布隆迪	Burundi	0.417	0.278	0.361	0.256
186	乍得	Chad	0.404	0.249	0.294	0.170
187	南苏丹	South Sudan	0.388	0.247	0.361	0.180
188	中非	Central African Republic	0.367	0.212	0.295	0.223
189	尼日尔	Niger	0.354	0.250	0.405	0.139

13-1 续表 5 continued 5

人类发展指数排名 HDI Rank	国家和地区	Country or Area	不平等调整后收入指数 Inequality-adjusted Income Index	性别发展指数 Gender Development Index	性别不平等指数 Gender Inequality Index
	极高人类发展水平	Very high human development	0.723	0.983	0.170
	高人类发展水平	High human development	0.569	0.957	0.289
	中等人类发展水平	Medium human development	0.503	0.878	0.489
	低人类发展水平	Low human development	0.368	0.862	0.586
极高人类发展水平		Very high human development			
1	挪威	Norway	0.839	0.991	0.048
2	瑞士	Switzerland	0.799	0.987	0.039
3	澳大利亚	Australia	0.755	0.975	0.109
4	爱尔兰	Ireland	0.759	0.979	0.109
5	德国	Germany	0.763	0.967	0.072
6	冰岛	Iceland	0.807	0.966	0.062
7	中国香港	Hong Kong, China (SAR)	0.716	0.965	
7	瑞典	Sweden	0.789	0.992	0.044
9	新加坡	Singapore	0.750	0.982	0.067
10	荷兰	Netherlands	0.792	0.966	0.044
11	丹麦	Denmark	0.798	0.980	0.040
12	加拿大	Canada	0.758	0.986	0.092
13	美国	United States	0.685	0.992	0.189
14	英国	United Kingdom	0.726	0.960	0.116
15	芬兰	Finland	0.802	1.000	0.058
16	新西兰	New Zealand	0.736	0.966	0.136
17	比利时	Belgium	0.788	0.971	0.048
17	列支敦士登	Liechtenstein			
19	日本	Japan	0.844	0.975	0.103
20	奥地利	Austria	0.760	0.971	0.071
21	卢森堡	Luxembourg	0.805	0.969	0.066
22	以色列	Israel	0.644	0.975	0.098
22	韩国	Korea (Republic of)	0.709	0.932	0.063
24	法国	France	0.739	0.987	0.083
25	斯洛文尼亚	Slovenia	0.766	1.003	0.054
26	西班牙	Spain	0.676	0.979	0.080
27	捷克	Czech Republic	0.771	0.986	0.124
28	意大利	Italy	0.687	0.967	0.087
29	马耳他	Malta	0.761	0.960	0.216
30	爱沙尼亚	Estonia	0.694	1.019	0.122
31	希腊	Greece	0.642	0.964	0.120
32	塞浦路斯	Cyprus	0.707	0.984	0.085
33	波兰	Poland	0.697	1.006	0.132

13-1 续表 6 continued 6

人类发展指数排名 HDI Rank	国家和地区	Country or Area	不平等调整后收入指数 Inequality-adjusted Income Index	性别发展指数 Gender Development Index	性别不平等指数 Gender Inequality Index
34	阿联酋	United Arab Emirates		0.968	0.232
35	安道尔	Andorra			
35	立陶宛	Lithuania	0.649	1.026	0.123
37	卡塔尔	Qatar		1.031	0.206
38	斯洛伐克	Slovakia	0.744	0.991	0.180
39	文莱	Brunei Darussalam		0.990	0.236
39	沙特阿拉伯	Saudi Arabia		0.877	0.234
41	拉脱维亚	Latvia	0.661	1.030	0.196
41	葡萄牙	Portugal	0.674	0.983	0.088
43	巴林	Bahrain		0.931	0.222
44	智利	Chile	0.561	0.961	0.319
45	匈牙利	Hungary	0.710	0.985	0.259
46	克罗地亚	Croatia	0.675	0.991	0.124
47	阿根廷	Argentina	0.585	0.997	0.358
48	阿曼	Oman		0.942	0.264
49	俄罗斯	Russian Federation	0.683	1.019	0.257
50	黑 山	Montenegro	0.661	0.956	0.132
51	保加利亚	Bulgaria	0.604	0.990	0.217
52	罗马尼亚	Romania	0.647	0.985	0.311
53	白俄罗斯	Belarus	0.686	1.020	0.130
54	巴哈马	Bahamas			0.340
55	乌拉圭	Uruguay	0.598	1.014	0.270
56	科威特	Kuwait		0.990	0.270
57	马来西亚	Malaysia		0.976	0.287
58	巴巴多斯	Barbados	0.508	1.015	0.284
58	哈萨克斯坦	Kazakhstan	0.734	1.007	0.197
高人类发展水平		**High human development**			
60	伊朗	Iran (Islamic Republic of)	0.637	0.871	0.461
60	帕劳	Palau			
62	塞舌尔	Seychelles	0.594		
63	哥斯达黎加	Costa Rica	0.509	0.974	0.300
64	土耳其	Turkey	0.644	0.922	0.317
65	毛里求斯	Mauritius	0.656	0.968	0.373
66	巴拿马	Panama	0.504	0.988	0.461
67	塞尔维亚	Serbia	0.525	0.976	0.181
68	阿尔巴尼亚	Albania	0.633	0.970	0.238
69	特立尼达和多巴哥	Trinidad and Tobago	0.667	1.013	0.324
70	安提瓜和巴布达	Antigua and Barbuda			
70	格鲁吉亚	Georgia	0.508	0.975	0.350
72	圣基茨和尼维斯	Saint Kitts and Nevis			

13-1 续表 7 continued 7

人类发展指数排名 HDI Rank	国家和地区	Country or Area	不平等调整后收入指数 Inequality-adjusted Income Index	性别发展指数 Gender Development Index	性别不平等指数 Gender Inequality Index
73	古巴	Cuba		0.942	0.301
74	墨西哥	Mexico	0.521	0.954	0.343
75	格林纳达	Grenada			
76	斯里兰卡	Sri Lanka	0.564	0.935	0.354
77	波黑	Bosnia and Herzegovina	0.574	0.924	0.166
78	委内瑞拉	Venezuela (Bolivarian Republic of)	0.528	1.011	0.454
79	巴西	Brazil	0.471	0.992	0.407
80	阿塞拜疆	Azerbaijan	0.695	0.949	0.318
80	黎巴嫩	Lebanon		0.889	0.381
80	南斯拉夫	The former Yugoslav Republic of Macedonia	0.582	0.946	0.149
83	亚美尼亚	Armenia	0.563	0.969	0.262
83	泰国	Thailand	0.581	0.996	0.393
85	阿尔及利亚	Algeria	0.660	0.861	0.442
86	中国	China	0.582	0.955	0.152
86	厄瓜多尔	Ecuador	0.487	0.978	0.385
88	乌克兰	Ukraine	0.608	0.993	0.285
89	秘 鲁	Peru	0.517	0.950	0.368
90	哥伦比亚	Colombia	0.468	0.997	0.383
90	圣卢西亚	Saint Lucia	0.522	0.993	0.333
92	斐济	Fiji			0.352
92	蒙古	Mongolia	0.588	1.023	0.301
94	多米尼亚	Dominican Republic	0.536	0.989	0.451
95	约旦	Jordan	0.531	0.857	0.460
95	突尼斯	Tunisia	0.568	0.897	0.298
97	牙买加	Jamaica	0.448	0.988	0.412
98	汤加	Tonga		0.960	0.416
99	圣文森特和格林纳丁斯	Saint Vincent and the Grenadines			
100	苏里南	Suriname	0.463	0.975	0.441
101	博茨瓦纳	Botswana		0.976	0.434
101	马尔代夫	Maldives	0.590	0.919	0.343
103	多米尼克	Dominica			
104	萨摩亚	Samoa			0.365
105	乌兹别克斯坦	Uzbekistan		0.945	0.274
106	伯利兹	Belize	0.401	0.979	0.386
106	马绍尔群岛	Marshall Islands			
108	利比亚	Libya		0.929	0.170
108	土库曼斯坦	Turkmenistan	0.558		
110	加蓬	Gabon	0.613	0.911	0.354
110	巴拉圭	Paraguay	0.404	0.972	0.467
112	摩尔多瓦	Moldova (Republic of)	0.522	1.005	0.226

13-1 续表 8 continued 8

人类发展指数排名 HDI Rank	国家和地区	Country or Area	不平等调整后收入指数 Inequality-adjusted Income Index	性别发展指数 Gender Development Index	性别不平等指数 Gender Inequality Index
中等人类发展水平		**Medium human development**			
113	菲律宾	Philippines	0.500	1.000	0.427
113	南非	South Africa	0.315	0.984	0.389
115	埃及	Egypt	0.446	0.872	0.449
116	印度尼西亚	Indonesia	0.532	0.932	0.453
116	越南	Viet Nam	0.483	1.005	0.304
118	玻利维亚	Bolivia (Plurinational State of)	0.434	0.929	0.450
119	巴勒斯坦	Palestine, State of	0.483	0.877	
120	伊拉克	Iraq	0.656	0.823	0.506
121	萨尔瓦多	El Salvador	0.490	0.969	0.392
122	吉尔吉斯斯坦	Kyrgyzstan	0.462	0.960	0.392
123	摩洛哥	Morocco		0.838	0.482
124	尼加拉瓜	Nicaragua	0.421	0.966	0.456
125	佛得角	Cabo Verde		0.949	
125	圭亚那	Guyana	0.488	0.948	0.504
127	危地马拉	Guatemala	0.439	0.948	0.493
127	塔吉克斯坦	Tajikistan	0.457	0.933	0.317
129	纳米比亚	Namibia	0.318	1.014	0.472
130	印度	India	0.509	0.841	0.524
131	密克罗尼西亚	Micronesia (Federated States of)	0.406		
132	东帝汶	Timor-Leste	0.552	0.855	
133	洪都拉斯	Honduras	0.368	0.978	0.461
134	不丹	Bhutan	0.533	0.893	0.476
134	基里巴斯	Kiribati			
136	孟加拉国	Bangladesh	0.459	0.881	0.542
137	刚果(布)	Congo	0.481	0.934	0.578
138	瓦努阿图	Vanuatu	0.412		
139	老挝	Lao People's Democratic Republic	0.494	0.934	0.461
140	加纳	Ghana	0.419	0.910	0.538
141	赤道几内亚	Equatorial Guinea			
142	肯尼亚	Kenya	0.342	0.931	0.549
143	圣多美	Sao Tome and Principe	0.435	0.892	0.538
144	埃斯瓦蒂尼	Eswatini (Kingdom of)	0.406	0.943	0.569
144	赞比亚	Zambia	0.278	0.941	0.517
146	柬埔寨	Cambodia	0.457	0.914	0.473
147	安哥拉	Angola	0.436		
148	缅甸	Myanmar	0.572	0.959	0.456
149	尼泊尔	Nepal	0.405	0.925	0.480
150	巴基斯坦	Pakistan	0.531	0.750	0.541
151	喀麦隆	Cameroon	0.339	0.866	0.569

13-1 续表 9 continued 9

人类发展指数排名 HDI Rank	国家和地区	Country or Area	不平等调整后收入指数 Inequality-adjusted Income Index	性别发展指数 Gender Development Index	性别不平等指数 Gender Inequality Index
低人类发展水平		**Low human development**			
152	所罗门群岛	Solomon Islands			
153	巴布亚新几内亚	Papua New Guinea			0.741
154	坦桑尼亚	Tanzania (United Republic of)	0.384	0.928	0.537
155	叙利亚	Syrian Arab Republic		0.788	0.547
156	津巴布韦	Zimbabwe		0.924	0.534
157	尼日利亚	Nigeria	0.429	0.868	
158	卢旺达	Rwanda	0.278	0.941	0.381
159	莱索托	Lesotho	0.310	1.004	0.544
159	毛里塔尼亚	Mauritania	0.408	0.845	0.617
161	马达加斯加	Madagascar	0.313	0.962	
162	乌干达	Uganda	0.321	0.865	0.523
163	贝宁	Benin	0.319	0.875	0.611
164	塞内加尔	Senegal	0.347	0.911	0.515
165	科摩罗	Comoros	0.175	0.876	
165	多哥	Togo	0.303	0.822	0.567
167	苏丹	Sudan	0.376	0.831	0.564
168	阿富汗	Afghanistan	0.391	0.625	0.653
168	海地	Haiti	0.219		0.601
170	科特迪瓦	Côte d'Ivoire	0.389	0.841	0.663
171	马拉维	Malawi	0.242	0.936	0.619
172	吉布提	Djibouti	0.385		
173	埃塞俄比亚	Ethiopia	0.372	0.846	0.502
174	冈比亚	Gambia	0.281	0.890	0.623
175	几内亚	Guinea	0.379	0.810	
176	刚果(金)	Congo (Democratic Republic of the)	0.225	0.852	0.652
177	几内亚比绍	Guinea-Bissau	0.257		
178	也门	Yemen	0.297	0.425	0.834
179	厄立特里亚	Eritrea			
180	莫桑比克	Mozambique	0.259	0.904	0.552
181	利比里亚	Liberia	0.221	0.846	0.656
182	马里	Mali	0.380	0.811	0.678
183	布基纳法索	Burkina Faso	0.321	0.870	0.610
184	塞拉利昂	Sierra Leone	0.307	0.872	0.645
185	布隆迪	Burundi	0.233	1.002	0.471
186	乍得	Chad	0.310	0.775	0.708
187	南苏丹	South Sudan	0.232	0.826	
188	中非	Central African Republic	0.145	0.780	0.673
189	尼日尔	Niger	0.278	0.812	0.649

13-2 国土面积和人口(2017年)
Surface Area and Population (2017)

国家或地区	Country or Area	国 土 面 积 (万平方公里) Surface Area (10 000 sq.km)	年中人口数 (万人) Mid-year Population (10 000 persons)	人口年增长率 (%) Population Growth (annual %)	人口密度 (人/平方公里) Population Density (persons/sq.km)
世界	**World**	**13432.5**	**753036**	**1.16**	**58**
中国	China	960.0	138640	0.56	148
孟加拉国	Bangladesh	14.8	16467	1.05	1265
文莱	Brunei Darussalam	0.6	43	1.29	81
柬埔寨	Cambodia	18.1	1601	1.53	91
印度	India	328.7	133918	1.13	450
印度尼西亚	Indonesia	191.1	26399	1.10	146
伊朗	Iran	174.5	8116	1.10	50
以色列	Israel	2.2	871	1.93	403
日本	Japan	37.8	12679	-0.16	348
哈萨克斯坦	Kazakhstan	272.5	1804	1.36	7
韩国	Korea, Rep.	10.0	5147	0.43	528
老挝	Laos	23.7	686	1.47	30
马来西亚	Malaysia	33.1	3162	1.39	96
蒙古	Mongolia	156.4	308	1.58	2
缅甸	Myanmar	67.7	5337	0.91	82
巴基斯坦	Pakistan	79.6	19702	1.95	256
菲律宾	Philippines	30.0	10492	1.53	352
新加坡	Singapore	0.1	561	0.09	7916
斯里兰卡	Sri Lanka	6.6	2144	1.13	342
泰国	Thailand	51.3	6904	0.25	135
越南	Viet Nam	33.1	9554	1.02	308
埃及	Egypt	100.1	9755	1.93	98
尼日利亚	Nigeria	92.4	19089	2.60	210
南非	South Africa	121.9	5672	1.24	47
加拿大	Canada	998.5	3671	1.22	4
墨西哥	Mexico	196.4	12916	1.26	66
美国	United States	983.2	32572	0.71	36
阿根廷	Argentina	278.0	4427	0.96	16
巴西	Brazil	851.6	20929	0.78	25
委内瑞拉	Venezuela	91.2	3198	1.29	36
捷克	Czech Rep.	7.9	1059	0.24	137
法国	France	54.9	6712	0.39	123
德国	Germany	35.7	8270	0.42	237
意大利	Italy	30.1	6055	-0.13	206
荷兰	Netherlands	4.2	1713	0.60	509
波兰	Poland	31.3	3798	0.02	124
俄罗斯	Russia	1709.8	14450	0.11	9
西班牙	Spain	50.6	4657	0.19	93
土耳其	Turkey	78.5	8075	1.54	105
乌克兰	Ukraine	60.4	4483	-0.39	77
英国	United Kingdom	24.4	6602	0.65	273
澳大利亚	Australia	774.1	2460	1.59	3
新西兰	New Zealand	26.8	479	2.12	18

资料来源：世界银行数据库，更新时间2018年9月21日。
Source: World Bank Database, last updated date 2018/9/21.

13-3 人口粗出生率和粗死亡率
Crude Birth Rate and Crude Death Rate

单位：‰ (‰)

国家和地区	Country or Area	粗出生率 Crude Birth Rate			粗死亡率 Crude Death Rate		
		2000	2010	2016	2000	2010	2016
世界	**World**	**21.6**	**19.9**	**18.9**	**8.5**	**7.9**	**7.6**
中国	China	14.0	11.9	12.0	6.5	7.1	7.3
中国香港	Hong Kong, China	8.1	12.6	8.3	5.1	6.0	6.4
中国澳门	Macao, China	9.1	10.0	12.1	4.9	4.8	3.8
孟加拉国	Bangladesh	27.6	21.3	19.0	6.9	5.7	5.3
文莱	Brunei Darussalam	21.9	17.5	15.9	3.0	3.0	3.6
柬埔寨	Cambodia	28.1	25.5	23.3	9.4	6.5	6.1
印度	India	26.5	21.6	19.0	8.7	7.6	7.3
印度尼西亚	Indonesia	21.5	21.0	19.0	7.3	7.2	7.1
伊朗	Iran	18.8	18.3	16.5	5.1	4.9	4.5
以色列	Israel	21.7	21.8	21.2	6.0	5.2	5.1
日本	Japan	9.4	8.5	7.8	7.7	9.5	10.5
哈萨克斯坦	Kazakhstan	14.7	22.5	22.5	10.1	9.0	7.4
韩国	Korea, Rep.	13.3	9.4	7.9	5.2	5.1	5.5
老挝	Laos	31.9	28.1	23.9	9.8	7.4	6.7
马来西亚	Malaysia	22.5	16.8	17.1	4.4	4.7	4.9
蒙古	Mongolia	19.3	23.9	24.0	7.7	6.5	6.3
缅甸	Myanmar	24.3	19.6	17.8	9.1	8.4	8.1
巴基斯坦	Pakistan	32.0	30.2	28.2	8.7	7.8	7.3
菲律宾	Philippines	29.6	24.6	23.2	6.2	6.4	6.5
新加坡	Singapore	11.8	9.3	9.4	3.9	4.4	4.8
斯里兰卡	Sri Lanka	18.5	17.5	15.3	7.0	6.5	6.9
泰国	Thailand	14.4	11.7	10.3	6.9	7.4	7.9
越南	Viet Nam	17.5	17.5	16.7	5.5	5.7	5.8
埃及	Egypt	25.0	27.1	26.5	6.6	6.3	5.9
尼日利亚	Nigeria	43.0	41.1	38.9	17.6	14.0	12.5
南非	South Africa	24.4	21.5	21.0	11.7	13.6	9.8
加拿大	Canada	10.9	11.1	10.8	7.1	7.1	7.5
墨西哥	Mexico	24.2	20.0	18.2	4.6	4.7	4.9
美国	United States	14.4	13.0	12.4	8.5	8.0	8.4
阿根廷	Argentina	19.4	18.2	17.2	7.8	7.6	7.6
巴西	Brazil	20.9	15.6	14.2	6.0	6.0	6.2
委内瑞拉	Venezuela	23.7	20.7	19.0	5.0	5.3	5.6
捷克	Czech Rep.	8.9	11.2	10.7	10.6	10.2	10.2
法国	France	13.3	12.9	11.7	8.9	8.5	8.8
德国	Germany	9.3	8.3	9.3	10.2	10.5	11.2
意大利	Italy	9.5	9.5	7.8	9.8	9.9	10.1
荷兰	Netherlands	13.0	11.1	10.1	8.8	8.2	8.7
波兰	Poland	9.9	10.9	10.1	9.6	9.9	10.2
俄罗斯	Russian Fed.	8.7	12.5	12.9	15.3	14.2	12.9
西班牙	Spain	9.9	10.4	8.7	9.0	8.2	8.8
土耳其	Turkey	21.6	17.9	16.2	6.4	5.8	5.8
乌克兰	Ukraine	7.8	10.8	10.3	15.3	15.2	14.7
英国	United Kingdom	11.5	12.9	11.8	10.3	8.9	9.1
澳大利亚	Australia	13.0	13.7	12.5	6.7	6.5	6.5
新西兰	New Zealand	14.7	14.7	12.7	6.9	6.5	6.6

资料来源：世界银行数据库，更新时间2018年9月21日。
Source: World Bank Database, last updated date 2018/9/21.

13-4 人口出生时预期寿命
Life Expectancy at Birth

单位：岁 (years)

国家和地区	Country or Area	总体 Total		男性 Male		女性 Femal	
		2000	2016	2000	2016	2000	2016
世界	**World**	**67.6**	**72.0**	**65.5**	**70.0**	**69.8**	**74.3**
中国	China	71.7	76.3	70.1	74.8	73.5	77.8
中国香港	Hong Kong, China	80.9	84.2	78.0	81.3	83.9	87.3
中国澳门	Macao, China	77.6	83.8	75.3	80.9	80.0	86.8
孟加拉国	Bangladesh	65.3	72.5	65.0	70.9	65.7	74.3
文莱	Brunei Darussalam	75.3	77.2	73.7	75.6	76.9	78.9
柬埔寨	Cambodia	58.4	69.0	56.2	66.8	60.6	70.9
印度	India	62.6	68.6	61.8	67.1	63.5	70.2
印度尼西亚	Indonesia	66.2	69.2	64.6	67.2	68.0	71.4
伊朗	Iran	70.1	76.0	69.2	74.9	71.1	77.1
以色列	Israel	79.0	82.4	77.1	80.7	80.9	84.2
日本	Japan	81.1	84.0	77.7	81.0	84.6	87.1
哈萨克斯坦	Kazakhstan	65.5	72.3	60.2	68.1	71.1	76.6
韩国	Korea, Rep.	75.8	82.0	72.3	79.0	79.6	85.2
老挝	Laos	58.9	66.7	57.5	65.1	60.3	68.2
马来西亚	Malaysia	72.9	75.3	70.9	73.2	75.0	77.7
蒙古	Mongolia	62.9	69.3	60.1	65.3	65.9	73.5
缅甸	Myanmar	62.1	66.6	60.1	64.2	64.2	68.9
巴基斯坦	Pakistan	62.8	66.5	62.0	65.5	63.6	67.5
菲律宾	Philippines	66.7	69.1	63.7	65.8	69.8	72.7
新加坡	Singapore	78.0	82.8	76.0	80.6	80.0	85.1
斯里兰卡	Sri Lanka	71.1	75.3	67.5	71.9	74.9	78.6
泰国	Thailand	70.6	75.3	66.9	71.6	74.5	79.1
越南	Viet Nam	73.1	76.3	68.4	71.5	78.1	80.9
埃及	Egypt	68.6	71.5	66.2	69.3	71.1	73.8
尼日利亚	Nigeria	46.6	53.4	46.1	52.7	47.2	54.2
南非	South Africa	55.8	62.8	53.7	59.2	58.0	66.4
加拿大	Canada	79.2	82.3	76.7	80.4	81.9	84.3
墨西哥	Mexico	74.3	77.1	71.9	74.7	76.8	79.5
美国	United States	76.6	78.7	74.1	76.3	79.3	81.2
阿根廷	Argentina	73.8	76.6	70.1	72.8	77.5	80.3
巴西	Brazil	70.0	75.5	66.3	71.9	74.0	79.1
委内瑞拉	Venezuela	72.3	74.5	68.5	70.6	76.4	78.8
捷克	Czech Rep.	75.0	78.3	71.7	75.6	78.4	81.2
法国	France	79.1	82.3	75.3	79.2	83.0	85.5
德国	Germany	77.9	80.6	75.0	78.3	81.0	83.1
意大利	Italy	79.8	82.5	76.9	80.3	82.8	84.9
荷兰	Netherlands	78.0	81.5	75.5	79.9	80.6	83.2
波兰	Poland	73.7	77.5	69.7	73.5	78.0	81.6
俄罗斯	Russian Fed.	65.3	71.6	59.0	66.5	72.0	76.9
西班牙	Spain	79.0	82.8	75.6	80.1	82.5	85.7
土耳其	Turkey	70.0	75.8	66.4	72.5	73.8	79.0
乌克兰	Ukraine	67.9	71.5	62.4	66.7	73.6	76.5
英国	United Kingdom	77.7	81.0	75.4	79.2	80.2	82.8
澳大利亚	Australia	79.2	82.5	76.6	80.5	82.0	84.6
新西兰	New Zealand	78.6	81.6	76.1	79.9	81.3	83.4

资料来源：世界银行数据库，更新时间2018年9月21日。
Source: World Bank Database, last updated date 2018/9/21.

13-5 人口构成(2017年)
Population Composition(2017)

单位：% (%)

国家和地区	Country or Area	年龄构成 Age Composition 0-14岁人口占比 Persons ages 14 and below	15-64岁人口占比 Persons ages 15 to 64	65岁以上人口占比 Persons ages 65 and above	女性人口比重 Female Population as Percentage of Tatal	城市人口比重 Urban Population as Percentage of Tatal
世界	**World**	**25.9**	**65.4**	**8.7**	**49.6**	**54.8**
中国	China	17.7	71.7	10.6	48.5	58.0
中国香港	Hong Kong, China	11.5	72.2	16.3	54.0	100.0
中国澳门	Macao, China	13.3	76.9	9.8	52.0	100.0
孟加拉国	Bangladesh	28.4	66.5	5.1	49.6	35.9
文莱	Brunei Darussalam	23.0	72.4	4.6	48.5	77.3
柬埔寨	Cambodia	31.3	64.3	4.4	51.2	23.0
印度	India	27.8	66.2	6.0	48.2	33.6
印度尼西亚	Indonesia	27.4	67.3	5.3	49.7	54.7
伊朗	Iran	23.7	70.9	5.4	49.7	74.4
以色列	Israel	27.9	60.4	11.7	50.3	92.3
日本	Japan	12.9	60.1	27.0	51.2	91.5
哈萨克斯坦	Kazakhstan	27.9	65.1	7.0	51.6	57.3
韩国	Korea, Rep.	13.5	72.6	13.9	50.0	81.5
老挝	Laos	32.9	63.1	4.0	50.1	34.4
马来西亚	Malaysia	24.3	69.4	6.3	48.4	75.4
蒙古	Mongolia	29.7	66.3	4.0	50.5	68.4
缅甸	Myanmar	26.8	67.4	5.7	51.2	30.3
巴基斯坦	Pakistan	34.8	60.7	4.5	48.6	36.4
菲律宾	Philippines	31.7	63.5	4.8	49.7	46.7
新加坡	Singapore	15.0	72.1	12.9	50.6	100.0
斯里兰卡	Sri Lanka	24.0	65.9	10.1	51.9	18.4
泰国	Thailand	17.3	71.3	11.4	51.2	49.2
越南	Viet Nam	23.1	69.8	7.1	50.5	35.2
埃及	Egypt	33.5	61.4	5.2	49.4	42.7
尼日利亚	Nigeria	44.0	53.3	2.8	49.3	49.5
南非	South Africa	29.0	65.7	5.3	50.9	65.9
加拿大	Canada	16.0	67.0	17.0	50.4	81.4
墨西哥	Mexico	26.7	66.5	6.9	50.2	79.9
美国	United States	18.9	65.7	15.4	50.5	82.1
阿根廷	Argentina	24.9	63.9	11.2	51.1	91.7
巴西	Brazil	21.7	69.7	8.6	50.9	86.3
委内瑞拉	Venezuela	27.6	65.8	6.6	50.3	88.2
捷克	Czech Rep.	15.4	65.6	19.0	50.8	73.7
法国	France	18.1	62.2	19.7	50.8	80.2
德国	Germany	13.1	65.5	21.5	50.8	77.3
意大利	Italy	13.5	63.5	23.0	51.3	70.1
荷兰	Netherlands	16.4	64.8	18.8	50.2	91.1
波兰	Poland	14.8	68.4	16.8	51.7	60.1
俄罗斯	Russian Fed.	17.6	68.2	14.2	53.5	74.3
西班牙	Spain	14.7	65.9	19.4	51.0	80.1
土耳其	Turkey	25.0	66.9	8.2	50.7	74.6
乌克兰	Ukraine	15.5	68.0	16.5	53.8	69.2
英国	United Kingdom	17.7	63.8	18.5	50.7	83.1
澳大利亚	Australia	19.0	65.5	15.5	50.2	85.9
新西兰	New Zealand	19.8	64.9	15.3	50.8	86.5

资料来源：世界银行数据库，更新时间2018年9月21日。
Source: World Bank Database, last updated date 2018/9/21.

13-6 粗结婚率与粗离婚率
Crude Marriage Rate and Crude Divorce Rate

单位：‰ (‰)

国家和地区	Country or Area	粗结婚率 Crude Marriage Rate		粗离婚率 Crude Divorce Rate	
		2010	2015	2010	2015
中　　国	China	9.3	9.6①	2.0	1.8①
中国香港	Hong Kong,China	7.5	7.1		
中国澳门	Macao,China	5.8	5.8	1.7	1.8
伊　　朗	Iran	12.0	8.7	1.8	2.1
日　　本	Japan	5.5	5.0	2.0	1.8
哈萨克斯坦	Kazakhstan	9.0	9.9②	2.5	3.0②
蒙　　古	Mongolia	3.4	5.8	1.1	1.3
韩　　国	Korea,Rep.	6.5	5.9	2.3	2.1
新 加 坡	Singapore	6.5	7.3	1.8	1.8
土 耳 其	Turkey	8.0	7.7	1.6	1.7
墨 西 哥	Mexico	5.0	4.6	0.8	1.0
美　　国	United States	6.8	6.9	2.8	2.5
阿 根 廷	Argentina	3.0	2.8		
委内瑞拉	Venezuela	3.3	3.0		
白俄罗斯	Belarus	8.1	8.6	3.9	3.5
保加利亚	Bulgaria	3.2	3.9	1.5	1.5
捷　　克	Czech Republic	4.5	4.6	2.9	2.5
法　　国	France	3.9	3.6	2.1	1.9
德　　国	Germany	4.7	4.9	2.3	2.0
意 大 利	Italy	3.7	3.2	0.9	1.4
荷　　兰	Netherland	4.5	3.8	2.0	2.0
波　　兰	Poland	5.9	5.0	1.6	1.8
罗马尼亚	Romania	5.7	6.3	1.6	1.6
俄 罗 斯	Russian Fed.	8.5	8.5②	4.5	4.7②
西 班 牙	Spain	3.6	3.6	2.2	2.1
乌 克 兰	Ukraine	6.7	7.0	2.7	3.0
英　　国	United Kingdom	4.5		2.1	1.9③
澳大利亚	Australia	5.5	4.8	2.3	2.0
新 西 兰	New Zealand	4.8	4.3	2.0	1.9

注：①2012年数据。②2013年数据。③2014年数据。
Note: ①Data refer to 2012.②Data refer to 2013.③Data refer to 2014.
资料来源：联合国《人口统计年鉴2016》。
Source: UN Demographic Yearbook 2016.

13-7 享有卫生设施人口占总人口比重

Percentage of Population with Access to Improved Sanitation Facilities

单位：%　　　　(%)

国家和地区	Country or Area	享有卫生设施人口占总人口比重 Percentage of Population with Access to Improved Sanitation Facilities		城市享有卫生设施人口占总人口比重 Percentage of Population with Access to Improved Sanitation Facilities in Urban Areas		农村享有卫生设施人口占总人口比重 Percentage of Population with Access to Improved Sanitation Facilities in Rural Area	
		2000	2015	2000	2015	2000	2015
世界	**World**	**58.8**	**67.5**	**79.4**	**82.2**	**40.9**	**50.3**
高收入国家	**High Income**	**98.6**	**99.4**	**99.2**	**99.5**	**97.0**	**99.0**
中等收入国家	**Middle Income**	**53.3**	**65.3**	**73.6**	**79.3**	**38.8**	**50.8**
低收入国家	**Low Income**	**20.3**	**28.3**	**36.1**	**39.7**	**14.8**	**23.2**
中国	China	58.8	76.5	75.3	86.6	49.6	63.7
孟加拉国	Bangladesh	45.4	60.6	51.1	57.7	43.7	62.1
柬埔寨	Cambodia	16.3	42.4	43.3	88.1	10.2	30.5
印度	India	25.6	39.6	54.5	62.6	14.5	28.5
印度尼西亚	Indonesia	47.1	60.8	65.8	72.3	33.6	47.5
伊朗	Iran	78.9	90.0	84.1	92.8	69.5	82.3
以色列	Israel	100.0	100.0	100.0	100.0	100.0	100.0
日本	Japan	100.0	100.0	100.0	100.0	100.0	100.0
哈萨克斯坦	Kazakhstan	96.8	97.5	96.5	97.0	97.1	98.1
韩国	Korea, Rep.	100.0	100.0	100.0	100.0	100.0	100.0
老挝	Laos	28.0	70.9	66.1	94.5	17.2	56.0
马来西亚	Malaysia	91.2	96.0	92.8	96.1	88.5	95.9
蒙古	Mongolia	48.2	59.7	65.1	66.4	25.8	42.6
缅甸	Myanmar	61.9	79.6	78.6	84.3	55.8	77.1
巴基斯坦	Pakistan	36.9	63.5	71.6	83.1	19.6	51.1
菲律宾	Philippines	63.8	73.9	72.5	77.9	55.9	70.8
新加坡	Singapore	99.7	100.0	99.7	100.0		
斯里兰卡	Sri Lanka	81.2	95.1	85.1	88.1	80.3	96.7
泰国	Thailand	91.3	93.0	89.4	89.9	92.2	96.1
越南	Viet Nam	52.9	78.0	76.7	94.4	45.2	69.7
埃及	Egypt	84.3	94.7	94.5	96.8	76.7	93.1
尼日利亚	Nigeria	34.0	29.0	35.8	32.8	33.1	25.4
南非	South Africa	57.2	66.4	66.0	69.6	45.6	60.5
加拿大	Canada	99.8	99.8	100.0	100.0	99.0	99.0
墨西哥	Mexico	74.7	85.2	82.7	88.0	51.2	74.5
美国	United States	99.7	100.0	99.9	100.0	99.2	100.0
阿根廷	Argentina	91.4	96.4	92.5	96.2	81.9	98.3
巴西	Brazil	74.7	82.8	82.8	88.0	39.6	51.5
委内瑞拉	Venezuela	88.3	94.4	92.7	97.5	56.0	69.9
捷克	Czech Rep.	99.1	99.1	99.1	99.1	99.3	99.2
法国	France	98.7	98.7	98.6	98.6	98.9	98.9
德国	Germany	99.2	99.2	99.3	99.3	99.0	99.0
意大利	Italy	99.5	99.5	99.5	99.5	99.6	99.6
荷兰	Netherlands	98.1	97.7	97.5	97.5	99.9	99.9
波兰	Poland	87.0	97.2	94.0	97.5	75.8	96.7
俄罗斯联邦	Russian Fed.	72.5	72.2	77.5	77.0	58.5	58.7
西班牙	Spain	99.9	99.9	99.9	99.8	100.0	100.0
土耳其	Turkey	88.1	94.9	96.9	98.3	72.0	85.5
乌克兰	Ukraine	94.7	95.9	97.1	97.4	89.7	92.6
英国	United Kingdom	99.2	99.2	99.1	99.1	99.6	99.6
澳大利亚	Australia	100.0	100.0	100.0	100.0	100.0	100.0

资料来源：世界卫生组织数据库，更新时间2017年11月30日。
Source: World Health Organization Database, last updated date 2017/11/30.

13-8 享有清洁饮用水源人口占总人口比重
Percentage of Population with Access to Improved Water Source

单位：% (%)

国家和地区	Country or Area	享有清洁饮用水源人口占总人口比重 Percentage of Population with Access to Improved Water Source		城市享有清洁饮用水源人口占总人口比重 Percentage of Population with Access to Improved Water Source in Urban Area		农村享有清洁饮用水源人口占总人口比重 Percentage of Population with Access to Improved Water Source in Rural Area	
		2000	2015	2000	2015	2000	2015
世界	**World**	**82.5**	**91.0**	**95.5**	**96.5**	**71.2**	**84.6**
高收入国家	**High Income**	**98.8**	**99.5**	**99.5**	**99.7**	**96.6**	**98.9**
中等收入国家	**Middle Income**	**81.5**	**92.2**	**94.4**	**96.1**	**72.3**	**88.1**
低收入国家	**Low Income**	**52.4**	**65.6**	**83.5**	**86.7**	**41.7**	**56.3**
中国	China	80.3	95.5	97.2	97.5	70.8	93.0
孟加拉国	Bangladesh	76.0	86.9	83.2	86.5	73.7	87.0
柬埔寨	Cambodia	41.6	75.5	57.1	100.0	38.1	69.1
印度	India	80.6	94.1	92.3	97.1	76.1	92.6
印度尼西亚	Indonesia	77.9	87.4	91.3	94.2	68.2	79.5
伊朗	Iran	94.1	96.2	98.3	97.7	86.8	92.1
以色列	Israel	100.0	100.0	100.0	100.0	100.0	100.0
日本	Japan	100.0	100.0	100.0	100.0	100.0	100.0
哈萨克斯坦	Kazakhstan	93.8	92.9	98.0	99.4	88.5	85.6
韩国	Korea, Rep.	93.4		98.1	99.7	75.3	
老挝	Laos	45.5	75.7	72.2	85.6	37.9	69.4
马来西亚	Malaysia	94.1	98.2	97.4	100.0	88.6	93.0
蒙古	Mongolia	56.3	64.4	74.2	66.4	32.4	59.2
缅甸	Myanmar	66.6	80.6	84.6	92.7	59.9	74.4
巴基斯坦	Pakistan	88.5	91.4	95.4	93.9	85.0	89.9
菲律宾	Philippines	87.1	91.8	92.0	93.7	82.5	90.3
新加坡	Singapore	100.0	100.0	100.0	100.0		
斯里兰卡	Sri Lanka	79.7	95.6	94.8	98.5	76.3	95.0
泰国	Thailand	91.9	97.8	96.6	97.6	89.7	98.0
越南	Viet Nam	77.4	97.6	93.6	99.1	72.2	96.9
埃及	Egypt	95.9	99.4	98.1	100.0	94.1	99.0
尼日利亚	Nigeria	51.8	68.5	78.2	80.8	37.7	57.3
南非	South Africa	86.5	93.2	98.5	99.6	70.6	81.4
加拿大	Canada	99.8	99.8	100.0	100.0	99.0	99.0
墨西哥	Mexico	88.6	96.1	93.8	97.2	73.0	92.1
美国	United States	98.8	99.2	99.6	99.4	95.8	98.2
阿根廷	Argentina	96.3	99.1	98.1	99.0	81.3	100.0
巴西	Brazil	93.5	98.1	97.6	100.0	75.7	87.0
委内瑞拉	Venezuela	91.1	93.1	93.6	95.0	72.5	77.9
捷克	Czech Rep.	99.8	100.0	99.9	100.0	99.6	100.0
法国	France	100.0	100.0	100.0	100.0	100.0	100.0
德国	Germany	100.0	100.0	100.0	100.0	100.0	100.0
意大利	Italy	100.0	100.0	100.0	100.0	100.0	100.0
荷兰	Netherlands	100.0	100.0	100.0	100.0	100.0	100.0
波兰	Poland	95.9	98.3	99.0	99.3	91.0	96.9
俄罗斯	Russian Fed.	94.9	96.9	98.2	98.9	85.6	91.2
西班牙	Spain	99.9	100.0	99.9	100.0	100.0	100.0
土耳其	Turkey	92.6	100.0	96.8	100.0	84.7	100.0
乌克兰	Ukraine	97.6	96.2	99.9	95.5	93.0	97.8
英国	United Kingdom	100.0	100.0	100.0	100.0	100.0	100.0
澳大利亚	Australia	100.0	100.0	100.0	100.0	100.0	100.0
新西兰	New Zealand	100.0	100.0	100.0	100.0	100.0	100.0

资料来源：世界卫生组织数据库，更新时间2017年11月30日。
Source: World Health Organization Database, last updated date 2017/11/30.

13-9 每千人口医生数和医院床位数
Physician and Hospital Bed per 1000 Persons

国家和地区	Country or Area	每千人口医生数(人) Physicians per 1000 Persons (person)			每千人口医院床位数(张) Hospital Beds per 1000 Persons (bed)		
		2000	2010	2015	2000	2010	2015
世界	**World**	**1.29**		**1.49③**			
高收入国家	**High Income**	**2.65**		**3.01③**	**6.4**	**4.3**	**4.2①**
中等收入国家	**Middle Income**	**1.06**		**1.28③**			**2.2①**
低收入国家	**Low Income**	**0.17**		**0.31③**			
中国	China	1.26	1.46	1.81	2.5	3.6	3.8①
孟加拉国	Bangladesh		0.35	0.47			0.6①
文莱	Brunei Darussalam	1.02	1.43	1.75	2.6		2.8②
柬埔寨	Cambodia	0.17	0.23	0.14④		0.8	0.7①
印度	India	0.53	0.66	0.73④			0.7①
印度尼西亚	Indonesia	0.16	0.14	0.20②		0.6	0.9②
伊朗	Iran		0.89	1.49④			0.1②
以色列	Israel	3.77	3.41	3.58	6.1	3.5	3.3②
日本	Japan	2.04	2.23	2.37④	14.7		
哈萨克斯坦	Kazakhstan	3.29	3.51	3.27④	7.2		7.2②
韩国	Korea, Rep.	1.30	2.00	2.27	6.1		
老挝	Laos	0.28	0.27	0.49④		0.7	1.5②
马来西亚	Malaysia	0.69	1.17	1.53		1.8	1.9②
蒙古	Mongolia		2.76	3.26		5.8	6.8②
缅甸	Myanmar	0.30	0.51	0.57②	0.7		
巴基斯坦	Pakistan	0.66	0.85	0.98		0.6	0.6②
菲律宾	Philippines	0.57					1.0①
新加坡	Singapore		1.74	1.91③			2.0①
斯里兰卡	Sri Lanka	0.42	0.73	0.88	2.9		3.6②
泰国	Thailand	0.37	0.39	0.47	2.2	2.1	
越南	Viet Nam		0.70	0.79		2.0	
埃及	Egypt	2.12	2.83	0.81④		1.7	0.5②
尼日利亚	Nigeria	0.27	0.40		1.2		
南非	South Africa		0.73	0.77			
加拿大	Canada	2.10	2.04	2.54	3.4	2.7	
墨西哥	Mexico	1.91	1.92	2.23	1.1	1.7	1.5①
美国	United States	2.58	2.43	2.57④	3.5	3.0	2.9①
阿根廷	Argentina		3.21	3.91③	4.1	4.5	4.7②
巴西	Brazil	1.13	1.79	1.85③		2.4	2.3②
委内瑞拉	Venezuela						0.9①
捷克	Czech Rep.	3.40	3.59	3.68③	8.8	7.0	6.8①
法国	France	3.30		3.23	8.1	6.6	6.4①
德国	Germany	3.30	3.78	4.19	9.1	8.3	8.2①
意大利	Italy	4.20		3.90	4.7	3.5	3.4①
荷兰	Netherlands	3.20		3.48	4.8		
波兰	Poland	2.20	2.16	2.29	4.9	6.6	6.5①
俄罗斯	Russian Fed.	4.21	5.00	3.98	10.9		
西班牙	Spain	4.39	3.76	3.87	4.1	3.2	3.1①
土耳其	Turkey	1.35	1.71	1.75④	2.6	2.5	2.5①
乌克兰	Ukraine	2.98	3.49	3.00④	8.8		9.0②
英国	United Kingdom	1.90	2.70	2.81	4.2	3.0	2.9①
澳大利亚	Australia	2.50		3.50	7.8	3.9	
新西兰	New Zealand	2.20	2.61	3.06			2.3①

注：①2011年数据。②2012年数据。③2013年数据。④2014年数据。
Note: ①Data refer to 2011.②Data refer to 2012.③Data refer to 2013.④Data refer to 2014.
资料来源：世界银行数据库，更新时间2018年9月21日。
Source: World Bank Database, last updated date 2018/9/21.

13-10 儿童健康
Child Health

国家和地区	Country or Area	新生儿死亡率(‰) Neonatal Mortality Rate (‰)		5岁以下儿童死亡率(‰) Mortality Rate of Children Aged＜5 (‰)		5岁以下儿童超重发生率(%) Prevalence of Overweight Children Aged ＜5 (%)	5岁以下儿童低体重率(%) Prevalence of Underweight Children Aged＜5(%)
		2000	2017	2000	2017	2017	2017
世界	**World**	**30.5**	**18.0**	**75.9**	**39.1**	**5.6**	**13.5**
高收入国家	**High Income**	**4.3**	**3.0**	**7.9**	**5.4**	**6.1**	**0.9**
中等收入国家	**Middle Income**	**32.0**	**17.9**	**71.8**	**36.2**	**5.0**	**14.1**
低收入国家	**Low Income**	**40.8**	**26.4**	**150.2**	**69.1**	**3.2**	**19.1**
中国	China	21.2	4.7	36.9	9.3	6.6①	2.4④
孟加拉国	Bangladesh	42.6	18.4	88.0	32.4	1.4⑤	32.6⑤
文莱	Brunei Darussalam	4.9	4.7	9.4	10.5		
柬埔寨	Cambodia	36.1	14.9	108.3	29.2	2.0⑤	23.9⑤
印度	India	45.1	24.0	91.2	39.4	2.1⑥	35.7⑥
印度尼西亚	Indonesia	22.3	12.4	52.3	25.4	11.5④	19.9④
伊朗	Iran	19.2	9.1	34.7	14.9		4.1②
以色列	Israel	3.6	2.0	6.9	3.6		
日本	Japan	1.8	0.9	4.5	2.6	1.5①	3.4①
哈萨克斯坦	Kazakhstan	20.1	5.3	43.6	10.0	9.3⑥	2.0⑥
韩国	Korea, Rep.	2.4	1.5	6.1	3.3	7.3①	0.7①
老挝	Laos	43.3	28.2	117.7	63.4	2.0②	26.5②
马来西亚	Malaysia	5.3	4.3	10.2	7.9	6.0⑦	13.7⑦
蒙古	Mongolia	25.7	9.1	62.7	17.2	10.5④	1.6④
缅甸	Myanmar	37.3	24.1	82.3	48.6	1.3⑦	18.9⑦
巴基斯坦	Pakistan	60.4	44.2	112.3	74.9	4.8③	31.6③
菲律宾	Philippines	16.8	13.6	39.7	28.1	3.9⑥	21.5⑥
新加坡	Singapore	1.6	1.1	4.0	2.8		
斯里兰卡	Sri Lanka	10.1	5.8	16.3	8.8	2.0⑦	20.5⑦
泰国	Thailand	12.7	5.3	22.5	9.5	8.2⑦	6.7⑦
越南	Viet Nam	15.7	10.6	33.8	20.9	5.3⑥	14.1⑥
埃及	Egypt	22.3	11.6	46.5	22.1	15.7⑤	7.0⑤
尼日利亚	Nigeria	48.3	32.9	186.8	100.2	1.5⑦	31.5⑦
南非	South Africa	16.0	10.7	75.3	37.1	13.3⑦	5.9⑦
加拿大	Canada	3.7	3.5	6.2	5.1		
墨西哥	Mexico	10.1	7.6	25.6	13.4	5.2⑥	3.9⑥
美国	United States	4.6	3.6	8.4	6.6	6.0③	0.5③
阿根廷	Argentina	11.3	5.9	20.2	10.4		
巴西	Brazil	16.0	8.5	32.0	14.8		
委内瑞拉	Venezuela	12.0	19.8	21.7	30.9		
捷克	Czech Rep.	3.9	1.7	6.6	3.3		
法国	France	2.8	2.4	5.4	4.2		
德国	Germany	2.8	2.2	5.4	3.7		
意大利	Italy	3.4	2.0	5.5	3.4		
荷兰	Netherlands	3.8	2.3	6.2	3.9		
波兰	Poland	5.8	3.0	9.3	4.7		
俄罗斯	Russian Fed.	12.5	3.3	23.2	7.6		
西班牙	Spain	4.0	1.7	6.5	3.1		
土耳其	Turkey	20.1	5.9	39.6	11.6	10.9④	1.9④
乌克兰	Ukraine	11.2	5.2	18.5	8.8		
英国	United Kingdom	3.8	2.6	6.6	4.3		
澳大利亚	Australia	3.5	2.1	6.2	3.5		
新西兰	New Zealand	3.5	3.0	7.4	5.3		

注：①2010年数据。②2011年数据。③2012年数据。④2013年数据。⑤2014年数据。⑥2015年数据。⑦2016年数据。
Note:①Data refer to 2010.②Data refer to 2011.③Data refer to 2012.④Data refer to 2013.⑤Data refer to 2014.⑥Data refer to 2015.
⑦Data refer to 2016.
资料来源：世界银行数据库，更新时间2018年9月21日。
Source: World Bank Database, last updated date 2018/9/21.

13-11 生殖健康
Reproductive Health

国家和地区	Country or Area	总和生育率 Total Fertility Rate		15-49岁女性避孕普及率 (%) Contraceptive Prevalence (% of women ages 15-49)		孕产妇死亡率⑦ (1/10 0000) Maternal Mortality Ratio (1/10 0000)	
		2000	2016	2000	2016	2000	2015
世界	**World**	**2.7**	**2.4**	**60.2**	**62.7⑤**	**341**	**216**
中国	China	1.4	1.6	83.8	87.9③	58	27
中国香港	Hong Kong, China	1.0	1.2		74.8③		
中国澳门	Macao, China	0.9	1.3				
孟加拉国	Bangladesh	3.2	2.1	54.3	62.4⑤	399	176
文莱	Brunei Darussalam	2.3	1.9			31	23
柬埔寨	Cambodia	3.8	2.6	23.8	56.3⑤	484	161
印度	India	3.3	2.3	46.9	53.5	374	174
印度尼西亚	Indonesia	2.5	2.4	54.8	59.4	265	126
伊朗	Iran	2.2	1.7	73.8	77.4②	51	25
以色列	Israel	3.0	3.1			8	5
日本	Japan	1.4	1.4	55.9	39.8⑥	10	5
哈萨克斯坦	Kazakhstan	1.8	2.7		55.7⑥	65	12
韩国	Korea, Rep.	1.5	1.2	79.3	79.6⑥	16	11
老挝	Laos	4.3	2.7	32.2	49.8③	546	197
马来西亚	Malaysia	2.8	2.0		52.2⑤	58	40
蒙古	Mongolia	2.1	2.8	67.4	54.6⑤	161	44
缅甸	Myanmar	2.9	2.2		52.2	308	178
巴基斯坦	Pakistan	4.6	3.5		35.4④	306	178
菲律宾	Philippines	3.8	2.9	47.0	55.1④	124	114
新加坡	Singapore	1.6	1.2			18	10
斯里兰卡	Sri Lanka	2.2	2.0	70.0	61.7	57	30
泰国	Thailand	1.7	1.5	79.2	78.4	25	20
越南	Viet Nam	2.0	2.0	74.2	75.7⑥	81	54
埃及	Egypt	3.2	3.3	56.1	58.5⑤	63	33
尼日利亚	Nigeria	6.1	5.5		20.4	1170	814
南非	South Africa	2.9	2.5		54.6	85	138
加拿大	Canada	1.5	1.6			9	7
墨西哥	Mexico	2.7	2.2	70.0	66.9⑥	77	38
美国	United States	2.1	1.8		72.7⑤	12	14
阿根廷	Argentina	2.6	2.3		81.3④	60	52
巴西	Brazil	2.4	1.7		80.2④	66	44
委内瑞拉	Venezuela	2.8	2.3		75.0①	90	95
捷克	Czech Rep.	1.2	1.6			7	4
法国	France	1.9	2.0	81.8	78.4②	12	8
德国	Germany	1.4	1.5		68.7②	8	6
意大利	Italy	1.3	1.4		65.1④	5	4
荷兰	Netherlands	1.7	1.7		73.0④	14	7
波兰	Poland	1.4	1.3		50.6②	8	3
俄罗斯	Russian Fed.	1.2	1.8		68.0②	57	25
西班牙	Spain	1.2	1.3		70.9	5	5
土耳其	Turkey	2.5	2.1		73.5④	79	16
乌克兰	Ukraine	1.1	1.5	71.6	65.4③	34	24
英国	United Kingdom	1.6	1.8	76.0		12	9
澳大利亚	Australia	1.8	1.8		66.9	9	6
新西兰	New Zealand	2.0	1.9			12	11

注：①2010年数据。②2011年数据。③2012年数据。④2013年数据。⑤2014年数据。⑥2015年数据。
⑦数据是通过回归模型得出的估计值，使用了生育、分娩护理、以及艾滋病流行率等方面的信息。
Note: ①Data refer to 2010.②Data refer to 2011.③Data refer to 2012.④Data refer to 2013.⑤Data refer to 2014.⑥Data refer to 2015.
⑦The data are estimated with a regression model using information on the proportion of maternal deaths among non-AIDS deaths in women ages 15-49, fertility and birth attendants.
资料来源：世界银行数据库，更新时间2018年9月21日。
Source: World Bank Database, last updated date 2018/9/21.

13-12 卫生总费用与国内生产总值之比及构成
Total Health Expenditure as Percentage of GDP and Composition

单位：%　　(%)

国家和地区	Country or Area	卫生总费用与国内生产总值之比 Total Health Expenditure as Percentage of GDP		政府卫生支出占卫生总费用的比重 General Government Health Expenditure as Percentage of Health Expenditure		个人卫生支出占卫生总费用的比重 Person Health Expenditure as Percentage of Health Expenditure	
		2000	2015	2000	2015	2000	2015
中国	China	4.6	5.3	38.3	59.8	61.7	40.2
孟加拉国	Bangladesh	2.3	2.6	40.7	14.7	59.3	74.3
文莱	Brunei Darussalam	3.1	2.6	85.1	94.0	14.9	6.0
柬埔寨	Cambodia	5.9	6.0	22.8	20.9	77.2	60.0
印度	India	4.3	3.9	26.1	25.6	73.9	73.5
印度尼西亚	Indonesia	2.0	3.3	36.6	38.2	63.4	61.2
伊朗	Iran	5.1	7.6	40.2	53.4	59.8	46.6
以色列	Israel	7.1	7.4	62.6	60.9①	35.2	39.1①
日本	Japan	7.5	10.9	80.8	83.6①	19.2	16.4①
哈萨克斯坦	Kazakhstan	4.2	3.9	50.9	60.2	49.1	39.5
韩国	Korea, Rep.	4.2	7.4	49.0	56.4	51.0	43.6
老挝	Laos	3.4	2.8	33.1	35.2	66.9	47.8
马来西亚	Malaysia	3.0	4.0	55.8	52.1	44.2	47.9
蒙古	Mongolia	4.9	3.9	77.8	52.2	22.2	42.9
缅甸	Myanmar	1.8	4.9	14.2	23.0	85.8	73.9
巴基斯坦	Pakistan	2.8	2.7	21.8	27.5	78.2	68.8
菲律宾	Philippines	3.2	4.4	47.6	31.4	52.4	68.1
新加坡	Singapore	2.7	4.3	45.0	51.9	55.0	48.1
斯里兰卡	Sri Lanka	3.8	3.0	48.9	53.7	51.1	45.2
泰国	Thailand	3.4	3.8	56.1	77.1	43.9	21.1
越南	Viet Nam	4.9	5.7	30.9	41.8	69.1	47.5
埃及	Egypt	5.6	4.2	40.5	30.1	59.5	69.7
尼日利亚	Nigeria	2.8	3.6	33.5	16.5	66.5	73.7
南非	South Africa	8.1	8.2	40.8	53.6	59.2	44.0
加拿大	Canada	8.7	10.4	70.4	73.5	29.6	26.5
墨西哥	Mexico	5.0	5.9	46.6	52.2	53.4	47.8
美国	United States	13.1	16.8	43.3	50.4	56.7	49.6
阿根廷	Argentina	9.2	6.8	53.9	71.4	46.1	28.0
巴西	Brazil	7.0	8.9	40.3	42.8	59.7	56.5
委内瑞拉	Venezuela	4.9	3.2	44.1	47.7	55.9	52.3
捷克	Czech Rep.	6.3	7.3	90.3	82.4	9.7	17.6
法国	France	9.8	11.1	79.4	78.9	20.6	21.1
德国	Germany	10.1	11.2	79.2	84.5	20.8	15.5
意大利	Italy	7.9	9.0	72.1	74.9	27.9	25.1
荷兰	Netherlands	7.4	10.7	63.1	80.7	36.9	19.3
波兰	Poland	5.5	6.3	70.0	69.9	30.0	29.9
俄罗斯	Russian Fed.	5.4	5.6	59.9	61.1	40.1	38.9
西班牙	Spain	7.2	9.2	71.6	71.0	28.4	29.0
土耳其	Turkey	4.9	4.1	62.9	78.1	37.1	21.9
乌克兰	Ukraine	5.6	6.1	51.8	46.4	48.2	51.2
英国	United Kingdom	6.9	9.9	79.6	80.4	20.4	19.6
澳大利亚	Australia	8.1	9.4	66.8	67.0①	33.2	33.0①
新西兰	New Zealand	7.5	9.3	78.0	82.3①	22.0	17.7①

注：①2014年数据。
Note: ①Data refer to 2014.
资料来源：世界卫生组织数据库，更新时间2017年12月11日。
Source: World Health Organization Database, last updated date 2017/12/11.

13-13 人均卫生费用及人均政府卫生支出
Total Health Expenditure per Capita and General Government Health Expenditure per Capita

单位：美元 (USD)

国家和地区	Country or Area	人均卫生费用 Total Health Expenditure per Capita			人均政府卫生支出 General Government Health Expenditure per Capita		
		2000	2010	2015	2000	2010	2015
中国	China	43.6	198.9	425.6	16.7	105.2	254.4
孟加拉国	Bangladesh	9.1	20.2	31.8	3.7	3.9	4.7
文莱	Brunei Darussalam	554.4	803.5	812.2	471.8	737.1	763.4
柬埔寨	Cambodia	17.6	54.5	69.6	4.0	10.7	14.5
印度	India	19.6	45.3	63.3	5.1	11.9	16.2
印度尼西亚	Indonesia	15.4	107.5	111.8	5.7	32.8	42.7
伊朗	Iran	70.7	440.9	366.0	29.4	142.6	195.4
以色列	Israel	1490.0	2218.4	2756.1	932.2	1395.4	1771.0①
日本	Japan	2838.6	4060.2	3732.6	2293.9	3326.4	3095.3①
哈萨克斯坦	Kazakhstan	50.8	363.9	379.1	25.9	240.3	228.1
韩国	Korea, Rep.	504.9	1436.8	2012.7	247.2	832.2	1135.1
老挝	Laos	10.5	35.0	53.0	3.5	8.1	18.7
马来西亚	Malaysia	121.6	302.0	385.6	67.8	156.8	200.8
蒙古	Mongolia	23.3	96.0	152.5	18.2	54.6	79.6
缅甸	Myanmar	3.2	15.3	59.1		1.5	13.6
巴基斯坦	Pakistan	15.5	26.6	38.0	3.4	5.8	10.4
菲律宾	Philippines	33.4	91.8	126.9	15.9	29.3	39.8
新加坡	Singapore	661.8	1503.0	2280.3	297.9	641.6	1182.9
斯里兰卡	Sri Lanka	32.8	83.4	117.9	16.1	43.9	63.3
泰国	Thailand	74.2	172.1	217.1	45.1	131.2	167.4
越南	Viet Nam	20.5	76.7	116.7	6.3	34.0	48.8
埃及	Egypt	77.7	111.4	156.6	31.5	36.7	47.1
尼日利亚	Nigeria	17.2	76.1	97.3	5.8	10.4	16.1
南非	South Africa	245.1	539.6	470.8	99.9	284.8	252.1
加拿大	Canada	2099.8	4987.5	4507.6	1477.3	3636.8	3315.3
墨西哥	Mexico	322.1	538.7	534.8	150.0	262.1	279.0
美国	United States	4788.3	7949.9	9535.9	2071.2	3857.8	4801.9
阿根廷	Argentina	706.9	698.6	997.9	381.0	383.7	712.7
巴西	Brazil	262.8	894.9	780.4	105.9	401.5	333.6
委内瑞拉	Venezuela	234.8	614.1	973.0	103.5	243.4	463.9
捷克	Czech Rep.	361.2	1373.9	1284.0	326.3	1144.9	1057.7
法国	France	2209.2	4385.4	4026.1	1753.8	3436.4	3177.6
德国	Germany	2397.8	4696.7	4591.8	1898.3	3919.4	3878.7
意大利	Italy	1588.0	3214.5	2700.4	1144.7	2521.9	2021.8
荷兰	Netherlands	1931.8	5249.4	4746.0	1218.6	4333.4	3830.5
波兰	Poland	247.1	809.2	796.7	173.1		556.8
俄罗斯	Russian Fed.	96.2	567.4	523.8	57.6	348.3	319.9
西班牙	Spain	1045.5	2778.4	2353.9	748.8	2077.8	1672.0
土耳其	Turkey	206.7	539.3	454.6	130.1		355.2
乌克兰	Ukraine	35.8	188.7	125.0	18.6	109.5	58.0
英国	United Kingdom	1763.5	3306.8	4355.8	1403.4	2804.0	3500.0
澳大利亚	Australia	1745.9	4952.8	4934.0	1167.0	3399.4	4043.2①
新西兰	New Zealand	1056.1	3239.9	3553.6	823.9	2610.7	4032.0①

注：①2014年数据。
Note: ①Data refer to 2014.
资料来源：世界卫生组织数据库，更新时间2017年12月11日。
Source: World Health Organization Database, last updated date 2017/12/11.

13-14 15岁及以上成人识字率
Adult Literacy Rate as Percentage of People Aged 15 and Above

单位：% (%)

国家和地区	Country or Area	总计 Total		男性 Male		女性 Female	
		2000	2016	2000	2016	2000	2016
世界	**World**	**81.5**	**86.2**	**86.6**	**89.8**	**76.4**	**82.7**
中等收入国家	**Middle Income**	**79.3**	**85.6**	**85.4**	**89.6**	**73.2**	**81.6**
低收入国家	**Low Income**	**50.7**	**60.6**	**60.3**	**68.6**	**41.4**	**52.8**
中国	China	90.9	95.1①	95.1	97.5①	86.5	92.7①
孟加拉国	Bangladesh		72.8		75.6		69.9
文莱	Brunei Darussalam		96.1②		97.4②		94.7②
印度	India		69.3②		78.9②		59.3②
印度尼西亚	Indonesia		95.4		97.2		93.6
伊朗	Iran		84.7⑤		89.6⑤		79.8⑤
哈萨克斯坦	Kazakhstan		99.8①		99.8①		99.7①
老挝	Laos	69.6	58.3②	81.4	67.4②	58.5	49.7②
马来西亚	Malaysia	88.7	93.1①	92.0	95.4①	85.4	90.7①
蒙古	Mongolia	97.8	98.3①	98.0	98.2①	97.5	98.3①
缅甸	Myanmar	89.9	75.6	93.9	80.0	86.4	71.8
巴基斯坦	Pakistan		57.0⑤		69.1⑤		44.3⑤
菲律宾	Philippines	92.6	96.4④	92.5	96.0④	92.7	96.8④
新加坡	Singapore	92.5	97.0	96.6	98.7	88.6	95.4
斯里兰卡	Sri Lanka		91.2①		92.6①		90.0①
泰国	Thailand	92.6	92.9⑥	94.9	94.7⑥	90.5	91.2⑥
越南	Viet Nam	90.2		93.9		86.6	
埃及	Egypt		75.1④		82.6④		67.2④
南非	South Africa		94.4⑥		95.4⑥		93.4⑥
墨西哥	Mexico	90.5	94.5⑥	92.6	95.5⑥	88.7	93.5⑥
阿根廷	Argentina		98.1⑥		98.0⑥		98.1⑥
巴西	Brazil	86.4	91.7⑤	86.2	91.4⑤	86.5	92.1⑤
委内瑞拉	Venezuela		97.1		97.0		97.2
意大利	Italy		98.8②		99.1②		98.6②
俄罗斯	Russian Fed.		99.7①		99.7①		99.6①
西班牙	Spain		98.3		98.8		97.7
土耳其	Turkey		95.6⑥		98.6⑥		92.6⑥
乌克兰	Ukraine		100.0③		100.0③		100.0③

注：①2010年数据。②2011年数据。③2012年数据。④2013年数据。⑤2014年数据。⑥2015年数据。
Note:①Data refer to 2010.②Data refer to 2011.③Data refer to 2012.④Data refer to 2013.⑤Data refer to 2014.⑥Data refer to 2015.
资料来源：世界银行数据库，更新时间2018年9月21日。
Source: World Bank Database, last updated date 2018/9/21.

13-15 25岁以上人口平均受教育年限
Mean Schooling Years of Population Over 25 Years

单位：年 (Year)

国家和地区	Country or Area	总计 Total		男性 Male		女性 Female	
		2000	2017	2000	2017	2000	2017
中国	China	6.2	7.3②	6.8	7.6②	5.5	6.6②
中国香港	Hong Kong, China		12.0⑤		12.5⑤		11.6⑤
中国澳门	Macao, China		10.5⑥		10.7⑥		10.3⑥
孟加拉国	Bangladesh		6.1		6.7		5.4
印度尼西亚	Indonesia		8.0⑥		8.4⑥		7.6⑥
以色列	Israel		13.0⑤		13.0⑤		13.0⑤
哈萨克斯坦	Kazakhstan	9.7①		10.0①		9.6①	
韩国	Korea, Rep.	10.7	12.1⑤	11.7	12.9⑤	9.7	11.4⑤
科威特	Kuwait		7.28		6.9		8.0
马来西亚	Malaysia	8.6	10.2⑥	9.2	10.3⑥	8.0	10.0⑥
蒙古	Mongolia	9.0	9.8②	9.1	9.5②	8.9	10.1②
巴基斯坦	Pakistan		5.1⑥		6.4⑥		3.7⑥
菲律宾	Philippines	7.7	9.3③	7.6	9.2③	7.7	9.5③
新加坡	Singapore		10.1⑥		10.5⑥		9.8⑥
塔吉克斯坦	Tajikistan		11.4		12.0		10.8
泰国	Thailand		8.3⑥		8.5⑥		8.2⑥
塞内加尔	Senegal		2.8		4.1		1.7
南非	South Africa		10.3⑤		10.5⑤		10.1⑤
墨西哥	Mexico	6.6	8.6⑥	7.1	8.8⑥	6.3	8.4⑥
美国	United States		13.4⑥		13.4⑥		13.4⑥
巴西	Brazil		7.6⑤		7.4⑤		7.8⑤
委内瑞拉	Venezuela		10.3⑥		10.0⑥		10.7⑥
捷克	Czech Rep.		12.7⑥		13.0⑥		12.5⑥
法国	France		11.4⑥		11.6⑥		11.1⑥
德国	Germany		14.1⑥		14.5⑥		13.8⑥
意大利	Italy		10.2⑤		10.4⑤		10.0⑤
荷兰	Netherlands		12.2⑥		12.5⑥		11.9⑥
波兰	Poland		12.3⑥		12.3⑥		9.2⑥
俄罗斯	Russia		12.0②		12.1②		12.0②
西班牙	Spain		9.8⑥		10.0⑥		9.7⑥
土耳其	Turkey		7.6⑥		8.4⑥		6.9⑥
英国	United Kingdom		13.3④		13.4④		13.2④
澳大利亚	Australia		12.4⑥		12.4⑥		12.4⑥

注：①1999年数据。②2010年数据。③2013年数据。④2014年数据。⑤2015年数据。⑥2016年数据。
Note:①Data refer to 1999.②Data refer to 2010.③Data refer to 2013.④Data refer to 2014.⑤Data refer to 2015.⑥Data refer to 2016.
资料来源：联合国教科文组织统计研究所数据中心，更新时间2018年9月。
Source: UNESCO Institute of Statistics Data Centre, last updated date September 2018.

13-16 各级教育毛入学率
Gross Enrollment Ratio of School by Level

单位：%　　　　　　　　　　　　　　　　　　　　　　　　　　(%)

国家和地区	Country or Area	初等教育 Primary Education		中等教育 Secondary Education		高等教育 Tertiary Education	
		2000	2016	2000	2016	2000	2016
中国	China	107.4①	100.9	61.0	94.3④	7.7	48.4
中国香港	Hong Kong, China	98.8	107.2	77.1①	102.7		71.8
中国澳门	Macao, China	103.9	105.8	82.7	99.3	26.2	78.2
孟加拉国	Bangladesh		118.6	48.1	69.0	5.4	17.3
文莱	Brunei Darussalam	111.3	106.6	86.2	93.4	12.7	30.9
柬埔寨	Cambodia	106.5	110.2	17.2		2.5	13.1④
印度	India	94.6	114.5	45.1	75.2	9.5	26.9
印度尼西亚	Indonesia	108.8	103.5	55.1	86.0	14.9	27.9
伊朗	Iran	100.1	108.9④	78.6	89.2④	19.3	68.8
以色列	Israel	106.0	103.6	103.0	104.0	49.5	64.2
日本	Japan	101.0	98.8④	101.8	102.1④	48.7	63.2④
哈萨克斯坦	Kazakhstan	96.4	109.0	93.4	112.4	31.7	46.1
韩国	Korea, Rep.	101.3	99.0④	98.4	98.9④	78.4	93.2④
老挝	Laos	106.7	110.5	34.2	66.5	2.7	17.2
马来西亚	Malaysia	98.1	103.5	66.2	85.2	25.7	44.1
蒙古	Mongolia	99.0	104.2	65.1	100.3	30.2	64.6
缅甸	Myanmar	98.3	101.9④	36.3	51.3③	10.6①	
巴基斯坦	Pakistan	74.0	97.7		46.1		9.7
菲律宾	Philippines	109.4	113.0④	74.7①	88.3④	30.3①	35.8③
新加坡	Singapore		100.8		108.1		
斯里兰卡	Sri Lanka	107.8①	101.9		97.7		18.9
泰国	Thailand	97.9	102.7④	62.8①	129.0④	34.9	48.9④
越南	Viet Nam	108.7	110.0			9.4	28.3
埃及	Egypt	93.5	103.6	80.5	85.9	29.6①	34.4
尼日利亚	Nigeria	98.4	94.1②	24.5	56.2②		
南非	South Africa	103.7	102.8④	87.3	102.8④		19.8③
加拿大	Canada	100.3	101.4	101.5	113.0	58.9	
墨西哥	Mexico	106.2	103.9	69.9	97.3	19.1	36.9
美国	United States	102.5	100.1④	93.2	97.2④	68.1	85.8④
阿根廷	Argentina	117.4	109.9④	96.5	107.1④	53.2	85.7④
巴西	Brazil	150.8①	115.3④		99.7④	18.2①	50.6④
委内瑞拉	Venezuela	99.3	96.5	59.3	85.7	28.5	
捷克	Czech Rep.	103.5	99.7④	88.5	105.6④	28.4	65.0④
法国	France	104.5	107.4④	108.8	111.1④	54.4	65.3④
德国	Germany	107.2	105.0④	99.8	102.7④		68.3④
意大利	Italy	102.9	101.0④	92.5	102.9④	49.4	62.5④
荷兰	Netherlands	108.6	103.3	124.2	132.7	53.0	80.4
波兰	Poland	97.8	110.1	99.2	107.1	50.5	66.6
俄罗斯	Russian Fed.	102.8	102.1		104.8	55.8	81.8
西班牙	Spain	104.5	103.9	110.3	127.9	57.8	91.2
土耳其	Turkey	102.8	102.5④	72.7	102.5④	25.3①	94.7④
乌克兰	Ukraine	115.1	103.9③	103.8	99.2③	48.7	82.3③
英国	United Kingdom	100.4	101.9④	101.9	125.5④	58.5	57.3④
澳大利亚	Australia	100.3	101.3	162.6	153.8	67.0	121.9
新西兰	New Zealand	99.4	98.8	110.6	114.3	66.2	81.8

注：①2001年数据。②2013年数据。③2014年数据。④2015年数据。
Note: ①Data refer to 2001.②Data refer to 2013.③Data refer to 2014.④Data refer to 2015.
资料来源：联合国教科文组织统计研究所数据中心，更新时间2018年9月21日。
Source: UNESCO Institute of Statistics Data Centre, last updated date 2018/9/21.

13-17 各级教育生师比
Pupil-Teacher Ratio of School by Level

单位：教师人数=1 (Number of Teacher=1)

国家和地区	Country or Area	初等教育 Primary Education		中等教育 Secondary Education		高等教育 Tertiary Education	
		2000	2016	2000	2016	2000	2016
中国	China	22.2①	16.5	17.1	13.5	14.1	
中国香港	Hong Kong, China	21.5	13.7	18.8①	12.4		
中国澳门	Macao, China	30.0	13.9	23.9	10.7	8.9	15.9
孟加拉国	Bangladesh		33.9	38.4	36.2	19.8	29.0
文莱	Brunei Darussalam	13.7	10.2	10.9	8.6	8.2	11.6
柬埔寨	Cambodia	50.1	42.5	18.5		13.3	17.7④
印度	India	40.0	35.2	33.6	28.5	23.6	23.7
印度尼西亚	Indonesia	22.1	14.0	14.6	14.1	14.4	22.2
伊朗	Iran	26.1	26.8④		17.0④	21.7	14.0
以色列	Israel	13.6	12.1④	10.6			
日本	Japan	20.7	16.2④	14.0	11.4④	8.4	7.0④
哈萨克斯坦	Kazakhstan	18.7①	18.6		6.8	13.4	16.4
韩国	Korea, Rep.	32.1	16.6④	21.0	14.4④	20.8	14.5④
老挝	Laos	30.1	23.0	21.3	18.3	12.3	10.7
马来西亚	Malaysia	19.6	11.6	18.4	13.2	18.4	13.9
蒙古	Mongolia	32.6	29.7	19.9	14.1	11.1	12.5
缅甸	Myanmar	32.8	27.6③	31.9	31.8③	52.6①	
巴基斯坦	Pakistan	33.0	47.6		21.4		17.6④
菲律宾	Philippines	35.3	32.3④	36.4①	26.2④	25.9①	
新加坡	Singapore						13.6②
斯里兰卡	Sri Lanka	26.3①	23.2		17.4		
泰国	Thailand	20.8	16.9④	24.0①	28.2④	37.5	21.5④
越南	Viet Nam	29.5	19.6			24.2	24.6
埃及	Egypt	23.0	23.1	16.9	14.8		23.9③
尼日利亚	Nigeria	42.9		30.9			
南非	South Africa	34.9	30.3④	28.1	27.8④		
加拿大	Canada	17.4				9.1	
墨西哥	Mexico	27.2	26.7	16.9	16.3	9.7	9.7④
美国	United States	15.0	14.5④	14.6	14.7④	12.8	12.4④
阿根廷	Argentina	20.1		12.3		15.7	
巴西	Brazil	24.8	21.5④		16.5④	15.2	19.3④
委内瑞拉	Venezuela					12.5	
捷克	Czech Rep.	16.9	18.9②	10.8①	11.6②	12.7	26.0②
法国	France	18.7	18.2②	11.8	12.9②	17.1	21.3②
德国	Germany	15.3	12.2④	14.4	12.1④		7.5④
意大利	Italy	11.0	12.0④	10.5	11.3④	23.6	20.3④
荷兰	Netherlands		11.7		14.4	11.3	12.9
波兰	Poland	11.1①	10.5④	13.2①	9.3④	18.3	17.1④
俄罗斯	Russian Fed.	17.6	20.1④			12.1	10.5④
西班牙	Spain	14.5	13.2④	11.4	12.0④	17.1	12.5④
土耳其	Turkey		18.4④		18.5④	23.7①	40.7④
乌克兰	Ukraine	19.9	12.8	13.4	7.0	12.4	10.4
英国	United Kingdom	18.7	17.4③	15.1	15.5④	21.5	15.7④
澳大利亚	Australia						27.5②
新西兰	New Zealand	18.4	14.5④	15.5	13.8④	15.3	16.7④

注：①2001年数据。②2013年数据。③2014年数据。④2015年数据。
Note: ①Data refer to 2001.②Data refer to 2013.③Data refer to 2014.④Data refer to 2015.
资料来源：联合国教科文组织统计研究所数据中心，更新时间2018年9月21日。
Source: UNESCO Institute of Statistics Data Centre, last updated date 2018/9/21.

13-18 教育经费
Education Expenditure

国家和地区	Country or Area	政府教育支出与国内生产总值之比(%) Government Expenditure on Education as Percentage of GDP(%)			政府教育支出占政府总支出的比重(%) Government Expenditure on Education as Percentage of Total Government Expenditure(%)		
		2000	2010	2016	2000	2010	2016
中国	China	1.9①			12.6①		
中国香港	Hong Kong, China	3.9②	3.5	3.3	22.4②	19.9	18.1
中国澳门	Macao, China	3.7	2.6	3.0⑥	9.8②	15.4	13.4⑥
孟加拉国	Bangladesh	2.1		2.5	20.5		18.1
文莱	Brunei Darussalam	3.7	2.0	4.4	8.9	5.3	11.4
柬埔寨	Cambodia	1.7	1.5	1.9⑤	11.1	7.7	9.1⑤
印度	India	4.3	3.4	3.8④	17.5	11.8	14.1④
印度尼西亚	Indonesia		2.8	3.6⑥	11.6②	16.7	20.5⑥
伊朗	Iran	4.0	3.7	3.4	20.6	18.8	19.3
以色列	Israel	6.1	5.5	5.8④	12.9	13.7	14.3⑤
日本	Japan	3.5	3.6	3.6④	9.9	9.4	9.3⑤
哈萨克斯坦	Kazakhstan	3.3		3.0			13.9
韩国	Korea, Rep.	3.9②		5.1⑥			
老挝	Laos	1.5	1.7	3.3⑤	7.3	7.3	12.2⑤
马来西亚	Malaysia	6.0	5.0	4.8	21.4	18.4	20.6
蒙古	Mongolia	5.6	4.6	5.2	16.1	14.7	12.8
缅甸	Myanmar						
巴基斯坦	Pakistan	1.8	2.3	2.5	8.5	11.9	12.6
菲律宾	Philippines	3.3			15.2		
新加坡	Singapore	3.3	3.1	2.9④	18.3	17.2	20.0④
斯里兰卡	Sri Lanka		1.7	3.5		8.6	17.7
泰国	Thailand	5.3	3.5	4.1④	28.4	16.2	18.9④
越南	Viet Nam		5.1	5.7④		17.1	18.5④
埃及	Egypt						
尼日利亚	Nigeria						
南非	South Africa	5.4	5.7	5.9	20.5②	18.0	18.1
加拿大	Canada	5.5	5.4		13.0	12.3	
墨西哥	Mexico	4.1	5.2	5.3⑤	19.8	19.4	19.1⑤
美国	United States	4.9①	5.4	5.4⑤		13.1	14.5⑤
阿根廷	Argentina	4.6	5.0	5.3⑤	16.2	15.0	14.1⑥
巴西	Brazil	3.9	5.6	6.0④	11.5	14.6	15.7⑤
委内瑞拉	Venezuela						
捷克	Czech Rep.	3.7	4.1	4.0⑤	9.1	9.5	9.5⑤
法国	France	5.5	5.7	5.5⑤	10.8	10.1	9.7⑤
德国	Germany		4.9	5.0⑤		10.4	11.1⑤
意大利	Italy	4.3	4.4	4.1⑤	9.4	8.7	8.1⑤
荷兰	Netherlands	4.6	5.6	5.5⑤	11.1	11.5	12.0⑤
波兰	Poland	5.0	5.1	4.9⑤	11.9	11.1	11.6⑤
俄罗斯	Russia	2.9		3.9③	9.0		11.1③
西班牙	Spain	4.2	4.8	4.3⑤	10.7	10.6	9.6⑤
土耳其	Turkey	2.5		4.4⑤	6.3		13.1⑤
乌克兰	Ukraine	4.2		5.9⑤	11.4		13.1⑤
英国	United Kingdom	4.1	5.8	5.7⑥	12.1	13.1	13.9⑥
澳大利亚	Australia	4.9	5.6	5.2⑤	13.4	14.3	13.9⑤
新西兰	New Zealand	6.6①	7.0	6.4⑥	18.0①	16.9	18.0⑥

注：①1999数据。②2001年数据。③2012数据。④2013年数据。⑤2014年数据。⑥2015年数据。

Note: ①Data refer to 1999.②Data refer to 2001.③Data refer to 2012.④Data refer to 2013.⑤Data refer to 2014.⑥Data refer to 2015.

资料来源：联合国教科文组织统计研究所数据中心，更新时间2018年9月21日。

Source: UNESCO Institute of Statistics Data Centre, last updated date 2018/9/21.

13-19 劳动力及劳动参与率(2017年)
Labor Force and Labor Force Participation Rate(2017)

国家和地区	Country or Area	劳动力总数 (万人) Total Labor Force (10 000 persons)	15岁以上人口劳动参与率 (%) Labor Force Participation Rate of Total Population Ages 15+(%)	女性劳动力占劳动力总数的比重(%) Percentage of Female Labor Force in Total Labor Force(%)
世界	**World**	**345287**	**61.8①**	**39.3**
高收入国家	**High Income**	**62472**	**60.7**	**43.9**
中等收入国家	**Middle Income**	**252097**	**61.8①**	**37.4**
低收入国家	**Low Income**	**30718**		**45.5**
中国	China	78674	70.9③	43.7
中国香港	Hong Kong, China	395	61.0③	49.0
中国澳门	Macao, China	38	70.8	49.0
孟加拉国	Bangladesh	6664	58.3	29.1
文莱	Brunei Darussalam	22	62.7	42.7
柬埔寨	Cambodia	931	82.7②	49.9
印度	India	52019	52.5①	24.5
印度尼西亚	Indonesia	12711	67.0	38.2
伊朗	Iran	2734	44.2	19.0
以色列	Israel	403	64.0	47.2
日本	Japan	6650	60.5	43.2
哈萨克斯坦	Kazakhstan	923	69.6	48.5
韩国	Korea, Rep.	2789	63.0	41.9
老挝	Laos	360	40.8	49.8
马来西亚	Malaysia	1544	68.0	38.1
蒙古	Mongolia	128	59.6	45.3
缅甸	Myanmar	2541	61.2	40.7
巴基斯坦	Pakistan	6996	45.2②	22.4
菲律宾	Philippines	4464	59.1	39.9
新加坡	Singapore	327	68.0③	45.0
斯里兰卡	Sri Lanka	872	54.1	34.5
泰国	Thailand	3914	68.2③	45.7
越南	Viet Nam	5750	76.1	48.1
埃及	Egypt	3115	46.7③	23.1
尼日利亚	Nigeria	5896	74.6③	45.4
南非	South Africa	2204	55.7	45.0
加拿大	Canada	2010	65.8	47.2
墨西哥	Mexico	5807	59.3	36.5
美国	United States	16346	62.9	45.8
阿根廷	Argentina	1990	58.8	40.9
巴西	Brazil	10428	62.3	42.9
委内瑞拉	Venezuela	1473	63.9②	40.1
捷克	Czech Rep.	537	60.2	44.4
法国	France	3036	55.8	47.0
德国	Germany	4347	61.2	46.5
意大利	Italy	2546	49.8	42.0
荷兰	Netherlands	910	64.0	46.1
波兰	Poland	1830	56.4	45.0
俄罗斯	Russian Fed.	7564	62.8	48.6
西班牙	Spain	2297	58.1	46.4
土耳其	Turkey	3128	52.8	32.2
乌克兰	Ukraine	2054	62.0	47.4
英国	United Kingdom	3387	62.9	46.5
澳大利亚	Australia	1291	65.2	46.2
新西兰	New Zealand	266	70.7	47.4

注：①2014数据。②2015年数据。③2016年数据。
Note: ①Data refer to 2014.②Data refer to 2015.③Data refer to 2016.
资料来源：世界银行数据库，更新时间2018年9月21日。
Source: World Bank Database, last updated date 2018/9/21.

13-20 居民消费支出
Household Consumption Expenditure

国家和地区	Country or Area	居民最终消费支出（现价，亿美元）Household Final Consumption Expenditure (current 100 million USD)			消费价格指数（2010年=100）Consumer Price Index (2010 = 100)
		2000	2010	2017	2017
世界	**World**	**201509.8**	**378909.0**	**437990.6①**	
高收入国家	**High Income**	**164919.4**	**270552.9**	**296318.4①**	
中等收入国家	**Middle Income**	**35397.1**	**106182.4**	**149827.3**	
低收入国家	**Low Income**	**955.2**	**2238.2**	**3802.3①**	
中国	China	5675.9	21573.3	46977.2	119.1
中国香港	Hong Kong, China	1006.7	1403.3	2287.3	125.9①
中国澳门	Macao, China	30.9	65.7	122.1	134.4①
孟加拉国	Bangladesh	400.3	854.4	1715.0	161.1
文莱	Brunei Darussalam	14.9	20.2	24.8	99.1
柬埔寨	Cambodia	32.5	91.4	159.1	124.6
印度	India	2940.3	9139.7	15286.9	160.1
印度尼西亚	Indonesia	1017.4	4244.9	5819.9	142.2
伊朗	Iran	545.0	2107.9	2243.1	339.7
以色列	Israel	706.4	1326.7	1750.3①	106.4
日本	Japan	26593.7	32918.3	27562.3①	104.0
哈萨克斯坦	Kazakhstan	113.2	671.8	748.8①	169.3
韩国	Korea, Rep.	3019.0	5507.6	7362.1	113.1
老挝	Laos	16.2	48.5	109.9	128.9
马来西亚	Malaysia	410.4	1226.0	1740.8	119.6
蒙古	Mongolia	8.5	39.7	56.5	172.2
缅甸	Myanmar		279.8	322.5①	144.6
巴基斯坦	Pakistan	557.4	1414.2	2499.5	156.9
菲律宾	Philippines	585.0	1428.1	2297.5	120.2
新加坡	Singapore	398.1	839.9	1154.5	113.3
斯里兰卡	Sri Lanka	116.7	388.3	542.0	147.1
泰国	Thailand	684.2	1779.7	2062.6①	111.3
越南	Viet Nam	207.2	771.7	1522.5	155.8
埃及	Egypt	757.4	1632.3	2043.5	231.1
尼日利亚	Nigeria	243.7	2440.3	3300.4①	214.2
南非	South Africa	860.6	2215.3	2076.5	146.1
加拿大	Canada	4040.7	9186.4	9547.9	112.0
墨西哥	Mexico	4841.3	7043.3	7534.7	130.2
美国	United States	67924.0	102021.9	128206.9①	112.4
阿根廷	Argentina	1970.4	2721.1	4174.4	
巴西	Brazil	4233.5	13302.4	13038.9	155.7
委内瑞拉	Venezuela	606.2	2197.7		2740.3①
捷克	Czech Rep.	312.8	1019.5	1021.7	110.9
法国	France	7450.1	14860.3	13964.4	106.9
德国	Germany	11142.7	19154.8	19526.2	109.3
意大利	Italy	6914.4	12965.2	11814.2	108.7
荷兰	Netherlands	2063.6	3741.6	3627.6	111.0
波兰	Poland	1093.6	2951.0	3069.4	109.6
俄罗斯	Russia	1199.5	7851.5	8263.9	168.2
西班牙	Spain	3554.4	8194.9	7569.8	108.4
土耳其	Turkey	1837.6	4867.2	5032.6	175.0
乌克兰	Ukraine	169.9	857.1	730.9	235.3
英国	United Kingdom	10875.8	15844.5	17240.5	115.6
澳大利亚	Australia	2409.6	6333.1	7522.6	115.7
新西兰	New Zealand	305.1	851.3	1083.4①	110.7

注：①2016年数据。
Note: ①Data refer to 2016.
资料来源：世界银行数据库，更新时间2018年9月21日。
Source: World Bank Database, last updated date 2018/9/21.

13-21 按每天1.90美元衡量的贫困人口比例(2011 PPP)
Poverty Headcount Ratio as Percentage of Population at $1.90 a day (2011 PPP)

单位：% (%)

国家和地区	Country or Area	2000	2010	2016
世界	**World**	**28.0②**	**15.6**	**10.0⑦**
中国	China	40.5②	11.2	0.7⑦
阿根廷	Argentina	5.7	2.1	0.6
孟加拉国	Bangladesh	33.7	18.5	14.8
玻利维亚	Bolivia	29.7	10.5③	7.1
巴西	Brazil	13.4②	6.2③	4.3⑦
保加利亚	Bulgaria		1.9	1.5⑥
柬埔寨	Cambodia		4.6	2.2⑤
萨尔瓦多	El Salvador	11.8	7.2	2.2
加纳	Ghana	33.9①		12.0④
几内亚	Guinea			35.3⑤
印度	India		31.1③	
印度尼西亚	Indonesia	39.8	16.0	6.5
伊朗	Iran	2.6①	0.3③	0.2⑥
哈萨克斯坦	Kazakhstan		0.1	
吉尔吉斯斯坦	Kyrgyzstan	42.2	4.1	1.4
老挝	Laos			16.7⑤
马来西亚	Malaysia		0.3③	
墨西哥	Mexico	11.0	3.8	2.5
蒙古	Mongolia	26.9①	0.8	0.5
尼泊尔	Nepal		15.0	
尼日利亚	Nigeria		53.5③	
巴基斯坦	Pakistan	23.4①	8.3	4.0⑦
巴拿马	Panama	14.7	4.6	2.2
巴拉圭	Paraguay	10.2②	6.1	1.7
秘鲁	Peru	16.7	4.7	3.5
菲律宾	Philippines	18.4	12③	8.3⑦
卢旺达	Rwanda	77.0	60.3	56.0⑤
南非	South Africa	32.6	16.5	18.9⑥
泰国	Thailand	2.6	0.1	0.1④
土耳其	Turkey		0.8	0.2
乌克兰	Ukraine	8.3②	0.1③	0.1
乌兹别克斯坦	Uzbekistan	68.1		
越南	Viet Nam	34.8①	4.8	2.0

注：①1998年数据。②1999年数据。③2009年数据。④2012年数据。⑤2013年数据。⑥2014年数据。⑦2015年数据。

Note: ①Data refer to 1998.②Data refer to 1999.③Data refer to 2009.④Data refer to 2012.⑤Data refer to 2013.⑥Data refer to 2014. ⑦Data refer to 2015.

资料来源：世界银行数据库，更新时间2018年9月21日。

Source: World Bank Database, last updated date 2018/9/21.

13-22 生产电影故事片数量
Number of National Feature Films Produced

单位：部 (film)

国家和地区	Country or Area	2005	2010	2015
中国	China	260	542	686
中国香港	Hong Kong, China	55	54	59
中国澳门	Macao, China		1	7
孟加拉国	Bangladesh	84		
文莱	Brunei Darussalam			
柬埔寨	Cambodia	41	26	32
印度	India	1041	1274	1907
印度尼西亚	Indonesia	50	82	
伊朗	Iran	26	98	85
以色列	Israel	22	29	32
日本	Japan	356	408	581
哈萨克斯坦	Kazakhstan			16
韩国	Korea, Rep.	87	152	269
老挝	Laos			5
马来西亚	Malaysia	23	39	80
蒙古	Mongolia	1	14	41
缅甸	Myanmar			32
巴基斯坦	Pakistan	42		
菲律宾	Philippines	84	40	
新加坡	Singapore	8	14	21
斯里兰卡	Sri Lanka			
泰国	Thailand	39	49	
越南	Viet Nam	12	90	
埃及	Egypt	23	37	34
尼日利亚	Nigeria	872	1074	
南非	South Africa	11	23	22
加拿大	Canada	52	98	103
墨西哥	Mexico	53	69	140
美国	United States	699	792	791
阿根廷	Argentina	41	121	182
巴西	Brazil	40	75	129
委内瑞拉	Venezuela	7	13	29
捷克	Czech Rep.	31	37	56
法国	France	240	261	300
德国	Germany	146	189	226
意大利	Italy	98	142	185
荷兰	Netherlands	51	65	87
波兰	Poland	30	60	42
俄罗斯	Russia	62	133	121
西班牙	Spain	142	200	255
土耳其	Turkey	28	65	137
乌克兰	Ukraine	5		3
英国	United Kingdom	106	346	298
澳大利亚	Australia	25	37	33
新西兰	New Zealand	3	21	28

资料来源：联合国教科文组织统计研究所数据中心，更新时间2017年4月。
Source: UNESCO Institute of Statistics Data Centre, last updated date April 2017.

13-23 电影院情况(2015年)
Cinemas (2015)

国家和地区	Country or Area	室内电影院(个) Number of Indoor Cinemas (Unit)	银幕(块) Number of Screens (screen)	座位(个) Number of Seats (seat)
中国	China	1687①	31627	
中国香港	Hong Kong, China		221	
中国澳门	Macao, China	4	15	3558
柬埔寨	Cambodia	8	12②	5600
印度	India		11100	
印度尼西亚	Indonesia		842④	
伊朗	Iran	180	380	127000
以色列	Israel	49④	400	46196④
日本	Japan	585	3074	671556
哈萨克斯坦	Kazakhstan	89	246	38988
韩国	Korea, Rep.	333④	2492	349669④
老挝	Laos	2	4	2023
马来西亚	Malaysia	124④	994	141471④
蒙古	Mongolia	52①		8414
缅甸	Myanmar	228①	124①	2699
巴基斯坦	Pakistan	228①	319①	127600①
菲律宾	Philippines	197④	747④	301971④
新加坡	Singapore	33	233	40524
斯里兰卡	Sri Lanka	170④	170④	59500④
泰国	Thailand		846③	
越南	Viet Nam	105②		
埃及	Egypt	69	221	57090
尼日利亚	Nigeria	55②	100②	
南非	South Africa	677	800④	
加拿大	Canada		3114	
墨西哥	Mexico	666	6062	1061375
美国	United States	5628④	40547	
阿根廷	Argentina	299	912	225959
巴西	Brazil	742	3005	535600④
委内瑞拉	Venezuela	101④	481④	84493④
捷克	Czech Rep.	469	689	132929
法国	France	2033	5741	1094703
德国	Germany	1586	4613	780001
意大利	Italy	1152	3354	
荷兰	Netherlands	269	888	146390
波兰	Poland	444	1276	271011
俄罗斯	Russia	1101④	4021	
西班牙	Spain	711	3588	818355
土耳其	Turkey	620④	2648	271250④
乌克兰	Ukraine	248	408	92566
英国	United Kingdom	751	4046	783790
澳大利亚	Australia	492	2080	443000
新西兰	New Zealand	119	418	

注：①2009年数据。②2011数据。③2012年数据。④2013年数据。

Note: ①Data refer to 2009.②Data refer to 2011.③Data refer to 2012.④Data refer to 2013.

资料来源：联合国教科文组织统计研究所数据中心，更新时间2017年4月。

Source: UNESCO Institute of Statistics Data Centre, last updated date April 2017.

13-24 国际旅游人数
Number of Arrivals and Departures of International Tourism

单位：万人 (10 000 persons)

国家和地区	Country or Area	入境旅游人数 Number of Arrivals			出境旅游人数 Number of Departures		
		2000	2010	2016	2000	2010	2016
世界	**World**	**69471**	**95586**	**124496**	**81197**	**113724**	**145878**
高收入国家	**High Income**	**48941**	**56358**	**74955**	**54508**	**65788**	**77003**
中等收入国家	**Middle Income**	**19381**	**37272**	**46989**	**14960**	**30470**	**48250**
低收入国家	**Low Income**	**649**	**1258**	**1610**			
中国	China	3123	5566	5927	1047	5739	13513
中国香港	Hong Kong, China	881	2009	2655	5890	8444	9176
中国澳门	Macao, China	520	1193	1570		75	125
孟加拉国	Bangladesh	20	30		113	191	0
文莱	Brunei Darussalam		21	22		0	0
柬埔寨	Cambodia	47	251	501	4	51	143
印度	India	265	578	1457	442	1299	2187
印度尼西亚	Indonesia	506	700	1152	221	624	834
伊朗	Iran	134	294	494	229	0	901
以色列	Israel	242	280	290	353	427	678
日本	Japan	476	861	2404	1782	1664	1712
哈萨克斯坦	Kazakhstan	147	410	651	125	589	0
韩国	Korea, Rep.	532	880	1724	551	1249	2238
老挝	Laos	19	167	332		169	306
马来西亚	Malaysia	1022	2458	2676	3053	0	0
蒙古	Mongolia	14	46	40		0	0
缅甸	Myanmar	42	79	291		0	0
巴基斯坦	Pakistan	56	91			0	0
菲律宾	Philippines	199	352	597	167	0	0
新加坡	Singapore	606	916	1291	444	734	947
斯里兰卡	Sri Lanka	40	65	205	52	112	145
泰国	Thailand	958	1594	3253	191	545	820
越南	Viet Nam	214	505	1001		0	0
埃及	Egypt	512	1405	526	296	462	0
尼日利亚	Nigeria	81	156	189		0	0
南非	South Africa	587	807	1004	383	0	0
加拿大	Canada	1963	1622	1982	1918	2868	3128
墨西哥	Mexico	2064	2329	3508	1108	1433	2022
美国	United States	5124	6001	7561	6133	6106	0
阿根廷	Argentina	291	533	556	495	531	1030
巴西	Brazil	531	516	658	323	646	853
委内瑞拉	Venezuela	47	53	60	95	148	153
捷克	Czech Rep.	477	633	932		867	603
法国	France	7719	7665	8257	1989	2504	2648
德国	Germany	1898	2688	3556	7440	8587	9097
意大利	Italy	4118	4363	5237	2199	2982	3085
荷兰	Netherlands	1000	1088	1583	1390	1837	1794
波兰	Poland	1740	1247	1747	5668	4276	4450
俄罗斯	Russian Fed.	2117	2228	2457	1837	3932	3166
西班牙	Spain	4640	5268	7532	410	1238	1541
土耳其	Turkey	959	3136	3029	528	656	789
乌克兰	Ukraine	643	2120	1333	1342	1718	2467
英国	United Kingdom	2321	2830	3581	5684	5556	7082
澳大利亚	Australia	493	579	826	350	710	993
新西兰	New Zealand	178	244	337	128	203	261

资料来源：世界银行数据库，更新时间2018年9月21日。
Source: World Bank Database, last updated date 2018/9/21.

附　　录
Appendix

附录　主要统计指标解释

人口家庭

人口数　指一定时点、一定地区范围内有生命的个人总和。

年度统计的年末人口数指每年 12 月 31 日 24 时的人口数。年度统计的全国人口总数内未包括香港、澳门特别行政区和台湾省以及海外华侨人数。

城镇人口和乡村人口　城镇人口是指居住在城镇范围内的全部常住人口；乡村人口是除上述人口以外的全部人口。

出生率　指在一定时期内(通常为一年)一定地区的出生人数与同期内平均人数(或期中人数)之比，用千分率表示。本资料中的出生率指年出生率，其计算公式为:

$$出生率=\frac{年出生人数}{年平均人数}\times 1000‰$$

式中：出生人数指活产婴儿，即胎儿脱离母体时(不管怀孕月数)，有过呼吸或其他生命现象。年平均人数指年初、年底人口数的平均数，也可用年中人口数代替。

死亡率　指在一定时期内(通常为一年)一定地区的死亡人数与同期内平均人数(或期中人数)之比，用千分率表示。本资料中的死亡率指年死亡率，其计算公式为:

$$死亡率=\frac{年死亡人数}{年平均人数}\times 1000‰$$

人口自然增长率　指在一定时期内(通常为一年)人口自然增加数(出生人数减死亡人数)与该时期内平均人数(或期中人数)之比，用千分率表示。计算公式为:

$$人口自然增长率=\frac{本年出生人数-本年死亡人数}{年平均人数}\times 1000‰$$

$$=人口出生率-人口死亡率$$

总抚养比　也称总负担系数。指人口总体中非劳动年龄人口数与劳动年龄人口数之比。通常用百分比表示。说明每 100 名劳动年龄人口大致要负担多少名非劳动年龄人口。用于从人口角度反映人口与经济发展的基本关系。计算公式为:

$$GDR=\frac{P_{0\sim14}+P_{65^+}}{P_{15\sim64}}\times 100\%$$

其中：GDR 为总抚养比；

$P_{0\sim14}$为 0 ~ 14 岁少年儿童人口数；

$P_{65}+$为 65 岁及 65 岁以上的老年人口数；

$P_{15\sim64}$为 15 ~ 64 岁劳动年龄人口数。

老年人口抚养比　也称老年人口抚养系数。指某一人口中老年人口数与劳动年龄人口数之比。通常用百分比表示。用以表明每 100 名劳动年龄人口要负担多少名老年人。老年人口抚养比是从经济角度反映人口老龄化社会后果的指标之一。计算公式为:

$$ODR=\frac{P_{65^+}}{P_{15\sim64}}\times 100\%$$

其中：ODR 为老年人口抚养比；

P_{65}+为 65 岁及 65 岁以上的老年人口数；

$P_{15\sim64}$为 15 ~ 64 岁的劳动年龄人口数。

少年儿童抚养比 也称少年儿童抚养系数。指某一人口中少年儿童人口数与劳动年龄人口数之比。通常用百分比表示。以反映每 100 名劳动年龄人口要负担多少名少年儿童。计算公式为：

$$CDR=\frac{P_{0\sim14}}{P_{15\sim64}}\times100\%$$

其中：CDR 为少年儿童抚养比；

$P_{0\sim14}$为 0 ~ 14 岁少年儿童人口数；

$P_{15\sim64}$为 15 ~ 64 岁劳动年龄人口数。

结婚率 指某地区当年结婚对数占该地区年平均人口的比重。通常用千分比表示。计算公式为：

$$结婚率=\frac{结婚对数}{(当年期初人口数+当年期末人口数)/2}\times1000‰$$

离婚率 指某地区当年离婚对数占该地区年平均人口的比重。通常用千分比表示。计算公式为：

$$离婚率=\frac{离婚对数}{(当年期初人口数+当年期末人口数)/2}\times1000‰$$

卫生健康

医疗卫生机构 指从卫生行政部门取得《医疗机构执业许可证》、《计划生育技术服务许可证》，或从民政、工商行政、机构编制管理部门取得法人单位登记证书，为社会提供医疗保健、疾病控制、卫生监督服务或从事医学科研和医学在职培训等工作的单位。医疗卫生机构包括医院、基层医疗卫生机构、专业公共卫生机构、其他医疗卫生机构(包括疗养院、临床检验中心、医学科研机构、医学在职教育机构、医学考试中心、农村改水中心、人才交流中心、统计信息中心等卫生事业单位)。

医院 包括综合医院、中医医院、中西医结合医院、民族医院、各类专科医院和护理院，不包括专科疾病防治院、妇幼保健院和疗养院。

基层医疗卫生机构 包括社区卫生服务中心、社区卫生服务站、街道卫生院、乡镇卫生院、村卫生室、门诊部(所)、诊所(医务室)。

专业公共卫生机构 包括疾病预防控制中心、专科疾病防治机构、妇幼保健机构(含妇幼保健计划生育服务中心)、健康教育机构、急救中心(站)、采供血机构、卫生监督机构、取得《医疗机构执业许可证》或《计划生育技术服务许可证》的计划生育技术服务机构。

卫生人员 指在医院、基层医疗卫生机构、专业公共卫生机构及其他医疗卫生机构工作的职工，包括卫生技术人员、乡村医生和卫生员、其他技术人员、管理人员和工勤人员。一律按支付年底工资的在岗职工统计，包括各类聘任人员(含合同工)及返聘本单位半年以上人员，不包括临时工、离退休人员、退职人员、离开本单位仍保留劳动关系人员、本单位返聘和临聘不足半年人员。

卫生技术人员 包括执业医师、执业助理医师、注册护士、药师(士)、检验技师(士)、影像技师、卫生监督员和见习医(药、护、技)师(士)等卫生专业人员。不包括从事管理工作的卫生技术人员(如院长、副院长、党委书记等)。

执业医师 指《医师执业证》"级别"为"执业医师"且实际从事医疗、预防保健工作的人员，不包括实际从事管理工作的执业医师。执业医师类别分为临床、中医、口腔和公共卫生四类。

执业助理医师 指《医师执业证》"级别"为"执业助理医师"且实际从事医疗、预防保健工作的人员，不包括实际从事管理工作的执业助理医师。执业助理医师类别分为临床、中医、口腔和公共卫生四类。

每千人口执业(助理)医师 每千人口执业(助理)医师=(执业医师数+执业助理医师数)/人口数 × 1000。

人口数系年末常住人口。

每千人口卫生技术人员　每千人口卫生技术人员=卫生技术人员数/人口数×1000。人口数系年末常住人口。

每千人口医疗卫生机构床位　每千人口医疗卫生机构床位=医疗卫生机构床位数/人口数×1000。人口数系年末常住人口。

28种传染病报告发病率　是指某年某地区每10万人口中28种传染病报告发病数。即28种传染病报告发病率=28种传染病报告发病数/人口数×100000。

28种传染病报告死亡率　是指某年某地区每10万人口中28种传染病报告死亡数。即28种传染病报告死亡率=28种传染病报告死亡数/人口数×100000。

孕产妇死亡率　指年内每10万名孕产妇的死亡人数。孕产妇死亡指从妊娠期至产后42天内，由于任何妊娠或妊娠处理有关的原因导致的死亡，但不包括意外原因死亡者。按国际通用计算方法，“孕产妇总数”以“活产数”代替计算。

活产数　指年内妊娠满28周及以上（如孕周不清楚，可参考出生体重达1000克及以上），娩出后有心跳、呼吸、脐带搏动、随意肌收缩四项生命体征之一的新生儿数。

5岁以下儿童死亡率　指年内未满5岁儿童死亡人数与活产数之比，一般以‰表示。

新生儿死亡率　指年内新生儿死亡数与活产数之比，一般以‰表示。新生儿死亡指出生至28天以内(即0–27天)死亡人数。

卫生总费用　指一个国家或地区在一定时期内，为开展卫生服务活动从全社会筹集的卫生资源的货币总额，按来源法核算。它反映一定经济条件下，政府、社会和居民个人对卫生保健的重视程度和费用负担水平，以及卫生筹资模式的主要特征和卫生筹资的公平性合理性。

政府卫生支出　指各级政府用于医疗卫生服务、医疗保障补助、卫生和医疗保险行政管理、人口与计划生育事务支出等各项事业的经费。

社会卫生支出　指政府支出外的社会各界对卫生事业的资金投入。包括社会医疗保障支出、商业健康保险费、社会办医支出、社会捐赠援助、行政事业性收费收入等。

个人卫生支出　指城乡居民在接受各类医疗卫生服务时的现金支付，包括享受各种医疗保险制度的居民就医时自付的费用。可分为城镇居民、农村居民个人卫生支出，反映城乡居民医疗卫生费用的负担程度。

人均卫生费用　即某年卫生总费用与同期平均人口数之比。

卫生总费用与GDP之比　指某年卫生总费用与同期国内生产总值（GDP）之比。是用来反映一定时期国家对卫生事业的资金投入力度，以及政府和全社会对卫生事业、居民健康的重视程度。

教育培训

普通高等学校　指通过国家普通高等教育招生考试，招收高中毕业生为主要培养对象，实施高等学历教育的全日制大学、独立设置的学院、独立学院和高等专科学校、高等职业学校及其他机构。

大学、独立设置的学院主要实施本科及本科层次以上的教育。独立学院主要实施本科层次的教育。高等专科学校、高等职业学校实施专科层次的教育。其他机构是指承担国家普通招生计划任务不计校数的机构，包括普通高等学校分校、大专班等。

独立学院　指由普通本科高校按新机制、新模式举办的本科层次的二级学院。一些普通本科高校按公办机制和模式建立的二级学院、“分校”或其他类似的二级办学机构不属此范畴。

成人高等学校　指通过国家成人高等教育招生考试，招收具有高中毕业或同等学力的人员为主要培养对象，利用函授、业余、脱产等多种形式，对其实施高等学历教育的学校。包括：职工高等学校、农民高等学校、管理干部学院、教育学院、独立函授学院、广播电视大学、其他机构。其他机构是指承担国家成人招生计划任务不计校数的机构。

民办的其他高等教育机构　指经省、自治区、直辖市教育行政部门审批并颁发办学许可证，不具有颁发普通本专科和成人本专科学历文凭资格的实施高等教育的单位。

中等职业教育　调整后的中等职业学校是指将普通中等专业学校（中等技术学校、中等师范学校）、成人中等专业学校、职业高中学校、其他机构等各种实施中等职业教育的办学类型，通过合并、共建、联办、划转等形式调整为统一的办学类型。

其他中职机构　指承担中等职业教育不计校数的教育机构（包括停办的学校和高等学校附设的中等职业教育机构）。

职业初中　指经县或县以上教育行政部门批准设立，招收小学毕业生实施初级中等职业技术教育的教学机构。

初等教育　指由县或县以上教育行政部门批准，招收学龄儿童实施初等教育的教学机构。

特殊教育　指独立设置的招收盲聋哑和智残儿童，以及其他特殊需要的儿童、青少年进行普通或职业初、中等教育的独立设置学校。

学前教育　包括幼儿园和学前班。学前班是指在部分不能满足学龄前幼儿三年入园的地区，组织学龄前儿童进行学前一年教育的一种组织形式。学前班是农村发展学前教育的重要形式，也是城市弥补幼儿园数量不足的一种辅助形式。

完全中学　指普通初、高中合设的教育机构。

小学学龄儿童净入学率　指调查范围内已入小学学习的学龄儿童占校内外学龄儿童总数的比重。

教职工（基础教育）　指编制在学校，并从事教学、管理和后勤保障工作的固定人员（不包括临时工和聘任教师）。

教职工按工作性质可分为教师、行政人员、教辅人员和工勤人员。

教职工（高等和中职教育）　指在学校（机构）工作并由学校（机构）支付工资的教职工人数，人员包括①在编人员，即根据原人事管理制度，人事关系和档案均在学校的人员；②聘任制人员，即人事制度改革后，高校（机构）招聘录用的长期、全时工作人员。聘任制人员的人事关系在学校但档案不在学校。

教职工数包括校本部教职工、科研机构人员、校办企业职工、其他附设机构人员。

专任教师　是指具有教师资格，专门从事教学工作的人员。

国家财政性教育经费　包括公共财政预算教育经费，各级政府征收用于教育的税费，企业办学中的企业拨款，校办产业和社会服务收入用于教育的经费，其他属于国家财政性教育经费。其中，企业办学中的企业拨款是指中央和地方所属企业在企业营业外资金列支或企业自有资金列支,并实际拨付所属学校的办学经费；校办产业和社会服务收入用于教育的经费是指学校举办的校办产业和各种经营取得的收益及投资收益中用于补充教育经费的部分。

公共财政教育经费　指中央、地方各级财政或上级主管部门在年度内安排，并划拨到各级各类学校、教育行政单位、教育事业单位，列入国家预算支出科目的教育经费。包括教育事业拨款、科研拨款、基本建设拨款和其他拨款。

就业

经济活动人口　指在16周岁及以上，有劳动能力，参加或要求参加社会经济活动的人口。包括就业人员和失业人员。

就业人员　指在一定年龄以上，有劳动能力，为取得劳动报酬或经营收入而从事一定社会劳动的人员。具体指年满16周岁，为取得报酬或经营利润，在调查周内从事了1小时（含1小时）以上的劳动或由于学习、休假等原因在调查周内暂时处于未工作状态，但有工作单位或场所的人口。

单位就业人员　指报告期末最后一日24时在本单位中工作，并取得工资或其他形式劳动报酬的人员数。该指标为时点指标，不包括最后一日当天及以前已经与单位解除劳动合同关系的人员，是在岗职工、劳务

派遣人员及其他就业人员之和。就业人员不包括:

(1)离开本单位仍保留劳动关系，并定期领取生活费的人员;

(2)利用课余时间打工的学生及在本单位实习的各类在校学生;

(3)本单位因劳务外包而使用的人员。

城镇私营就业人员　城镇私营就业人员指在工商管理部门注册登记，其经营地址设在县城关镇(含县城关镇)以上的私营企业就业人员，包括私营企业投资者和雇工。

城镇个体就业人员　城镇个体就业人员指在工商管理部门注册登记，并持有城镇户口或在城镇长期居住，经批准从事个体工商经营的就业人员，包括个体经营者和在个体工商户劳动的家庭帮工和雇工。

城镇登记失业人员　指有非农业户口，在一定的劳动年龄内(16 周岁至退休年龄)，有劳动能力，无业而要求就业，并在当地劳动保障部门进行失业登记的人员。

城镇登记失业率　城镇登记失业人员与城镇单位就业人员(扣除使用的农村劳动力、聘用的离退休人员、港澳台及外方人员)、城镇单位中的不在岗职工、城镇私营业主、个体户主、城镇私营企业和个体就业人员、城镇登记失业人员之和的比。

收入消费

居民可支配收入　指居民可用于最终消费支出和储蓄的总和，即居民可用于自由支配的收入。既包括现金收入，也包括实物收入。按照收入的来源，可支配收入包含四项，分别为: 工资性收入、经营性净收入、财产性净收入和转移性净收入。

居民消费支出　是指居民用于满足家庭日常生活消费需要的全部支出，既包括现金消费支出，也包括实物消费支出。消费支出可划分为食品烟酒、衣着、居住、生活用品及服务、交通通信、教育文化娱乐、医疗保健以及其他用品及服务八大类。

工资总额　指根据《关于工资总额组成的规定》(1990 年 1 月 1 日国家统计局发布的一号令)进行修订，在报告期内(季度或年度)直接支付给本单位全部就业人员的劳动报酬总额。包括计时工资、计件工资、奖金、津贴和补贴、加班加点工资、特殊情况下支付的工资，是在岗职工工资总额、劳务派遣人员工资总额和其他就业人员工资总额之和。

工资总额是税前工资，包括单位从个人工资中直接为其代扣或代缴的房费、水费、电费、住房公积金和社会保险基金个人缴纳部分等。

工资总额不论是计入成本的还是不计入成本的，不论是以货币形式支付的还是以实物形式支付的，均应列入工资总额的计算范围。

平均工资　指单位就业人员在一定时期内平均每人所得的工资额。它表明一定时期工资收入的高低程度，是反映就业人员工资水平的主要指标。计算公式为:

$$平均工资=\frac{报告期就业人员工资总额}{报告期就业人员平均人数}$$

平均工资指数　指报告期就业人员平均工资与基期就业人员平均工资的比率，是反映不同时期就业人员货币工资水平变动情况的相对数。计算公式为:

$$平均工资指数=\frac{报告期就业人员平均工资}{基期就业人员平均工资}\times 100\%$$

平均实际工资指数　就业人员平均实际工资指扣除物价变动因素后的就业人员平均工资。就业人员平均实际工资指数是反映实际工资变动情况的相对数，表明就业人员实际工资水平提高或降低的程度。计算公式为:

$$平均实际工资指数=\frac{报告期就业人员平均工资指数}{报告期城镇居民消费价格指数}\times 100\%$$

社会保障

城镇职工基本养老保险

参保职工人数 指报告期末按照国家法律、法规和有关政策规定参加城镇职工基本养老保险并在社保经办机构已建立缴费记录档案的职工人数，包括中断缴费但未终止养老保险关系的职工人数，不包括只登记未建立缴费记录档案的人数。

离退休人员人数 指报告期末参加城镇职工基本养老保险的离休、退休和退职人员的人数。

基金收入 指根据国家有关规定，由纳入基本养老保险范围的缴费单位和个人按国家规定的缴费基数和缴费比例缴纳的养老保险基金，以及通过其他方式取得的形成基金来源的收入。包括单位和职工个人缴纳的基本养老保险费、基本养老保险基金利息收入、上级补助收入、下级上解收入、转移收入、财政补贴和其他收入。

基金支出 指按照国家政策规定的开支范围和开支标准从养老保险基金中支付给参加基本养老保险的个人的养老金、丧葬抚恤补助，以及由于保险关系转移、上下级之间调剂资金等原因而发生的支出。包括离休金、退休金、退职金、各种补贴、医疗费、死亡丧葬补助费、抚恤救济费、社会保险经办机构管理费、补助下级支出、上解上级支出、转移支出、其他支出等。

基金累计结余 指截止报告期末基本养老保险基金收支相抵后的累计余额。

城乡居民基本养老保险

参保人数 指报告期末，参加城乡居民养老保险（在经办机构参保登记并已建立缴费记录以及制度实施当年已经年满60周岁并在经办机构参保登记）的总人数（不包括已经办理注销登记手续的人数）。

基金收入 指根据国家有关规定，由参加城乡居民基本养老保险的个人按规定缴费的城乡居民基本养老保险基金，以及通过集体补助、财政补助等其他方式取得的形成基金来源的收入。包括个人缴费收入、集体补助收入、政府补贴收入、利息收入、转移收入、上级补助收入、下级上解收入和其他收入。

基金支出 指按照国家政策规定的开支范围和开支标准从城乡居民基本养老保险基金中支付给参加城乡居民基本养老保险的个人养老金待遇支出，以及由于参保人员跨统筹地区流动而发生的支出等。包括养老金待遇支出、转移支出、补助下级支出、上解上级支出、其他支出。

基金累计结余 指截止报告期末城乡居民基本养老保险基金收支相抵后的累计余额。

基本医疗保险

参保人数 指报告期末按国家有关规定参加相应基本医疗保险的人数。

基金收入 指由用人单位和个人按照国家规定的缴费基数、缴费比例或缴费标准缴纳的基本医疗保险基金，财政补助资金以及通过其他方式取得的形成基金来源的款项，包括：单位缴纳收入、个人缴纳收入、财政补助收入（含医疗救助补助个人收入）、财政补贴收入、利息收入和其他收入。

基金支出 指按照国家政策规定的开支范围和开支标准，从基本医疗保险基金中支付给参保人员的医疗保险待遇支出，以及其他支出。包括住院医疗费用支出、门急诊医疗费用支出、个人账户基金支出、其他支出。

基金累计结余 指截止报告期末基本医疗保险基金累计结余金额。

失业保险

参保人数 指报告期末按照国家法律、法规和有关政策规定参加了失业保险的城镇企业、事业单位的职工及地方政府规定参加失业保险的其他人员的人数。

基金收入 指报告期内筹集的失业保险基金的总额，包括失业保险费收入、利息收入、财政补贴收入、其他收入、转移收入、上级补助收入、下级上解收入。

基金支出 指报告期内为保障失业人员基本生活、促进其再就业等支出的基金总额，包括失业保险金支出、医疗补助金支出、丧葬补助金和抚恤金支出、职业培训和职业介绍补贴支出、农民合同制工人一次性生活补助支出、其他支出、转移支出、上级补助支出、下级上解支出。

基金累计结余 指截止报告期末失业保险基金收支相抵后的累计余额。

工伤保险

参保人数 指报告期末依据国家有关规定参加工伤保险的职工人数和有雇工的个体工商户的雇工数。

享受保险待遇人数 指年初至报告期末因工伤或职业病而享受工伤保险待遇的人数。为享受工伤医疗待遇中未评定等级的人数、享受伤残待遇人数以及享受因工死亡待遇人数之和。

基金收入 指根据国家有关规定，由参加工伤保险的单位按国家规定的缴费基数和缴费比例缴纳的工伤保险基金，以及通过其他形式取得的形成基金来源的款项。包括：单位缴纳的社会统筹基金收入、财政补贴收入、利息收入、其他收入。

基金支出 指按照国家政策规定的开支范围和开支标准从工伤保险基金中支付给参加工伤保险的人员及供养直系亲属工伤保险待遇支出及其他支出。包括工伤医疗费、伤残补助金、工亡补助金、护理费、丧葬补助费、工伤预防费用、职业康复费用和其他支出。

基金累计结余 指截止报告期末工伤保险基金累计结余金额。

生育保险

参保人数 指报告期末依据有关规定参加生育保险的人数。

基金收入 指根据国家有关规定，由参加生育保险的单位按照国家规定的缴费基数和缴费比例缴纳的生育保险基金，以及通过其他方式取得的形成基金来源的款项，包括：单位缴纳的基金收入、利息收入和其他收入。

基金支出 指按照国家政策规定的开支范围和开支标准，从生育保险基金中支付给参加生育保险的职工，因妊娠、分娩和计划生育手术而享受的待遇及其他支出。包括：生育津贴、医疗费用支出及其他支出。

基金累计结余 指截止报告期末生育保险基金累计结余金额。

每千人口社会服务床位数 指老年及残疾人床位数、智障和精神疾病床位数、儿童床位数、救助及其他社会服务床位数的总和除以当年期末人口数乘以1000。计算公式为：

$$每千人口社会服务床位数=\frac{社会服务床位数}{年末人口数}\times 1000$$

其中，老年及残疾人床位数包括城市养老服务机构、农村养老服务机构、社会福利院、光荣院、荣誉军人康复医院、复员军人疗养院中的相关床位数；智障和精神疾病床位数包括复退军人精神病院和社会福利医院中的相关床位数；儿童床位数包括儿童福利院和流浪儿童救助保护中心中的相关床位数；救助及其他社会服务床位数包括社区养老服务中心、社区养老服务站、生活无着人员救助管理站、其他收养机构、军休所、军供站的相关床位数。

孤儿数 指失去父母或查找不到生父母的未满18周岁的未成年人的人数。由地方县级以上民政部门依据有关规定和条件认定。

家庭收养儿童数 指中国公民收养查找不到生父母的弃婴、儿童和福利机构抚养的孤儿以及外国人收养中国儿童并在中国县级及以上民政部门办理儿童收养登记后取得合法收养关系的总件数。县级及以上民政部门办理儿童收养登记一次为一件。

被中国公民收养 指收养人是中国公民（包括港澳台居民及华侨）的儿童收养登记。

被外国人收养 指收养人是具有外国国籍（包括无国籍人）的人员。夫妻共同收养有一方是外国人的，按外国人办理收养登记。

城市居民最低生活保障人数 指在报告期末家庭平均收入在当地规定的最低生活保障线以下的城镇居

民数。包括“三无”对象，失业人员和在职、下岗、退休人员等。

农村居民最低生活保障人数 指报告期末在建立农村最低生活保障制度的地区，得到当地政府或集体给予最低生活保障的农业人口家庭人数。

定期抚恤人数 指报告期末革命烈士家属、因公牺牲、病故军人家属中符合抚恤条件，国家给予定期发放抚恤金的人数。

定期补助人数 指报告期末由国家定期发放给带病回乡不能参加生产劳动、生活特别困难的复员、退伍军人，完全丧失劳动能力、生活困难的复员军人，红军失散人员，以及用抚恤费开支的其他享受定期发放的人员总和。

残疾居民参加城乡社会养老保险人数 指在“符合参保条件的残疾居民人数”中实际缴费参加城乡居民社会养老保险并已建立缴费记录档案的残疾居民人数。包括城镇居民养老保险制度和新型农村社会养老保险制度实施时，已年满60周岁、未享受城镇职工基本养老保险待遇，直接按月领取城镇居民社会养老保险和新型农村社会养老保险制度基础养老金的残疾居民，不包括只登记未建立缴费记录档案的人数。

托养服务机构 指为有托养服务需求的智力、精神、无生活自理能力、长期需要专人照料或护理的残疾人提供基本生活照料和护理、生活自理能力训练、心理及行为辅导、康复训练及医疗保健、社会适应辅导、休闲生活辅导、劳动技能训练和职业康复等方面服务的场所。包括各级各类寄宿制集中托养机构和日间照料机构。

寄宿制托养服务机构合计 指截止本年度末，实际建立的可以对残疾人进行寄宿托养服务的托养服务机构总数。

日间照料托养服务机构合计 指截止本年度末，实际建立的可以对残疾人进行日间照料的托养服务的机构总数。

居家托养服务 指以社区（村）为依托，以社会服务组织、志愿服务人员、家庭邻里等为载体，采取派人包户、定期上门、临时陪护、发放服务券等多种形式，为居住在家。

享受居家托养服务残疾人 指居住在家并符合托养条件，获得政府和残联组织提供的多种形式的生活照料、康复护理、精神慰藉、安全保护的等上门服务的残疾人。

居住环境

供水管道长度 指从送水泵至用户水表之间所有管道的长度。不包括新安装尚未使用、水厂内以及用户建筑物内的管道。

全年供水总量 指报告期供水企业(单位)供出的全部水量。包括有效供水量和漏损水量。

生活用水 指城市范围内所有居民家庭的日常生活用水。包括城市居民、农民家庭、公共供水站用水。

用水普及率 指报告期末城区用水人口数与城市人口总数的比率。计算公式:

$$\text{用水普及率}=\frac{\text{城区用水人口(含暂住人口)}}{\text{城区人口+城区暂住人口}}\times 100\%$$

供气管道长度 指报告期末从气源厂压缩机的出口或门站出口至各类用户引入管之间的全部已经通气、投入使用的管道长度。不包括煤气生产厂、输配站、液化气储存站、灌瓶站、储配站、气化站、混气站、供应站等厂(站)内的管道。

燃气普及率 指报告期末城区使用燃气的城市人口数与城市人口总数的比率。其中燃气包括人工煤气、天然气、液化石油气三种。计算公式为:

$$\text{燃气普及率}=\frac{\text{城区用气人口(含暂住人口)}}{\text{城区人口+城区暂住人口}}\times 100\%$$

道路长度 指道路长度和与道路相通的桥梁、隧道的长度，按车行道中心线计算。

城市排水管道长度 指所有排水总管、干管、支管、检查井及连接井进出口等长度之和。

年末公共交通车辆运营数　指年末城市用于公共交通运营业务的全部车辆数。新购、新制和调入的运营车辆，自投入之日起开始计算；调出、报废和调作他用的运营车辆，自上级主管机关批准之日起不再计入。

城市绿地面积　指报告期末用作园林和绿化的各种绿地面积。包括公园绿地、生产绿地、防护绿地、附属绿地和其他绿地的面积。

公园绿地　城市中向公众开放的、以游憩为主要功能，有一定的游憩设施和服务设施，同时兼有健全生态、美化景观、防灾减灾等综合作用的绿化用地。包括综合公园、社区公园、专类公园、带状公园和街旁绿地。其中综合公园、专类公园和带状公园面积之和为公园面积。

清扫保洁面积　指报告期末对城市道路和公共场所（主要包括城市行车道、人行道、车行隧道、人行过街地下通道、道路附属绿地、地铁站、高架路、人行过街天桥、立交桥、广场、停车场及其他设施等）进行清扫保洁的面积。一天清扫保洁多次的，按清扫保洁面积最大的一次计算。

市容环卫专用车辆设备　指用于环境卫生作业、监察的专用车辆和设备，包括用于道路清扫、冲洗、洒水、除雪、垃圾粪便清运、市容监察以及与其配套使用的车辆和设备。

每万人拥有公共交通车辆　指按城市人口计算的每万人平均拥有的公共交通车辆标台数。计算公式:

$$\text{每万人拥有公共交通车辆}=\frac{\text{公共交通运营车标台数}}{\text{城区人口+城区暂住人口}}$$

突发环境事件　指突然发生，造成或可能造成重大人员伤亡、重大财产损失和对全国或者某一地区的经济社会稳定、政治安定构成重大威胁和损害，有重大社会影响的涉及公共安全的环境事件。

文化休闲

使用“中国标准书号”部分合计　使用统一书号的主要有两类: 1.各级技术标准文献；2.年画、年历画、台历、无书名页的单张美术印刷品或折页美术印刷品，不另加封面的出版物（如活页文选、活页歌篇、小件印品）等。

不使用“中国标准书号”部分合计　指图片、图标（GB）、部标（BB）等标准类文件印品、活页文选、活页歌篇、小件印品等。

少年儿童读物和课本出版种数　少年儿童读物指供初中及初中以下少年儿童阅读的书籍，课本指供大、中、小学生及业余教育使用的书籍。

国家综合档案馆　指由中央或地方各级档案行政管理部门直接管理的，按行政区划或历史时期设置的，收集和管理所辖范围内多种门类档案的档案馆。

公共广播节目套数　指经国家广电总局批准的、广播电视播出机构开办的不向听众收取收听费用，以为大众提供公共广播服务为主要目的，用固定频率播出，并编有整套自办节目时间表的广播节目套数。

广播节目制作时间　指广播电视节目制作机构全年自采、自编、自录的及合作制作、加工制作的各类广播节目的制作时间，包括直播广播节目。

公共广播节目播出时间　指广播电视播出机构自办节目频率内公共节目全年播出的时间（含节目重复播出时间）。

公共电视节目套数　指经国家广电总局批准的、广播电视播出机构开办的不向观众收取收看费用，以为大众提供公共电视服务为主要目的，用固定频率播出的自办电视节目套数。

电视节目制作时间　指广播电视节目制作机构全年自采、自编、自录的及合作制作、加工制作的各类电视节目的制作时间，包括直播电视节目。

公共电视节目播出时间　指广播电视播出机构自办节目频道内全年播出公共电视节目的时间（含重复播出时间）。

中、短波转播发射台　指经省以上广电行政部门批准的有固定人员编制，固定频率和播出时间的中、短波发射台和转播台。

调频转播发射台 指经省以上广电行政部门批准的有固定人员编制，固定频率和播出时间的调频发射台和转播台。

电视转播发射台 指经省以上广电部门批准的有固定人员编制，固定频率和播出时间的电视发射台和转播台。

有线广播电视实际用户数 指通过广播电视有线传输网收看电视节目的家庭用户数，包括接收模拟信号和接收数字信号的有线电视用户数。

数字电视用户数 指通过广播电视有线传输网收看数字信号电视节目的家庭用户数。

广播节目综合人口覆盖率 指根据国家广电总局制定的《广播电视人口覆盖率统计技术标准和方法》进行统计调查的，在对象区内能接收到由中央、省、地市或县通过无线、有线或卫星等各种技术方式转播的各级广播节目的人口数占全部总人口数的百分比。

电视节目综合人口覆盖率 根据国家广电总局制定的《广播电视人口覆盖率统计技术标准和方法》进行统计调查的，在对象区内能接收到由中央、省、地市、或县通过无线、有线或卫星等各种技术方式转播的中央电视节目的人口数占全部总人口数的百分比。

有线广播电视用户数占家庭总户数比重 计算公式为:（有线广播电视用户数/全国总户数）×100%

艺术表演团体 指由文化部门主办或实行行业管理（经文化市场行政部门审批或已申报登记并领取相关许可证），专门从事表演艺术等活动的各类专业艺术表演团体，含民间职业剧团。不包括群众业余文艺表演团体。

艺术表演场馆 指由文化部门主办或实行行业管理（经文化市场行政部门审批或已申报登记并领取相关许可证），有观众席、舞台、灯光设备，公开售票、专供文艺团体演出的文化活动场所。

博物馆 指为了研究、教育、欣赏的目的，收藏、保护、展示人类活动和自然环境的见证物，向公众开放，非营利性、永久性社会服务机构，包括以博物馆（院）、纪念馆（舍）、美术（艺术）馆、科技馆、陈列馆等专有名称开展活动的单位。

总藏量 指图书馆已编目的古籍、图书、期刊和报纸的合订本、小册子、手稿，以及缩微制品、录像带、录音带、光盘等视听文献资料数量之和。

文物藏品 指文博机构根据收藏品的文化属性、自然属性等情况，所划分的文物藏品、标本藏品、模型藏品（含具有收藏、展示价值的雕塑、绘画等艺术作品）和复制品藏品的总和。本指标所统计的藏品是指报告期末，该机构已经整理并登记入账的藏品数。

资源环境

年平均气温 气温指空气的温度，我国一般以摄氏度为单位表示。气象观测的温度表是放在离地面约1.5米处通风良好的百叶箱里测量的，因此，通常说的气温指的是离地面1.5米处百叶箱中的温度。计算方法：月平均气温是将全月各日的平均气温相加，除以该月的天数而得。年平均气温是将12个月的月平均气温累加后除以12而得。

年平均相对湿度 指空气中实际水气压与当时气温下的饱和水气压之比。其统计方法与气温相同。

全年降水量 指从天空降落到地面的液态或固态(经融化后)水，未经蒸发、渗透、流失而在地面上积聚的深度。计算方法：月降水量是将全月各日的降水量累加而得。年降水量是将12个月的月降水量累加而得。

全年日照时数 指太阳实际照射地面的时数，通常以小时为单位表示。其统计方法与降水量相同。

水资源总量 指当地降水形成的地表和地下产水总量，即地表径流量与降水入渗补给量之和。

地表水资源量 指河流、湖泊以及冰川等地表水体中可以逐年更新的动态水量，即天然河川径流量。

地下水资源量 指地下饱和含水层逐年更新的动态水量，即降水和地表水入渗对地下水的补给量。

地表水与地下水重复计算量 指地表水和地下水相互转化的部分，即天然河川径流量中的地下水排泄量和地下水补给量中来源于地表水的入渗补给量。

供水总量 指各种水源为用水户提供的包括输水损失在内的毛水量。

地表水源供水量 指地表水体工程的取水量，按蓄、引、提、调四种形式统计。从水库、塘坝中引水或提水，均属蓄水工程供水量；从河道或湖泊中自流引水的，无论有闸或无闸，均属引水工程供水量；利用扬水站从河道或湖泊中直接取水的，属提水工程供水量；跨流域调水指水资源一级区或独立流域之间的跨流域调配水量，不包括在蓄、引、提水量中。

地下水源供水量 指水井工程的开采量，按浅层淡水、深层承压水和微咸水分别统计。城市地下水源供水量包括自来水厂的开采量和工矿企业自备井的开采量。

用水总量 指各类用水户取用的包括输水损失在内的毛水量。

农业用水 包括农田灌溉用水、林果地灌溉用水、草地灌溉用水、鱼塘补水和畜禽用水。

工业用水 指工矿企业在生产过程中用于制造、加工、冷却、空调、净化、洗涤等方面的用水，按新水取用量计，不包括企业内部的重复利用水量。

生活用水 包括城镇生活用水和农村生活用水。城镇生活用水由居民用水和公共用水（含第三产业及建筑业等用水）组成；农村生活用水指居民生活用水。

生态用水 仅包括人为措施供给的城镇环境用水和部分河湖、湿地补水，而不包括降水、径流自然满足的水量。

城市污水日处理能力 指污水处理厂(或污水处理装置)每昼夜处理污水量的设计能力。

生活垃圾清运量 指报告期收集和运送到各生活垃圾处理厂(场)和生活垃圾最终消纳点的生活垃圾数量。生活垃圾指城市日常生活或为城市日常生活提供服务的活动中产生的固体废物以及法律行政规定的视为城市生活垃圾的固体废物。包括：居民生活垃圾、商业垃圾、集市贸易市场垃圾、街道清扫垃圾、公共场所垃圾和机关、学校、厂矿等单位的生活垃圾。

生活垃圾无害化处理率 指报告期生活垃圾无害化处理量与生活垃圾产生量的比率。在统计上，由于生活垃圾产生量不易取得，可用清运量代替。计算公式为:

$$\text{生活垃圾无害化处理率}=\frac{\text{生活垃圾无害化处理量}}{\text{生活垃圾产生量}}\times 100\%$$

森林面积 包括郁闭度 0.2 以上的乔木林地面积和竹林面积，国家特别规定的灌木林地面积，农田林网以及村旁、路旁、水旁、宅旁林木的覆盖面积。

人工林面积 指由人工播种、植苗或扦插造林形成的生长稳定，(一般造林 3-5 年后或飞机播种 5-7 年后)每公顷保存株数大于或等于造林设计植树株数 80%或郁闭度 0.20 以上(含 0.20)的林分面积。

森林覆盖率 以行政区域为单位的森林面积占区域土地总面积的百分比。计算公式为:

$$\text{森林覆盖率}=\frac{\text{森林面积}}{\text{土地总面积}}\times 100\%$$

活立木总蓄积量 指一定范围土地上全部树木蓄积的总量，包括森林蓄积、疏林蓄积、散生木蓄积和四旁树蓄积。

森林蓄积量 指一定森林面积上存在着的林木树干部分的总材积。

湿地 指天然或人工、长久或暂时性的沼泽地、泥炭地或水域地带，包括静止或流动、淡水、半咸水、咸水体，低潮时水深不超过 6 米的水域以及海岸地带地区的珊瑚滩和海草床、滩涂、红树林、河口、河流、淡水沼泽、沼泽森林、湖泊、盐沼及盐湖。

自然保护区 指为了保护自然环境和自然资源，促进国民经济的持续发展，将一定面积的陆地和水体划分出来，并经各级人民政府批准而进行特殊保护和管理的区域个数。根据保护对象，自然保护区分为自然生态系统类、野生生物类、自然遗迹类。风景名胜区、文物保护区不计在内。

山体滑坡 指斜坡上不稳定的岩土体在重力作用下沿一定软弱面(或滑动带)整体向下滑动的物理地质

现象。

泥石流 指山地突然爆发的饱含大量泥沙、石块的特殊洪流。

森林火灾次数 指发生在城市市区外的一切森林、林木和林地的火灾次数。按照受害森林面积和伤亡人数，森林火灾分为一般森林火灾、较大森林火灾、重大森林火灾和特别重大森林火灾：1.一般森林火灾：受害森林面积在1公顷以下或者其他林地起火的，或者死亡1人以上3人以下的，或者重伤1人以上10人以下的；2.较大森林火灾：受害森林面积在1公顷以上100公顷以下的，或者死亡3人以上10人以下的，或者重伤10人以上50人以下的；3.重大森林火灾：受害森林面积在100公顷以上1000公顷以下的，或者死亡10人以上30人以下的，或者重伤50人以上100人以下的；4.特别重大森林火灾：受害森林面积在1000公顷以上的，或者死亡30人以上的，或者重伤100人以上的。本条所称"以上"包括本数，"以下"不包括本数。

地震灾害次数 指发生形成灾害(包括人员伤亡或经济损失)的所有震级的地震次数。

公共安全

人民检察院直接立案侦查案件 指按照管辖的规定，由人民检察院直接立案侦查的贪污贿赂犯罪、渎职侵权犯罪、国家机关工作人员利用职权实施的侵犯公民人身权利和民主权利的犯罪以及经省级人民检察院决定立案侦查的国家机关工作人员利用职权实施的其他重大犯罪案件。

受案 指本年新受理的案件。

立案 指人民检察院对受理的案件进行初步调查后，认为存在职务犯罪事实，应追究刑事责任，并决定作为刑事案件进行侦查的诉讼活动，是追究犯罪的开始。该指标主要反映人民检察院依法将职务犯罪线索作为刑事案件进行侦查的诉讼活动。

结案 指侦查程序的结束。

要案 指县、处级以上的干部犯罪案件。该指标主要反映职务犯罪案件中县、处级以上干部被人民检察院依法立案侦查的情况。

批准逮捕 指人民检察院对公安机关、国家安全机关、监狱管理机关提出逮捕的犯罪嫌疑人进行审查，根据事实，依法做出逮捕决定。该指标主要反映人民检察院对提请逮捕犯罪嫌疑人进行审查后依法做出批准逮捕决定的情况。

决定逮捕 指人民检察院对直接立案侦查的案件，认为需要逮捕犯罪嫌疑人时，依据法律作出的逮捕决定。该指标主要反映人民检察院对直接受理的案件行使决定逮捕权的情况。

刑事案件 指按照管辖的规定由公安机关、国家安全机关、监狱管理机关侦查的案件。

一审 指公诉案件的第一审程序。

再审 指人民法院按照审判监督程序重新审判的案件。

提出抗诉 指人民检察院对人民法院的判决、裁定认为确有错误，向人民法院提出对案件重新进行审理的诉讼活动。包括按照第二审程序提出的抗诉和按照审判监督程序（再审程序）提出的抗诉。

立案 指决定立案审查的案件。

立案监督 指人民检察院对侦查机关刑事立案活动的监督。包括对应当立案而不立案的监督和不应立案而立案的监督。

监督立案 包括侦查机关接到要求说明不立案理由后主动立案和执行通知立案两个内容。

监督撤案 指人民检察院对侦查机关不应当立案而立案的监督。

监管活动 指人民检察院对监狱等监管改造场所的管理活动进行的监督。

受理 指人民检察院接受申诉的情况。包括来信和来访。

立案复查 指人民检察院接受申诉后，经审查决定立案进行复查。

结案 指立案复查有结果的案件。

首次举报　指单位或个人以来信、来访形式检举国家工作人员涉嫌贪污、贿赂犯罪，国家机关工作人员涉嫌渎职、侵权犯罪。不包括重复举报数。

首次控告　指单位或个人以来信、来访形式检举国家工作人员违法或涉嫌刑事犯罪。不包括重复控告数。

首次申诉　不服人民检察院处理决定的或不服人民法院判决或裁定的以来信、来访形式的申诉。不包括重复申诉。

处理　指人民检察院对受理的举报、控告、申诉案件，经审查，分不同情况，或由控告申诉部门直接办理、或转本院有关业务部门、或转其他人民检察院。

社会参与

社区服务机构数　指报告期末设立的社区服务指导中心、社区服务中心、社区服务站、其他社区服务机构的总和。具有面向老年人及其家庭的商品递送、医疗保健、家庭保洁、日间照料、留宿照料、陪伴服务等为社区居家养老服务的设施和突出综合服务的职能。包括未登记的敬老院、微型的五保村、幸福院、党员活动室、就业保障网络、社区卫生服务站、文化活动室、图书室、“爱心超市”、社区捐助接收站点、警务站（室)、老年活动室、未成年人文化活动场所等具有综合服务功能的机构。

社区服务中心(站)覆盖率　计算公式为:

社区服务中心(站)覆盖率=(社区服务中心数+社区服务站数)/(村委会数+居委会数)*100%

社区居委会数　指报告期末城市和建制镇在城镇居民集中居住的地区设立的居民委员会实有个数(含家委会)。

村民委员会数　指报告期末乡镇在农业人口的居住地区设立的群众性自治组织(即村民委员会)实有个数。

当年完成选举的村（居）委会数　指本年度内进行了村（居）委会选举，而且当选成员人数足够组成新一届村（居）委会开展工作的村（居）委会。

当年完成选举的村（居）选民登记数　指对本年度内完成村（居）委会选举的村统计这一数字。一个村的选民登记总数少于本村村民数，大于等于本届登记选民数。

本届登记选民数　指在本年度内完成村（居）委会选举的村（社区）中，按照村（居）民选举委员会发布的公告，于有效日前在村（居）民选举委员会依法登记，有资格参加投票的本村（社区）选民。

参加投票人数　指在本年度内完成村（居）委会选举的村中，以亲自投票、委托投票等形式参加了选举的选民人数。每个村（社区）的参选人数，从数值上，应当等于从票箱里收回的全部选票数。

社会团体　指在中华人民共和国境内组织的各种协会、学会、联合会、研究会、基金会、联谊全、促进会、商会等合法机构的总称。各种社团，均不得从事以盈利为目的的经营性活动，并具备以下四项法人条件: ①依法成立; ②必要的财产或者经费; ③有自己的名称、组织机构和场所; ④能够独立承担民事责任。否则，不能统计为社团机构数。报告期末合法社团总数，即为年末实有社团机构数。

民办非企业单位　是指企业事业单位、社会团体和其他社会力量以及公民个人利用非国有资产举办的，从事非营利性社会服务活动的社会组织。目前，民办非企业单位主要分布在教育、卫生、文化、科技、体育、劳动、民政、社会中介、服务业等行(事)业中。

基金会　指国内的团体或个人自愿捐赠资金进行管理的组织。

国际资料

人类发展指数　是由联合国开发计划署(UNDP)在《1990 年人文发展报告》中提出的，用以衡量联合国各成员国经济社会发展水平的指标，以“预期寿命、教育获得和生活质量”人类发展三项基础变量，按照一定的计算方法，得出的综合指标。首先设置最小值和最小值充当“自然零”和“理想目标”，以便将不同单位标准化表示的指标转换为 0 到 1 之间的指数，计算方式如下：

1.预期寿命指数(LEI)=(LE-20)/(85-20)

2.教育指数(EI)=(MYSI+EYSI)/2

2.1 平均学校教育年数指数(MYSI)=(MYS-0)/(15-0)

2.2 预期学校教育年数指数(EYSI)=(EYS-0)/(18-0)

3.收入指数(II)=(ln(GNIpc)-ln(100))/(ln(75 000)-ln(100))

而 HDI 值为三个基本指数的几何平均数。

其中，LE：预期寿命（年，最小值为 20，最大值为 85）

MYS：平均受教育年限（年，最小值为 0，最大值为 15）

EYS：预期受教育年限（年，最小值为 0，最大值为 18）

GNIpc：人均国民收入(2011 不变美元价，最小值为 100，最大值为 75 000)

卫生设施　经改善的卫生设施具有最基本的处理排泄物设施，这些设施能够有效防止人畜及蚊蝇与排泄物接触。经改善的卫生设施包括简单但有防护的厕坑和连通污水管道的直冲式厕所。为了保证有效，卫生设施的修建方式必须正确并得到适当维护。

清洁饮用水源　指改善的能够饮用的水源包括诸如接入家庭的输水管线、公共水管、蓄水池、受到保护的井、泉以及雨水收集。未经改善的水源包括售水机、水罐车、未加保护的井和泉。合理地获得水源意味着每人每天从距离居所 1 公里范围内的水源可获取至少 20 升水。